一介布衣逆袭路 以弱胜强帝王史

汉高祖刘邦（上）

刘清越 著

山西出版传媒集团 山西人民出版社

图书在版编目(CIP)数据

汉高祖刘邦 / 刘清越著. —太原：山西人民出版社，2020.1
ISBN 978-7-203-11088-0

Ⅰ.①汉… Ⅱ.①刘… Ⅲ.①汉高祖(前256-前195)-传记
Ⅳ.①K827=341

中国版本图书馆CIP数据核字(2019)第225559号

汉高祖刘邦

著　　者：刘清越
责任编辑：王晓斌
复　　审：傅晓红
终　　审：阎卫斌
装帧设计：子不语

出　版　者：山西出版传媒集团·山西人民出版社
地　　址：太原市建设南路21号
邮　　编：030012
发行营销：0351—4922220　4955996　4956039　4922127(传真)
天猫官网：https://sxrmcbs.tmall.com　电　话：0351—4922159
E - mail：sxskcb@163.com　发行部
　　　　　sxskcb@126.com　总编室
网　　址：www.sxskcb.com

经　销　者：山西出版传媒集团·山西人民出版社
承　印　厂：凯德印刷(天津)有限公司

开　　本：710mm×1000mm　1/16
印　　张：37.75
字　　数：640千字
印　　数：1—4000套
版　　次：2020年1月　第1版
印　　次：2020年1月　第1次印刷
书　　号：ISBN 978-7-203-11088-0
定　　价：78.00元(上、下)

如有印装质量问题请与本社联系调换

前　言

在中国的皇帝中,刘邦这位开创了大汉四百余年基业的不凡人物却饱受争议;说实话,人们对他实在不够尊重。之所以会这样,主要有三点:一是他出身平民,没有显赫的家世;二是他从小被家人和乡亲称为无赖,流氓,做过的许多事又大悖于中华民族的传统道德;三是在楚汉相争中,几次背信弃义使他的形象大打折扣。

那时与刘邦出身相似的如淮南王英布、梁王彭越、楚王韩信等,以及跟随他起义的沛丰、砀郡一伙,这些人在家乡也有浮浪少年的恶名,有着被众人所诟病的污秽历史。秦末群雄逐鹿,时代提供的机会对他们是均等的,其中有的人在实力上还比刘邦强大得多,为什么最后成功的却不是他们,而是刘邦呢?这就值得分析了。

首先,与其他出身民间的豪杰不同的是,刘邦从年轻时起就有远大的志向。在做泗水亭长时,押解役众到咸阳去,见到了威名赫赫的秦始皇。当大街两旁的民众俯首长跪时,他却细细地瞻仰了皇帝的仪容,并慨叹道:"嗟呼,大丈夫当如是也!"这句足以掉脑袋的话道出了刘邦深藏于心的理想。

其次,刘邦是一位杰出的政治家,而别的人却不是。韩信可以指挥千军万马攻城略地,但他在政治上则是个侏儒。尽管历史给了他绝好的机会,身边又有通人为其出谋划策,他却与成功失之交臂。其他的如英布,彭越等枭雄就更不用说了,他们在社会动乱中捞得了诸侯王的高位,就再也不思进取,安享荣华富贵了。即使那个出身豪门,天才的军事家项羽也不能与刘邦相提并论,他虽横扫千军,气冲牛斗,但在中原逐鹿这一大棋局上,却步步失着,最后一败涂地,惨死乌江!

再者,刘邦自己虽孤陋寡闻,但却是一位豁达大度、从谏如流的英雄人物!他曾经说:论运筹帷幄之中,决胜千里之外,他不如张良;论稳定后方,治理百姓,确保前线供给,他不如萧何;论集结百万将士,战必胜、攻必克,他又不如韩信。这三位都是天下奇才,他能重用他们,很好地听从他们的意见,他就成了唯一的胜利者!

汉高祖刘邦

另外,刘邦还是一位天才的军事家。楚汉双方在荥(阳)、成(皋)一带长久相持时,韩信正在北方平定燕、赵等地,指挥正面战场的正是刘邦自己。他处境艰难,进退维谷,但却挡住了项羽的凌厉进击,使供给线长而又不善攻坚的楚军大受挫折,为以后的胜利奠定了基础。汉朝建立后,刘邦又长期驻跸洛阳,以监视几个他不放心的南方诸侯,表现了其总揽全局的战略思想。当几个诸侯相继叛离时,他又以久病之躯御驾亲征,平定内乱。如果没有一定的指挥才能,他是难以胜任的。

刘邦起事时已近五旬,死时仅六十二岁。在这短短十多年的时间内,他把自己各方面的才能发挥得淋漓尽致。汉朝建立后,他明白压倒一切的任务是巩固政权、削夺诸藩,以使他亲自缔造的大汉成为统一强盛的泱泱大国。他立皇威,行秦法,把异姓王一个个地收拾干净,换上了令他放心的刘氏宗亲。这比秦始皇英明多了。

虽然刘邦的文治武功,使他闪闪发光的形象屹立于那些伟大人物之中而毫不逊色,但两千多年来,刘邦却受尽后代文人的贬抑,身上沾上了太多的污唾。魏晋名士阮籍曾评价刘邦说:"世无英雄,遂使竖子成名!"近人李宗吾更骂刘邦心黑手辣不知羞耻,是"厚黑"的典型。然而,从正面肯定刘邦的声音也非常洪亮,毛泽东就直言刘邦是"一位高明的政治家",西方著名史学大师约瑟·汤因比更将刘邦与恺撒并列。认为人类史上最有远见、对后世影响最大的有两位伟大帝王:"一位是开创罗马帝国的恺撒大帝,另一位便是创建大汉王朝的汉高祖刘邦。"如此种种,固然说明人们在评价历史人物时价值观念的反差之大,但同时也说明刘邦一生作为的斑斓多彩。

为此,本书作者突破一般的评传式框架,力求在贴近历史原貌的基础上,对刘邦的真实形象进行还原。既不有意隐讳他的"污秽",也不对他着意粉饰,只是将其一生所历大事,如实地彰显出来,让读者自己进行评判。与此同时,亦把当时叱咤风云的众多人物生动地精雕细琢,给那个风云变幻的时代绘制了多幅令人惊心动魄,荡气回肠的画面。

相信读者通过本书,能够重新发现一个虽然不同于以往但却更加贴近真实的刘邦。

目　录

第 一 章　时来运转　无赖发迹 …………………………… 1
第 二 章　因时依势　斩蛇起义 …………………………… 14
第 三 章　轻取沛邑　试芒失利 …………………………… 36
第 四 章　听妻勉言　再树雄心 …………………………… 54
第 五 章　群雄拥楚　联盟反秦 …………………………… 70
第 六 章　动须相应　轻取成阳 …………………………… 90
第 七 章　破釜沉舟　巨鹿败秦 …………………………… 110
第 八 章　屯兵灞上　子婴献降 …………………………… 125
第 九 章　涉险鸿门　急智离宴 …………………………… 151
第 十 章　项羽义封　刘邦卖乖 …………………………… 176
第十一章　拔犀擢象　登台拜将 …………………………… 194
第十二章　明修栈道　暗渡陈仓 …………………………… 215
第十三章　欲图东进　张良献谋 …………………………… 228
第十四章　攻占彭城　刘邦忘形 …………………………… 250
第十五章　项羽反击　联军败北 …………………………… 265
第十六章　楚汉拉锯　问鼎逐鹿 …………………………… 282

第一章 时来运转 无赖发迹

1

公元前223年,秦国大将王翦统率60万大军攻楚,楚国名将项燕兵败自杀,乘胜前进的秦军一举攻下了楚国都城寿春,生擒楚王负刍。

灭楚之后的秦朝廷立刻按郡县制对楚地进行改编。郡守和县令都由咸阳派来,可是县以下的基层行政机构如乡、里等,只要不公开反秦,旧班子照样运转。在沛丰县,一个整日游手好闲、好逸恶劳,甚至偷鸡摸狗、寻花问柳,从不干一点正事的少年却敏锐地嗅到他的好运就要来了。

他就是刘季。说到刘季就不得不提那个传遍沛丰的传说。

据说,有一日,刘执嘉去田中耕作。中午时分,其妻刘媪前去送饭,走到半路,天气突然大变,乌云密布,电闪雷鸣,黑云如浓烟低沉沉黑压压地飘过来,眼看暴雨来临,刘媪急忙向前赶,边跑边喊,刘执嘉在田中也隐约听到了妻子的喊声。刘媪刚到桥前,暴雨陡然骤下,雷声接连不断。刘媪只好到桥下躲避,刚到桥下,忽见头顶迎面下来一条巨大的黑龙,直向自己扑来,刘媪惊恐万分,当场晕昏,失去知觉,迷迷糊糊之中似有金龙缠在身上。此时刘执嘉在地里听到夫人的叫喊声,就慌忙前来迎接,当看到电闪雷鸣中似有黑龙压在桥下夫人的身上时,顿时惊呆了。刘执嘉匆忙跑到桥下,只见夫人躺在桥下昏迷不醒,忙上前抱住夫人连声叫喊:"孩子他娘!"昏迷之中,刘媪听到有人在叫自己,猛地打了个冷颤,激灵灵醒来,睁眼一看是自己的丈夫,这才长舒了一口气。不料,此后不久,刘执嘉的妻子竟然有了身孕。

在诸多灵异的东西中最受人们崇拜的莫过于龙了。人只要和龙搭上关系,那他(她)就会被人当作半人半神崇敬着。刘媪也是这样,许多人遇到难事、怪事,或者病灾就会跑到她的家里来求神问卜……

第二年夏初,刘媪生下了她的第四个儿子,取名刘季,是按照伯仲叔季的次序排列的。刘季就是刘老四的意思。在同一天,刘执嘉同村好友卢铭家中也生下一个儿子，卢太公为其取名卢绾。

这样的奇事、巧事，在一个平静的小村子里很快搅起了旋涡。毕竟中阳里只是一个几十户人家的小村子，这样的事情一夜便可传开。刘卢两家是村子里算得上有钱有势的人家，卢铭是村里的"父老"，也就是村长的意思。两家决定如此天作之喜，应该大操大办。他们请来了一班乐人，在当街摆起了宴席。在吹吹打打中，全村的老少都被请来赴宴。那天从掌灯起，一直喝到第二天的天亮。从那天起，人们谁都没有忘记一年前的那个传闻，都认为那个刘季是和龙有点关系的孩子，或许就是个龙种。

刘季长大后，刘家已是个大家庭。老大刘伯已经去世，留下了妻子和两个孩子，老二刘仲是个本分的农民，他也有了自己的"一窝"。老三刘叔是个短命鬼，刘季从没见过他。刘季的下面还添了个弟弟，名叫刘交。太公和刘媪虽然积下了点家产，但仍为维持这上下三代之家忙碌着。

刘季从小就以聪明见长，邻里都很喜欢他。联想到中阳里人人都知道的那一传说，都期望他长成个非同一般的人。可是，当他长到十多岁时，他的家人、朋友都对他失望了。

起初，刘太公对刘老四非打即骂，常常把他赶出去，不让他回家，甚至扬言要把他送到亭长处法办。可是一切招数用完后，他却依然如故，没有丝毫改变。在家里疼爱他的只有一人了，那就是他的母亲。

可是她也只能暗暗地流泪。

但，刘老四也不是一无是处。在另一个圈子里，他却是个人人称羡的好手。他豁达大度，豪爽宽容，喜好结交朋友，有时还能路见不平拔刀相助。只要他愿意，和几个志同道合的人跑几趟生意，便赚来大笔的钱。可是钱财在他手里从来留不住，转眼间就水似地淌光了。物以类聚，他有了几十个"铁哥们儿"。他有了点势力，就升格儿了，由"少年"升成了"豪桀"。历史上把他称为"豪桀"而不是"豪杰"，大概是因为这种"豪桀"有别于和英雄意义等同的"豪杰"。"豪桀"不遵传统，不守法度，身上有一股良民们接受不了的邪气。

如果他真像刘太公所说，是个不成器的无赖，他就做不成什么事了。可是刘老四是个有榜样、有理想的人。他的榜样是谁呢？就是魏公子信陵君无忌。

刘季的祖父是从魏国的大梁迁来沛县的，沛县属楚地。老父亲却不忘旧国，时时给孩子们讲许多魏国的故事，信陵君窃符救赵的英雄事迹，刘季更

第一章 时来运转 无赖发迹

是耳熟能详。他想有朝一日做个无忌那样的人，有钱有势，名满天下，不是诸侯，却有着君王般的声势。豢养着门客三千，到处都有自己的朋友。国家急难时，还能拼却性命干出惊天动地的大事业来，博得个青史留名。

那时，在沛丰地方，有两股"任侠豪桀"势力，一是王陵集团，一是雍齿帮派。雍齿的势力较大，刘季曾想投奔雍齿，可是雍齿自恃力量雄厚，看不起他。刘季又回头去找王陵。王陵比刘季大几岁，这时已混得有些声色，在沛县有点势力。他见刘季身材修长、面目英俊，两道长眉间凝结着一股浩然之气，就收留了他。

又过了几年，刘季在王陵处干得不错，成了王陵重要的臂膀，而他们的人马也不少于雍齿了。这时有人就提出要火并雍齿，可是刘季不是个心胸狭窄的人，他向王陵进言：同是江湖兄弟，应该相辅相生，绝不能相剋相残。通过王陵，刘季又结识了雍齿，这件事后，刘季在沛丰一带的声名大了，都认为他是个侠义宽仁、豪放大度的人。

一般"豪桀"之士，都是和官府为敌的，至少是互不来往，可是刘季不是这样。他在沛县公衙中也有许多朋友，最要好的有两个人，一个是管捕盗治安的曹参，一个是管户籍钱粮的萧何，他们都是沛县的主吏。

曹参有个族妹，二十多岁了还没有嫁人，便想托萧何做媒嫁给刘季。

曹妹又胖又丑，人家刘季却是沛县有点名声的美少年，萧何有点为难。

曹参说："我那族妹的模样是不怎么样，可是刘季那小子臭名远扬，正派人家谁会把女儿嫁给他！"

于是，萧何把刘季找来。对他说："老四呀，你也不小了，得考虑一下婚姻大事了。"

刘季嘻嘻咧咧。"你是说给我找媳妇儿呀？那不忙，这么早娶亲，我还没玩够呢，我不缺女人。"

"我也不想和她们厮守一辈子！"

"老四，正经点！"萧何叱他道，"我给你说的这一个是个好人家的闺女……"

"她是谁家嫁不出去的陈货？"

萧何明白只要开了口，即使是货色再不好，也要往外卖，等他搅唇拌舌的把事情说完，刘季哈哈大笑。

"你笑什么！"萧何喝他道，"曹参是咱们的朋友，是信得过的人。他也帮过你许多忙……"

那不假。刘季既然身为"豪桀",就免不了做些违法犯科的事,多亏做捕头的曹大哥给他压下了、化解了,要不,他一年得有半年蹲在大狱里。

"你们两个大哥呀,竟商量着损我!"刘季笑得喘不过气来,"以后,在外面玩够了,得壮壮胆子才敢回家。那模样儿……"

萧何觉得这件事算是吹了,他正考虑着怎样回去对曹参说,刘季竟把笑出的眼泪一抹说:"好了,我答应了。有个丑婆娘在家,我放心!不过,萧大哥你得向曹老哥给我提个条件,要是我遇到称心的女人,他可别拦着我纳几个妾……"

"那怎么不可以呢?"萧何心里一块石头落了地,"你刘老四如果有本领,谁会阻拦你娶三房四妾!"

他答应这门婚事,是出于三方面的考虑。一是他很想通过这件事,把曹参、萧何这两个朋友拴牢。二是成了家,就可以从家里搬出来自己过。他实在听够两位老人的唠叨了。三是想改变一下自己在村社里的形象……

一个月后,刘季娶了曹妹。由于曹参在衙门里的关系,又由于他江湖上有一帮小兄弟,来送礼的人很多。刘季这场婚事,不但没有亏本,还发了一笔小财,足以安家立户了!

2

像刘季这样的人,是攥不住钱的,只要手里有铜钱和银子,就会呼朋唤友吃喝玩乐。几天后,他又是个穷光蛋。如果是别人,手里没钱,心里就慌,可是,他天生乐观,从不为生活发愁,依旧东游西逛地蹭饭吃。就这样一直混到三十多岁。

刘季至多是个社会黑恶势力的小头目,就像根泥鳅似的,在这小河沟里永远也翻不起大浪。他虽然有了家室,还有了个儿子。但如果不是大舅子曹参时常周济他,恐怕连家都养不过来。

"这样下去,到哪是个头呢?"有时他也这样想,可他天生是个乐观的人,叹几口气,找几个狐朋狗友玩一玩,就又快活了,日子还照从前那样过。

刘季的好朋友曹参、萧何等人仍在沛县衙门供职。

刘季找到萧何,求他为自己在政府里谋个职位。

"刘老四,你还想干什么?你真正的位置在那里!"

萧何指指县衙后面的大牢。

第一章　时来运转　无赖发迹

"萧大哥，别开玩笑！"

"我没开玩笑，你不是刚从张耳那里回来吗？"

三个月前，他带领几个伙计，在沛县边境劫了一辆往前线运粮的军车，还杀了几个军人。这事闹大了，上头催着缉拿凶犯。曹参看看捂不住，就令刘季潜逃到外地。起初，他去找自己的靠山王陵，但王陵这时也被政府通缉，不敢窝藏他，就写了一封信，要他跑得更远些，到外黄去投奔张耳。

这个张耳是原魏国大梁人，据他自己吹嘘曾经在信陵君处当过食客，魏亡后，他流落到属于陈留的外黄。当时，信陵君虽然早已亡故，但仍然有很大的影响。他捅着信陵君那面旗帜，还混得有些声色。他娶了个富家女，有了一大笔可供挥霍的财产。于是他也"招降纳叛"当起小信陵君来，和周围的任侠豪桀都有了来往。

拿着王陵的介绍信跑到张耳面前的刘季，立刻受到了热情的接待。张耳见他器宇轩昂，又谈吐不凡，便以为遇到了奇人，一直陪伴着他。刘季呢，是在江湖上混大的，很知道怎么对付张耳这样的人，何况胡吹乱侃是他的长项。

几个月后，天下形势大变，刘季觉得出头的机会来了，就又跑回了沛县。

刘季找到萧何对他说："萧大哥，你的眼光也得改一改了，如今，像我这样的人才如鱼得水呢！你就和曹大哥给我谋划一下吧！"

萧何比刘季大几岁，在县衙里混了多年，很有些从政经验，成了一个地地道道的"文无害"。"文无害"是什么意思呢？这是战国后期，各国选择文吏的一项重要标准，特指那些对各项法律条令的理解和运用都没有障碍的人，也就是说，是一个法律通。刘季就是依靠他这个"文无害"，才能一次又一次逃脱罪责，逍遥法外的。

公元前221年，秦始皇统一全国后，将天下分为三十六郡，郡设郡守；郡下设县，县设县令或县长；县下设乡、亭，每十里为一亭，亭设亭长。这是和基层行政单位交叉的治安系统，专门协助县里的都尉维护社会治安，同时，负责迎候护送过往境内的官员宾客，以及官府文书的传递事务，有时还要押解囚犯和劳工。

刘季的父亲的好友卢铭，仍然当着中阳里的"父老"，说话是很有分量的，他向县里推荐了刘季。沛县的主吏萧何、曹参等朋友顺水推舟地给刘季谋了个亭长的职务。

这虽是个小官儿，可对于刘季来说是至关重要的。首先，他这个一直为

汉高祖刘邦

法律所不容的"恶少"头儿,摇身一变成了执法的官员。其次,他那一伙社会黑势力,便借着这位亭长耀武扬威起来。司马迁在记述刘季做了亭长后,来了这么一笔:"廷中吏无所不狎侮",用白话来说,就是"整个沛县政府的吏员,没哪个不被他轻薄和戏弄的"。他为什么能够这样傲慢、轻狂呢?除了他身后有像王陵一类的"兄弟"支持外,县衙中也有他的许多朋友。每天他到县衙公干,一进门就嘻嘻哈哈地向这个拱手,和那个打趣,摇头摆尾、妙语连珠,如鱼得水……

亭长手下有两个公差,一是亭父,掌管着日常秩序;一是求盗,专司追捕盗贼。如果遇到大的公事,还有樊哙、周勃等豪桀兄弟给他帮忙。一上台,他就派求盗到薛地给他定购了一顶竹皮冠,郑重地戴在发髻上,向上翘着,像喜鹊的尾巴,老远就能看见。沛丰一带,没人再敢瞧不起刘老四了!

这差使改变了刘季的生活和在乡里的地位,但也够辛苦的。

除了在沛丰一带维持治安、缉拿盗贼以外,他还负有押解劳役到咸阳的任务。

谁也不愿意离乡背井去服劳役。劳工们吃苦受累不说,还要遭受监工们的责打虐待,所以,死亡极多。劳工的路几乎是一条不归路。必然的,他们要逃亡,要反抗,这样,押解劳工就成了亭长们的艰巨任务。

刘季在做亭长的十几年里,多次执行把劳工送往咸阳的任务,但他是胜任愉快的。因为他有一帮小兄弟,满可对付那些成为劳工的乡民。在咸阳向有司交割以后,刘季带领兄弟们游山玩水,把县里发给他们的盘缠挥霍净尽后才回到家里。一次,他在咸阳城还见到了秦始皇。

那天,他正和几个伙计在咸阳大街上溜达着,忽然,响起了净街的锣鼓声。接着,就风驰电掣地跑过来几百名骑兵。在他们后面,是皇宫里的卫士,他们把来不及避让的百姓赶到一边,并大声喊叫着:"皇帝出巡了!跪下,不准抬头!"

刘季一伙也随众人匍匐在路旁。

那场面气势磅礴,旌、旗、旐、旒气势煊赫,戈、矛、弩、剑闪闪发光,一队队一列列,那逼人的帝王之气塞乎天地之间,压得人喘不过气来。可是刘季毕竟不同于平常之人,他想:这是难逢的机会,无论多么危险也要偷偷望一望这千古一帝!

他微微抬起头,正好瞧见那伟大的始皇坐着镶金嵌玉的龙辇过来了!

嬴政宽放的黑袍,上面绣着一团团的金龙,在他头上是垂旒的冠冕,颗颗珍珠闪闪发光。他阔大的脸膛上眼睛微眯,两道黑眉直冲云鬓,乍开的髭须勾画出他不可一世的伟岸,那凛凛神色,不怒自威……刘季从心底里感到慑服了,他不由自主地跟着街道两旁的人大声高喊:"皇帝万岁,万岁,万万岁!"

他觉得喊上千万声,也难表达内心崇拜之情,竟然伏在地上呜呜痛哭起来。

"起来,老四!快起来,老四!"伙伴从地上把他扶起来。

"皇帝呢……"

"皇帝走远了!"

"看到皇帝是什么样了吗?"

"什么也没有看到,"伙伴们说,"我们没个敢抬头的,只看见许多穿靴子的脚和庞大的马蹄从眼前走过……"

"嘿嘿……"刘季说,"我倒看了个清楚!"

"头儿,你真大胆,快给大家说说呀!"

刘季和他们回到住处,从头至尾把他所看到的对伙伴们描述了一番,惊得他们瞪眼缩脖的。

"嗨……"刘季慨叹再三,"人家是个男子汉,咱们也是个男子汉……"他摇摇头。

伙计们笑了。他们说:"老四,别发感慨了,皇帝是天,咱们不过是天底下的鸟儿、虫儿罢了!"

"我可不那么看……"

"你怎么看呢,老四?"

"嗨,大丈夫当如是也!"

听了他这句狂妄的话,有的怔住,有的拉了伙伴到一旁偷偷笑去了。

3

回到沛县,把公事交代完毕,同去的人免不了把在咸阳见到皇帝的事向周围的人吹嘘一番,当然也没漏下刘季的感慨。刘季的话和皇帝的故事一起传开了。像刘季的伙伴们一样,有的说他疯狂,有的说他轻薄,有的觉得只有他这样的人才说得出这样不同凡响的话,更对他另眼相看了。

虽然,刘季在大多数人眼中仍是一个大事做不成,小事又不做,风流懒

汉高祖刘邦

惰的混子。可是他从咸阳回来后，却起了很大的变化。以前他崇拜的信陵君从他心目中渐渐淡去，换上的是秦始皇那伟岸的身影。他整天在想：一个人在世间只活一次，为什么不像嬴政那样，电闪雷鸣地飞腾在天地之间呢？同时，他为自己小虫似地蜷缩在泥沟里而感到屈辱。

从此，他为刚刚诞生的秦朝政权干得更加卖力了。

不久，从咸阳传来了消息。皇帝在咸阳宫宴请七十个已经授予博士头衔的读书人，其中多是长袍大袖的儒生。酒喝到半醉，站起来个叫淳于越的老头儿，竟吁请秦始皇给他的皇子皇孙们每人拨一块地皮，给一个封号。其时，秦皇废封建改郡县的大政方针早已确立并在全国实行多时了。可是淳于越硬是不管那一套，给秦始皇上起"宗商从周"的历史课来。嬴政一听就火了，可是他故意隐忍着，让大家继续讨论这一问题，还令丞相李斯做了记录。几天后，四百多个儒生被廷尉捉起来，判了刑，押到市郊活埋了！

听到这个消息，有点文化的萧何、曹参等人不免有点兔死狐悲之感，情绪低落了好几天。唯独刘季感到欢欣鼓舞。他到处对人说："瞧呀，瞧呀，我从小就讨厌那些酸溜溜的腐儒，现在皇帝就要收拾他们了！"他还给萧何建议，赶紧调查一下沛县有多少读书人，他们散居在哪里？到时候好一个个地去抓。

但刘季等了许多日子，皇上也没有下达抓捕读书人的命令，这很让他失望，可是他等来了"禁书令"。

按朝廷的要求，除了秦朝的史书、医卜书，以及法律典章外，前六国的史籍，《诗》、《书》及"百家语"，一律交给郡县政府当众烧毁！敕令说：往后有敢于谈论禁书者，以及借古非今者诛戮全族！还规定过期不交者处以黥刑，送边地服苦役！

"禁书令"又使刘季得其所哉，他首先带领部下走街串巷张贴告示，然后就到读书人家里搜查，把人家交出的和他们搜得的大量竹简、帛书堆在通衢街口放火焚烧。

书籍一直为百姓所看重，爱书的人甚至把书籍看成生命。他们千方百计地对抗"禁书令"。有的把书送进深山和偏远的乡村，有的把书藏进顶棚、牛栏和墙壁中，还有的把书抱在怀里碰头打滚地和搜书吏拼命。对这些顽抗分子刘季都绝不轻饶，那些日子，他抓到的囚犯把县衙大狱都填满了。

像刘季这样的人，是最被读书人所看不起的。沛丰乡里的儒生们在给子弟们讲经时，常以刘季为例说明一个人若不读书，会变成怎样的无知无识和

第一章 时来运转 无赖发迹

游手好闲。现在教训他们的机会来了，刘季带领胥吏耀武扬威地抄了他们的家，让读书人在他面前躬身而立，听他训斥，然后催促他们把所有的书籍毫无保留地交出来。尽管他们已把藏书悉数交出来了，但刘季仍说是还有藏匿，把他们押进监狱，或者拉到街头示众，使他们颜面扫地……

在那些日子里，刘季成了沛丰一带的风云人物。

虽然刘季已是大秦国官吏，是老百姓仰脸看着的人物了，但他的无赖相是难以改变的。

时隔不久，他就搞了次恶作剧，这件事通过司马迁之笔流传千古。

沛县县令有个朋友，姓吕，是单父人，因为在家乡招惹了是非，被仇人追杀，就带着全家逃到了沛县。沛县县令为他们安了家，还备办了接风宴会，以向老友显示他在沛县的人望，还可以借此捞上一笔。沛县的衙吏、乡绅、豪桀当然看出了县令的心思，忙不迭把礼送上，以获得沛县县令的青睐。

为县爷主持宴会的是主吏萧何。他年近五十，白白的面孔，五绺美髯，一双智慧的眼睛，显得丰神飘逸。他站在廊檐下，向从大门进来的宾客大声叫道："今天来的贵客很多，咱们的地方小，不得不分出等级，超过一千钱的到堂上坐，不足一千钱的就只好屈尊堂下了！"

一千钱不是个小数目，那时一匹马的价钱是四千钱，一头牛一千九百钱，一头猪八百钱，鱼每担才二百钱。如果买一个孩子，还用不了两千钱……

曹参在大门口放了一张桌子，面前守着一方白绢，擎着笔，把宾客送来的红包拆开，将名字和钱数开列在白绢上。

曹参年纪和萧何相仿，不过身板比那文吏强多了。他个儿不算太高，圆圆的红脸，留一圈络腮胡，两只大眼睛笑嘻嘻的望着进门的客人。

这时刘季来了。他朝曹参望了一眼，就往里走。

"老四，来来，把你的红包放这儿！"曹参招呼他。

刘季没有理他，依旧往里走。

曹参知道老四没正经，也就放他过去了。他是没什么钱的，但他是本县的属员，是不能不来表示一下的，那就让他蹭顿饭吃算了。

可是刘季走到中庭却被在那里招呼客人的听差拦住了。

"喂，刘亭长，您送多少礼钱呀？"

"你不用管，"刘季说，摆摆手，继续往里走。

"可是小的要给您报上去呀！"

"那，给我报一万！"

听差伸伸舌头，高声叫道："泗水亭长刘爷礼金一万！"

这个数目大得惊人，庭上庭下的客人都向刘季看过来。大概刘季就是要这么个效果，他根本不会在乎别人怎么看他，昂着一张脸，摇摇摆摆地往堂上走去。

萧何在台阶上拉住刘季，小声对他说："老四，别闹，我是宴会的主持人，可别让我下不了台！"

没等刘季说什么，吕太公从堂里迎出来了。

那时，太公正在堂后陪县爷喝茶，忽听前面报了一万钱的大数目，惊得站了起来，他要看看这位出手阔绰的大爷是谁。于是，便急急地走到堂前……

见刘季踏上台阶，吕太公慌忙向他深深地一揖，并说道："老儿吕文恭迎大驾……"

刘季还礼，端详着吕太公。吕文有五十几岁，脊背微微有点佝偻，可是他面貌清癯、白髯飘然，有长者之风，特别是他那一双眼睛，神采逼人，令人难以迎视。

萧何怕闹出什么笑话，赶忙走过去，把嘴对着太公的耳朵小声地说："太公，别理他，刘老四好说大话，没点正经！"

可是，吕太公仍是愣愣地望着刘季，移不开眼睛。

萧何把刘季拉到一旁，在堂上给他安排了个位置。

"你呀，好好地在这儿给我待着，吃饱喝足就赶紧走开，别给我惹事！"萧何按着刘季的肩膀说。

"那一万钱呢，你收到了？"刘季仍然嬉皮笑脸。

萧何拍了他一掌就去招呼别的客人了。

4

刘季没有像萧何说的，吃饱喝足就走开，而是和周围的客人东拉西扯。他喜欢这种热闹的场合，愿意出头露面，以张扬自己的才华。

宴会终于散了，客人们陆续向县爷和吕公告辞。刘季不无得意地看看那个被他拐了一顿好饭的吕太公，正想走下堂去，忽然，老太公用眼睛向他示意。

刘季站住了。心想，我酒也喝了，饭也吃了，你能怎样？

第一章 时来运转 无赖发迹

吕太公走到刘季面前,深深一揖说:"刘亭长,请到这边来,老夫有话跟你谈。"

刘季眨了眨眼睛,跟老太公去了。

他们来到正厅一边的屋子里,那屋子不大,但很洁净,桌椅条凳俱全,靠墙还有一个书架,上面放着几卷竹简。似乎是太公的书房。

"刘亭长,请上坐。"老太公喊来丫头,送上茶点。

刘季不知太公要对他做什么,也不问,只是愣愣地望着主人。

"亭长,是这么一回事。"老人一边说一边斟酌着词句,"老夫从年轻时就钻研相人之学,说句自傲的话,现在已炉火纯青……"

刘季的嘴边刚要露出讥诮的笑容,老人继续说:"宴会开始时,您一迈进厅堂,我眼前就倏地一亮,心里惊异道:我等待的人来了!"

刘季有点泄气。他从小就被人称为有异相,主大富大贵,可是大半辈子都过去了,才苦熬了个小小的亭长……连他自己也不相信那些胡言乱语了。他本想起身跑掉,那些哥们儿还在外面等着他凑局赌钱呢!可是刚刚分文不拿地骗了一顿饭吃,真不好意思再无礼了,就硬着头皮听下去。

老太公继续说:"……您天庭饱满,地廓方圆,五绺美髯也不是常人所能有。您身上……还有些什么异秉呢?"

刘季明知道这些话靠不住,可是他也愿意听,但他想来想去,也想不出身上哪些地方和旁人不一样。老人走过来,对他说:"亭长,能否把衣服脱下来让老夫看看?"

眼看要被太公扒个精光了,刘季着急起来,连忙说:"老人家,我身上光溜溜的,什么怪东西也没有,您就不用费心了!"

"亭长,论年岁,老夫也该是您的长辈了,在我面前,您还有什么害羞的呢?"

刘季虽从小就是个不知羞耻的人,可他也不愿意被一个老眼昏花的老家伙浑身端详。他紧抓着自己的束腰说:"算啦,算啦,我跟您说吧,我身上别的地方都溜光水滑,只在左股上有一滩黑东西!"

谁知刘季这样一讲,老人更来劲了,他蹲下来,拉起刘季的外衣,"那我更要看看了,"他说,"身上的一痣一瘩都关系着一个人的命运沉浮、富贵穷通,一点也马虎不得。"

没办法了,只好由老人去看。

那时,男人们的上衣称"衣",下衣称"裳"。最里面大多光着屁股,外

汉高祖刘邦

面才用裙子样的东西围绕、覆盖着。所以,用不着多费事,老太公就看到了生在刘季左股上的那一滩黑东西。

使刘季惊奇的是,老人看到后,立刻惊异地睁大了眼睛,接着就认真地数了起来。最后,他站起身,摇头晃脑地慨叹道:"真是贵不可言,贵不可言!——我数过了,一共是七十二颗。人在股肱上生那么几颗就主富贵,十颗以上就可贵为诸侯,何况您有七十二颗……"

"那么,老太公,您看我能发达到什么地步呢?"刘季嘻嘻咧咧地问。

太公蹙眉咂舌地考虑后说:"……那是天机,说得太深了,往往后果不好。只要你记着我的话,好好自爱,奋发向上,您的将来真的不可限量!"

刘季没把老人的话放在心里,只想赶紧离开,可是太公还是不放他走。"刘亭长,听老夫对您说……"

看到老人那严肃的样子,欠起屁股的刘季又只好坐了下来。

"是这样……"太公犹豫了一会儿,"老夫有一女,虽无万分姿色,也还识礼,奇的是她从小就有贵相,足可侍奉君侯。亭长如不嫌弃,老夫愿许给您做妻……"

刘季笑了。他想:这老儿,大概是想将自己的丑八怪老姑娘塞给我了!瞧,他一会儿说我可贵为帝王,一会儿又说他的姑娘可侍奉君侯,这两种说法只要有一样占住,你就把姑娘顺利地塞给我了。别想骗我,老家伙!

他说:"太公,谢谢您瞧得起我,可是我总得见一见您的女儿才能做决定呀!"

"好说,好说,"太公对站在一旁的丫头吩咐,"去喊雉儿出来见客!"

丫头去了,一阵裙裾声响,领出一位高个儿的姑娘。虽然她微低着头,刘季也看出了她有着出众的容貌。刘季半辈子过去了,从他怀里转来转去的女人至少也有十多个,他一上眼就可识出好歹。这个叫吕雉的姑娘年龄约有二十七八,虽说年纪大了些,但配刘季这个四十大几的老风流来说,还是满可以的。她没有人们常说的闭月羞花之貌,但却有一种超然的美,使她雍容端庄、不同凡俗。眉宇间充盈一着股逼人的气质,使再轻浮的浪子,也不敢在她面前轻举妄动了。

"这是刘亭长,大号刘季,"老太公向自己的女儿介绍说,"以后,他……就是你的夫君了!"

吕雉慢慢地向刘季转过身来,微微翻了一下眼皮,就又转回身去,和丫头翩翩离去了。她虽只看了刘季一眼,却使他浑身一震,有如触电;以后,

第一章　时来运转　无赖发迹

刘季半生受吕雉所制,大概就是从这时开始的吧。

"刘亭长,拿定主意了吗?"太公问刘季。

刘季没有再犹疑,他明白如果今生真的要干一番事业,那个襄助他的人来了。那些女人,有的美艳如花,有的狡媚如狐,但都是不能成事的,只有她……于是,他撩起衣袍在吕太公面前跪下来……

他把这事告诉了自己最好的朋友萧何。

萧何在他胸膛上捶了一拳说:"老四,你真有福气!吕太公怎么就看上了你这小子呢?"

"我怎么啦?"

"要知道,就在前几天,县太爷还让我去吕太公那儿为他的大儿子说亲呢,他看上了那个叫吕雉的姑娘……"

"怎么样呢?"

"被老太公婉言谢绝了!"

刘季自负地哈哈大笑。

"老四,你打算怎么安置两个夫人?"

刘季挠挠头皮。

"我看这样,不给她们排序,不分先来后到,一律都是夫人。这样,你就得安一个新家。"

以后的几天,朋友们帮着,在县衙附近找了一处房子。接着,看了一个好日子,吹吹打打地把吕雉娶回了家。

刘季是没什么钱的,这又亏了朋友们凑"份子",使他在娶了新娘后,还有余钱过日子。

他等待着自己的时运……

第二章　因时依势　斩蛇起义

1

秦始皇三十七年（公元前210年）七月，刘季奉沛公之命，解送一千五百名徒役到咸阳骊山。这些徒役中，大部分是农民，也有不少是囚犯。为了完成这项艰巨的任务，刘季约上他帮派里的几个兄弟，最亲近的有樊哙、周勃和夏侯婴。他们都是有一身功夫的人。

秦始皇统一中国以后，认为创建了万世基业，必须大兴土木，以昭永久，于是"夙兴夜寐，建设长利"，"兴利致福，诸产繁殖"。只全国性的浩大项目就有建筑长城的国防工程、决通川防的水利工程、修建驰道的国道工程、隳坏旧垒的城市改造工程、夷去险阻的交通工程，等等，这还不算咸阳附近的骊山皇陵工程和大小宫室工程。哪一项工程都需要千百万人！起初，朝廷把数以万计的囚犯和六国贵族赶了去，可是只这些人哪里够用呢？于是便在全国大举征调，规定从十五岁到六十岁的男子都有服役的义务，这样一来，全国大路小径上都迤迤逦逦走着破衣烂衫的民伕……

刘季是亭长，押解民工到京是他的分内工作。开国之初，朝廷对农村实行轻徭薄赋，农民们从统一中得到了好处，家家过着比起六国时好得多的日子，许多人家有了积蓄，在服劳役时还可得到比务农更丰厚的报酬，所以农民大多数能够依法服役。可是，后来情况变了，不仅徭役无尽无休、愈来愈重，农民把几年来积攒的家产几乎荡尽，而且离乡背井、积年累月，过着衣不蔽体、食不果腹的日子。监工的人还动辄鞭打棍敲，对待他们如同囚犯，许多人死在了服役途中，人们都把服劳役看成了一条不归之路……

他们不满了，愤慨了，起而抵制了，反抗了！

起初，"送徒"只是"遣送"，后来变成了"解送"，最后成为了"押解"。刘季一直在做这一工作，他亲身经历了这一演变的过程。他比那位身坐豪华安车，前呼后拥四方巡游的秦始皇明白，李斯在刻石上所作文章中描述

第二章　因时依势　斩蛇起义

的"皇帝哀众"、"振救黔首"、"男乐其畴、女修其业"、"久并来田、莫不安所"的盛世图景，早已不复存在，广大农民已经站到大秦的对立面去了！

这"押解"的任务是十分沉重的。"徒工"们和亲人离别时的凄惨场面已经使人肠断，一步三回首的哀叫更加使人痛心疾首。刘季虽然从小是个浮浪"少年"，可是却没有残害乡里的恶名，做了亭长以后，不少人还称赞他有"仁而爱人"的德行。现在他作难了，不知如何是好了……

前些年，他送"徒工"到了咸阳，在交接手续办完之后，还能轻松愉快地看看京师的盛景，偶然还能观瞻到秦始皇的威仪，回乡后向父老、朋友吹吹外面的见闻，使那些孤陋寡闻的乡亲不住地摇头慨叹，那也是一件乐事。

现在不行了，费尽心机好歹凑足了"徒"数，已经使他和衙吏们身疲力竭，还要磨碎唇齿地动员他们上路。若待之宽厚，则磨磨蹭蹭误了期限，若督之苛严，则卧病、逃亡，甚至抗拒，什么事情都可能发生。

此时，刘季已年奔五旬，开始注意个人在乡里的舆评，眼下的"徒工"都是沛丰父老托付给他的子弟，怎样才能顺利地送他们上路，安全地到达咸阳，而又不坏了自己在乡亲们中的形象呢？

出发前的一天黄昏，他拖着疲惫的身子回到家。吕雉在灯下为他打点着行装。见他进了门，连忙问道："吃过了吗？"

"吃过了。是朋友们的送行酒……"

"还算丰盛吗？"

刘季摇摇头，"没吃出什么滋味来，都心情不好……"

"你肩上是什么？"

刘季这才发现肩上的搭裢没有拿下来。他叹了一口气，从肩上取下搭裢，重重地放在床上。

"是朋友凑的钱。"

因为徭役的征调越来越频繁，押解"徒工"的任务也越来越艰巨，越来越危险。遇到这样的差使，衙吏们大多相互推诿，视到咸阳去为"畏途"。于是，在吏员中就逐渐形成了一个给出差者"凑份子"的规矩。刘季也曾推卸过，因为他到咸阳送"徒"的次数最多，该轮到别人了。可是，他耐不住县公的好话和同事们的撺掇，最后仍然把送"徒"的差事担当了下来。

另外，他性格天生豪爽，"勇于任事"也是一个原因，再说，现在，他已有了两个家庭，几口人等着他来养活，他也需要这笔钱……

按标准每位同事三百钱。两位好朋友——曹参给了四百，萧何给了五百。

汉高祖刘邦

丈夫神情忧郁，吕夫人看一眼就已经知道他的心思了。

"老四，你何必闷闷不乐呢？其实，这时候，你该出去看看了！"她说。

"怎么呢？你想把我推出去，自己好在家里快活呀？"即使在最心烦的时候，他也没忘记开玩笑，这就是刘季。

"人家跟你说正经的呢！"吕雉说，手里仍在忙着。包裹装得太多，怕他累赘，装得太少，又怕他出门后缺这少那，路上作难。

"那就说一说你的正经。"刘季嘻笑着说。

这时，从床上那堆被窝里传出"咯咯"的笑声。

吕雉回头斜了刘季一眼，嗔他道："孩子没睡着呢，你得规矩点！"

结婚的第三年，他们生了女儿鲁元之后，又有了个儿子，名叫刘盈，这时也三岁了。晚饭后，母亲忙着收拾东西，他自己玩了一会儿，觉得无聊，就想睡，吕雉扒个被窝叫他躺下，他竟没有睡着……

刘季见儿子没睡着，只好搭讪几句。

"儿子，你老子又要到咸阳去了！"

"是吗？"刘盈说，"给我捎什么好东西回来呀？"

"你说呢？"

刘盈想了想，说："你给我捎个秦始皇回来吧！"

儿子的话把刘季几天来压在心头的烦闷一扫而空，哈哈大笑起来。

吕雉也笑了，"真是有其父必有其子，说话都是泊天扯地的！"

"小雉……"吕雉娶过门后，刘季十分珍爱，在年龄上又大她许多，就一直叫她"小雉"，"你刚才说……我该出去看看了，是什么意思？"

"我问你，今晚吃过饭后，曹大哥和萧大哥没对你说什么话吗？"

刘季拍着脑瓜想了一会儿，"没有呀，曹哥要我路上小心，萧哥嘱咐我遇事当行则行，不当行则变……都是些平常的话。"

"才不平常呢，是你那木头脑袋破不开就是了！"

"那你给破一破呀，我的乖婆娘！"说着刘季就靠过来。

"到一边坐着，听我给你慢慢说！"

"好，好，"刘季跑到茶几边坐下，给自己倒了一杯茶。

"老四，你没看到吗？现在又到了风吹雨激的时候了。"吕雉开始说，"六国统一后，那个始皇不思让黔首休养生息、安居乐业，却重典峻法、暴政迭出，天下财物已搜刮殆尽，至今仍广征民役、大兴土木，把百姓逼上了绝路。正如人们所哀叹的：秦之苛政已'三十倍于古'！在这样的情况下，天下怎不

第二章 因时依势 斩蛇起义

生变呢？萧大哥给你说的话有深意呀！"

刘季点点头，"萧何那家伙不给我说透！"

"有些话是不能说透的呀！"吕雉终于把包裹收拾好了，回身坐在床上，"老四，你从年轻时不就胸怀大志，想'有大作为于天下'吗？也许你的机会到了！"

"但愿如此吧……"刘季的话音里并没有多大信心。

"……刘季，今日过晌，我领着盈儿到郊外田里去，想看看咱们的稷谷。见田头杂草甚多，就蹲下拔起来。有一位老汉在我一旁站下，不住地打量着我，我也抬起头来看他。他说口渴了，要讨点水喝。我只给盈儿带着一小罐水，就拿去给老人喝了。老人喝完水仍不想走，说要给我看看面相。我想自家的老爷子就是个看相的好手，何用外人对我说三道四呢？可是我又一想：听听另一个看相人怎么说也是好的。于是，我请老人在田边的土埂上坐下来。老人端详了好久，最后他：'夫人有后妃之相，贵不可言！'这时，正好盈儿跑过来，我又请老人给儿子看相。老人把盈儿拉到面前，将着他的额发，不觉低声惊叹了一声：'夫人，您的富贵会因这个孩子达到至高至尊！'我还想让他说详细些，可是他却匆匆地走了。'和你们在一起，如临烈日，凡人是不能久待的！'他说……"

"有这等事？"刘季说，"如果我在那里就好了，也请老人给我看一下……"

"给我看了，不等于给你看了吗？"夫人说，"他说我为后妃之相，那么谁是帝王呢，还不是你吗？何况我父亲早就断言你有帝王之相呢！"

"是呀，小雉，你说得对，也许我的机会真的来了。"刘季又感到踌躇满志了，"我要出去看看，如今天上飘什么云，地上行什么雾！"

"这就对了，有云有雾真龙才能腾飞！"……

这天夜里，他们夫妻谈到夜半，第二天走出家门时，刘季变得精神抖擞，像换了个人似的。

2

可是，等刘季带领他的"徒工"上路时，已在规定的三天之后。临行时，清点人数，一下子少了一百多人，有的逃到外乡，匿藏起来；有的花钱买通了官府，得到了豁免；还有的公然对抗，结伙上了山林。萧何埋怨刘季不够

汉高祖刘邦

果断，本应该在人数凑齐之后，立刻起行的，他却留给"徒工"和家人告别的时间。

曹参没说什么话，马上和刘季一伙一起行动，用两天的时间，抓了一百多人充数。刘季说："里面老弱病残太多，有点对不住乡亲。"曹参叱他道："什么话！要是他们有点见识，就骂始皇吧，咱们也是被逼得没法呀！"……

起程那天，整个沛县城里，家家像是起了灵，哭叫声摇天撼地。萧何、曹参带领全县兵丁一边弹压，一边送他们上路，又用去了一整天。

走出县城十里，再次清点人数时，少了十多名。萧何说："老四，你就走吧。若是再行延宕，逃亡的人会更多！缺失的人数，你就在路上想法子补齐吧！"

"那么，路上再有逃跑的，怎么办呢？"刘季问。

"那你腰上的佩剑是做什么用的呢？"曹参说，"在这时候，只有鲜血才能镇得住！对于那些不安分的人，你可早早地把他们捆起来！"

刘季觉得这法子比杀人好得多，就下令樊哙、周勃等人把几十个领头胡闹的人抓了起来。队伍里安定了许多。

当晚，他们在丰邑以西的湖沼地区安营。送行的朋友不能再往前走了，他们送给刘季两壶酒，鹿肚、牛肝各一份，作为"与故人诀去"的礼物。

第二天早上，队伍起程，走不多远，樊哙跑过来向他报告："徒工又少了十七人！"

刘季惊得站住："怎么回事？"

樊哙说："一个死了，十六个跑了！"

"得把他们追回来呀！"

"到哪里去追？"樊哙望着周围荒草弥漫的丘陵说，"他们跑进这荒地就像鱼儿掉进海里……"

刘季不说话了，默默地往前走。

吕老太公把大女儿吕雉嫁给刘季之后，又把小女儿吕须嫁给了樊哙。这使刘季的自尊心很受了些损伤。那吕须生得也很漂亮，比她姐姐吕雉还要乖巧，刘季一直想，小吕须至少也要嫁个像他这样的人，可是樊哙却是个卖狗肉的家伙！这亲事是怎么成就的呢？据老太公说，那樊哙虽是个以屠狗为业的人，可他的面相却大富大贵！何况他练得一身武艺，有着统帅三军的本领！

那，刘季就不能说别的了。在吃吕须、樊哙小两口的喜酒时，他结识了那个卖狗肉的屠夫。樊哙生得五大三粗，四肢、肩背上满是一块块的肉疙瘩。

第二章　因时依势　斩蛇起义

圆圆的脸庞，粗眉大眼，一说话就像与人吵架。可是他眉宇间的确有股惹人注目的神韵，使他看似不同凡响，但在刘季心中却一时抹不掉对他的轻视。刘季打量着那个俊眉俊眼、苗条单薄的吕媭不禁叹起气来。"若是我是她，想到夜里要和这个莽汉在一起，非吓得逃跑不可！"

可是，刘季与樊哙接触了几次，两人竟成了莫逆之交。一年后，那樊哙竟跟定了刘季，忠心耿耿、矢志不渝。

走了一会儿，周勃又过来了，他气咻咻的，手里提了一把沾血的刀。

"你这是怎的？"刘季慌忙问道。

"我把两个混蛋宰了！"周勃说，眼睛里喷着火。

"怎么，你杀人了？"

周勃没有说话，胸膛像风箱一样起伏着。

费了好大功夫，刘季才弄明白事情的原委。有十多个徒工想结伙逃走，被周勃发现，下令把他们一个个地捆起来。可是有两个"好汉"出头为他们说情了。他们说都是一块土上的人，乡里乡亲，怎能动不动就捆人？周勃骂道："我执行的亭长的命令，你敢前来管闲事？"

这种事，只要有人出头，就有人相帮，呼啦啦一下子聚拢了一大帮人，他们都帮着那两个"好汉"说话，有人甚至动手为被捆的人解开绑绳。周勃急了，抽出佩刀就把面前的两个"好汉"给杀了！

闹事的人就像山里的猴子，见了鲜血立刻就老实了，他们在周勃脚下跪下来，不住地磕头求饶……

刘季觉得这件事情非常严重，埋怨周勃道："你也太莽撞了，怎好真的杀人！"

"曹大哥不是说，必要时，得让他们见见血么？"

"现在，怎样了呢？"

"他们都吓得像龟儿子似的！"

刘季不愿意在这时去见那些沛县子弟，就对周勃说："去吧，好好地看住他们。不过再有这样的事，得先与我商量才行！"

"是！"周勃去了。

周勃才二十多岁，比樊哙还小十岁，样子很精明，是同伙中的小弟弟，跟着刘季入伙也有近十年了。他像帮伙里别的人一样，原是个穷人，从小随父亲、哥哥编薄曲（一种养蚕的用具）卖，后来学着吹箫击锣，人家办丧事的时候，就充当奏乐手，混碗饭吃。可这也难以糊口，就沦为乞儿了。刘季

汉高祖刘邦

做了亭长，日日出入县衙，经常见到在附近的小乞丐中有个孩子生得十分清秀，就给他几文钱，要他为自己跑腿办事。这个叫周勃的孩子对他很忠心，也很能干。后来大些了，刘季就介绍他入伙，成了他的心腹。

杀了两个人，队伍的纪律肃整了很多。徒工们明白这个从沛县出来的老乡亭长，逼急了也会动真格的。刘季便趁此急急地赶路。

但几天后，逃跑的事又发生了。每天一早清点人数，总是少那么几个，十几个……

周勃咆哮着，又要杀人，被刘季制止了。他说："杀能镇住他们吗？如果你是徒工，杀几个人，能够压服你吗？"

周勃不说话了。

一旁的樊哙问："那怎么办呢？"

"我去给他们讲讲。"

这些日子，樊哙和周勃由于管得太严厉，徒工们很是反感，把他们视若仇敌。刘季便让面善心慈的夏侯婴把队伍召集到一座土丘下，刘季登上土丘对他们说："沛丰的老乡们，我们不是仇敌，而是朋友。朝廷征调徒工，我和兄弟去送你们，咱们的关系就是这样。我知道谁也不愿离乡背井，谁也不愿踏上这染满血泪的路途，可是有什么办法呢？我误了期，或者交纳的徒工不够数，我就要被杀头，你们呢，也没有好结果，咱们的命运是连在一起的呀！……"

徒工们听着，把头低得几乎垂到地上，还有人在轻轻地哭泣。

"……你们知道，这些日子每天都有人逃亡。"刘季继续说，"他们都糊涂呀，按照大秦律逃亡者死！他们虽然逃脱了服役，可是却背上了罪犯的恶名，永远不能回家，不能见自己的父母妻儿了！如果被官府捉到，就要掉脑袋的，他们的日子好过吗？另外，他们还连累了我们，如果朝廷知道了有徒工半路逃跑，我们就要替他们担负罪名，嗨，他们是些不顾利害，不顾别人，不顾朋友的人呀！……"

说着，刘季哭起来，这是从心里流出的眼泪，所以徒工们都被感动了，土丘下一片哭声。他们对着亭长叫道："咱们怎么办呀？""亭长想想办法吧！"……

刘季说："那就规规矩矩地上路吧，到了咸阳，好好地为朝廷干活。人家能活下来，咱们也就能活下来，何况，时势变化，谁能说得出将来会怎样呀！"

第二章　因时依势　斩蛇起义

是的，这是唯一的路。

"咱们跑了不少人呀，人数不够怎么办呢？"

"那就要听萧主簿的话，在路上抓人补充了！"刘季说，"我也知道，这是很不道德的事，但除此之外还有什么办法呢？咱们也要活命呀！"

刘季是很会说话的，他讲话后，情况好了很多。夜里，有的徒工主动参加站岗放哨防备有人逃亡，还有人把自己和同伴用绳子绑在一起睡觉……

可是安定没有持续几天，走到丰西的沼泽中时，正遇大雨，雨后清点人数又发现少了许多人，其中还有团伙逃亡的事……

刘季被这事击倒了，樊哙和周勃冲进他的帐篷，叫嚷着要派人去追。

"他们跑不远，估计就藏在周围的草莽中！"

"捉回来一律杀掉，他们不让咱活，咱也叫他们不得好死！"

"算啦，算啦……"刘季摇摇手，"让他们跑吧，跑吧……"

"那，大哥有什么主意呢？"

刘季呆了一会儿，对他们说："你们出去，让我自己想一想……"

周勃和樊哙出去了。

3

这时，已经入夜，夏侯婴进来，点上了一支蜡烛，荧荧的光在周围摇曳着。帐篷顶上响着鸟啄似的雨点声。

"夏侯兄弟，外面又下起了雨吗？"

"是，又在下雨……"

"你看，我把兄弟们带到这水泽里……"

"……到处是水，"夏侯婴是个粗人，不会转着弯子说话，"不过要想走出去，也得天亮以后，那时才看得清道路……"

"对呀，对呀……"刘季说，"徒工们在哪里住宿呢？"

"周勃和樊哙把他们安排到林中去了，有树木遮雨，总会好一点。"

"嘿嘿……"刘季笑起来，"今晚会有不少人逃跑呢，会有很多……"

"樊哙领着人在周围巡查……"

"那有什么用呀……"刘季又笑了，"夏侯婴，你去看看，咱们带着的帐篷还有多少？都拿出来分给徒工们，叫他们睡个好觉。"

"亭长，咱们还有很长的路要走呀！"

"听我的话!"

"是。"夏侯婴出帐去了。

夏侯婴原是个在县衙中赶马车的人,两年前的一天,刘季在衙中办完事,走出大门已近黄昏。一辆马车跑过来,停在他面前。一个满面虬髯的车夫从车上跳下来对他说:"刘亭长,上车吧,我送您回家!"

那时,刘季在县衙近处还没安家,正为怎样回家踌躇着,就说:"那太好啦,我就坐你的车!"

一路上,车夫没有和刘季说话,但他的车赶得又快又稳,刘季竟在车中睡着了。到家时,车夫才把他摇醒。

刘季一边下车,一边说:"好,你真是个赶车的好把式!能告诉我你的名字吗?"

"我姓夏侯,单名一个'婴'字。"

"我记住了,夏侯婴!"

以后,刘季便常常乘坐夏侯婴的车。直到刘季感到有些过意不去才说:"夏侯婴,咱们过去不认识,你这样伺候我,叫我怎么谢你呢?"

"不用谢。"车夫说,"你就在县衙里给我谋个差使吧!"

原来是这样!刘季笑了,他拍拍夏侯婴的背,对他说:"好吧,只要有机会,我就推荐你!"

县衙中的人都是相互举荐才得任用的,因此里面有许多帮派。刘季当上亭长,就多亏了萧何和曹参帮忙。他也想弄几个小兄弟进来,拉个小团伙。

不久机会就来了,沛县的官府要选任县吏,刘季便串通萧何等人举荐了夏侯婴,并得到了县令的批准。夏侯婴极为高兴,找到刘季报告喜讯。刘季也替老朋友高兴,两个人便抱成一团,推打嬉闹,不想刘季出手太重,把夏侯婴弄伤了。当时,他们一旁有许多人,瞒是瞒不住的。秦朝的法网严密,伤人要判重刑的。刘季身为亭长,便是知法犯法,罪加一等。

"刘哥,你什么也别承认,只说是我自己弄伤的!"夏侯婴说,"咬住牙呀,刘哥!"

一开始,他们都被弄到监狱去了。审讯时,夏侯婴挺着脖子说:"是我自己不小心,撞到树上碰伤的,和刘亭长没有关系!"刘季呢,却没有他那义气,也就推说是夏侯婴自己碰伤的,他没有任何罪责。这种事情,旁证肯定是有的,所以反反复复结不了案。后来,经过萧何等人努力,才把刘季保释出狱。夏侯婴却因包庇嫌犯在狱中受尽了苦刑,直到一年后才无罪释放。刘

第二章 因时依势 斩蛇起义

季照旧做他的亭长，而夏侯婴也没有丢掉他得到的差使。

自此以后，两人的关系更密切了。

夏侯婴走后，刘季仍闷闷不乐。他从行李中把一坛酒和一包干肉拿出来，自斟自饮。肉很干，嚼起来很费事，可是越嚼越有股特有的香味儿。

外面仍下着雨，帐篷仍在响，他的思绪就像脱缰的马，到处驰骋起来。

他觉得自己的人生道路走到了一个十字路口，是做出抉择的时候了。几十年过去，他像个传说中的游神，在社会上游荡着。他不事农耕，不做生意，虽然他有许多黑道上的朋友，也入过帮，但又不想死心塌地的做盗贼。为什么呢？因为他总觉得那都不是他干的营生。虽然他说不具体，可是朦胧中他看到自己的事业是大的，大得顶天立地，只有仰视才可看到它那光辉灿烂的峰顶……

从小，他就被人们认为是个异常的孩子，带着许多传闻在人们异样的目光中长大。后来他自己也以为有别于常人了。虽然他不承认，但在内心里却觉得自己就是那条潜龙，将来，只等时势到来，就要飞腾长空，兴云播雨，让霹雳闪电震动万里山河……

可是，他等待的那个时势迟迟不来，至今，快五十岁了，才在朋友们的帮助下，弄到一个小小的亭长！

这时，他又想起妻子吕雉的话。她说：等待已久的时势到了，她要他出去看看天下大势。他也觉得有一种声音在催促他，激励他，鼓舞他，应该耸身一抖了！

这也许就是上天的声音！

他要顺乎天意民心做出平生最最大胆的决定！

——我或许真是一条龙，那就让我飞上云霄，搅得九天颤抖吧！

——我或许是一条虫，一条可怜的小虫，那就让我在成龙的妄想中死去，让千万个脚掌在我身上碾过，把我碾成粉末！

4

就在这时，帐篷的帘子又被人推开了，进来的是樊哙和周勃。他们那火灼的样子，刘季知道又发生了什么事。

"又有人逃亡吗？"他问。

"这一次逃得多，有几十人呢！"周勃说。

汉高祖刘邦

"好！"刘季说。他说出这个"好"字，使两个朋友惊异，张大嘴巴望着他。

"你们做了什么？"

"我又把许多人捆起来了！"樊哙说，"要不再让他们见见血？"

"绝不能再杀人了！"刘季站起来，"你们赶快去把被捆的人放开，再把他们集合起来，我要对他们说话！"

"还要说话？"周勃说，"你那一手大概不灵了！"

"别说废话，赶紧去办！"刘季对他们挥挥手。

徒工们集合在一个山坡上，黑黢黢在蠕动着，像些黑糊糊的怪物。刘季瞥了他们一眼，看得出来，那一"堆"比起前几天是大大地缩小了。

他走到高坡上面，久久没有说话。

雨仍在淅淅沥沥地下。虽正是盛夏，但在这暗黑的雨夜里，小风一吹，仍使人瑟瑟发抖。大概他们的衣着也都湿透了。

大家也许都在等待着什么事情发生，谁也没有说话。远处一只鸟儿在拖着长声叫着，似在哭泣。

"老乡们……"刘季也没想到，这三个字是带着哭音说出来的，"我们的路就要走到头了。我们的人跑掉了不少，日期也误了，我们无法到咸阳去了……"

他说不下去了，可是他脚下蹲着的人仍凝然不动，他们在等待着他继续说下去。

"你们走吧……"刘季说，"到你们想去的地方去吧！……我也就此离开了……今后，我们都是秦朝的犯人了……"

刘季走下高坡，向他的帐篷走去。

直到他又钻进帐篷，把杯子斟满酒，一饮而尽。周勃、樊哙、夏侯婴才冲了进来。"

"亭长，痛快呀！"

"这才是大丈夫的胸襟！"

"从此，咱们就是自己的主人，谁的鸟气也不受了！"他们嚷嚷着。

刘季没有接他们的话，抬头问道："他们呢？"

也许因了樊哙是刘季的连襟，也许是樊哙口快心直，领头说话的总是他："他们有些人走了，还有许多人留下来……"

"他们留下来干什么？"

第二章　因时依势　斩蛇起义

"他们想问问亭长今后要到哪里去,打算跟随亭长……"

"你们呢?"刘季抬头望望面前的几个兄弟,"有地方去吗?回家,还是去投奔亲戚?"

周勃生气地说:"亭长怎么问出这话?我们是生死都跟定亭长的!"

樊哙、夏侯婴也都这么表示。

"我也没地方去,"刘季说,"先找个地方落脚,以后就走一步看一步了!——夏侯婴,你是管辎重的,咱们还有酒肉吗?"

"有,还有许多呢!"

"统统拿出来!招待跟随咱们的兄弟!"

"是!"他们便忙去了。

夏侯婴、樊哙、周勃等人把酒坛搬出来,让兄弟喝酒取暖。又在丘陵下挖了土灶,支起几口大锅煮肉……

刘季数了一下,留下的有一百一十多人,只头目就有十位。他把这些人都称弟兄,并把他们分为十组,每组指定一个头目率领。

这些事吃喝着就完成了,刘季手下已经有了一支小小的军队。

"弟兄们,"刘季端起酒杯对大家说,"咱们就是亲人了。今后,咱们的命运到底怎样,谁也说不定,但正如俗话说的,有福同享,有难同当。这里不是久待的地方,也许不上半日,官军就要到了!"

这时,所有的人都喝得醉醺醺的,咬着大舌头对刘季表示忠心,决心跟定他走向天涯海角!刘季把几个亲近的弟兄叫到一旁,商议下一步的事。他们决定立刻隐藏在附近的山林里,脱离眼前的危险后,再作打算。

刘季从队伍中找了两个熟悉当地情况的老乡当向导探路,又安排周勃和樊哙在后面压阵,就率领队伍钻进密林中去了。

那是一条小径,荒草齐膝,这时,草上都沾满了雨水,只一会儿,就弄得两腿透湿了。再加上密密的树枝对他们刺着,划着,抽打着,露皮的地方,疼痛难忍。可是比起天亮后官军的进剿,已不算什么了!

走着走着,队伍忽然停下来了。大家正不知何事时,前面一个探路的人跑了过来,惊慌地对刘季说:"前面路上横着一条白色的大蛇……"

楚地的人对蛇虫十分敬畏,认为蛇近似龙,是很有灵气的东西。

刘季听了后,呆了一会儿,但他觉得这是对他的考验,他得有所表现了。

"你们等着!"他吩咐道。

接着,他拔出佩剑,大踏步地走向前去。

汉高祖刘邦

刘季的佩剑原是他父亲的。刘太公年轻时也像刘季一样是个有名的浮浪少年，整天带剑东游西逛。后来，秦朝廷下令收缴天下兵器，私藏刀剑是个不小的罪名。只有那些不遵法令、不走正路的少年，才敢以身试法。刘太公浪子回头，弃恶从善，才将那把剑收藏了起来。刘季长大后，又用得着那把剑了，常常带着剑招摇过市。一天，沛城来了个铸剑的师傅，刘季便拿剑给师傅看，想讨个名堂。没想，那师傅一看，就惊叹不已。他说：这剑是战国时名匠所造，只是尺寸略短了点。刘季便花钱请他改造。那工匠费了几天的工夫才把旧剑重铸为新剑。刘季拿去给朋友观看，连见多识广的萧何、曹参都极为艳羡。从那时起，他就一直带在身上……

走到队伍前头，刘季果然看到了那条大蛇。它盘踞在路径当中，一个三角头有杵臼那么大，两只眼睛闪着绿光，一条叉开的血红毒舌在它口中伸缩着。

听到有人走近，那蛇把身子伸展开来，浑身闪着白光。

刘季心里很害怕，可是他知道这时如果逃走，那他就会落个孤家寡人，或者以后也将一事无成。

"你仅是一条蛇罢了，我可是一条龙！我怎会怕你！"

刘季心里默念着，孤注一掷地向大蛇走去。那蛇把头一挺，身子弹跳起来，像倏然竖起的一根长剑，刘季闪在它身后，趁它还没回过头时，挥出了他的宝剑……

"咔嚓"一声，大蛇被斩断了！

两段蛇身在地上翻滚着，蹦跳着，搅起了哗哗的泥水，几棵小树也被它摧折了，好久后，才僵死不动。

周围的徒工吓得肝胆俱裂，痴痴的呆若木鸡。直到有人喊出第一声："亭长把白蛇斩杀了！"大家才跟着拼命地喊起来。

"别喊了，赶紧跟我走！"

队伍开始跟随刘季往山林深处走去。人们走过大蛇躺着的地方，仍然心惊胆战地绕开。

这时，天已开始放亮，一个流传千古的故事在这队伍中萌生了。这故事的始作俑者是樊哙。

他在听说刘季斩蛇的消息后，赶到前面一看，果然看到了那条躺在路上的大蛇。心想：老四，有你的，在这关键时刻，你竟能做出如此举动，有种！得借着这事做点文章才好，于是，一个故事就随口编出来了。

第二章　因时依势　斩蛇起义

"樊爷，"有几个弟兄看他追上来，对他说，"看到路上那条死蛇了吗？那是刘爷斩杀的！"

"我早就知道了！"樊哙说。

"樊爷，你怎会早就知道呢？"

"刚才我从那儿路过时，看到一个老女人在守着死蛇痛哭。"樊哙说，"我问老人哭什么？她说：'这白蛇是我的儿子，它是白帝之子……'我问她：'你的儿子是被什么人杀死的呢？'她说：'他是赤帝之子，时运正旺，老身没有办法，只有哀哭……'我觉得这事蹊跷，就要拉她走，可是我刚伸出手，她就消失了……"

到了天亮，整个队伍上下都知道了这个离奇的故事，大家都用敬畏的眼光看着刘季。

秦始皇的先祖秦襄公、秦献公，都崇奉西方之神少昊，并建立寺庙加以祭祀。少昊就是白帝。以后，他们的后代都以白帝的子孙自诩。刘季杀了白帝之子，正是将消灭秦朝而代之的预兆。赤帝呢，托祀于南方，也就是楚人世代所居的地方。楚人信奉的火神祝融，传说就是赤帝的儿子。这样牵丝攀藤，就把刘季是赤帝之后暗示了出来，跟随刘季的弟兄怎能不信呢！

樊哙这个以屠狗为业的小子，怎会编造出这么一个大有深意的故事来呢？真是匪夷所思。一个人在非常时期，常常能够激发出非常的智慧。

5

徒工中有个人叫张留，原是曹参的马僮。他在那天黎明时跑回沛城，没敢回家，跑了几家亲戚，人家都不敢收留他，他饿得没法儿，想起了以前的老主人，就爬墙来到曹参家的马厩里，找到了盛马料的木桶，抓着那些煮得半生的黄豆吃起来。

"别吃了，那东西没有煮熟，吃多了要涨死的！"

忽然听到有人说话，张留吓了个半死，抬头一看，见曹参站在他面前，一下子觉得没命了，腿一软就趴在地上向老主人求饶。

原来，从少年时起曹参就养成了早起练功的习惯，做了沛县分管司法的吏员，更不敢懈怠，还是五更即起，练他那早已娴熟的武艺。在院子里走了几圈后，听到马厩里传出动静，就轻手轻脚地走过来了。

"你是张留吧？"

"是我，老爷……"

"从服役的半路上逃跑可是死罪呀！"

"老爷，不不不是，不是我要跑回来，是刘亭长造反了！"

曹参没接张留的话，看着他那吓得浑身颤抖的样子，知道这小子不是说谎。就说："张留，你起来，跟我到屋里去，把事情说个明白。"

"是……"

曹参把张留带到书房，回身关上门，让他把事情的经过原原本本说清楚。

张留想说，可是惊心未定，仍然结结巴巴，曹参倒了一杯热茶给他喝了，他才沉下心来，说得明白些了。

他从徒工在路上有人逃亡说起，说到周勃杀人，说到亭长的讲话，说到徒工成团成伙地逃走，最后，说到刘季释放了全部徒工，自己带着一部分愿意跟随他的弟兄逃亡于山林……

"那……是个什么地方呢？"

"小的说不出。"

"那还是沛县的范围吗？"

"小的也不知道……"

曹参知道再也问不出什么了，就对他说："张留，你虽情有可原，但也有罪，你的情况没弄清前，你只能待在这里，哪里也不能去！"

"是的，是的！"张留又跪下去磕头，"我听主人的！"

曹参出了书房，把门掩上，找来一个心腹家人，和他耳语了几句，令他看住张留，就骑上快马去找萧何了。

萧何的家人给他开了门，迎进书房，还没坐下，萧何就走了进来。

"是老四那边出事了吧？"他瞪着眼睛打量着曹参。

"你猜得真准……"曹参说。

"你说。"

"老四造反了！"

尽管萧何有点思想准备，听到这消息也大吃一惊。可他毕竟是个很有政治经验的人，没有大吆小喝，拉着曹参的手，面对面地坐下来。

家人见两位知己要说事，就说："我去备茶，"要走开。

萧何却吩咐说："你对主母说：把早餐送这儿来吧。"

家人走后，曹参把从张留那里得到的消息对萧何说了。

"刘老四能干出那样的事来……"萧何说。

第二章　因时依势　斩蛇起义

"他也是无路可走了。"曹参说。

"我想，沛县这里很快就会传来消息。沛公也会召集咱们去商议对策，"萧何说，"在这之前，咱们应该商议出个主意来。"

"不知老四起事的那地方还属不属沛县管。"

"刘季还没有走出沛县的境界。"萧何说。多年为吏，萧何练就了沉着、冷静的处事态度，就是火上房的急事，萧何也会按部就班地去做。"你想，刘季才走了几天，又逢大雨，还要不断地处理些类似逃亡的烦心事，他能走快了吗？那地方肯定还在沛县境内。"

"那就好了。"曹参说。

"是呀，"萧何说，"那就是剿与不剿，如何剿，都是咱们说了算。"

"老兄，你说沛公要是问计于咱们，咱们应该如何应对呢？"

萧何想了想，说："只有一个字……"

"拖？"

"是，咱们想到一块去了。"

"暂时是可以拖，"曹参仍很担心，"可是能拖多久呢？"

萧何指指上天，"就看天时是不是很快来到。"待了一会儿，他又说，"即使天时未到，也不要紧，刘季在江湖上还有很多朋友，不是才一百多个人吗？他可以带领人马去找他的大哥王陵，如果在王陵那儿卧不住，可以向西南方向移动，在芒、砀的山泽安身，以等待时机。那里是几个郡交界的地方，郡主县令，谁也不会抢着伸手捧这个扎手的'刺猬'的。"

他们还没有商议停当，县里的衙吏就来传达沛公的通知，要他们到县衙面议当前"要务"了。

曹参起身要走，萧何拉住他，"忙什么？别让太爷看出咱们心急火燎的样子来——吃过早饭再走！"萧何又抬头向门外喊道："还不送早饭进来呀？"

"来了，来了！"外面有人应着。

官府办公的地方叫议事堂。萧何和曹参在那里见到了沛公和早来到的几位县吏。一个个愁眉苦脸，惶惶不安的样子。沛公是去年新上任的，姓吴。将近五十岁，一张干瘦的黄脸，眨着杏核般的小眼睛，是个谨小慎微的人。他摆摆手要萧何、曹参坐下，就开始说话了。

他简单地说了一下刘季释放了所有徒工，并带领一伙人逃进附近山泽的事。

"这是谋逆大罪。"他说，"刘季是咱们沛县的吏员，带领的又是沛县的徒

汉高祖刘邦

工，本县和大家都难以摆脱干系……"他心事重重，但没有渲染这件事。

他说：他们已经议论了一会儿，结果是决定派县衙所属的二百名士兵进剿，带兵的人也确定了，那就是本县分管治安的掾吏曹参。

萧何问："沛公，上峰已经来了文牒？"

沛县属于泗水郡，萧何问的是郡里是不是知道了这件事，并发来了催促进剿的文件。

"没有。"吴大人说。

"那么，吴公，您已经认为刘季起事的地方是属于咱们沛县了？"萧何又问。

"是的，刚才我和几位吏员查看了一下图簿，刘季起事的位置就在本县和砀郡交界的地方……"

"如果，今天或者明天刘季和他的人马往西南跑几步，到了砀郡呢？"

吴县令被问得张口结舌，他望着周围的属员，大家也因萧何的问题想到了什么。

秦朝对各级地方官政绩的考察，主要是以"上计"作为根据的。"上计"是自报或者上级了解所得的一系列数字。比方说这一年中该地方完成的赋税是多少？交纳的徒工有几批？地方是否安定？有没有盗贼出现，一共有几起？至于有人起事谋逆，那更是最大的劣绩，说不定要被追查、治罪的！因此，报喜不报忧已经成了官场上编制"计簿"的约定俗成。沛县出了这么大的案子，做县令的首先得摸摸自己脖子上的脑袋！

"刘季若能移到砀郡去，那就太好了，可是……"县爷说。别的人也连连附和。"可是，他要是蹲在那里不动呢？"

大家都望着萧何。他是有名的"文无害"，熟悉各种法律文书，当然也就很善于钻法律的空子。知道他既然这么问，就一定能出奇招。

萧何说："我想这事儿……可先以'失踪'上报，失踪的地点不妨就定在砀郡，然后，等一等上司的反应再说……"

这的确是高招，"失踪"就不是谋反，两个字就把事件的性质变了。把事发现场推到临近的砀郡，是有点冒险，可是，那里已是两郡边界，是这边还是那边，一时也很难弄清楚。当然，这主意可议的地方很多，可是在当前来说，已是上上之策了！

几天过去了，泗水郡没有下令追查这事，很可能萧何这一险招出对了。郡守也很不愿意在他的管辖范围之内出现谋反事件。但是，拘拿当事人家属

第二章　因时依势　斩蛇起义

刑讯并扣为人质的法定程序，不能不走。吕雉被逮到县衙大狱里了。

"告诉吕夫人，"萧何对曹参说，"叫她安心地在里边待几天吧，没事儿的。"

沛县县衙里，萧何和曹参也不能一手遮天，还有些人想借此生事呢！有个主管审讯的吏员名叫李营，是个唯恐天下不乱的后生，他几乎天天把吕雉拉到大堂审讯。有的人这样干，只是为了过一过权力瘾，可李营却另有所图。从头一天过堂时，他就看上了那个眉黛紧蹙、粉腮哀凝的女人了。他愿意听她说话，愿意看她那孤苦的样子，觉得在她面前摆官架子是一种享受。除了在大堂上，他怎能有机会有权力接近这样的女人呢？

这天，他走下堂座，一边问话，一边绕着吕雉转来转去。眼睛直勾勾地像小刀子在她身上划着。

"你说，刘季谋反，事先你就一点也不知情吗？"

"不知。"

"那就怪了，他上路时，你送他了吗？"

"当然要送的……"

"你对他说过什么话？"

"这也要问吗？长官。"

"当然要问的……你说！"

"也没说什么，只是嘱咐他路上要小心……"

"他呢？他给你留下什么话了吗？"

说着，李营靠近了吕雉，把手搭在了她的肩上，吕雉听到了他急促的呼吸，知道这小子想图谋不轨了，但她沉住气，等待着。

"你说呀，说呀……"李营向周围瞧瞧，看没有人妨碍他，就大胆了，小声对她说："只要你依了我……我就开脱你……"

吕雉低下头去，一朵红云飞上面容。李营以为这女人已经答应，就把手从她的领口伸下去……

可就在这时，吕雉忽然站起来，捞脸打了李营一掌，并指着他的鼻子骂道："狗东西，你想乘人之危吗？你是瞎了狗眼！我生为刘季的人，死为刘季的鬼……"

吕雉这样一闹，引来了许多人观看，有个叫任敖的狱吏，他原是刘季的朋友，自吕雉被捉进监狱，就主动负起了保护她的责任，李营的下流作为，他早已在一边看得清楚，这时，他腾地跳了出来，只一拳就把李营打倒在地，

· 31 ·

又连踢几脚，李营就滚到墙边号叫不已。任敖不管他，扶着吕雉回狱室去了。

这一折腾，事情闹大了。法吏趁人危难，"欲行侵侮"，很多人见到，已是不争的事实，而狱吏又打了法吏，更是在众目睽睽之下，无法辩驳。这相关的两件事，弄得县令吴公头痛欲裂，他找来了萧何，要他来处理。

萧何想了想，说："李营的所作所为，无德无行，已经失却了做法吏的资格，应立即开除回家。那任敖呢，虽出于义愤，但在公堂上殴打法吏，亦属不法，可罚俸三月，羁押半年……"

沛公点头称是，以为处理得当。

可萧何又说："那刘季的事，现在已无人追问，看来上头也不想再有人提起，若刘季的妻子吕氏继续被关押，徒然给人以没有了结的由头……真不如把她放回家去！"

"是呀，是呀……"县令说，"人们还是把这事忘了的好！"

于是，吕雉在被关押了两个月后，平安地回到家里。

6

三个月后的一天深夜，有人顶着星星叩响了萧主簿的门环。

家人开了门，迎进了一个陌生人，他被留在门房里，家人就去通报主人。

萧何问："是个什么样的人？"

"破衣烂衫，满面虬髯，好像个土匪。"家人回答。萧何明白是谁了，他吩咐说："先领他到厨房，弄点饭给他吃！"

"是。"

那时已是秋后，天气凉了，萧何穿戴好，已过了半个时辰。他走到前院，从厨房里流出的灯影，端详着那个大吃大喝的人，正如他预料的，他认出了那是刘季的连襟和好友——樊哙。

萧何对站在院子里的家人说："我不扰他了，叫他吃过饭后来见我，我在书房等他。"

萧何又在书房里等了半个时辰。

当樊哙踏进门，萧何站起来，拉住了樊哙的手。

"萧大哥！想我们了吧？"

萧何说："你们弄得我们天天不安，怎会忘记你们呢！"

落座后，不等家人送上茶点，萧何就要樊哙把起事的经过说了一遍。

第二章　因时依势　斩蛇起义

"这也是无路可走了……"樊哙说。当他说到刘季拔剑斩蛇的故事时，萧何笑了。

"没想到樊老弟还是个很有才气的人……"

樊哙哈哈大笑。"萧大哥，你是不信的。"

萧何连忙摆手，"老弟别这么说，愚兄怎么会不信呢？白蛇隐喻秦朝，而赤蛇呢，百姓们会猜出是谁的，我深信不疑，深信不疑！——如今，你们有了多少人马？"

"三百多人了，周围还是有人来投。可是我们也不敢放开口子地收，树大招风是一，衣食供应是二……"

"是呀，眼看冬天就要到了，你们的衣食怎么解决呢？"萧何问。

"这三个多月以来，幸亏江湖上的朋友照顾。"樊哙说，"王陵大哥接济了些粮食，砀郡的张耳那里也派人送来了许多吃用的东西，可是到了冬天……刘大哥就犯愁了，他要我来请萧大哥想办法。"

萧何说："刘老四能够迈出这一步，难能可贵，怎么也不能让你们作难。你回去对刘季说，可以把队伍向西南方移动百把里，那里是芒、砀山区，正在泗水、河南、砀郡之间，在这三不管的边区，容易生存。那里离张耳的地盘更近，他可以更好地照顾你们。另外，家乡的人也忘不了你们，过几天，我就去找中阳里的卢公，让他想法子给你们凑集些吃用的东西……"

"那就太好了，太好了！——我能去见见曹大嫂和吕大嫂吗？"

"怎么不能呢？只是别太招摇了……"

要樊哙做得人不知鬼不觉几乎是不可能的，第二天就有人在大街的饭馆里看到了他。他虽不大肆张扬，可是也透露了造反后的许多消息，好像那是一件很光彩的事。那些跟随刘季起事的徒工们的家属一下子放了心，知道自己的亲人还活着……

第三天晚上他到了吕夫人的家里。

吕雉虽说是女中豪杰，可也眼泪婆娑，她要樊哙把起事的经过说了一遍，就说起了自己在狱中受的苦。

"你说，那些狗东西叫什么名字？我去一个个地把他们宰了！"

"别惹事，兄弟！"

"反正我们已是贼了，怕什么！"

吕雉说："是刘季对你们说，你们已是贼了吗？如果是那样的话，我和起事兄弟们的家属真是白牵挂你们了……"说着，她的眼睛又湿了。

汉高祖刘邦

吕夫人又要落泪，吓得樊哙忙问："嫂夫人怎么了？我说错了什么？"

吕雉说："你们跟随刘季起事，是顺天应民之举，怎么自认是贼呢？你们起事那天是七月十四夜间吧？"

"是的，嫂夫人怎么记得那么清楚？"

"那天深夜，我突然从梦中惊醒，走到窗前一看，见西方不远处火光触天，并隐隐传来雷声。我心跳得厉害，知道你们那儿出事了！这都是上天的兆示，你们的大事业从此开始了，怎么自轻自贱地把自己说成是贼人呢！"

"是，是！我错了，大嫂！"樊哙说。他打心里愧疚，自己七尺男儿，竟不如一个妇人看得深远！

吕夫人问得比萧何更为详细周到，一枝一叶也不放过。最后，她说："我跟你到刘季那里去吧……"

"有那必要吗？你还是在沛城待着的好。"樊哙说。他这样说，一是觉得刘季没有让他把家属带去的指示，再说，那崇山峻岭中，目前虽无危险，但仍是很不安全的。再说，夫人在县城中，有萧何、曹参等人的照顾，可保无虞。

吕雉笑笑，没有再说什么。

樊哙回到军营后两天，吕雉和两个跟随的家人也来到刘季的大帐。她是循着樊哙说给她的路线走来的。

"啊，你怎么来了！"刘季十分惊异。

"怎么，不愿意我来吗？"吕雉说。

"我天天想你们娘儿们呢，我是怕你迷路！"

"我怎么会迷路呢？丈夫在哪里，哪里的上空就有紫气缭绕，我只要望一望天空，就知道你在哪里了，怎么会迷路呢！"

几句话说得刘季十分激动。他结结巴巴地说："夫人，你真的以为我是上天属意的那个人？我们的事业真的能够成功？"

吕雉说："我父亲把我留在家里，一直留到将近三十岁，就是为的等待你这个人！你忘记了？"

"没忘，一点也没忘，可是……"

"你可是什么？告诉你，连秦始皇也知道你了！"

"他知道我……"

"是的。几天前，朝廷给各个郡县下达了敕令，说是在东南方发现了一股直冲斗牛的天子之气，要各级官吏查访异人。看样子他在咸阳坐不住了，又

第二章 因时依势 斩蛇起义

风尘仆仆到东南来了,他要以自己的威仪来压服、消除那股天子之气。"

"吕雉,那天子之气莫非应在我的身上?"

"那还用说吗,你是赤龙之子,带着匡救天下的使命而降生,这是沛丰老乡人人都知道的,现在你这真龙已经升天了!"

这些扑朔迷离的话,在现在的人听来,虽然荒诞不经,可是,在那个时代却是惊世骇俗,对刘季的鼓舞那是无法描述的。吕雉冒着危险跋涉前来,目的只有一个,那就是使陷在"泥淖"里的刘季坚持到底,直到历史的机遇到来。

谈到刘季起事后,沛丰一带的局势,吕雉的话里也充满着激情和乐观。她说:"刘季,你们起义的消息传到家乡后,老乡们纷纷奔走相告,都说:刘季要做大事了,沛丰要出大人物了!还有许多少年子弟摩拳擦掌地要来找你们……"

"萧何他们呢?"

"萧何大哥和曹参大哥更是高兴,他们在县衙里给我们应挡一切,尽管县令想进剿你们,想迫害我,但都被萧何、曹参以计化解了!"

"听说,你还为我坐过大牢?"

"是的,可是,那算什么?"吕雉笑笑说,"我知道那里有你的许多朋友,是吃不了亏的。有个小法吏想对我非礼,可是,被一个叫任敖的狱吏好一顿揍……"

"是任敖吗?他可是我的铁哥们儿!"

"记着这些对咱好的人,日后要报答人家!"

吕雉在刘季那里住了几天,还出面代表沛丰老乡慰问了跟刘季起事的子弟们。

第三章　轻取沛邑　试芒失利

1

秦始皇最后一次出游，从咸阳出发，先抵云梦，再沿长江而下，历经现在的江西、安徽、江苏、浙江等地区，再乘船浮海北至山东。也正是在这些地区，日后在反秦风暴中崭露头角的彭越、英布等人，已经是公然拥有众多徒属的"群盗"之首了。但又有哪一个郡守县令在应诏拜谒皇帝叩首述职时，向他说过半句真话？于是，秦始皇得意洋洋地把"报喜不报忧"的谎话当成了真话，命陪同他东巡的左丞相李斯撰文刻碑，勒石会稽山上，宣布"殄熄暴悖，乱贼灭亡"，"后敬奉法，常治无极"，"黔首修絜，嘉保太平"，就此放心北返。

这时的大秦天下，已是一个硕大的干柴堆，并不时地冒出浓烟和火苗，全国规模的大乱不久就要开始。但已经走到人生尽头的秦始皇是看不到了……

浩浩荡荡的銮驾走到沙丘（今河北广宗西北），他就一命呜呼了。

等到车驾回到咸阳，把老皇帝发丧，新皇帝登基的大事一件件地办完，刘季和他的壮士们东躲西藏的日子已过去了大半年。

正当他们在黑暗中翘首以待时，黎明的曙光初露了。

秦二世上台后，天下人都等待他改弦更张，废除酷法，给黔首们以喘息的机会。然而，天下人的痛苦却胜于始皇在世时的十倍！

二世皇帝给父亲举行了骇人听闻的葬礼。"多杀宫人，生埋工匠，计以万数！"紧接着，他学父亲的样子，也来了一次"东行郡县"的巡游，南至会稽，勒石刻碑。包括刘季家乡沛丰在内的东南各郡，不到一年的时间就迎接"圣驾"两度，弄得鸡飞狗跳，怨声载道。等他返回咸阳后，下了一道诏令：阿房宫工程重新开工！此外，征调五万勇士屯卫咸阳，十几万人麇集于京师，因而使关中的粮食供应十分紧张。于是，又下令"郡县转输"粮食和牲畜饲

第三章 轻取沛邑 试芒失利

料,规定承担运输的役人一律自带饮食,还规定在咸阳三百里范围以内严禁就地取食!

太史公司马迁叙述到这里时,痛心地补上一句说:"用法益深刻"!那就是说,以法制的名义实行的强权镇压,比秦始皇时代更加残酷!

据史载,秦始皇的后期统治,其惨无人道已经是亘古所未有,二十倍于古时的赋税,三十倍于古时的徭役,已经使广大百姓民不聊生了,胡亥的凶恶残暴,倒行逆施,不正是在呼唤民众揭竿而起吗?

对沛丰百姓来说,几百里外的刘季就是一盏召唤他们进入新世界的明灯。他们开始缅怀从他们生活中消失已久的刘季,他少年时的违法犯禁,"亭长"时的耀武扬威,在他们的印象中都变得可爱起来。很多人都动了背叛皇帝改投刘季的念头,年轻人可顾不得前思后想,他们立刻付诸行动,不绝如缕地奔向芒砀山中去了!

为这些年轻人指路的是吕雉。她和妹妹吕须(她也为看望夫婿樊哙到过芒砀几次)为他们画路线图,还给他们资助和鼓励。每到晚上,她们家里就门庭若市。

如果在别处,这个人人知道的"黑窝子"早就被官府端掉了,可是执掌治安大权的是曹参,他在装作视而不见,谁又会自找麻烦呢?

"到你们的刘亭长那里去吧!"吕雉对他们说,"你们听说过吗?朝廷早就传令郡县说:'东南有天子气',你们想想,这东南的天子之气会应在谁身上呢?"

年轻人立即想到那些传说已久的刘季是真龙降生的神话,脱口而出地回答:"夫人,那还用说嘛,当今天子就是刘亭长了!"

"你们知道就行,可别到处乱说!"吕雉嘱咐他们,"走吧,上天在关照你们,你们就跟定刘亭长好好地干吧,等你们回家时,就满身荣耀了!"

四百年后的大名士阮籍,曾对刘季这个乡下痞子居然能够闯出一番惊天动地的大事业来,大惑不解,长叹道:"世无英雄,遂使竖子成名!"

阮籍的头脑有点僵化,他没有认真研究过,正儿八经的人有几个能干出称王称霸的事儿来呢!

刘季的力量在积聚着,壮大着……

但目前的他只是个绿林豪侠,他率领的人马也只能算个逃难的团伙,连谋反都称不上。因为他还没有公然地向大秦朝"叫板",因为他从芒砀山中向外伸头看了看,天下的英雄还都在龟缩着不动。

汉高祖刘邦

十多年来一直在积蓄力量图谋反秦复楚的项梁、项羽也没敢出头，更不用说张耳、魏咎、田儋、张良这班所谓的六国权贵了！

可是，时运正大踏步地向他们走来！

七月的一天中午，火一样的骄阳炙烤着大地。芒砀山中连一丝风都没有。刘季的大帐坐落在一个山坳里，周围绿树环绕，更使人热得大汗直流。他用一把大扇遮住头顶走出大帐，望了望万里无云的天空，叹了口气。

"亭长，没有午睡吗？"走到他面前的是夏侯婴。眼下他是刘季的侍卫队长。

"你听听，听听……"刘季指指树上。

那上面有许多蝉儿，正一股劲儿地叫个不休，叫得人心烦意乱，天气也似乎被它们叫得更热了。

"我拿长竹竿打过，可是打走一批又飞来一批。"

正在这时，樊哙从对面的山头跑了下来，还一边跑一边大叫："季哥，季哥，出大事了！出大事了！"

周围山岭上站岗放哨的人都站住了，看着叫嚷着的樊哙。

樊哙跑到刘季面前时，已气喘吁吁地说不出话来了。

"出什么大事了？"刘季问，有点厌烦地看着这个好言过其实的连襟。

"是这样……是这样……"但他还是没说出他要说的话。

夏侯婴端来一杯水，递给他，"兄弟，喝一口，稍微平平喘……"

樊哙喝了一口，水滴从他下巴上淌了下来。

"是这样……在蕲县那儿……有人起事了，拉……拉起了一大帮人！"

这的确是一件大事！在秦始皇死后，不管继位的二世如何暴虐，但他没有始皇的威望，他对整个天下的统治是大大削弱了。刘季早就盼望着有英雄敢为天下先，振臂一呼，四方响应，"风起云蒸，卒亡秦族"！莫非现在那英雄出现了？

他拉着樊哙在一棵大树的阴凉下坐下来，他想听到更详细的消息。

可是，樊哙的回答使刘季大失所望，原来，樊哙在山下巡逻时，是从蕲县那边来的客商处听到这消息的，他还没来得及问明白，就赶忙跑来向刘季报告了。

"你呀，总是这么粗心！"刘季埋怨道。但也没有办法，好在那个蕲县离这里并不远，他叫来了小伙子纪信。

纪信二十出头，丰邑人，生得干瘦，一堆乱蓬蓬的头发下面，最突出的

第三章 轻取沛邑 试芒失利

就是一双大眼睛。刘季弄不清他是被家庭遗弃了呢，还是家人都死绝了，反正见到他时，纪信已是孤苦一人。他在中阳里附近的村镇混穷，只有在农忙时，他才能够找到活儿，给有土地的人家打短工，春冬时，他只好讨吃了。那年，刘季新任亭长，正赶上朝廷下令焚书，忙不过来，刘季就随手从社会上招了些无赖和流氓，给他帮忙，其中就有这个纪信。后来看到这小子对他忠心，干活儿又卖力，就把他留下来了。

一年前起事时，他始终不怕苦累地跑在前面，刘季就把他升为伍长，手下有了几十个人，干得还很不错。

纪信来了。

刘季端详着他，"我说纪信，你现在大小是个官儿了，还吃不饱吗？"

"哪里，我吃得饱，吃得饱……"纪信笑了，露出两排大黄牙。

"那你为什么还瘦得只剩下筋骨？一定是把吃的东西都拉出来了。"刘季从年轻时就有个爱开玩笑的习惯，叫人看着似乎就没个正经的时候。可是这玩笑有时表达的是爱，有时表达的是恨，还有时表达的是诙谐、讥刺和幽默……

纪信听出亭长这是对他的关爱，就开心地笑着。

"纪信，我听说离这儿不远的蕲县那边有人起事了，拉起了不少人马，我想派你去把事情弄个明白……"

刘季还没有说完，纪信就说："亭长，我去！"

"你是个很细心的人，一枝一叶也别给我漏下！"

"我做得到，亭长！"

2

二世元年七月（公元前209年8月），陈胜、吴广在蕲县大泽乡起义了！

这两个人和刘季一样，也是楚人。陈胜家里穷，年少时，曾给富人家当佣工，自诩有大志，所以不好好地给人家干活，常常把农具扔在田头上唉声叹气，还没头没脑地对别的佣工说"如果将来富贵了，别忘了朋友！"这话在同伴听起来不啻是说梦话，就叽叽咕咕地围着他笑。他火了，"你们不理解我，就像燕雀不理解大雁与天鹅的志向！"

无论哪个时代，做大事都得靠这些不安分的人。

陈胜和吴广是屯长，带领着九百人到渔阳去屯守，大概是一边务农一边

汉高祖刘邦

守边的意思。这和刘季押解的服劳役的徒工有点不一样。

走到大泽乡的时候,正好遇到大雨,那地方地势低洼,几天后,周围皆成泽国。陈胜、吴广商议,按规定的日期怎么也赶不到了,路上又有许多戍卒逃亡,只这两条,就是杀头大罪。

吴广说:"现在逃跑是死,起事也是个死,那就不如为国事而死了!"

楚国被秦灭亡后,许多人一直抱着复国的志向,有人曾经发下誓愿:楚人即使剩下三户,也要把灭亡秦朝的大任担当起来!——吴广所说的"国事"就是指的复国大事。

陈胜是个很有头脑的人,他分析说:"天下人愤恨秦朝的暴政已经很久了,这就是咱们起事的基础。"他提出以秦公子扶苏和楚大将项燕为号召,起而响应的人一定会不少。

这时,扶苏已被赵高、李斯害死。而楚将项燕早在抗击秦军时被杀了,一直被楚人追思缅怀。

他们决定以后,为取得士卒的信任,悄悄地把写有"陈胜王"的帛条儿塞进许多鱼肚子里去。还在深夜藏进树丛中学狐狸叫:"大楚兴,陈胜王!"吃到有帛条儿的鱼的人和听到狐狸叫的人,便成了他们的宣传员,几天后,大家都把陈胜看成是天命所归的不同寻常的人物。

天晴后,押队的将尉催促他们上路,陈胜、吴广故意惹恼将尉,当将尉抡起鞭子要惩戒这两个不听指挥的领头人时,郁积很久的怨恨爆发了,他们杀了将尉,揭竿而起。

陈胜对大家说:"兄弟们,咱们中途遇雨,按规定的期限无论如何是赶不到了!按大秦的法律,失期是要杀头的!即使上峰宽宥咱们,饶咱们不死,但大家知道,屯戍也是苦活儿,几年后被折磨而死的定有十之六七!反正是个死,大丈夫不死便罢,要死,就得死出个名堂来!如今的那些王侯将相,难道过去不都是平头百姓吗?"

陈胜讲得慷慨激昂,这些掏心窝子的话虽不多,但句句说到了戍卒们的心坎里。几百人昂首高呼:"坚决听陈胜王的指挥!""死也跟随陈胜王走!""拥护陈胜王,打倒秦二世!""大楚兴,陈胜王!"……

他们割下将尉的头祭旗,并在义旗下盟誓。陈胜令众人一律脱下右衣袖,露出右肩膀作为标志。他封自己为将军,吴广为都尉,又指定了几名有勇有谋的同伙为头目,这支义军就初具规模了。

时势是不能等的,他们立刻挥兵攻占大泽乡,得胜后,又转而攻打蕲县,

第三章　轻取沛邑　试芒失利

蕲县的守军一触即溃。以后更是势如破竹，一连攻下了几座城池，得到了一大片土地，等他们打到陈地时，他们的队伍就壮大到战车六七百乘，骑兵千余，步卒几万！陈胜把周围的"三老"、"豪杰"召集来，对他们说了自己起兵的原因，就是为了诛灭秦朝，恢复大楚！

"三老"、"豪杰"很受鼓舞，一起向陈胜劝进，他们说："将军披坚执锐，伐无道，诛暴秦，复立楚国之社稷，功宜为王！"

有了百姓和部卒的拥戴，陈胜何乐而不为？他立刻自立为王，国号"张楚"，即为张大楚国的意思。

十几天后，纪信回到芒砀山中，陈胜、吴广起义的消息比他的两条腿跑得还快，像飓风一样飞遍了全国！

当然，具体的过程，刘季和他的兄弟们知道得还不够详细，所以他们还得听纪信从头至尾地说。

纪信不知道自己说了多少遍，说得口干舌燥，兄弟们还是听不够。

刘季对陈胜、吴广不仅打心眼里佩服，还感激不尽。因为，他们给他做出了榜样，也使他看到了前途。他立刻蠢蠢欲动了……

可是有人比他行动迅速。

当张楚军攻打陈县时，刘季的老前辈张耳和他的小兄弟陈余就潜伏在陈县，城破后，他们立刻找到陈胜表示归顺。陈胜听说过张耳，所以十分高兴，立刻把他和陈余任命为将军。但陈胜要称王时，迂执的张耳却想劝阻，他说："现在大事初起，应马上西进，扩大影响，同时派人分立六国后代，恢复战国时合纵攻秦的联盟，你这样急急忙忙地称王，天下人会怀疑你起事是为了私利呀！"

可是陈胜不听他的劝告，还是先把王冠戴在头上再说。

张楚国建立后，旋即调兵遣将。

陈胜派吴广为假王（代理楚王）统帅部队西攻荥阳。派武臣率邵骚以及张耳、陈余等人北渡黄河，向赵国故地进军。派邓宗带人南攻九江郡，派召平率部征讨广陵。派周市领军东略魏国故地。又拜楚国的旧军人周文为将，西征咸阳……

这几项举措，全面开花，真是惊天动地！霎时，全国多处响应，那些被秦朝苛政压迫了十几年的黔首们都觉得天下要变了，于是，他们纷纷组织起来，杀贪官、夺政权，以行动来响应陈胜王。数千人一伙打出"张楚"旗号的义军，不可胜数！

汉高祖刘邦

短短一个月的时间，由两个庄稼汉在穷乡僻壤发起的暴动，竟能弄出这等天下大乱的局面！原因何在呢？

在中国历史上，被起义农民推翻的政权有的是，但像大秦帝国这样如此短命，局面糜烂的速度如此之快，尚属少见！

秦朝的暴政是它速亡的原因之一，但更主要的是它仅仅在形式上统一了中国。原来的六国的贵族还在，他们对大一统的秦朝并不认同。秦的严刑峻法使广大百姓都日夜怀念比较宽松的战国时代。十几年的政权，时间太短，它在各方面都没有根基。就像一根绳索捆起的木柴，一旦绳索断了，它就无可救药地解体了！

是的，这时的秦朝还有百万军队，但他们现时都在遥远的边陲。而调动军队是要有严格手续的。再说，新政权的主持者秦二世、赵高等人对领兵的将领都心存忌惮，怕他们回师问罪，就更不敢用他们了！

这真是作乱的大好机会！

这时，星火已经燎原，原属六国的地区"皆杀其守、卫、令、丞而反，以应陈胜，相立为侯、王"，奇怪的是位居咸阳的中央，竟没有收到地方上的一份急报！

当时，有位到外地出差的官员回去向朝廷说：到处是义军横行，他险些回不了咸阳！胡亥听了后，勃然大怒，以造谣惑众罪，把他交司法部门处理。

以后，谁也不敢对朝廷说真话，日子一长，胡亥也听到了一些风声，就问身边的人说："外面的局势怎么样？朕听说不太安稳……"被问的人却这样回答："没有的事，就是有几个土匪滋扰，郡守都尉正追捕着哩，不足为虑！"

起义的烈火愈燃愈烈……

许多郡县的官吏也坐不住了，他们怕烈火烧到自己，他们怕这大变革的时代甩掉自己，他们也要在动荡的年代攫取最大的利益！

会稽郡守殷通，曾经两次迎接圣驾东巡，先后陪同秦皇和二世登上会稽山巅，眺望大海，刻石颂德。听说在陈胜的影响下，淮西一带全反了，认定这是上天有意亡秦，与其给秦朝殉葬，远不如摇身一变，也成为起义者。

那个呼号奔走、积蓄力量的项梁，就在周围山区。殷通便派人把项梁请来，与他共商反秦大计。还任命项梁和另一位"豪杰"桓楚为将军，帮他带兵。

项梁比他野心更大，他怎会愿意屈居于眼看就要完蛋的秦朝一个官吏之下呢？他漫应着说："桓楚已到太湖那边去了，只有项羽能找到他！"

第三章　轻取沛邑　试芒失利

殷通说:"那就把你的侄儿项羽叫来,我吩咐他去找桓楚。"

项梁和项羽密谋好后便一起去见殷通。

殷通正向项羽下达要他到太湖去找桓楚的命令,站在殷通身后的项梁朝项羽挤了挤眼睛,项羽就倐地拔出佩剑向殷通挥去,殷通的脑袋就滚到地下去了。

项梁手提殷通的首级,腰佩会稽的印信,把府中的兵丁、吏员全部召集到大堂,对他们说:"秦朝无道,致使天下英雄峰起,咱们身在楚地,生为楚人,肩负复国重任,咱们的大业就从会稽开始!……"

他讲话后,有的人响应,有的人却默默不语,还有人想悄悄溜走,项羽知道在这时候,最有效的手段就是一个字:杀!他又挥剑杀了数十人,弄得合府内外血肉狼藉。这样一来,兵丁和吏员们老实了,几百人跪在血泊中,表示降服。

项梁、项羽把自己潜藏的人马全部召来,和新投降的吏员、兵丁混编在一起,并派员到所属各县,一一把政权接收过来。

几天后,项梁自封为会稽太守,命项羽为裨将,一下子就变成了全国声名远播的一霸。

3

项梁、项羽的成功,刘季看得眼睛发直,也受了极大的鼓舞。

这些日子,他的几个亲近兄弟樊哙、周勃、夏侯婴等几乎天天往他的大帐跑,要他杀回沛丰去,在那里招兵买马,从而杀向全国,与众豪杰一争雌雄。

可是刘季仍在犹豫……

他揣摩着,自己有许多地方不如人家。陈胜、吴广捷足先登,现在已有相当规模;各国"余孽"原有故国可依,其号召力自不待言;那个项梁,世代是楚国大将,以他们来举旗复国,当然是名正言顺。唯有他出自草莽,虽说他周身缭绕着许多似有若无的神秘故事,但比起以上诸英雄来就显得黯然失色了。

另外,还有两个人影响着他,他们是彭越和英布。

彭越,字仲,昌邑(山东巨野东南)人,少年时,跟随父亲在巨野湖中捕鱼,喜好结交地痞流氓,渐渐地成了湖上的渔霸。陈胜、吴广起义后,他

汉高祖刘邦

手下的人对他说:"头儿,陈胜之后,起事的豪杰遍于国中,你也带领我们造反吧。"

彭越嘿嘿一笑说:"造反如果败了,可是要杀头的!"

"现在造反的人成千上万,朝廷杀得过来吗?"

比起那些地痞流氓来,彭越的肚子里有货色,他说:"两龙刚刚相斗,等等看吧。"

稍后,陈胜、吴广的大军杀向了四面八方,渔匪们坐不住了,又围着他嚷嚷,叫他领头出山。"干吧,抢个皇帝当当,不比打鱼强?"

"皇帝就那么好当的?"

"弄一大片地方,当个诸侯也成!"

彭越心动了,他便和伙计议定两天后太阳初升时在湖边的小庙里聚会,并说迟到者斩。

两天后,彭越到小庙等着,湖匪们稀稀拉拉,大部分都迟到了。彭越很不高兴,他说:"没有个规矩,什么也干不成,原说迟到的要砍头的……"

湖匪们说:"都是自己兄弟,干吗那么较真!"

"那不行,我可不愿意领着一群乌合之众冒险,要干你们自己干吧!"说着,扭头要走。

湖匪知道离了彭越,他们就成了无头蛇,赶忙围上来劝说。

彭越说:"定下的规矩就得执行,今天是头一回,就杀个最后迟到的吧!"

正说着,有个人一边抹着两滩眼屎,一边走过来。

"你迟到了!"彭越叫道。

"想搂着老婆多睡会儿……嘻嘻……"

"咱们规定迟到要杀头的……"彭越抽出佩刀,一刀就把那家伙的脑袋砍下来了!

那脑袋四处乱滚,脖腔里喷出的血有两尺高,溅了周围的人满脸满身。湖匪们大惊,跪在彭越面前,不敢抬头。

彭越用这冤死鬼的头祭旗,拉起了一千多人,打出了巨野……

英布,六县(今安徽六安)人,原也是个平头百姓。他和刘邦一样,从小不干正事,终于被官府弄进了监狱,还在脸上刺了字,黑糊糊的一片,知道他的人给他起了外号叫"黥布"。他被判刑后发往咸阳骊山皇陵做苦役。

他天生就有做领袖的才能,在骊山时,偷空和服役的徒工中的"豪桀"、工头相结交。最后他带出了一大帮人,跑到鄱阳湖地区,成了政府剿不灭的

第三章 轻取沛邑 试芒失利

强盗团伙。

在鄱阳他折腾了几年，陈胜起事的消息对他影响很大，也想出头寻找新的出路了。他直接去找鄱阳令吴芮，和他商量自立山头。吴芮被他的勇敢所惊服，两人一拍即合。但吴芮不愿做冤大头殷通，把自己的女儿嫁给了他。英布认定这官儿可靠，就把自己的团伙归了吴芮。

吴芮走的是官匪结合的路，很快，就在九江地区撑起了局面，站稳脚跟后，又向百越发展，渐成气候。他自号"番君"，俨然是一路诸侯了！

刘季把他们当作自己的榜样，并拿自己这一摊子和他们比较。他觉得有两点可以效法。一是彭越的"两龙方斗，且待之"，也就是看准了再行动。一是英布的和官吏合流的方式，那样更加稳妥。因为不管怎样，老百姓还是相信和依靠那些官儿，跟着官儿造反，心里就踏实多了。

他正这样前思后想、轻重掂量，沛县来人了。

来人持着沛公的亲笔信，请刘季回去共商反秦大计。

这是从天上掉下来的一个大馅饼！

他高兴得把伙计叫来，把书信给他们传看。

樊哙、周勃、夏侯婴、纪信等人都激动得难以自持，他们围绕着刘季，要他立刻起兵回到沛丰。

"这一回，刘大哥可别犹豫了，赶快走！"

"回沛县把那吴县令一刀杀了，大哥，你就是沛公！"

"只要大哥树起大旗，沛丰的子弟们谁不愿意跟着大哥走？"

"是呀，是呀！几天就可召集几万人马，那时，大哥就可做大将军了！"

"有了人马，你就可挺起胸膛和天下英雄说话！"

……

这机会是身在沛县的一帮朋友为刘季争取来的。

沛县离陈胜起事的地方不远，义军的"烈火"就在它周围窜腾着，说不定哪一天，那大火就会烧到沛城来。

那个吴县令坐不住了。他把萧何、曹参等主要掾吏叫到面前，对他们说："看样子，秦朝要完了，咱们怎么办呢？是争取主动也举义旗呢，还是先作壁上观再等时机呢？"

曹参说："还等什么？从时局上看现在已经晚了！"

"也不能说晚，义军还没有打过来，城里还没发生暴乱，"萧何说。他这样说，是怕沛公孤注一掷，"不过……"

汉高祖刘邦

沛公见萧何不把要紧的话说出来，急得两只小眼骨碌个不停，"萧主簿有话就当面说，现在咱们就得同舟共济！"

萧何说："我想：沛公是大秦官员，出头反秦，在豪杰、百姓看来，有点不守节操，是否有人跟着走，还说不定……"

曹参听出萧何的心里话，连忙点头。

萧何接着说："我有一个建议，咱们沛县在外的豪杰不少，如近处的王陵，远处的刘季，可以让他们领头，沛公在后面支持，从而襄成大事！"

"对呀，对呀！"不等沛公表态，曹参赶紧赞成，"这样更加稳妥，沛公还能进退自如。"

别的吏员也觉得这样好一些，将来成与不成，自己还好见风使舵。

比起王陵来，沛公对刘季的印象还好些，他说："那就和刘季联系吧，他原是咱们的县吏，在这里和大家处得都不错，在百姓中也少有恶感……"

于是，事情就定了下来。由萧何派人和刘季联络。

这时，刘季的人马已经过千，衣装不整，武器不全，零零落落，像一群乞丐。可是他们都有一颗血红的心，都想在这风云变幻的时代，跟着刘季改变命运，捞个一官半职回家。那时候，他们的野心还不是很大。

谁知走到中途，那沛公变卦了。

与刘季联络的信发出三天后，忽然传来会稽郡守殷通起义不成，反遭项羽宰了的消息，沛公极为害怕。他这时才领悟到，那些起义的头目，都是些六亲不认的盗贼、独夫，谁也想争个天下第一，他们怎么会和秦朝的县令联手呢？与其那样还不如和他们来个鱼死网破呢！他觉得那个刘季不过是个小贼首，没多大力量的。

他和几个心腹密谋后，关闭城门，实行戒严，同时连夜下令搜捕萧何、曹参，要把他们当作刘季的内应处死！

可是吴县令仅来沛县几年，他哪有萧何、曹参的人缘和关系？何况领命前去捉拿他们的衙役，原都是曹参的部属，他们跑到曹参的家门时，已是黎明。

"曹爷，"他们笑着对曹参说，"沛公要我们来捉您呢。"

曹参并不奇怪，因为那些官儿绝不会像陈胜那样义无反顾地造反的。"好吧，我跟你们去见沛公，看他能把我怎么样！"

"我看还是避一避好，"一个头目说，"听说他要把你们当作刘季大哥的内应处死呢！"

第三章 轻取沛邑 试芒失利

"他有那么大的胆量么？"

"不管有没有，您还是一走了之，我们也好向沛公交代！"

"还有萧主簿呢……"

"我们有人去叫他了，你们一起走……"

就这样，萧何和曹参在衙役的保护下，从城墙上缒下，找刘季去了。

4

萧何、曹参在半路迎上了刘季。

当他们告诉刘季沛公变卦的消息后，刘季连连叹气，觉得煮熟的鸭子又飞走了，想再返回芒砀去等待时机。

萧何说："老四，你想干大事业，就得豁出命去闯呀！你将来不仅要和大秦的军队厮杀，还要和起义的各路豪杰争雄，谁也不会把天下白白地送给你！"

这几句话，给了刘季当头棒喝，使他清醒了许多。

曹参也说："有道是开弓没有回头箭，现在，你已经领兵走出了芒砀，就等于是造反了！秦朝什么时候也有理由把你消灭！"

"那怎么办？"

"一反到底！"萧何说，"咱们先把沛县拿下来，壮大力量后，再图周围各地！"

正如史书上所说：刘季不像陈胜、吴广，不像项梁、项羽，也不像六国"余孽"，他本来与秦朝无仇，还在秦朝的统治下，捞到过好处，虽说那仅仅是一点点。只是在朋友、妻子、乡党的一次又一次的激发、鼓励下，心中蕴藏已久的叛逆天性才被煽动起来。不过，仍然左顾右盼……

现在他的决心又坚定了。

"好，我豁出去了。就听两位大哥的！"

第二天中午，刘季的军队已到了沛县城下。

守城的人大都是沛丰子弟，其中许多还是刘季和他的士兵的老相识。于是城上城下相互笑闹起来。

"别往前走了，再走就要放箭了！"城上叫道。

"放吧，有胆量你就放，你叔还在我们这里呢！"城下应道，"你们还真想为那个吴老头拼命呀？"

汉高祖刘邦

"他算老几，我们不过是应差罢了，在城上站一天，拿双份薪俸哩！"

"我娘她好吗？"

"好着呢，没人动她老人家一根毫毛！"……

看到如此形势，刘季没有下令攻城，他让萧何写了一封致沛城父老的信，抄了几十份，绑在箭上射到城中去。

那信上说：

> 老乡们，兄弟们！
>
> 天下人被秦朝压迫、作践得够久了！现在有人为沛令守城，等群雄并起而攻，势必遭受屠戮。那后果是很可怕的！假如你们一起杀了沛令，从子弟中选出一个可以做首领的人，立为沛公，以响应群雄。那样，不仅可以保全家园，还可以争取到更好的前途！你们快干吧……

沛县城中，刘季还有许多朋友、亲属和亲戚，如吕雉、吕须姊妹，卢太公和他的儿子卢绾，县吏任敖和他的同伙奚涓、周绁、单父圣等人，这时都行动起来，到处串联、说服，不出半天，守城的军士就基本解体。当他们手持武器向县衙挺进时，几乎没有受到阻拦……

到了傍晚，城头上扔下吴县令的人头，接着城门大开，刘季率领他的军队进了城。

因为这支小小的军队是沛丰的子弟兵，所以欢迎的场面很是感人。虽然没有鲜花，没有彩门，沛县的民众用的仅仅是锣鼓，但那火热的情感、满脸的泪水却使人难以忘却。刘季并没有做什么惊天动地的事，却成了人人仰慕的英雄。

第二天，父老们集会，推选刘季继任沛县县令，也就是沛公。

刘季连忙推让道："天下形势纷扰，群雄并起，假如现在没有妥善的安排，一朝失败，必然血流遍地。我不是担心自己，惟想才能薄劣，不能保全父老兄弟。拥立首领是大事，希望大家推选比我更能胜任的人！"

这些话，刘季说得还算真诚。他本是沛县人瞧不上的小混混，现在忽然被推为一县之长，的确感到惶而恐之。按照古已有之的长官标准，他有这样的想法也不奇怪。

然而，在社会的转折时期，要成大事，非得刘季之类不可！

第三章 轻取沛邑 试芒失利

看到刘季退让,父老们着急了,他们在刘季面前拜下去,纷纷劝说。

"刘公身上一向有很多神异,是贵人的征兆,为了沛县民众,万望刘公把责任担当起来!"

"刘公,我们不是随便推举您的,对您,我们一再地卜筮过,您起事反秦是上天的意旨,任何人都比不上您吉利!"

刘季从年轻时,就有出头露面的天性,更经不得众人几句好话,于是,他飘飘然、熏熏然了,就任沛公。

他做的第一件事,就是回家拜见父母。

从小他不务正业,兄弟姊妹都把他看成是家里的祸害,母亲为他不知流了多少泪,老父亲提起他时,开口便是"俺家那个无赖……"现在,他成了沛丰首屈一指的人物,可以光耀门庭了。

陪他回家的,除曹氏、吕氏两位夫人外,还有萧何、曹参等朋友。前来贺喜和送礼的人几乎要塞破家门。刘太公和老伴率领全家迎了出来,不管将来怎样,反正现在是风光已极。等晚上邻里的贺客散去,刘季带领两个媳妇给老人磕了头,老人激动得又笑又哭。过了会儿,当着父母、家人的面,他对萧何说:"萧大哥,你看我这名字是不是要改一改了?"

父母一时不理解刘季的意思,觉得名字是叫一辈子的,怎能随便改呢?

萧何可立刻就明白了。他点头说:"是呀,是得改一改。老弟如今是一县的县公了,被人老四老四地叫着,实在不可!那么,老弟有了合适的字儿了吗?"

刘季说:"这事儿,在芒砀山中时,我就想过,你看改为'邦'字怎样?"

萧何听了思忖了一会儿,刘季这小子能想出这个"邦"字来,了不得!那就是说他的心胸博大,可以装得下五湖四海,过去一直没甚瞧得上他,今后绝不可小觑!"沛公……"萧何从这时开始改口了,"这个'邦'好极了!'邦'即国也,沛公想以此字为名,象征着将来秦氏的万里国邦,将要姓刘了!——曹兄,你说呢?"

当刘季要将自己的名字改为"邦"字时,曹参还没想到它的深意,经萧何这么一解释,他也体会到了,忙说:"萧大哥说得对,这名字该改,该改!"曹参没有萧何会说话,只好附和。

从此以后,刘邦的大名风传天下流传千古!

回到沛城后,刘邦在县衙里设下祭坛,杀猪宰牛,备下丰厚的牺牲,率

汉高祖刘邦

领全体三老和吏员公祭黄帝、蚩尤。黄帝是华夏民族的先祖,而蚩尤呢,却是楚人的祖先,也是传说中的赤帝之后。据说当年黄帝在阪泉打了胜仗,平定了天下,蚩尤更是英勇善战立下了不世之功!刘邦祭祀这两位先人,还有祈求福祉的深意。

行完祭礼后,刘邦又令将牺牲的血涂抹在战鼓和军旗上,并说楚人崇尚赤色,今后用的帛帜,皆为火红色!

这使人想到另外的难以言传的意蕴。秦朝尚黑,它的旗帜和军服皆为黑色。黑色给人以威严、压抑之感,可也使人联想到黑暗;而红色呢,象征朝阳和光明,这就昭示着黑暗就要过去,而光明就要到来了!

刘邦的这些行动和安排,使包括萧何、曹参在内的沛丰豪杰对他刮目相看。他们心里一直有句话在蹦跳着:莫非秦始皇生前所怕的东南天子之气真的就应在刘邦身上?

笼罩在刘邦身上的神秘气氛更浓厚了!

5

等沛丰周围安定以后,刘邦和萧何等兄弟商量,认为当务之急是招兵买马,扩大势力。于是,他们分赴各处乡里招募义军。

看到刘邦的势力站住了脚,沛丰子弟踊跃响应,一时出现了父母送儿子,妻子送丈夫的热烈场面。几天之内,刘邦就招募了新军五千多人!

刘邦虽没有正式拜在陈胜名下,但他是以张楚王的名号起事的。

这时,陈胜军的内部却已出现了微妙的变化。

究其实,大泽乡九百戍卒揭竿而起,本来就是在"亡亦死,举大计亦死"的绝境中逼出来的。虽有素怀"鸿鹄之志"的陈胜领导,但起事仓促,纲领简陋,组织松懈,思想混乱,都是难以克服的缺陷。两个月后,眼看进展如此顺利,都以为夺取天下指日可待,原先抱成一团死里求生的团结精神,立刻就丧失了。

先是张耳教唆陈胜的大将武臣自封为赵王,自己做了他的丞相。

接着,奉武臣之命去开拓燕国故地的韩广,学武臣的样,自封为燕王。

齐国王族后裔田儋和他的堂兄弟田荣、田横在当地以蛮横、豪健出名,他们聚集了几百个乡勇,趁着张楚大将周市攻打狄城时,抢先杀了狄城的县令,自封为齐王。

第三章　轻取沛邑　试芒失利

周市敌不过田家兄弟的凶狠，便转往魏国故地，想在那里开创一片局面。他比武臣、韩广聪明，把魏国贵族魏咎拉出来推到前台，做了魏王，自己当他的丞相，掌握实权。

陈胜的张楚政权就此演绎出了楚、赵、齐、燕、魏五大山头。他们仍以张楚王为盟主，共同抗秦。秦始皇十年征战结束掉的"战国时代"，似乎一夜之间，又复活了！

这都是几个月发生的事，先前的农村小子都一个个成了独霸一方的大王，刘邦瞪着眼睛看着，看得血脉贲张！

"他们都成了大王了，我却只是个沛公！"刘邦在心里嘀咕，"不行，我得迎头赶上，赶紧弄个大王做一做！"

"得拿出点成绩来给乡亲们看看了，"刘邦对兄弟们说，"光在沛城猫着可不行！"

萧何、曹参都觉得这话很对，商量后，他们决定向北先去攻打至今还没有响应陈王的胡陵和方与。

胡陵和方与离沛丰不远，只一天刘邦的大军就到了。刘邦、萧何、樊哙等率一半兵力去打胡陵，而曹参、周勃、周缫等兄弟率另一半兵力去打方与。

刘邦的部队大部是新招募来的，还没有来得及加以训练，一听说要攻城，便乱糟糟地一起上，攻势虽然勇猛，但没一点章法。几番攻打，都没有得逞。

萧何连忙对刘邦说："算了吧，收兵吧！"

刘邦很不高兴，他直起眼睛说："咱们初次用兵，应该是旗开得胜才好，什么也没捞到就灰溜溜地回去，怎么向沛丰老乡交代？"

"这结果是预料中的……"萧何说。

"你既然早就料到，为什么不早说呢？"刘邦埋怨说，"我可是依仗你呢！——要不，再打打试试？"

"不能再打了，"萧何说，"兵法有云，打仗要一鼓作气，不然就会再而衰，三而竭！"

"嗨，我的老哥，你应该在家里就想到你的兵法呀！"

弄成面前这样子，萧何只好承认错误。他说："我和沛公的想法原来是一样的，很想做出点成绩来，给沛丰老乡们看看，谁想这些没经过训练的士兵根本就不是敌人的对手，这是教训，教训！"

"曹参那边也许好一些，他有点用兵的经验……"刘邦对方与那里还存着希望。

汉高祖刘邦

萧何摇摇头,"恐怕也不行,"他说,"曹老弟他只有一点带领县吏捕捉盗贼的经验,这和领兵打仗终究是不同的!"

"那么人家陈胜、吴广呢,怎么就成功了呢?"

"张楚王和吴广将军,他们本来就是屯长,起事后,又多用了些六国的旧军人,那情况就大为不同了!"

刘邦不说话了。

过了不久,从方与那边传来攻城失利的消息。

"怎么办呢?"刘邦问萧何。

"传令曹将军,赶紧收兵!"萧何说。

刘邦只好照萧何的意思办。

两部军队集合在一起,开始回程。军士们原以为攻占城池后大大地抢掠一阵,发点横财,现在仗没打好,财没捞到,还弄得颜面无光,所以个个垂头丧气。

路上刘邦对萧何、曹参说:"得想法子鼓舞一下士气呀,可不能这样回去……"

能想出什么法子呀?他们都无计可施。

萧何说:"胜败乃兵家常事,头一次打仗没有得手也是很正常的,以后再图振作吧!"

"那可不行,"刘邦说,"你们把队伍集合起来,我给他们讲讲话……"

刘邦要讲什么呢?萧何想不出,看刘邦那一脸诡诈的样子,就照他的话去做了。

几千人的队伍集合在大路旁,黑压压的一大片,刘邦跳上一个坟头,对部属们大声喊道:"兄弟们,老乡们,我看大家垂头丧气,好像是一群败兵……"

下边的人交头接耳,嗡嗡议论。"可不是打了败仗嘛!"

"头一次就碰了个头破血流!"

"回去怎么见人呀!"……

"不,不,"刘邦说,"咱们没有打败仗,没有!——在这里我可以对你们说实话了!咱们正在进攻的时候,我收到了胡陵和方与两城守令送出来的两封信,那信中说:'秦始皇所怕的东南天子之气,就应在您身上。我们打心眼里崇敬您,愿意跟您走,可是百姓们还没有觉悟,死也不肯听我们的话。就是我们把城献给您,他们也会不知好歹地顽抗的。所以,我们请求您暂时先

第三章 轻取沛邑 试芒失利

行退兵，容我们好好地给百姓解释。等他们有些认识了，一定会箪食壶浆地请您的大军回来！您大人大量，一定会答应我们的请求的……'老乡们，兄弟们，你们说，刘邦能不答应他们吗？咱们刚刚起事，在周围的影响是很重要的，咱们不能一味地杀伐，弄得尸横遍野，咱们的前程十分远大，就不要斤斤计较于一城一地的得失了！……"

刘邦的话实在出乎沛丰子弟的意料，听得他们目瞪口呆。队伍再上路时，已经换了一种精神状态。他们虽没有攻下两城，可是那时代看重的仁义充盈在他们胸中……

曹参知道是刘邦搞鬼，不再理他。

萧何却觉得应该和这小子谈一谈，以后再弄这样的名堂，可得先商议商议。

他追上刘邦，把他拉到一边，问他道："沛公，你真的收到两城城主的信了吗？"

刘邦摇摇头，笑了。

"你是……撒谎吧。"

"对……我撒谎。"

"你现在已是众人仰望的沛公了，对下属得讲究一个'信'字！"

"你呀，有点太迂腐了！"刘邦朝萧何做了个鬼脸，眼睛、嘴角满是冰冷的讪笑。这模样，萧何他们是十分熟悉的，并称之为"流氓相"，"老哥，为了事业，撒点儿小谎有什么要紧！那些成大事的帝王将相有哪一个不撒谎？战国时，诸侯之间，还不是靠撒谎过日子？今天联盟，明天反悔，无不以出卖朋友为能事！秦始皇应许给天下人一个安居乐业的家园，他给了吗？他让那些儒生们说话，还鼓励他们言者无罪，可后来呢？还不是把他们拉到咸阳西郊去，挖个坑，把他们全部活埋了？他们撒的可是弥天大谎呀！……萧大哥，你就别计较了！"

萧何无法反驳他，摇摇头退到后面去了。

第四章　听妻勉言　再树雄心

1

到了二世元年十月，张楚王的周文将军所部，已经打到了戏水，要是天气好的话，往西就能看到巍峨的骊山。攻取咸阳，周文一时还办不到，可是他们的气焰已使咸阳城中的军民惶惶不可终日了！

赵高在忙什么呢？把胡亥扶上台后，忙着和李斯没命地较量，等把李斯宰了，他又忙着收拾嬴政的后裔。那是个十分庞大的群体，始皇的子孙有四十多个。一年多来，赵高弄得咸阳城里、咸阳宫里到处都是鲜血。这时又忙着篡位上台了！

胡亥不清楚全国的糜烂程度，赵高心里可是跟明镜儿似的。

现在，他得放下一切，首先面对将要国破家亡的大事了！

"皇上……"他跑到二世的宫里。

过去，就是赵高这样的近臣见皇帝也要事先通报，然后是行君臣大礼，三拜九叩。自从二世把赵高尊为相父后，这一套繁文缛节就免了。赵高可以像进自己家门一样随时跑到二世的面前。

继位虽只几个月，胡亥已有些发胖，他像只猪趴在自己窝里，周围是几个女人，她们的胳膊和腿像蛇似地缠绕着他……

见丞相突然走进来，他们都措手不及，不知如何是好。

呆了好一会儿，胡亥才说："你们……快走快走！相父来了，朕要与相父商议国家大事！……"

一眨眼，裙裾窸窣，女人都跑光了。

没等皇上赐座，赵高就在胡亥面前坐下来了。

"相父，有什么事，您就说吧！"胡亥说。

"有一件事……我说了，皇上可不要害怕呀！"

"朕不害怕，有相父，我什么也不怕。"

第四章　听妻勉言　再树雄心

"敌人打来了，他们快要打到咸阳了！"

"什么敌人呀？是北边……蒙恬的军队吗？"

"不是，不是。"赵高厌恶地对胡亥说，"听说过陈胜、吴广那些反贼吗？"

"忘记谁跟朕讲过了，说是有两个人造反，可是很快就被官军扑灭了！"

赵高冷笑一声，"那，他们是骗皇上……"他忘记了，领头骗皇上的就是他赵高！

"相父，几个反贼，是不足为虑的！"

"可是，他们现在已有十几万军队，已经打到咱们家门口了！"

胡亥有些怕了，他哆嗦着嘴唇说："他们要来夺朕的江山，杀朕吗？"

"那是自然……"

"怎么办呢，相父？您一直是替朕治理国家的……您得救朕！"胡亥爬到赵高面前，要拉赵高的胳膊，赵高躲开了。

"你是皇上，这时候不能放弃责任！"

"朕有什么办法呀！说实话，朕是相父扶上大位的！——咱们不是有上百万的军队吗？该调他们来了！"

"哼……"赵高冷笑一声，吓得胡亥赶紧离他远点儿。

胡亥觉得自己是个老犯错误的孩子，怎么做也做不到相父心里，每逢相父要斥责他，鼻子里就这么"哼"一声。

"秦朝是还有上百万军队，可是他们都在北方和百越，远水解不了近渴。另外，那是始皇建立的军队，他们会听咱们指挥吗？一旦他们来到，你这皇位还保得住吗？说实话，你能够当上皇帝，还幸亏他们不在中原呢！"

胡亥点点头，似乎明白了什么。

"那，朕该怎么做呢，相父就吩咐吧！"

"明日，你要亲临早朝，和文武百官商议退敌之策！"

"好，朕听相父的，可您得指导朕！"

"别怕，我就坐在你的身边……"

第二天早朝时，秦二世坐上龙椅，望着面前跪伏在地的群臣，他一句话也说不出来。因为他不知外面的形势，话不知从哪里说起。

幸亏坐在他一旁的赵高替他开口了。他说："……许多人已经知道了，由于六国余孽远未清除，留下了祸根，如今各地贼患猖獗，此起彼伏，竟然逼近了京都。今日早朝，只议平乱之策，大家就发表高见吧！"

赵高说完，下面默默无语。

他们不说话，不是没话可说，而是没法说。自二世上台后，名将忠臣多遭陷害，杀头的杀头，发配的发配，正义之士被摧残殆尽。现在朝廷上多是赵高的心腹，阿谀奉承为其所长，哪有本领率兵御敌？

胡亥往下瞧着，只见诸公缩头缩脑，大气也不敢出，他生气了，喝道："你们是怎么啦？相父叫你们说话，为什么不开口？朕给你们高官厚禄，就是为了让你们在朕面前装死吗？"

赵高知道二世没喝多少墨水，一肚子草包，没什么好话可说，就赶紧截住他。"皇上说话虽不甚雅，但事情不是这样吗？你们平时在皇上面前献媚争宠，尽逞其技，俸禄唯恐不高，职权唯恐不重，如今可拿出本领为朝廷分忧呀！"

又等了许久，有位名叫章邯的少府出班上奏。他说："现在朝廷没有兵马御敌，边疆的军队又一时调不进来，微臣想提个建议……"

终于有人说话了，群臣松了一口气。

赵高往章邯这边看了几眼，不认识这个四十几岁的汉子，就问一旁的太监："这家伙是谁？"

"他是个少府，负责给朝廷收税的官。"

少府的官儿虽小，可是现在敢于站起来说话，赵高就高看他一眼了。他说："章少府，你别紧张，有话就说出来吧！"

"谢丞相！"章邯说，"骊山陵墓工程已大致完工，阿房宫的前殿也大体建成了。皇上、丞相可衡量一下轻重缓急，如果朝廷允许的话，从那里可以抽出三十万人来……"

他的话还没有说完，就有人站起来驳斥了。

"那都是些罪犯，叫他们去为我们打仗？笑话！"

"给他们刀枪，他们不加入贼帮才怪呢！"

赵高端详着章邯，见他个子高挑，白净面皮，有一双坦诚精明的眼睛，不像那些臣僚，虽然满眼含笑，眼神里却充满了污秽，看出了他是条有能力有见识的汉子，就喝住那些自己不能干又不让别人干的臣工，让章邯说下去。

章邯说："咱们究竟是大秦皇朝，威仪著于四海！只要皇上下令赦免他们的罪行，他们就会感恩戴德，立功赎罪，在战场上为朝廷拼命。如果，重新颁布之前的叙功条件，许多人会更加忠贞，还想博得个拜将封侯，衣锦还乡呢！"

第四章　听妻勉言　再树雄心

"就那么乱纷纷地让他们上阵吗？"有人又提出异议。

"怎么会乱纷纷的呢？他们本来就有着较严谨的组织，不然，他们早跑光了。再稍加训练，就可开赴战场了！"

还有人想出班驳难，可是赵高首肯了，他说："章少府的奏议很有见地，我看就这样定下来吧！"

二世问："那么由谁来做将军呢？"

这一问，又把群臣问住了，因为谁也不敢率领一群强盗上阵打仗。

看到满朝文武推三阻四的样子，赵高叹了口气说："章少府早有谋略，他就是最合适的人选了！"

章邯还真的有所准备，他从衣袖中抽出一条白绢，上面写满了密密麻麻的黑字，上呈皇上。他说："这就是臣下整训骊山徒工的计划和破敌之策，请皇上御览！"

第二天，章邯的上奏就得到批准，还一连升了几级，钦命为"平东大将军"。

章邯到骊山脚下，把三十万囚犯整顿了半个月。那些罪犯头儿成了他的各级军官和将领。他们中有许多人原就是经过严格训练的军士，在统一战争中跟着王翦、蒙恬、李信等名将打过硬仗、苦仗。章邯把他们提拔为他的骨干力量，令他们下到基层，负责训练别的士兵。他又向全军颁布了几项政策。

一、今后所有的人都是大秦军人，相互不能再以囚徒相称，家属也享有相应的待遇；二、杀敌二人，升一级，杀敌五人者，升两级，家里免征三年赋税；三、杀敌十人以上者，升男爵，可回家带俸禄休假半年；四、积小功三次为一大功，积大功十次可升将军……

囚徒们一跃而为光荣的大秦军人，朝廷又给了他们如此优厚的待遇，将士们无不欢欣鼓舞，恨不得立刻走上战场，杀敌立功！可是章邯没有立刻开赴前线，原因是军队还没有足够的铠甲。可是将士们等不得了，纷纷到章邯的大帐请战。

"咱们的装备还不够呢！"章邯说。

"要那些装备干吗？"有些老兵说，"我们跟王翦将军上阵时，有铠甲也不穿，往往光着膀子冲锋呢！手里有了刀枪，装备就齐了！"

他们说的是实情，现在有足够的史料证明秦军所以英勇善战，攻无不克，就是因了有激励士气的好政策。打起仗来一往无前，即使是将军，也很少有装裹在铠甲中的。

二世二年初，章邯率军过了渭水，北上迎击周文的军队。

驻扎在戏城的农民军，比起那帮不要命的，且经过训练的秦军来说不啻为乌合之众。他们起事后虽身经大小战争百余，可是从没有遇到过劲敌。秦朝的那些地方官吏和部队一听说张楚王的大军到了，稍作抵抗就溃不成军，有的还没见人影就望风而逃了。所以周文的部队打到咸阳城边，不能说明他有本领，而只能说明秦朝政权已经糜烂不堪了！

周文听说秦军过了渭河，便带兵列阵，准备决战。

当秦军摇着战鼓，部伍整齐的走过来时，黑压压的犹如铜墙铁壁，起义军就心慌了。他们又想起在秦朝诸大将指挥下的铁军，还没等到接战，阵脚就开始动摇。尽管周文和他的各级将领抽出佩刀，严督士兵抵抗，可是仍然一触即溃。秦军奋勇向前，横扫千军，如饿虎逐羊，周文部节节败退，章邯军穷追不舍，一直追到今河南渑池一带，将其彻底消灭，周文自刎而死。

周文部的被歼，对张楚义军的影响很大。他们开始认识到秦朝不是一点抵抗力也没有的。

在秦军的压力下，他们大有分崩离析之势。正在围攻荥阳的吴广兵团发生了内讧，吴广被部将田臧杀害。章邯趁机直扑荥阳，农民军被打得大败，田臧阵亡，吴广麾下的邓说、李归、伍逢各部接连被打垮。

自封赵王的武臣部也出现了裂痕，他被起讧的部将杀死，原归附于他的张耳、陈余等人幸亏预先听到风声，才侥幸逃脱。后来他们找到一个赵国的旧贵族赵歇，将他立为赵王，才算有块安身之地。邯郸是回不去了，只好以信（今河北邢台西南）为国都，原属于武臣部的李良将军带兵投降，武臣全军也散了。

陈胜直接统帅的军队也开始窝里反，章邯抓住时机大举进攻陈县。受张耳、周市控制的赵王、魏王都按兵不救，陈胜打不过章邯的秦军，弃城逃走。这一逃，他的部卒都认为张楚国的大势已去，纷纷各作打算。到了下城父，陈胜被他的亲随杀害，并提了他的头向章邯邀功请赏……

奉陈胜之命占领南阳的宋留，听说陈胜死难的消息后也向秦军投降了。

至此，率先掀起反秦浪潮的第一批英雄大多次第成了先烈。

2

刘邦进攻胡陵、方与失败后回到家里，有点灰心丧气，及至传来张楚王

第四章　听妻勉言　再树雄心

全军覆没的消息后,他更是失魂落魄,整日唉声叹气。

吕雉到外边请了个"演易"高手给他卜了一卦,结果是"上上大吉"。

刘邦不高兴地说:"你怎么还相信那些东西!"

"我怎么不相信那些东西呢?"吕雉顶了他一句。

"我从小就被人说成是龙种,后来,围绕着我又出现了许多异象,可是怎样呢?还不是一出头就碰得头破血流!"

"你是那样看的吗,刘郎?"自从刘邦当了沛公,吕雉就不再叫他的名字,改称他为"刘郎"。

"我应该怎么看呢?"

"我看你头几步都走得很好,你的事业如日东升!"

"嗨……"

"你不要笑话自己!"吕雉说,"听着,我给你摆一摆!一、你一起事就十分顺利,在芒砀一年多,由百把号人扩展到一千多人!周围的人都知道你刘邦,都把你看成是一方诸侯。你打回家乡后,被推为沛公,手下有了几千子弟兵!连萧何、曹参都成了你的部属,这不是很大的成绩吗?"

是呀,就是这些成绩,过去也没想到过。刘邦从床上坐了起来。

"可是……可是……"他说,"可是我却出师不利,连两个小城也没有打下来!"

"那算什么,将来你还要遭遇更大的失败呢!"

"什么?你说我还要倒大霉么?"

"夺取天下是十分艰难的,"吕雉说,"即使你有上天相助,即使你占尽了天时、地利、人和,你也会经受巨大的失败和挫折!没有那些艰难的经历,天下人就不认识你、不拥护你,你也就不能名扬四海、德被寰宇!你是十分颖悟的,你该知道这些!"

刘邦被吕雉说得振奋起来,他的脸上有了笑影,从床上下来,像个蒙童那样坐到吕雉的对面。

"娥姁……"娥姁是吕雉的小字,刘邦只有在特别亲密的时候,才这样称呼她,"你常说秦朝该亡了,可是你瞧,张楚王的十多万人马却在几天之内被秦军击溃了!"

"刘郎,那未必不是一件好事……"

"好事?"刘邦有点发愣。

"是呀,你想,如果起义的人都能成事,天下还有你刘邦的份儿吗?"

汉高祖刘邦

一句话说得刘邦如猛雷轰顶。是的，起义的人都想取秦朝而代之，如果都能够成功，我刘邦还干个什么劲儿呀！是的，陈胜被秦军消灭了，真的未必是坏事，要不，将来我还要与他较量呢！天下再大也只容得下一家呀！

"娥姁，天下是不是又变风向了呢？"

"没有。一点也没有。你瞧，秦朝那破烂摊子，经义军一搅如今更加破烂了！义军虽被章邯的大军荡平，可是，义军就像被踢散的火，它不像过去那样照耀天地了，可是它会在更多的地方燃烧起来的！秦军没有改变什么，除陈胜外，别的义军并没有伤筋动骨，你和你的军队不也是好好的吗？"

"你说得对，娥姁……"

吕雉见自己的话在她的刘郎身上起了作用，又说：

"刘郎，你只知灰心丧气，就没好好地想想为什么失败吗？"

"力量不行吧？"

"你是带领三千人马去打胡陵和方与的，力量不小了，两城的兵力加起来，还没有咱们的多呢！……"她说，"我觉得你失败在两点上。一是咱们的军队和陈胜、吴广的军队一样，是一些没有经过训练的老百姓。他们打仗是为了抢点财物得点好处，还没想到要帮你打天下呢！这样，他们打得赢就打，打不赢就散……"

"城中的人呢？"

"人家是大秦国的兵将，是为朝廷守卫国土呀，他们是有责任心的！"

"唔，我有点明白了！"

"还有一点，就是咱们缺少真正的有本领的将才和军师。"

"萧何和曹参呢？"

"萧大哥是大才，我想，就是在朝廷里也是凤毛麟角。可是，他只可做你的谋士，将来你就用他做你的相国吧！那曹大哥呢，他是出色的县吏，也很有才干，也许将来可以成为你的得力大将，可是现在还不成，他不能为你指挥千军万马！"

"那么将才和军师到哪里去找呢？"

"那你不用操心，只要你的大旗不倒，他们会自己找来的。"

"是吗？"

"但，你得睁大眼睛，懂得识人和用人。一个心怀天下的人主要的本领不是临阵拼命，而是用人！"

"唉呀，我的夫人真了不得！如果你是个男人，我就令你做我的军师！"

第四章　听妻勉言　再树雄心

太史公司马迁在写到吕雉时，曾带着赞叹的口吻说："吕后为人刚毅，佐高祖定天下"，这是多高的评价呀！

两口子的这场谈话也是关键性的。有三点是刘邦永世不忘的，定鼎天下的路途很长，很曲折。和他争夺那最高位置的不仅有大秦朝廷，还有那些并起的英雄。在这漫长的过程中，人才是关键的因素，他要广揽人才，用好人才。

刘邦像变了个人，立刻精神勃勃地跑到校场去了。在那里，曹参和几个秦朝的旧军人，正为他操练军队，而萧何呢，知道现在一点也不能懈怠，他正指挥从周围征调来的民工加固城墙，修筑堡寨。还派人四下搜集粮草……

看到风向有所变化，那些还没有来得及改换门庭的秦朝官吏开始另有打算了。

他们想：章邯不过朝廷上的一名不起眼的少府，竟在不到一个月的时间内扫荡了十多万声势汹汹的"叛贼"，而他带领的是些什么人呢？不是使六国胆寒的大秦铁军，而是拼凑起来的一伙囚徒！看来，那些农民军并没有三头六臂！

于是那些胆大的郡守、县令，开始主动向附近的义军出击，又想在这混乱中捞点什么了！

泗水郡的监郡御史平就是其中的一个。

从秦朝的官制结构上讲，御史是朝廷派驻泗水郡的代表，他的职责是纠察郡县两级政府违法犯纪的情事，并通过考察举荐人才，并没有带兵打仗的任务，可是他偏偏狗捉耗子，多管闲事，要和那个胆敢杀了县令的刘邦较量较量。

平御史知道胡陵和方与坚决抵御了刘邦的袭击，于是他带领泗水的一千人马，又从两城征调了一千二百人，携带着攻城器械前往沛县攻城。

他的人马比起刘邦来是少了点，但他认为邪不压正，反贼见了国家的正规军就该害怕。他把沛城围了就开始叫骂，命令刘邦投降。

刘邦心里这时平稳多了，因为这是在自己窝里，他有着沛县老乡的坚决支持。沛县的百姓明白，一旦官军进城，他们跟随刘邦的子弟就是谋逆，其罪株连三族。另外，他的军队和开始时不同了，经过三个月的训练，他们知道怎么打仗了。还有萧何、曹参以及他的兄弟们，即使战死也绝不让敌人得逞。

刘邦骑了马绕着城墙指挥，鼓励将士们坚决抵抗。他们用滚木、擂石几次打退了敌人的攻城。刘太公和吕雉、吕须把全城的老少发动起来，支持子弟兵作战，那时已是冬天，他们把热热的饭菜送上城头，包扎和慰问伤兵。

更多的人直接上了城，给战士运送守城器械，修补坍塌的城墙……

曹参成了守城的总指挥，周勃、夏侯婴、樊哙等有点本领的兄弟都是各团队的头目。萧何一直和刘邦在一起，给他出主意和审度局势。

"怎么样呢，萧大哥，我们还能坚持几天？"

"他们就要败退了！沛公沉住气吧……"

果然，到了第三天上，敌人没劲了，平御史的队伍撤到离城十里的地方扎营。沛县城里到处是嘻笑和欢呼。

萧何和曹参商量，这时可以反击了。

刘邦觉得能够守住城池就满不错了，还要出击，能行吗？

"沛公放心吧，"萧何说，"敌人大大受挫，子弟兵士气正高，出城后必然一战而捷！"

刘邦没尝过胜利的滋味，现在他要尝一尝！他下令大开城门，向敌人进攻。沛城的几千人马如滔滔洪水向敌人扑去，杀声震天！

官军没等平御史作任何布置，就开始自动向胡陵方向溃退，平御史也只好跟着逃窜。

沛城的百姓也不愿子弟兵们独享胜利的愉悦，年轻些的都跟着军队追击敌人，战争成了他们狂欢的节日。

第二天，沛城军民把胡陵围了个水泄不通，开始攻城。

三个月前，他们曾经攻打过胡陵和方与，再三攻夺不下，这时，人人都憋了一口气，所以攻势十分凌厉。

敌人是溃退之兵，加之没有防守的准备，眼看就要城陷了。

这时，萧何却对刘邦说："别攻了，我去劝说那平御史投降。——打仗终究是要死人的！"

"他听咱们的吗？受降总不如打进城去痛快！"刘邦说。

"这事总不能光想痛快，"萧何说，"少抬几具死尸和伤兵回去，沛县父老会高兴的！再说，平御史是朝廷官吏，他向我们投降了，影响也是很大的。"

刘邦觉得萧何说得很对，便令曹参停止攻城，让萧何进城劝降。

原来，那个平御史来到泗水郡后，见萧何器宇轩昂，才华横溢，很是赏识，年终评比时，给萧何弄了个第一名，并打算向朝廷举荐。可是这鸿运来的不是时候，聪明的萧何看出了大秦已濒临危境，他才不愿离开家乡到外地做官呢！

他向平御史反复恳求，平御史才作罢。

第四章　听妻勉言　再树雄心

但萧何不愿就职是一回事，平御史的恩情是另外一回事。在这时候，他想救他一命。

进了胡陵，见到平御史，看那老儿已经身心交瘁，眼泪、鼻涕一起顺着胡须流。

"事到如今，御史大人还是讲和吧……"萧何劝说道。

平御史见萧何来了，知道保住了性命，但自己是朝廷命官，架子还是要端一端的。他说："我食君俸禄，忠君之事，怎能献城投降呢？"

萧何说："嬴政统一六国，仅仅十多年，就弄得众叛亲离，怨声载道，是他自绝于天下！大人别看那个章邯率领一伙囚徒把张楚王灭了，就以为秦朝还能复苏。大人，那是死人的回光返照，不会扭转大局的！各路英雄一定会从张楚的覆灭中吸取教训，重整旗鼓，卷土重来，将秦朝彻底推翻！这是一个关键时刻，大人可不能犯糊涂呀！"

萧何的话，平御史一个字也没漏下，完全消化在肚里了，但他还要忸怩一番。

他说："老夫可以把胡陵献上，条件是放我回到朝廷……"

"大人觉得这样好吗？"萧何说，"您是朝廷命官，弃城逃跑，您知道是个什么罪过！秦朝的法律是十分苛严的，大人，我念及您对我的知遇之恩，才求沛公停止攻城，冒险进城对您相劝的。沛公和他的将士们可不能久等呀！"

平御史没话说了。

第二天一早，胡陵的城门开了。平大人举着白旗出城投降，受降的是沛公刘邦，他平生头一次感受到接受大秦命官的降书是什么滋味。乐得光知道嘿嘿地笑，不知这时该干什么好。

"沛公，下面还有几项议程呢……"萧何对他说。

"你替我来吧，你来吧！"刘邦说。

平御史献出胡陵投降后，与胡陵互为唇齿的方与城军心动摇，刘邦趁势派曹参、周勃、樊哙向方与发起了进攻，只一天就把方与拿下了！

在胡陵休兵两日后，刘邦率军班师，沛县老乡热烈地迎接他们胜利归来。

3

沛城的反击战和攻取胡陵、方与之役，锻炼了刘邦的子弟兵，将士们都取得了实战的经验。刘邦的威名远播，成为光照四方的人物。

汉高祖刘邦

可是从全国来看,这时各路义军都采取自保的守势,而许多大秦的地方官却趁机向义军反攻倒算了!他们整顿军马,一次次地反扑,"收复"了管辖的城池和土地。

泗水郡守名武壮,是个跟随秦将王翦东征西讨的老兵,积功做到了将军,平御史投降后,朝廷派他来做了郡守。他重沐皇恩觉得应当有所作为,在泗水拼凑了千把人马,开赴沛县,可是在城下蹲了两天也找不到刘邦的缝隙可钻,就赶到方与、胡陵,把两个小城夺去了。

刘邦派在两城的守护武装仅有二百多人,与泗水郡守较量了一番,就跑回了沛城。刘邦这回很沉得住气,他笑笑说:"让他先拿着暖暖手吧,明年春咱们再收拾他!"

萧何、曹参等兄弟都称赞沛公的胸襟。在这样的形势下,重要的是保护自己的力量。

没让刘邦等多久,形势又往好的方向转化了。

咸阳城里的胡亥、赵高一伙,只会争权夺利,根本不是政治家。章邯为他们扑灭了张楚国,他们得意了,以为从此即可安享太平。

正巧,他们听章邯来报,说有个张楚王的将军叫宋留的,率领几万兵马向秦军投降,便下令章邯把宋留押送到京都。章邯知道胡亥等辈要做什么,特别附上一封奏疏,说明宋留是义军的一员大将,他自动投降,"宜厚待之"。可是赵高等却想显一显威风,把宋留拉到咸阳当街"车裂"了!

章邯对这件事很有意见,上疏委婉地责备了朝廷。可是赵高却认为章邯有了异心,今后靠不住了。

义军渐次瓦解,章邯就没大用处了。可是现在他已是手握几十万大军的统帅,一种畏惧感又涌上了赵高他们的心头。他们想:"要是章邯有什么异动,那可不得了!"于是派大臣司马欣和董翳到前线监军。

朝廷的这一着棋,从反面帮了义军的大忙。他们看到虽然朝廷朽烂不堪,但仍暴虐无道。意识到绝不能对朝廷心存幻想,只能成功,不能失败。于是,他们比以往更加团结了,咬紧牙关,拼死向前!

陈胜的部下吕臣摆脱秦军的追击后,跑到新阳,收拢各路反秦义军的散卒,组织起一支头裹青布的"苍头军",攻进陈县,处死了杀害张楚王的庄贾。但他没有站住脚,就又被秦军逐出,正好,英布带领鄱阳军来到,两军联手反攻,再克陈县。这样的联合,在过去是没有的。

陈胜的另一支余部召平军,正在广陵被秦军逼得进退维谷,没法儿,只

第四章　听妻勉言　再树雄心

好渡江东撤。可那是项梁的地盘，召平见了项梁，寻求庇护。并说："张楚王生前很仰慕忠义的项梁一家，已经下令封项梁为张楚国的大将军。只是形势恶变没有来得及向全国传达。"项梁十分感激，便趁机接过"大楚"旗号，立即率领八千子弟渡江北上，占领河淮地区，使整个形势大为改观！

此时，东阳的陈婴，赣榆的吴芮，刚刚打败秦军的吕臣、英布、蒲将军等义军大头领都表示愿意拥戴世为楚将的项梁，归到这个大山头下面。

这是起义军的大团结，有着巨大的影响！

项梁的力量空前壮大，他率领大军屯兵下邳，就此成为反秦力量的中坚。

刘邦觉察到形势再次对自己有利，他的部队也养得兵强马壮，就和萧何等兄弟商量着打出沛县。

向哪个方向打呢？泗水郡守武壮夺去了他们手里的胡陵、方与，一口恶气还憋在沛丰老乡的心里。刘邦说："就打那个武郡守吧，沛丰乡党一定都愿意！"

萧何、曹参也觉得一开始可以先拿那个郡守试刀，那个武壮虽是一郡之长，却没有多少力量。

商议好了，刘邦便命萧何留守沛城，派刚归顺来的雍齿守卫丰邑，自己带领主力去攻打驻守薛县的泗水郡守武壮。

雍齿是沛丰一带的黑道头目，比王陵的势力还大。刘邦年轻时曾经去投奔他，可是他瞧不起刘邦这个一无财力，二无人力的社会混子，没有收留他。刘邦没法才去改投王陵的。刘邦夺取沛城，干得有点名堂的时候，雍齿、王陵才相继归了刘邦一伙。刘邦并不太相信雍齿，始终没有把他看成是自己的心腹。这一次，没有把沛县交给他来接管，就是明证。

薛县以制帽手工业出名，刘邦当了亭长后，他那顶竹皮冠就是派人在这里订做的。

这里还是战国时四大公子之一的孟尝君田文的封地。西汉的司马迁曾经到这里来采访过，发现这里的"暴桀"子弟特别多，那都是孟尝君的旧人。四大公子都豢养了许多食客，其中有些是特殊人才，但大多是些地痞流氓。"孟尝君招致天下任侠，奸人入薛中盖六万余家矣"，可见是"庙小妖风大，池浅蛤蟆多"。郡守武壮把他的军队带到这里来，真是自寻死路。

刘邦一到，薛城中那伙"暴桀"的头目丁复、秦同等人就出城和他联系了。因为他们知道这个沛公过去就是他们一类人。

"怎么样，武壮有多少人马？"刘邦问。他一开口，就像对老朋友说话

汉高祖刘邦

一样。

"人马倒有几百,不过,咱们的人更多,"丁复说,他们也没拿刘邦当外人,"你在外面一打,我们就带领弟兄们起哄,武壮那小子肯定吓得团团转!"

"可别小看那老儿,人家也是郡守哩!"

"刘大哥,你就放心吧!"

第二天黎明,刘邦开始进攻。

进攻刚开始,正如丁复他们应承的,带领"豪桀"们一哄而起,他们亮出刀枪,满街乱跑,见官兵就杀,还嗷嗷喊叫:"沛公的人马杀进城了,老乡们,快开城门迎接沛公呀!"

这一闹腾,武壮和他的人马沉不住气了,以为敌人里应外合向他夹击了,赶紧开城门逃跑,刘邦便趁势攻进薛城。

"沛公,事不宜迟,快快派人追击武壮!"丁复向刘邦建议。

刘邦命曹参带领周勃等人领兵夺取胡陵、方与,令曹无伤去追击武壮。

这一次,刘邦指挥了一次真正意义上的战斗,取得很大的收获。曹参、周勃为他夺回了胡陵、方与;曹无伤活捉了郡守武壮,没请示刘邦就把他杀了;薛县城里那帮"豪桀"都参加了沛公的军队,丁复等七八个人后来都封了侯。

回到沛县后,萧何等兄弟设宴庆祝。

萧何问起战争的经过,颇为曹无伤擅自杀了武壮感到遗憾。他说:"像武壮这样官阶很高的朝廷命官,只要他们投降,就不要杀他们,一是他们都是人才,可以为我们做事;二是给别的秦吏做出榜样,只要投降就加以优待,好壮大自己削弱敌人……"

刘邦也觉得萧何的话很对,可是他一时也没有办法。

他的军队,除少数跟他在芒砀起事的千把人外,多数是后来带领人马前来入伙的当地豪强,像曹无伤、雍齿、王陵者都是。打心里说,他们并没有觉得刘邦是必须服从的总头目,所以行事都极为随便。

这些头领归顺后,为了方便,刘邦随意地给了他们些官职,如"司马"、"连敖"、"中涓"、"客从"、"舍人"等等,都是原来楚国的官吏名称。其中"司马"是权力很重的军职,曹无伤是"司马",他当然觉得可以自行其是了!

4

刘邦取得追杀武壮,夺取薛城、胡陵、方与三城的大胜利后,信心大增,

第四章　听妻勉言　再树雄心

他和萧何、曹参等人商议后，决定乘胜前进，引兵去打亢父。

没想到半路上遇到了劲敌——周市的大军。

周市原是陈胜的将军，陈胜命他去取魏，他却在那里自立山头。他是个十分狡猾的家伙。他不出头，拉了个魏国贵族后裔魏咎当魏王，自己做他的丞相，实际上大权握在他的手里。起事的义军头领没一个人不是想独霸天下的，周市也是这样。他见刘邦从沛县打了出来，连克几城，干得有声有色，就嫉妒了，他觉得自己牌子硬（六国之一的大魏），势力大（张楚王的大将），就想逼迫刘邦归顺。雄心勃勃的刘邦当然不会听他招呼。

周市和刘邦相持了几天，见他锐气正盛，知道与他相拼必然有所损失，他派人绕着刘邦的营地转了一圈，明白刘邦的家底全在这里了，便断定他的后方一定空虚，于是决定迂回过去端他的老窝。

临近丰邑，周市找了个能说会道的人去对雍齿说："将军，我是魏王派来的使臣。丰邑是当年魏王假被强秦送到这里软禁的地方，可以说是魏国的陪都。现在魏已复国，占有几十座城市了。你如果归顺魏王，魏王就封你为侯，仍旧派你管理丰邑，你如果拒绝投降，魏王大军攻下城后，你和你的家人一定难逃屠戮之灾！"

这个雍齿早年就与刘邦结有仇怨，后来因王陵的调解，算是和解了，但从内心里对刘邦仍不服气。再者，他是盗寇出身，对过去的诸侯总有着难以消除的崇仰情结。这一回终于可以巴结上个王爷了，于是就投了降。魏王和周市接管了丰邑，并封雍齿为列侯。

"对刘邦的家属怎么办呢？"雍齿的一个随从问他。

"吕雉和她的一家不是住在沛城吗？"

"前几天刚刚回到这里……"

雍齿没有言语。

"把他们交给周丞相……可以邀更大的功。"那人建议。

"算了吧，"雍齿想了想说，"事情不能做绝，谁知道以后的风怎么刮呢？"

这雍齿还算讲一点江湖道义，他知道刘邦这时已是天下知名的人物，对他背信弃义，将来是要付出代价的。

听说雍齿反水，根据地被周市连锅端走，刘邦十分气愤，他无心再攻打亢父了，赶紧回师沛县，去围攻丰邑，一连打了五天也没有攻下。

曹参从一线回到刘邦的大帐，对他说："沛公，丰邑里的雍齿军拼死抵

汉高祖刘邦

抗，他们怕魏王的军队日后会来屠城……"

"那咱们也拼死进攻，咱们的军队好歹也打败过秦朝的官军呀！"刘邦叫道。

"可是咱们的子弟不拼命。"

"那是为什么？"

"你想想，丰邑里的抵抗者和丰邑外面的攻打者本都是一家人呀！他们怎会相互玩命呢！"

曹参说得很对，都是沛丰老乡，相互都能叫得上名字，论出班辈来，要他们面对面地刀刀见红，真的很难。

没法儿，刘邦把军队拉回了沛城。

这正好给周市留了空子。他挥兵夺得了胡陵和方与，接着进攻薛城，把刘邦的军队赶了出去！

刘邦在自己的家门口跌了个大跟头。连萧何也没见，就回到他在沛城的住处了。

萧何一面让刘邦带回的军队加强对沛城的防守，一面派人打探周市魏军的动向。忙得不可开交。

"别忙了，"曹参对萧何说，"快去劝劝沛公，他被周市的欺凌，被雍齿的反水和老乡们的背叛气病了！"

"我不去，"萧何说，"过两天他就好了。"

"怎么不去呢？"

"有些话没法说……"

"咱们兄弟还有没法说的话？"

"你想想，曹老弟，"萧何说，"站在丰邑父老的立场上，他们的做法也情有可原，沛公不比第一个喊出'王侯将相宁有种乎'的张楚王，也不能比恃有贵族血统的魏咎和项梁，老乡们从拥戴他到把身家性命和他绑在一起还有点距离，他自己应该认识到这一点。等他有了更大的政治本钱，有了更大的势力，那时就是另一种情形了！"

"对，对……"曹参说，"在一般老乡眼里，沛公还是个刘老四，他是不能和魏咎、项梁比的！"

刘邦也躺在床上拨拉着心里的算盘。

他任沛公以来，已出兵多次，不仅把泗水郡的官军打得落花流水，杀了郡守，还夺取过胡陵、方与、薛县等多个城池，在家乡打出了名声。但结果

第四章 听妻勉言 再树雄心

却是得而复失,开局并不如想象中的顺利。

那是什么原因呢?

他想到了萧何对曹参说的那个道理,他出身平民,没项梁、魏咎那样的号召力。这就是为什么陈胜起义时,拉上扶苏和项燕作虎皮,周市要把魏咎推出来的原因……

我也去找一张虎皮披上?

另外,他还想起了老婆吕雉的话,她曾经要他广揽人才,以壮大自己。她说:"天子之才,不是亲自出马打仗,而是将天下之才为己所用!"当时,刘邦还没有认识到其中的深意,曾经反驳说:"我的人才是不多,但不能说没有。弟弟刘交就嗜读圣贤之书,卢绾也读过不少书,萧何、曹参、跟着平御史投过来的周苛、周昌都是吏员出身,能说不是人才吗?"而吕雉却笑了,她分析说:"你弟弟刘交只能算是个半截子儒生,没有什么大学问。卢绾和刘交差不多,都没本领给你出夺取天下的大主意。至于萧何、曹参、周氏兄弟,可以帮你治理国家,那樊哙、周勃、纪信、奚涓、曹无伤等将军,只可听别人指挥,不是真正的帅才!"

是的,是的,吕雉所言极是!

于是他思念起在丰邑的妻儿来……

虽然,他知道雍齿不会对自己的家人动手,可也十分为他们担心。

第五章　群雄拥楚　联盟反秦

1

古代一位哲学家曾说人的性格大体分为两类，一类像狗熊，老是认死理，蹲在一处地方不动；另一类像狐狸，生性多变，怎么有好处就怎么干。刘邦便是一只狡黠多端的人中之狐。

从张楚王分出来的秦嘉部，听说陈胜被害，那杆旗不能打了，就学周市的样子找了个楚国旧贵族景驹，立为楚王，以留县为国都。留县离刘邦所在的沛县很近。刘邦和萧何、卢绾等兄弟商量，决定先去投奔景驹。

走了一天，快要到留县的时候，见对面的树林中走出一支百人多的队伍，刀枪的锋芒在阳光下辉耀。起初，刘邦以为是秦嘉派出人马迎接，萧何说："不会的，秦嘉这时以楚王的丞相自居，是不会迎出城来的。"

等走到对面，那一支小部队果然不是楚军。双方愣了一会儿，对面旌旗中走出一个书生模样的人来，彬彬有礼地向刘邦鞠躬，"将军……在下有礼了！"

刘邦也连忙还礼，并端详着面前的人。他三十几岁，面容清瘦，凝眉蹙目，看似手无缚鸡之力，但从眉宇间可看出其胸中似有千山万壑。因为耽误的时间太多，刘邦搭讪着问："阁下的部队是不是楚王……"

那书生笑起来："非也，非也！在下还以为你们是楚王的军队哩！"

刘邦和萧何等人也笑了。这笑声使他们相互间的陌生感似乎减少了不少。不知怎的，刘邦对这书生有一种莫名的亲近，就向他介绍了自己。

他刚一说完，书生又拜了下去："呀，原来是大名鼎鼎的沛公呀，今日偶遇，真是三生有幸！在下姓张名良，字子房，城父人氏……"

他刚刚说出自己的名字，在刘邦身后的萧何、曹参等人就连忙下马，站在路旁躬身下拜。

刘邦说："先生之名，如雷贯耳，天下英豪早就倾慕已极，今日得识先生，真是上天之意！"

第五章 群雄拥楚 联盟反秦

相互说了许多给对方歌功颂德的话后,渴望有更深的了解,就在树林边席地而坐,说起话来。

听说刘邦是来投靠楚王景驹的,张良说:"咱们走到一条道上来了,我也是奔楚王而来的!"因为志同而道合,他们又谈起天下大势……

张良的父、祖辈相继给韩王当过五任丞相。秦始皇扫平天下时,韩国是头一个被消灭的。那时张良还小,但颠沛流离的生活和韩亡的悲惨故事,给了他极为深刻的印象。他便背了个"五世相韩"的家世,以及国破家亡的仇恨,慢慢长大。到了成年,他已经把报仇复国当作一生的目标了。

三晋之地向来有"任侠为奸"的风气,丧失了贵族庇荫的张良浸染在这样的环境里,很快就形成了任侠气质。他把家产散尽结交天下"豪桀"和故韩的复国势力。但他与刘邦不同的是,他很注重自己本身的修养,他曾在淮阳学礼,据说还"东见仓海君",研究《史记》的学者们至今也没弄明白这个"仓海君"是何方高人,反正他学了很多学问,学的东西也很杂。

在浪迹天涯的云游中,他终于找到了个能够使一百二十斤大铁锤的力士,愿意帮助他实现刺杀秦始皇的志向。秦始皇二十九年,张良和这个大力士埋伏在阳武的博浪沙,锤击秦始皇东游的车队,"误中副车"没有成功。

当时已是天下平定,这一事件当然是骇人听闻的,秦始皇立即下令"大索天下",捉拿奸人、刺客。

张良和他的力士侥幸逃脱了,改变了身份、姓名,跑到下邳躲藏起来。这一躲就是十年!

在这十年中,他做了些什么事,历史上没有写,料想他不会闲着,一定是埋头苦学以认识天下大势,养精蓄锐以待更好的时机。但有一个脍炙人口的故事流传了下来。

一日,他从家里走出来溜达,路过一座石桥时,见一个身穿褐色衣服的老头子坐在桥头。那老头儿见张良来了,竟把脚一甩,故意将鞋子甩到桥下去了。他对张良说:"小子,替我把鞋拾上来!"张良有些生气,要是在少年时,非揍他几拳不可。但他看了看老人,压住火气,跑到桥下,把他的破鞋子给拾上来了。

"来,给我把鞋穿上!"老人把他那只脏脚伸向张良。

嘿,这老头得了什么毛病!张良又想,既然给你从桥下拾上来了,索性就给你穿上吧。于是他跑到老人面前,跪下去,把鞋子给他穿上……

老人连声谢谢也没说,竟疯疯癫癫地扬长而去。

张良呆愣了好久，正要走开，那老头儿又回来了。

他对张良说："小子，你还真是个可教之才！这样吧，五天之后的早晨，咱们在这里相会！"

张良觉得奇怪，便答应了。

五天后，张良一早起床就往这儿跑，见老人已坐在桥头了。老人很生气，他说："年轻人与老人相约，怎么能迟到呢？"

张良觉得自己有错，连忙向老人道歉，可是老人不理他，昂着头走了。

又过了五天，雄鸡刚叫，张良就来到桥上，只见老人又先到了。张良没等老人开口，就躬身下拜认错，老人站起身骂咧咧地说："没出息的东西，竟不如一个老人！五天后再来吧！"

这一次，张良没有睡觉，还没到夜半就跑到桥上来坐等。过了一会儿，老人来了，他笑嘻嘻地对张良说："好呀，好呀，胸怀大志的人就应该这样……"说着，他从怀里掏摸出一部书来，送给张良。"好好地钻研这部书吧，你若能真正读透了这部书，你就可做王者的老师了！"

张良很是激动，想跪拜老人，老人扶住他说："你……十年后可以兴起，十三年后，可来济北见我……"

"老先生……您是？"

"知道谷城山下的黄石公吗？我就是……"

"先生，我是……"

"不用说了，老夫知道你是谁！"

张良还想说些什么，可那老人头也不回地走了。

等天色放亮后，张良才看清手里捧的是一部《太公兵法》，借着晨光只读了几行，就明白这是一部奇书……

——张良不嫌羞辱，不惮麻烦，给老人拾鞋，又跪下来给老人穿鞋，足见他的内心磨炼和修养，已经达到了何等程度！他那沉着和冷静也不是常人能比的，所以，老人才说他"小子，你还真是个可教之才"！

十年间，张良遵从老人的教导"常习诵读之"，他觉得自己像变了一个人，不仅对天下大势了如指掌，就是指挥千军万马也能运筹帷幄，胸有成竹了。连其中的阴谋权诈也理解、运用得娴熟自如。也就是说他觉得自己真可做"王者师"了！

可是那个能够做他的学生的"王者"在哪里呢？

十年后，那位自称为"黄石公"的老人的预言得到了验证。陈胜、吴广

第五章 群雄拥楚 联盟反秦

在大泽乡举旗造反，在极短的时间里就天下响应，把个大秦朝弄得支离破碎。张良觉得时候到了，他应该走出下邳，到外面看看，去寻找那个可以做他学生的"王者"了！

不到一年，天下群雄并起，张良在心里掂量一个个名声响亮的人物……

他并没有忘记复兴韩国的大志，只是他还没有发现故韩后裔中有能够担负起这一大任的人。他想走一条迂回的路，就是先依托一个合适的山头，等势力强大后，再瞅时机完成复国大愿！

于是，他在下邳纠集了百多个"少年"，带领着去投楚王景驹了。

刘邦聆听张良侃侃而谈，话说天下大势，听得如痴如醉。他头一次听到这么透辟的论说，这么精到的分析。他是个聪明绝顶的人，早年又跟那个在魏国宫廷中历练多年的张耳学过"忍术"，所以，张良一点，他就立刻通晓，那领悟之敏，使张良叹为"沛公殆天授"！

张良呢，越与刘邦谈下去，就越觉得刘邦迥异于别的起义英豪。他虽出身于草莽，但志向远大、性格坚韧，心地就像一幅白帛，可任其在上面涂抹上理想的文字和图画。心里暗暗地想：我要找的人，是否就是坐在我面前的这位沛公呢？

特别使张良激动的是刘邦那虚心求教，热切待人的态度，那些英豪能够像他这样吗？他们能够像他这样接受我的训导吗？——张良在想。

"沛公、张先生，"萧何站起身说，"你们瞧，咱们从中午已经谈到日落了。咱们是不是先进城去，等拜见过楚王后再继续倾心相谈呢？好在我们是一家人了！"

"对，对，真的是太阳落山了！"张良扶起刘邦，"萧主簿说得对，咱们以后有的是时间……"

"真是相见恨晚呀！"刘邦拉着张良的手不肯放开，"老天为什么叫我现在才见到张先生呢！"

他们上路向留县走去。

刘邦和张良并辔而行，他们仍然滔滔不绝……

秦嘉和景驹见一下子有一大一小两支队伍来投，很是高兴。特别是刘邦不仅带领了几千人马，还有沛县偌大的一块地盘，这样，他的留县就和沛县连成一片了，势力也壮大了好多。等不到第二天，当晚就设宴招待他们。

刘邦打量了一下"主人"，楚王景驹是个三十多岁的儒生，身子单薄，精神萎靡，只会看着秦嘉的脸面说话。知道这小国家的真正主人是那位将军。

汉高祖刘邦

秦嘉也和景驹差不多年纪，可身体强壮多了。那身铠甲即使入宴也不脱下，凛凛然而生威风。从他那宽阔的脸堂、清澈的眼神看，他是个性格耿直的人。

这样刘邦就只对秦嘉说话。

初次聚宴是个亮身份的好机会，刘邦把自己的十多名谋士、大将一一介绍给秦嘉和景驹，樊哙、周勃、夏侯婴等将军个个虎背熊腰、面目狞厉，叱咤间勇气沁人，很能给刘邦撑起门面。

秦嘉说："沛公带来这么多虎将，楚王复国又有何难！"

秦嘉的将领就那么几员，出色的没有几个。他们多是农家汉子，一年多来虽然见识过天下风云，但怎比得上刘邦手下那些江湖"豪桀"！

轮到张良介绍自己了。他身上的亮点就是博浪沙刺杀秦王一事，可那事儿早就被一年来喷薄而出的众多英雄和他们的事迹掩盖了。他带来的那些临时凑合起来的兵丁更是乏善可陈。再说张良也无意在楚王和秦嘉面前吹嘘自己，他的思绪已经只在刘邦身上了……

这个反秦的群体，还没有进一步磨合好，章邯就打上来了。

章邯的进攻仍然很是凌厉，他向各个方向出击，主要是对抗项梁、项羽的大楚军。对景驹的这支"小楚"军根本没放在眼里，只派一个叫司马仁的将军带领军队来平定楚国故地。司马仁打下相城后，大肆屠戮，又逼近了砀郡。秦嘉连忙派刘邦率军出战。

刘邦心里没底，向张良问计。张良说："秦军来势凶猛，不可撄其锋锐，如抵不过可避之。"

刘邦想：就这么办。他带领的军队在萧县以西遭遇秦军，司马仁部果然凶悍，刘邦军一触即败，便命带兵的曹参撤回萧县，接着又退回留县，没受到什么损失。

秦军司马部在楚地纵横几个月，不断受到楚地许多小股部队的游击，兵锋已大受挫折，这时，张良向刘邦建议，可以出兵和秦军干一干了。刘邦又率军进攻砀郡，两军在砀郡以东血战。刚一接触，刘军就感觉秦军与先前大不一样，全没几个月前的威势了。曹参、樊哙、夏侯婴、周勃等将军勇猛冲杀，只樊哙一个人就斩首十五级。司马仁顽抗三天后，不支而溃。刘军趁势夺取砀郡，曹参等将领连下狐父、善置、下邑三城，在攻取下邑时，周勃带兵第一个攻上了城墙，打出了威风。

这一仗，刘邦军大获全胜。

对刘邦军来说，这是真正意义上的胜利，是他与张良合作的胜利。

第五章　群雄拥楚　联盟反秦

当初，刘邦起事时，就隐藏在芒砀一带，在这里有很深的影响，所以，在整个战斗中，他获得了当地群众的支持，战后有许多人投到他的麾下。其中虫达、陈涓、戴野、刘钊等十几人成为刘邦的猛将，西汉建立后都因功封侯。

这些将领的加入，和前后归顺的丁义、华无害、灌婴、陈平、傅宽、许盎等人逐渐形成了刘邦集团中的砀郡一系，他们的人数仅仅次于沛丰系。

这一战，使刘邦在景驹楚国中的势力首屈一指了。

2

刘邦在砀郡周围干得虽然有声有色，但他的老家丰邑仍在敌人手里，使他念念不忘，成了心病。所以，在砀郡胜利后不久，他就带兵回沛县了。

以他现在的实力，打个丰邑根本不成问题，但他临行时，张良告诉他："沛公，丰邑是您的老家，对吧？"

"是的，"刘邦回答，"我的家人还在丰邑城中哩！"

"我看……"张良说，"这一回您也未必成功。"

"为什么呢？以我现在之力……"

"不，不，我不是说您的兵力，我是说您的心力……"

刘邦还想再问，可张良笑笑说："您是一方仁君，怎能对家乡人下狠手呢！"

果然，如张良所料，刘邦的军队围攻丰邑数日，没有攻下。

原因仍如张良所说的，守的人死守，是因为怕那个势力大的魏王屠城；攻的人没劲，是因为对付的是自己的老乡。萧何、曹参都劝刘邦高抬贵手，把丰邑留待日后再说。

就在这时，从景驹楚国那边传来了噩耗，那个小小的楚国被项梁的楚军消灭了！

在刘邦离开留县不久，秦嘉自不量力，竟然去摸项梁这只老虎的屁股，他派兵到彭城去拦截北上的楚军。砀梁很生气。"这个秦嘉本就是陈胜王的叛徒，趁早灭了他算了！"他派英布闯阵。

秦嘉那点力量，哪是英布大军的对手，几次较量，秦嘉都是战无不败，最后他本人也做了英布的刀下之鬼！景驹没了秦嘉，也失去靠山，赶紧逃到魏地，最后死在了那里。

汉高祖刘邦

趁着两个"楚国"内讧，章邯亲率大军破竹前进，兵锋到达栗县……

形势一变，刘邦没心攻打丰邑了，正在驻兵观望，因景驹楚国灭亡而失去凭依的张良来到他的面前。

刘邦大喜过望，他还没让张良歇一歇，就向他说出了自己的尴尬。

"先生，你看，我没听你的话，弄得进不能进，退又不能退……"

"我给沛公出一计。"张良说。

"先生，快讲！"

"项梁的大军就在薛县附近，沛公快去向他借兵！"

"那么说，丰邑还得打？"

"沛公，您只要向项大将军借了兵来，丰邑就不打自下了！"

"向项梁大将军借兵？……"

"难道沛公还不明白吗？"

刘邦顺着张良的思路一想，立刻豁然开朗，张良这是又指给他一条光明大道，要他在小靠山倒塌后，去投靠大靠山。只要项梁肯借给他人马，以后，他就是项梁的人了！那前程还不是又光明又宽阔吗？

"好，好，我听张先生的！"

于是，他把军队交给萧何和曹参，自己带领张良赶赴薛县。

项梁不愧是将门后代，心胸宽广博大，他热情有礼地接待了刘邦。

"沛公，我早就听说您了！"项梁肃客入座，对刘邦曾经投靠秦嘉也没有责备，只说："我把秦嘉那小人灭了，咱们义军中的蛀虫，那是非清除不可的，当初，像沛公这样有识见的人，怎会走到他房檐下去呢？"

刘邦、张良没有解释什么，只是笑笑。

项梁生得方面大耳，五绺长须，那双智慧的双眼好像能一瞥就看到人的心灵。在接待刘邦、张良的宴会上，刘邦对项梁说尽了好话。

"项燕大将军是我刘邦平生最最崇拜的人！"他说，"郢都城破殉国一举，将永垂千古，虽死犹生！现在将军又身膺复国大任，更是万人瞩目，天下英豪莫不以相聚将军麾下为荣耀！我刘邦虽然德才绵薄，但愿跟随大将军为大楚复国尽一份自己的力量……"

在项梁面前，刘邦不敢吹嘘自己是什么赤帝之子，拔剑斩蛇之类，他知道，那只是糊弄老百姓的，项大将军可不愿听那些玩艺儿。

项梁看刘邦态度真诚，又聪明机灵，是个能够成事的人，就立刻表示收纳他们这一支为自己集团中的一员。

第五章　群雄拥楚　联盟反秦

张良呢，项梁早就听说过他十年前刺杀秦始皇的故事，恰当地表示了自己的敬佩。可是聪慧的张良却绝口不提这当年之勇，他说的是在他隐居下邳时，将朝廷追捕的要犯项伯冒险匿藏的故事。项伯是项梁的老兄，自然很关注这件事，于是张良借此一下子取得了项梁的信任。

借兵的事迎刃而解，项梁拨给刘邦五千人马，加上"五大夫"级别的将领十员，先帮他解决丰邑这个心腹之患。

项梁的五千援军，加上刘邦自己的本部人马，光凭声势就可把没见过大世面的贼头子雍齿吓趴下。正如张良所估计的，丰邑不攻自下。雍齿带领他的亲信和老婆孩子连夜逃到周市那里去了。

丰邑失而复得，刘邦派他的朋友、曾经救过他老婆一命的任敖留守。

时为二世二年三月（公元前208年4月）。

在家乡没住多少日子，就接到项梁的召请，要刘邦、张良前去薛城共同商议另立楚王之事。

他们带领部队刚到薛城，就遇到了班师回来的项羽。

原来，在刘邦、张良回乡取丰邑时，项梁派侄儿项羽去取襄城。项羽在襄城与敌人打得十分激烈，敌人的拼死抵抗惹恼了项羽。在城破后，项羽下令将所有的战俘全部坑杀。所谓坑杀，就是挖个土坑，逼迫俘虏下去，用刀砍、箭射弄得死伤过半，然后填土埋了。这种极为残暴的做法，目的是从心理上威慑敌人，使敌军往后见到楚军就束手就擒或者望风而逃，不敢稍作抵抗。项羽第一次单独行动，就犯下了如此大罪，此人的行径已露端倪。

张良早就注意项羽了，他对刘邦介绍说："将来与您争夺天下的怕就是这个人了！"

"是吗？我将怎么对待他呢，疏远他吗？"

"那不行，他是大将军的爱侄。最好是笼络之，亲近之……"

"我知道了。"

"他是个勇猛而自负的人，"张良提醒刘邦，"他认为天下英雄唯他莫属，您可以给他多戴几顶虚帽子。"

顺便，张良简单地介绍了一下项羽。他名籍字羽，和叔父项伯、项梁都是下相人。秦始皇巡游走到他的家乡，他和叔叔项梁随同千万人一起前往瞻仰秦皇风采，当秦皇的车驾走到面前时，众人立刻匍匐在地，不敢抬头。他却仰起头来观看，还小声对项梁说："呀，这家伙真威风，将来我要取而代之！"吓得叔父拉起他就跑……

汉高祖刘邦

刘邦听了哈哈大笑，他想起自己见到秦始皇时说的话"大丈夫当如是也！"话虽不同，意思是一样的。

第二天，刘邦便去拜访项羽。

"啊呀，是刘亭长吧！"从士兵丛中走出一个人来向他喊道。

刘邦现在已经做了沛公，连他的沛丰老乡如萧何、曹参等都不再叫他亭长了。他正诧异，那人已走到他的面前。

面前的人是个黑大个儿，有一张英武而不失俊逸的脸，虎虎而有生气，两只大眼看起人来，周围露点儿白睛。这时他笑着，露出两排结实的牙齿。他的样子虽有点逼人，但也给人以憨厚之感。

不用说，来人就是他要拜访的项羽了！

"是项将军吧？您怎么认识刘邦呢？"刘邦拱手一躬。

"那天您在大街上走，有人指给我看的。"项羽右臂搂了一下刘邦的肩膀。这动作倒是亲昵了，却不够尊重，但刘邦连眼皮也没眨一眨。"这几天我在等着您呢！"

你等着我，为什么不来拜访我呢？——刘邦心里想。还不是仗着你们那个显赫的世家和有一个众英雄拥戴的叔叔！

"将军恕刘某来迟……"

"好说，好说，一家人嘛！"项羽又搂起刘邦的肩膀，"来，来，到我的营帐里来！"

项羽引他去的住所，是征用的一家民居，可是将军们往往把他们的住处仍叫做营帐。

进了正面的堂屋，他们分宾主就座。这房子布置虽然简单，但很敞亮、洁净。不一会儿，侍卫送上酒菜。

他们坐定后，项羽忽向内间说："虞姬，朋友来了，请出来见礼！"

随着裙裾的摇摆，从内间里走出一位丽人。稍微躬身一揖，就倒了一杯酒，捧到刘邦面前。还轻启朱唇，说道："贵客请用……"算是尽了礼，接着就款款地进内室去了。

一时，刘邦竟忘记了面前的项羽，眼睛随着那女人，一直到她消失的内室里。

"好个美人儿呀！"刘邦以为那是项羽临时找来遣兴的女人，忍不住叹道。

项羽皱皱眉说："那是兄弟的夫人……"

刘邦连忙欠身道："失礼，失礼！"

第五章　群雄拥楚　联盟反秦

这是刘邦头一次见到虞姬，他被虞姬惊人的美貌震住了。项羽虽是武人，却是恪守礼义的，这与他的贵族出身有很大的关系。刘邦那看虞姬的色眯眯的眼睛，使他很是不快。也许是为了使刘邦郑重些，他简单地向刘邦介绍了一下虞姬的身世。

几年前，项羽跟随叔父项梁啸聚于会稽山中，以待天时。一日，叔父派他去会稽城内接应几个投靠的兄弟，却被官军发现、追杀。在格斗中项羽受伤，血流不止，正危急时，他被一老汉拉入门内，接着藏匿家中。他在老人家里住了多日，老人延医熬药、供给衣食，把他照顾得无微不至。项羽得知老汉姓虞，是从外地避秦之苛政逃到会稽来的，身边只有一个女儿，两人相依为命。那女孩天生丽质，仅十六七岁，却十分聪慧、懂事，为项羽洗伤敷药，一天几次，从不对项羽说话，可是项羽又觉得她对他说了许多话，因为她那一双传情的眼睛和颤动的睫毛就透露了一切。伤好离开时，老人拉着女儿对项羽说："老儿已风烛残年，怕身后女儿孤苦无依，愿将她托付于小将军，以奉箕帚，望小将军不嫌卑陋！"项羽拜在老人脚下，感谢父女的救命之恩，并保证将终生照顾虞妹，绝不另娶妻妾……

刘邦听后，拍掌道："英雄遇难，美人相救，你亲我爱，喜结良缘，好啊，好啊！"

刘邦虽说的都是好话，但项羽仍觉得他有些失礼。于是，本来开始得不错的谈话冷了场。刘邦也感到尴尬。

可是他想起临来时张良的嘱咐，就把身子一探，给项羽和项氏一家唱起颂歌来。项羽听了几句，心里好受了些，故作谦逊地摆摆手，刘邦认为已恰到好处，也就住嘴。下面很自然地说到刚刚结束的襄城一役。

"本来，我以为马到成功，谁知城中守军却不知好歹地拼死反抗，累得我打了三天三夜才把城拿下。我一恼火，把三千多俘虏全都坑了！"

"三千多……"刘邦抽了一口冷气。项羽坑杀守卒的事，张良已对他说了，这样子是做给项羽看的。

"是三千多……"项羽端详着刘邦瞠目结舌的模样，"这算什么，战国时的战胜国还不是把俘虏几万几十万地坑！"

他说的不假，秦赵长平一战，秦将白起就坑杀赵卒四十万！不过，刘邦听了项羽的话毛孔里仍冒冷汗。

"回来后，叔父责备我嗜杀，这怎算嗜杀呢？"项羽望着刘邦，"想想秦朝是怎么对待咱们的吧，咱们不该以血还血吗？你说呢，亭长？"

刘邦摇摇头，道："活活地把这么多人坑了，在下还是不敢想象……"

"哈哈……"项羽指着刘邦的鼻子说："您太胆小了，刘大哥，要是您像我这么大胆，就不止做个亭长了！"

刘邦告别出来，项羽送到门外。两人相互拉着手，似乎恋恋不舍。这时，一旁有个多嘴的将军提议说："项将军没有别的兄弟，两位朋友既然一见如故，何不结为异姓兄弟？"

刘邦正感尴尬，项羽说："好呀，好呀，我看亭长温良恭让，大有兄长之风……但不知兄长意下如何？"

刘邦忙说："刘某正有此意，但不敢高攀，所以考虑再三没有说出口！"

于是相互问了家世、年纪，命人摆出香案，祝告天地，念了简短的誓言后礼成。刘邦已经五十，项羽二十出头，自然刘邦为兄，项羽为弟了。

3

几天后各路反秦豪杰多已到齐，项梁便以召集人的身份与大家会商。

他先讲了目前天下的形势，反秦烽火虽已燎原，但秦帝国仍有很大的势力，要想光复大楚，还有很艰苦的路途要走，然后他说："张楚王去世已久，大楚复国伟业就落在了各位身上。我想：尽早拥立一位适当的楚王，对号召各方凝聚力量是十分必要的，很想听听大家的意见。"

拥立一位楚王是件大事，弄不好会使本来相聚的力量分崩离析。所以与会者都很谨慎，谁也不肯轻易发言。

过了一会儿，项梁又催促大家畅谈意见，他说："大家不必过于拘泥，只要利于反秦复国，什么话都可以说嘛！"

也许是大将军催得急了，也许是早有安排，下面一人忽然叫道："项大将军出身大楚世家，几世为上柱国，现在又身膺重任，起兵伐秦，功高日月，比起陈胜王更胜一筹，何不自立为王！"

有人开了头，附议的人就多了，下面有几个声音高叫道："对，大将军可以为王，我们拥护！""大将军德高望重、英明果断，楚王非他莫属！"……

项梁向大家挥挥手，等大家静下来后，他看着刘邦问道："沛公呢？大家很想听一听您的意见……"

沛公回头望望张良，张良两手轻轻地做了个推的姿势，刘邦领会了。他站起来说："大将军一家德被天下，对此早有定论，我刘邦没有别的话说，唯

第五章 群雄拥楚 联盟反秦

将军之命是听!"

这一招厉害,刘邦的话说得既尊重了项梁,又把他抢过来的"大锤"架回去了。

可是项梁看出了这个年近半百的沛公是个滑头。

事情正僵持不下,忽然有人进屋来报告,说有个叫范增的老先生求见将军。

项梁忽然肃然,他说:"请他进来……"

屋门一开,两个侍卫扶进来一位老人。他满脸皱纹,白发苍苍,看样子七十有余,但身板还好,精神矍铄。前面的将军站起来给他让座。张良对刘邦说:"认识这位老者吗?"

刘邦摇摇头。

"这老人名叫范增,他是居鄛人,是那一带很有名的智者,"张良说,"大将军把他请来作为主要谋士,已经一年有余……"

他的话还没说完,老人说话了。

他说:"秦灭六国,最不心服的是大楚。咱们楚地国大人多,怎么就败在秦国之手了呢?楚国的志士仁人都在反思这件事,所以喊出'楚虽三户,亡秦必楚'这句话。是的,楚国人最多,国最大,恨最深,反秦复国的大任就落在我们楚人身上!——陈胜起义,打出的是'张大楚国'的旗帜,这是很对的。可是他不立正宗的楚王,却自封楚王,犯了假冒的错误,因此失败了。现在我们应该吸取张楚王的教训,把真正的楚王后代立起来,那样,天下归心于我,我们还怕打不败秦朝,还怕不胜利吗?"

范增说完,望着项梁。

大家的目光也聚集在项梁身上。

项梁说:"范老先生的话真说到我心里去了!咱们就这么办,现在就派人出去寻找我大楚的后裔。楚王一脉留下了许多人,我想找出楚王的正宗后代,不是困难的事吧?"

项梁究竟是世代大将门下,能够做到言必信,行必果,会后他立刻派出一百多人,分四批,向四方出发,寻找楚王正脉。他那真诚的态度感动了各路英雄。

刘邦和张良只好在薛城等待结果。他们日日与项羽在一起,分析天下局势,笑谈起义来的成败得失。他们对项羽有了更深的了解。他的确有勇有谋,是位叱咤风云的大人物。可是,他也有三大缺点。一是打仗极为残暴,嗜好杀伐，常常由将军变成刽子手；二是他太看重名声，把它看得与生命一样重要；三是轻易地相信他认为可靠的人，往往把自己极重要的事托付别人。

"沛公，"张良对刘邦说，"咱们要好好地记住他的这些特点，遇事可揄扬之，利用之，攻击之……"

刘邦深以为然。

二十多天后，经朴实的老乡举荐，说是在一处荒野的山村里有个楚王的后裔，那是个给人家放羊的孩子。后又经再三查考，才证实了他的确是楚怀王的曾孙。

项梁十分高兴，连忙派出车辆带着王族的服饰前去迎接。

等那孩子到时，项梁又率文武百官出薛城东门跪迎，礼仪十分隆重。

他们接到的这个不到二十岁的孩子，姓熊（楚王族姓熊），名心。模样憨头怪脑，衣着腌腌臜臜，尽管给他洗了几遍澡，换上崭新的服装，也没看出好多少。可是他身上流着王族的血，这就够了。

过了几日，项梁又召集会议，商定立熊心为楚怀王，以纪念那位被秦王俘虏死在秦国的先祖。

大家对他行君臣大礼，叫人惊奇的是，熊心大模大样地坐在高椅上，似乎天生就是个当王的料。这使众将官肃然起敬，更对他王族的身份深信不疑了。

拥立仪式过去后，项梁等又决定以盱眙为国都，封自动归顺的陈婴为上柱国，封自己为武信君。引人注目的是他竟封英布为"当阳君"。大概是英布骁勇善战，为项梁立过大功吧？不过，有个很有地位的人物——吕臣，却被冷落在一边。

张良因曾经帮助项伯逃脱秦吏的追捕，在项梁面前说话方便，就趁机对项梁说："现在，'关东六国'楚赵燕魏齐已经恢复，只剩我们韩国了，君侯何不援一臂之力，帮一帮我们呢？"

项梁一想，这的确是流芳百世的好事，又不费他的力气，就答应了。

"先生，你也去找个韩国王族的后裔来吧，找到后，咱们就立刻办这事！"

"谢君侯！"

张良做事总是有板有眼、进退有据的，在他和项梁商议这事儿时，他手边已经有个叫韩成的韩王后裔了，他立刻把他找来见项梁。项梁顾不得给他举行什么隆重的仪式，找个地方，弄几个韩国人给韩成磕了头，韩国就算有了。

韩成是个二十多岁的小伙子，比起那个楚王熊心成熟多了。他做了韩王后，立刻封张良为司徒（相当于丞相）。张良又求项梁给他一千人，去夺取原

第五章 群雄拥楚 联盟反秦

来韩国的故地。他们侥幸夺得了几座城池，可是立足未稳，就又被秦军夺回去了。没法儿，张良就和韩成一起在颍川一带打游击……

这是张良第一次离开刘邦。此时的他，念念不忘的仍是韩国的复国大业。

刘邦很想念他，可是，这也是没办法的事。

韩王的登台，标志着战国时代的"关东六国"已完全恢复。反秦的盟主已然是项梁的楚国。但六国的领导人，已经从陈胜、武臣等庄稼汉出身的平民换上了近乎清一色的旧王族和旧贵族。按范增在薛城大会上的理论，打出正宗王牌是合乎时势要求的。作为怀王的拥立者，刘邦也没有异议，短短的几个月中他在楚国的旗帜下，已经换了三个楚王，可是他觉得这一次心里最踏实。

4

但是，六国所处的形势依然十分不妙，第一拨反秦浪潮中冒出来的人物，正在被秦将章邯逐个收拾殆尽。

至此，在后一拨崛起的刘邦、英布、彭越，以及项梁、项羽叔侄都站在了楚怀王的旗帜下，他们与大举南下的章邯军对峙着，情况很是危急……

章邯原来虽是个掌握宫廷财政的小官，但他深研过秦大将王翦、蒙恬等人的用兵之术，一年多来的战地实践，又使他增长了许多才干，打出了秦朝军队的威风。

陈胜死后，他深知这件事对起义农民军的巨大负面影响，在分析了六国各方的势力后，他选择了软弱的魏国作为突破点，向魏国发起猛攻。

魏国将军周市知道这是生死攸关的时刻，便派人向大楚项梁和齐国田儋求救。

项梁找来身边的几位将军，在楚王面前问计。

一年来他们都被章邯的秦军打怕了，不敢说话。

楚王说："我听说那章邯率领的都是骊山囚徒，十分凶狠，我们能够与之抗衡吗？"

熊心虽从小给人牧羊，模样也不怎样，可是他很快就学了许多见识，找到了自己的位置和感觉。现在他竟以主人的姿态说话了。

楚王开了口，别的将领也说出了自己的疑虑。

项梁知道这时得给部下以鼓励，他说："是的，章邯军十分勇猛，可是我

汉高祖刘邦

们楚国是六国的盟主，在道义上不容许我们见死不救，再说，如果其他五国亡了，我们楚国也不能独存。这就是说，这一仗我们非打不可！"

另外他还说到，如果魏、楚、齐配合得好，相互照应，势力也很可观，即使不能夺取胜利，秦军也不可能吃掉我们，以后，定有时机振作起来！

刘邦很同意项梁的主张，他说："秦军也并不是想象的那么可怕，章邯领军以来，也屡次被打败过，我看他从咸阳出战后，一路杀来，如今也已是强弩之末了！"

刘邦的发言也很关键，大家说了许多相互鼓励的话，士气得到恢复。

项梁率军迎战章邯，希望魏国周市能够挥军夹击。

可是周市的魏军一战即败，本人也被秦军杀死。魏王咎见逃生无望，就把自己的大帐点上火，秦军看着他在火中烧得猴儿似地乱蹦，谁也不去救他。

项梁看看无取胜的把握，只得收兵固守。同时，派一猛将前往齐国救助田儋。可走到半路，就听说田儋已兵败身死，也就赶紧回来了。

田儋称王本来就没有什么群众基础，秦军来了，将士们都不为他用命，一接触就溃散了。田儋死后，他的弟弟田荣分守孤城东阿，可是齐人也不支持他，趁机拥立齐国最后一位君主的后代田假为王。

过了几天，项梁觉得老这么窝着不行，得打出去才可以开拓局面，结束被动。正在这时，齐国田儋的弟弟田荣派使者前来面见项梁说："君王死难后，田荣将军在东阿孤军难支，万望大将军派兵前去救援！"

项梁问："齐国过去还是抗秦大国，怎么会一败涂地呢？"

使者哭道："大将军有所不知，齐王败殁后，田将军挺身自任，可是大臣们却背叛了他，拉起部分军队立老齐王的弟弟田假为新齐王！大将军，田将军知道您一向极为痛恨那些不仁不义的叛逆奸贼，特派我来向大将军告急……"

项梁听后，愤怒至极，他说："齐国与我犹如唇齿，我将立即派兵去解东阿之围！"

那时，刘邦的军队正在亢父作战，打得有声有色。曹参、周勃、夏侯婴率步、骑、车军一路势如破竹，直捣亢父，曹参第一个率兵登上亢父的城头，立了头功。

项梁见刘邦军打出了威风，便从亢父把他们调回，要他们与项羽部组成联军，亲自率领他们到齐地援助东阿。

刘邦军有点疲惫，可是他知道这是考验自己的时候，一定不能在项羽面前示弱，他对领兵的曹参说："看到了吗？大将军亲自督战，而项羽又在咱们

第五章 群雄拥楚 联盟反秦

旁边,可得做个样子给他们看看!"

曹参在亢父立了大功,正踌躇满志,他说:"沛公放心,咱们的军队绝不弱于项军!你就看我们立功吧!"

一月来秋雨淋漓,脚下泥泞不堪,身上又湿漉漉的。战士人困马乏,有人走着走着就栽进了水里。刘邦很会鼓舞战士,他和他们一齐行军,悄悄地对他们说:"咱们都是沛丰出来的,可不能给家乡丢人呀!"

战士们问他:"咱们去救齐国,对咱们有什么好处呢?"

刘邦说:"好处大着呢!离开家乡时,我曾对你们说:不博个封妻荫子就绝不回家!现在大将军要率领咱们去打大仗,不打大仗,怎么能立大功呢?"

战士们见沛公说话平实,也弄得一身泥水,就信任他了,越临近战场,就越有精神。

部队到了东阿附近,项梁下令摆开阵势,准备与章邯军决战。他把项羽、刘邦叫到面前,对他们下了死命令:"拿不下东阿,你们就别来见我!"

章邯那边呢,却没把项梁的援军放在眼里。他与几位将军从东阿山头观看,只见漾漾细雨中站着许多人马,一个个都像落汤鸡,不觉哈哈大笑。他问身边的将领们:"他们在雨中赶了几天,干什么呢,来送死吗?"

将领们也没瞧得起这些泥猴儿,陪着主将哈哈大笑。

第二天黎明,项梁发动了进攻。项羽和刘邦的分工是,项羽从左,刘邦从右全线出击。项羽仍像过去一样,一马当先,猛打猛冲,像把尖刀一样直插秦军的核心。章邯还没布好阵形,项羽就窜到了他的面前。

章邯是一文官,不会上马对敌,一时有些慌乱。幸亏他的一员部将拍马迎战,他才得以逃脱。从咸阳出兵开始,章邯对付的大都是些农民军,形似乌合之众,像项梁领导的这样经过训练,富有战斗经验的军队,还没有遇到过。他的那些将军,一些是在战火中锻炼出来的囚徒,另一些是跟随王翦、蒙恬等秦将打过仗的老将校,他们都不是项羽的对手,一接触就纷纷败下阵来……

章邯见形势危急,就下令把军队从东阿全部撤出,一齐对付项梁军。可是原有的队阵乱了,兵怕乱,一乱就生疑虑,这就离溃败不远了!

刘邦军也打得很好。

在薛地,他曾收纳了一位将军,名叫陈武,他派陈武先率车军出战。这一百多辆战车,上覆生牛皮,刀枪不入。每辆车由两匹战马拖拉,跑得飞快。秦军抵不住,全线后退,陈武初战告捷,从此成为刘邦的核心将领之一。

刘邦又令曹参、樊哙、周勃等大将掩杀过去，樊哙又大显身手，他自己就连杀几十名秦卒。他和项羽成了这次大战中的两颗耀眼的将星！秦军一败再败，终至全线崩溃。

这时，城中的田荣见秦军已经溃乱，下令大开城门，冲出城去。于是三支大军合力追击章邯的秦军，一路上又有三千多秦军被歼。

东阿之围已解，将士有些懈怠，项梁把刘邦、项羽、田荣等人召集到大帐内，对他们说："解救东阿，只是我们的一个小目标。我们的大目标是消灭或者击溃章邯军！各位想想：反秦军起义以来，几乎可一鼓作气推翻暴秦，是谁给濒临绝境的秦朝力挽危局？章邯也！再想想，陈胜义旗一举全国响应，功高日月，是谁把张楚军逐一歼灭，使本来如火如荼的形势转为岌岌乎危哉？章邯也！章邯是我们义军的死敌，是我们复国路上的最大障碍！所以我们切不可松懈斗志，一定要穷追猛打，将其置之死地！否则，他们卷土重来，后果不堪设想！"

项梁正在布置追击穷寇，田荣却关心着另一件事。

他以半天的时间搞了一次政变。他立田儋的儿子田市为齐王，自己为齐相。已被齐人立为齐王的田假当然不让，双方干了起来。

田荣觉得有项梁可恃，命令弟弟田横率兵将田假和他的手下田间、田角赶了出去。

他跑到项梁面前说："大将军，田市是故齐王田儋的儿子，理应为王，请您帮我把那个伪齐王田假杀了，以绝后患！"

"那是你们的家务……"项梁觉得田家在这时争权夺利实不应该，有点生气。

"那，我们就不能与大将军协同作战了！"

这是要挟，项梁瞧不起这样的人，他怒冲冲地说："那个田假是老齐王田建的儿子，我凭什么要把他杀了呢？章邯是我们的大敌，大敌当前，你们却不讲道义，那你们就闹你们的去吧！"

5

章邯退至成阳，还没有关好城门，刘邦和项羽的军队就打到了城下。

他看着黑压压的敌军，心惊胆战。

身旁的将领问他："大将军，如何抗敌？"

第五章 群雄拥楚 联盟反秦

"他们人多，我军人少，敌人是胜利之师，我方是败退之军，是无法与之对抗的！"

"那我们怎么办呢？"

"趁他们还没有把城包围起来，咱们还要撤退……"章邯明白，只一股劲地跑是不能够脱身的，便留下一支部队，命令他们凭借城墙抵抗三天，好给自己抢出逃跑的时间。

可是项羽的攻击十分勇猛，他亲冒擂石、矢雨，用云梯、破城锤等利器领头冲锋，只半天时间，他就登上了城头。

他虽破了城，却没有争得时间，因为他太嗜杀了。他立刻下令屠城，要把其中的军人、百姓全部杀掉！

跟在他后面赶到的刘邦看到项羽的暴行，摇头叹息。

萧何对刘邦说："沛公别光叹息呀……"

"项羽在楚国地位高于你我，咱们有什么办法！"

"项将军对民众施暴虐，沛公行仁义，反其道而行之，正是咱们获取民心的好时机！"

刘邦也觉得这是个很好的机会，就听了萧何的话，派兵把住街头巷口，不准杀红了眼的项军进入。

这事反映到项羽那里，他很生气，找到刘邦说理。刘邦说："好兄弟，我是怕你贻误军机！"

"你说什么？"

"兄弟你忘记项大将军的话了吗？他命令我们对章邯穷追猛打，不给他以喘息的时间，可是，你却在这里被这个小小的成阳绊住了脚！大将军问起来，你我怎么说呢？"

听了刘邦的话，项羽似乎猛醒，他拍着自己的脑瓜说："嘿，还是老哥你做的对！走，走，咱们立刻就走！"

项梁赶到后，看到成阳被项羽弄得遍地血腥，皱着眉头把他训斥了一顿，命令在以后的进军中，以刘邦为主将。要他们继续向西追击秦军。

他们在离濮阳一百多里的地方追到了章邯，两军展开血战。在这平原上，项羽又施展了他大冲大杀的战术，把秦军杀得鬼哭狼嚎，弃尸遍野。章邯没法，领兵退入濮阳。

项梁便想乘胜把濮阳拿下。

但濮阳历来是军事重地，从战国至秦朝都修了再修，城高池深，堡垒密布，易守难攻。刘邦、项羽连攻了三天，濮阳仍固若金汤。

项梁见久攻不下，便令绕过濮阳，去攻定陶。项羽"屠夫"的恶名早已传到定陶，军民怕落到项羽手里，遭受蹂躏，所以拼死抵抗，使定陶变成了一块硬骨头，他们守备严密，不给敌人留一点缝隙。刘、项军激烈攻击，延宕了十天，了无成果。

项羽急得嗷嗷叫，他要单人匹马冲锋，对项梁说："叔父，我可没有慢性子喝这碗热粥，今晚我自己去攻城吧，反正人多也用不上！"

项梁知道侄儿的脾气，就劝他说："秦朝虽已败落，但仍然是个庞然大物，你这只虎一口是吞不下它的，我还要你留着性命做长久之计呢！"

毕竟项梁的修养要老到得多。

他看了一下面前的地图，把项羽招过来，指着地图说："看，这是哪个城池？"

项羽瞅了瞅，说："那是雍丘吧。"

"是雍丘。你说守城的将军是谁呢？"

"我管他是谁呢，"项羽说，"叔父要那个城，我就去把它拿过来！"

"告诉你，守城的将军，名叫李由，是李斯的儿子。"

"是他呀？"项羽叫道，"只因为他是那个该千刀万剐的李斯的儿子，我就要攻进城去，把他大卸八块！"

"你别激动，听我对你说，李斯死后，李由惶惶不可终日，害怕赵高饶不了他。所以，他是没有什么斗志的，我看这城可破。一旦拿下雍丘，就打开了通往咸阳的一个口子，对秦朝也是一个震慑！"

"好，好，我的叔父，您就下命令吧！"

但项梁在等刘邦的到来，他不让项羽独自攻城。

定陶没下，刘邦没有等待，他拉起军队转到西边，连取宛朐、临济几城，进展十分顺利，最后，他们来到雍丘城下。

"好了，"项梁对项羽说，"你发兵到雍丘去吧……"

一天后，项羽也来到雍丘，两军对该城形成合围。

这时，李斯已被赵高下到狱里，之所以没有马上将他处死，就是害怕那个带兵的李由。要想保住父亲的老命，李由最好是拥兵固守，"挟兵自重"。可是那家伙却忘记了这个道理，反而急于表现自己，竟然主动出城与刘、项决战。

知道这个消息后，刘邦来到项羽的大帐，问他这仗该如何打。

第五章 群雄拥楚 联盟反秦

项羽说:"只要他敢出城,那就看我的了!"意思是在郊野大战,他有十成的取胜把握。但他想起叔父曾经交代,刘邦是两军主将,就征求刘邦的意见:"大哥,你有什么妙计吗?只要好,小弟无不听从!"

刘邦很会说话,"在郊野作战,那是贤弟的强项,我几次亲见贤弟神威,真是如虎逐羊!可是自离薛县后,贤弟夜以继日地苦战,也疲倦了吧?我有一计,可使贤弟省些力气。"

"大哥请讲!"

刘邦说:那李由是李斯的儿子,虽无实际本领却傲气十足。李斯被赵高下狱后,就是碍着领兵的李由才没有被处死。现在咱们兵临城下,那李由一定会急于事功,以表白自己,并救助父亲。咱们可在城外丘陵处设伏,引他上钩,然后聚歼之!

"好呀,就依大哥妙计!"

这是刘邦头一次指挥项羽,他令项羽军在丘陵中埋伏,自己的部队在丘陵对面的森林中隐蔽。令曹参领一支人马到城下叫阵。

李由见敌人并不是很多,就贸然出城了,曹参且战且退,将李由军引向丘陵中。如果李由稍有点常识,便会在丘陵边停步,或者赶紧回城去。可是,他却率兵深入丘陵寻找敌人。就在这时,炮响三声,项羽军突然杀出,给李由军以迎头痛击……

当秦军被项羽军包围难以自拔时,刘邦军从森林中跃出,他们不参加丘陵中两军的缠斗,却直冲城门,城中空虚难以抵御刘邦军的冲击,雍丘随之失守。

这时,李由才知中计,慌忙从鏖战中脱身,带领几百人突出重围,回军救城。他正遇大将曹参,几个回合后就被曹参斩于马下!

雍丘之役,楚军大获全胜。

李由死后不久,赵高没有了忌惮,也就把李斯杀了。

亢父、东阿、成阳、雍丘数役,有阵地战,有攻坚战,有伏击战,还有多兵种的会合战。刘邦军已在军事实践中成长为英勇善战的队伍。他虽不动声色,但在项梁的心目中,已经高出于项羽了。

在数次作战中,又有许多将领前来投顺,其中著名的就有林挚、陈豨等,西汉建立后,他们都被封侯。

这时,刘邦拥有的人马已近三万。

第六章　动须相应　轻取咸阳

1

雍丘战役结束后,项梁令刘、项联军转向外黄一带作战。他自己仍率英布、蒲将军攻打定陶。

他比侄儿项羽聪明多了。他令军士向城中喊话:只要归顺,绝不杀一人!定陶军民这时已经苦苦撑持了数月,粮草净尽,听到项梁有这样的好政策,斗志大懈,项梁趁势攻进城内。进城后他严令将士不许杀降,不许扰民。受到定陶百姓的称赞。

战局的顺利发展,项梁觉得复国大业已指日可待,所以就不急于去进攻近在身边的濮阳。

他对身边的将士说:"就让那个章邯在濮阳歇几天吧,反正他早晚也得死!"

外黄那边,刘、项大军进展受阻。主要原因是连日大雨,车马难行,军队难以展开。得报后,项梁吩咐他们:"你们也歇上几天吧,有道是磨刀不误砍柴工嘛!"

军队是人组成的,人的斗志一松懈,许多问题就产生了。有的到附近乡镇抢掠,有的憋在帐篷里喝酒,还有的悄悄地离开大营,回家探亲去了。

项梁也没事可干,就和几个亲近的将军吃酒玩乐。

听说打下定陶,在盱眙的楚王派他的御前大臣宋义到军中慰问。他在前线转了一圈,觉察到项梁因接连胜利滋生了松懈麻痹情绪,他想提醒大将军。

"武信君,自立楚以来连破秦军,取得了令人鼓舞的胜利。在这时候就应该一鼓作气拿下濮阳,转而向咸阳进军,千万不可有丝毫轻敌思想……"

他还没有说完,项梁就不高兴了,言道:"是楚王的意思吗?"

"不,不,我到军营转了一遭,看到……"

"你看到什么?你只看到'老虎'休息的时候,没看到'老虎'发威的

第六章 动须相应 轻取咸阳

时候,就少说几句吧!"

宋义碰了一鼻子灰,涨红了脸。"君侯,我没有别的意思……"

"你不该有'别的意思'",项梁很瞧不起那些在楚王身边只会说嘴的文官,"你应当明白,这里没有你指手画脚的份儿,在家里好好地伺候楚王吧!"

"楚王派我来……"

"想做点事吗?好,我就派你点差使,"项梁说,"你到齐国去一趟,看看那里的情况,鼓励他们向秦朝反攻,如果别国都像齐国那样,把力量用在窝里斗,秦朝是灭不了的!

"是……"

宋义走后,项梁对面前的将军、谋士们说:"那个被咱们立起的楚王真的没数儿了,他以为自己是谁?还对咱们摆起谱儿来了!"

大家听了都附和着笑。

项梁虽立了个楚王,但在他心里那不过是个招牌,等灭了秦朝,形势大定后,那招牌用不用还不一定呢!

宋义冒着连绵秋雨赶路,进入齐地后,在一个驿馆里遇见了一位老朋友。他是齐国的高陵君显。

"老朋友,到我们齐国来了?"

"是的,老朋友,看样子要到我们楚国去吧?"

"一点不错。你已经快到了,我的路程才刚开始呢!"

两人要了一壶酒,几碟菜,一边吃酒,一边叙谈。

宋义问他:"是去找我们的武信君吧?"

"那当然,"高陵君显说,"你们的楚王是个招牌,真正主事的,说了算的,还是武信君!不是吗?"

宋义点点头。

他们又谈起战争的前景。高陵君显是个四十多岁的书生模样的人,瘦瘦的脸,一双精明的眼睛,下巴上有一把整齐的胡须。宋义年纪略大些,身体也略胖,但说话却不如高陵君稳重,自以为是大国的国王近臣,态度有点傲慢。

"朋友,你看时局会怎么发展呢?"

"秦朝灭亡是定了的,可是还要走许多曲折的路……"

"将来盟主的位置是非大楚莫属了,而大楚又是项氏叔侄的了,小弟说的对吧?"

宋义想了想说："我劝老朋友别看得那么笃定，一切还在未知当中……"

高陵君显见宋义说得半遮半露，更起了好奇心，追问道："咱们是老朋友，还望老兄指教一二！"

宋义欲言又止，让高陵君显等了好一会儿才说："……你注意刘邦这个人了吗？"

"注意过，他不过是项大将军麾下的一员大将罢了……"

宋义笑起来，但再也不说什么了。

第二天一早，高陵君显上路时，宋义又把他拉到一边说："我有一言相送。"

"请讲。"

"这时，定陶那边章邯正与项将军大战，我与你的一夜小酌也许救了你一命……"

"老兄，请说明白。"

"慢慢地走吧，等你走到定陶就知道了，不知你还能不能见到大将军！"

在项梁夺取定陶后，章邯一时觉得大难临头，他断定项梁会倾所有兵力来争夺濮阳，可是项梁却出乎他意料地蹲在定陶不动了。章邯在纳闷之余，派细作潜入楚军营内打探，楚军的懈怠麻痹使章邯又惊又喜。他对将领们说："看来上天并不想亡我大秦！"

就在宋义和高陵君显喝酒的那天深夜，章邯的秦军袭击了项梁的楚军。

当秦军突入定陶城中时，楚军仍旧没有反击，许多将士就在睡意朦胧中掉了脑袋。

项梁的大帐在城外林中，半夜后，有许多人冲进了他的帐里，他醒来喊道："是谁这么无礼，给我出去！"但进来的人没有出去，反而捞头砍了他一刀，接着就是一阵乱剁乱刺，直到这位名震天下的大将军成了一滩肉泥！像历史上的许多英雄豪杰一样，活得虽然有声有色，死得却都不怎么令人艳羡……

项梁军全军覆没后的一天，高陵君显来到了那个尸横遍野的战场，那惨绝人寰的景象使他惊怵莫名。他想起了宋义的话，不由得叹道："宋老兄真神人也！"

2

项梁兵败被杀的消息传到外黄，刘邦、项羽军一片惊骇，就像天塌了似

第六章 动须相应 轻取咸阳

的。项羽痛哭流涕，刘邦也很伤心，他陪着项羽哭了好久，就转而劝说项羽节哀。

项羽跳起来抓着刘邦的手叫道："老兄，你是我的好兄弟吗？"

"那还有错，我当然是你的好兄弟！"

"那就点齐你的人马随我杀到濮阳，向章邯复仇！"

刘邦想：我刘邦起兵，是为了给你们项家复仇的吗？可是在一边的萧何连忙向他眨眼睛，刘邦忙说："好，我立刻照贤弟说的办！——咱们别管什么复国大业了，为了项大将军，就把家底拼个光吧！"

这句话像给项羽当头浇了一桶冷水，他猛醒了。"你，你说什么，刘大哥？"

刘邦又把自己的话重复了一遍。

"你……等等，和章邯决一死战，划算吗？"

"是呀，我也这样想，"刘邦说，"我觉得项大将军的仇是一定要报的，可是，项大将军的希望是我们把秦朝彻底推翻，我们应该完成他的遗志！"

项羽想想，还是刘邦说得对，就用衣袖把脸上的涕泪抹去，对刘邦说："刘老兄，你说吧，以后该怎么办，我听你的！"

刘邦说："贤弟，现在的局势，对咱们是十分不利的。项大将军殉难，全军覆没，咱们一下子就损失了几万人马！最重要的是军心动摇，惶惶不安，在这样的情况下，我们能够和秦军决战吗？章邯那边就很不一样了，他们刚得大捷，声势汹汹，士气无比高昂。我还听说，他从咸阳又得到了几万精兵，两相对比，我们的力量就薄弱多了。现在我们要做的不是去打他们，而是怎样自保的事了！"

经刘邦这样一分析，项羽也有点怕了。

"大哥，你说的，我全明白了，可是你还没有说说咱们今后怎么办呢！"

刘邦把曹参拉到面前，对项羽说："曹将军有勇有谋，听听他怎么说吧！"

"两位将军，末将的看法是……"

曹参提出了自己的建议：赶紧收缩战线，趁着章邯尚未前来攻击，外黄的刘、项军，以及驻扎在陈县的吕臣军，迅速撤回盱眙，集中兵力固守，在那里等待时机。

项羽很同意这一决策，当天就开始从外黄回师，同时派人通知陈县的吕臣，他也同时向都城撤兵。

三支军队回到盱眙，立刻觐见楚怀王。

汉高祖刘邦

大家以为经受定陶败北、主将死难这一巨大打击的楚王，一定是灰心丧志，惶惶然不知如何是好。可是没有，楚王神定气闲，似处变不惊。他接见了诸位将军，对他们说了许多安慰的话，对于将来，他说："章邯虽然取得了侥幸的胜利，但他无力回天，从长远的大局看，秦朝灭亡是必然的！"

他又征求大家对攻守大计的意见。

刘邦说："盱眙乃一小城，不足以抵挡章邯大军，彭城自古是军事重镇，城高池深，堡寨环绕，我们不如迁都彭城，以求固守！"

刘邦的建议立刻得到项羽、吕臣等将领的赞成。那时，楚国朝廷就是几支军队，所以迁都并不麻烦，几天后，他们就在彭城安家了。

楚王的部署是：吕臣驻军城东，项羽驻军城西，刘邦驻军砀郡。三军在彭城外形成掎角，等待秦军来犯。

在战略战术上即使是雄才大略的将军，也常常有难以弥补的憾事，章邯又添了一件。如果他这时连续作战，不等楚军撤退就紧急出兵，那么已受重创的楚军必然溃败无疑，可是，章邯却认为被他打得落花流水的楚军已不足为虑，带着他的大军北上攻打赵国去了！

听到这一消息后，楚国上下莫不弹冠相庆。

项梁的死，给了楚王熊心一个崭露头角的大好机会。到这时，楚国的众将领才明白，他们都大大低估了那个放羊娃。他出身王室，自幼读书，并非全无心机。登上王位后，身边也有许多谋臣给他出主意，他就开始像模像样地做君王了。

他虽是项梁一手扶立的，但他并不感恩。项梁的独断专行，项羽的飞扬跋扈，更使他十分愤恨。他要趁此机会把权力紧紧地抓在自己手里。

他做的第一件事就是整编部队。

首先，他将吕臣和项羽的部队合并，自任统帅。这样，使吕臣、项羽相互牵制，又把过去不被项梁重视的吕臣升为司徒（相当于民政部长），其父为令尹（宰相），职位都在项羽之上。项羽虽屡建奇功，却只封了长安侯，还给了他个"鲁公"的空头衔。

刘邦呢？楚王认为他对自己的态度尚为谦和、恭敬，威胁也不大，而且他的军权也一时剥夺不了。特别是楚王还想利用他压制项羽。所以除了封为武安侯以酬其功，又委以砀郡长的实际行政职务，明确规定布防在砀郡的军队都归他统领。

这样算下来，这次大调整，实际获利最大的，还是刘邦集团。从依傍项

第六章　动须相应　轻取成阳

梁算起，仅仅半年，他就从县一级的沛公，一跃而为大楚国的重臣。

怀王独厚刘邦，扬刘抑项的心机十分明显，但阅历丰富的刘邦却不愿意因此得罪潜在力量依然雄厚的项羽。这一点，他比怀王对项羽的估计准确得多。

于是，他在幕后做起了小动作。

有一天，他备了些酒菜，请有些苦闷的项羽来做客。

项羽一走进刘邦的大帐，就看到一个布置得严肃、庄重的灵堂，中间幕墙上悬挂着大将军项梁的画像。刘邦拉着项羽的手跪倒在地泣不成声。

项羽这些日子受了许多委屈，当然哭得更为哀痛。他边哭边说："刘哥，这时候还记得我叔叔的能有几人？"

"我不管别人，我刘邦是永远把项大将军记在心里的！"刘邦泪流满面，"没有项大将军，就没有我刘邦的今天！我刘邦是个知恩图报的人，今后我一定和兄弟你携手并肩、生死同心……"

项羽十分感动，搂着刘邦说："大哥，我项羽没有叔叔了，可我还有大哥！"

从此，项羽和刘邦更加亲近。

对那个"无赖"出身的刘邦来说，这是"小招"一个，他吃透了项羽……

项梁、项羽起事时，率领的是八千江东子弟。如桓楚、龙且都是他的老将，可是其中不少已被楚王拉走了。英布、蒲将军原来虽都是项梁部下，但现在各有自己的人马，与他不相承属了，所以项羽现在感到从没有过的孤立。傲气冲天、风华正茂的项羽，在感情上连忙接受了比他大二十四岁的刘邦……

楚王整顿好内部之后，他又张罗着缔结与其他国家的联盟，以巩固大楚的盟主地位。他深知，只有六国联合，才能最终打败秦朝，完成复国大业。

半年前，齐国的田荣赶走田假，另立田儋的儿子田市为齐王，又背约不肯出兵与楚军夹击章邯，惹恼了项梁，大楚遂与齐国产生了隔阂。现在楚怀王隆重地接待了齐国使者高陵君显，正式承认了田市的齐王身份。齐王为了报答他，便请楚王宠臣宋义的弟弟宋襄出任了齐国首相，这是一笔利益相当的政治交易。

魏王咎死后，他的弟弟魏豹在楚国的帮助下，打出了一片天下，楚王立刻派使臣前往魏地，立魏豹为魏王。这样，就又有了六国并立的格局。

现在，赵国面临着章邯秦军的威胁，楚王又在考虑着出兵救赵了。

3

项梁因把章邯看成是强弩之末，结果兵败被杀；可是对楚国的势力估计错误的章邯也重蹈了项梁的覆辙。他看到项羽、刘邦、吕臣、英布等将领同时东撤，跑到彭城去固守，以为楚军吓坏了，已不足为虑，便掉转马头去收拾北方的韩、赵、魏、齐、燕几个反秦山头了。

离开濮阳半个月后，章邯的大军直插赵国腹地。

赵王歇闻讯后，令陈余将军接战。

武臣被杀后，这个赵王歇是张耳和陈余共同立起来的。张耳为丞相，陈余为大将军。一年多来，他们在周围开拓疆土，可是实力仍然不行。现在秦军突来，不免有点手忙脚乱。陈余的那些人马只和秦朝的零星地方军打过仗，从来没遇到过章邯率领的强悍军队，所以没打了几仗就败下阵来，赶紧逃走。

章邯军又恢复了秦军的虎威，他的大军分成两路，一路继续追击陈余残部，一路直逼邯郸。张耳手下没有多少人马，知道孤城难守，就护着赵王歇弃城逃到巨鹿。

城破后，秦军大肆屠戮。章邯连忙制止。他说："邯郸城里都是秦朝的子民，你们这样干，就是把他们往敌人那面推，没有黔首拥护，什么朝也会灭亡的！"

章邯的话是对的，可是有的将领说："邯郸自古为兵家必争之地，日后还会有人在这里割据称王的！"

"那就把它的城堡毁掉，把黔首们赶到河内去吧！"章邯命令。

这政策看似宽大，可是让千万黔首离乡背井、迁往异地，也是难事。为了迫使黔首迁徙，秦军放火烧城，在浓烟火光中，邯郸百姓在秦军的驱赶下，扶老携幼、匆忙出逃，一路上尸首枕藉，令人惨不忍睹……

邯郸大火一直烧了十六天，之后，留下的是一幢幢的废墟和黑黢黢的破壁残垣。几百年的古城从此化为乌有！

赵王歇和张耳还没在巨鹿喘过气来，章邯的大军就到了，他们把巨鹿包围得水泄不通！

秦军的前锋将军名叫王离，是秦大将王翦的孙子，也许他向乃祖学得了绝招，他首先把巨鹿和外界联系的所有道路切断，使它彻底孤立，然后昼夜

第六章　动须相应　轻取成阳

攻城。

城里的张耳、赵歇知道凭自己的力量支持不了几天，就派人突出重围，带着赵王的信向楚国、燕国告急、求救。

陈余没有被章邯逮到，他一路上整备部属，搜罗散兵游勇逐渐又聚集了几万人马。如果他前往巨鹿救援，也许能够缓解张耳、赵歇的压力，可是他没有这样做。他在巨鹿西北驻扎，让自己慢慢恢复元气，没有立即去解救巨鹿城。

张耳知道等待燕楚发兵，犹如远水不解近渴，就让赵歇以王命诏令陈余速来救急。接到诏令的陈余仍然按兵不动。

原因是什么呢？

章邯知道陈余军就在不远处，所以他驻军巨鹿南面的棘原，一方面催促王离加紧攻城，一方面全力以赴地支持他，他派人筑了一条甬道，一直通到黄河，利用甬道之水给王离运送粮草和武器。

这样陈余就不敢轻举妄动了。

另外，他不止一次地和章邯交过手，深知其厉害。他的这几万人马，根本是杯水车薪，不仅救不了赵王，还会毁灭了自己。

张耳在巨鹿可急坏了，他愤怒地骂娘，又派两个使者潜出城，持信去找陈余。信中说："你我是刎颈之交，如今你拥有几万之众却不来救急，是何居心？"

陈余对使者辩解说："我这几万人，是收拢的败兵残卒，是秦军的对手吗？有这几万人存在，章邯尚有忌惮，倘若我们被消灭了，秦军就会全力攻打巨鹿，那样，巨鹿的压力就更大了！"

使者是衔张耳之命来的，当然不会这样空手跑回去，就变着法儿地动员陈余投入战斗。

陈余被迫无奈就说："我先拨五千人马给二位，你们先和秦军试试好吗？如有取胜的可能，我再全力出兵，如何？"

两位使者同意了。

陈余给他们点齐了五千将士，他们率军去碰章邯那堵铜墙铁壁去了。

没到半天的时间，有人来报了，那五千人犹如飞蛾扑火，全军覆没！

正当巨鹿到了山穷水尽的时候，燕楚齐三国都在紧张地商讨救赵大计。三国的使节络绎于途，不久，他们达成一致：全力救赵。

就在这时，高陵君显到了彭城，来到楚怀王面前。他见楚王对局势十分忧虑，就说："多听一听宋义先生的话吧，他是个了不起的谋略家！"

楚王听他这么说，很是惊异，宋义整天在他身边，是个比较聪明的谋士，可是并没觉得他有什么了不起的。

高陵君显把在齐地遇到宋义，驿馆一晚的谈话，以及几天后项梁惨败的事实，一一对楚王讲了。"宋先生料事如神，可见其深通兵法，这样的人才，大王可不能冷落呀！"

楚王一边听着，一边想：宋义是我的人，如果他的才能真像高陵君显所说，用他组成自己的幕府，遇事就不用听刘邦、项羽等人嚷嚷了！

正巧，这时宋义从齐国回来了，楚王立刻召见他。

"宋先生，你是怎么知道项梁必然会兵败身殁的？"

"陛下，"宋义说，"兵法有云：骄兵必败。项大将军因为连胜秦军，渐生骄惰之心，他的将士也是志得意满，防备松懈。最要命的是他们不听劝告，那失败还不在等着他们吗？"

楚王一听，摇头慨叹道："人才呀，人才呀，人才就在我的眼下，我竟不知擢用！"

楚王给宋义赐座，把当前局势和赵国的危机向他讲了，并征求他的意见。

宋义说："章邯手里集中了秦朝十多万精锐，想战胜他是十分困难的。我有一计，不但能解巨鹿之围，还能把章邯军调回咸阳，那样，各国联军便可在行动中消灭他们，从而将秦朝推翻！"

简直是神话！

"好，好。竟有如此良策，请讲请讲！"说着，楚王下了御座，叫人搬个褥垫，坐到了宋义的对面。

宋义知道自己的机会来了，便对楚王条分缕析地讲起来。

他说："秦赵高已把国内所有的军队交给了章邯，希望他能够扶保大秦，接着就把自己的所有精力都用到迫害秦朝老臣和虐杀始皇后裔上去了，因为这些人是他篡夺最高权力的障碍。秦朝的后方是空虚的，咸阳是空虚的。如果我们这时以精锐之师，避开章邯所部，直扑咸阳，章邯还有心扫荡山东五国吗？恐怕在巨鹿他也无心打下去了！

"章邯回师救其必救是一定的，"宋义说，"那时，大王即可运筹帷幄之中，联合山东五国一齐行动，将秦军分割、包围，并将其消灭……"

"好呀，好呀！"楚王拊掌称赞，"宋义，你不要到各国去跑了，就留在我的身边，为我出谋划策，以后，我会给你个适当的位置的！"

第六章　动须相应　轻取咸阳

4

楚王和谋士们又经过几天的密谋,就把文臣武将都召集到彭城,商讨抗秦大计。这是一次有重大历史意义的会议。

刘邦、项羽、吕臣、陈婴、宋义、范增等几十位将军、谋臣齐集一堂。

楚王坐在高高的御座上,俯视着与会者,那样子俨然是个成熟的君临天下的统治者了!项羽想:我叔叔真是个傻蛋,竟然听从别人的话,自己找了个"祖宗"来管着自己。现在就是他活着,还不是和我一样,坐在这臣子的位置上?

大概做如是想的不只是项羽一人。

楚王在开场白中,分析了目前的形势,指出章邯虽拥大军,但后方与秦都空虚,救赵之良策,莫如派兵攻其必救!一句话,他把宋义的献策都搬到这里来了。

最后他说:"各位先生,各位将军,暴秦祸乱天下久矣,我大楚受害最烈。它夺我山河、戮我百姓,令人发指!陈王起义后,天下响应,英雄并起,但唯有破其老巢咸阳,才能克得全功!项梁大将军为国捐躯,天下痛心。现欲再选一良将率军直逼秦都,不知哪位将军愿领此命?"

好久没人说话,沉默的原因大家都知道,项梁是久经沙场的老将,起事后又连战皆捷,最后竟败在章邯手上,难道自己还能胜过大将军吗?现在章邯的力量更强大了,谁也不愿做那以卵击石的蠢事。

怀王见众人不语,心里着急起来,他想:以"义"激励不成,那就以"利"诱之吧。于是他说:"如有哪位将领愿将兵西进,一旦入关,本王将封他为秦王!"

为了把他的允诺说得更明白些,他还列了几条,让宋义记下来,这就是载入史册的"怀王之约"。

"怀王之约"的原文现在没有出土,或者那时就失散了。但透过零星的记述,可以知道至少包括以下内容:一、秦朝灭亡后,其国号将继续保留,其疆土西以散关为界,东以武关为界,就是传统意义上的关中地区;二、"先入定关中者王之",就是谁先推翻秦朝,平定关中,就由谁当未来的秦王;三、"入秦无暴掠",禁止抢掠、屠杀秦人。

"大王,就让我试试吧!"

汉高祖刘邦

说话的是刘邦，他还没有习惯与君王说话，腔调免不了俚俗。他所以要挺身而出，是因为它的诱惑力太大了！现在，在楚王集团中，他的力量最强，跟随项大将军后，攻丰邑、救东阿、打雍丘、围外黄，几乎没打过败仗，他的地位也扶摇直上。他又度量了一下从彭城到咸阳的路，绕过章邯的大军后，几乎没有大的阻碍，为什么不去吃这块肥肉呢？等他成了关中王后，也许那离称霸天下就不远了！

他说完后，目光炯炯，心跳不已等待着楚王的允准。

可是另一人也向楚王表态了。

他是项羽。

"大王，项梁是我的叔父，他为了复国，死在了秦人的刀下！新仇旧恨，累积于心，因此请大王允我率兵突袭咸阳，以报我项家深仇，以雪我大楚之耻！"

他这理由更为犀利、在理，使人难以反诘。

楚王有点为难了，他看看刘邦，又望望项羽，一时难以决定，于是他推说此事关系重大，得再三考虑再定就退朝了。

之后，楚王又把宋义叫到他的房里，问他道："刘邦、项羽都要去咸阳，你看叫谁去好呢？"

宋义对项氏叔侄没有好印象，他说："陛下，您应该看看他们的为人有什么区别。那项羽骄横残暴，襄城之役，他杀人、坑人数万，人称'屠夫'。比起他来，刘邦就良善多了。若派他领兵西进，他便能为大王除暴安良、收拢民心，宣扬大王的盛德，依臣看来，还是刘邦比较合适！"

楚王听了，不住点头称是，他也打心眼里厌恶那个横眼竖鼻子的混小子。

第二天，楚王下令把西进的任务交给了刘邦！

这是明显地偏袒，项羽当然不服，他闯到楚王面前说理。起初，有人不想说话，这时，见楚王做事不公，话就多了。他们向楚王进言说：项羽身负国恨家仇，更有资格进军咸阳！

楚王有点不好办了，正巧，这时被困巨鹿的赵王又派使节来求楚王相救，他便把项羽叫来说："我所以没把西进的任务交给你，是因为有更重要的大事要你做。"

项羽一听要派他做"更重要的大事"，眼睛瞪大了，他问："大王，有什么大事尽管说！"

楚王说："赵王还被章邯围在巨鹿，情况十分危急，我考虑再三，觉得别

第六章 动须相应 轻取咸阳

人难以完成如此艰巨的任务,就把它留给将军了!"

项羽这人就喜欢戴高帽子,听楚王这样说,立刻拍着胸膛叫道:"可见大王知我!末将立刻率兵前往救赵,杀了章邯那厮,为我叔父报仇!——请问大王,我军解巨鹿之围后,可否直捣咸阳呢?"

"那当然了,"楚王说,"你们解了巨鹿之围后,可直接向咸阳进发,本王的旨意对谁也是公平的,不论哪位诸侯,谁先进咸阳,谁就可称秦王!"

当时,关外六国君主,已在彼此相互承认中确立,唯有秦王的席位还是空缺,所以它极具诱惑力,项羽对它不能不垂涎三尺!

可是楚王仍不信任他。如果项羽仔细揣摩一下楚王的具体布置,他就会气得连肺都炸了的。

楚王把项羽部、英布部和蒲将军部统统编在一起,以宋义为上将,项羽为次将,范增为末将。项羽刚想发作,但范增劝他忍耐,他说:"你没理由反对,因为几支部队联合在一起,必然要有个统军人物,这个人物非得楚王身边的人不可。项将军,以后再走着瞧吧!"

范增受项梁的知遇之恩,对项羽自然是爱护有加的。

5

刘邦从彭城出发,迤逦西行,一路收容陈胜、项羽流落在中原的散卒,不久,他的军队就猛增到七万人以上!

除了散兵游勇外,还有许多大大小小有才能的将军前来归顺。后来成为名将的灌婴就是这时来到刘邦面前的。

刘邦端详着这条矮矮的却结实如车轴的汉子问:"你原来是做什么的呢?"

"原来我跟随父亲卖布……"

"你为什么从别人处来到我这儿呢?"

"我想跟着沛公博取功名。"

"那,你总得有点长于常人的本领呀,要不,你就只能当个大头兵了!"

"我善骑,在马上能用刀枪剑戟……"

"那就了不起了——你能表演给我看吗?"

"不能。"灌婴说,"我的本领只有在打仗时才能用上,不是娱人的马戏。"

过了几天遇上了一小股秦军,灌婴披挂上马,像一支利箭直冲敌军,在

汉高祖刘邦

敌群里东冲西突，无人能够抵挡，老远只看见他的耀眼的刀光剑影。刘邦对他的本领深表叹服。回来后，刘邦握着他的手说："将军真神勇也！如果我有你这样的士兵百名，我就有一把克敌制胜的宝剑了！"

"那，沛公为什么不给我百骑，让我训练他们呢？"

刘邦立刻领悟，他让灌婴从曹参的部队里挑选了一百名战士，又让他从马厩里挑选了一百匹好马。两个月后，刘邦就有了一支骁勇的骑兵，和夏侯婴的车兵两相媲美。

在连克成阳、杠里，击败两部秦军后，在成武又打败了秦东郡尉统率的军队。在战斗胶着、难分胜负的关键时刻，刘邦把灌婴的骑兵突然发出，迅速扭转了战局，大获全胜。

二世二年十二月，刘邦打到了栗县。在这里遇到了魏刚武侯统率的一支军队。刘邦立即将其包围起来。

萧何说："沛公想吃掉这支军队吗？"

刘邦白了萧何一眼，说："忘记了吗？魏国曾经策反雍齿，把我的老窝端掉了……"

"那倒不假，可是目前来说，魏国是咱们的反秦盟友呀！"

"如果他们自愿归顺，我就不打他们。"

萧何明白刘邦的意思，就亲自前往魏营，向刚武侯进言："沛公如今势力强大，进军咸阳势如破竹，楚王说先进咸阳者王之，看来关中王已非沛公莫属……"

萧何的话虽没有说得十分明白，但刚武侯已知晓萧何此来的用意了，他明白，只要他说半个"不"字，立刻就会全军覆没，身首异处。沉思了一会儿，他说："先生不用说了，我愿投顺沛公，无论在谁的旗帜下，都是为了同一个目标：反秦复国。望沛公善待我们这些魏国将士……"

萧何说："君侯真是个好人呀！"

刘邦兵不血刃就得了四千人马，极为高兴。立刻设宴招待投过来的刚武侯。

宴会还没有结束，他的一个贴身小校刘精溜进来，轻轻地扯他的衣服。刘邦跟着小校跑到帐外问道："又给我找到……"他停手摸摸耳垂。

女人常在耳垂那儿戴有耳坠，摸耳垂，就表示女人。

"找到了，找到了……"

"怎么样，漂亮么？"

第六章　动须相应　轻取成阳

"这一回却是个妙人儿，不仅模样俏丽，还能歌善舞……"

"那就好，那就好……"刘邦说着就要跟刘精走。

"沛公，您离得开吗？里面宴会正在……"

"啰嗦什么，那里有萧何、曹参他们就够了，咱们走！"

这时，刘邦的人马已达八万，一条战线就占了十多个村庄。由刘精带路，几个侍卫护送，他们来到了不远的一个小村子，拐进一条小巷，刘精就开始敲门。门开了，他们走进院子。因为是在夜里，只见院里有几个草垛和谷仓，贴墙还有许多树木，黑苍苍的。北边有一排三间大房，这时却闪亮着烛光。

他们刚刚走到门口，门就开了，出来一个十几岁的女孩儿，还没看清是谁，就回头叫道："小姐，客人来了！"

正如刘精说的，这次还真有些不同，多年前，他到咸阳送徒时，曾经逛过那里的妓院，那格局，那排场给他留下了深刻的印象。眼前的一切虽比不上咸阳的花街，可也使他想起了那里的富丽堂皇。

进房后，里面站着一老一少两个女人，一齐向他躬身行礼。

老妇还不算太老，约四十许，她笑着说："老身姓戚，先夫曾经做过齐国的胥吏，连年战乱，不幸早殁，生活无着，只得与女儿小妍四下流浪，今日得遇官家，幸甚幸甚！"

他的这几句话，使刘邦明白这妇人是个见过世面的人，说的话一般民妇是说不出来的。

他不去管她，就兀自端详起面前的小女子来。

她约有十七八岁，穿着素淡清雅，模样端庄秀丽，见了刘邦轻轻一揖就不说话了。她虽微低着头，可是那直入云鬟的眉黛，那悄悄顾盼的眼神，那似喜亦嗔的容颜，那如柳随风的身姿，使刘邦的感受有如追魂夺魄，难以自持了。

刘邦坐下来，婢女献上浆水糕点。那戚妍就到他面前陪坐了。

"戚小姐，你不仅模样精致，听说还能歌善舞，能否让我见识见识？"刘邦当了皇帝以后，渐渐地学得儒雅些了，但现在还不行，他开口吐话和沛丰那些嫖客差不多。

戚小姐站起来，甩裙挥袖，看似并不十分着意，可那姿势、意境已经不同寻常了，使没见过大场合的刘邦着魔似地张嘴瞪眼，连灵魂也深陷其中了。

舞了几圈后，小姐轻启朱唇唱了起来，那歌声轻柔婉转、圆润悠扬，使

汉高祖刘邦

人荡气回肠。她唱的是：

> 纷纷落下青梅子，
> 树上还有十之七。
> 追求我呀，年轻人，
> 趁着今天好日子！

> 纷纷落下青梅子，
> 树上只有三成稀。
> 追求我呀，年轻人，
> 今天咱就定婚期！

> 梅子已全落下地，
> 快拿筐子来收拾。
> 追求我呀，年轻人，
> 趁着仲春共枕席！
> ……

刘邦当然不知这就是《诗经》上的《摽有梅》一阕。只是被她的歌声，被她妖娆的舞姿，被歌词的挑逗意蕴弄得三魂难聚，痴痴地望着那位戚小姐。恨不得立刻就和她同床共枕。

可是那老婆子却不让他如意，仍然陪着刘邦吃酒，与他谈些不着边际的事，刘邦急得心痒难挠，不知如何是好。刘精附在他耳畔说："沛公，你得出钱呀！"

"钱。那好说，好说！你就多给她们些，多给……"

等刘精把一袋铜钱交给老太婆，刘邦和戚小姐才被老太婆送到一边的小房里。

刘邦立刻把自己脱得精光，戚小姐却坐在床上一动不动，只是低头垂泪。刘邦慌了，在她面前转来转去，小声地问她："你，你是怎么了？"

戚小姐哭了一会儿，说："小女子虽身落烟花，可是绝不委身无名之人……"

"我是无名之人吗？"刘邦急得抓耳挠腮，"告诉你吧，我就是这里最最大的官儿了！"

第六章 动须相应 轻取咸阳

"那么，你大，还是刘邦大？"

"你没看出来吗？我就是刘邦呀！"

戚小姐扑到刘邦怀里，说："你一进门，我就看出来了……只是想问你几句证实一下。"

"噢，你竟看出来了？"刘邦的虚荣心又一次上来了，"你说，你是怎么看出来的？"

小姐这时不哭了，娇唇娇舌地说："我从小就听我娘说，她生我前梦见一只金光灿灿的凤凰落到她的怀里……说我天生就是个做娘娘的命。从懂事起，我就在找，找那个能够使我当娘娘的人，现在找到了！"

刘邦最爱听这样的话，他的皇帝欲又一次被撩拨起来，"你说……你说，我能当皇上？"

"你一进门，我心里咯噔一声，有个声音告诉我：我找的那个人来了！我端详了你一下，看你高鼻、深目，印堂明亮，天圆地阔，双耳垂肩，俨然帝王之相。小女子当然从没见过帝王，可是我想，帝王就是你这个样子！"

几句话把刘邦乐得似飞上了云霄，他想，自己是赤龙之子，现在又碰上了一只金凤凰，天生是一对儿！有人批评我生性浪荡，无论到什么地方，非找几个女人过把瘾不可，可是我若没这"毛病"，我还能找到我的娘娘吗？

当然，他也没忘记那个现在还在丰邑的吕雉，他们间也很恩爱，还一齐生了两个孩子。可是不知怎的，他总有点怕吕雉，她性格刚强，目光邃远，动不动就训诫他，指教他，逼他做这做那。可是他喜欢的是柔情似水，小鸟依人的女人……

现在这女人来了。

终于，他们吹熄了红烛，上床了。刘邦把戚小姐搂在怀里，感到从没有过的惬意。

可是他们没有鱼水和谐，因为有人咚咚地敲门了。

"谁？"刘邦叫道。

"我，刘精。"

"怎么啦？"

"出了事……"

"章邯打来了？那我也不管，你叫萧何、曹参率众将顶着……"

"不是，人家来抓你了……"

这，刘邦不得不起来了。到了外间，见烛影中满是军士，他刚要说什么，

汉高祖刘邦

就被人用一块脏布堵上了嘴，接着两手被反绑起来。刘精想对他们说什么，可是没人听他的，他只好拔腿向军营飞奔，去向萧先生和曹将军求救……

和他同时被抓的还有戚小姐母女。

为严肃军纪，曹参曾下令严禁抢掠、杀人、赌博和奸淫。他还成立了十几支执法巡逻队，一经发现，无论是何人，先拿下再说。刘邦就是被巡逻队抓获的。

曹参得到刘精的报告后，立即前去"营救"，不上半个时辰，刘邦就又回到他的大帐了。

他一点不觉羞赧，反而气势汹汹，像只刚关进笼子里的老虎，两手卡腰，骂咧咧地要下令惩治那些敢于抓他的人！

"他们竟敢把我缚起来，就像缚一只狗！……把他们给我抓起来，先狠揍他们一顿，再一个个地砍头！"

曹参可不给他下这样的命令，只是看着他笑。

"别闹了！"萧何喝道，他一直在一旁冷眼看着，"你还嫌知道这件事的人少呀？是不是要张贴个布告，把你嫖娼的事张扬出去？"

"那有什么，"刘邦那无赖劲又上来了，"我刘邦就是有这点小毛病，过去，你们管我，现在我已是千军万马的主帅了，你们还管我！"

"沛公！"萧何站起来，拉着刘邦，把他按在一张椅子上，"你必须明白你现在的身份。正如你刚才所说，你已经是千军万马的统帅，不是过去丰邑那个刘老四了！现在你要认真修养自己的德行，要天下人明白他们拥护的是一个德才兼备的明君！可不是……"后面的话，萧何没有说出来"可不是个丰沛出来的流氓和无赖！"

刘邦不说话了，坐在那里一声不吭。

因为他现在毕竟是他们的主公，萧何不好说得过分，就等他自省。

可是刘邦扑哧一声笑了。

"沛公……"曹参说，"萧先生说的对，我们所以对你坦诚相待，就是因为我们是老朋友，是一块土上的人，无论大业成败，我们都连在一起……"

"我知道，我知道，"刘邦说，"不是连着筋骨的人，死也不会这样和我说话！"

萧何见他已知悔改，还想说点什么把效果巩固巩固，可是刘邦向他挤挤眼睛，回头对曹参说："曹大哥，赶紧去把那小妞儿和她妈给我放出来，领到我这儿！我向你们保证，以后再也不沾别的女人了！要不，不管你们怎么教

第六章　动须相应　轻取咸阳

训，我也耐不住性子……"

萧何、曹参都被他惹笑了。

曹参立刻到随军监狱里把戚家母女放出来，用一辆马车拉到刘邦的大帐。但戚小姐怎么也不认那半老的妇人作母亲。刘邦问了几句才明白，原来，戚小姐的父亲的确已经过世，因战乱她和母亲逃出后，被流匪掳去，母亲被作践致死，她好歹逃出魔掌，流落到定陶一带，那老婆子见她生得标致，就把她收留下来……

"既然这样，我把那老东西宰了！"刘邦喊道。

但小姐劝他说："请您不要杀她，她终究给了我个落脚的地方……"

这天晚上，刘邦和戚妍在大帐举行了简单的婚礼，到的人全是丰沛老乡。从此，开始了刘邦、吕雉、戚妍的曲折哀婉的绵长故事……

6

刘邦大军继续西进，到了高阳扎营。

在这里，他又收留了许多前来归顺的人。

这些人中有个老头儿，名叫郦食其。在当地，很有学名。六十多岁了，还是孤傲得很。他的弟弟郦商在陈胜首义后，趁乱而起，拉起了几千人的队伍，可是他这个当哥哥的却不参加。他说："我在等待明主……"

后来，陈胜、项梁都知道这个人了，也曾多次派人来请他。他看到这些人行事急躁且过分注重小节，瞧不起他们，所以直到现在，他还是一个平头百姓。为了生活，他给一家大户人家看守大门。

他看门的这个街坊里有几个年轻人参加了刘邦的军队，有个小子还当上了刘邦的骑从。有时来家，不免对他耀武扬威。

"喂，郦老头儿，沛公曾向我问起里中有什么豪俊人物，我还举荐了你！"

"小子，多说话了！"郦食其说。"我听说刘邦那人放纵无礼，待人轻侮……"

"那不是真的，你若真是有学问，他才尊重呢，他面前的萧先生是天下最有学问的人，他们相处得就像亲兄弟！"

"噢，是这样，那你有机会就对他说说，就说我们里中有个姓郦的老儒生，身高八尺，年六十余，别人都说他是个狂生……"

"可不能说你是儒生，"小伙子说，"沛公最不喜欢儒生了，有人戴着儒生

汉高祖刘邦

的帽子来拜访他,他把人家的帽子撸下来,往里面撒尿,跟儒生说话,常常破口大骂!"

"这倒奇了,他如果像你说的那样,为什么会有那么多人跟随他呢?他的人马为什么会越来越多呢?我得去会会刘邦这个人!"

第二天,郦食其跟小伙子跑去见刘邦了。

其实,刘邦从没受到过儒生的奚落,更没有受到过他们的迫害。他对儒生厌恶到那种程度,简直毫无来由。大概他是受了他最崇拜的人——秦始皇的影响吧。秦始皇提倡尊法贬儒,对刘邦的浸淫是很深的。

郦食其被引进刘邦的大帐时,这位砀郡长"方倨床使两女子洗足"。

原来古代中国人的标准坐相是:双膝屈而接地,臀股贴坐于双足跟上,有点接近跪的样子,礼曰"正襟危坐"是也。似刘邦这样倚靠在床上,还伸出两只大脚,让两个女子为他洗涤,明摆着是对知识分子的轻侮!

身边的侍卫提醒刘邦说:"沛公,您召见的那个郦食其来了!"

刘邦抬起头来,端详着面前这个须发皓然的干巴老头儿。

待了半晌,刘邦问道:"喂,你要见我,先说说你有什么本领呀!"

如果是别的儒生,见刘邦这么侮辱人,也许扭头就走了。可是郦食其身处社会底层,受人轻慢惯了,也就不以为意。

他回问刘邦道:"我先问足下,起兵是为了帮助秦朝打诸侯,还是要联合诸侯破秦?"

刘邦被郦食其气坏了,他一脚把洗脚盆踢翻,水淌了一地,溅了两个女人一身。骂道:"糟老头子!因为天下苦秦久矣,所以诸侯才联合起来攻秦,哪有帮助秦朝打诸侯的道理!……"

"既然这样,我得责备你几句了,"郦食其立刻拉下脸来教训刘邦,"你拉起几万人马,举旗反抗暴秦,就该爱护天下百姓,广集天下贤良,以自己的贤德服众,怎么能用这么轻侮的态度对待比你年长的人呢?"

刘邦呆了,他瞪着眼看了郦食其好久,最后,他对郦食其说:"先生,你等等,"接着就光着脚丫啪哒啪哒地走到后面去了。

过了一会儿走出来的时候,他已穿上新鞋,换上端庄的衣装,把郦食其拉到正面座位上,接着向他深深地一揖。"郦先生,您是名震四方的学问大家,在下不知礼,对您慢待了,请您原谅……"

郦食其看到刘邦虽有许多缺点,但能够从谏如流,也算一大长处,就把主位又让给了他。

第六章 动须相应 轻取成阳

刘邦也是从社会底层混上来的，练就了既能统御千军万马，也能趴在地上装孙子的本领，也就是能上能下，这也是折服人的重要手段。

郦食其知道到了该把自己的学问端出来的时候了，就侃侃而谈当年六国合纵抗秦的老故事，听得刘邦眉飞色舞，直到侍卫提醒，才知吃饭的时间到了，刘邦连忙传令酒食招待。在吃饭时，刘邦又向他讨教在当前形势下该如何破秦。

郦食其说："现在沛公兵马几万，势力可谓雄厚，如果加以整训当可增强几倍战斗力，即使与章邯交锋，何足惧哉！否则攻击关中如探虎口，沛公应记取之！"

"我记住先生的话了，接下来一定要对军队认真训练。"

"那就好了，下一步，沛公大概要去攻取陈留了吧？"

"是的，先生有何见教？"

郦食其说："陈留位居天下要冲，四通八达而无险阻。城里积粟极多，可资军用。敝人来到麾下未立寸功，想到陈留跑一趟，劝说其守将归顺沛公。过去我和他是好朋友，大概能够办得到……"

刘邦大喜，便请郦食其为使，到陈留去劝降，自己带领大军来到陈留城下，为其助威。郦食其没有白走一趟，陈留守将向刘邦投降，完整地献出了城池。几天后，郦食其又动员弟弟郦商归顺刘邦，刘邦一下子又增加了近一万人马！

郦食其是刘邦自起事以来，在张良之后，接纳的第二个大知识分子。六十多岁的老头子，无曹参、樊哙等大将阵上厮杀之勇，只凭巧舌如簧就给刘邦赚来了一座大城池，还取得了大量兵器和可供几万军队用三个月的粮草，这是多大的功劳呀！

刘邦十分高兴，立刻封郦食其为广野君。

他的弟弟郦商给刘邦带来了八千人马，也是大功，刘邦拜郦商为将，把投顺过来的陈留兵马全部交给他指挥，成为刘邦的一支劲旅。

第七章　破釜沉舟　巨鹿败秦

1

二世三年三月（公元前 207 年 4 月），陈留一带仍然有些寒冷，雪花还不时地飘落下来，道路十分泥泞。刘邦大军仍然向西挺进，来到开封城下。

开封是一座大城，守备很严，刘邦围了几天几夜，连攻了几次，一无效果，有些泄气。正在这时，秦将杨熊率几千人马来支援开封。于是，两军在白马、曲遇展开会战。刘军有秦军的几倍多，又加在平原上，可以施展得开，将士们把对开封的积愤都发泄在了杨熊军身上，杀得秦军大败，杨熊丢盔弃甲向荥阳逃窜。可杨熊到了荥阳后，二世派来督战的特使也到了，特使以临阵脱逃罪将杨熊杀了。这激起了秦军的坚决抵抗。

刘邦一时拿不下荥阳，就转攻南边的颍川，城是打下来了，刘邦军也损失惨重。领军攻城的是虎贲令周勃，他进城后，余怒未泄，立刻下令屠城，弄得尸横街巷、血腥遍地。萧何赶到制止时，城内军民已只剩其半。

"你怎么这么干？"萧何愤怒地责备周勃。

"我为什么不能这么干？"周勃反驳说，"萧先生，你看我的兄弟死了多少呀！我要放任兄弟们出出气！——再说，这是跟项羽学的，给那些敢于和我们对抗的人看看！"

"咱们从彭城出发时，曾经与怀王有约的，不能屠戮秦人！"

"那是沛公与他们的约定，不关我们的事！"

萧何气得转身离开，跑到刘邦面前，把周勃屠城的事说了，并说："这会造成恶劣影响的！"

没想到刘邦笑笑说："算啦，算啦，周勃就是那样的人，难改的牛脾气，你让他攻城，就得由着他！"

萧何又生了一顿气。

他应当知道是和谁打交道，刘邦从沛丰带出的那帮流氓，怎会在短时间

第七章　破釜沉舟　巨鹿败秦

摆脱那不讲道理的无赖习气呢？

颍川、南阳诸郡，过去大多是韩国的领地，因为张良已帮着韩王成复了国，刘邦便假借协同张良复国的名义，在这一带攻城略地，他的真实目的是为了在此扩充兵源、搜集粮草。正巧，赵国的一位将军企图率军从这里过黄河进军关中。刘邦怕他先行入关，抢了自己的宝座，连忙挥兵挡住他的去路，不让他渡过黄河。这样，为取咸阳，六国互相倾轧的事就开始了。

刘邦一要与正面的秦军作战，二要与盟军的部队抢先，左右难顾，在一场与秦军的会战中落了败，没法儿只好回师阳城，准备休整一段时间后，再从武关进入关中。

就这么来回折腾了一阵，把张良搅了出来。

原来张良辅佐韩王复国后，夺了十几座城池，有了一块落脚的地方，可是秦军不会让他们安生，跟踪追击，弄得君臣二人和他们的几千人马，东奔西跑……

听说刘邦来到这里，张良便去看望老朋友。

刘邦十分高兴，他先去参见了韩王，向他致礼后，就拉着张良到他的大帐。

"张先生，我想死你了！"

张良也说："沛公，我也一直把您挂在心上！"

"张先生，你想我，和我想你可是不一样呀！"

"有什么不一样呀，沛公？"

刘邦说："你想我只是想一个朋友，我想你是想我的一条臂膀！你走之后，我就觉得自己的一条臂膀被砍掉了……"说着眼角边渗出泪水。

张良被刘邦的真情所感动，怕他继续伤心，就改变话题，问他身体可好，生活怎样？这一问，刘邦又得意起来，高声叫道："戚妍，你出来见一下张先生！"

刘邦的话音刚落，一阵裙裾声响，从后面走出一位年轻姝丽，张良知道这女人是有来头的，就恭敬地站了起来。

"我给你们介绍一下，"刘邦说，"这一位是我常对你提起的张良先生，她，是我的新夫人……"

张良正愣怔间，那女人已经走到他的面前，向他施礼道："张先生万福……"

张良连忙还礼："见过夫人！"

"刘郎常常对我说起张先生，夸赞先生的宏韬伟略，说是只要先生相助，过关称王就易如反掌了!"

"夫人,那是沛公谬奖,在下怎么敢当!"

这时,刘邦那彪劲又上来了,他像卖弄一件心爱之物似地指着戚妍说:"张良,瞧,怎么样?是天香国色呢,还是美如天仙呢?"

张良窘迫难言,戚妍更是羞赧难堪,借口备酒跑到后面去了。

刘邦却不当回事,又拉着张良的手坐下来。"张良,"他亲昵得连"先生"二字也不用了,"我看你就跟着我入关吧……"

张良想说话,刘邦却按着他的手,说道:"你听我说呀,你和那韩成反正一时半刻也弄不出什么名堂来,就不如等我打下咸阳,天下大定后得个现成……"

"怎么得个现成?"

"那时,你们就不费吹灰之力恢复韩国呀!你想:诸侯们早已承认了韩国,难道还有人把它夺去不成?"

张良不说话了。

刘邦的建言很有诱惑力。韩国势单力薄,指望自己打出一片天下来,难矣哉!真不如先助刘邦入关直取咸阳。

"怎么样?"刘邦看着张良的眼睛问。

"有理,有理,沛公之才,天授也!"

张良对刘邦的评价是公允的。有的史家把刘邦说得一无是处,认为他只是凭着一帮用命的将军、杰出的谋士和好运气得的天下,这太片面了。刘邦的确胸有大才,不过,他的那些才能老是闪耀着无赖的色彩而已。

他的才能,不是向什么人学的,而是天生的,就像张良说的"天授也!"

"那么,张先生接受我的建议了?"

"等我与韩王商量后再说吧……"

两天后,韩王把自己的几千人马交给刘邦,他自己留守阳翟。命张良随刘邦入关。

2

二世三年六月,刘邦在犨东地区与南阳郡守吕齮交战,几个冲锋后,吕军败北,退守南阳郡治宛城。

宛城城高池深,周围堡垒密布,易守难攻。刘邦攻打了几天,没有效果,

第七章　破釜沉舟　巨鹿败秦

就与谋士们甩开宛城西进。

张良只是看着，没有发言。

他所以没说话是觉得他还没有露几手给他们看看，以取得说话的权力。

走了半夜，他对刘邦说："沛公只想着早日打进关中，可是，却使大军落入险境了！"

张良的话使刘邦大惊，他勒住马问："怎么，我们做错了什么吗？"

"沛公，您想，现在秦军还是很强大的，如果不先打下宛城，一旦宛城的守军在咱们背后出击，前面又有秦军拦路，咱们不就落入腹背受敌的境地了！"

刘邦立刻慌了，他问张良事已至此，该如何应对？

张良说："我看只好将错就错了。咱们已经给宛城造成绕道西行的印象，如果突然回师，就会使他们措手不及……"

"那我们就能打下宛城了？"

"也未必……"张良说，"但会有意想不到的效果。我听说那个吕齮是个胆小怕事的人，咱们突然回师，也许能够迫使他做出有利于我们的决定！"

"好，好，就按你说的办！"

天刚黎明，刘邦的大军又包围了宛城，并且勇猛攻城。

吕齮以为刘邦走了，躲过了这一劫，可以睡一个安稳觉了。可是攻城的喊杀声打破了他的美梦。他吓得跑到正堂，那里已聚集了许多将校和谋士，他们像他一样吓得惶惶不安，接着城头上就不断传来告急的消息……

"城要破了！"吕齮首先沉不住气了，"我要与城共存亡……"

他拔出佩剑就要自戕，他的亲近谋士陈恢上前夺下他的长剑，叫道："主公，我听说那个刘邦还不是个不讲道理的人，如果主公准许，我将出城与其谈判，也许能够挽救主公和百姓……"

"谈判？投降吗？"

"如果刘邦能够答应咱们的条件，为什么不呢？天下百姓被暴秦逼迫得无法生活，二世以来，变本加厉，所以才弄得群雄峰起、天下大乱。这是上天亡秦，咱们蝼蚁之辈，哪有力量回天！……"

陈恢回头看看周围的人，没一人出来反对。

吕齮还是担心，他说："前些天日子，颍川被他们屠了！"

"如果那样，咱们宁愿死，"陈恢说，"保全城池和百姓，那是最要紧的条件！"

汉高祖刘邦

吕齮点头应允了。

晚上,趁着天黑,陈恢缒下城头,被刘军捉住,送到刘邦面前。刘邦和张良接见了他。"说说你的来意吧……"刘邦端详着面前的这个四十多岁、黑瘦面孔,几根花白胡须的人,两只小眼睛精明地转着。

"我名陈恢,是受主公之托,来见沛公……"

"说!"

"我们已经听说,怀王与诸侯有约,先进关中并陷咸阳者为王,沛公想捷足先登吗?"

没等刘邦回答,陈恢又说:"可是有我们宛城挡道,沛公一时无法实现自己的愿望。"

刘邦说:"我们有十万精兵,宛城早晚能下!"

"也许是,"陈恢说,"可是,南阳治下有十多个县镇,我们会通令它们协同作战,拼死抵抗……即使将来沛公能够踏平南阳,至少得两三个月以后,那时,不知哪路英雄已经进入咸阳了!"

陈恢一下子捅着了刘邦的心窝,急得他额上的青筋直跳。

张良接过话说:"现在,反秦义军有如排山倒海,秦朝覆灭已指日可待,陈先生,您和郡守吕公真的愿意给暴秦殉葬吗?"

"您是大名鼎鼎的张良先生吧?"陈恢回头看着张良,"我们吕公怎能没看到当前大势呢?本来,我们早想把南阳和它十多个属县献给沛公,可是颍川的惨局把南阳人吓怕了,他们认为与其家破人亡,就不如拼个你死我活了!"

"我们很理解你们的忧虑,可是颍川之案绝不是我们沛公所为,以后也绝不会发生那样的事!"张良望着刘邦,意思是让他说话。

"是呀,"刘邦说,"那件事我最近才知道,那个将军已经被我下令用刀剁了!以后,再也没有人敢于屠戮百姓,你叫那个吕齮放心!——以后,我就是秦王了,是个取信于天下的人,说话都是一诺千金!"

当下,双方谈妥了条件。一是吕齮把南阳及上万人马献给沛公,二是沛公保证南阳人民的人身及财产安全,仍让吕齮做郡守。

刘邦让张良给吕齮写了一封信,把以上条款都写上了。

陈恢完成了他的任务回城复命。

两天后,吕齮通令南阳各县归顺楚军,大开宛城城门,迎接刘邦及其军队进城。刘邦也履行了自己的诺言,对南阳人秋毫无犯,仍令吕齮守抚南阳。

南阳郡唾手而得,使张良在刘邦集团中威望大增,刘邦更是对他言听

第七章　破釜沉舟　巨鹿败秦

计从。

南阳的和平解决，影响巨大。许多人昨天还是秦朝官吏，今天已争着做刘邦的臣僚了。

到了丹水时，韩王的两个将军来投，他们是戚鳃和王陵。本来韩王已封戚鳃为高武侯，王陵为襄侯。王陵本来就是刘邦的黑道"大哥"，这次见了分外亲切。

进军到胡阳时，和吴芮的别将梅绢相遇。吴芮就是那个伙同英布造反的鄱阳县令，他们来这里干什么？不问自明，他们也是想应怀王之约，尽快跑到咸阳捡个秦王过把瘾。不想，在这里遇到了强大的刘邦军。

那个将军梅绢十分懂事儿，立刻靠上了刘邦，与他合作去打析县和郦县，两县县吏望风而降。

张良劝刘邦说："越是进军顺利，就要越注意军队的纪律！"

刘邦下令重申军纪，"所过毋得掳掠"，周围的百姓都上街欢迎楚军。

这些日子，刘邦兴奋异常，他觉得那个秦王已是他的囊中之物了，乐得和戚夫人日日在帐中歌舞不息。

一日，张良跑进他的大帐，说是有要事相商，刘邦却把他拉到身边坐下，对他说："朋友，你有这么好的夫人吗？没有吧？那就去弄一个！"

张良说："沛公，你还想做秦王吗？"

"当然想，天天想……"

"我听说项羽已向咸阳进发了！"

一句话惊得刘邦站了起来，道："啊呀呀，这些日子我已经忘记我那个义弟了！"

张良劝刘邦派人到咸阳去，和赵高谈判，让他劝说二世主动投降，那样就可大大缩短占领咸阳的时间了。

"好办法，好办法！咱们立刻就干！"

刘邦派出甯昌为他的特使，飞奔咸阳。

但还没等到赵高的回复，倒先传来了章邯向项羽投降的消息，这消息犹如石破天惊！

"这是怎么搞的，章邯那龟儿子！"刘邦骂道。

3

宋义、项羽、范增率兵北上救赵。到达安阳后,宋义就下令扎营不动了。

项羽不知他的心思,急得冒火。因为他还想在解巨鹿之围后,赶紧往咸阳那边跑,去和刘邦争那个秦王。

谁知宋义在安阳一待就是四十多天!

宋义在干什么呢?他什么也没干,天天和他的僚属吃酒作乐。

"狗娘养的!"项羽骂道,"那个家伙是不是在耍阴谋呀!"

范增也很着急,就挑唆项羽:"去,找宋义问个明白!"

项羽傲气十足,怎会进宋义的大帐低声下气地问三问四呢?

自怀王令宋义做主将,他做次将,范增做末将,他就一肚子的气。从彭城出发,一路上,他就没与宋义说过几句话。"我项羽出身堂堂的簪缨世家,老子战功又多如牛毛,他宋义算什么!我能去搭理他?"

这时,秦将章邯驻军巨鹿之南,保护着运送物资的通道,又指挥他的两员大将王离和涉间加紧攻城。城内的军民已经绝粮,到了人吃人的地步,他们听说楚、齐、燕的援军已离巨鹿不远,所以受到鼓舞,激发出难以置信的力量坚持着。

各国援军以及陈余的部队的确到了巨鹿的外线,之所以没有进攻章邯军,一是因为害怕章邯军的凶狠,怕一接触就无法脱身;二是因为楚军离得还远,盟主的军队还没到,他们难以相互协调。于是他们连日派出使节催促宋义将军赶紧进兵!

这天项羽又去找范增发牢骚,范增说:"将军,你对我咒天骂地也没用,你得去找宋义主将问个明白……"

"我不去见那个狗杂种!"

"那你就别想去争那个秦王了,我听说刘邦正在向武关进发……"

"是吗?"项羽急了。

"我有那儿来的急报!"

项羽听了范增的话,扭头就跑进宋义的大帐。

那时,宋义正在拥着两个小妞儿,听她们唱小曲,见项羽来了,就放开她们,赶她们出帐。

"项将军,多日没见了……"

第七章　破釜沉舟　巨鹿败秦

"我问你，为什么还不赶紧向巨鹿靠近？"

"将军，用兵得用头脑，不能逞一时之勇！"

"把你的打算说给我听！"项羽仍然直着脖子喊。

"你听我说，项将军！"宋义想拉项羽坐下，可是项羽一扭身子避开了。

宋义只好向项羽解释。

他的算盘是这样打的：先让章邯军与城中赵军在苦战中相互消耗力量，等到双方筋疲力尽，再乘机一举两得！

项羽听了宋义这阴损的主意后，气得嗷嗷大叫。他说："怀王要你率军救赵，你却在这里按兵不动耍鬼点子，这是背叛！"

宋义也火了，他想压倒项羽的气焰，跳起来去抓他的佩剑。可是项羽出手比他快得多，只一剑，宋义的头颅就滚到一边去了。

项羽杀了宋义，把诸将召集起来说："宋义辜负了楚王的信任，按兵不动四十余日，实是背叛大罪，我已接到楚王密旨，将其处死！今后一切听我的指挥！"

北上的部队，其中八千子弟都是项氏叔侄从江东带出来的，英布、蒲将军等又是项梁的老部下，他们的心都向着项羽。

"好呀！杀了那个不懂军事的狗东西，大快人心！"

"楚国本就是项家建立的，咱们都听项将军的！"

"请项将军出任统帅！"……

在一阵欢呼声中，项羽夺得了上将军的大权。他一边挥师向巨鹿进军，一边派将军桓楚回彭城向楚王汇报。

楚王是个聪明人，他只恨自己低估了项羽的能量，那部分军队在精神上还是属于项家的。于是他顺水推舟，下旨正式任命项羽为上将军。

项羽攫得了军权之后，名正言顺地当上了楚国的北伐军总司令。他立刻派英布、蒲将军等率兵两万渡过漳河去解巨鹿之围，自己亲率江东子弟直扑咸阳去抢那个关中王。可是英布和蒲将军一过河，就被章邯给以迎头痛击，在河边踌躇不能有所作为。陈余见项羽派来的军队不能救急，就又派急使请项羽亲自率兵救赵。

项羽十分愤怒，他站在河边跳骂，一会儿骂英布等将领无能，一会儿又骂章邯欺人太甚……

范增劝他道："将军，别骂了，该做决定了！"

"你说我该怎么办？"

汉高祖刘邦

"有两个办法：一是甩开章邯不管，急奔咸阳，秦都拿下了，章邯自溃；一是赶紧去打章邯，迅速解决章邯之累，再轻松地去夺咸阳！"

"那时，咸阳也许被刘邦拿去了……"

"怕什么，从刘邦手中夺呀，我看咱们早晚要与刘邦有一决战！"

"那……"项羽把脚一跺，叫道："全军过河！"

项羽军过河后，对章邯威慑很大，秦军开始向巨鹿靠近。

正在部署攻击时，项羽看见许多军士向河那边望着。

"你们望什么，你们望见了什么？"项羽问。

见主帅来了，胆小的走了，有的人却在继续望着。

项羽拉住一个老兵问："老哥，咱们都是江东来的，告诉我，你们在望什么？"

"将军……"那老兵落下泪来，"大家在望家乡呀，大家都在想：过了江，又过了河，离家乡越来越远了，这辈子不知还能不能再回江东呀！"

项羽愣住，他也被战士们的浓浓思乡情感动了！

这时，他觉得身后有人拉他，回头一看，是自己的宠妃虞姬，她也两眼泪水。

"将军，你就别责备子弟们了，"她说，"这是人之常情呀！"

项羽想了想，找了一辆战车，跳上去，大声地对周围的将士说："江东老乡们，我的兄弟们！叔父和我带领大家出来，为了什么呢？是为了诛灭暴秦，复兴大楚呀！现在楚怀王又和诸侯约定，先进咸阳者王之，咱们江东人受秦的迫害至深，对秦的仇恨最大，难道不应首先进咸阳吗？……"

他讲到这里，望望围绕着他的万千将士，他们激情洋溢地望着他，有的脸上还挂着泪花，他知道他的话在他们胸中回响。

"老乡们，兄弟们！"项羽继续说道，"大家想家了？我也十分想家。可是我们就这样回去吗？回去对老乡们说：我们没有诛灭暴秦，没有复兴楚国，没有进得咸阳，没有夺得秦王，就这么半途而废地回来了！我们能够这样吗？我知道大家肯定对我大喊'不，绝不！'是的，我们不，绝不！我们将来要回江东老家的，一定回去！到完成我们的愿望以后，我们都立了功绩以后，身上披上荣耀以后，挣得光宗耀祖的显爵以后，我们就一齐回去！……"

项羽本想再说几句，提一提他惨死的叔叔，说一说那些把尸骨留在路上的兄弟，激励大家要为他们复仇，可是，他的讲话被打断了，周围的将士高声喊叫，犹如山呼海啸。

第七章　破釜沉舟　巨鹿败秦

"将军，我们现在不能回去！"

"我们要打到咸阳去！我们要夺得秦王，那是我们的！"

"向章邯复仇，向暴秦复仇！"

"争得荣耀，再回江东！"

"把功劳带回江东！把光荣送给家乡！"

"跟定项将军就是胜利！"……

项羽令侍卫把给他煮饭的锅拿来，他当着将士们的面，用他的剑鞘把锅砸碎，举着碎片对大家喊道："将士们，我向大家表示，我的干粮袋里只有走到巨鹿的三天吃食，三天后到巨鹿再烧饭吧！"

激情难抑的将士们都学他的样子，纷纷把随身携带的锅釜砸了个干净。项羽又下令把过河的舟船全部凿沉，表示不达目的绝不回头。全军上下洋溢着有进无退悲壮万分的必胜决心！

破釜沉舟之后，项羽大军迅速急进，章邯军难抵他们的锋锐，节节向巨鹿败退。项羽军两天后来到巨鹿城下，与秦军展开大会战。

项羽把桓楚、英布、蒲将军等十多个将领召集来对他们说："现在大战在即，我与众将各率本部人马冲杀，一往无前者奖，畏葸不前者杀！是英雄好汉还是龟孙子，就看战场上的表现了！有人会说，他们人多，咱们人少。我告诉你们，人数多寡不是胜败的决定因素。我大楚军正气塞乎天地，神勇直冲云霄，可以一当十！"

说罢，虞姬端上十几大碗酒。

"在这生死关头，我项羽就以酒给大家壮行吧！"说着，端起碗一饮而尽。

虞姬恋恋地看着他，希望他说句什么，或者瞧她一眼，可是项羽头也不回地去了！

各个将领也像他一样，出帐上马，霎时，周围响起令人心碎的马蹄声。

起初，秦军拼死抵抗，依仗人多势众想把楚军分片包围，再逐一吃掉，可是他们的计划成了妄想，就像想用包袱缠裹成百上千把利刃，怎么也包不起，包不严，包不紧，包不住，反而被戳得千疮百孔！

项羽那匹乌骓马，那柄雪亮的大刀，那黑色巨翅般的斗篷，使他像从天而降的战神，冲向哪里就把死亡带向哪里。别的将领看到主将那样无坚不摧的神勇，也个个抖擞精神，焕发出难以想象的神力，杀得敌人望风而逃！

两军直杀得天地变色，鬼哭神惊！

秦军的九次反攻，都被挫败了！

前来援赵解围的诸侯将领们和他们的军队，没有一人参战，都在周围的营垒中作壁上观。即使这样，他们也吓得面如黄土，战栗不已！

"那是谁，那位骑着乌骓马的将军是谁？"

"是项梁将军的侄儿项羽吧……"

"他是人还是神？人，哪有如此骁勇？"

"是呀，他是无敌的，好好记住他的名字，如果在战场上遇到他，可别撄其锋锐！"

"看，秦军完了，章邯逃走了！"

"他逃得了吗？"……

章邯还真的逃掉了，他把十多万军队扔在巨鹿城外，带出战场的只有几千溃兵。他不说话，只是掩面而泣……

章邯几乎全军覆没。秦将苏角被杀，王离被活捉，那个骄横的涉间拒不投降，自焚身死……

项羽进了巨鹿城，邀请救赵的诸侯将领们前来见面。

他们来了，拥挤在门边，不敢入内。

"进来呀！"项羽喊道，"你们没有带兵参战，很好，要不，我们还要为你们躲躲闪闪，就不能杀得这么酣畅淋漓了！"

诸侯将领们还是不敢进去。

"好了，你们既然不愿做我的客人，我也无法，明天，我要去追击章邯，就没有工夫招待你们了！"

后来诸侯将领们还是进去了，他们是跪在地上爬进去的，谁也不敢抬头……

项羽比刘邦小二十四岁，两人都属蛇，创下巨鹿城外震铄古今以少胜多的辉煌战绩时，年仅二十六岁。

4

巨鹿解围之后，陈余进城见到张耳，过去两个生死之交的朋友在这里翻脸了。张耳骂陈余拥兵自重、见死不救，要拉他到赵王那里说理。陈余说："什么赵王，那不过是你扶起来的傀儡罢了！"

张耳唾沫喷到陈余脸上："你真没良心，那可不是我一个人的主意！"

赵王歇也很恼火，他哭着说："你们都是满头白发，六十多岁的人了，还

第七章　破釜沉舟　巨鹿败秦

像小孩子一样拌嘴，咱们复国的事还有什么干头？趁早散伙算了！"

张耳不说话了，好容易拉起这个山头怎么能散了呢？

陈余又来劲儿了，他把兵权印信往张耳面前一扔，带着一百多名亲信跑了。

诸侯将领们想：解围之战没有参加，追击章邯不能不干，那样就把功劳全叫项羽一家占了，他们公推项羽为诸侯大将军（等于联军总司令），然后乘胜前进，想要彻底歼灭章邯。

这时的章邯退到了漳河以南，在棘原布兵固守。他被项羽的威猛吓破了胆，问计于幕僚们。他的副手司马欣说："要想取胜，就得回朝搬兵……"别人也说不出什么有用的主意，整个军营呈现出一片颓丧的景象。

"就这么办吧，"章邯说，"司马长史，你就回咸阳一趟，恳请朝廷给几万援兵……"

司马欣来到京都，看到的是一片萧索，大街上到处是垃圾，行人很少，使人想到这里已是个没有人气的监狱。每个路口上几乎都有血迹。他早就听说，咸阳每天都在杀人，现在得到了证实。那些吊着肚子的野狗竟敢跑进城来，昂着脖子汪汪叫……他认不出几个月前的咸阳了。

他想念妻儿，但没敢回家，他怕听到那些叫人灰心丧气的消息。

这个司马欣是何许人呢？他原是个栎阳狱掾，三年前，造反的项梁就关在他掌管的监狱里，后来，他的朋友蕲县的狱吏曹咎来信请托，他竟擅自把项梁放了。可见他是个大胆的人。也许是依仗着精通律法的缘故吧，居然从一个县的刀笔小吏，几年中几个跳跃就到了章邯兵团做长史，位置仅居章邯之下。

他到咸阳宫请求觐见丞相赵高。

赵高这时正紧张地准备篡权，哪能顾得上章邯的事。

司马欣在宫门口蹲了三天。他没得到传见，却明白了许多事，那就是不管章邯如何努力，秦朝是无可救药地完蛋了！

他回到棘原，对章邯说："赵丞相哪顾得上咱们！你的仗打胜了，他嫉妒你的功劳；你的仗打败了，你必死无疑！实话对你说吧，我和董翳就是赵高派来监视你的，他早就想整治你了！后来我们看到你的确是个大秦忠臣，才和你站在一起了！"

章邯听了司马欣一番掏心窝子的话，更加灰心丧气。

他问司马欣："那么，怎么办呢？"

汉高祖刘邦

"再打下去，恐怕无望了，"司马欣说，"是不是在那边想想出路？"

那边是哪里？章邯明白。他说："咱们与楚军的仇恨最深，他们能饶过咱们吗？"

"将军，那算什么，各为其主嘛！在秦朝危难的时候，您挺身而出，挽狂澜于既倒，在敌在友莫不称颂，可以说已受到天下人的敬重。这都是您的本钱呀，将军！"

"咱们周围不知有谁能与项羽说上话……"

"在下曾经于项羽的叔父有点恩情，"他把释放项梁的事说了一遍，"我向项羽提起这事，他不会不给我面子的，再者，我听说项羽是个极重义气的人。"

章邯仍犹豫不决，他派司马欣秘密去见项羽，先探一探他的口气。

司马欣来到楚军的项羽大帐，与项羽谈判。

项羽刚刚大败了秦军，这时极为傲慢，他正和虞姬谈笑，连头也没回。虞姬提醒他说："那个人是秦军长史，你该认真地和他谈谈……"

"他那长史几天后就做不成了，和一具几天后的死尸谈什么！"

项羽对他轻侮，司马欣是估计到的，所以他不在乎，仍然说着他该说的话，当他说到冒险释放项梁时，项羽回过头来了。

"我听说过这事，你是我们项家的恩人，那就跟着我干吧，我也给你个长史做做！"

原来，项羽一直没有认真听他说话，司马欣只好从头再说……他提出了条件：那就是保证章邯军官兵的安全，给章邯和他的属下适当的位置。

"我可以不杀他们！"项羽叫道，"别的就免谈了！你回去告诉那个章邯，几天后，他们就是我的俘虏，我会下令把他们全部坑了！"

司马欣出帐时遇见了一位面目清秀的老人，他猜出了那是谁，就躬身下拜说："您是范增老先生吧？在下是秦军长史司马欣……"

范增给司马欣还了礼，拉他到一边说话。他看了看大帐，问道："没谈成吧？"

司马欣伤心地摇摇头。"先生，您胸怀宽阔、深谋远虑，在两军中有口皆碑，您如果同情我们，请从中斡旋一二，救救我们吧！"说着，司马欣又要下拜。

范增拉住他，叹息了一会儿，说："司马长史，我尽力吧……"

范增进到大帐刚开口说了几个字，项羽就不耐烦了。他嚷着说："娘的，

第七章　破釜沉舟　巨鹿败秦

还跟老子要条件！今晚我再揍他一顿，他就什么条件也不要了！"

当天夜里，项羽命蒲将军从三户津渡过漳河，再破秦军，项羽自引大军随后，在临漳附近又给章邯以重创。

章邯受了伤，可他心灵上的创伤更重，他躺在破烂的军帐中，眼睛也不睁，像头苟延残喘的狼。秋风吹着细雨不时地从窟窿中钻进来，凉凉地洒了他一脸的雨水。

"是血还是雨？"他问。

"大将军，是雨，"一旁的侍卫告诉他，接着，连忙脱下身上的战衣，想去堵上帐篷上的窟窿。

"你们骗我……"章邯说，"那是血，从昨晚起，那血雨就一直在下。"

侍卫不敢与他犟嘴，就一声不吭了。

"你知道吗？从我带领三十万骊山囚徒出征时起，死了多少人吗？"章邯自顾自地说，"五万？……十万……二十万……如果我不起兵呢？那些人都活着，尽管像猪狗一样地活着……我真是多事呀！……"

就在这时，有人进帐篷了。

"是谁？楚军又开始进攻了？"章邯问。

"是我，司马欣。"

"你还要说什么？待会儿跟我去冲锋吧！"

"将军，我想再到楚军去走一趟……"

"还去做什么？项羽已经把话说绝了。"

"是呀，他是说绝了，可是有一个人正在为我们说话……"

"他是谁？"

"范增。他原是项梁的谋士，项梁死后，项羽以父事之，称他为'亚父'。"

章邯想着，胸口不住地起伏，最后他说："好吧，你去，这一回不要条件了，只要他不杀咱们，为秦军最后三千兄弟争一条命。"

司马欣又来到项羽的大帐。

这一次，项羽的脸色和缓多了，眉眼中甚至有了笑容，尽管那是讥诮的笑。

昨天，范增来说服他。"接受章邯投降吧，"他说。"一来咱们的粮草不多了，不能在这里耽搁太久；二来咱们得赶紧去夺咸阳呀，我听说刘邦已经逼近武关！"

汉高祖刘邦

这两条理由都是铁道理,项羽答应了。

"你不用再说了,"项羽向司马欣摇摇手,"我没工夫听那些,过会儿我与诸侯将领们商量商量,要是他们同意,就接受你们投降,你回去向章邯复命,在那里等命令吧!"

司马欣走后,项羽召开诸侯会议,把章邯请降的事说了一遍。那些诸侯将领虽没什么本领,这时却个个充好汉了,他们嚷嚷着:

"不行,得和那小子干到底!"

"他章邯以前的威风呢?现在绝不能饶他!"

"杀,杀他个片甲不留!"

项羽拉下脸来,大家看他又要发怒,一个个不言语了,呆呆地望着他。

项羽把桌案一拍说:"好,有人愿意打,就留下来打好了。别看章邯身边只剩两三千人,如果与你们打起来,还是像快刀切豆腐!你们哪个行呀?"

诸侯将领们都低下了头。

"你们还是听一听我的意见吧……"项羽把范增的那两条理由说了一遍。

这一回行了,没人再想打了,都异口同声地喊道:"善!"就是"好了,一切都听您的!"

章邯接到通令后,带着司马欣、董翳和其他幕僚一同去洹水之南的殷墟上会见项羽。当场签订协议,项羽代表诸侯立章邯为雍王,随楚军一起行动。任命司马欣与董翳为正副上将军,统率投降的秦军。

章邯又召集远近各个军事据点中的秦军,约集合了二十万人马。这些军事实力都转在项羽名下。项羽一下子成为天下无人能比的特大诸侯了!

雍王是个多大的王?"禹贡九州"中的雍,那可大了,包括今甘肃、青海、陕西一大片地方。项羽不可能给章邯那么大的封地,但雍在武关以西是没疑义的。项羽这么一封,使天下七王中又多出一个王来,而且直接划进了秦国范围,那就是说,他还没到达关中,已经在那里插了一脚!

这大概是范增给他出的主意,要不是有这些突出的贡献,项羽是不会把范增称为"亚父"的。

在这之前,项羽杀了宋义,迫使怀王给了他个上将军,现在他又以诸侯会议的名义立了个雍王。那个,"怀王之约"和怀王在项羽眼中已不算什么了,政权和军权已由彭城转到了项羽手中。

消息传到刘邦那里,他一下子吃不下睡不宁了!

第八章 屯兵灞上 子婴献降

1

赵高杀害李斯后唯恐人心不服，对满朝文武监督甚严。

自从他把胡亥攥在手里，就假借二世的旨意，对朝中大臣，换的换、贬的贬、杀的杀，现在要害部门差不多都是他的人了，他还是很不放心。

那天早朝后，胡亥从御座上下来，扭头就往后宫跑，可是赵高叫住了他。

"丞相，您还有事吗？"

从赵高望着他的冷冷的目光中，胡亥知道自己又做错了什么，就赶紧跑回御座坐了下来。阶下的大臣也重新按班站好。

赵高回头对胡亥说："陛下，有位朋友从北番弄到了一匹瑞兽送给臣下，但臣不敢私纳，想把它献给皇上！"

胡亥一听是这事儿，轻松下来，问道："丞相，是什么瑞兽，能不能给朕与群臣看看？"

赵高笑笑说："陛下暂等，臣下就令人送上来。"

他一挥手，就有两个宫人将"瑞兽"牵上来了。

群臣看着"瑞兽"，端详了许久，慢慢地就议论开了。可是他们都不敢把话明说出来。

二世端详了一会儿，挠着头皮说："丞相，您说这是瑞兽吗？朕怎么看着像一只梅花鹿呀！"

皇上这么一说，大臣也开口了。

"是呀，它是一只梅花鹿，这样的鹿，御苑里可有的是！"

"对，它是一只鹿，没什么稀罕的！"

赵高拉下脸来，对胡亥说："皇上再仔细看看，它真的是一只梅花鹿吗？"那严厉的样子，就像训斥一个不懂事的孩子。说完他又扫了群臣一眼，那锋利的目光使群臣发抖，他们从赵高的话里听出什么来了。

汉高祖刘邦

"爱卿，我们都看着它是一只鹿，您说呢？"二世仰着笑脸问赵高。

"这是一匹马！"赵高说，"送给我的人说，这是塞外一种极为罕见的马，它十分珍贵，价值连城呢！"

二世走下御座，来到那匹"马"跟前，仔细端详了很久。"爱卿，您也太开玩笑了吧，难道朕连只黄色的鹿也认不出了？您看它分叉的头角，长长的四肢，短短的尾巴和点点的梅花斑点，连小孩子也会看出它是一只鹿！"

赵高把脸转到朝臣那边，对他们严厉地说："陛下的眼睛大概是有毛病了，你们都来跟前看看……它的毛皮明明是褐色的，陛下却说是黄色的，头上只有两只耳朵，陛下却说长着叉角……你们快快帮助皇上看明白！"

大臣们完全知晓是怎么回事了，吓得低头奋脑，连气也不敢抽一下。

二世却仍然不知是计，还招呼臣僚们说："来来，你们都上前来看，说实话，它不是一只鹿吗？"

大臣们只好围过去，围着那只梅花鹿，装出认真看的样子。

这时终于有人打破了这尴尬的局面，他说："这一次我算看清楚了，它是一匹马，一匹非常名贵的马！"

他一开口，立刻有许多人附和，都说这是一匹马。

"是呀，是一匹褐色的马！"

"陛下说它头上有叉角，哪来的叉角呀，只有两只耳朵！"

"它是一匹宝马，咱们的御苑里，哪有这么好的马呀！"

"祝贺陛下，您得了一匹好马！"

"丞相把这么好的马送给陛下，足见他老人家对陛下的耿耿忠心！"

赵高两眼直瞪着胡亥，问道："陛下，这一回看清楚了吗？"

胡亥也看出其中的蹊跷，吓得浑身颤抖，忙说："看清楚了，看清楚了……"

"它是马还是鹿？"

"是马，它当然是马！"

"那为什么刚才您还说是鹿呢？"

"是朕的眼花了……"

"这马的皮毛是什么颜色？"

"褐色的，它是褐色的。"

"它还有叉角吗？"

"没有了，没有了，它头上只有两只耳朵！"

第八章　屯兵灞上　子婴献降

赵高哈哈大笑，群臣也跟着笑。二世也笑，可那表情却像是在哭。

回到后宫，胡亥想起刚才赵高指鹿为马的事，仍然胆战心惊。过去的许多事，一下子在他心中豁亮了。赵高从小"训导"他，不让他读书学政，就是想让他成为一个愚人，好被他玩弄于股掌之上。

父亲死了，他协同李斯扶他上台，其实是想篡夺国家的最高权力。两年多来，他一步步地在篡权的路上走着。

他篡改父亲的遗诏，和李斯联手害死哥哥扶苏。

他借故逮捕领兵大将蒙氏兄弟，然后设计除掉他们。

他胁迫引诱他清除朝中的异己和嬴氏后裔，把咸阳城弄得血腥遍地。

他以他的名义迫害先皇旧臣，换上自己的心腹走狗。

现在又公然在朝廷上指鹿为马，以非为是，嘲笑他、侮辱他，让整个朝廷明白只有他赵高才是秦朝的真正主人！

胡亥到这时候才明白，赵高手里的那把尖刀已经指向他了。

他吓得发抖，"冷呀，我冷呀……"他喊道。

几个服侍他的妃子在他周围叽叽咕咕地笑。

"冷什么呀，如今刚过了夏至，我们还热得摇扇子呐！"

二世骂道："滚，不懂事的东西，把梅儿给朕叫来，你们都给我滚！"

一会儿，妃子们走了，进来一个小丫头，那是伺候他起居的，她生得不算俏丽，但有一副老实、忠厚的模样，她叫梅儿。

"冷呀，冷呀……"胡亥喊。

"皇上大概是病了，那就盖上被子发发汗吧！"梅儿找出几条被子，一床一床地搭在他的身上。

"梅儿，你把这么多被子盖在我身上，要捂死我呀？"

"皇上不是觉得冷吗？"

"梅儿，你也不懂事，我是心里冷呀！"他翻身抓住梅儿的手说："朕待你怎样，梅儿？"

梅儿呆了一会儿，回答说："皇上给我的恩惠，天高地厚！"

"如果朕要你做一件事，你去干吗？"

"我一定尽心竭力！"

"如果这是一件十分危险的事呢？"

"那我就拼上身家性命！"

"梅儿，朕没有看错你，你真是朕的知心人！"他把梅儿抱在怀里，呜呜地哭起来，把一大滩鼻涕口水弄到了梅儿的肩背上。

"皇上，您有什么事就说吧，何必这么伤心呀！"梅儿劝他。

"梅儿，朕没命了，只有你能救朕！"

"我，一个弱女子……"

"别说那个，只要你肯为朕舍得性命！"

"如果真能对皇上有用，梅儿即使有十条命，那也是皇上的！"

"那么，你听着……"

胡亥就将早朝时，赵高指鹿为马的事说给了梅儿……

"那有什么呀，"梅儿说，"丞相不过与皇上开了个玩笑罢了！"

"你好糊涂呀……"胡亥要梅儿去把门窗关好，然后把秦始皇驾崩前后，以及两年以来赵高谋逆篡权的事一桩桩地说给梅儿听……

梅儿听着，吓得面容苍白，连嘴唇也没有血色了。"那，不是大奸大恶吗？"

"是的，是亘古未有的大奸大恶！"胡亥又把梅儿拉到怀里。

"陛下打算怎么办呢？"

"在咸阳是没法子了，到处是赵高的人，朕的亲族又被他杀了个干净！就是朕的后宫嫔妃中，说不定也有他的人！我的指望在那边……"胡亥指着北方。他看梅儿不明白，就给她解释说，"那里有王离将军，他是朕父皇的老臣王翦将军的孙子，他手中握有二十几万精兵。咱们秦朝有个规矩，没有皇上的诏令，谁若调动军队就是死罪。他们在长城那儿，眼巴巴地看着咸阳发生的一切，却不敢有任何行动……"

"那么皇上想调王离将军的人马前来救驾？"

"是呀，这是朕的想法，"胡亥说，"你真聪明，终于明白了朕的心思——可是朕的诏书怎能发得出去？这就是用你的地方了！"

胡亥不知道，王离将军已不在北方边境了，他参加了平叛大军，正在章邯麾下与项羽的楚军鏖战。

"皇上要奴婢送到长城去吗？"梅儿说，"从这里到长城有千里远呢，我一个弱女子怎能跑得到？就是跑到了，也会给陛下误事的！"

"那怎么办呢？"

梅儿想了想，说："有了，我的两个哥哥在咸阳宫外当侍卫，他们对皇上都是十分忠心的，可以让他们去！"

"他们行吗？"

第八章　屯兵灞上　子婴献降

"皇上放心，绝对万无一失！"

"我信你的，梅儿，你对他们说，只为这事，将来朕也会给他们封侯的！"

"那么，奴婢呢？"

"朕将纳你为正宫，你和你家里的人都会成为皇亲国戚！——快给我拿笔和锦帛来！"

梅儿给他抚着帛，胡亥奋笔疾书，不一会儿他就写完了，反正就那么几句话。梅儿当着二世的面用她的一方头巾把诏书包好，塞进她的裙裾里……

"这样……"

"您放心吧，皇上，"梅儿说，"他们总不能搜查奴婢的下裆吧！"

"那是，那是！"

梅儿走了，她转到前院，一个侍卫迎上来。梅儿把那小包拿出来交给他。

"是什么东西？"侍卫问。

"是那呆子写的密诏。"

即使是二世的贴身丫头，也是赵高的密探。

2

赵高得到二世发给北方将士的"除奸救驾密诏"后气得发抖，他先派人把那个叫梅儿的小丫头杀了。她虽然交出了密诏，可她究竟看见了那密诏，所以不可留。

他把堂弟赵成和女婿阎乐找来，恨恨地对他们说："那东西我本想让他多活几天，但他自己找死呀！"他给他们看了密诏。

现在赵成是掌握兵权的郎中令，阎乐是警卫咸阳宫的都尉。他们看了密诏都摸了一下自己的头，明白要是这密诏传到长城的话，领兵的大将发兵打过来，他们谁也抵挡不住，更别说活命了。

"看来不能让那东西活着了！"赵成说。

"是得宰了他，"阎乐也说，"不然，外面反贼一闹腾，咸阳城里那东西再一搅和，还说不定闹出什么事呢！"

他们都把二世称为"那东西"，不直接叫他的名字，表示极为瞧不起他，可是也说明他们对二世还是有所忌惮的。

"那么谁去干这事儿呢？赵成，你去？"赵高问。

赵成哆嗦了一下，因为这毕竟是弑君大罪，天下人都饶不了他。"还是阎乐去吧，他是咸阳宫的都尉，这事该他干！"

"好，这事就交给我吧，岳父可别忘了我这一功！"阎乐是个彪子，脑子从来不多想什么。

阎乐带领几十个近侍闯进二世的望夷宫。

胡亥觉得自己的密诏送出去了，万事大吉，只等着北方的王离发兵来救他。于是就整天在后宫里和嫔妃们嬉戏，连门也不出了。

忽然两个宫女黄鼻子黄脸地跑进来说："皇上，咸阳尉来了！"

"是阎乐吗？他一定有要事上奏。"

"是他，他是带了许多人来的，个个都持着长剑！"

"唔，那是怎么回事？"二世把宫女们推开，有些害怕。

这时，宫门被踢开，阎乐凶神恶煞地闯进来，对二世喝道："胡亥，你的死期到了，你是自裁呢，还是我来帮你？"

胡亥听了，吓得目瞪口呆，结结巴巴地说不出话，"你为什么杀朕，朕待你不薄……"

"你那老子掌握天下十几年，严政苛法，把天下弄得十室九空、民怨沸腾，你也不是个好东西，上台后，一心学你老子的样，对广大黔首敲骨吸髓，以供自己穷奢极欲，天下人莫不想食汝肉、扒汝皮，你不该死吗？"

阎乐的理由倒还正当，可是没有赵高一伙的"帮忙"，二世是没本领弄得天下民不聊生的！

"让我见一见赵丞相……"

"不用了，就是赵丞相令我来结果你的！"

"不，不，不！"胡亥给阎乐跪下来，"你回去跟丞相说，我这皇位让给他了，求他给我块封地，让我和几个嫔妃过日子……"

"你想得倒好，还想要一块封地？"

"不给封地也行，那就让我当个没名没份的庶民……"

"不行，不行！"阎乐把剑往前一送，"你这样狗屎不如的东西，不能活在世上——说，是你自己来，还是我给你一剑？"

胡亥绝望了，他哭着站起身，他的裆里一股臭死人的黄汤往下直流，他抓了一把剑，在自己脖子上拉了一下，鲜血冒出来了，顺着脖子往下淌。可是他只拉破了一层皮，离死还远着哩！他痛得在地上转圈，把血弄得到处都是。"你们看着我受罪吗？"他对那些吓得浑身颤抖的太监吼道，"来呀，来帮帮我呀！我要去见父皇，向他告发赵高那奸贼……"

第八章　屯兵灞上　子婴献降

一个身强力壮的太监走过去，他抓着胡亥的手，把剑横到胡亥的脖子上，用力一拉，胡亥的脖子就断了一半！

这一回行了，胡亥扑倒在地，从他血红的脖腔里喷出几尺长的血柱。

"皇上，等等我呀！"那个帮胡亥自杀的太监拾起剑，也抹了脖子。

阎乐踢了二世几脚，看他真的死了，就回去向赵高复命去了。

"大哥，"赵成说，"胡亥死了，你就快自立为秦皇吧！"

"现在还不行……"赵高说。

"怎么还不行？"阎乐说，"你还担心什么？"

赵高说："别看咱们已经把秦朝的一切都握在手里了，如果我这时坐上二世的龙椅，还是有人出来反对的！"

"那就杀呀！"赵成说，"谁不怕割头呀？"

"秦朝的忠臣义士多着呢，你杀得过来吗？"

"你说怎么办呢？"阎乐急得头上冒火，他怕自己逼死了二世，将来成为众矢之的。"国怎能一日无主，你得快想法子呀！"

"得找个始皇的后代过渡一下……"赵高说。

3

胡亥死后两个时辰，许多大臣听说了，他们拥挤在咸阳宫前，都想得个首先拥立新皇的头衔。

赵高从后殿走出来，走到始皇、二世坐过的御座前，他踌躇了，他是多么渴望坐上去感受一下那君临天下的滋味，可是他止步了。

这时，满朝文武一齐跪下，向他唱歌似地喊道："皇帝万岁，万岁，万万岁！"

"你们向谁喊呢？"赵高说，"新皇帝还没即位呢！"

他令群臣平身，自己拉了把椅子坐在御座一旁。他说："无道的胡亥，今天早上在他的望夷宫中自戕了，他袭位后，以无德无能之身，行先皇严刑峻法之事，弄得天下硝烟弥漫，盗贼遍于国中，大概他再无颜面活在世上了。我已令人将他入殓，待新皇登基后安葬……"

赵高见大臣们都无声地望着他，知道他们都希望听到下面他将说什么，他说："拥立新君是刻不容缓的大事。秦国原本就是个诸侯国，始皇统一天下后才自称皇帝，现在诸侯并起，六国复立，再称皇帝已名不副实，以后的新

汉高祖刘邦

君该称秦王。"

秦朝还没亡,赵高已把皇帝降了格。

那么立谁呢?赵高继续说:"扶苏的公子名子婴,英俊潇洒,博学多才,其仁德已昭天下,足可为王!"

他刚刚说完,阶下就有人高呼道:"丞相拥立新王,功劳齐天!"

"拥戴子婴公子为王,是顺天应人之举!"……

赵高想看清楚是谁喊得这么起劲,可是他们都跪在地上,低着脑袋。他在心里骂道:"你们这些家伙,大概觉得子婴为王,比我更名正言顺吧?狗娘养的,给我等着!"

会见群臣后,赵高派人将传国玉玺和秦王印信给子婴送去,并告知他五日后祭祀天地宗庙,准备即位。

就在这时,赵高得到了刘邦大军已近咸阳的急报。

这是比什么都使他焦急的事。他认为秦朝政权已是煮熟的鸭子,飞不了了。反秦大军却是够他对付的。

他把赵成、阎乐和几个贴心近臣叫到家里,一天到晚地商议。

这时,章邯兵败降楚的消息,他们还未得到。可是,赵高明白就章邯那点军队是抵挡不住刘邦大军的。

"怎么办呢?"——这句问话,是他们这天使用得最多的。

"把章邯调回咸阳……怎么样?"赵成看着赵高的脸色这么说。

"没话说就闭着你的臭嘴!"赵高一口叱住他,"章邯在巨鹿被项羽打得大败,这你是知道的。前些日子章邯派司马欣前来咸阳搬兵,我哪有兵给他呀,所以让他在宫门外等了三天也没见他!这时候呀,他们还不知怎样了呢!你们趁早别指望章邯了!"

见大家都没话说,赵高说:"我看派人去找那边谈谈吧,上次刘邦派了个人来,我没理他,现在到时候了。"

"那些反秦的头领胃口都很大,咱们提什么条件呢?"阎乐问。

"他们胃口大,咱们就给他们填饱肚子,"赵高说,看他那样子,好像他早就对这事考虑很久了。"可以把秦国一分为二,他一半,咱们一半……"

赵成说:"那可便宜了刘邦那小子!"

"哼,人家还未必干呢!"阎乐说。

本来武关那里秦朝还有十多万人,可以和刘邦军打一场像样的仗,以延缓他们进军的脚步。可是他们一听说刘邦的大军到了,很快就土崩瓦解了。

第八章　屯兵灞上　子婴献降

原来张良不愿在这里耽误工夫，让项羽军赶上来，他派出郦食其和陆贾两个能说会道的人为使节，带了金银去见秦朝领兵的几员大将。

他们带给将军们一条重要的消息：章邯的秦军已被项羽消灭，而且章将军已经投降。这消息有如致命一击，使他们筋骨酥软，无心再与刘邦军较量了，再说，他们献出武关还可得到大量的金钱，何乐而不为呢？就立刻把军队遣散了！

这样刘邦军几乎没有受到任何抵抗就到了蓝田。蓝田在咸阳东南，如果骑上马，去咸阳可朝发夕至。这里的守将还是有种的男子汉，他以自己的万把人马和刘邦干了一场，尽管他们被刘邦像捏一个鸡蛋那样捏碎了，可是却让刘邦耽误了几天时间。

"沛公，快要到咸阳了，队伍在这儿停几天吧。"张良对刘邦说。

"为什么？"刘邦伸着脖子叫，"子房，咱们不是想快点当上秦王吗？"

"沛公，我问您，您是想在秦王的位置上坐多久呢？"

"千年万代，千年万代！"

"好呀，那就拿出您王者之师的形象来，不要让人家觉得来了一帮土匪！"张良说，"暴秦为什么很快就完蛋了？他们虽掌握了政权，可是百姓终于认出了他们是一帮夺得权力的盗贼！您的军队更不用等那么久，现在就是土匪！"

刘邦不说话了。

从彭城一路走来，虽然刘邦的谋士们如郦食其、周昌兄弟一直劝刘邦申明纪律，刘邦也那么做了，他的军队也的确比刚刚从沛丰出来时好多了，可是仍然纪律松懈，无辜杀人者有，抢劫、强奸者有，甚至还有屠城发生。

"你不要说的那么难听嘛……"刘邦笑笑说。

"沛公，我是为您好……"张良说，"老百姓苦了这么多年，他们盼望的是什么？是个好君王，好皇上呀，您如果是那个他们盼望的好君王，您就做给他们看，用自己的行动告诉他们：你们盼望的人来了！"

几句话说得刘邦口服心服。他说："子房，你说得很对，你看应该怎么办就怎么办吧！"

张良召集大小军官开会，给他们定了约法三章：

任意残杀民众者，杀！

掠民一草一木者，杀！

奸淫妇女者，杀！

约法是传达下去了，可是还是有不少士兵和下级军官犯法。张良毫不留情，大开杀戒，那些日子几乎天天有士兵被执法队杀掉！

许多将士跑到萧何、曹参等高级将领面前哭诉，刘邦忍耐不住了，他去找张良："喂，子房，你还不住手呀？弄几只'鸡'杀给'猴'儿们看看就是了，怎么杀得没完了！"

"现在住手吗，沛公？"张良问刘邦，"那就功亏一篑了，您的队伍还是一帮土匪！"

"子房，说实话，当年他们从家乡跟我出来，都是想捞点什么的，你这样叫他们什么也捞不着了，他们干吗？不跑光了才怪呢！"

"沛公，绝不会发生您说的那情况，"张良说，"现在大业快要成功了，他们想望的光荣和封赏就要到手了，您就是赶，他们也绝不会跑的！"

果然，几天后，队伍好了很多，几乎没有人因违返纪律而被杀的。是有几个人开了小差，但数量极少，可略而不计。

这一举措在周围城乡中造成了巨大的正面影响，带着猪羊鸡鸭粮食前来劳军的人络绎不绝。刘邦和他的将士们头一次享受到王者之师的荣耀。

4

赵高派去的到刘邦那里探口风的使者领回一个人来，他叫刘惠，是个五十几岁的，有一把花白胡子的老者。

赵高指示赵成去见他。

刘惠说："我是受沛公之命来与你们的丞相谈判的，没见到丞相，我不和任何人谈。"

赵成说："我是郎中令，是丞相的弟弟，资格该可以了吧？"

刘惠年纪虽大了，但两只眼睛透露着绝顶聪明。他说："是的，您的官是够大的了，可是谁不知道呀，现在秦国一切大政都是赵丞相掌管，别人说了都不算数！"

没法儿，赵成只好去请赵高。

赵高问他："你见过刘邦了没有？"

"没……"赵成说，"我见到了一个书生，他叫刘惠。"

第八章　屯兵灞上　子婴献降

"你对他说了什么？"

"就是你要我说的那些，别的我一个字也不敢多说。"

赵高默想了片刻只好说："你把他领来吧！"

不一会儿，赵成把一个商人模样的老头儿领进赵高住的偏殿里。

他向赵高躬身一揖，说："在下是沛公的使臣，您有什么话，我会转告沛公的。"

赵高没有起身，也没有回礼，只是把手一摆说："给先生看座！"

谈判紧接着就开始了。赵高不想多费口舌，直截了当地说："……除了郎中令赵大人跟你们谈的那些以外，本相没有别的什么要求。关中必须由本相为王，任何人都不得染指！"

刘惠说："丞相听说过怀王之约吗？楚怀王与诸侯们约定，先进咸阳者王之。沛公必须进占咸阳！"

赵高想说几句硬话压压刘惠的气焰，"先生还记得六国联合攻秦的故事吧？他们虽然来势汹汹，可是到了函谷关也就被迫止步了。我们还有力量顶住任何来犯之敌，请先生放心！"

刘惠笑了，他说："丞相这样对在下说话就很不真诚了！您的军队在哪里？"

"我们的军队在哪里，还能对您说吗？"赵成赶紧说。

"那么，咱们的商谈就结束了！"刘惠站起来，"临走，在下想告诉你们一个不算太新的消息，章邯将军已带领他的二十万大军向楚将项羽投降了！"

赵氏兄弟像挨了当头一棒，被打得晕头涨脑，张口结舌地呆了好久。

是的，他们不知道这消息。这些日子他们一门心思忙于篡权忙于对付胡亥，外面的事一概不知。朝中的臣僚也许有人知道，可是谁敢去告诉他们呢？

"这也许是……传言吧？"赵成问。

刘惠仰头大笑，不再理他们，回头就往外走。

赵高连忙起身跑上前拉住他："先生的性子太急了，本相还有话说……"

刘惠又回身坐下。他们像在市场上一样讨价还价了很久，最后达成了下面的协议：一、朝廷答应刘邦军进入咸阳，等他争得为王的权力后立即撤出；二、关中之地一分为二，咸阳周围的地方归赵高，仍国号秦，承认赵高为秦王；三、函谷关、武关、散关、萧关由双方共管……

双方签字后，刘惠笑着说："丞相好聪明呀，您知道沛公的仁义和项羽的凶残，所以您选择了沛公。您还没有真的做秦王，就已经在为咸阳民众造福了！"

刘惠走后，赵高立刻派赵成找几个消息灵通的臣僚去打听章邯是不是真的投敌了。一会儿，赵成就跑回来了。他说："哥，千真万确，章邯那家伙十多天前就叛降了，此事满朝文武都知道，就是咱哥俩还蒙在鼓里……"

"嗨！"赵高两手一拍，"完了，没有了章邯，项羽进关就更没任何障碍了！"

"哥，你手头就没一点人马了？"

"还有什么？有一星半点的地方部队，用他们去抵抗几十万叛军，那还不是螳臂当车！"

"那，那，那怎么办呢？"

"赶紧去追上刘惠，要他转告沛公，请他们火速进关来咸阳！"

5

在扶苏被害，胡亥上台，忠臣遭难，朝廷零落，嬴氏喋血，奸恶横行的时候，扶苏的儿子子婴和他的一家却奇迹般地留存下来。

子婴知道赵高绝不会饶过他，早晚是个死，说实在的，在这乱世里他也不想苟活着。他这样想，心里反而平静了。他们搬出了咸阳宫，在不远的陋巷里找了一个小院落住下来。

有人劝他给胡亥上书陈情，表达忠心，以求幸免于死，他拒绝了；有人劝他远走他乡，在山林中隐姓埋名，做一辈子隐士，他也没有答应。子婴说：生死天定，命运难违，一切都顺其自然……

一天，以赵成为首的几个朝廷大臣来造访了。

先是上百人的仪仗开过来，旌旗招展，钟鼓齐鸣，把半个咸阳的人都吸引来了。赵成一见子婴和他夫人的面，就立刻跪倒在地，口呼"吾王万岁，万岁，万万岁"！

赵成向子婴先详述了胡亥的暴虐无道，又说了丞相对胡亥的仁至义尽，然后说到胡亥的"自裁"。子婴没为这个叔叔掉一滴眼泪，可是胡亥的死，又极为深刻地说明了赵高一伙的阴狠歹毒、肆意妄为和无法无天！

"……国不可一日无君，于是群臣公议，拥立您为大秦君王！"赵成继续说，"王上，请您在家斋戒沐浴，五日后带领全家与群臣祭告天地宗庙，完成即位大典！"

第八章　屯兵灞上　子婴献降

这事的突然来到，子婴还来不及思考到底是好是坏，就涌来了许多祝贺的大臣。各种豪华的马车排了几条街，子婴夫妇应接不暇。贺喜者虽坐不下，站不住，只是喝一杯浆，吃一盏酒，就回头走了，却留下了堆积如山的金银财宝。

子婴的妻子居萌是齐地人，当年子婴随父亲扶苏奉始皇之命到鲁地安抚闹事的儒生，回来时到齐地转了一趟。在潍河之滨住宿在一位姓居的乡绅家里。

那位老翁对扶苏父子照顾得很周到，使扶苏奇怪的是这里虽是孔孟之乡，老人却并不拘于圣训，让他的老妪和女儿一起招待客人。老妪虽是女流，但谈吐不俗很有见地。女儿名叫居萌，不仅生得俊俏，且活泼可爱，刚刚认识就拉了子婴到潍河边去玩，就好像认识了几年似的。

扶苏想，如果他们有缘，可结秦晋，比那些咸阳贵族们的女子好得多了。

临走时，子婴竟提出带居萌回咸阳的请求。

"不行！"扶苏说，"即使你们琴瑟和谐，也得回咸阳后慢慢地操持，哪能这么草率，再说人家老人还不知怎样想的呢！"

"子婴说：'老人会愿意的'……再说，回咸阳后，关山阻隔，物是人非，谁还有心给我做这件事！"

扶苏想了想，觉得子婴说的也对。在帝王之家，什么事都没有定数，就是自己也难说将来会怎样。机会错过，就很难再来。再说，他也十分喜欢那个居萌。

又过了两天，扶苏竟依了儿子，和居太公闲谈时，提出了结为永好的愿望。老人沉吟了良久，没有答应也没有拒绝，扶苏也不好再问。

临走那天一早，老人忽然请扶苏到了他的书房。

"先生，您说的那事儿，我和老伴商量了多次，也听取了孩子的意见……"不知怎的，他叹了口气，"既然他们两个相爱，你们就把她领走吧！公子，您是帝王之家，按说，我们是高攀不上的……"

这有点使扶苏吃惊。他来齐地，是以游客的身份出现的，不知老人是怎么看出来的。难道自己流露出那令人讨厌的骄矜情绪了吗？

老人解释说："公子到鲁地的事，已经传到我们这儿来了，那天，您一站到我家门口，小老儿就知道面前是什么人了。不过公子没有说出自己的身份，我也就不敢唐突。公子的贤名已远播四海，这几天的相处，使我感到公子之德真是名不虚传！"

汉高祖刘邦

"老人家，别这样说，请您忘记我的身份，就当我和你们一样，是潍河边上的一个农人吧！"

"那怎么能行，公子是皇室贵胄，怎么能与我们草莽一样，"老人说，"可是……"

"老人家，有话就请讲吧！"

"帝王家那是个旋转不定的旋涡……"

一句话说得扶苏心跳起来，老人说的很对，不用说大秦朝，就是自己，能够掌握自己的命运吗？

老人见公子长时间沉吟不语，知道公子也不可能向他保证什么，就也不再谈这件事了。

公子和子婴上路那天，居萌又笑又哭地和两位老人告别。老人们却没有落泪，只是叫居萌到他们的房里待了一小会儿。出来时，居萌的脸色变得冷冷的。

他们上了车，走出老远了，居萌仍然不说话。

扶苏问她道："能告诉我吗，老人嘱咐了你些什么？"

居萌低下头，长长的睫毛忽闪了好久，却没有说话。

"居萌，"子婴说，"长辈问话是不能不答的呀！"

"我爹妈说……"居萌望了扶苏一眼，"他们说'如果在咸阳好的话，就常给家里来个信；如果不好，就请公子放我回家；如果没我这个人了，就托个梦给爹妈。'"说着她哭了起来。

直到过了潍河，他们谁也没有说话。

大婚后，小两口过得很是恩爱，而且早早地就有了两个儿子。接着，苦难的日子来了，始皇的驾崩，扶苏的自戕，奸佞的摧残，家族的败亡……他们就像是天天在刀尖上过日子。可是居萌每次给家里写信，都是说一切皆好。去年，家乡来人，对居萌说两位老人在一年间相继去世了。居萌大哭了一场，对子婴说："公子，那边我放心了，我与你死活在一起！……"

那天，一直到深夜，他们一家才有时间聚在一起议论一下这刚刚落在他们头上的事。

那支摇曳的蜡烛周围，除了他们夫妇，他们的大儿子嬴序以外，还有几个心腹家人。

子婴说："这事很明显，那老贼赵高杀了二世后，仓促间不敢占据王位，是暂时拉我垫脚的……"

第八章　屯兵灞上　子婴献降

谁也明白事实就是这样。

"那正好，咱们可以瞅机会除掉赵高这个老贼！"一个叫韩可的家人说。

这个韩可，对子婴家忠心耿耿，又孔武有力，几年来出生入死地保护着这个风雨飘摇的家。

"上天不知给不给咱们这个机会。"女主人居萌说。

大儿子嬴序，生得虎头虎脑，膀宽腰壮，从小就跟韩可在一起，还学得一身本领，对天下事也很有见识。

他说："韩可叔说得很对。别看赵高经营了多年，朝中到处都是他的亲信，可是一旦把他宰了，他的一伙就树倒猢狲散，正义的力量就会站出来！"

"要干，就得赶快，要不，他们就对咱们下手了！"这是另一个家人的话。他是韩可的老兄，叫韩征。是个书生样子的人，他遇事不慌，胸中很有些韬略。他说："五天后的祭祖就是个关口。我的一个在宫里的朋友给我传信儿说，赵高已与刘邦联系过，准备把关中分给刘邦一半，以换取赵高在咸阳为王！"

听了这消息，大家恨得骂起来，赵高不仅是篡权的大奸大恶，还是个卖国贼！

居萌说："别骂了，看污了咱们的嘴！咱们还是赶紧商量大事吧！"

讨论了一会儿，大家都认为韩征说得对，五天后的祭祖就是一个关口，赵高很有可能在那一天将子婴一家斩尽杀绝！

全家紧张起来。韩可说赶紧逃跑，可是跑到哪里去呢？你跑得再快，跑得过赵高的骑兵？当这个提议被否决后，韩征提出把两个小公子送出去，他说："嬴家只要留下后代，留下根苗，若干年后，就有东山再起的时候！"

居萌点点头，可是她提出了自己的谋略。"我有个想法，也许是异想天开，不过说出来大家议一议。"

韩可说："夫人请讲，这些年来，夫人的主意往往都是最可行的！"

"我们为什么要往赵高设下的圈套里钻呢？"夫人说，"公子到太庙祭祖，给了他收拾我们的机会。我们偏不去，叫那老贼到咱们家来！"

大家一时没听明白，都请夫人说详细些。

"公子可在家装病，"她望望大家，"未来的君王病了，赵高必然前来看望。因为他这时还只是个丞相，不来于礼不合……"

大家明白夫人的计谋了，那就是在赵高到来时，把他杀掉！这太叫人兴奋了，大家唏嘘了好一会儿。

可是韩征说:"咱们应该想到,那老贼警惕性是很高的,他一定会带着许多侍卫!"

是的,赵高每次出门,前后都簇拥着很多侍卫,其中不乏他收买的江湖高手。

如果那样,与他们硬拼是不行的。

没想到居萌夫人竟说:"他带来的人再多也没用,你们看咱们这窄房小屋,哪能容得下他那些兵丁呢?咱们在咸阳宫附近住,手下无一兵一卒,这些,赵高都是知道的。他做梦也不会想到咱们竟敢收拾他……"

"是呀,是呀,"韩可说,"他不会防备咱们的。只要他走到公子床边,咱们就下手!"

下面就商量谁担当击杀赵高的任务了。

"当然是我!"韩可说,"公子,夫人,把这事交给我,保证万无一失!"

"还是让序儿干吧,"子婴公子说,"他是嬴家的人,该他亲手处决嬴家的死敌!韩可,你就站在序儿一旁,如果他不能完成任务,你就帮他!"

大事决定后,他们又想到:赵高死后,在一定时间内,他的死党会疯狂报复,因此夫人派韩征连夜保护年仅十二岁的小公子出走……

6

五天后,子婴没有到太庙祭祖。赵高连忙派人到子婴家去打听,得知新君王病了。

"他是吓病了!"赵高冷笑一声说,"那小子很聪明,他一定看出了我的计谋,不过你看出了也是白搭,你是我笼子里的鸟,你飞不走也跑不掉!"

"不过,您还是看望他一下好,"这是赵高的女婿阎乐的提议,"您现在还是丞相,看望病了的君王,是该尽的礼数,另外,也可亲自查看一下虚实。"

"这主意出得好,我这就去……"

"我去给您准备仪仗。"

"不用,连侍卫也要少带,"赵高说,"子婴家就在这咸阳宫附近,我听说,这几年他家连护院的家人都养不起,怕什么?"

看到子婴家像普通黔首家一样的破门楼,赵高笑了。这些年这个子婴就像一只兔子卧在自己的草窝里。也许正因为这样,胡亥才没有杀害他,要是他跳来跳去,显山露水,早就没命了!

第八章　屯兵灞上　子婴献降

赵高站了一会儿，就令随从敲门。跟着的侍卫还一直高喊："丞相到……丞相到……"

门开了，一个老人家躬身站在门旁。

赵高带着十多个侍从进了院子，那院落只有几棵树，却把浓荫铺得满满的。这就使院子显得更加局促、窄小。

一个少年人躬立在赵高面前。

赵高端详了一下，吓了一跳，这少年身材修长，目光炯炯，凛凛然有始皇少年时的风采。"你，你是谁？"赵高问。

还没等少年回答，一旁的老人家就赶忙说："他是公子的长子，嬴序是也！"

"啊，是小公子！"赵高说。他心里想嬴家竟然还有这根旺枝，以后可得剪除干净！

"丞相驾到，未及远迎，还望恕罪！"嬴序说。

"君王的身体怎么样了？"赵高一边问一边往正房走。

"家父偶感风寒，不能亲来迎接丞相，还望宽宥！"

"没什么，领老臣进去看看吧！"

"请……"

嬴序在前面引路，赵高跟在后面。到了正房，赵高伸头一看，房子小得就像蜗牛的壳。多年来，赵高住惯了咸阳的高大殿阁，因此才会有这样的感觉。他向后摆摆手，让他的侍卫留在外面。

见赵高进来，子婴从床上探起身，一旁的韩可连忙把两个枕头垫在他的身后。这时，夫人居萌从内室走出来，向丞相偏身一揖。子婴虽还没有正式即位，可是已经是群臣拥立的储君了，居萌也就是未来的王后，所以他对赵高没用大礼。

赵高觉得憋闷，他深深地吸了口气，回身向床上的子婴拱手："在这里，老臣……不便行君臣大礼……请原谅。参见大王……"

"谢丞相关切，"子婴说，"给赵丞相看座。"

赵高坐下，居萌夫人给他端上浆水。赵高低头看了一眼，就摆开了头。他平常所用非金即玉，哪里瞧得上这些陶土玩艺儿。

"大王得的是什么病，要不要传御医来诊治一下？"

"我没有病……"子婴冷笑一声。

"那……"

汉高祖刘邦

"我是设计将你这老贼钓来，不想你竟上钩了！"

赵高蓦地明白了！他刚要呼喊，在他身后的嬴序倏地把一柄雪亮的钢刀横在他的喉咙下面……

"你们要怎样？"赵高慌了，他向周围张望了一眼，只见一个彪形大汉持刀堵在了门口。即便这时外面的侍卫往里冲，他们也有足够的时间把他的头砍下来！

赵高面如土色，豆大的汗珠从脸上滚下来。他知道这一次是彻底完蛋了！忽然嘿嘿地笑起来。

"老奸贼，你还笑得出来？"子婴问他。

"我是笑自己！"赵高说，"你想，我一辈子都在算计别人，让人中我的圈套，临了我却中了人家给我设的圈套，而且是这么轻而易举，真是可笑！来，咱们一齐笑吧，让天下人一齐笑吧，这件可笑的事，得成千上万的人捧腹大笑才行！"

"是的，会有成千上万的人笑骂你，而且要笑骂你上万年！"居萌夫人说。"不过，我们没时间陪你笑了！……"

子婴喝道："嬴序，动手！"

子婴的话音刚落，"咔嚓"一声，赵高的头就掉在地上了，他的身子停了一会儿，也就杵倒在墙边，污血溅了一地。

韩可打开门，向外面的侍卫喊道："喂，你们的丞相完蛋了，不来看看吗？"

几个侍卫冲过来，伸头向屋里瞅了一眼，韩可持刀准备与他们格斗，可是他们却回头跑出院子往大街上跑去了，还一边跑一边喊叫："丞相被人杀了！赵高死了！……"

接着，附近的街巷就有人跑来向院子里伸头探脑。当看到韩可和嬴序把赵高的尸身拖出来时，他们也开始呼喊了：

"是呀，赵高死了！奸贼死了！"

"新秦王还没即位就下令诛杀了奸贼，真是大快人心！"

"风吹云散了！红日高照了！"……

不一会儿，由近及远，响起了鞭炮声，半个时辰后全城钟鼓齐鸣！

子婴偕同夫人来到了咸阳宫。

没有人通知，可是满朝大臣几乎都赶来了，他们列队跪在御街两旁迎接新皇驾临。

第八章　屯兵灞上　子婴献降

"万岁，万岁，万万岁！"他们高呼着。

从咸阳宫门到龙福宫有一千五百步，全铺了红地毯，两旁的御林军持戟执斧，金龙黑旗猎猎飘舞，使人又想起始皇时的兴旺情景。

朝中的大臣大多是赵高安排的，即使是他们，也没几个人看得起那个奸贼，觉得子婴才是他们等待的秦王，所以他们的喊声也是真诚的！

阶下群臣提出今天适逢吉日，上表劝新王即刻即位。子婴也觉得有许多大事急须办理，也就答应了。他没想到事情会这么顺利，就像瓜熟蒂落。子婴带领宗室子弟到太庙祭祀后，就举行了个简单的登基仪式。

子婴向朝臣讲述了捕杀赵高的经过，大赦天下，并表示除赵高、赵成、阎乐三族外，绝不追究其他人。群臣和咸阳民众都交口称颂子婴宽宏仁厚。

几天后，赵高、赵成、阎乐三族一百余口在咸阳被诛。届时，钟鼓齐鸣，欢声雷动。

他本想按天子礼葬胡亥，可是还没来得及，刘邦的军队已经过了武关，向咸阳长驱直入了。

如果子婴即位后，先不去做那些鸡毛蒜皮的事，而是从咸阳退出，进入汉中，在川陕地区号召天下勤王，中国可能会是另一个样子！那时，在中国的许多地方，如在川陕腹地，在齐鲁滨海，在长城和百越，还有几十万军队可用，他们等待着秦王的号令。

可是，子婴是一介书生，他有的是对赵高的仇恨，却没有祖父的雄才大略。历史虽给了他瞬间的机会，他却失去了。如果他挺身而出、振臂一呼，几十万身着黑铠的勇士，就会像乌黑的阴云，霎时四合天空，那些燎原之火般的反秦义军也就会在一场雷霆万钧的暴风雨中灰飞烟灭了！

历史没有如果……

他只做了四十六天秦王。

7

二世三年九月（子婴还没有自己的纪年），沛公刘邦来到了咸阳城下，他听张良的话，没有进城，驻军灞上，第二天就通令子婴前来投降。

子婴接到刘邦的通令后，召集了御前会议。他把楚军的通令念了一遍，向大臣们问计。可是等了好久，没一个人说话。

那些赵高安插来的臣僚当然说不出有用的话来，即使几个忠心老臣，在

汉高祖刘邦

这时候也是无话可说。要君王抵抗？哪来的军队？要君王死节？赢家的血已经快流尽了！

子婴哭了，他说道："既然这样，那就照沛公的话办吧！"

退朝后，大臣们都走了，子婴还伏在御案上哭。他哭，不仅是为这个短命的秦朝，还因为命运对他的捉弄。这个统一六国、扫平寰宇的大秦只存在了十四年，在这短暂的时间里，始皇辉煌过，胡亥秽乱过，赵高弄权过，弄到后来却败亡在他的手里，岂不滑稽得光怪陆离！

回到后宫，子婴把刚刚召开御前会议的经过说了一遍，一家人又抱头痛哭。

居萌问他："在献出国家前还有些什么事情要做？"

子婴把脚一跺喊道："死！咱们全家都死！"

"那是最容易的，咱们家里谁也不怕死。可是咸阳城中的这几十万老百姓呢？"

是的，他们还不能扔下百姓去死。

"我们不能引颈受戮，"儿子赢序说，"外面的广大土地还是咱们大秦的，蜀地几乎没有敌人的踪迹，咱们应当到那里去！"

听了儿子的话，子婴呆了一会儿，眼睛亮灼灼的，但，接着就摇摇头，叹了口气说："你还嫌百姓受的灾难不够吗？让这喧嚣的世界平静下来吧！"

"你父亲说得对，"居萌夫人说，"几百年来，天下百姓就没过一天好日子，咱们怎么忍心把他们再次拖入战火中呢！——听说那个刘邦还是个仁义君子，把咸阳交给他，比那残忍的项羽好多了！"

赢序两眼一下子涌出泪水，但他没说什么。他跪下来给父母磕了三个头，站起来头也不回地出门去了，父母谁也没喊他一声。

房里只剩夫妇两人了。

子婴抱着居萌，流着泪说："……你还记得你从潍河边跟我和父亲出来的那天吗？"

"记得……"

"还记得你家老人对你说的话吗？"

"怎么会忘呢……"

"唉，老人见识高呀，他们好像预见到了今天的结局……"

"是呀……"

"居萌，你就回家乡去吧，"子婴说，"给孩子们留个母亲……我是真

第八章　屯兵灞上　子婴献降

诚的!"

"不，公子，你说的什么话。既为君妇，就与君同生死!"

……

这天一大早就下着淅淅沥沥的雨，好像老天也为这可悲的世界流着抹不干的泪水。季节已是深秋，大地弥漫着浓浓的寒意，似乎冬天迫不及待地要来了。

子婴夫妇和几个大臣乘着白马素车出得城来向灞上走去。他们没有说话，也没有哭泣，似乎泪水都流尽了。

出得城来，只见天低云暗，山林萧索，几行晚归的大雁哀叫着飞向南方，它们也想尽快离开这遍地血泪的土地。

正走着，外面骚动了一阵，似乎发生了什么事。可是已经对万事冷漠了的他们也没掀帘看一看。

"君王，御史大人自裁了!"

子婴与夫人对看了一眼，没有说话。

是的，有些人是无法走到这条路的尽头的。很难说这是一种怯懦呢，还是一种解脱……

快到灞上的时候，路上拥挤着一群群的士兵，他们知道这个送葬似的车队是些什么人，可是他们没人唾骂他们，奚落他们，忙着给他们让出道路。

来到刘邦的大帐，守卫的军士通报进去。

过了好一会儿，一位中军出来了，把他们端详了好一会儿，问道："带玉玺、印信来了吗?"

子婴默默地从车里把两样东西捧出来。

"跪下!"中军喊道。

子婴犹豫了片刻，拉着夫人跪下了。

中军捧了玉玺、印信又进了大帐。

不知怎的，子婴感到有点不耐烦，就像被处决的人希望那刀赶快砍下来，因为这等待的滋味儿比死都难受。

中军终于又出来了，他没有说话，而是把两条长长的白绫分别给子婴夫妇套在脖子上，然后像牵狗似地把他们拉进大帐去了!

子婴知道这是从古流传下来的投降仪式中不可或缺的一道手续，可是他仍感到难以忍受的侮辱。他回头看看妻子，只见他面色蜡黄，浑身发抖。

他们被按倒在地上。

上面有人叫道："下跪的是何人?"

汉高祖刘邦

他们怎不知他们是谁？故意这样问，不过是发威罢了。

"亡秦国君子婴和他的妻子……"子婴赶紧回答，是怕受到更加不堪的欺凌。

"抬起头来，让咱们瞧瞧！"说这话的人腔调里洋溢着幸灾乐祸。

子婴仰起头来。

对面有一个不大的尺把高的台子，看样子是为了受降刚刚用木板搭起来的。上面有长条案子，案后坐着四五个人。当中有个阔面大耳，面容平和的人，但笑嘻嘻地掩不住胜利者的自负，那大概就是刘邦了。在他左边的是个白面书生，他脸色恬静，但流露出一种难言的感慨。他是不是传说中刘邦的谋士张良呢？右边那个暴眼虬须的汉子就与他们很不一样了，他好像不耐烦坐在这里，红脸上透着一股侵人的杀气。那他很可能是杀人不眨眼的樊哙了！

"你们看子婴像个啥哩，"红脸汉子说，"一只干瘦的鸡，我一把就能把他攥死！"

"樊将军，说话得温和些……"那书生说，"应该有点胜利者的风度。"

可是樊哙仍忍不住，他又说："秦始皇死了，上来个胡亥，胡亥死了，又上来个子婴，真是老雕生夜猫子，一窝不如一窝，哈哈哈哈……"

刘邦也被招惹笑了，张良却冷着脸，没有和他们掺和。他问刘邦："沛公还有什么话说？"看样子他想赶紧结束这受降仪式。

"那么，你们说怎么处置他们呢？"刘邦问周围的臣僚。

"干脆杀了算了！"樊哙抢着说。

"子房，你看呢？"刘邦回头望着张良。

张良却摇摇头，附在刘邦耳边说了几句话。刘邦连忙点头。接着抬起头，摆出一副正经面孔，咳嗽一声说："楚怀王要我刘邦先进咸阳，是看到我宽宏仁义，现在人家带着老婆来交上玉玺跪下投降了，怎好再杀人家呢？就给他们一碗饭吃吧，权当养着两条狗！"

"那就放了他们？"樊哙问。

"这时候放了他们，早一点吧？"刘邦又把脸朝向张良，"我看就先把他们关进监狱吧，你说呢？"

张良点点头。

这样，受降礼就算完结。刘邦斜着眼望着居萌说："这女人大概只三十几岁吧，看那身段、容貌还真有点撩人……瞧，张良又朝我瞪眼了！"

"瞪什么眼，"樊哙说，"现在半个天下都是沛公的了，弄几个女人玩玩又

第八章　屯兵灞上　子婴献降

有什么!"

大帐里腾起一片淫邪的欢笑。

张良指着子婴夫妇命令中军道:"带他们出去,快点!"

子婴和他的几个大臣被关进咸阳监狱,居萌却趁着押送人的疏忽,一头撞死在监狱门前的廊柱上了!

8

第二天,刘邦率领他的部分军队进入咸阳城。

刘邦虽来过咸阳多次,但现在他是以推翻大秦的胜利者来到咸阳的,那滋味当然不同以往。咸阳的百姓早就听说刘邦的军队行仁施义,现在进城后又秋毫无犯,纷纷箪食壶浆跑到大街上来,以迎王者之师的大礼来迎接他们。

这使刘邦的头脑昏昏然,烘烘然。

他猴儿似地跑进咸阳宫,一屁股坐在御座上不起来了!

"啊呀,真他妈的舒服呀!"他嚷道,"人活在世上,最大的乐事是什么?吃喝嫖赌比起做皇帝来都不算什么!那是俗人的乐事,比起……"他忽然想起了他的戚夫人,"快,快,把戚夫人给我叫来!"

进咸阳时,戚妍一直与他同坐一辆车,现在就在宫外。她所以没有与刘邦一齐进殿,是她被咸阳宫的恢宏壮丽震住了。

军士送她来到刘邦面前。

"来,快来,戚妍!"

戚夫人步上御阶,与刘邦一起坐在御座上。

刘邦把她拥在怀里,乐得不住地哼哼着。

"刘郎,咱们以后就住在这里了吗?"

"那可不!"

"我还是有点像做梦……"

刘邦猛地在戚妍的大腿上拧了一把,疼得戚妍"啊呀"一声叫起来,"刘郎,干吗拧我呀?"

"我让你知道这不是梦!"

"刘郎,就是你以后果真在这里称王,也轮不到我坐在你身边呀!"

"那会是谁呢?"

"是你的那个……姓吕的正夫人呀。"

汉高祖刘邦

"你是说那个吕雉？——这些日子我忙得还忘记她了呢！她仍在丰邑，那乡下婆娘最好永远在那里……"说完，刘邦亲了亲戚妍，小声说："今日，咱们不提那些糟心事行吗？——你给我唱一曲吧？"

"我不知道在这里唱什么好。"

"当然是民歌儿了，别的东西再好我也享受不了！"戚妍想了想，就派人把乐队叫进来。自从娶了戚妍，刘邦为她专门成立了个小乐队，给她伴奏刘邦爱听的民歌。

乐队准备好后，戚妍就来到御阶下，她见地面铺的是平展展、油光光几尺见方的大砖，就脱掉鞋袜，光着脚丫舞之蹈之起来。

刘邦见她的一双玉趾在地面上轻盈掠过，竟了无声息，像新春的乳燕，又像美丽的精灵，不觉陶醉不已、幸福至极，落下泪来……

这时戚妍唱道：

> 四哥打猎出了门，
> 巷里空空不见人。
> 并非人都走净了，
> 能比四哥有几人？
> 他漂亮谦逊动人心！
>
> 四哥冬猎上山坳，
> 巷里不见吃酒佬。
> 并非酒店没了客，
> 实在没人比他好，
> 他漂亮温和谁比了！
>
> 四哥收割到田野，
> 村里不见人驾车。
> 并非别人不会驾，
> 本领无人超过他，
> 他漂亮英武人人夸！

这是流传很广的民歌《叔于田》，叔是三哥的意思，为了刘邦，聪明的戚

第八章　屯兵灞上　子婴献降

妍把歌词里的"三哥"改成了"四哥"（刘邦是老四）。

刘邦正在过当皇帝的瘾，张良进来了。他向刘邦一躬到地，对他说："张良向沛公告辞……"

刘邦问："子房要到哪里去？"

"沛公觉得大业已成，用不着张良了！"

"什么，什么？"刘邦忙说，"哪里话，刘邦才……只是得到了个咸阳！"

"我听说项羽向这里急行军呢，他可不像您的样子！"张良给沛公讲了项羽破釜沉舟的故事。

这故事使刘邦受到了很大的警策，可是他仍然不想从御座上下来。

戚妍走上御座劝道："刘郎，你是不是觉得自己已进了咸阳，按怀王之约，已是关中王了？可项羽不是个受约束的人，听张先生的话吧，赶快去和张先生做好应变的准备！"

"好，好，"刘邦从御座上下来，"听人劝，万事善，我爹就是给了我这六个字的家产。"

戚妍说："这六个字，才是无价之宝！"

刘邦说："子房，你说怎么办吧。"

"我想请沛公还军灞上。"

"你想要我退出咸阳？"

"正是。"

"沛公，您已经进了咸阳，项羽即使不尊重怀王之约，他也难平天下人之心！"张良说，"现在项羽一路走来，烧杀抢掠，无恶不作，民心尽失，他已经在道义上输给沛公了。他带大军来到后，咸阳您是守不住的，何不把咸阳让给他，让他也在这里施展一下他的暴行呢！……"

刘邦想着张良的话。

"刘郎，还没想到张先生话的深意吗？"

"想到了，想到了……"刘邦拍拍脑瓜大有恍然大悟的样子，"那咱们就走，就走……子房，萧何和曹参哪里去了？"

"曹参已经开始把军队调回灞上，萧先生正带领几个近侍到秦宫各处收缴各种重要文书去了……"

"那个萧何，总是好去翻腾那些破烂书简，那值几个钱呢！"

"沛公，萧先生深谋远虑，非常人所能及，咱们就别去干扰他了！"

"那我做什么呢？"

汉高祖刘邦

"我已经把咸阳的领袖人物召集起来,请沛公给他们说几句话。"

"子房,你这不是为难我吗?我能说出什么花样来?"

"还是那几条,即约法三章!"

"那,不是你给将士、百姓讲过多次了吗?"

"主公,什么也没有民心重要,多年来,百姓饱受秦朝暴虐之苦,好话怎么说也不嫌多。您是未来的秦王,谁也代替不了您哪!"

刘邦被说服了,他跟着张良来到前殿,那里黑压压的坐了许多人,见刘邦来了,有的作揖,有的磕头,乱了好一会儿,才安静下来。

"咸阳城的父老们,我是刘邦,从老远的沛丰来,给大家作揖了!"正如张良所估计的,谁也代替不了刘邦,他那平民的样子,一下子就把民众镇服了,会场上鸦雀无声,都瞪着眼睛痴痴地看着刘邦。

刘邦继续说:"天下百姓在暴秦的统治下,苦日子过得太久了,真不知流了多少血和泪!现在我们终于推翻了秦朝,我刘邦为天下人做了件顺天应民的大事,心满意足了!现在我宣布,秦朝的那些严刑峻法全部废除,一条也不要!那么我们怎么办呢?我和你们约法三章,今后咱们就按这章法办事。一、无辜杀人者死!二、糟蹋老百姓者判罪!三、偷盗者严惩!这回,你们不用担心了吧,快回家过安稳日子去吧!"

自古以来,官府对老百姓说话都是官腔十足,令人半懂不懂。从刘邦口里说出来的可都是老百姓想听的大实话!可惜,他们还没听够,刘邦就走下台来了。

"沛公不要走了!"

"沛公,您要到哪里去?您不是要给我们做秦王吗?"

"沛公万岁,万万岁!"……

刘邦也很受感动,他还想回头对百姓说几句,可是被张良拉走了。

"子房,我说得怎样?"

"好极了!"

"你说的那三章,我记不住,临时诌了几句……"

"差不多就行!"

在出咸阳前,刘邦下令封存所有府库,并派兵看管。整个咸阳派周昌带领万人留守。

等一切安排妥帖后,刘邦出了咸阳,还军灞上,但老百姓每天仍赶着猪羊,笼了鸡鸭,背了米粮到灞上送个不了,唯恐刘邦当不上秦王走了。

第九章　涉险鸿门　急智离宴

1

项羽听说刘邦军逼近咸阳，急红了眼，他催促军队日夜前行。

就在这时，他又犯了个天大的错误。

投降他的章邯军和他的以江东子弟为基础的楚军发生了矛盾。项羽的官佐在发放粮草、伙食以及其他军用物资时，当然有厚己薄彼的情况，这事，不禁使章邯军感到愤懑不平。楚军和诸侯联军中的许多人，过去大都曾在咸阳及关中服过苦役，都受过秦军吏卒的虐待，现在，他们便向这些投过来的秦军发泄旧怨。章邯军也不是些甘心受虐的主，他们一边对楚军和诸侯联军反击，一边骂章邯把他们出卖了，才使他们成了二等将士，受尽了鸟气！

这样，一路上便必然发生大大小小的冲突和械斗。

项羽令章邯、司马欣等将领前去平服，可是他们常常被骂了回来。

"你们把我们卖了，换得高官厚禄，可是我们呢？"

"早知如此，拼死在战场上算了，也不在这里受尽人家的欺凌！"

"我们投了项羽，就成了大秦的叛贼，按大秦律，那可是灭族的大祸！"

……

他们声泪俱下，骂得章邯等辈也无言回口。当然，他们也可惩治这些闹事者，甚至还可以杀上几个，可是他们理屈词穷，也就实在下不了手。

临近新安，各种谣言飞传，有人说，投过来的秦军正阴谋起事，还有人说，他们行至关中时，就要借故土的优势伺机报复。

项羽坐不住了，他把英布、蒲将军找来，征求他们的意见。

这两个人可都是杀人不眨眼的枭雄，他们都劝项羽当机立断，把这二十万秦军彻底解决掉！

"他们在战场上与咱们多次拼杀，身上都带着累累伤痕，你想，现在他们会心服吗？"英布说，"换了咱们也不会任凭别人摆布，还是杀干净的好！"

"要不，咱们把他们遣散？"项羽的手上已沾了过多的血，因此，他有些犹豫。

"绝对不可以！"蒲将军说，"他们是些什么人？其中有些人过去就是囚徒，现在因为有投降行为，秦朝早把他们视为叛贼了。就是咱们把他们遣散了，他们敢回家吗？秦朝官吏捉住他们不千刀万剐才怪呢！所以，他们还会聚集在一起，成为咱们的心腹大患！还是英将军说得对，只有一个办法：杀！"

项羽同意后，便商议了具体的实施步骤。

项羽对降卒发出话说：过去没有对投过来的兄弟照顾好，很是愧疚，今后一定做出补偿。当晚，就给他们发下大量的酒肉，让他们吃饱喝足。原章邯军不知是计，大吃二喝，个个醉醺醺的。半夜后，他们的营帐死一般寂静，连岗哨也找个地方打盹儿去了。

就在这时，英布率军从东，蒲将军领兵从西包围上来，发起了突然袭击。

那是真正意义上的屠杀，一个时辰后，原秦军的营地便成了一片血海！

为了犒赏那些刽子手，在他们"完成任务"后，项羽也发给他们足够的酒肉，可是他们吃喝不下，许多人趴在地上不住地呕吐。

他们说："过去在战场上与敌人相拼，见过更多的血肉横飞，事后是胜利的喜悦，但这次是对付绝无抵抗能力的人呀……"

连这些从血海里爬出来的人，也被血噎着了！

项羽每做了得意的事，总喜欢在爱妃虞姬面前喋喋不休，可是，这一次却没给她透露一个字。直到血腥之气弥漫整个军营，连虞姬也无法下饭时，他才对她讲了事情的经过……

虞姬哭着说："将军带领八千江东子弟来到中原，兴义师，诛暴秦，天下赞扬。但是你……"她看到项羽的脸色阴沉下来，就不说了。

第二天，项羽为了尽快离开这个屠场，就下令开拔，向关中进军。

他留下万余人掩埋尸体，据说忙了多日，直到大军临近咸阳，他们才跟了上来。

一路上虞姬愁眉紧锁，常常悄悄落泪。

一天，她对项羽说："送我回江东吧，我在那里等将军回去……"

项羽黯然神伤，他说："爱妃，在我从江东出来时，曾经发下誓愿，不复兴楚国绝不回去见江东父老。现在大业未成，怎么能回去呢？"

"将军，我是想自己回去……"

第九章　涉险鸿门　急智离宴

"一年来，项羽身历百战，爱妃未曾离我身边。没有你，项羽虽在万军丛中，仍感到孤苦无依，有了你，虽履千难万险，仍觉勇气倍生……爱妃，项羽怎能放你走呢？难道你就忍心离我而去吗？"

说着说着，又说到这次"新安屠杀"。

"爱妃，那是不得已而为之呀！你想：进入关中后，他们再反戈一击，我军将无法应对，将处于万难窘境……"

项羽还想说下去，为自己的行为辩白，可是看到虞姬眼睫上那滢滢的泪花，他不说了，并向虞姬保证以后再不做这样的事！

"将军……"虞姬幽幽地说，"天下人不会忘记这件事的，万世之后，仍会有人记起来。再说，你这样做，会激起秦人的拼死抵抗，你这是在为自己设置难以逾越的障碍呀，将军！"

"爱妃说得很对。"……

可是，不久之后，他又在咸阳城制造了惨案。

他没想到他正在和另一个更强大的对手较量，在那个棋盘上，他每失一子，对方就多得一地。

二十几天后，项羽的大军来到函谷关下。

前锋人马停住了，项羽十分气恼，派人去责问打前锋的英布。英布回答："叫上将军来看看吧！"

项羽要和刘邦抢夺咸阳，时间对他来说十分重要。

他拍马来到关前，抬头望去，只见关上红旗招展，人头攒动，刀枪映日生辉。他问英布："那是些什么人？是秦军吗？"

"秦军还有人守关吗？"英布回答。

"那他们是谁的人马呢？"

项羽又仔细看了一会儿，只见关上的士兵全都身着楚军服装，大旗上有一个斗大的"刘"字。"是'刘'……刘什么呀？"

英布冷笑道："上将军，是您那老哥刘邦的军队呀！"

项羽恍然大悟，接着就气恼难安，他跑到城下，令身边的侍卫大声问道："关上的人听着，你们是谁人的队伍？"

关上有个小军官探出头来应话："你的眼瞎了，没看到大旗上写着字吗？我们是沛公的大军！"

"再问，问他沛公在哪里？"项羽又令。

"城上的弟兄，你们的沛公，他在这儿吗？"

汉高祖刘邦

"沛公怎会在这里？他在咸阳呢！"

项羽拽开侍卫亲自向前问话。

"你们进咸阳了吗？"

"已进咸阳多日了！"

这对项羽来说真像浇了一盆冷水。他对英布说："刘邦那家伙没等我军到达，就擅敢进入咸阳，还派人马守住函谷关，不是想独霸关中吗？"

"上将军，你以为怎样？"英布说，"那日楚怀王给您和沛公分派任务时，我就听出来了，他是偏袒沛公的，他派上将军去啃章邯那块硬骨头，却让刘邦径直发兵去了武关！"

项羽气得要吐血。

"还有呢，咱们在巨鹿那里和章邯缠斗了大半月，这也让刘邦赢得了时间……"

"别说了！……"

是的，一切都像英布说的那样。他不仅给了刘邦时间，还为他拖住了章邯的几十万大军，最终消灭在新安。这使那个刘邦如入无人之境！

不行，绝对不行！——项羽心里在喊：不应该以先入咸阳为获得"秦王头衔"的标准，应该看是谁消灭的秦朝军队最多……

不行，绝对不行！我要和楚王说理，我要和刘邦说理！要是你们无视我项羽，我给你们看看我四十万大军的厉害！

刘邦，你不想想吗？你手中有多少军队，至多不就是十多万人吗？

他立刻下令攻城。

原来，刘邦派人马进驻函谷关，守住要道，不准项羽入关，张良并不知晓，是一个叫解生的人建议的。

这时，刘邦集团中人人以为天下唾手可得了，都想立功报效。那个解生便对刘邦说："沛公已得咸阳，'秦王'之位非君莫属，如果能派人马守住函谷关，就无人进得关中了！"

刘邦一听很对，就照他的话办了。如果他这时问一下张良，事情会是另一种情况。但是这些日子，他有点烦张良了。

原因是张良对刘邦"泼的冷水"太多。

当张良看到刘邦被胜利冲昏头脑，不太清醒时，便对他分析了他们能够顺利进入咸阳的原因。

他说原因有三。

第九章　涉险鸿门　急智离宴

首先是秦军主力都不在中原。他说："秦在兼并六国时，只大将军王翦的军队就有六十万，加上其他边防军，足有百万！现在，那些军队也没有随着始皇的驾崩变成了兵马俑。他们在哪里呢？他们在北方、南方和西方。他们所以没有来到中原扑灭义军的燎原大火，一是那些叱咤风云的将军没有了，二是因为秦朝有严格的调动军队的规定，使他们只能在边境遥望中原的风云突变而兴叹……"

刘邦不能不佩服张良的分析。如果当年的王翦犹在，不用说一个陈胜，就是十个、百个，又能做得了什么！

其次就是秦始皇自己解除了武装。张良说："秦始皇统一天下后，立即收缴天下兵器，私藏一刀一枪者斩。他把这些收来的武器铸造成十二个金人，变成了谁也拿不走的东西。即使有人想站起来捍卫他的政权，手无寸铁也是难以成事的！"

"还有呢？"刘邦问。

再者，就是那批要命的文吏了。张良说："在地方上主事的都是一级一级的文吏，他们和秦皇之间是韩非子所说的'市道'关系，就是说，你给我报酬，我就给你干事，没有儒家所提倡的君臣之义，所以，一到风吹草动之时，他们大多就变节自保了！"

"是的，"刘邦说，"见了义军很多官吏弃城逃跑，还有的就直接参加了义军！还有呢？"不知怎的，刘邦不太愿意听这些实事求是的分析。

"原因很多。例如，秦皇下大力气修筑的驰道、直道，原是为了国防的，可是他自己倒没怎么用得上，却方便了义军的行动。沛公，咱们所以进兵神速，大得道路畅通之便也！……"

"照你这样说，若没有这些，大秦便不会亡？"

"我认为是这样……"

"可是，它的暴政是它完蛋的主要原因！有道是众叛亲离者亡！"

"沛公说得不错，"张良说，"可是，秦朝建立刚刚十五年，尽管暴政弄得民不聊生，如果没有以上原因，它还能拖几十年，甚至上百年！沛公，它是因政策上的失误，在上升时，被咱们用手掐死的！"

刘邦不说话了。他听张良分析来分析去，就是没有分析到他是"赤龙转世命该是天下之主"这一"核心因素"。他怎么会高兴呢？

张良看到刘邦尴尬的表情，知道自己说过了头，这就是说才智不能尽显，知心话也不能说得太透。他已有些后悔了。

汉高祖刘邦

"子房,我进咸阳后,真的有点不可一世的感觉,经你这一分析,我还是把尾巴夹起来的好!——我刘邦并没做什么呀!"

"不,不,不!沛公之功大矣哉!"张良连忙赞道,"因时而动,因机而行,即是君王之才;除暴安良,解民倒悬,即是君王之德,此才此德沛公皆具备之!"

虽然张良及时给刘邦拍了许多马屁,刘邦还是有点郁郁然,悻悻然,打定主意,以后除非万不得已,不再向张良问计了。

可是一离开张良,他就把步子迈错了。

他不该听那个蹩脚货解生的话,把住函谷关,不让项羽进关。他挡不住项羽,徒然地把他惹恼了!

2

项羽全力进攻函谷关。

刘邦军虽然有居高临下的优势,但势单力弱,不上半天,函谷关就落到了项羽手里。几千人马大部为项羽歼灭,只有一百多人向咸阳抱头鼠窜。

项羽夺得函谷关后,进军顺利,来到鸿门扎营。这里离刘邦的灞上,仅有四十里。

形势立刻紧张起来。

项羽的庞大军团的确有四十万,除项羽从彭城带出来的楚国军队外,尚有魏、赵、齐、燕各国的军队以及奉楚国为盟主的许多"独立兵团"。其中有位居诸侯的魏王豹和番君吴芮,位居将相的赵相张耳、燕将臧荼、齐将田都,还有与齐王分庭抗礼的田安,其他如申阳、司马卬等,过去,他们都在赵王歇的旗帜下,现在都成了追随项羽的"独立大队"。

他们之所以紧紧追随项羽,是因为希望分享先定关中的历史荣誉。

函谷关的守将是曹无伤。

这人同王陵和雍齿一样,因为都是当年高于刘邦的"豪桀"头目,现在归顺了,却不怎么宾服刘邦。自跟随刘邦反秦以来,许多年轻的"后辈"都被提拔了,他们却没捞着什么荣耀的头衔,心里很不满意。当项羽突破函谷关驻扎鸿门后,他估计刘项之间的脆弱联盟将要打破,弄不好刘邦将被项羽赶出关中。于是他心里活动了,想攀高枝了,就派密使前去和项羽联系……

半夜后,项羽将要安歇,有人来报:"沛公左司马曹无伤派人来见上

第九章　涉险鸿门　急智离宴

将军。"

项羽想：这么晚了……他们想见我干什么？

"传他进来吧。"

一个模样猥琐的人进来了，烛影下他的两只小眼睛打量着周围的人。

"有什么事？说吧！"

"曹将军差小的来见上将军。"那人说，"沛公已把咸阳宫中的一切宝物据为己有，还有那些美艳的宫女……"

"他想怎样呢？"

"他想……在关中称王！"

"你们的曹将军这么说？"

"是的。"

"还有呢？"

"刘邦想用始皇的孙子子婴为相……"

"真的吗？"

"曹将军这么说……"

"奶奶的！"项羽拳头握得发青，把面前的桌案擂了一下，上面的茶盏跳了起来，"子婴是始皇的后代，他家与我家有血海深仇，我早晚要捏死他！——还有呢，别吞吞吐吐的！"

"曹将军说，上将军如果用得到他，他将奋力响应上将军。"

"好了，滚回去吧，对曹将军说，我忘不了他……"

刘邦要以子婴为相的事，刘邦当面没有对子婴说，也从没这样的表示，可是也不能说是子虚乌有，因为子婴在关中民众中还是很有人望的，刘邦也许曾有让他出来为自己支撑门面的想法，这未尝不是一个高明的策略。作为一种考虑，与张良等人商量过也不是没有可能。但对从小接受国恨家仇教育的项羽来说，刺激之甚，不难想象。

曹无伤的密使走后，项羽把范增叫来，对他说了刚才曹无伤派人来"献殷勤"的事。愤愤地说："那个刘邦，他想得倒美，我明天就发兵咸阳，把他灭了！"

范增想了想说："不对呀，我也派人进到咸阳城中打听过。刘邦这一次的行为有很大改变……"

"什么改变？"

"他原是个贪财好色之徒，可他入关后，这两大嗜好都没了。他不取秦宫的一钱一物，对那些成千上万的宫人更是连看都不看一眼。"

"这是真的？"

"我派出的人，他们带回来的消息，从没有差错。"

"那还差不多……"项羽的气恼立刻消了一半。

"不过……刘邦改了这些毛病，他就更可怕了！"

"为什么这样说？"

"上将军，你想，他为什么改了自己的本性？有所图也！他做了关中王后，关中所有的财物都是他的，秦宫所有的女人都是他的，他何必这时候急于去抢去占呢？从没见过主人抢夺自己的东西！再说，他能够决心改掉自己的老毛病，说明此人有天大的志向……"

"别吹他，亚父，刘邦不过是沛丰的一个流氓！"

"可是……在薛城时，你还和他拜了把兄弟，"范增说。

"那是什么时候呀？"项羽说，"那时……他刚刚投奔了叔父，我是为了笼络他。"

"上将军，原来是这样呀，我还一直认为你识人呢！刘邦的确是个不可小觑的人物。他这人能屈能伸，善于容人用人，他的身边有着一批计谋超群的人，他又能从善如流……"

"亚父，你又开始吹嘘他了！"

"将军，刘邦早晚是你争夺天下的对手。况且，我近来使人望气，刘邦所在之地，总有龙气缭绕，那是天子之气呀！将军，如果有机会，一定要除去他，不然就来不及了！"

"什么天子之气，我扼死他，有如拍死一只苍蝇！——明天我就向灞上出兵！"

有时，事情的转折就在不经意之间。大帐中项羽的谈话，被一个人听到了。

他就是项羽的本家叔父项伯。

这人大高个儿，一副铁面孔，眼睛里流露出掩藏不住的憨直。秦朝与他们项家有国破家亡之仇不假，可是他为人处世还有更高的标准，那就是充满他心胸的豪侠义气。这是他长期流浪四海，广交"豪桀"养成的。

在秦朝官吏四处搜捕，他难逃一命的时候，张良窝藏了他，舍身家性命于不顾救了他。所以，他得到项羽和范增密谋要发兵歼灭刘邦的消息后，第一个想法就是火速去通知恩人张良……

第九章　涉险鸿门　急智离宴

他骑上快马，飞箭似地驰往灞上。

不到半个时辰，他来到了刘邦军的营地。军士拦住了他。

"是谁？什么人？"

"别问我是谁，去对你们军师说，有个叫项伯的人要见他！"

看到面前的黑大汉气喘吁吁，所骑之马也跑得口吐白沫，军士们不敢耽误，赶紧为他通报进去。不一会儿，来了一个文吏模样的人，从夜色中端详了一会儿，就认出他来，惊异地说："呀，是项义士！来，来，张先生在他的帐中。"

张良正惬意地自饮自酌，见项伯进来，连忙站起，要拉项伯一起对饮。"来，来，来，大冷天跑来，快喝一杯暖暖身子！"

项伯没坐，他瞪着眼睛叫道："你死到临头了，还有这样的雅兴！"

"好端端的，我为什么死到临头了？老朋友。别吓我！"张良硬是把项伯拉过来，按到为他准备的座位上，"你跟我说说，有什么事？就是真的死到临头，也别这样慌张呀，人总是有一死的！"说罢哈哈大笑。

项伯还是没饮张良给他斟上的酒，把他听到的项羽要进攻刘邦的消息细细说了一遍。

"子房，你是我项伯的救命恩人，所以我拼命跑来通知你，快逃吧，子房！再耽搁就来不及了！"

张良冷静地听完项伯的话，谢了项伯的好意，但他说："我是奉韩王之命随沛公出征的，现在沛公有危险，怎能不声不响地溜走呢？这是不义。项兄是我的刎颈之交，难道愿意看着我行不义之事吗？——我怎么也得和沛公说一声！"

当年张良豁出命救项伯是为了一个"义"字，项伯连夜跑来把项羽要攻刘邦的秘密告诉张良也是为了一个"义"字，如今，张良在刘邦危难时，绝不悄悄溜掉，还是一个"义"字。这个"义"字，在项伯头脑中塞得满满的，所以他就没办法考虑别的了。他便坐在张良的营帐中，等他向刘邦告别后一起走。

3

刘邦这人心大命大，对事情考虑得就不那么细。因为他派出了曹无伤守函谷关，曹无伤又没有派人来禀报什么事，所以函谷关发生的一切，他都蒙

汉高祖刘邦

在鼓里。

张良来到刘邦的大帐门口,侍卫刚要给他通报,张良摇摇手,叫道:"沛公,还没睡吗?我是张良……"

这时,沛公正把戚妍搂在怀里,说着悄悄话。听说张良来了,他就叫道:"张先生吗?我正想睡呢……"

可戚妍却说:"张先生这会儿来见你,一定有要事相商,你怎好叫他吃闭门羹呢!"

就在这时,张良冲进了帐门。

"你看,你看……"刘邦笑着推开戚妍,不好意思地说,"戚妍老觉得冷,在帐中摆了三个火盆了她还是说冷,于是,我就抱了她暖一暖……"

张良没理他的解释,径直对他说:"沛公,大事不好了!"

刘邦立刻面色肃然地问:"你说,张先生……"他知道张良是个处事不惊的人,一般的事是难以让他感到惊慌的。

张良把项伯的通报说了一遍。

刘邦大惊失色,一时说不出话来。他知道自己的十万人马是无法与项羽的四十万大军抗衡的。

"本来,可以把项羽放进关来,他无论怎么蛮横也无法改变沛公先进咸阳的事实,许多事都可以协商,函谷关一战,把一切都搞砸了!——沛公,是谁出主意派人去守函谷关的?"张良话音里流露出对刘邦的不满。

"是,是那个……鲰生呀!"刘邦咽了口唾沫,"是那个没本领的东西,他教我去占领函谷关,别放诸侯们进来,那样就可尽占秦地为王了!真是馊主意!"

明明是解生献计,那解生何以又变成"鲰生"了呢?原来"鲰生"是古代南方的方言,意为浅薄愚陋之辈,刘邦急了,便把解生说成是"鲰生",十分生动地说明了刘邦有着过人的智慧。

"大王觉得自己的人马有本领挡住项羽四十万大军的进攻吗?"

到咸阳后,刘邦集团中,许多人已迫不及待地对刘邦称"王"了,张良有时也这么称呼他。

刘邦知道被张良抓住把柄了,叹了口气回答说:"那还用说,肯定挡不住……"

"那,大王已有破敌之策了?"

刘邦不想再与张良斗嘴了,连忙向他作揖道:"子房呀,别和我来这一套

第九章　涉险鸿门　急智离宴

了，赶快拿出你的办法吧，我一定像过去一样言听计从！"

看到刘邦已经认错，张良也就不再给他难堪了。

"我有一个主意，可暂时解脱沛公的危难，可是沛公得放下秦王的架子……"张良在称呼上又把刘邦从"大王"降到"沛公"。

"好说好说，"刘邦说，"只要能够使咱们转危为安，叫我刘老四也没什么！我本来就没当成秦王嘛！"

"那你就放下架子，去求求那个项伯吧，他是项羽的叔父，为人重义轻利，他也许能够使事情出现转机！"

"好好好，我去，我去……"

刘邦随张良来到项伯面前，使项伯感到极为突然。他还没有来得及想好怎样对待他，刘邦就向他一躬到地。项伯与刘邦都是"豪杰"中人，心中对他是敬佩的。现在刘邦已是天下一大诸侯，竟对他不顾身份地以礼相待，使项伯一下子就昏了头……

他急步向前，抱住了刘邦。"沛公，莫要如此……"

这就是刘邦的高人之处，有时候他可以倨傲非常，把什么人都不放在眼里，有时又一头栽倒在地，在他用得着的人面前装孙子。他经张良指点后，立刻从大祸将临的不知所措恢复镇静，从而进入角色，和张良配合得无间无隙。

他看桌上有酒，立刻斟了一杯，两手擎着送到项伯面前，"这是子房的酒吧，我借花献佛，先敬义士一杯！"

项伯不敢受，连忙将酒接过放在一边。

不容项伯开口，刘邦又唱歌似地歌颂起项家一家三代来。说得项伯眉飞色舞，容光焕发。

刘邦接着又说："项老兄真义士也！在这关键时刻，不顾一切地前来送信，使刘邦感佩不已，大恩难言谢，以后刘邦定然报答！"

项伯是个老实人，他被刘邦几句话"灌"得不知如何是好，只得实话实说。"沛公不要这么说，两年前，我曾被秦朝官吏追杀，若不是张先生冒死相救，恐怕早已成为泉下人了！张先生目前面临塌天大祸，我怎能不急来相告！"

原来是这样！张良与项家有这样的生死交情，却从没向刘邦透露过。他想：你这个张良，真是个高深莫测的人！

刘邦对项伯以兄事之，又作揖又敬酒，还对项家崇拜得五体投地，很快

汉高祖刘邦

就打消了项伯的敌意,解除了项伯思想上的武装。

张良趁机提议:"你们既然相互知心,又称兄道弟,何不就此结为义兄弟呢?以后也好有个照应!"

刘邦马上心领神会,他说:"上天真是眷顾我刘邦,今天又给我送来了一位长兄!"

项伯也很高兴,连忙说:"那愚兄就高攀了!"

于是,张良令侍卫安排香案、酒宴,刘邦、项伯跪下向上天拜了。项伯长刘邦两岁,便为义兄,刘邦为义弟。刘邦便以弟弟的身份请项伯入席。

这辈分真是没法论了,刘邦曾与项羽结义,现在又与项羽的叔父成了兄弟!

既然成了兄弟,少不了相互述说自己的家庭状况,从而得知各有儿女。刘邦立刻建议"约为婚姻",议论了一会儿,刘邦与吕雉所生的儿子刘盈便聘定了项伯的女儿。张良举杯向两位亲家祝贺。

酒吃到半酣,张良向刘邦使了一下眼色,刘邦就对"大哥"兼"亲家"的项伯诉起苦来:"大哥,也不知是哪个多嘴的家伙在上将军面前说了我的坏话,致使上将军要出兵讨伐我!"说着刘邦"冤屈"得就要落泪。他用衣袖抹了几遍眼睛。

"有人是对上将军说了贤弟的几句闲话。"项伯说,"他们说你到了咸阳后,'籍吏民'、'封府库'、'搜文簿',还派周昌将军留守,是为了给自己当关中王做准备……"

刘邦在心里骂了一句:"狗东西们的消息真准确呀!"

可是,刘邦嘴皮上的功夫厉害,他又哭咧咧地说:"那真是天大的冤枉呀!我为什么要'籍吏民'、'封府库'、'搜文簿'?那是为了等待上将军来处理的呀,我刘邦是秋毫不敢有所近!我为上将军做先锋、打前站,现在倒成了罪人了!"

刘邦装得老实,话也说得真诚,项伯很是感动,他说:"幸亏我来了一趟,才知道了真实的情况,要不,上将军脾气直,弄不好还真上了那批小人的当!"

刘邦继续说:"至于派周昌将军留守,那是为了给上将军看门的!秦朝倒台后,咸阳城里盗贼横行,如不派兵看守,几天就会被那些宵小之徒抢掠一空!"

"是呀,是呀!"项伯说,"贤弟应当那么做,应当那么做!——有人还指

第九章　涉险鸿门　急智离宴

责贤弟令曹无伤将军驻守函谷关，不让上将军进关……

项伯这时已经完全站在刘邦这边了，他打心眼里觉得刘邦冤屈，他所以问这件事情，是好让刘邦说个理由，回去堵项羽、范增等人的嘴。

"那是误会！"刘邦说，"我让曹无伤守函谷关，不过是为了迎接上将军，他竟敢阻挡上将军！以后，我一定严惩这个无法无天的东西，即使他没有听明白我的意思，也应该知道我与上将军的关系！——至于要以子婴为相，那更是无人相信的笑话！暴秦是天下人的仇敌，是万夫所指，也与我刘邦不共戴天，我怎能用这样一个人！——我把他关在监狱里了，听候上将军来咸阳发落！"

"刘贤弟这么一说，愚兄一切都明白了！在上将军面前我一定为你说个清楚，那些谣言也就不攻自破了！"

刘邦知道这个憨老大上当了，就越发装出一副可怜相，又说道："大哥回去，一定要为我洗清冤屈！我日夜盼望着上将军到来，怎敢背叛上将军！那些人怎么不想想，我是武信侯（项梁）亲手提拔起来的，没有武信侯，就没有我刘邦！我是绝对忘不了武信侯的恩德的！"

"贤弟，现在一切都已明了，你也不用再说了！"项伯说，"时候不早了，天亮前，我要赶回去……"他想了想又说，"我看这样吧，明天，你一定到鸿门去一趟，亲自对上将军说明一下，把一切误会都解释清楚，好吗？"

刘邦叹了口气说："我怕上将军生气……"

"别怕，我就在那儿呢，放心！"

"好吧，我去……"

项伯连夜赶回鸿门，连家也没回，就跑到项羽的大帐去了。

守卫的军士说："上将军刚刚睡下……"

"不行，我有要事与上将军说！"项伯叫道。

军士正在犹豫，项伯却大声呼喊起来。"项羽，项羽，我是项伯，是你叔叔呀！"

大帐中的蜡烛亮了，项伯急急地撞进帐去，虞姬刚刚来得及披衣跑进后帐。

项羽疑惑地用惺忪的睡眼望着项伯："什么大事，用得着叔父天没亮就来喊门？"

"我的侄儿，"项伯说，"我到刘邦的军营灞上去了一趟。那里有我一个生死朋友张良，你知道的，他是我的救命恩人！——我在那里还见到了刘邦！"

汉高祖刘邦

项羽也是个义气之人，特别看重这些事。他竟没有问一问这个有点颠顶的叔叔为什么竟在两军就要交战的前夜，跑到敌方去看朋友？当然，其中最重要的原因是项羽并没有把那个刘邦放在眼里。

"噢，是这样？"

"侄儿，耳听为虚，眼见为实，我算是相信这句话了！——前天有人对你说刘邦的坏话，那是冤枉了人家！没有的事，没有的事！"

项羽也恨不得那些话是错的，他并不是很想和刘邦打这一仗。

昨天他就不太相信曹无伤的话。范增说刘邦"财物无所取"，那家伙竟说刘邦"珍宝尽有之"！谁的话真呀！

"讲讲，叔父快给侄儿讲讲！"

项伯见项羽喝了口冷茶，头脑已经清醒，就把刘邦的话一五一十地全部讲给项羽听了。"我看刘邦还是个老实人，他对武信侯，对你都一片忠心！"

项羽对叔父转述的刘邦的话完全相信了，就是对刘邦派曹无伤把守函谷关，不让他通过，还有些疑问。"如果刘邦没有给曹无伤交代过，那小子敢对我动武？这点，刘邦的解释有点说不通！"

项伯说："侄儿，你想想那个混小子曹无伤，他刚与你打了仗，接着又暗地里对你通消息，是个什么人呀，他的话能信？再说，假如沛公不先占领关中，你又怎能就此入关呢？现在人家给你立了大功，你不加以褒奖还要派兵袭击人家，这不是有点不义吗？"这几句话说到点子上了。

项羽这人，就像任何人一样，有许多侧面。他打仗勇敢残暴，只要逆着他的鳞，他非得和你干，早晚要把你打趴下，还要踏上一只脚！可是另一方面，他又很重名声、义气，把这看得比生命更重要，他的一行一动，总要合乎礼义，在这方面他一丝一毫也绝不含糊！

也许这是他们项家的门风，当年，齐国田荣为了争权，请求项梁为他杀了田假。项梁立刻拉下脸来回答："田假本是我盟国的国主，被你搞下台来了，只好跑来投奔我，我如果杀了他，岂不令天下人骂我不义？"

眼前这事，比项梁面对的那事又重要得多了！

听了项伯的指责，项羽大为踌躇，他反过来问项伯道："是呀，对刘邦是不能出兵了，即使是这样，也有点对不住人家，你说怎么办呢？"

项伯说："临走，刘邦要我转告你，明天一早，他要来鸿门向你谢罪并对你解释一切，你就趁此好好地待他，正好让那些随你入关的诸侯们看看你是怎么对待老朋友的，显示一下你的宽容和大度！"

第九章 涉险鸿门 急智离宴

"好,好,就这么办!"

这时天已亮了,因为昨晚各部已接到向咸阳进攻的命令,这时,整个营盘熙熙攘攘,到处人欢马叫,刀枪铿锵。项羽连忙令项伯通知各部,停止一切行动,各回营地。并告知各路诸侯:今天将举行诸侯与各军将领共庆占领咸阳、推翻暴秦的庆功宴会。

4

通知下发不久,范增让两个侍卫扶着跑来了。

他喘得厉害,一时说不出话。项伯给他倒了一杯水,可范增不接,拉着他的衣袖说:"是你对上将军说了什么话吧?……"

"是的,"项伯把他扶到一边去,想对他好好地说说从刘邦那里得来的消息。

范增不听。他又跑到项羽面前,要他无论如何听他说几句要紧的话。

早上,军营中很忙,但项羽对范增是很尊重的,他领范增到后帐去,项伯跟着。

到了后帐,项羽请范增坐下,便细细地把昨晚项伯的话说了一遍。

范增认真听了,曹无伤给刘邦所加的罪名都被项伯带来的消息一一驳倒了。范增点点头,他并不想反驳项伯所说,说实在的,他原先就不太相信曹无伤的报告。他拉着项羽的手说:"上将军,听我一句话,趁刘邦到这里来,把他杀掉吧!这是上天给你的最好机会,你不要辜负上天呀!咱们不管他有罪无罪,先杀掉他总是不会错的!"

"这是什么话!"项伯反驳范增,"君子行于义,人家没有罪,你杀掉人家,合于义吗?"

"项将军,"范增回头对着项伯,"你讲的是义理,我讲的是战略。古人因为那个虚空的'义'字,丢掉时机,弄得身败名裂的例子有的是,要我给你们说说吗?"

项伯与项羽谁也不想听了,他们觉得"成仁取义"比一切都重要!

项羽往外走,可是范增拉住他的胳膊,又说:"上将军,你若不听我的话,不用说要取天下,就是做诸侯的霸主也不可得,你要三思呀!"

项羽站住了。做个"秦始皇第二",项羽连想也没想,他也不想让天下统一在哪个人手里。但他想在天下称霸,做个齐桓公、晋文公那样的人。

汉高祖刘邦

"好吧……"项羽说,"宴会上见机行事吧,即使要杀刘邦,也要给在座的诸侯一个堂堂正正的理由,使刘邦死得瞑目,我项羽也不担'不义'的坏名声。"

范增和项伯也都不再争了。

从项羽那里出来,范增就忙起来了。他在庆功会周围埋伏了上百名精兵,并与项羽约定:届时由自己举起所佩玉玦为动手的信号。"玦"者决也,就是下决心的意思。项羽将根据这一信号,下令当场杀死或者活捉刘邦!

昨晚项伯走后,刘邦立刻下令把樊哙、萧何、曹参、夏侯婴、卢绾、刘交、周昌等人找来,一起讨论该如何面对当前的局势。

刘邦从项伯来通报信息说起,他说:项伯为了营救张良而泄露了项羽的军机,已经把我们从万劫不复的绝境挽救了出来,真是好险呀!可是接下来该怎么办呢?

听了刘邦的话,他的那些谋士们、将领们呆愣了好一阵,就好像是刚从悬崖绝壁上侥幸跑回来的人一样,有种捡了一条命的感觉。

接着就纷纷议论开了。

樊哙、夏侯婴等将军主张与项羽决战。他们说:跑是跑不掉的,再说如果逃跑就会失去刚刚得到的关中,白白地把秦王的位置让给项羽!他们假如主动攻击,上有楚王的约定在先,下有老百姓的支持在后,项羽虽有四十万兵力,可是其中的诸侯军也未必都站在项羽一边。打到最后,鹿死谁手,也说不定!

他们的立论虽然也有道理,可是,将军们大都不愿意把命投到这一赌注中。

闷了一会儿,萧何说:"那是冒险呀!咱们要有十分把握时再决战,不能把辛苦积攒的老本在这里打光了!再说,先发制人,诸侯们在不明就里的情况下,他们是不会理解咱们的,他们会把挑起内战的责任加到咱们头上,那在道义上的损失可就大了!"

曹参是一位很稳重的将领,他知道自己手里的十万人是绝对抵不过项羽的四十万大军的。他不愿冒这个险。当大家的目光转到他身上的时候,他说:"还是后发制人吧,咱们不去打他们,也不到鸿门去认错。只严阵以待,看他们下一步怎么办。如果他们来攻,首先是他们背弃了怀王之约……"

可是他还没有说完,卢绾等人就反对了,他们说:现在的天下,谁权势大就听谁的,那个怀王之约,能有什么作用?咱们已经答应到鸿门去,结果

第九章　涉险鸿门　急智离宴

又不去，这不是明摆着输了理吗？事情是越躲着，人家就越觉得你有鬼，人家打你就越有理由！

剩下的就只有一条路了。

这时张良说："是的……"他似乎是接着刚才卢绾等人的话发言，"沛公昨晚已经答应项伯到鸿门见项羽，突然违约是不好的。我觉得不如就按约定前去，使诸侯们觉得我们主公才是坦荡无私、恪守公约、性情平和、宽宏仁和的伟大人物！这形象一确定，那咱们就一切主动了！"

樊哙阴阴地驳道："为了这空虚的名声去冒险，值得吗？"

大家没想到一直沉默的刘邦说话了，他只说了三个字："很值得！"

只这三个字就充分体现了刘邦在关键时刻表现出的大智大勇的政治家的天赋！

除张良、萧何等人外，其他人还没有体会到那三个字所蕴涵的深刻意义。樊哙问张良："先生撺掇沛公前去鸿门，有把握保证他的安全吗？"

张良笑笑说："别看张良是一介书生，愿陪沛公勇履险地，如果樊将军与我们同往，那就万无一失了！"

刚才议论中的三点，实际上是下、中、上三策，刘邦明智地选择了上上之策，可见张良对刘邦的评价是很对的。沛公之才"实天授也！"

5

第二天一早，迎着凛冽的寒风，刘邦在张良的陪同下前往鸿门。在他们后面是一百多人的卫队，由樊哙、夏侯婴、纪信、靳强率领。这一百多人是曹参从部队中挑选出来的，如临战事，都能以一当十。当曹参对他说到这些时，张良只是笑笑，并不以为意。他心里想，这一百多人跟去，可以壮声色，但面对四十万大军，就没什么用处了！

来到鸿门，许多军士围上来，他们告诉刘邦、张良等人说："范军师有令，不准带领军队入内。"

张良说："我怎么得到相反的命令呢？范军师说沛公的随从除外。"

军士一时弄不清，他们这一百多人马是随从呢还是军队？正犹豫间，张良已带领人马进到大营。

路上，张良对刘邦说："范军师者，范增也，真正想害你的只此一人，沛公要好好地注意他的举动。"

汉高祖刘邦

刘邦点点头。

来到宴会大帐，樊哙等随从只能留在帐外。

张良对樊哙说："将军不要离开帐门，随时听候呼唤。"

"是，我绝不离开半步。"

诸侯大都已在座，见沛公入内，纷纷起立行礼。

项羽没动，他仍对刘邦先行入关耿耿于怀，所以虎着脸，没有动，连招呼也不打。

刘邦一时不知如何是好了，张良小声说："沛公向前与他说几句话吧，他越倨傲，你就越恭谨，让众人看看是谁妄自尊大……"

刘邦立刻领会，他涎着脸躬着腰跑到项羽面前深深一揖，然后万分委屈地说："上将军……"他与项羽虽是结义兄弟，但这时他没敢和他称兄道弟，"卑职与将军同心协力攻伐暴秦，将军战河南，卑职战河北，根本没有想到竟然先行入关破秦，更想不到的是还能活着在这里迎接将军的到来！……"

项羽听了这几句，慢慢回过脸来。

"上将军！"刘邦继续说，"更让刘邦想不到的是竟有小人在将军面前居间挑拨，使将军对卑职有所猜疑……

说到这里，刘邦哽咽了一声。

诸侯们对刘邦原无恶感，现在又看到他毕恭毕敬地为函谷关的误会前来向项羽谢罪，同情立刻就转到了刘邦这边。他们开始纷纷为刘邦说话，向项羽求情。

项羽呢，现在赚足了面子，态度有了很大的变化，不愿在诸侯面前显得自己欺人太甚。就说："我对你没有什么，都是那个曹无伤派人来讲的，要不，我怎么会发这么大的火呢！"

项羽的确过于耿直，在这时候，竟把向他示忠的曹无伤给说了出来！

等刘邦回到张良身边，抹了抹头上的汗水，看着张良。

张良说："沛公干得好，这头一回合咱们赢了！看下面的……"

范增进来了，他以主人的身份肃客入座。

依楚人尚东的礼仪，项羽坐在向东的主位。

项伯是项羽的叔父，而项羽又十分重视长幼有序，他被安排在项羽身边，也是面向东方。

范增呢，他被项羽尊为亚父，其身份是大军的"幕僚长"，又是此次宴会的主持人，自己坐在仅次于项羽、项伯的位置上——坐北朝南。与他一起坐

第九章　涉险鸿门　急智离宴

在坐北向南位置上的还有魏王、番君等诸侯。

为了贬低刘邦，范增将他安排在坐南朝北这一边，和他同在这一边的有张耳、司马卬等。那就是说，在范增眼中，刘邦虽有十万之众，也就是个诸侯以下的将军之辈。

更次一级的客人，则安排在距离帐门最近的坐东向西的一排座位上。张良就是"西向侍"中的一个。

按说张良的地位应该高一些，因为他跟随刘邦前，是韩国的大司徒，现在又是随刘邦而来，应该在刘邦身边的。可是他故意表示谦恭，愿意在门口陪侍。其实，他给自己选择了一个有利的位置，在这里可以与外面的樊哙等人保持联系。

宴会开始后，各国诸侯便对刘邦唱起颂歌来，说他在破秦中立了第一功，可是刘邦却把功劳归于项羽，他说：如果没有上将军在河南牵制、消灭了章邯的几十万大军，他到现在也过不了武关！

几句话说得项羽乐呵呵的，刘邦的实话也给他赢得了诸侯们更大的尊敬。

刘邦这样一说，最大的功劳成了项羽的。项羽想：刘邦还真像项伯所说，是个大大的老实人，如果杀了这样一个人，岂不让天下人指责我项羽"大不义"！

范增可等不及了，他玩弄着手中的玉，屡屡向项羽传递眼色，暗示他现在可以动手了。可是项羽却像没看到似的依旧与身边的项伯谈笑风生。

范增急了，大大地咳嗽了一声，把项羽的目光吸引过来，然后一连三次举起玉玦。可是项羽却"默然不应"。

项羽不是没有看见，只是他觉得在这宾主同欢、觥筹交错，大家对刘邦印象、态度都很好的气氛中对刘邦动手，落个不仁不义的骂名，简直太不可思议了！

范增看出了项羽已不想按原计划杀死刘邦，但又绝不愿意失去这一千载难逢的时机，他决定亲自出马。

他离开席位，把项庄拉到一边。

项庄是项羽的堂弟，是个五大三粗勇猛异常的将军，范增原先给他的任务是：带领一批将士在帐外待命，一旦项羽有令就冲进帐内，把刘邦杀掉。

"看来上将军对刘邦仍不忍下手，现在你进帐内，假称敬酒，然后请以舞剑助兴，趁机把刘邦刺死在座席上，不然，你们这些人将来都会是刘邦的俘虏！"

汉高祖刘邦

"是,谨遵军师将令!"

项庄提剑入帐。他先向项羽敬酒祝贺,然后说:"君王与沛公饮酒,军中没有娱乐,请允许末将舞剑助兴!"

项羽是个意兴甚豪的人,他喜欢这一套,就随口答应了。

项庄在席间的空场上,拉开姿势,开始舞剑,那道道剑光,凛冽生寒,诸侯们没看出什么别的来,依旧一边喝酒,一边谈笑。可是几个心中有事的人都看出了其中隐藏的杀机。

张良急了,他正要想办法,项伯站起来了,他说:"独舞不如对舞,让我来与你过几招吧!"说着,他拔出佩剑下了场,与项庄一来一去地招架起来。

有好几次,项庄的剑已指向刘邦,可是都被项伯架开了,他还转到刘邦那边,用自己的身体遮挡住刘邦。

这一来,项庄无计可施了!

可是,项伯毕竟年纪大了,周旋的时间一长,就渐露力不从心之态,看看要出危险,张良立刻离座,跑到外面。在帐外等得发急的樊哙跑来问:"怎么样,我们急得要死!"张良对他说:"情况极为急迫!现在项庄拔剑起舞,意在杀害沛公。将军赶快进来!"

樊哙立刻一手执剑一手举盾往大帐里冲去。把门的几个军士上前拦阻,却被他一面用铁盾挡住长戟,一面用身体冲撞,硬是进了大帐。

项羽正与众人饮酒观舞,忽然听到营帐外有刀枪的撞击声,紧接着,又见一个十分威猛的大汉一手拿盾一手执剑闯了进来,那长长的门帘还盖在那人的身上。

项羽愣了,仓促间不知怎样才好。

这时,那汉子却来到项羽面前,他头发根根竖起,样子愤怒异常,双目瞪得像一对牛眼,似乎连眼眶也瞪裂了!

情况突变,项伯与项庄的剑舞也停了。

项羽不愧是个老军人,他立刻将坐姿改为半跪,还把佩剑抓在手里。他挺起腰来喝问:"你是什么人?"

随樊哙进帐的张良从容回答说:"他是沛公的参乘(同坐一车的护卫官)樊哙。"

什么人喜欢什么人,项羽也许从樊哙身上看到了自己,不由得开口赞道:"好一个壮士,赐他酒吃!"

来往于各席间的侍从,都是范增安排的军士,他们原想在这里立功的。

第九章　涉险鸿门　急智离宴

此时，见樊哙这家伙进来捣乱，很是生气。听项羽下令赐酒，便故意捧出满满的一斗酒来给樊哙喝。

"喝吧，小子！"他们恨恨地说。

樊哙放下手里的剑和盾，两手接过酒斗，先向项羽致敬，高声叫道："谢大将军赐酒！"然后站直身，咕嘟咕嘟地把一斗酒一气喝光了！

项羽见他豪气四溢，忙说："光吃酒怎行？赐他肉吃！"

侍从故意给他拿来一整根生猪腿，递给他。"有种，你就吞下去！"

樊哙从年轻时起就杀过猪狗，怎在乎这事？他把生猪腿放在盾牌上，握剑在手，如操屠刀，熟练地把肉一片片地剥下来，一边剥一边吃。只一会儿就把一根生猪腿吃得干干净净！

"啊呀，他……竟这样！"

"这样的将军，一定力大无穷！"

"没见他在战场上是怎样的，可有万夫不当之勇？"

"他叫什么名字？"

"啊，樊哙，记住，记住！"……

周围宴席上的诸侯宾客无不惊骇。

项羽也很惊异，他问樊哙："将军还能吃酒吗？"

樊哙说："卑职死都不怕，还在乎吃酒？"他向项羽拱拱手说："大王，我有几句话要说！——暴秦有虎狼之心，杀人无数，加刑于人唯恐不重，所以天下人都起来造反！怀王与诸侯相约，谁能先入咸阳破秦，谁就可做秦王。如今咱们沛公先入咸阳了，府库财物秋毫不敢有犯，封闭宫室，还军灞上，一切等待大王前来定夺，他之所以派兵守关，为的是防备强盗出入和意外发生。沛公劳苦功高如此，大王不仅没有封侯奖赏，反而听信小人挑拨，要杀有功之人，这不是继续亡秦的罪恶吗？我虽是个军人，可也能够代表许多像我这样的人，嗨，替大王想想实在是不可取呀！"

樊哙的这一篇慷慨激昂的陈词，和昨晚张良、刘邦对项伯说的如出一辙，可见都是张良的策划。

可是由樊哙在这当口，心直口快地把项羽"误信"小人挑拨，欲把刘邦置于死地的阴谋亮了出来，效果非同寻常！

项羽、范增做梦也没想到对方有这样的绝招，一时有点手足无措。

可是项羽发怒也没有理由，因为樊哙把一切阴谋都加在了"小人"头上，给项羽留了面子。另外，他凸显了刘邦绝无擅自称王的野心，是项羽冤枉了

汉高祖刘邦

好人!

这时,项羽心中已彻底打消了杀害刘邦的念头,可是仓促间又想不出转寰的言辞,就挥着两手说:"坐下,都坐下呀!……"

樊哙收了自己的剑和盾,坐在了张良身旁。

项羽以为一切都已过去,酒还要喝,饭还要吃,他令侍从们给各位宾客再添酒菜,还热情地招呼大家吃饱喝足。

范增气得要死,他面容昏黑,两眼发直,坐在那里有如泥塑木雕,谁也不理了。

张良对刘邦使个眼色,刘邦站起来假装如厕,走了出去,顺便要樊哙贴身保护。

范增安排在帐外的将士,以为任务还在继续,就仍然盯着刘邦和樊哙,一直跟到厕所门口,还把厕所包围起来。

因为宴会人多,伺候的人也多,所以出出进进的人十分多,刘邦与樊哙的离开,也没有引起项羽特别的注意。过了一会儿,张良也出来了。

在厕所里,张良劝刘邦立刻溜回灞上。他说:宴会上的危险已经躲过,但宴会后就不好说了,那范增不会死心的,还是离开这一险地为好。

"啊,怎么溜走?一出厕所,他们就会跟上的!"刘邦说。

"就从这厕所走吧,我已为沛公把坐骑准备好了!"

原来,那时的厕所是两层的,上面一层可大小便,便后的屎尿便漏到底下一层去了。上层的门在军营内,下层的门却开在隐蔽处,大多通向河道或沟渠。在秦汉时,老祖宗就有这样文明、先进的厕所,真令咱们这些子孙们自豪得很!

从厕所底层逃走,刘邦并不感到有什么为难,可是他还是怕项羽怪罪。

他说:"子房,我没有向项羽告辞,就这么溜了,行吗?"

没等张良说话,樊哙就开腔了:"干大事就别计较细枝末节,行大礼就别讲究烦琐谦让,现在人家是刀板,咱们是鱼肉,你还和人家讲什么'告辞'!"

张良说:"樊将军说得很对,项羽那里,我会给您应付。可是,沛公,您带来了什么礼物?"

刘邦回答:"白璧一双,准备献给项王;玉斗一对,本想献给亚父,刚才见他们发怒,没敢献出。"

"好了,交给我吧,我可找机会为您献上。"

刘邦也很有心计,他说:"我的车骑和卫队全部留在军门外,只带樊哙、

第九章 涉险鸿门 急智离宴

夏侯婴、纪信、靳强回去,他们四个人的马匹也留在那里不动,免得敌人起疑……"

"很对,就依您说的。"

刘邦又交代说:"从骊山下抄小路走,不过二十里,你估计我回到军中时,再代我向项羽辞行。"

看来刘邦在紧要时也是心细如发的。

等一切俱已安排妥帖后,刘邦和樊哙从上层下到下层,按照张良的安排,夏侯婴、纪信、靳强早等在那里了。

在厕所外专门监视刘邦的楚军士兵,看住了厕所的出口,又看住了那一百多人的卫队,就觉得万无一失了,怎会想到堂堂的沛公会从厕所里开溜呢!

6

刘邦如厕的时间过长,终于引起了项羽的注意,他对身旁的侍从陈平说:"到外面看看去,沛公哪里去了?"

陈平走到帐外问那些负责警卫的军士,他们回答说:"沛公还在厕所里,瞧,张良正在外面等着他呢!"

张良等刘邦走了后,没有立刻回到宴会,而是在厕所门口站了一会儿。

陈平回去把听到看到的情况向项羽汇报了。

刘邦的久久不回,范增也起了疑,他走到帐外去张望,见刘邦带来的人马都在那儿,也就放了心。

那天宴请的人实在太多了,除了有名有姓的诸侯、将领们外,还有许多文武官员,加起来有一百多人。这熙熙攘攘的人群实在是最好的掩护,多上几个人或少上几个人难以叫人发现。另外,这些被酒灌得昏头涨脑的人,注意力也很难集中。

就在这一个多时辰里,刘邦和他的四个随从大步流星地跑回了灞上军中。

他走进帐中,没消一消喘,没喝一口水,就大声喝道:"给我把那个曹无伤抓来!"

夏侯婴、纪信去了,只一会儿,就把曹无伤缚得猴儿似的推进来了。

"狗娘养的,"刘邦骂道,"我给你左司马的官儿,派你重任,可你竟在我背后捅刀子!你还想活吗?"

曹无伤知道与项羽的那事儿露馅儿了,只好硬着头皮和刘邦嘴硬,但他

汉高祖刘邦

没想到刘邦敢杀他。

"你,你,知道了?"曹无伤冷笑一声,"这样的事,咱都干过……"曹无伤的意思是,咱们原先都是流氓无赖,谁不是有奶便是娘,我暗地里向项羽献媚,也不算什么大罪过……

"什么咱们?"刘邦眼睛里露出凶光。

"咱们都是……一伙……"

"你这狗东西,谁与你一伙?我刘邦现在是一大诸侯!"

"这,你可瞒不了我!"

樊哙怕曹无伤说出更难听的话,对刘邦说:"沛公,和这小子说什么理,给他一刀算了!"

"把这叛徒拉出去剁了!"刘邦气得额上的青筋突突直跳。

到这时,曹无伤才知道死到临头了,他高声呼喊:"刘邦,你不能这么干呀,咱们都是一窝里出来的,你杀了我,王陵大哥绝不饶你!"

樊哙把刀尖在曹无伤嘴里转了一下,他喊不出声了,只大口地喷着血。

将近一个时辰,张良觉得沛公已到灞上军中,就从容不迫地回到帐中。

"沛公呢,他在哪里?"项羽问他。

张良说:"沛公因不胜酒力,不能向大王面辞,请大王原谅……"

"怎么能这样?……"项羽蹙起眉毛,"我这宴会主要是为了招待他的呀!"

张良向项羽深深一揖说:"沛公怎能不知道呢?他极为感激项王的恩宠,可是,他又不愿意让大王看见他酒后失态,对他责罚,只好让张良为他向大王致歉了!——沛公为了表示他的感激之情,谨使卑职奉白璧一双,再拜献于大王足下;玉斗一对,再拜献大将军(范增)足下……"

说着,张良就把两样礼物拿出来,分别放在项羽和范增面前。

项羽、范增都没说什么,只是发愣。

趁这时,张良抽身出来,带领那一百多名将士回灞上去了。

"张良跑了,却没看见沛公!"项庄跑进大帐叫道,可是没人理他。

从宴会上下来,范增已被气得有些恍惚,他回到自己的军帐,侍从想服侍他睡下,他吼道:"我不睡!"

侍从又为他备下消酒的汤。

"我不喝汤,我要喝酒!"

侍从小心地说:"先生不是刚从宴会上回来吗?"

第九章　涉险鸿门　急智离宴

"在宴会上我能喝酒吗？我滴酒未沾！"

于是侍从们又为他搬来一坛酒，弄了几碟菜。

范增把侍从们都赶了出去，自己闷闷地喝着。

侍从看范增脸色灰暗，又连连叹气，不敢打扰项羽，就去报告了英布、桓楚、龙且、季布几位将军。他们都赶来看望范增。

范增原是项梁的谋士，后来又襄助项羽，地位很是崇高。项羽称他为亚父，别的将领有的称他先生，有的称他大将军，还有人称他军师。

他们一进门就听到范增在高声慨叹："唉，竖子不足与谋！……"

将领们对他问寒问暖，可就没一人敢问他，他所骂的"竖子"指的是谁？因为大家都知道那个人。

"竖子"是什么？按许多史家的解释，似乎是个综合概念，有固执、横蛮、傻蛋的意思。用现在的话来说，可能释为"彪子"比较确切。

范增竟为项羽创造了这么一个生动的词！

尽管，将领们围绕着他苦口婆心地劝，他都直着眼睛自己咕哝："竖子呀竖子，还能跟你商量什么事！夺你天下者，必沛公也！"他又抬头对着英布等人说："瞧着吧，咱们这些人将来都是他的俘虏啊！"

没人敢接他的话。

这时，一个侍卫走进来，把一对玉斗放在桌上："先生，这是沛公送您的，您离开宴会时没有带……"

"我不要！我不要！……"

他吹胡子瞪眼，把那对玉斗摔在地上，玉斗没碎，他又用力去踹，大概他的一双老脚被硌痛了，就抽出佩剑砍，直到把玉斗砍得粉碎！

第十章　项羽义封　刘邦卖乖

1

鸿门宴后数日，项羽率诸侯联军进入咸阳。

咸阳人的灾难降临了！

项羽出于复仇的狂热，进城后，他便大开杀戒！

"大王！"虞姬拉着他的衣袖苦劝道："千万不要这样，你应该想想，河南人为什么对你恨之入骨？关中人为什么心向刘邦？全在你的一个'杀'字上！"

"虞姬，你竟敢这样对我说话？"项羽横眉怒目。

"大王，因为我爱你呀，我从心底里爱你！"

项羽看到虞姬那双深情的眼睛，他的怒气消了一半。"你知道吗？我不会像刘邦那样假仁假义！"

"也许……"虞姬跑过去搂着项羽，项羽身上的铠甲似冰一样的凉。"可是，自古只有仁义可以服人，不管怎样，刘邦已取得了人心！"

"虞姬，自暴秦以来，天下多少人死于非命呀！"

"那天下人就更觉得仁义珍贵了！"虞姬仰起头，"项郎，听一次我的话，除了那些十恶不赦的人，一个都不要杀！"

"虞姬，我心里……不善良吗？"

"我的项郎是善良的，如果不是这样，我虞姬就没有今天！"

"虞姬，我不讲仁义吗？"

"我的项郎是大仁大义之人，如果不是这样，你就不会为挽救天下苍生而浴血奋战，你就不会把刘邦放走……可是……"

"可是什么？"

"可是，你却常常给人以残暴的印象，有几个人理解我的项郎呀！"虞姬哭了。

第十章　项羽义封　刘邦卖乖

项羽走后，虞姬到咸阳城里去了。

她知道她的一双纤弱的手，是无法阻挡住项羽手下那千万把锋利的屠刀的。

咸阳的街头巷尾已到处尸体枕藉，血流遍地，成群的逃难人扶老携幼、拖大带小哭喊着从她面前走过。上百条巨大的火龙在城市中跳跃着，翻腾着，呼啸着……

她知道有一个人，如果他站出来，对项羽说一句话，即可抵平常人的千言万语，他就是子婴！

自古以来，胜利者的最大仁义常常体现在怎样对待放下武器的敌人上，如果宽仁，如果饶恕，他就会得到人们的极大赞誉。

虞姬来到监狱。

那里已没有了看守，狱门大开着。

监狱里十分阴暗，尽管外面红日高照，大火辉映，这里仍然暗如深夜。她站了好久，眼睛才慢慢地朦胧地看到近处的一切。

她在一排排兽笼般的囚室前逡巡着。她看到里面的犯人大多逃光了，剩下的是老者、病者和死尸。一种令人难以忍受的恶臭到处弥漫着。

不知从哪里走出一个老人，他挑着一只灯笼来到虞姬面前。

"夫人……您在找人吗？"

虞姬犹豫了一下，她不愿在一位老人面前撒谎。

"是的，我在找一个人……"

"找谁呢？能不能告诉我？——他们大部分逃走了。"

"他叫子婴，"虞姬说，"是秦朝最后一位皇帝……"

"您是……"不知怎的，老人又不问了，"他仍在这里。您可以领走他，可是你们到哪里去呢？天下之大，却没有你们容身的地方呀！"

虞姬不理老人的话，只是执拗地问："他在哪里？"

"跟我来，"老人往前走了。

他们来到一个较高大的狱室门前，那铁门已经被人撬开。

"就是这里了，"老人把灯笼递给虞姬，走了。

他的脚步声在走廊里回荡了很久。

虞姬把灯笼放在地上，两手用力拉开铁门，进到里面。她看见在不远的角落里蜷缩着一个人……

虞姬想：那大概就是子婴了。看到一个皇室贵胄落到现在这个样子，不

汉高祖刘邦

禁感慨万千。

"公子……公子……"虞姬轻声地叫了几声。

那人抬起头来，蓬乱的头发里显出一张俊秀的脸，两只眼睛却是出乎意料的亮。他打量着面前的人。"你是谁？"

虞姬一时无法回答。

幸亏，子婴立刻"认出"了她。"啊，你是居萌！"

虞姬知道子婴的夫人是齐国人，名叫居萌。早在刘邦进入咸阳前就撞死了。

子婴颤巍巍地站起来，一步步挪向虞姬，眼睛仍直勾勾地望着她。"是的，你是居萌！……说呀，你是居萌！"

虞姬被他逼不过，只好说："是，我是居萌……"

"那边……好吧？"

虞姬知道子婴所说的"那边"是哪里，就说："是的，那边……好。"

"那么，你是来接我的吧？"

子婴哭了，扑过来搂住虞姬。

起初，虞姬觉得自己未必能够经得住他的冲撞，可是他是那样的轻，就像是一只羽毛枕头。

子婴嘤嘤地哭了。

这样不知待了多长时间，子婴忽然离开了她，一步步退到墙角，"你……不是我的居萌，不是！你身上的味道不是居萌的！你是谁？"

"是的，我不是居萌夫人，"虞姬承认道，"但我是来救你的，请你跟我走。项王的军队已经占领了咸阳，到处都是血和火，请你跟我走，我能把你送到一处安全的地方！"

子婴哭起来："普天之下，哪有我子婴的容身之地呀！"

"我可以救你，你就随我来吧，不然，可就晚了！"

"不，我哪里也不去！"子婴说，"我是秦国人，只要楚国的军队还没有到这里来，这监狱就还是秦国的地方！我也就守在这里！……"

就在这时，外面响起了脚步声。

虞姬只好走出子婴的狱室，找了个阴暗处避开。

许多士兵举着火把进来了，说道："在哪里？他在哪里？"

前面有个人被捆绑着，虞姬知道那是个带路的人。

他们冲进了子婴的狱室，不一会儿就从那里传来一声尖叫，接着，就从

第十章　项羽义封　刘邦卖乖

那狱室窜出火光。虞姬知道他们杀了子婴并放了火。

火焰窜腾着，虞姬如在梦中，她不住地问自己："是逃出去呢，还是就在这里……"

可是那老人又出现了。他拉着虞姬的衣袖说："走吧……你还年轻，还要活下去。你还有许多光景看呢！"

虞姬跟着他，从暗道跑出来了。

项羽在咸阳烧杀抢掠了两天。

自秦王子婴以下，宗室王族、贵戚重臣一无遗漏地遭到杀戮。秦宫室里的美人以及府库里的珍宝、货物，全被掳掠一空。

大火烧了三月不熄。

听过刘邦约法三章的秦民对项羽恨之入骨。他们从心里想念那仁义的刘邦，都说刘邦是天下一等一的好人！

刘邦又大大地赚了一笔！

2

项羽从咸阳撤出，打算把他率领的诸侯联军东移到戏亭扎营。

这时，从咸阳掳掠的财物、美人大都已分配完毕，他身边的大将桓楚说："还有一些文人没人要。"

"什么文人？"项羽问。他像刘邦一样，一听读书人就皱眉头。

"我查问了一下，其中博士居多，过去都是养在那里以备秦皇咨询的。"

"咱们用不着那些人，杀掉算了！"

桓楚去了，但过了一会儿他领来了一个人。桓楚说："那些人都宰了，这个人说有重要的建议要对大王提出，我就领他来了。"

项羽嫌桓楚啰嗦，就把那人叫到面前。端详了一下，那人宽袍大袖，相貌堂堂，就令人给了他一个座位。

"你叫什么？"

"大王，在下姓韩……"

还没说出名字，项羽就摇摇手说："你这种人留下个姓氏也就够了，不用说名字了！"

"是……"

"韩生，有话你就说吧！"

汉高祖刘邦

"大王,"韩生说,"咸阳形势险要,周围土地肥沃,扼关中而制诸侯。以此作为首都,可以称霸天下!"他的意思是劝项羽像秦始皇那样,完成统一天下的大业!

以项羽当时的实力和威望,应该说完全有此可能。可是,项羽在军事上也许算个奇才,但在政治上却如一个顽童。

他想了想说:"不,不,我才不听你的呢!我只想做个天下霸主,却不想做个统一天下的秦皇!现在咸阳已经被我烧成一片焦土,我还在这里干什么?"

"大王,"韩生继续说,"咸阳虽破,可再另建一城,也就是弹指间的事!"

"别说了!"项羽喝道,"富贵不归故乡,如穿锦衣夜行,有谁知道!——好了,你走吧,为了你说的这些话,我饶你一命。"

韩生出了项羽的大帐,仰头叹息道:"有人说,项羽为霸王,不过是沐猴而冠,现在看来,一点不错!"

这话被一边的一个小军官听到了,立刻报告了项羽。

项羽大发雷霆,他命令:"快去给我抓回来,烧锅油把他烹了!"

夷平了咸阳,占据了关中,天下似乎已经在项羽手中了。跟他到这里来的诸侯们觉得还有些事情未了,就去问项羽下一步怎么办。

项羽也说不出来。

"好吧,派人去问问楚怀王吧!"他就派桓楚到彭城去了。

几天后,桓楚回来,带回了楚怀王的诏书。诏书上说:仍然照原来的公约办理。那就是说,谁先破秦进入咸阳,谁就是秦王,那不就是说他和诸侯们都白干了!

项羽气恼异常,他把随他入关的文臣武将都召集来议事。

他愤怒地说:"你们都知道怀王的诏书了吗?"

下面的人都说:"知道了。"

"多么不公平呀!他竟想把关中的一切全交给刘邦!咱们呢?咱们从定陶打到这里,把秦朝的几十万大军都消灭了!他刘邦干了什么?咱们有多少儿郎血洒战场,有多少老乡回不了江东?他刘邦干了什么?……"

项羽还是很会讲话的,几句话说出了要害。比起项羽和他的联军来,刘邦的确没打几场像样的仗就顺利地进占了咸阳,好像是白白地捡了个大大的胜利果实!

第十章 项羽义封 刘邦卖乖

诸侯们被煽动起来了,他们起初是低声议论,后来就高声叫嚷。

"太不公平了!"

"不能照原来的公约办事了!"

"应该把诸侯们召集到这里,重新定约,功劳最大的为秦王!"

"拥护项大将军,拥护项王!"……

说实在的,项羽和诸侯们的不平很有些道理。可是天下事不是以谁出力最多就唯谁是举的,人心的向背更不是这样!

项羽把面前的桌案狠狠一击,叫道:"咱们不听那个怀王的了,他算个老几?他不过是沾了我们项家的光才坐在那个位子上的!称王以来,他丝毫战功未立就对咱们这些拼命流血的将士指手画脚,他有什么资格?——当年,天下初发难时,为号召天下,只好用一用他那面招牌,可是披坚执锐,平定天下,还不是全靠大家和我项羽冒死拼杀!……"

的确,这是实情,是难以辩驳的真理,诸侯将领们被激怒了。他们再次大声喧嚷。

"项王说得太对了,咱们听项王的!"

"什么楚王,他不过是个放羊的孩子!"

"项王,你说吧,你说怎么办就怎么办!"……

项羽也激动起来了:"怀王没有战功,凭什么占有封地?应该把他的地盘分给有功劳的将领称王!"

这话正说到了与会者的心里。多了一个"苹果",大家就可能多分一份。

《汉书·陈胜项籍列传》中写到这件事说:"怀王亡功,固当分其地王之。"

这后一句话,使事情起了一个质的变化。

当初,陈胜起义后,在谁称王的问题上,就有过争论。父老"豪桀"们主张打出一片天下的陈胜"功宜为王"。而张耳等过去的诸侯旧班底却主张"诸侯亡而待立",就是重立六国诸侯为王。

这是两种观念,一是谁有战功谁就可称王,一是谁是六国时的诸侯王,灭秦后就由谁称王,只是把秦王这一头衔奖给先进咸阳的将领罢了。

楚怀王与诸侯将领的约定,基本上是以后一观点为标准的,因为他就是以楚王后裔的身份当上楚王的。

项羽趁着群情激愤时,提出了以"战功"为"王"的标准,推翻了两年多来已经公认的以"旧王后裔"为"王"的标准,没想到一举成功!

汉高祖刘邦

他看了一眼下面上百张激动、巴望着他的面孔,大声说:"好,既然大家都愿意这样办,咱们就这样办!……"

他立刻令以范增为首成立了一个班子,拟定分封天下诸侯的方案。

3

汉高帝(现在秦朝已亡,项羽后来又没成事,只好用汉朝的年号了)元年正月(公元前206年2月),项羽以诸侯联军的名义通知会师咸阳的各路诸侯和将领于二月十六日来戏亭(今西安东北戏水西岸)议事,听取项王宣布分封方案。

不管这是否合法,可是当今天下,也只有项羽有资格做这件事。

为了这件大事,项羽还指使他的军士忙了多日。

他搭了一个很大的帐篷,里面张灯结彩,布置了一番。在帐篷周围各国诸侯都插上了久已不用的自家旗帜。当然还准备了很多酒肉,分封之后要庆贺一番的。

范增知道一定有人认为不公,起而反对,或者领兵闹事,所以他令英布等人带领所部精兵警戒周围。

北方的正月,朔风凛冽,寒气刺骨。虽说按季节已是春天,可是远近的山林枝干,仍旧一片萧条,没有一点生气。一块块的黑云从天空飘过,有时还洒下一阵雪花。

帐篷周围热闹非常,从各地奔来的诸侯和他们的随从把一冬的积雪踩化了,人们和马匹都喷着热气。那些身着厚厚裘衣的从战争中脱颖而出的新贵们谈笑着,议论着,似乎散发着融融暖意。可这都是表面现象,其实,他们都在紧张地等待着,等待着那个决定他们命运的人物。

谁知项羽竟让他们等了整整三天。

十多天前,范增和他的一班人就向项羽拿出了一个分封方案,可是改来改去总是不妥当,不满意。

项羽自封为西楚霸王。

范增觉得他占领的土地太少,认为他纵然不想做秦始皇那样的皇帝,至少要恢复楚国旧地的版图。

"要那么多地方干什么?"项羽说,"我只要家乡周围的那几个郡!"

这就是说项羽虽然在军事上气冲斗牛,但在政治上却远不如秦始皇,没

第十章　项羽义封　刘邦卖乖

有他那独揽山河的浩然心胸。最后,还是依了项羽,要了秦三十六郡中的九郡。即泗水、东海、会稽、南阳、东、砀、薛、陈、郯。刘邦的故乡所在的泗水,被划进项羽的封地。

项羽准备建都彭城。

最令项羽头痛的是怎么对付刘邦。

"绝不能把形势险要、物产丰富的关中分给刘邦!"这是范增的原则。

"亚父得想一想呀,他毕竟是先进咸阳的人。"项羽说,他这人愤怒时可以什么道理也不讲,但冷静时,又会犹豫不决,瞻前顾后,"另外,在鸿门宴上他当着众位诸侯的面对我服了软,认了错,若不让他留在关中,对天下人说不过去!"

范增很想骂他"一片妇人心肠",可是又不敢过分地刺激他,所以憋了一肚子的气。

"好了,你看这样行不行?"范增说,"将巴蜀两郡分给刘邦。巴、蜀也是关中的一部分,这总能对他先入关中有个交代了吧?"

"那么,给他个什么称号呢?"

"他不是想赖在关中吗,这里古称汉地,就封他为汉王。"

项羽想了想,同意了。

巴蜀之地,地处偏远,交通阻塞,自古以来就是流放囚徒的地方,各方面都十分落后。把刘邦送到那里去,让他既得关中之名,又受穷僻之实。他再想从那里出来,与诸侯们争雄,大概很难了。一举多得,何乐不为!

可是范增仍不放心。把刘邦关进巴蜀之后,他建议项羽把关中的土地分给投降的三个秦将。

章邯为雍王,得内史郡西半部,建都废丘(今陕西兴平东南)。

司马欣为塞王,得内史郡西半部,建都栎阳(今陕西临潼东北)。

董翳为翟王,得上郡,建都高奴(今陕西延安东)。

以上三处都是战国时秦国的故地,分给秦朝三将,等于给刘邦的封地加上了三把锁,刘邦想出巴蜀,就得先与这三王较量。

解决了刘邦的问题,别的分封项羽大体同意范增的主张,即使改动,也没有大的出入。

原楚国的土地,项羽拿走西楚一块后,把其余的分给了英布(九江王)、吴芮(衡山王)和共敖(临江王)。

原属魏国的土地,分给两王:魏豹为西魏王,司马卬为殷王。

原属赵国的故地,也一分为二:张耳封常山王,赵王歇改封代王。

原韩国的故地也划给了两王:申阳封河南王,故韩王成封韩王。

原为燕国的地方,也一劈两半,分给两王:臧荼封燕王,故燕王韩广封辽东王。

最东的齐地则一分为三,分封了三王,即齐王田都,胶东王田市和济北王田安。

原先的怀王之约,还想保留战国时七国分立的局面,现在一下子变成了十九国!在这十九国之外,项羽又封了许多侯,如梅绢、陈余等。

那么,那个楚怀王呢,怎么安排他?

"大王不是想把他赶下台吗?"范增说,"不理他算了!"

自以为虑事周全的项羽说:"那不太合适吧?如果把他赶跑,天下人会怎么看我呢?"

动辄几十万人地坑杀,一个个的城市被他屠光、烧光,他很少考虑天下人对他怎么评论,现在为一个放羊娃,倒在乎自己的名声了。

"那大王想对他怎么办呢,原楚地都分光了!"

"就让他留在彭城吧……"项羽说。

"也称王吗?"

"不,他曾经做过天下共主,封个王,小了些,就尊他为义帝,你看行吗?反正又没有什么封地,不过是个空头封号罢了。"

范增叹了一口气,不说话了。

这样,项羽就以为面面俱到、公平合理了。

4

到了第四天,项羽身穿紫袍,头戴王冕,在范增和英布、龙且等将领的簇拥下,走进了大帐,在面对各路诸侯的主座上就位。

鼓乐响过,项羽对大家说:"这几天大家等急了,可是分封大事,不能草率,受诸侯之托,亚父范增等人草拟了一份预案,现在向大家公布……"

项羽的几句开场白后,范增就拉着长声,唱歌似地把分封的方案公布了。

大帐里十分安静,如果这时落了一支绣花针,也绝对能够听到。因为关乎每个诸侯的命运,所以大家都听得十分认真。可是越认真就越听不清楚。

等范增宣布完毕,把手中的简书放下,下面的人一下子嚷嚷起来。

第十章　项羽义封　刘邦卖乖

"什么，什么？我的封地怎么没说明白？"

"原韩国那部分再读一遍！"

"范先生是哪里人？口齿一点也不清楚！"

"再读一遍！这样的大事，读一遍怎么能成！"

只读一遍，就累得范增汗水津津、气喘吁吁，他怎肯再读一遍？这时，在他身边的一个文吏站了起来，代替范增读那份预案。

他还没读完就被下面的喧嚷打断了。

"不行！太不公平！不是按战功大小分封吗？我的战功虽比不上项王，可是比某人大得多吧？为什么我只分了一郡，那小子竟分得三郡！"

"那当然了，人家跟的什么人，你又是跟的什么人？"

"如果像你说的那样，算公平吗？"

"我不服，死也不服！"

整整一天，那份方案就再没读完过。

项羽怎能忍得了这个？他气得面色发紫，胡须贲张，刚要发作，就被范增拉住了："项王，你让他们发泄吧，不要去管他们！"

趁着下面乱糟糟的，项羽和范增离开了。

到了第二天，那份分封方案写在了一大张丝帛上挂了出来。诸侯将领们围着观看，发现比起头一天发布的方案有所改动，但大部分原封未动。奇怪的是愤愤不平者少了，有些诸侯已开始收拾行装，准备到自己的封地去了。

在这半天一夜的时间中，项羽、范增等人肯定有许多背后活动，那是谁也猜得到的。

诸侯们对着方案琢磨了几天，终于看出了其中的隐秘，那就是，分封原则是以项羽集团为核心的"亲亲疏疏"。

最得实惠的如英布、共敖等原先都是项梁手下的将领。

其次，次第加入项羽战团的将领也受到优待，如吴芮、张耳、韩广、司马卬、田都、田安、臧荼等人。章邯等三人因反戈一击有功，也受到优封。

原先的故王都不行了，他们谁也没有得到原有的土地，更多的是连他们自己奋力争得的土地也被剥夺。如原魏王豹被徙封为西魏王，原赵王歇被徙封为代王……韩王成也许是因为项梁所立吧，他的封号未动，可被割去一大片土地，让给司马卬去当殷王。

实际存在的不公，给后来的战乱埋下了隐患。可是，项羽觉得只要有他的几十万大军在，他们就翻不了天！

很显然，在这次分封中最大的受害者，当然是刘邦。

他第一个进咸阳破秦，从彭城一直打到关中，除了项羽，功劳没有比他再大的了！可是他却被项羽排挤到边远的不毛之地巴蜀去了！不仅在地盘上大为吃亏，而且在面子上也实在过不去！

头一天在范增老儿读完了预案后，他就大为光火，气冲冲地跑了出去，他的几员大将也火冒三丈，要去跟项羽拼命。

张良跟出来，问沛公要干什么？

"我要调集人马，和项羽拼个你死我活！"

"那，沛公可要好好地想一想！"张良劝他。

"子房，你还要我怎样？"刘邦冤屈得要哭，"在鸿门宴上，你要我对项羽低声下气，我做了，你要我从茅厕坑里逃跑，我也干了！这些事如果让天下人知道了，就是以后我贵为帝王，也会成为天下人的笑柄！我刘邦也是堂堂的七尺男儿，以后，我再也不干这样见不得人的事了！"

张良见刘邦仍然没有忘记在鸿门宴上的耻辱，知道一时没法和他说话，就拉着萧何、曹参走到一边。

"我有个建议，一时没法跟沛公讲……"

萧何看张良那着急的表情，知道事情很重要，就说："张先生，有话说出来！"

曹参也靠近张良准备聆听。

"项羽既然要把沛公分到巴蜀去，是与他的谋士将领们做了充分酝酿的，难以改变的……"

"是的。"萧何、曹参都深以为然。

"那么，赶紧把人马发往巴蜀去，再晚就来不及了！"

萧、曹二人一时不明白张良的意思，愣愣地看着他。

曹参还小声地问："那样，不是实际上承认了项羽的分封吗？"

萧何已经听出张良的话音，"不承认又有何法？"

"是这样，"张良说，"我认为项羽很快就要抛出遣散军队的提议了，他的理由是：战争打完了，还要军队干什么？每个诸侯只留几千人马治安就可以了，那时，你有什么理由反对他呢？"

"他自己的四十万人马呢？"曹参问。

"如果同他进关的诸侯的人马由诸侯们带走，他也不过二十万将士……"

"这些将士呢？"

第十章 项羽义封 刘邦卖乖

"他有理由一个不动地留下,"张良笑笑说,"他可以说:我是天下霸主,得用更多的军队维持天下安定,你能怎么说呢?"

萧何、曹参默默无言。

后来,萧何问:"送走多少呢?两万?三万?"

"越多越好!"

但诸侯们背后的咕咕哝哝还是惹火了项羽,他与范增等人商量了一下,觉得诸侯们手中有兵终是个心病,别人还好说,特别是那个刘邦,仍让他不放心。

"刘邦手里有十多万人马呢!"范增说。

"我看,每个诸侯给他们留下三千就不少!"

"刘邦可以优待,给他留下一万!"

两人大笑起来。

"如果他与你攀比呢,大王?"

"谁也不能与我攀比,"项羽叫道,"我是天下霸主,身负天下重任,爱留多少就留多少!"

又研究了几天,他们向诸侯们拿出了个裁军方案。

于是,诸侯们又被召集到议事的大帐来。

还是由项羽的亚父范增主持会议,他说:"暴秦已经灭亡,各诸侯已有封地。天下苍生苦于战火久矣,盼望安居乐业如大旱之望云霓。既然这样,各国再保留军队就没有必要了!项王提议各国只留下人马三千,其余全部就地遣散!——沛公嘛,他到巴蜀后要屯驻开垦,那就多留一点,给他一万人!"

这项命令出乎诸侯们的意料,个个像被打傻了的鸡目瞪口呆。

过了会儿,他们想,这也未必不合理,秦始皇统一六国后,不是也来这一套吗?他不仅不给各郡县留有军队,还令全国的兵器一律上缴中央,铸造成十几个谁也搬不动的大金人……

"那么……"这时,有个"傻瓜"竟高声叫道:"那么天下就基本没有军队了,项王呢,他的几十万人马呢?"

"经各个诸侯请求,项王的人马一个也不能动!"范增说,"项王是天下霸主,负有安定天下之责,他必须保有全部军队!"

理由无疑是正当的,不可辩驳的。台下一片哑然。

即使有几个疑议者也不敢再说话了。因为除了在咸阳的刘邦和在南方的彭越,天下所有诸侯的军队,差不多都集中在项羽的麾下了,他说给你留多

汉高祖刘邦

少，你还不是只能顺从吗？

裁军会议结束后，刘邦更是怒火万丈，他觉得项羽根本不把他放在眼里，把他送到巴蜀去，已经是"骑在他头上拉屎"了，现在又把他的军队夺走，这不是要他的命吗？

奇怪的是他这样一闹，他手下的那班人反而冷静了，因为他们知道张良早有布置，几天内把将近五万军队送走了。

他们劝张良出来说话，但这几天刘邦想起鸿门之辱就气不打一处来，而鸿门的一切策划都是张良所为，所以张良也不出头。

这一次镇住刘邦的是萧何。

听到项羽把刘邦送到巴蜀，他不仅不抱屈，还暗中高兴呢。

原来，他从秦朝的文档中找到大量证据，证明巴蜀是块好地方，但他不愿说破，免得走漏消息，惹得项羽反悔。

这时，他见刘邦仍然对被封到巴蜀耿耿于怀，就不得不说了。

"沛公，你别怨恨不已了，巴蜀是块好地方！"

"好地方？"刘邦瞪起眼睛，"对虎狼獾兔是块好地方！"

"沛公，你冷静点，听我把话说完么！"

刘邦"哼"了一声，坐在一边。

萧何给他分析道："人们把巴蜀看作是不毛之地，地僻路险、落后闭塞，那是天大的误会。我从秦朝文籍中看到巴蜀之地物产富饶、气候适宜、土地肥沃、地广人稀，具有外人不知的极大优势。后来又经秦近百年的多次移民，悉心经营，那地方已成天府之地！特别是李冰父子带领民众修筑了造福万代的都江堰以后，水患根除。巴蜀早就成了大秦最为富庶的大仓库！这些优势，住在外面的中原人怎会知道呢！"

萧何这一番话，听得刘邦大气不敢喘一下，就是见多识广的张良也惊诧莫名！

"你，你，你不是故意安慰我吧？"刘邦说，"叫你这么一说，项羽是把咱们送到仙境里去了呢！"

"沛公，我是有根据的……"

萧何见刘邦及众人都听进去了，他就详细地给他们解释起来。

他说，他原是秦朝的一个文吏，很注意文档图集的运用。他通过历年来全国各郡上缴的赋税报表、粮食收成统计以及物资运输记录等文件，得知巴蜀那地方是块宝地。它有肥沃的成都平原，丰沛的灌溉资源，宏伟的水利工

第十章　项羽义封　刘邦卖乖

程和天然的战略屏障……

"沛公，"萧何说，"秦并六国后，战火连绵，兵连祸接，天下百姓民不聊生，唯有这块崇山峻岭中的西南腹地多年未受战乱之灾，百姓安居乐业，百业兴旺发达。项羽，范增等辈见识鄙陋，以为那地方至今仍是蛮荒未开，于是把沛公'流放'到那里去了，却没想到那地方却是天下一等一的鱼米之乡！"

张良连忙对刘邦说："沛公，这是上天开眼呀！"

萧何哈哈一笑，说："咱们去吧，天予不取，反受其咎！"

刘邦不懂这句文绉绉的话，问道："你说什么，什么？"

"这句话就是说：老天爷给你的东西，你却不要，上天会怪罪你的！"

"我要，我要！那地方既然这么好，我为什么不要呢？——只是我的军队……"

"你的军队也别担心，张先生几天前就预料到项羽要甩出裁军这一招，与我们商量了一下，就暗暗地将大部分将士送到巴蜀去了！"

刘邦高兴得泪眼婆娑。他走到张良面前深深一揖，谢道："刘邦所以有今天，全为子房所赐呀！"

张良连忙让开，说："不敢当，不敢当！"

看到刘邦笑逐颜开，萧何进一步为他策划说："沛公，以咱们现在的力量和项羽对抗，肯定是百战百败，死路一条，还不如顺势接受，让项羽对咱们放松警惕。最好是向他连汉中也一起讨过来！那样的话，咱们可把国都设在连接巴蜀和关中的汉中地带，在那里蓄养民力，招揽人才，以巴蜀为依托，等有机会先把三秦收拾掉，然后就可以与诸侯争夺天下了！"

"好呀，好呀！"刘邦赞道，"这时呀，若有个诸侯拿他的封地与我交换巴蜀，我还真的不换呢！"

说得大家都笑起来。

在以后刘邦的发展中，大体上是按照萧何的这一设计进行的。这一战略方针是由萧何而不是由张良提出，很大程度上是因为萧何占有秦朝的遗留文书而巧加利用的结果。

5

那么，怎样向项羽讨取汉中呢？刘邦又想起那个耿直、义气的项伯。

"子房，这事还要请你去走项伯的门路……"

张良笑笑，"沛公，您忘记了，您与项伯已经结为义兄弟，他还把自己的女儿许给了您的大公子呢，您和项伯的关系比我要亲密多了！"

"那也远远不如你是他的救命恩人！——再说，我这时到项羽那儿去合适吗？"

"好，我再去为沛公跑一趟。"

这一次去见项伯，张良带了厚重的礼物。

鸿门宴后，为感谢张良挽救整个刘邦集团的大恩大德，刘邦赠给他黄金百镒、珠子二斗。镒是秦时黄金的计量单位，每镒大概相当于今天的二十两，那也够多的了！据历史记载，刘邦进入咸阳后，"诸将皆争走金帛财物之府分之"，赠给张良的大概连百分之一也没有，可见，他对项羽说的"秋毫无所犯"是撒谎了。

深具任侠本色的张良并不看重金钱，他去见项伯，就把这些黄金、珠宝全带上了。

刘邦见张良为他倾其所有，十分感动，自己也给项伯凑上了许多珍贵的宝贝，使张良带的礼物更加可观，满满地装了两大车。

当把这些明晃晃、金灿灿的东西亮在项伯的面前时，项伯叫道："老朋友，你这是干什么？咱们间的友谊还允许这些腌臜东西搀杂其间吗？"

"项大哥，我们交往，自然用不到这些东西，我是替别人有要事求你！"

"那个'别人'是谁？"

"他也是你的老朋友……"

"是沛公，对吧？"

"是的。"

"那你得把这些东西带回去！"

"那是为什么？不看我的面子吗？"

"子房，他是我的义弟，也是我的亲家呀！"

"大哥，这一次是非常之请，还望大哥收下。沛公对我说，如果项大哥不接受，你就说是我送给他女儿的聘礼吧！"

项伯先不让张良说什么事，令家人置酒相待。酒过三巡后，张良把求项伯办的事说了出来。

"这事情该办！"没想到项伯一口应承，他说："戏亭分封的时候，我一直怕见刘老弟和你，因为范增那老儿太阴损了，他撺掇项羽把沛公送到巴蜀去，

第十章　项羽义封　刘邦卖乖

那不是流放吗？——而我，对这事又无能为力！好了，现在我可以为我的老弟和亲家出一把力了！"

"项大哥，你觉得有把握吗？"

"我也不敢把事情说死，因为有范增在项羽身边——有七八成希望吧！"

这天张良在项伯那里吃完酒饭后，又一起议论天下大势，一直到很晚才回来。

项伯留下了黄金三锭，珍珠一升，还有刘邦给的玉女一尊，其余的要张良带回。他说："刘老弟给我女儿的聘礼，这些已经足够，等我给刘老弟讨得汉中，他在那里安了家后，就来迎娶吧！"

张良知道项伯也是任侠中的一流人物，也就不再相强，带着其余的财宝回灞上去了。

项伯瞅了个范增不在项羽面前的时候，去见项羽了。

项羽问他："这些日子，没到老朋友那里去看看？"

"你说的是张良吗？"

"是呀，我平生是看不起那些书生的，唯有对他印象好一点……"

"我怎敢去见他呀！"项伯摇摇头。

"怎么了？"

"我怕在他那儿遇见沛公！"

"遇见刘邦又怎的？"项羽笑了，这些日子，项羽一直为给了刘邦一点苦头而高兴。

"项羽，你现在是西楚王了，我也不好说你……"项伯说，"在分封诸侯时，你们对刘邦也太狠毒了，不像是咱们项家的一向所为！我都没脸去见朋友！"

项羽不说话了。

"刘邦先入关中，破秦有功，你来关中后，人家把咸阳给你让出来，够意思了吧？你却听范增老儿的话，一再地加害人家，在你声势赫赫的时候，没人敢说你，可是以后呢？后人会怎么评论你？"

项伯的话说到了项羽的心病。

项羽这人容易冲动，有人惹着了他，他无所不用其极，可是，如果人家敬重他，叫他主持大事，他又很注意做得令人信服，并希望人家称赞他，给他个好名声。在对刘邦的封地上，他一直觉得有点理亏。

"叔父，事情已经这样办了，我不能改口，再说天下的土地已经分完，没

汉高祖刘邦

办法了，只有以后瞅机会再给刘邦点好处……"

"为什么要等以后，现在就可以给刘邦补偿！"项伯抓住了这一当口。

"你说，叔父。"

"把汉中割给刘邦吧，那地方与刘邦的巴蜀接着。"

"可是，那地方……"

"你是说已经划给章邯、司马欣和董翳了吧？"项伯说，"那有什么，再割出来就是！——那三个秦将，都曾与诸侯们拼得你死我活，不知有多少将士死在他们手里，封他们为王，已经有许多人议论了，怎能再分给他们那么大的领地……"

项羽一听，觉得叔父说得很有道理。便找出地图来，端详了一会儿，把整个汉中郡划给了刘邦。

在戏亭分封后，许多诸侯通过项羽、范增的亲属、朋友走内部路线来讨价还价，使他们不胜其烦。项羽年轻还能撑下去，范增那老头儿却累病了。项羽呢，这时一心想着载誉还乡，恨不得来个快刀斩乱麻，赶紧把事情做完，带领人马跑回江东。所以，也没心情仔细掂量。再说，汉中又不是他的领地，割一块给刘邦有何不可！

于是，刘邦如愿以偿地拥有巴蜀之外，又得到了整个汉中郡！

衡量天下这一整盘"棋局"，项羽又失了极为关键的一着，造成了难以挽回的大错。

公元前206年5月，小麦泛黄，青山叠翠，大地一片生机的时候，在咸阳会师的各路反秦义军按戏亭分封及裁军的协议，纷纷下旗回国。

刘邦仍让范增放心不下，要项羽盯着他上路。

按规定，刘邦只能带一万三千人马。虽然，他是诸侯中准许拥有人马最多的了，而且张良还与萧何、曹参密谋给他早早地送走了五万人，但刘邦仍然难以割舍他被项羽遣散了的一万多人。

"走吧，走吧，"张良对他说，"别一步三回头了，我保证您在入川时有五万精兵！"

"子房，你别骗我！"刘邦苦笑道。

张良令人拉起沛公的马走了。

可是，走出几十里路，他的那些被遣散的人马又跟上来了，刘邦喜出望外，拉着张良的手说："子房，你真了不得，我若没有你真不知如何是好！"

"沛公，你先别夸我，走着瞧吧！"

第十章　项羽义封　刘邦卖乖

又走出几十里，陆续又有许多人马前来归顺。

他们是各路诸侯中被遣散的人马，他们听说刘邦仁义贤正，自愿投他来了。

刘邦下马伫立，向归顺他的将士拱手相迎，并说："诸君跟我到巴蜀去吧，那地方养人呀！"

之后，他又感谢张良说："什么也不出子房所料，我将来若得天下，相国一职非你莫属！"

张良谦逊地说："我哪有什么功劳？全是沛公美德所致！"

这批自愿跟随刘邦到巴蜀去的将领中有韩信、吕马童、阎泽赤等人，后来都建功封侯。

其中韩信与吕马童都曾是项羽的部属，他们是不满于项羽封赏不公而另投明主的。

可见刘邦在道义上、在威望上、在影响上大大地高于项羽了！

第十一章　拔犀擢象　登台拜将

1

刘邦率领大军离开灞上后，经杜南进入蚀中，又走褒斜栈道到达汉中。

张良向刘邦提出要去追随他的韩王，刘邦只是叹息流泪，却不作答。直到褒水谷口，张良才说："送君千里终有一别，我也只能陪沛公走到这里了！"

刘邦知道再也留不住张良，就下令在山林僻静处扎一帐篷，在那里设宴与张良钱别。他没请任何人作陪，只两人对酌。

他们都久久地没有说话，大概都沉浸在难言的离愁别绪中。

几杯过后，刘邦似乎难忍如此沉闷了，就叫戚妍出来侑酒。

戚妍来了，见过张良后，就立在一边伺候。

"张先生就要离开咱们了，"刘邦说，"戚妍，你就为张先生歌舞一阕吧！"

戚妍望着张良，两眼似有泪光。"那……张先生愿意听什么歌儿呢？"

张良见过戚妍两三次，不知怎的，这位娇小婀娜的夫人，总有些什么吸引着他，但她是主公之妻，不能久久注目。

听到夫人这么问，他没有正面回答，只是说："那……就有劳夫人了！"

戚妍走到帐篷中间，停了一会儿，似乎有所沉思，因为帐篷里场地狭小，她只比划了几下，就唱了起来：

>   看那麦粟满田畴，
>   稷苗片片绿油油。
>   远行在即情依依，
>   无尽愁丝绕心头！
>   朋友知我心烦忧，
>   外人问我有何求？

第十一章　拔犀擢象　登台拜将

悠悠在上我的天，

是谁害我要远游？

……

戚妍刚刚歌完一阕，张良就站起身，捧着酒杯走来举过头顶说："夫人请歇一歇，您唱的歌比酒还浓，再唱下去，我就走不了啦！是谁害我远游呢？是我对韩王的承诺，是当前天下的局势呀！"

戚妍两手捧了杯，谢过张良，也来到桌边，在偏座坐下。

刘邦说："子房，你第二次来我幕下，功绩卓著，助我入关破秦，此其一也；陪我履险鸿门，此其二也；为我谋得汉中，此其三也！有这三大功绩，君足可分我一半江山了！"

张良连忙站起身来逊谢，他说："张良作为一个士人，得明主而事之，是平生所愿！没有沛公的信任依托，张良能够成什么事呢？"

刘邦把张良拉到身边，对他说："现在你就要离开我了，不知什么时候才能相见……你还有什么嘱咐我的呢？"

张良见刘邦十分诚恳，就说："好，我就为主公再谋一计吧！"

刘邦把坐垫拉到张良面前说："子房，请讲！"

张良说："大军进入汉中后，请立即把走过的栈道全部烧毁，以防诸侯进攻，同时可示意天下，主公已无意东还，使项羽麻痹。"

"对对对！"刘邦说，"我一定照子房的话去做！戚妍，你现在就去找萧何，让他准备火种！"

"是！"戚妍拜别张良，出帐去了。

看着姗姗走出去的戚夫人，张良问刘邦说："沛公，您十分爱这位夫人吗？"

"是的。"刘邦承认，"爱得如心如肝，如果没有她，我在这艰苦的日月里，真不知如何自处！"

"难道比在原籍的吕夫人……感情还深吗？"

"子房，你是我的挚友，我没什么瞒你的，她们不可相比！"刘邦摇摇头，"吕雉对我的感情如冰如火，而戚妍呢，她对我的感情却如绵如水，一个男子汉需要的是后者！"

张良听了后，忧郁了好久。

"子房，你的夫人呢？"

汉高祖刘邦

张良没有回答，对刘邦说："我看戚夫人像是柔花弱草，你可得好好地保护她呀！"

"有我在，她还能受到风吹雨打吗？"

"若是您不在了呢？"

"你说什么，子房？"

"失言，失言！"张良站起身来。

送走张良后，刘邦率大军继续向汉中挺进。他照张良的话，把走过的栈道全都烧了。樊哙等将领很不以为然，他们说："烧了栈道，敌人是难进了，可是咱们还要打出去呀！"

刘邦说："那时候呀，咱们就不走栈道了，咱们开辟大道！"

安定了汉中、巴蜀，刘邦与大臣、将军们商议后，定都南郑。他拜萧何为丞相，曹参、周勃为将军，樊哙为郎中，夏侯婴为太仆，郦商等为都尉，其他将领都有封赏。他的朝廷已初具规模了，接着就开始"经营蜀汉，还定三秦"的计划。

2

如果回头看一看，想一想，刘邦真是一位"福王"。尽管他有着项羽不具备的许多优点：如他的仁厚宽和，他的容人用人，他的从善如流，他的平民态度……可是，不能不说他有着诸侯们谁也没有的好运气，上天的确对他十分眷顾。他几次化险为夷，几次九死一生。别人给他设的圈套、阴谋，往往成了他步步登高的垫脚石！

范增和项羽为刘邦设套，把他送往巴蜀、汉中，却把刘邦这只他们认为的"癞蛤蟆"送到"湿地"里去了。

他们"帮"刘邦渡过了秦亡后的一场特大的灾荒。

秦朝末年，咸阳周围已被旱灾所困，二世时，征调士卒五万屯卫咸阳时，还特别命令他们要自己带着吃食，晓谕他们"咸阳三百里内不得食其谷"！而后，战火逼近关中，大批的青壮年被从田野里赶到战场上，农民还要不断地给章邯军输送军粮。秦亡后，刘邦、项羽近五十万军队齐集咸阳，就食半年之久，把他们吃得十室九空！到戏亭会散，全国性的大灾荒已像大火向各处蔓延了！

《汉书·食货志》记载："汉兴，接秦之敝，诸侯并起，民失作业，而大

第十一章　拔犀擢象　登台拜将

饥馑。凡米石五千，人相食，死者过半。"可见灾荒之烈。

刘邦幸运的是来到了根本没有受到战祸和灾荒影响的巴蜀！

在刘邦入蜀前，张良与萧何曹参计议派郦商来到了蜀中，接管这块肥沃的土地。刘邦到了后，见郦商已把秩序整顿得很好了，就与萧何商量了一下，令一个专有理财才能的名叫襄的人为治粟内史。

巴蜀地区除了生产水稻、蚕丝外，井盐、冶炼等各项手工业都很发达，善于治理的萧何又给予适当的鼓励政策，于是百业全都兴旺起来。所以，刘邦虽带来了十几万人马，但衣食住行一点都没有感到困难。

"我怎么会知道天下还有这么好的一块地方？"刘邦常常对人说，"这得感谢我那个义弟项羽呀！"

正当刘邦与他的一班臣僚一心一意地经营蜀汉时，中原又燃起了战火。

头一个起来反叛的是没有得到封号的齐国田荣。

戏亭分封，项羽是以亲疏来分等级的。真是顺我者优（多），逆我者劣（无）。这就为日后的战祸埋下了隐患。各路诸侯都看到了这一点，所以他们来到封地后，立刻招兵买马、整备武装，没几个月，每个诸侯麾下都是刀枪林立了！

田荣在几年前就与项梁产生了嫌隙，项羽记住了这事，所以没有给他封地。戏亭分封后，田荣又挟制他名义上的主子田市，不准他到即墨去做胶东王。那个田市呢，怕得罪项羽，悄悄地逃出田荣的掌握，到自己的封地去"就国"。田荣大怒，派人追上田市，在路上将其杀掉，自立为齐王。

这还不算什么，那个被项羽封为新齐王的田都带领他的人马来"就国"，被田荣打得抱头鼠窜，逃到了楚国。

田荣得到大半个齐国后，仍不满足，他又派人去招编彭越，封他为将军。彭越在反秦中也有功劳，可是因他曾与刘邦有过瓜葛，项羽也免了他的封号。他便趁此站到了田荣一边，与项羽唱起对台戏了。

田荣得了彭越的生力军，便派他去攻杀项羽封立的济北王田安。至此，被项羽一分为三的齐国故地，统统成为田荣的了！

一直与张耳在一起的陈余也不服气，因为项羽给张耳封了王，陈余却只得了个"侯"。他认为这是张耳挑拨的结果，于是，他向田荣借了兵去打新封常山王的张耳。张耳没有自己的嫡系部队，他的兵原来都是陈余训练出来的，所以，陈余一打，他们都阵前反水，投到陈余那边去了！

张耳没法，只好放弃王位，跑到巴蜀去投奔他当年的小兄弟刘邦。

汉高祖刘邦

被项羽封为代王的原赵王歇，被陈余接了去仍称赵王。赵王再反过来把陈余封为代王。陈余与赵歇关系很好，他派夏说任代相，为他守着代国，自己仍与赵歇在一起。

原燕王韩广也对戏亭分封有意见，他霸住燕地，不肯到辽东去。新燕王臧荼派兵将他击杀，趁机把辽东三郡都攫为己有……

此时，半个天下已经乱了。

项羽的楚地本来还算安静，可是项羽却人为地制造了混乱。

韩王成，在戏亭分封时，项羽本来同意给他保留地盘和封号，但他听范增说韩王竟派张良去帮助刘邦入关，立刻火了。他以韩成没有战功为理由，将其扣留在楚军中。其实，韩王还是有战功的。项梁曾给他一千人马令他开拓旧韩地，他与张良奋力苦战，也夺得了一片土地。要不，他不会在韩地站住脚的。他被圈禁楚军中，究其实还是因为张良给刘邦出了力。

项羽回彭城时，韩王成曾经请求项羽放他回到韩地就国。

可是项羽不准。他说："你哪有国呀，那是人家流了血汗打下的土地！"

这样就把他带回了彭城，韩王成实际上成了项羽的俘虏。

张良离开刘邦后，听到了韩成被项羽带到彭城的消息，很是气恼，就不顾一切急忙赶往彭城。

有人劝他，"先生，项羽为什么扣押韩王，你想过吗？就是因为你呀！"

"我知道。"张良回答。

"也许，项羽想以他为诱饵引你前去呢。"

"我知道。"

"那你为什么还要飞蛾扑火？"

"韩王是我的君主，我主因我而受难，我怎敢躲避呢？即使我能逃得一命，我又怎样面对世人呢？"

从巴蜀至彭城关山阻隔，不下千里，张良日夜向东北方向走，一路上他收集到许多信息，他知道战火刚刚平息了不到半年，又燃烧起来了！

等他到了彭城，怎样对付项羽的计策也就成熟了。

张良直接去见项羽。

项羽阴沉着脸对他说："你来了？"

"张良参见项王！"张良按规矩给项羽行礼。

"你小子一直帮着刘邦对付我，跑到我面前来干什么？"

"大王错了。张良一直认为沛公与项王是一家，是反秦的盟军。因此，我

第十一章　拔犀擢象　登台拜将

对付的是暴秦……"

"那么，在鸿门宴上呢？"

"在鸿门宴上也是这样。"张良从容不迫地说，"张良不愿看到项王与沛公被小人所拨弄，更不愿看到义薄云天的项王被后人所讥笑……"

项羽没的说了。

"那个到巴蜀去的刘邦呢？"

"沛公吗？"张良回答，"他已进入您封给他的巴蜀，并且烧绝了栈道，无心还矣！"

"他竟这样？"

"现在看来，还是沛公真心听您的话呀！"张良补了一句。

项羽的脸色和缓了许多。

"那么，先生到彭城来……是来帮助我吗？"

"是的，张良有一个重要的消息想告知大王。"

"你说！"

张良料定项羽仍不知燕、赵、齐等国的纷乱，便细细地说给了他。

"是真的吗？"项羽听后又急又气，他没想到人家并不在乎他这个天下霸主，公然在他身后作乱了！

他大概要与他的谋士们紧急研究平叛的大事，就对张良说："你先在彭城住下来吧，但不准与那个韩成有来往！"

"大王……"

"就这样，你去吧！"

张良找了一所馆驿住下来，他知道项羽一时没工夫注意他了，就找朋友打听韩王的事。

最可信可靠的人莫过于项伯了，但项伯被项羽封到老家下相，几天前就回家乡去了。

于是他又去找别的朋友。跑了几天，没一点效果，朋友们都不知韩成被关在哪里。张良又带上重礼，想买通项羽身边的人……

就在此时，从王宫中传出消息，项羽废除韩王成的王位，把他降为韩侯。

原来，张良到彭城的事，项王的许多臣僚十分重视，他们纷纷上书，要求阻挠韩王君臣见面，这样，那"诡计多端"的张良就无计可施了。

范增建议先把韩王降为韩侯再说，项羽听从了。

后来范增又听说张良正到处打听韩王的住处，有人已经想帮助他了。

汉高祖刘邦

范增说:"项王,干脆把张良宰了吧,留着他早晚是个祸害!"

"张良算个什么?"项羽像刘邦一样,对知识分子的能量一直缺乏认识,"要杀就杀韩成,把韩成杀了,他张良就成了无头的蛇!"

几天后,项羽真的把韩成杀了。

"项王,你这才是本末倒置,要杀,也得先杀张良,"范增说,"韩成是个人形的皮囊,张良才是他的灵魂!"

"没有了皮囊,灵魂在哪里藏身?"项羽仍然认为先杀韩成是对的。

"不然,我听说各国的诸侯都在招张良到他们国家去,"范增说,"得张良一人,便可安天下!"

项羽冷笑一声说:"你们把那张良说成神了!"

但他终于听了范增的话,下令张良到王府来见他。

侍卫没找到张良。这一次,项羽恼火极了,他下令在彭城大搜三天,一定要找到那个桀骜不驯的张良!

三天后,他仍然没有找到张良!

这时,几路诸侯谋反的消息陆续传到彭城。项羽想率兵讨伐,可是范增劝他把自家后院清理干净再说。

"在我楚地还有令人担心的事吗?"

"你封的那个义帝呢,"范增说,"我听说他也在蠢蠢欲动,许多人拜到他的门下,他倒成了战国时信陵君那样的公子了。可不能小看那个放羊娃!"

在项梁死后,那个项家扶立的楚王知道在他专权的路上,项羽是他最大的障碍,便恩将仇报,立刻把军权收到自己手里。以后他处处偏袒刘邦,并指使宋义排挤项羽。可以说,刘邦能够先进咸阳,争得破秦首功,与这个楚王是有很大关系的。至今想起来,项羽仍怀恨在心!

另一方面,只要有这个义帝在,从陈胜的张楚王,到项梁拥立的楚怀王,再到他这个西楚霸王,就很难把这法统上的关系说清楚。人们会问哪个是真正的楚王呢?那还不如没有中间这一环呢!

"我看,也把他杀了算了!"

"那,可要做得巧妙点儿,有些人会借机生事的!"

几天后,项羽派人到义帝府对他说:"陛下在彭城是不合适的。因为古之为帝者,地方千里,必居上游,陛下还是挪一挪地方吧!"

熊心虽然年少,但是极为聪明,他知道项羽不想让他住在彭城了。说实话,他也不愿待在项羽的眼皮底下。就冷笑一声问:"那么,大王要我到哪里

第十一章　拔犀擢象　登台拜将

去呢?"

"湘水上游有个郴县,那里青山耸立,绿水环绕,深蕴帝王之象,大王想让您移驾到那里去!"

"好吧,我听项王的!"义帝答应了。

项羽送义帝动身时,见故楚旗帜迎风招展,随辇护送的有几千人!他想:亚父所虑甚是,留着这个野心勃勃的家伙是绝对不行的!

他暗中给九江王英布、衡山王吴芮、临江王共敖下令,令他们将义帝"击杀于江中",并制造一个船只失事的现场。

可是纸是包不住火的,因为参与其事的人太多,义帝被谋杀的真相还是传了出来!项羽这一次是戴定了"不仁不义、残忍嗜杀"的"帽子"了!

3

南郑是个小县城,地处巴蜀与汉中的连接点上。它只有交叉的两条街和一百多户人家。可是山屏河绕,风景如画,很是秀丽。刘邦把它作为国都后,这里一下子多了几倍人口,临时搭建的简易房围绕着四野,马匹和车辆多如蝼蚁,喧闹声更是昼夜不息。

刘邦的王府设在一处因战乱而逃走的地方官员的宅第里,当然有点狭小,又在近旁盖了数十间砖瓦馆舍才勉强够用。周勃派五百人马在王府周围警卫。

这天大早,在城西郊的一块空场上,突然来了许多兵丁,绕空场站了一圈。他们执戟持刀,面目肃然,引起了人们的好奇。因为南郑自从定为国都后,车骑来往如流水,但很少见这样紧张的场面。有些人站住了,想看看出了什么事。只一会儿人就越聚越多,他们都伸着脖子看着那片一无所有的空场。

但他们立刻就明白了,官府要在这里处决人犯。

太阳升起后,随着几声净街锣响,几十名军士押来了十几个身穿赭色囚衣的罪犯。

四周观望的人聚得更多了,但他们眼睛瞪得大,嘴巴却闭得紧,所以刑场周围仍悄无声息。中国人好聚观死刑大概有几千年的传统了,他们想看看囚犯临死时的样子,看看人头是怎样从脖子上掉下来的……

犯人们被押进了刑场,被按在地上跪下。是的,他们的样子很值得一看。他们的面色白如纸、黄如蜡、红如血、灰如土……什么颜色都有。他们的表

汉高祖刘邦

情呢,也很可观,有的低头耷脑,有的蹙眉闭目,有的灰心丧气,有的却满面惊异,很不明白自己为什么会被弄到这里来。还有的怒目圆睁,张大嘴巴,好像就要大声呼喊……

可是刑场上还是很安静。

一位官员走出来,手里捧着一张锦帛,上面写满了密密麻麻的黑字,他咳嗽一声就开始朗读起来。他公布的是这些人的罪状。

原来罪犯都是些小官吏,他们犯的是同一个罪案。他们把巴蜀的稻米偷运到山外灾区,想捞几个钱。这罪过是很重的,因为这不仅是非法谋利,而且是以粮资敌,在这非常时期,当然是死有余辜了!

小官僚还没有读完,心急的刽子手已经开刀了,"咔嚓,咔嚓……"随着一声声的脆响,那带血的头就满地乱滚。看客们尖叫着"呼"的一声散开了,可是又捂着眼睛聚拢过来。

这时,一个囚犯忽然叫道:"啊,苍天啊,我韩信壮志未酬,就这么稀里糊涂的死了吗?……"

刽子手站到了那个叫喊的犯人身后,举起了沾血的明晃晃的刀。

"住手!"圈外一个人喊道。

刽子手的刀没有落下来,他望着一旁监斩的官员。那官员小跑着向"叫停"的人跑去。"夏侯大人,您……?"

那夏侯大人就是汉王的太仆令夏侯婴,他高人一头的个子,面目黧黑,一身甲胄,威风凛然。他对在他面前躬着腰的小官吏说:"那个叫韩信的人,我要带走!"

"这……那个……"

"别这个那个的,我要带他去见汉王!"

"好,好,就依将军!"

那个逃得一死的韩信,才三十出头,瘦高个儿,白净的脸,似无异于常人之处,但他浓眉下的两只眼睛炯炯有神,透露着他的精明。

他家籍淮阴(今属江苏),与刘邦同是楚人,而且年轻时和刘邦一样,也是个"无行"的少年。"无行"就是没有令人称道的行为。他不事农工,不走正道,到处蹭饭吃白食,惹得亲友们讨厌,见他来了就关上大门。长大后,也不见有什么改观,仍然东游西荡,还常常违犯秦之律令,腰上挂一把宝剑出行。因为他自负倨傲,目空一切,除了狐朋狗友外,也就没几个像样的伙伴。

第十一章　拔犀擢象　登台拜将

这样的人当然仇家不少，一次，他被一伙无赖拦住了，为首的一个对他说："小子，今天遇到我们，你是过不去了！老子给你两条路，一是拔出你的剑刺死我们中的一个，去吃'杀人抵命'的官司；二是从我裤裆下钻过去。你选一个吧！"

无赖们知道这个韩信傲骨嶙峋，是不会受胯下之辱的，都等待着他拔剑搏斗。

韩信犹豫着没动，引来哈哈大笑。

忽然他趴在地上，慢慢地向为首的那人爬去。

那人撑开两腿，叫道："孬种，你来吧，来吧！"

起初，无赖们有点发愣，后来就发出阵阵讪笑，看着韩信从他们头儿的裤裆下屈辱地爬了过去。

韩信没回头，默默地走了。他脸上满是泪水……

那时的人是很注重自己的历史的，有着洁净光荣事迹的人到哪里也吃得开。"胯下之辱"却像韩信的一块胎记永远也抹不去了！

项梁率楚军渡过淮河后，韩信前去投奔，项梁没重视他，项梁死后他又归了项羽，项羽给了他一个"郎中"的小官儿。他曾几次向项羽献策，项羽面前有范增那样的谋士好几个，轮不到他说话。他的上司还算识人，看出韩信有些才能，曾几次向项羽推荐他。

"你说的是那个韩信？"

"是，大将军。"

"就是那个从人家裤裆下爬过去的家伙？"

"是……可是……"

"可是什么？这样的人，即使他才高八斗，我能用吗？传出去天下人会怎么评论？"

项羽到咸阳后，屠杀降卒，火烧古城，挖掘秦陵的愚蠢行为，使韩信齿冷，他觉得项羽虽然气势汹汹，但他是个心胸狭窄、目光短浅的人，比起那看似与人无争却胸怀丘壑的刘邦差得远了！

在鸿门宴上，更证实了他的看法，项羽竟像个小儿似地被张良拨弄在股掌之上，倒转乾坤的机会，却白白地丢失了！

项羽在戏亭分封时的表现，更令他哭笑不得。他本可把天下像秦始皇那样塞入自己囊中，建立一个大一统帝国，他却不，自己只劈了故楚的一半，还像个恋家鬼似的吵着要衣锦还乡。像他那样的人，自然无法做到公平，分

汉高祖刘邦

封全以自己的亲疏远近为凭。分封的尘埃落定后，大印都铸好了，他却舍不得发给诸王，在手里把玩了几天……

"这样的人只能做个草莽英雄，怎么能据有天下！"

这就是韩信对项羽所下的结论。

当刘邦带领他的军队往汉中、巴蜀开拔时，他从楚军中开溜，赶去投奔刘邦。

可是他没见着刘邦，更没得到机会向刘邦陈述他的宏图大愿。那时赶来投奔刘邦的有几万人，头脸比韩信大的也有几千，刘邦哪有时间与他们磨蹭，他把这一工作交给了手下的几个文吏和将军。

韩信见到的是刘邦的太仆夏侯婴，这也算是不幸中之大幸了。夏侯婴听韩信谈古论今大侃了半天，虽然没记住多少，但给他留下了很深的印象。

"你知道投奔来的人中有个韩信吗？这是个很有学问的人！"他对萧何汇报说。

"他的学问是哪方面的？"萧何问夏侯婴。

"那我怎么知道，"夏侯婴说，"有时间，还是你与他谈谈吧！"

萧何记下了韩信的名字。

夏侯婴没有权力给韩信较高的职位，就任命他为连敖。连敖比他在项羽军中的郎中大一点，是个行政职务，专管物资供应之类的事，谁想他不几天就"以权谋私"了。

"韩信，你是怎么了，糊涂到干那样违法的事！"夏侯婴责备他。

"我那点薪俸怎养活得了一家人！"韩信倒坦白。

"那也不能违法呀！"

"夏侯大人，你也许不知道我的痛苦，"韩信说，"我是个干大事的人，你让我去干那小官儿，就像把一匹千里驹套在破车上……"

"我明白了！"夏侯婴说，"我这就带你去见汉王。"

"谢谢大人……"

"到了汉王面前，可不要啰嗦，拣要紧的说，他可没工夫听你沿天扯地！"

来到汉王府，夏侯婴为了引起刘邦的注意，大声叫道："汉王不是要夺取天下吗，为什么要斩壮士？"

刘邦日理万机，忙得头昏脑涨，他当然不知道那些天天发生的小事。他说："夏侯，有什么事，你就说什么事吧！"

夏侯婴便把在刑场上救下韩信的事说了一遍。他说："这个韩信真的是个

第十一章　拔犀擢象　登台拜将

很有学识的人，汉王没时间，就令萧何与他谈谈！"

夏侯婴说着的时候，刘邦的眉头就皱起来了。从法场上拉回个人来在他看来也没有什么稀奇的。有个张苍，很有本领，不知怎的也弄了个"坐法当斩"，已经绑赴刑场了，又被刘邦早年的"大哥"王陵拉了回来……

"以后再说吧，萧相国也很忙……还让他去干连敖。"刘邦说。

"官儿小了点吧？"夏侯婴说。

"那就让他当治粟都尉，那官儿大许多，他可以多贪一点！"刘邦补上一句说，"不过，那时你就救不了他了！"

刘邦插空开了个玩笑。

治粟都尉的权力不小，就是在治粟内史的领导下，专门负责军粮筹集和分配调运等工作，应该说是一个比较高级的行政职务。

韩信年轻时是个游民，又有胯下之辱的丑行，可以说出身不算好，项羽不重用他的原因就在这里。现在呢，他又犯了死罪，有很重的"前科"，应该说是个"以观后效"的角色。刘邦却全不在意，一下子就把他提升到如此高位上，平心而论，也算不错了！

这就是他与项羽的不同，项羽很重视传统、身份和名声，而刘邦本就是出身于市井，他现在虽做了汉王，可是江湖领袖的习气未改，做起事来粗放、随便得叫人惊奇。

从王府出来后，夏侯婴对韩信说："这差使够好的了，好好干吧，千万别再弄出事来！……"

"唉……这仍不是我的理想，"韩信摇摇头。

他的回答出乎夏侯婴的意料，他向韩信吼道："怎么，你想做丞相吗？"

"我不想做丞相，那职位是萧相国的，我要做汉王的大司马……为汉王统帅三军！"

夏侯婴惊得站住了，他气得呼呼地喘了好久，"你这人心好大呀，我真后悔推荐了你！——这官儿不同寻常，明天还要谒见汉王接受任命。我劝你还是在工作中好好表现你的才能吧，不要光耍弄嘴皮子！"

第二天，韩信按时和一批新任命的官吏来到汉王府，等候了好久才被接见。

进到内堂，刘邦正坐在一把椅子上，让剃须匠给他修剪胡须，还不时地责备剃须匠弄得不好。"你是怎么了？还是南郑最有名的匠人呢！你可不能给我弄得太短了，看起来像个杂货店的掌柜！——我可是当今汉王，管半个天

汉高祖刘邦

下的汉王！……"

那剃须匠吓得战战兢兢，热汗直流。

前来谒见的官儿，按照府里文吏的安排——觐见，拜一拜，磕个头就走了。

韩信自负才识超群，傲慢得很，这种人很重视别人对自己的礼数，他希望刘邦按照应有的礼仪来接见他，可是刘邦偏偏对谁也不讲这一套，要他来礼贤下士，简直比登天还难！韩信跪在刘邦面前……

"你是谁？"刘邦没回头。

"新任治粟都尉韩信……"

"你就是那个差点儿被割了头的韩信呀？"

"是……"韩信羞得满面通红，恨不得爬起来跑出去。

"好好干吧，"刘邦说，因为他怕剃须匠的剪刀伤着，不敢张嘴，因此吐字不清，"你如果再犯了事，谁也不好为你说话了！——你又是怎么了，给我剪掉了几根长须，你知道这几根胡须长起来得多少日子吗？你这个笨蛋，我们沛县随便从街上拉个匠人来也比你好得多！……"

"大王……"韩信见刘邦没头没尾地责备起剃须匠来，就又叫了一声。

刘邦一低头，又看见了韩信，叱他道："哎呀，我的娘哎，你怎么没完没了？都像你这样，我这个汉王真做不得了！——走，走，快走！"

治粟都尉虽说比连敖官高爵显，却仍然不是他最最希望最最擅长的军事统帅一职，所以，他还是满腔怨恨。

使他稍微宽慰的是，他这新工作给了他与萧何经常接触的机会，几次交谈后，萧何惊异地发现这个韩信竟是个全局性的杰出的军事天才！张良的才能是经天纬地，可全面辅佐一位帝王，而韩信的才能却是独擅军事，能够为帝王取得天下！

"老弟，你耐心地等一等，等一等，我会说服汉王的！"

"我两次见过汉王，他却……"

"我知道你要说什么，"萧何说，"汉王出身平民，朴实无华，厌恶那些繁文缛节，请您谅解。要想取得他的信任得有一个过程，请你等一等！"

在与萧何交谈时，韩信提到张良的烧绝栈道的措施。他说："从政治上看，用来迷惑项羽和关中三王无疑是很对的，但从军事上看，这策略就不怎么样，没了栈道，你就很难得到外面的信息，要知道指挥军队的将军没了信息，就成了瞎子和聋子！"

第十一章 拔犀擢象 登台拜将

"高见,高见!"萧何连声称赞。

"还有,这也给随汉王进入巴蜀的将士一个错觉,认为汉王将永远困守在这里,他们今生今世也难得见到亲人了!"

"是呀,这事儿得立刻与广大将士解释……"

4

萧何还没来得及采取相应的措施,韩信担心的事出现了,部队中陆续有许多人开小差,起初是一个、两个,后来就成群结队。有些将军也沉不住气了,他们中也有人偷偷开溜,连刘邦的二舅哥吕释之也逃跑了!出门瞧瞧,就可听到沛丰家乡的歌谣。有一首歌在军队中传播得很广,歌名叫"我的丈夫当兵去了"。

> 丈夫当兵走远方,
> 不知哪年回家乡!
> 太阳落山天色晚,
> 思念亲人心忧伤!
> 鸡鸭牛羊回窝来,
> 亲人你怎不把家想!
> 啊呀呀,
> 想起亲人痛断肠!

> 丈夫当兵走远方,
> 没年没月别离长。
> 西天晚霞红又紫,
> 思念亲人泪汪汪!
> 鸡鸭牛羊回窝来,
> 亲人你怎不想妻房!
> 啊呀呀,
> 辗转反侧到天亮!
> ……

汉高祖刘邦

又过了些日子，中原战火又起的消息传进巴蜀，韩信待不住了。他想：在这段时间里，言而有信的萧相国一定多次向汉王推荐过自己，只是汉王坚持不用，他也不好回来对我讲了，那就不如赶紧跑出巴蜀回到中原，再寻机会。戏亭分封后，他就料定诸侯会因分配不公重起战衅的，今日果不其然！只要战乱不息自己就有用武之地……

于是韩信把治粟都尉的印信留下，趁黎明骑马逃走了！

天亮后，治粟内史把韩信逃走的消息报告了萧何。

萧何正在进早餐，一听到这消息，他把饭碗一放，筷子一扔，叫道："这是什么时候的事？"

"大概两个时辰以前吧……"

"给我备马！"萧何喊了一声就往外跑。

"萧相国，您还没吃饱呢！"伺候他吃饭的丫头说。

"不吃了！"

服侍他穿衣的仆人追着他喊："萧相国，您还没换朝服呢！"

"不换了！"

跑到前院，侍卫已牵马等在那里，萧何一跃上马，从侍卫手里夺了马鞭，打马出了府门。

"相国，您要到哪里去？小的去通知其他侍卫！"

萧何沿着大街向东门策马跑去。他估计没受到汉王重视的韩信一定是听到中原战事又起，到那里去寻找新主人去了。他这样的天才统帅，谁如果用了他，他一个人就等于百万精兵！不，百万精兵如指挥失当也会一朝溃散，可是有了他，散兵游勇就能变成精锐之师，就会永远立于不败之地！汉王呀，汉王，你已经失却了夺取天下的统帅，还在家里做着扫平群雄的美梦哩！

萧何离开南郑后许多事情没人决策、做主，有司们纷纷跑到刘邦那里去请示。

"你们去找相国呀，那是他的事！"

"相国，他一早就骑马出门了！"

"那就等他回来再说！"

到了中午，连曹参也到刘邦这里来了！

"汉王，找不到萧何了！"

"萧何哪里去了？"

"谁也说不出……"

第十一章　拔犀擢象　登台拜将

樊哙从堂外跑进来说:"相国是不是回中原去了?"

一句话提醒了刘邦,他一屁股坐在坐垫上,说道:"是呀,是呀,萧何那小子一定是想老婆了,想他的那一窝老小了,扔下我,回沛县去了!"

曹参说:"汉王,别乱说!您想我与萧何、樊哙等一帮老兄弟从沛丰跟您迎着腥风血雨,一路来到汉中、巴蜀,怎能说走就走呢!"

樊哙见自己的一句话惹得刘邦如此着急,赶紧随着曹参说:"是呀,我们就是死也要和您死到一块!"

曹参白了樊哙一眼。

樊哙赶忙改嘴,道:"咱们怎么会死呢,咱们的事业刚刚兴旺……"

刘邦有点失去理智,他拍打着面前的桌案叫道:"吕释之是我的二舅哥,连那龟孙子都不声不响地跑回了沛县,我还能指望谁呀!我的胳膊被人砍掉了!我还做什么汉王呀!"

曹参一时也弄不明白萧何是出外办事去了,还是……逃走了。因为这些日子逃跑的人的确很多,只将军一级的人就走掉了几十位!可是,相国府那里还有一大堆事等着办呢!

"汉王,您也不必担心,我认为萧何不会那么走掉,老兄弟们谁也不会走,有道是家鸡打得团团转,野鸡一赶满天飞!您就是打我们,我们也绝不会离您而去!——萧何那一摊子事,得有人管呀,要不可就乱成一锅粥了!"

"那就叫张良管,那小子能行!"

"汉王,您是急糊涂了吧,张先生还没入汉中,就去追随他的韩王去了!"

"那,你就去代理一下吧,叫上周昌帮你出主意。去呀,你快去呀!"

曹参走后,樊哙回头到后堂找来了戚妍,对她说:"萧何不知哪儿去了,汉王有点气急,你去安慰一下他,就说萧何到外地催缴军粮去了!"说着急急地离开了王府。他怕萧何出走的消息一传开,上下会有人生事。他这个粗人现在成熟得多了。

戚妍走进前堂,坐到刘邦面前,轻轻地为他捶着背,又劝他吃了点东西,然后说:"刘郎,我不相信萧相国会离你而去,就是你的人马跑了大半——当然那是绝不会有的事,你的一帮老兄弟也不会离开你……"

"你是这样看的?"

"从沛丰出来的人都会这样看。"

刘邦稍微安静了些,"那么,他到哪里去了呢?"

"汉中、巴蜀这么大,说不定他到哪里做事去了。你想,来到南郑后,他

汉高祖刘邦

多少次跑到下面去,又是催粮又是催税,还有许多地方上的纠纷需要他去处理……"

"对呀,对呀,你说得有道理,可是过去他每次离开南郑都要告诉我一声的呀……"

"也许他以为这是常事,用不着再进府麻烦你。"

"那么,咱们就这么干等着?"

"为什么干等呀,可派出几路人马到下面找找呀。"

"夫人,你的心思真灵,咱就这么办。"

出了南郑的东门以后,萧何抬头一望,面前是看不尽的层层叠叠的山丘,只在崇山峻岭中有一条羊肠小路。他想:"既然没有别的道路,那韩信也就只能从这里走了。"走到午后,几十里山路过去了,也没见到人影。他毕竟是近六十岁的人了,这时已汗水津津,筋疲力尽。可是他一想到大汉将失去韩信这个不能缺少的人,就又催马向前……

走了一会儿,忽然听到山上有人拉着长声歌唱:

山外燃烽火,
山内战马鸣。
心静如虚谷,
不闻杀伐声!

循着歌声,萧何看到一位胸前垂着白须的老樵夫,他想:听这歌就知道面前的老者定是一位睿智之人,就向他拱手道:"老人家,在下有礼了!"

老人跑到崖边,低头问道:"先生可是问路的?"

"不,我是问事的,"萧何小心地对老人说,他知道一旦说错了话,像这样阅尽人生的人是不会对他说一个字的。"今天大早,我的儿子出走了……"说着就要掩面哭泣。

"你们父子闹事儿了?"

"就只为一句话……"

"嘿嘿……"老人笑了一声,"如今的年轻人脾气大呀……我那小子也是说不得……"

"您可看见他从这儿走过去?"

老人想了想:"那会儿,我看见一位军人模样的人,骑一匹青骢马,身背

第十一章 拔犀擢象 登台拜将

一柄宝剑从路上走过……"

"那就是他了!"萧何真的落下泪来,可那是喜泪。由于身心轻松了许多,他感到从没有过的饥饿,便向老人道:"从大早追出来,没吃点东西,在下实在饿了,老人家有东西吃吗?"

老人笑笑说:"上山的人怎么不带干粮呢,我有……"说着把自己的干粮袋子从崖上递下来。

萧何把袋子抖开,见里面有两块面饼和一截腌鱼,就吃了起来。他想:这是老人的午饭,怎么也得给他留一半。但吃着吃着,竟吃了个干净。他不好意思地说:"老人家,我是太饿了,竟把您的干粮全吃光了!您看怎么好呢?"

老樵夫哈哈大笑:"在这山里到处是山果野味,还能饿着老汉了?您吃完后,就赶路吧,我想,在他出山前,您就会赶上他!"

萧何有点过意不去,就从怀中摸出一块银子放在崖上,说:"没东西酬谢老人家,给几个钱,老人家买点米粮吧。"

"一点干粮,何用说谢,"老人拾起银锭掷还给萧何,"只是,您对老汉说谎却是不该。刚才您下马走了几步,我就看出您是个常常骑马的老军人……"

萧何不想辩驳,只是一再拱手:"老人家好眼力,恕在下不得不……"

"好啦,您走吧,"老人说,"我们小民如草如虫,可是有时候你们还是用得着小小老百姓的——您记住这话就行了!"

吃过饭,萧何有力气了,就放马前行。

一直赶到太阳西沉,仍不见前面有人的踪影。这时百鸟归林,在周围叽叽喳喳叫个不停。冷风透衣,饿马嘶鸣,何处投宿?他正踌躇间,在下坡时,马颠了一下,把他摔下马来,滚进了一丛荆棘中,他跌得浑身疼痛,好长时间才爬了出来,可是手脸被划出了血,衣服也扯破了几处……

他爬到马前,拉着铜镫好歹站了起来,抬头向远处看去,只见山苍林幽,夜雾缭绕。就在这时,他看到在山拐角处,有一个骑马的人在踽踽独行,一簇剑穗在他身后飘荡着……

萧何一阵激动,声嘶力竭地喊道:"韩信,将军!……"

那人站住了,回头看着。

"韩将军,我是萧何呀!"

远处那人仍站着不动。

"你过来呀,韩将军,我……走不动了!"

汉高祖刘邦

那人勒转马,向萧何跑了过来。

5

刘邦寝食不安、度日如年,院子一有什么动静,他就跑出去喊道:"是萧何来了吗?快让他进来!"可是每次他又怏怏地回来。

又一日,各路寻找萧何的人陆续回来了,他们带回的都是令人失望的消息。戚夫人没让这些人进来汇报,怕刘邦听到会更加愁苦。

第三天一早,戚夫人刚伺候刘邦吃完饭,一个人踉跄而入,一下子扑倒在地,他是萧何!

刘邦赶忙扶起,又当胸给了他两拳:"萧何,你这当大哥的害得我好苦呀!"

"汉王,我怎么……"

"这两天,你跑哪里去了?"

"汉王,我为你追韩信去了呀!"

"韩信,他跑了?"

"前天他挂冠封印而走……"

"他走就让他走好了,你还去追,走掉了几十员将军,你没在意,还在意一个韩信!"

"汉王,你呀?——几十员大将,抵不得一个韩信呀!"

"你也太吹那小子了!"

"汉王,即使上将百员也易得到,韩信却是天下无双的统帅之才呀!"萧何急得眼泪都出来了,"您若是打算永远在汉中做王,自然无须重用韩信;若想与诸侯争夺天下,再没别人能够比得上韩信的!您自己想想吧!"

看到萧何这样急切,刘邦的态度也改变了。他相信了萧何,相信了萧何识人的眼力。他说:"大哥,我当然要出去争夺天下,谁愿意老憋在这里!"

"那,汉王就得重用韩信,要不,他还是要逃走的,他一旦被别的诸侯所用,您就有了一个不可战胜的敌人!"

"好吧,我拜他为将军……"

"将军……"萧何摇摇头,"将军,拴不住他。"

"怎么!还要让他做大将军?"

"那就太好了!几个月后,汉王就可平定三秦!"

第十一章　拔犀擢象　登台拜将

"他真有那能耐，我就让他统帅全军！"

萧何趁机劝说道："大王待人，一向傲慢无礼，过去你召人拜将，就像传唤小孩子那样，这正是韩信逃跑的原因。大王如决心拜韩信为大将，就该选个好日子，斋戒沐浴，设立坛台，届时，将三军集合台前，恭行拜将大礼，这样，才能使韩信有行使大将军的威权！"

刘邦知道如果真想重用韩信，也只能这样做，就答应了。

比起项羽来，这是刘邦的长处。这时的韩信毕竟毫无卓越的表现，把全军交给他，是得有点冒险精神的。可是他充分地相信了萧何，头脑里也没有什么传统成法的干扰……

刘邦虽在汉中称王了，可是他的政权形制仍十分简陋，他手下虽有十多万人马和成百上千的文吏，但刘邦仍像个帮派的头目，没有秦朝那一套规整的礼仪。那么萧何为什么一定要刘邦举行那么烦琐的拜将仪式呢？他是有深意的。

韩信在这里最高当到治粟都尉，虽然很有些权力了，但比起曹参、樊哙、周勃、纪信那几十位跟随刘邦一路杀到汉中来的叱咤风云的大将，无论战功和地位，都有天壤之别。他寸功未立不说，就是他那"胯下之辱"的恶名，也使他难以服众，如果不给他做点什么立威，只有个大将军的名义，他能够指挥千军万马吗？

几日后，一个高大的方台在南郑西郊的大校场上落成。在萧何的劝说下，刘邦认真地斋戒了三天，终于迎来了登坛拜将的吉日良辰。

所有的安排都由萧何、曹参两人操持。

临到典礼时，刘邦突然命令移到汉中举行。

萧何、曹参都不明白这是为什么，移到汉中，有百里路程不说，还要重新筑台。

可是韩信同意。"汉王要改那就改吧，"他说，"拜将礼改移到汉中，汉王是为了离三秦更近些，好向三秦出击。另外，他用这一行动，让全体将士知道，他就要打出巴蜀，回到家乡去了，对凝聚人心鼓舞士气大有好处！"

萧何、曹参一听，恍然大悟，对韩信暗暗佩服。

又忙了些时日，等一切具备，部队向那里集结，刘邦也移驾汉中。

吉日那天，一大早，十万军队齐集校场上，队列整齐，气氛肃然。这几天，萧何、曹参分别与樊哙、周勃、纪信、周昌等主要将领谈了话，要他们顾全大局，全力配合。这时，他们也个个顶盔贯甲、跃马横刀来到台前听令。

这时，太阳初升，天地焕然。刀枪斧钺，盔缨鳞甲，相映生辉，耀人眼睛。旌旗蔽日，战马啸鸣，金鼓齐奏，赞礼声声，氤氲战云，弥漫百里。

刘邦的主要将领知道要拜的大将是谁了，可是大多数将士是不知道的，他们伸长了脖子朝坛台上看着。

吉时已到，刘邦身穿紫色王服，巍巍然登上拜将台。

赞礼官周昌高喊道："请大将军登台受礼！"

韩信从台下走出，他身穿大将甲胄，昂首挺胸，拾级而上，来到刘邦面前，跪下。

"授大将军印！"赞礼官又喊。

刘邦从夏侯婴手中接过用大红锦缎包了的人头大的方印，送到韩信面前。

韩信恭敬地双手接过，递给与他同时登台的小校。

"授大将军符！"

刘邦从夏侯婴手中接过用黄帛写好的任命诏令，又送到韩信面前。

韩信低头两手接过，停了一会儿，递给小校。

"授大将军令斧！"

那把金光灿烂的斧头，作用大概与尚方宝剑类似，是用来威镇麾下各级将领的。

刘帮从夏侯婴手里接过，授给韩信。

韩信两手捧了，大声向汉王说了几句誓言，表示荣膺大将军一职后，绝不辜负汉王信任，鞠躬尽瘁，死而后已！

"礼成！"随着赞礼官的喊声，韩信站起来，面对他的将士。

刘邦道："自兹而后，军中内外事宜，皆由大将军处置，违犯军令者，斩！望大将军谨遵吾意，严厉治军，匡万民于战火，扬汉威于天下！"

韩信回身对刘邦躬身道："谨遵汉王旨令！"

第十二章　明修栈道　暗渡陈仓

1

行完拜将礼后,刘邦对韩信是否有萧何说的那么杰出的才能,仍疑惑不定,他将韩信叫到他的行营里。在座的有萧何、曹参,还有几位大将。

刘邦记着萧何对他说的话,态度谦恭多了。

"大将军,我把汉国的整个军队都交给你了,你有何良策授予我呢?"

"臣不敢,臣唯大王之命是听!"

刘邦望着萧何,意思是:他果真有不世之才吗?别是个骗子吧?

萧何对韩信说:"汉王在征询你的意见哩,大将军可别谦虚过甚呀!"

韩信明白了萧何的话,知道刘邦在考他,低头想了一会儿,就问:"汉王,您的愿望是向东夺取天下,您的对手就必然是项王,我说的对吗?"

"很对。"

"那我就明白了。"

"将军您看,我和项羽谁强些呢?"

韩信说:"汉王的实力比起项王来,差得太远了,这是谁都看得出来的!"

这是实话,可是说得这么直接,刘邦有点受不了。

樊哙赶忙说:"项羽算什么,咱们的人马虽少,但可以一当十!"

韩信没理他,就一条一条地分析给刘邦听。他想头一步就得让刘邦知道敌强我弱的形势,然后再据以制定方略。

他说:"大王,项羽据地十几郡,都是物阜人丰的好地方,再说,他的部队打遍了全国,有着极为丰富的战斗经验,是真正的常胜之军。另外,他手下有上将千员,谋士如云,更非其他诸侯能比。还有,项王如今是天下公认的霸主,威望崇高,在政治上占有不可逾越的地位……"

韩信开列的这几条,都是响当当的,无法驳斥的。

刘邦呆了,过了一会儿,他问:"如果事情像你说的这样,我刘邦还干个

汉高祖刘邦

什么劲呀?"

"不然,"韩信使他认识了自己之后,他说:"汉王您还是大有希望的,我估计几个月之间,可使乾坤倒转,一年后,您就可与项王分庭抗礼,三年后,您就可独霸天下了!"

这话又使刘邦呆了半晌。

韩信一把将刘邦按在地下,现在又一把将他甩上云霄,这怎能不使刘邦晕头转向呢?

韩信的话使他兴奋起来。

"将军,请细细讲一讲,你瞧,大家都等着聆听呢!"

韩信知道已把他们征服了,可以把自己胸中的"沟壑"兜给他们看了,就咳嗽一声娓娓道来。

刘邦亲手把一杯浆水送到韩信手里,韩信跪起接过。

"大王,相国,各位将军,"韩信说,"大家想必早就认识项羽这个人了,我曾经侍奉过他,深知他的为人和秉性。作战时,他叱咤风云,威武无比,此不过匹夫之勇罢了。为什么这样说呢?为王者,他的长处应不在好勇斗狠,而是在用人,这,恰恰是他的弱项。他平日待人,恭敬仁爱,言语温和,遇到将士得了疾病怜惜流泪,自己再珍贵的东西也可以送人。然而,将领们立功封赏时,他又斤斤计较,把铸好的大印把玩好久也舍不得授给人家,这不是妇人之仁吗?"

周围传出嗤嗤的讪笑声。

"这只是他的为人。"韩信接着说,"第二,进入关中,雄霸天下时,诸侯臣服,百姓仰望,正是他君临天下的好机会,他却不听谋士劝导,舍关中而回西楚,这是只有傻瓜才能做出的事!第三,如果他真的不想做嬴政那样的皇帝,就按楚怀王的约定行事好了,可是他不,戏亭分封时,他依自己的亲疏远近划线,把自己的'偏爱'都封为王,而把那些与自己有过嫌隙的人都赶到偏远的贫瘠之地去,各国故王多被剥夺封号,使天下英豪莫不愤愤不平!第四,他放逐、杀害义帝,冒天下之大不韪,难逃诸侯恶评!第五,他的军队残暴不仁,到处烧杀抢掠,老百姓对他怨恨极深,只是迫于他的威势才不得不顺从他!有此种种,使他名义上虽是霸主,可是实际上却早已失去了天下人心!"

韩信的分析使看似强大的项羽一下子变成了政治上的侏儒,甚至有点可笑了。忽然,樊哙走到他面前,把他的凉浆倒掉,又给他换上了一杯热的,

第十二章　明修栈道　暗渡陈仓

能让这位不肯屈身的将军伺候，的确不易，这说明韩信的宏论的确把周围的人征服了！

"……现在，大王您如果能反其道而行之，唯天下英雄才俊是用，又能爱民如子，使民心俱归于己，那还有什么对手不灭的吗？——把天下的城邑封给功臣，会使英雄豪士心悦诚服；用恰当的军事行动来顺应归心急切的将士，就没有打不垮的敌人……"

刘邦一边听，一边点头，对韩信的战略思想表示十分宾服，但他是个急性的人，忍不住问道："大将军，咱们马上面对的是堵在门口的三秦……"

韩信笑笑说："秦地章邯等三王，在我看来消灭他们不过是弹指间的事，用不着为他们多费唇舌……"

刘邦不明白，别的将领也小声议论，觉得韩信有点吹牛。

韩信说话了："大家请想：章邯、司马欣、董翳三王本是秦将，他们带领几十万大军与项羽大战经年，不知多少将士死在了项羽军的屠刀下。后来在定陶兵败后，他们又欺骗部下，投降了诸侯联军，其结果是在到达新安时，二十多万人全部被项羽坑杀！对这三个人，关中的父老子弟怀有多大的仇恨呀，真是比大海还深！而今项羽硬把他们安在广大百姓头上，要他们做关中三王，你们想关中民众如何会爱戴他们呢？当年大王您入关之时，军纪严明，秋毫无犯，废除了秦之严刑峻法，和父老约法三章，现在那里的百姓还牢记在心，时刻盼望着您回去呢！这样看来，三秦之地还用打吗？只要大王您发一道征讨文书，大概章邯等人就要连忙滚蛋了！"

这一席话，句句说到了将领们的心坎里，乐得他们哈哈大笑！

刘邦更是茅塞顿开，自张良走后，他好久没听到如此使他通体痛快的话了！

他站起身，拉着韩信的手说："大将军，你的一番大论，使我茅塞顿开，我应该早用将军才是！从今以后，汉国大军就是你的，东征大事，将军择日而行就是了！"

韩信说："大王，将不练不勇，兵不练不精，项王虽有败象，但目前仍很强大，不可轻视，我大军必须经过苦练才可出征！"

"一切依照将军的安排！"

回到后堂后，他把曹参找来，问他："大哥，你看韩信这人怎样？"

曹参还没从刚才"对策"的兴奋中缓过神来，他说："恭贺大王得一帅才，对他言听计从，还怕天下不入大王囊中？"

"大哥，你真的要我对他言听计从吗？"

"那可不？"

刘邦摇摇头，他说："韩信之才的确在你我之上，此人只可大用，不可深信，他终究不是咱们沛丰的老兄弟呀！"

曹参愣了一会儿，对刘邦的深谋远虑甚是敬佩，他说："那怎么办？"

"我想这样……"刘邦说，"我把指挥大权交给韩信，把执行军法的大权交托给你，怎样？"

曹参点点头。

第二天，刘邦发出一道敕令：任命曹参为监军。

2

摆在韩信面前的一道坎，就是"服众"。

对于他从一名收放粮秣的小官一下成为指挥三军的大帅，有些人还是不服，他们在下面嘀嘀咕咕。尽管有樊哙、周勃等十几员大将支持，有时还是发生公开对抗事件。这些人中多是跟随刘邦从沛丰出来的老部下。

一日，早练时，有一员四十多岁的老将军来晚了，韩信责备他时，他还骂骂咧咧地说："你这是干吗呀，连汉王还给我面子呢！"

韩信很生气，仍对他训斥道："我不管你是汉王什么人，汉王令我做大将军，我就得严格执行军令！去，给我跪在将台上！"

"绝不！"那将军说，"你以为我是你吗？从人家裤裆下钻来钻去也不在乎……"

韩信命人抬过令斧，躬身拜了三拜，然后抡起板斧，"咔嚓"一声把那将军的头砍了下来！

樊哙等将领听说这事后，赶紧往将台这儿跑，可是刚跑到，就人头落地了！

"你看……你看……"樊哙摇着头说。

"将军是来为这违令者求情的吗？"韩信问他，"如果是那样，你就把我这大将军印拿去还给汉王！"

"不敢，不敢……"樊哙等连忙逊退。

"来人呀，把这违令者的头颅挂上旗杆！"

给全军见了血，军队整肃了不少。他又把必须遵守的军令开列出来，用

第十二章　明修栈道　暗渡陈仓

布帛写了几十份，发给各军各队，要各个将士熟悉背诵，三天后背诵不出，或者背不流畅者，打十至二十军棍！

他对樊哙等主要将领们说："汉王已拜我为大将军，我所统领的一切关乎汉王大业，军令如山，法不容情，凡违令者，不管职位高下，均严惩不贷，望各位自重！"

刘邦的武装力量自建军以来，这是第一次进行正规化的编练。不用说各个将士了，就是曹参、樊哙、周勃、灌婴等主要将领也从未学过阵势变化、韬略运用这一套。何况还有许多部队是从诸侯军中刚刚归顺来的呢！

经过两三个月的强行训练后，全军上下浮躁之气尽除，他们都俯首帖耳地服从大将军的号令，做到了令行禁止。

韩信的确是帅才，他层层紧抓，循序渐进，每次学习新的阵法，都是先给将军们讲解，让他们不仅会用会做，还要令他们知其所以然。然后再让他们下到基层，给校佐们讲授、训练。

等一切做完，韩信的愿望化为全军的意志后，他便进行全军的大型演练。那时，韩信一声令下，练兵场上的人山人海，时起时伏，时聚时散，变化无常，乱而有序。刘邦时常前来观看，看着看着就连声喝彩，手舞足蹈。

半年后，韩信求见刘邦，对他说："汉王，现在可以还定三秦了！"

刘邦十分高兴，他问："你的人马练好了？"

"不敢说好，但足可用了！"

"你的第一步举措是什么？"

"立刻修整栈道！"

"对，对，要打出去，不修栈道怎么行？这事叫萧何去办吧！"

萧何领命后，立刻发动几万民工修筑栈道。

那栈道吊在山腰里，修筑十分困难。首先要上山伐木，然后要吊人凿石。因为事情紧急，民工昼夜不息。白天斧凿之声震动远山近谷，夜晚火把万点辉耀周围百里。

雍王章邯听说汉王刘邦修筑栈道的消息后，立刻把司马欣和董翳请到他的国都废丘。

他问他们："知道我为什么请你们来吗？"

司马欣说："知道，知道，那刘邦要出关了！"

董翳说："我派人到汉中边界去打探过，他们正在整修栈道。到了夜晚，火光照亮半个天！"

汉高祖刘邦

"项王把咱们分封在这里,就是要咱们给他看住刘邦呀!"章邯说,"现在,咱们为他出力的时候到了!"

"大将军……"司马欣仍用过去的职位称呼章邯,向他表示不忘旧情,"你说,咱们能够挡住刘邦吗?"

章邯久久不语。

董翳等不得了,他说:"刘邦进巴蜀时才有几万人马,现在咱们三地加起来足有十万,咱们还怕他吗?"

可是司马欣不听他的,依旧望着章邯等他说话。"章大将军,当年在义军肆虐,逼近函谷关时,满朝文武手足无措,唯有大将军挺身而出,带领三十万骊山囚徒为大秦撑起整个天下,您才是军事奇才呢,我听您的!"

章邯不得不说了:"两位与我同过生死,共过患难,是章某的刎颈之交。我得给你们说实话,那个刘邦不可小觑呀!范增、项羽几次设计害他,都被他轻松逃脱,你们想,他是个常人吗?"

"他在项羽面前竟然那么低声下气……"司马欣说。

"那是一计,好汉才能屈能伸!"

"既然他有实力,为什么不与项羽争夺天下?"董翳说,"后来居然乖乖地到项羽给他的那不毛之地巴蜀去!"

"巴蜀是不毛之地吗?"章邯说,"我曾是秦朝的少府,是专管山林湖泽税收,以供皇家开支的。别人不知,难道我也不知吗?每年从巴蜀收得的税额比任何地方都多,那是天府之国呀!"

司马欣把手一拍说:"原来如此!那你为什么不向项羽说透这件事?弄得咱们三国又给他赔上了汉中!"

"咱们都是诸侯们的手下败将,有咱说话的权力吗?"章邯摇摇头,"再说,我也不想在他们面前多嘴!"

董翳慨叹了一会儿,说:"谈谈咱们的事吧,刘邦如果出来与诸侯们争夺天下,首当其冲的就是咱们,雍王,您说怎么办吧。"

"守住出巴蜀的山口,刘邦如果想出关中,只有这一条道,而这条道只容一两人行走,他的人马再多也过不来,我们把这'老鼠洞'卡住,他就没法了!"

这是章邯的主意。

大家也觉得这办法好,当时议定他们秦地三国每国出两千人马,齐集关中峡口。

第十二章　明修栈道　暗渡陈仓

会议完了，章邯设宴招待。

司马欣是个有心计的人，在吃酒时，他忽然问道："当初，刘邦进入汉中时，为什么竟把栈道烧绝了呢？"

董翳回答："为了向项羽表明他无意再出关呀，那样，项羽就对他放心了，不去管他了！"

"事情做得过分就显得假，"章邯说，"也只能骗一骗项羽那样头脑简单的人！他不想想，栈道烧了，还可以修起来！"

司马欣又挠着头皮说："大将军，难道出汉中就没另一条道路吗？"

章邯说："一定是没有了，要不刘邦费心劳力地再修它干什么？"

看看一月过去，萧何仍没把栈道修筑起来，刘邦与韩信跑来查看。

那正是七月盛夏，骄阳似火。工地上人群如蚁，个个汗流如注。萧何也身穿短衣，来回督促。他虽没有身体力行，可也弄得浑身泥垢……

"喂，相国，您天天来这儿呀？"韩信问他。

"没有天天来，但时常来，这是出兵要道，马虎不得！"

"其实……唉……"韩信摇摇手，"你用不着这么认真……"

"不认真怎么行？"萧何说，"栈道上起码要能让一辆军车通过，每修一段，我都要赶上一辆载重的军车上去试试……"

"嘿……"韩信笑得跺脚，好像笑话小孩子做错了什么事，"你只要草草地修一修就是了！"

"那怎么可以？"刘邦问，"这是要从上面通过千军万马的呀！"

韩信拍着自己的头，说道："是我忙得昏了头，没顾得上与相国讲清楚。这栈道是修给三秦人看的，是把他们的注意力吸引到在这儿，咱们却不用！"

"不用？"刘邦、萧何一齐愣了。

"是这样……"韩信给他们解释，"如果走栈道出关，他们只要在峡口布上一千人马，足可以挡住咱们，咱们纵有千军万马也没任何用处，傻瓜才从栈道出关呢！"

"那么，出关还有另一条道路吗？"萧何问。

"有的，前些日子，我已到山中访问了几个老樵夫，他们告诉我，在陈仓那儿还有一条间道，我亲自悄悄地到那儿实地察看了一下，那条小道隐藏在山崖绝壁之下，虽然狭窄，一昼夜，也可通过五万人马！"

刘邦与萧何听呆了。

"过几天，正当章邯他们陈兵峡口，聚精会神地等待我们的时候，汉王可率奇兵从陈仓出关，突然出现在他们的腹心之地！"

刘邦抓着韩信的手，半天才说："大将军真神人也，即使孙武再生也绝无此谋呀！"

当下，刘邦、萧何、韩信议定萧何仍然督促修筑栈道，既然是修一条不想实用的栈道，那就快多了，决定五日内完工。

韩信回去继续练兵点将，准备出关。

刘邦找几个文吏，准备了一份《告三秦父老民众书》，抄它几百份，好广泛散发。

3

汉高帝元年八月（公元前 206 年 9 月）末，正当章邯与司马欣、董翳将两只眼睛紧紧盯在汉中栈道上时，汉军已照韩信的部署，由刘邦亲自统率悄悄地走上了一条穿越在丛山水谷间的故道，日夜兼程，突然从陈仓冒了出来，以迅雷不及掩耳之势，打开了进入三秦的门户，其后的发展势如破竹……

刘邦派出几支尖兵，到处散发《告三秦父老民众书》，正如韩信所料，秦地父老兄弟纷纷响应，欢迎他们久久盼望的沛公归来！

出兵东向仅仅不到一月，三秦之地大部已为汉军占领，塞王司马欣和翟王董翳举国投降，雍王章邯还在废丘作困兽之斗。

刘邦想举兵荡平章邯，韩信说："我劝大王留着他……"

"留着他干什么，三秦人恨死他了！"

"好让项羽派兵来救呀，那时，您就可守株待兔了！"

"是，是，是这么回事！"

章邯比韩信估计得多守了几个月，他几次派人带信给项羽，求他发兵来救，项羽怎能顾得上他？章邯坚持到第二年六月，城破自刎。

"还定三秦"的计划一战而捷，为刘邦将其夺取天下的大本营从巴蜀迁往"山河四塞，土地肥沃"的关中，举行了一个漂亮的奠基礼！

其中功劳最大的当然是韩信的突出奇兵。"明修栈道，暗渡陈仓"的故事流传千古。萧何也功不可没，他留守巴蜀，以物产丰饶的天府之地为依托，源源不断地供应十几万大军的所需所用，刘邦才无后顾之忧。

还有一个人从另一方面给了刘邦巨大的帮助……

韩成被项羽杀死，张良悄悄逃出彭城，他到哪里去了呢？

第十二章　明修栈道　暗渡陈仓

　　他在投奔刘邦的路上，听到了刘邦已从巴蜀打了出来的消息，他为老主公高兴，也为他捏了一把汗。如果这时项羽发兵奔往关中救援，乍出关中的汉军很难经受住几十万大军的压力，如果兵败，怕是连巴蜀也回不去了！

　　当然，英明的统帅韩信也许能够顶住项羽的反击，可是将受到巨大的损伤，几年中难以恢复不说，刚刚逃离战火的关中民众又要陷入水深火热中了。

　　他在驿馆深夜难寐，就着摇曳的烛光给项羽写了一封信。

　　信上先为自己辩护，他说他来彭城本想与韩王一起为项王的霸业出力，可是韩王之死，使他很受打击，无心再留在彭城了，只好浪迹天涯海角。他说：纵观天下大势，唯大王是万民所望，如果大王相信张良，他还愿回到大王身边，献身报效，殷望在大王的羽翼下求一安身之地……

　　这一段话，首先向项羽表明，他虽然逃跑了，却不是去投奔刘邦，而是还想回到项羽这里，给他做一忠心的臣子。

　　接着，他说到刘邦的东出关中，"汉王只是依照怀王之约，欲得关中，如约即止，更无意东出中原"。就是说刘邦那人很认死理，怀王说谁先入咸阳就得关中，他老是忘不了，他发兵关中，就是为了这一点愿望，如果达到了他的目的，他也就偃旗息鼓了，更没有与您项王争雄的意思……

　　说完了项羽这时十分关注的刘邦，张良的笔锋一转，正告项羽，您的心腹大患不在刘邦那里而是在东海那边，齐国的田荣正在啸聚天下反楚势力，想与大王奋力一搏，夺取霸主之位，而且他这股势力正与日俱增！

　　在结束时，看似无意地添上一句：刘邦虽出兵关中，但他还是隶属大王麾下的一个诸侯，并没有参加到田荣的反楚大同盟里面去！

　　信写好后，他交给一位心腹侍者，飞马奔向彭城。

　　彭城，深夜，霸王的宫中。

　　虞姬合衣半躺在墙边的软榻上，看样子她是来陪伴霸王的，可是耐不住睡魔的缠绕，终于睡着了，在她一旁有一小铜钵，里面盛着半钵米饭。

　　霸王手中掂着张良派人送来的书信，在宫里踱来踱去。这信，他看了不止十遍了，还是犹疑不定。说实话，他并不太相信张良的说词，但他亦承认张良说的的确很有道理。不知怎的，他一直看不起那个土头土脑的刘邦，认为他是河沟里的小鱼，翻不起什么大浪来，那个田荣就不同了，他是地道的贵族，已联络了许多反楚势力，而且越聚越多……

　　先去平定齐地的田荣呢，还是先发兵关中去救援章邯呢？

　　他已思虑了几天了，还是难以决定。

汉高祖刘邦

张良的来信，无疑使他心里的"天平"，开始向"先去齐地"大大倾斜了！

这时，亚父范增走了进来。

"霸王，又是一夜没睡吗？"

"我怎睡得着？"项羽叹了口气，"如果我能分身就好了！"

"霸王，我看不用再犹疑了……"

"怎么样呢？"

"出兵救助章邯！"

"我讨厌那家伙，他原是我的死敌，楚国人的死敌，我叔父就死在他手里！"

"霸王，可不能那么看，"范增揉着满是粘胗的双眼，"现在他是你的骁将，他为你顶着关中那片天地！"

"可是田荣在聚集诸侯造反！"项羽愤恨地吼道，"而且其地就在我身后几百里的地方！"

"那也不足构成大患，还是那个刘邦呀，那才是你的心腹大患！听老夫一句话，发兵去扑灭刘邦吧，平定刘邦后，再回来消灭田荣也不晚！"

"亚父！"项羽一回头，看到虞姬已经被他们吵醒了，她拿着这时他们最需要的地图走过来，并为他们铺在桌子上。

看到虞姬有点虚肿的脸，项羽从心里发疼。他本想回到彭城后能够让她过上安定的日子，与她单独相守的日子，可是他贵为霸王也没有做到。

"夫人好，"范增对虞姬行礼。

"你们商议吧，"虞姬说，"我去为你们准备早饭。"

项羽一直看着虞姬走出门去，才与范增伏在桌上。

"夫人为你受了不少苦，"看到项羽对虞姬怜惜的样子，范增说。

"嗨，一言难尽呀！"项羽摇摇头，"亚父，我觉得还是先把田荣平定了为好，你瞧，他们一伙就在我的背后，"他指着地图上东北方的齐地说，"我如果领兵西去，他们会从我后面杀进来，那样，我连家也没有了！"

"不，不，不！"范增说，"你只要把英布留下就行，有英布在家，田荣就不敢从齐地探出头来，你放心吧！"

"亚父，你是不是至今还在嫉恨刘邦？"

亚父看着项羽，愣了好一会儿，他说："是的，我恨他，是为大王恨他呀！我看出他的阴谋诡计，断定他是你的强大对手！"

第十二章　明修栈道　暗渡陈仓

"他强大吗？"项羽笑起来。

亚父生气了，他说："大王，你不听我的话可以，但你要记住我的话，日后，在你败北的日子里会想起你的亚父对你是无限忠心的！"说完，他扭头走了出去。

如果项羽听了范增的话，发兵关中，刘邦外有项羽的几十万大军，内有章邯的心腹之患，他在三秦是很难站住脚的！那必然要往巴蜀退却，谁能保证项羽不会跟到巴蜀去呢？

韩信原先说，留着章邯好引诱项羽来救，是估计项羽会陆续派几万人来关中，那他就可一股股地吃掉项羽的援军……他怎么也不会想到项羽要么就不来，要么就倾巢而出！

思索再三，项羽还是决定先出兵齐地，把背后安顿好再说。

张良的急信起了很重要的作用，另外还有两个原因，一是在项梁活着时，田荣就是个不听调遣的家伙，后来又在齐地搅来搅去，违抗戏亭分封的决定，把三个齐王杀的杀，赶的赶，把整个齐国都据为己有！

不仅如此，他还自封盟主，把反叛的诸侯全都招在他的旗下，这不是比刘邦可恶十倍么？

每逢想到这里，项羽就气得浑身发抖，恨不得立刻灭此祸患！

这样几次被张良玩弄于股掌之上的项羽，这一回又被他提供的"信息"所迷惑，决定先去收拾田荣。

虞姬走进来，后面跟着一个侍女，她们在桌上布下饭菜后，侍女退了出去。

"大王，你和亚父定下来了吗？"虞姬问。

"亚父的意思是先去援助章邯……"

"我觉得你应该听亚父的话。"

项羽笑笑，把虞姬拉到身边坐下。

"虞姬，男子汉的事，就让男子汉们决定吧，你看你这娇弱的身子怎堪思虑这些金戈铁马的事呀！"

从全局来看，项羽这一失误，的确是致命的……

4

项羽的一着臭棋，又使刘邦在全国的棋盘上得了关键性的一地。

他赢得了极其宝贵的时间。

汉高祖刘邦

那几天,项羽举棋不定,韩信也令全军整装待发。将领们一次次地前来询问前进的目标,韩信都用"等一等"作答。

他心里在"打鼓",如果项羽来救章邯,他就只能退据峡口,如果项羽挥兵平叛,他就可以放心东进了!

这也是他个人的命运所系。他"明修栈道,暗渡陈仓"与"还定三秦"后,已是全军钦服的英明统帅了,如果再缩回关中,或者弄得连巴蜀也岌岌可危,那他就颜面扫地了!

当项羽发兵齐地的消息传来后,他跑进王府,含着眼泪对刘邦说:"大王,项羽……他给了咱们难得的机会!"

"怎么了韩信?"

"他到齐国去了!"

"好呀!好呀!"刘邦叫道,"我不感谢项羽,我感谢的是上天,是上天佑护我刘邦!——戚妍,给我拿酒来,我要与大将军喝上一杯!"

按照韩信的部署,汉军准备分两路进军。

一是由樊哙、周勃率领五万人马,进军陇西(今甘肃临洮一带)、北地(今甘肃宁县一带)往西北深入;二是由薛欧、王吸率领三万先遣部队,将兵锋伸出武关,营建东进的兵站。

布置完毕后,韩信忽然问及刘邦的家人。

"大王,该派个妥当的人到沛县去迎接您的家眷了吧?"

刘邦有点不明白,他说:"不急,不急……"

刘邦是个不太顾家的人,父母、妻儿在他心目中所占分量极轻,何况面前还有个心肝宝贝似的戚妍呢!

"在下以为……还是这样做的好,"韩信望着刘邦的眼睛,大有深意地说,"大王有家眷在军中,或把他们送到汉中去,对全体将士都是一个鼓励,他们会认为您是一位很有人情的君王,再说,他们一直在楚地……"

刘邦一下子恍然大悟,韩信这么安排,一是为了试探那块项羽占领的楚地,看能不能进行东向的战略推进。二是做给项羽看:我刘邦是个家庭观念很重的人,把家眷接走,说明我真的像张良信中所说:无意东进中原!

"大将军,我明白了,明白了!就照你说的办!"刘邦乐得手舞足蹈。

"您看……"韩信给刘邦分析,"南阳那地方,旧属韩国,韩王成已遭项羽杀害,这样,南阳周围就无任何防守,如果派一个妥当的人……"

"这个妥当的人,我已经想出来了,就派王陵去,他是我早年的大哥,又

第十二章　明修栈道　暗渡陈仓

是那地方人,在南阳经营了多年,到处都是熟人。命他去接我的家眷再合适不过了!"

韩信也觉得王陵很适合,他说:"王将军不用带很多人马,有两千人足矣。"

"够用吗?"

"咱们不是有薛欧、王吸两位将军在武关那儿吗?三万人马足可以做他们的后盾了!"

"唉呀,大将军,你这棋真下活了!"

在沛县的刘邦一家十分安全。

沛县属楚地,是项羽的地盘,如果他想把刘邦在这里的一家抓来或做人质,或干脆杀掉,都是轻而易举的事。

可是,项羽的豪侠本性,决定了他不会干这种事!

他想:他与刘邦的矛盾和他的家人无关,如果为这点事就把人家的家属抓来要挟,或者宰了,那是极为下作的事!

第十三章　欲图东进　张良献谋

1

这天一早，太阳老高了，吕雉还没起身，丫头阿槿隔着房门叫了她三次。头一次是来送洗脸水，第二次是来报告天气，这第三次是向夫人说，南门外有楚军经过……

吕雉推开紧紧搂着她的审食其，问道："啊，有这样的事？楚军有多少人呀？"

"我哪里知道呢，前不见头后不见尾的！"阿槿说。

"那你就再出去看看，听一听街头巷尾的人怎么议论。"

"是……"

房外传来脚步声，阿槿走了。

审食其是个还没到三十岁的年轻人，是个使女人动心的美男子。在地方上也是不务正业的"豪桀"之类，少年时，学了点武艺，虽不太精，可是被他吹得神乎其神。在刘邦取得沛县被"三老"推为沛公后，他投奔了刘邦。由于能说会道，很为刘邦所赏识。

第二年，刘邦领兵打出沛县，吕雉跟刘邦要了两个人，一是任敖，那没的说，吕雉被捉到大狱时，受到了他的照顾，是个放心的人。另一个就是这个审食其，大概从那时起，吕夫人就留心他了。

吕雉给面前的这两个男人分了工，任敖率领那百把个家丁，管外面的事，审食其呢，善于日常细事，就用他管家政。

从此以后，审食其就常常出入于夫人的内堂，问安呀，请示呀，报告开支呀，通报消息呀……一天不停地跑进跑出。

吕雉是个心胸开阔的女人，大概天生是块做皇后的料，对男人动辄颐指气使，一次，审食其说完了事儿正要走开，她拉住他的手说："喂，审食其，你生得还真是美呀，看着就叫人舒服！"

第十三章　欲图东进　张良献谋

审食其知道那件事要来了，低下头装作害羞的样子。

"告诉我，"吕雉问，"你怀中经过多少女人了？"

"我……夫人，我怎好对您说这个……"

"我就是问你这个，说！"

"有……大概有十多个了吧，我也不记得了……"

"好家伙，你竟有过那么多女人了！"

"夫人，是您问的……"

"审食其，那些女人……怎么说呢，她们都很漂亮吧？"

"有的漂亮……"

"这么说，就拿我当标准吧，有几个赶上我的？"由于问得过于大胆和放肆，吕雉也红了脸。

审食其立刻惶恐地说："我怎敢把她们与您相比……那不是要我的命吗？"

"我就是叫你比，说！"

"那……我只好说了，她们没一个能比得上您，您是国色天香，富贵端庄，她们呢，最多不过是田边地头上的小花小草！"

"你呀，真会说！去吧，你这个龟儿子！"

打那以后，吕雉与审食其的关系更进了一层，没人时，他们说话，就像是初恋的情人，有时，她还让审食其陪她吃饭。

一天晚上大雨过后，吕雉把审食其叫到了她的内室。

"你看，你全身都湿透了！"言语间透露出无限深情，"把衣服脱下来吧，放在外间晾一晾……"

审食其照吕雉的话做了。

他们嘀嘀咕咕地聊到深夜，审食其正要走，吕雉拉着他斜着眼睛说："审食其，你是君子吗？"

审食其不明白她的意思，连忙说："夫人，我是……我当然是君子！"

"那好，今晚我就考验考验你，你就睡在我的床上，你是君子嘛，当然不会动我的！"

"那是，那是……"审食其明白接下来将会发生什么。

吕雉在她的大床上放了两副被窝，然后就熄了烛。

审食其虽然色胆包天，可也心里忐忑，不知这个连刘邦都要言听计从的女人安的什么心。

他坐了好一会儿，后来听到吕夫人那边传来轻轻的鼾声，自己也就脱衣

汉高祖刘邦

睡下。

可是，不多久，吕雉就光着身子爬到他的被窝里来了。

"夫人……这，这是……"

"这也是考验你……"吕雉连审食其的贴身小衣也给他扒了下来，"你第一关已经过了，现在看你怎样，如果……"

审食其翻身把吕雉紧紧地搂在怀里……

"审食其，你还是君子吗？"

"有您这样的天人赤身躺在身边，我还做得了君子吗？"

他们一直欢乐到天明……

鸡鸣时，吕雉把头抵在审食其怀里哭开了。

"审食其，我是一直为刘郎守节的，可是却失身于你了……"

审食其想：这个女人真是女中枭雄，男人很少有从她手里混出来的。她可以玩你，可以杀你，当然也可以给你想得到的一切。

他想了想说："夫人，不是您失身于我，而是我失身于您了！"

"怎么说？"

"如果您是平常人可以那么说，可您贵为诸侯夫人，将来是要做皇后的。您与男人的关系是以您为主的，我审食其不过是您的奴仆……"

听审食其这么一讲，吕雉立刻离开了他，在被窝里端起了架子。是的，她心里踏实了。

早上，审食其走后，阿槿走来，对吕雉说："有件怪事，那会儿我来，见审食其大爷的衣服竟晾在夫人的外间里……"

吕雉一把抓住阿槿的头发拖进里间，咬着牙说："小婢子，以后，你在我这里无论看见什么听到什么，都不许说出去！"

"是，我不说，我绝不说！"阿槿从没见过夫人有这么可怕，哆嗦着说。

"如果你说了呢？"

"那您就把我杀了！"

"哼，我要叫你求死不得，求生不成！"

"我不敢，我不敢，夫人，饶了我吧！"

从此吕雉和审食其就双栖双飞了。

阿槿成了吕雉一辈子的心腹。

他们的关系，大概除刘邦外已是尽人皆知，要不，绝不会载入史册。后来这审食其还"因功"封侯。

第十三章　欲图东进　张良献谋

半晌，阿橦从外面回来。她向吕雉报告，项王发兵去征讨齐国田荣了。

"谢天谢地！"吕雉说，"自从传来汉王平定三秦的消息后，我一直悬着一颗心，怕项王发兵关中，现在好了，鬼使神差，项王竟到齐地去了！"

这天，吕雉派人把刘太公夫妇请过来，还叫上了曹氏母子，一家人乐呵呵地庆贺了一番，晚上，摆上香案给天地祖宗磕了头。

到沛县迎接刘邦家眷的王陵很顺利地到了南阳。

秦时，他带领一帮兄弟盘踞在这里，做了几年小霸主，所以这里有许多老朋友。故人相见，怎能不热闹几天？老百姓像迎接英雄那样接待了他，他也这家进那家出，整天喝得头昏脑涨。

那时，王陵已被刘邦封侯，这么个重量级的人物，带着一伙人风风火火地到了南阳，不能不引起十分敏感的范增的注意。他把这件事通告了项羽，并警告他说："假如刘邦真的要迎接家眷，怎会派这么个角色来呢？可见他是为了更重要的事！"

项羽也同意范增的看法，于是当机立断，任命郑昌为新韩王，让他去填补韩成死后的空缺。同时，发兵西进，在阳夏将王陵拦住。

因为王陵在以前有过叛离刘邦自立的事，项羽便派人在阳夏等他，准备说服王陵归顺自己。

王陵被阻，他没有回头向薛欧、王吸求助，而是派一位名叫史义的使者与楚军交涉。

他觉得刘邦并没有像田荣那样公开地树起叛旗，自己东来只是为了接走刘邦的家眷，而项羽又是刘邦的盟兄弟，从道义上说，楚军是应该放行的。

史义来到阳夏后，见到了项羽的代表项安。

项安也很会说话，向史义说了些赞誉王陵的话，然后把项羽想拉王陵归顺西楚的意思说了一遍。他说："大丈夫择英主而事之，博得流芳百世，所求不过如此，当今项王除暴秦而不居功，得天下而不自立，乃天下英主也，望您转告王君侯，万不可失去时机！"

史义点头应着，并不表示首肯。

"先生，我想领您去见一个人。"

说着，项安带他来到一处安静的宅第。

进门后，只见一位姿态高雅，慈眉善目，云鬓皓然，衣着华贵的老妪被一群侍女簇拥着迎了出来。

史义一看，大吃一惊，原来这是王陵的母亲！

汉高祖刘邦

项安解释说:"在下是奉范大将军之命,从沛县将老人家接出来的,专为与王陵君侯相见!"

史义不动声色,只是躬身下拜,道:"王君侯麾下小吏,拜见老太君!"

老人看了看史义就一切都明白了,她打量了一下史义,问道:"我的陵儿可好?"

史义回答说:"他很好,只是牵挂老人家!"

老人点点头,就不再说话了。

直到史义告别出来,老人对项安说:"项将军,老身想对史先生单独说几句话,要他转告我儿!……"

项安犹疑了一会儿,他想一个老太婆也不会与史义有什么密议,也就同意了。

史义搀着老人走不多远,拐过街角,老人忽然挣脱史义的搀扶,神情严肃地问他:"王陵来这里有什么要事?"

史义回答:"是奉汉王之命,到沛县迎接汉王家眷。"

"那为什么派你到这里来呢?"

"因为项王派人半路拦阻……"

老人点点头,表示已经明白。她想了想,声音不大,但一字一顿地对史义说:"你回去后,给我对王陵讲:我要他谨慎地侍奉汉王,汉王为民起义,天下归心,是个老百姓心中的好人。别因为我老太婆的缘故三心二意!现在我就以死相别……"

史义还没来得及想明白老人最后一句话的意思,老人就凑到他面前,把他的佩剑拔了出来,横在自己的脖子上……

"老人家,您不可……"

老人下手是那样狠,脖颈几乎被她割断了一半。

等项安跑来,老人已经滚到墙根去了。

项安瞪大眼睛嚷道:"你看,你看……竟有这么刚烈的老太婆!……范增先生本是想接她来……"

"你们什么也别想了,母亲这么忠义,儿子还会苟且吗?"

史义又多待了一天,将王母草草安葬后,才急急地赶回王陵的营地。

王陵听史义汇报后,在郊外设奠,向着东方大哭了一场。此事传到刘邦那里,刘邦为此吞泪多时,写信慰问,信上大赞王母忠贞仁慈,并说要奉王母为己母。最后指示王陵,暂时不要轻进,可回武关,以后找机会再说。

第十三章　欲图东进　张良献谋

王陵在阳夏受阻，使刘邦取道黄淮向东发展的愿望未能实现。侥幸的是项羽依旧没有识破刘邦蓄意大举东进的意图。这一点可以从他照旧按既定部署，亲率大军东征田荣的行动上看得出来。

2

就在王陵率军向东发展受阻的同时，关中局势也发生了变化。

困在废丘的章邯等不来项羽的救兵，认识到只有自己救自己。当年，他率领骊山囚徒力挽狂澜的劲儿又上来了，他把弟弟章平叫来，对他说："项羽是顾不得咱们了，咱们得自己想办法！"

章平与章邯一样，也是个不怕艰险，善于死中求生的人。他跟随哥哥南征北战，经历了刀山火海，知道哥哥这样对他说话，是想出办法来了。

"哥，城中的情况我明白，天下的局势我也知道。那些都不用说了，你只告诉我你想怎么办就行了。"

"现在城中有人马三万，粮食草料最多能坚持半年，半年后，即使韩信不来攻城，废丘也不攻自破了！"

章平的两只睛眼望着哥哥，意思是说：事情在那里摆着呢……

章邯把地图推到章平面前："看……"章邯指着废丘东南的一个小点说，"这里有个小城，它叫好畤，城虽小，但它墙高池深，城中也存有许多粮秣，如有万人在其中，可防守三月。我派人打探过，直到现在，刘邦还没顾得上管它，如果派兵突围出去，占领好畤……"

章邯抬头看着弟弟。

"怎么样呢？"章平问。

"如果，咱们在那里站住了脚，就等于在整个棋局上做了一个'眼'，有了这个眼，它与废丘就可互为犄角，死局就会变成活局！"

"那么，三个月以后呢？"

"我的好兄弟，"章邯拍拍章平的肩膀，"现在天下形势瞬息万变，不用说三个月，即使是一个月后怎样，谁能料得定呢？说不定那时候，项王就平定了齐地，挥师西来了！"

章平点点头，他说："哥，就把这任务交给我吧！"

"这可是九死一生的事！"

"你我都躲在废丘，就平安无事吗？"

汉高祖刘邦

当晚，章邯给弟弟点齐一万精兵，准备夜半出城。

临行前章邯为弟弟准备了饯行酒，章邯端起酒，不禁泪飞如雨，言道："弟弟，咱们不知是否还能相见……"

"哥，你别伤心，咱们还会相见的！"章平竟然笑着对哥哥说话，"阳间见不着了，咱们阴间见，怕什么，人早晚是个死！"

子时刚到，城门一开，章平就率领一万军马冲了出去……

汉军没有堵住章平军，让他们杀出重围，奔好畤去了。

韩信得报后，说："狡猾的章邯想在棋局上做个'活眼'，可是他这一招又错了！咱们正想引他出战，他倒自己出来了！"

他立刻安排曹参、周勃、纪信带领本部人马出击，将章平军截成三段，不上半天就消灭干净了！他们没能到达好畤，章平战死，他在阴间等待着哥哥。

这一战，虽获全胜，但战出了个问题，章平本是带着万人出城的，可是杀到后来，他的人马竟越来越多，到清理战场时，把俘虏与死伤者加起来，竟然超出了一万五千人！

这是什么原因呢？原来，投降的三秦军，韩信觉得像项羽那样把他们坑了不行，编入军中，又怕他们临阵捣乱。对他们晓以利害后，就遣散了。他们就像蝗虫那样，到处游荡，甚至抢劫，成为社会大害。现在章平出击，他们又见了老兄弟，就纷纷"回水"了。

另外，群众大部分恨章邯等三王，可是也有不少人想念亡秦。是的，他们从老早起就是秦国的臣民了，五百年积起的感情不是一朝能够改变的。他们仍认为刘邦的政权是外来的、暂时的，他们和汉军融不到一起。这些百姓的子弟也有许多参加到章平军去……

"这怎么办呢？"听到汇报后，刘邦觉得十分头痛。

韩信向他建议："还是将萧相国召来吧，他能够把这一切处理好！"

刘邦下急诏把萧何从巴蜀叫来了。

"大哥，还是你来收拾这个烂摊子吧，我被它弄得头昏脑涨！"

萧何在三秦各地转了一遭，回来对刘邦说："大王，你不能老是住在军营里，得赶快迁都，有了国都，人心就安定了！"

"你叫我搬到废墟咸阳去吗？"

"咸阳已被项羽烧毁，是不能住了，"萧何想了想，"我看先搬到渭水北岸的栎阳去，那儿曾是塞王司马欣的国都，他的宫室虽没营建完毕，还是能够

第十三章　欲图东进　张良献谋

用一用的。"

"我听你的，明天就可搬家，还有呢？"

"还有……把三秦的体制取消，改为三郡，使人们忘记那个时代！"

"这也得办，你再说……"

萧何在周游三秦时，心里已经有了改变现状的一揽子计划。见刘邦虚心垂询，就说："最最重要的是，现在百姓是您的了，您得给他们一些好处才行，叫他们觉得您的汉国比任何政权都好，日久天长，他们就服服帖帖做您的臣民了！"

"萧何，你真是相才呀！这个国家非你来治理不可！你想怎么办就怎么办，不用再和我说了！"

从刘邦那里得到了全权，萧何就放开手大干了。

他实行了许多取悦于民的政策。

首先，他下令将秦始皇时代花大量人力物力修建的大片大片的苑囿林池统统拆毁、平掉，把土地分给农民耕种。这一着，使百姓们拍手称快。

那时正值隆冬，大雪纷飞，滴水成冰。近新年时，饥荒更显得严重。萧何急令从巴蜀调来了米粮酒肉，无偿地发放给百姓，使他们在刘邦政权下过上一个融融乐乐的新年。这一举措，又大得人心，人人都感激汉王的恩德。

第二年春，各地的农业生产就走上了正轨，整个三秦地区几乎没有闲地荒田。

萧何把三秦改为渭南、河上、上郡三个直属中央的郡，健全了地方机构，把那些散兵游勇编成了一支特殊的部队，加以训练，用来维持地方治安，社会秩序大为好转。

即使是这样，刘邦的这个新政权也没能够抵御得了灾荒的袭击，高帝二年二月，饥饿的流民又起，周边地方的民众见三秦的百姓生活比他们好一点，纷纷跑来就食，这也给三秦的社会秩序造成了很大的冲击。

"萧何，得让民众填饱肚子呀，"刘邦又坐不住了，"要不，他们会把咱们的政权也吃掉的！"

刘邦说得很对，周边地区早已出现人吃人的惨剧，他们才不在乎你是什么人掌权呢，你们有饭吃，他们就要，不给就抢、就夺！

"没别的办法了，"萧何说，"向巴蜀移民吧！——巴蜀地广人稀，土地肥沃，又没有灾害的侵袭，还能为我们养几十万人！"

"萧何，能办到吗？"刘邦担心，"有道是穷家难舍呀，谁愿意离乡背井呢?"

"第一,要说服他们;第二,要给他们好处,到巴蜀后可无偿地分给他们土地,安家后,再给他们免除三年的赋税!"

"你赶紧去试试吧!"

一个月后,萧何的这一举措收效很大,许多人听从政府的安排,进入巴蜀,安家后,又跑回灾区动员亲戚、朋友入蜀,这样相继移至巴蜀的有二十余万人!大街小巷再也看不到破衣烂衫的饥民了。

刘邦十分高兴。这个从社会底层上来的君王,比起项羽等世代贵族,好就好在他始终把民众的冷暖放在心上。他说:"萧何,我觉得他们是自己的百姓了。走到大街上,也放心大胆,不至于有人向我扔石头了!"

萧何说:"是的,大王,不怕群众向他扔石头的君王才是好君王呀!"

"喂……萧何,"刘邦转了个话题,"韩信说,如果东进,咱们的人马还太少,他说,至少还需二十万!"

"那也得有政策……"萧何说。

"政策也能有兵?"

萧何笑笑,说:"只要政策对头了,老百姓拥护了,要粮有粮要兵有兵!"

"那你赶紧出政策!"

萧何回到巴蜀,给刘邦招募了十万人马。富足了的巴蜀人,愿意为保卫刘邦的政府出力。他又向诸侯各国发出号召,推出"率卒一万或一郡之地前来投顺的,一律赐封万户侯;关中户籍的壮丁参加汉军,全家免除租税一年"等十多条优惠政策,两个月后,韩信又新增了十万人马!

3

高帝二年十二月(公元前205年1月),项羽的大军来到齐国,扫荡田荣。田荣当然不是项羽的对手,成阳一战,他们就全军覆没了!

齐民本来就恨那个贪暴的家伙,趁着田荣败走平原时,将他击杀。

项羽把当年被田荣赶走而投奔项梁的旧齐王田假扶起来,立为齐王。

按说项羽来齐地的任务已经完成,可以回头去收拾刘邦了。

但他没有去。还是那个原因,他没有把刘邦当回事。另外,他觉得按怀王之约,关中本来就应该给刘邦,现在他要拿去就让他拿去吧!张良的信上不是说过嘛,得到关中后,刘邦冤屈平了,气也泄了,他就自动停止

第十三章 欲图东进 张良献谋

东扩了。

他这样一耽搁，事情来了，他的军队像他一样的残暴，他们在齐地烧杀抢掠百姓，坑杀田荣降卒，在咸阳等地干过的暴行又在这里上演起来。齐国民众一看，明白来的不是王师，而是一伙强盗，一帮匪类。在这些惨无人性的刽子手面前，同族之间的冤仇变得不重要了，而团结起来对付共同的死敌才是当务之急！

起初，齐国的大多数人是拥护田假的，现在田假已经成了项羽的傀儡，帮助楚军杀戮齐地同胞，于是广大民众便反过头来拥护田荣的弟弟田横。

田横借助民心的转化，他抓住时机，立田荣的儿子为齐王，自任齐相，率兵一举打败了田假，夺回了成阳！

这时项羽在哪里呢？他已率部来到北海，打算在这里走一遭后就班师回彭城去。

当他听说成阳那里几天内发生了翻天覆地的变化，十分惊诧。

"我还在齐地，他们竟敢反扑过来，看样子我的将士对他们还是太宽容了，"他嗷嗷叫道，"咱们再回成阳！"

成阳的军民已经领教了项羽大军屠城杀降的残暴，知道横竖是一死，就不如与他们拼个你死我活了！

他们在田横的领导下，团结一心，众志成城，拼死抵抗。

田横三十几岁，生得就像一截生铁。粗眉大眼，声如洪钟，是个天生的将军。他骑着战马走街串巷，鼓动军民奋勇杀敌。他揭露楚军惨无人道的罪行，以激励全城民众同仇敌忾。另一方面，他派人出城，到各地宣传并组织百姓抵抗。这一招十分有用，不上半月，就有上百支地方武装站了出来，与项羽军展开了神出鬼没的游击战争。

楚军前面攻城不下，后面还要应付摸不着打不散的"游击队"，首尾难顾，疲于奔命。

项羽来到城下，向城里大喊道："田横，你这臭小子，你这是什么战法呀，有种就带兵出城，与老子拉开阵势痛快地打一仗！"

没有人理他，他喊来的是一阵又一阵的箭雨！

半月后，楚军的粮草供应断了。

他问英布："咱们的辎重队呢？他们干什么去了？我的十多万军队要吃粮呀，战马要吃草呀！"

英布说："范增先生一天也没有中断咱们的供给，那些首尾相接的车辆，一进齐地就没了！"

"他们变成鬼了？"

"他们全被一股股的武装齐民，截去了！"

"给我打呀，杀呀！"项羽咆哮道，"我不信战无不胜的楚军就打不过老百姓！"

"大王，咱们是陌生人，他们可是在自己的家里呀，"英布给项羽解释道，"这里的每一座山，每一条沟，每一丛树，每一个村寨，都庇护着他们。他们就像风，来时一大片，去时无踪影，对他们真是没办法！"

项羽问英布："你说怎么办呢？"

"回去吧，大王，"英布低头劝道，"这是个大泥潭，再陷下去，就……"

英布还没说完，项羽就一口喝住："胡说！连个小小的成阳都打不下来，你还有脸回彭城吗？"

在与英布吵闹过后，项羽命令英布去打成阳，他亲自领兵去接应从楚地来的辎重车辆。

4

关中栎阳。汉王的宫中。

刘邦正在主持一次重要的议事会。

参加的有萧何、曹参、韩信、樊哙、夏侯婴、周勃等刘邦集团中的主要人物。

看来，这次议事会已经开了很长时间，因为他们周围除了水盏外，还有许多盆碟碗筷，他们在这儿至少吃过一次饭了。

韩信正说服刘邦出关东进。他的理由是：现在关中后方已经稳定，项羽又在齐国被绊住，正是东进的好时机。

"再说，将士中的大多数人是从东部来的，他们日日'皆歌思东归'，我们不能久久地在此勒马……"韩信补充说。

刘邦的犹豫是：还定三秦，夺取关中，理由是十分充足的，按怀王之约，他先入咸阳破秦，就该得到这块地方。另外，直到今天，从表面上说，他还是没有违背戏亭分封。他认为天下诸侯对他是谅解的，甚至是同情的。可是打到关外去呢？性质就很不同了，他要一连破坏两个公约，怀王之约和戏亭分封，他的敌人就不仅是项羽，还有既得利益者——各国诸侯！

第十三章　欲图东进　张良献谋

"管他娘的，"樊哙叫道，"你要吃牛羊肉，就不要嫌膻！"

萧何摇摇头："那，咱们就师出无名了，名正言顺是很重要的！"

"有了'名'，诸侯们就可袖手，老百姓就能拥护！"曹参也这么说。

周昌是个有点文墨的人，他虑事很是细致，他说："从怀王之约或是戏亭之约，的确找不出占有关外半尺地皮的依据，这就是关键……"他的观点有点近于刘邦。

夏侯婴驳他道："依你说，我们只能老老实实地待在巴蜀了？"

周昌说："不然，我们出兵三秦，除了以前说的那是汉王该得的土地外，还有章邯、司马欣等旧秦骁将，夺他们的地，杀他们的头，以报家国之仇，谁也难说不该。可是出了关，你就是与过去的盟友反目了，那真的需要考虑考虑……"

整整一天，他们就像磨道里的驴，被捂着眼睛转来转去，重复着说了几遍一样的话。

大家都有点心焦。

而那些侍女们又不时地进进出出，一会儿来给火盆添炭，一会儿又给各位与会者倒水。有时，一不小心，还弄出些响声来。正巧一个女孩来到樊哙面前时，弄倒了水盏，沾湿了他的衣袖。

樊哙一把抓住女孩的胳膊，就要甩她出去："你娘的，就看不出老子心烦？"

女孩儿吓得哭了。

萧何站起来从樊哙手里拉过女孩儿，斥樊哙道："你怎么啦，谁家没有这么大的孩子呀！……"

樊哙叫道："我心里烦！"

"你烦？去外面把头埋在雪堆里凉快凉快！"

樊哙没的说了，真的扭头跑到院子里去了……

樊哙出去后，大家默默无言，气氛显得更沉闷了。没办法，大家就喝水，还故意弄出些响声来，以打破叫人受不了的沉寂。

就在这时，樊哙回来了，他把宫门打开却不进门，大家以为这家伙气不过要搞什么恶作剧，正在奇怪，他大声说："大王，您看谁来了！"

刘邦等人抬头看时，只见宫门外站着一个人，他穿着厚厚的绵袍，肩背上驮着厚厚的雪花……

还是刘邦先认出来的。

汉高祖刘邦

"子房，是你吗？"刘邦叫了一声，就站起来跌跌撞撞地往外跑，一路上把两个侍女撞倒，把几个水盏带到了地下，乒乒乓乓一阵响后，他才来到张良身边，张开双臂把他搂抱了起来！

"子房，我再也不让你走了！知道吗？你带走了我的心！……"

因为刘邦紧搂着张良不放，萧何、韩信等人也不好与久别的张良打招呼，只好隔着刘邦，这个拉他一下，那个摸他一把……

看到老朋友对他那么热情，张良也感动得泪眼滢滢，他说："不走了，不走了！韩王已被项羽杀死，我现在无家可归了！今后我就一门心思服侍大王，忠心不二！"

他们折腾了好一阵才安静下来，刘邦一边令人设宴为张良接风洗尘，一边与他谈着别后发生的一切。

张良盛赞刘邦的功德，他说一路上到处可听到对刘邦的赞扬，许多百姓还编了歌儿传唱。他又对萧何的一系列举措称颂不绝，他说："萧相国之才，可比管仲、乐毅！"

最后他握着韩信的手说："大将军，你真是指挥千军万马的大手笔，只'明修栈道，暗渡陈仓'就足可流传千古！"

反正张良谁也没有冷淡、耽误，对刘邦的主要将领都给予了褒扬。大家都觉得张良看到了他，关照了他。

说到自己，他说"简直没做什么事，乏善可陈"，但他说了来关中的半道上给项羽写了一封信，他把那信的内容一讲，面前的十多个人一下子就喧嚷起来！

刘邦叫道："怪不得项羽跑到齐国去了，还是你把他给调去的呀？"

"我猜到了是你的谋划……"萧何说，"章邯向项羽求救后，我估计项羽立刻就会西来，为此，我们和韩将军还做了应急的准备。可是等得我们心焦，项羽也没来，却带兵跑到齐国去了。那时，我就心想：子房早已到了项羽身边，以他与沛公的友情和他超人的睿智，能不在这时候帮汉王一把？——但没有根据，我也没敢与别人说起……"

"知我者，相国也！"张良拍拍萧何的手。

就在这时，接风宴的席面已准备好，夏侯婴以太仆的身份请刘邦、张良等人入席。

酒过三巡，张良问道："我来时，打扰了大王和将领们议事，现在何不一边吃酒一边继续讨论呢？"

第十三章　欲图东进　张良献谋

刘邦说："也好。"他把谈论了一天的话题对张良详细地说了。"想趁项羽陷在齐地挥师东进，可是一时找不到一个恰当的出师借口！"

张良说："是的，这是很要紧的，有了出师之名，就可堂堂正正地打到关外去……"

萧何说："那你就给找出一个'名'吧。"

张良想了想，把桌子一拍说："就这五个字：'抚关外父老'！"

这五个字说出来，周围的人一时理解不了，面面相觑。

还是萧何脑子转得快些，他问刘邦："大王，您看……"

刘邦也一下子明白了，他说："好！可以，几天来一直困扰咱们的事被子房给解决了！"

"子房，你说得详细些！"曹参说。

张良这一次回来，大家好像比过去亲近了许多。过去，只刘邦叫他子房，别人一律称他为"张先生"，现在，这一班主要臣僚也都亲切地称他的表字了。

张良说："抚关外父老"就是慰问关外民众的意思。既是慰问，就不是占领，更不是夺取，谁也说不得别的。

樊哙还是不太明白，他说："'抚'到最后，还是要占领的，那人家会怎么说？"

张良说："将军有所不知，项羽虽只占了西楚那块地方，可是那些被他分封的诸侯国还不是他的属地，如果咱们'抚'得好，诸侯们次第归顺了，就没人追究了！樊将军记住一句话，叫做'胜利者是不被谴责'的，你只要胜利了，就没人责备你了！"

周勃性子直，他说："樊老哥，只要你的拳头大，逼住了他们，他们就叫你爹！那出师之名，不过是一开始用得着！"

因为周勃一下子说出了问题的实质，惹得大家哈哈大笑。

宴会过后，大家仍然兴致勃勃，谁也不愿回家休息，刘邦把地图拿出来，要大家围上来观看。

"抚"的对象是哪些呢？中原地区有三国，即河南国、韩国和殷国。河东的西魏国也可列在"抚"的范围之内。

分析了一下，首先可把河南国拿过来。

河南王是申阳。一提到他的名字，大家都笑起来。

因为申阳是个美貌少年，长着一副女人的模样，张耳看上了他，把他宠幸了几年。后来跟着张耳东征西讨，弄了个资格，被封为河南王。

"张耳不是在咱们这儿吗？"张良问。

刘邦说："是的。他的封国被陈余夺了，没办法跑到咱们这儿来了。我对他说：以后找机会帮你把封地夺回来，他日夜盼望着。"

"好。可让张耳去动员他的'旧爱'，也许就不用费事了！"

没有大兵压境，再软弱的敌人也不会乖乖地归顺。

韩信派周勃带领万人开赴河南洛阳，兵临城下后，张耳大声与城上守将搭话："快去禀报你们君王，就说我张耳到了！"

守将知道张耳与他们君王的老关系，就连忙去报了。

申阳来自齐地，和洛阳地方向无瓜葛，几乎没有群众基础。他封到这里后，就藩时只带了几千人马，现在也没有增多，只够守住洛阳城。听说刘邦的大军来了，想想也没惹着过刘邦，便以为是来借道，不甚害怕。现在一听说是老相好来了，有点高兴，就令放下吊桥，大开城门迎客。

张耳与周勃带领十几人进城后，来到王府。

"啊，我当是谁领兵来了，原来是我过去的张郎呀！"申阳从他的王府迎出来。

周勃没见过这个故作女态的人，那忸怩的样子令人作呕，就回过脸不去看他。那些随从却忍耐不住，偷偷地掩面讪笑。

在侍童献浆后，张耳便对这个河南王说起汉王的威德和势力，进而劝他归顺汉王。

申阳一下子明白了大兵围城的原因。他知道如不服从，自己连天黑也活不到。他看出过去的相好张耳也是被迫而来，那个天神样的周勃将军才是刘邦的真正代表。他这个河南王只拥有个三川郡，即使三川郡的百姓全部变成了兵马，也难抵汉王的几十万大军！

他用眼睛示意张耳，要他到里间说话。

张耳得到周勃的允许后去了。

他们那亲亲密密的样子，叫人觉得不是朋友而是夫妻。

一会儿他们出来了。

申阳提出了条件：一是请汉王仍允许他做河南王，二是留张耳与他共同镇守洛阳。周勃立刻答应了。

接着，周勃挥兵进城，占领了洛阳。

第二天，张耳、周勃回到栎阳复命。

第十三章 欲图东进 张良献谋

刘邦听后不屑得下唇伸得老长，说："这样不男不女的人，猪狗不如！"于是下令取消了申阳的河南王封号，将河南国改为直属的河南郡。

5

"下一步该收拾谁呢？"刘邦征求张良的意见。

"该对付我故乡那个郑昌了吧！"

王陵衔刘邦之命去沛县接刘邦的家眷到了阳夏受阻后，项羽赶紧任命郑昌去做韩王。

"项羽为什么派郑昌去呢？"刘邦问。

张良给刘邦解释说：那个郑昌原是秦朝时吴县的县令，生得其貌不扬，像只偷吃东西的老鼠，两只小眼睛老是咕噜咕噜地转个不停，但他有一个什么也敢做的胆子。项梁因杀人犯法，带着项羽等一帮亲属到吴县避祸，全靠了这个郑昌才转危为安。以后，项梁叔侄在吴县广泛结交，逐渐啸聚起一帮"豪桀"，有了最初的反秦武装……

"是这样……"

"项羽一直想报答他，可没找到机会。"张良说，"戏亭分封，郑昌的资格不行，项羽连个'侯'也不敢给他。项羽杀了韩王成后，也是过了很久，才把这个郑昌补为韩王的！"

"他……行吗？"

"人是很精明的，可是在韩国没人拥护他！"

刘邦想了想说："子房，你愿不愿做韩王呢？你做了韩王后，咱们仍然可以一起打天下！"

张良摇摇头说："我家几世为韩国的相国，如果张良那样做，不成了乱臣贼子了吗？"

"请子房原谅，"刘邦赶忙道歉，"我只是想不出一个能够代替郑昌的合适的人来。"

其实，刘邦不是那么想的。他觉得张良这次归来，是不会离开他了，就得想法给他谋个适当的官职，一来是为了报答他的不世之功，二来也好让他方便工作。

"大王这么一说，我倒想起一个人来……"张良说。

"子房推荐的，那准没有错。"

汉高祖刘邦

"这人也叫韩信。"张良说,"他是战国时韩襄王的后裔,我和韩王成筹划复国时,他是我们的一个将军。我曾带领他跟随大王进入关中,后来我离开后,他仍然跟着大王。"

"啊,我想起来了!"刘邦拍拍脑瓜说,"在南郑时,他曾向我进言,要我趁着关外群众还没习惯戏亭体制时,及早决策东向。当时没听他的话,是因为初进巴蜀立足未稳……"

"这人是文武全才,比韩王成能力大多了!"张良说,"因为他是真正的韩王后裔,在韩国有着相当大的号召力。另外,他对大王是十分忠诚的!他曾对我说:沛公是像秦始皇那样的天子……"

"好吧,就是他!你让韩信明天来见我!"

第二天,刘邦与大将军韩信商量任命韩王信为东路将军,给他三万人马,令他攻略韩地,并许诺说:等成功后,让他做韩王。

这一安排效果极好。

在韩人眼里,那个郑昌是项羽强加给他们的,是个外人,有着老韩王血统的韩信才是正宗的韩王。

韩王信的大军一到,郑昌的军队便纷纷倒戈,帮着他打郑昌。

孤立无援的郑昌知道项羽顾不上他,就率军投降了,献出了国都阳城。

刘邦说话算话,立刻扶立韩信为韩王,时为高帝二年十一月(公元前205年12月),不过刘邦没有让韩王信留在阳城,而是要他带领军队,继续跟随大军东征。

殷王司马卬可能是块硬骨头,所以,张良建议暂时留着他,先把西魏王魏豹收拾了再说。

魏豹是战国时魏国的贵族,张楚王时,他的哥哥魏咎在周市的支持下,复国称王,不久,遭秦军章邯围攻,兵败自杀。楚怀王时,扶持魏豹继任魏王。

戏亭分封时,项羽因他对楚怀王过分忠诚,就对他刻薄了。只把原魏国的一小块土地割给他,给了他个西魏王的称号。对此,魏豹是耿耿于怀的。

高帝二年三月(公元前205年4月),刘邦率领大军从临晋东渡黄河。

张良说:"好啦,请大王候在这里,我去劝魏豹前来投降。"

刘邦说:"你带多少人马呢?"

"不用,"张良说,"大王的军队扎在这里就足够了。"

张良只带了几名随从就进了西魏的都城平阳。

第十三章　欲图东进　张良献谋

魏豹已知刘邦的大军过了河，把心悬了几天，见张良来到，连忙接见。

"张先生，我没招惹汉王吧？他为什么要来攻打我呢？"

张良笑笑说："君王别害怕，汉王不是出兵打你的，他只是来抚慰这里的百姓。西魏正闹饥荒，汉王带来许多你们急需的物资呢！"

魏豹放下心来，"这几天我的臣僚都很害怕，说咱们只有河东、上党二郡，怎能抵挡住汉王的大军呀！我对他们说：别怕，汉王以仁义著称，咱们又没招他惹他，他没理由打咱们！"

张良拉下脸来，对魏豹说："你这样说也不对，君王也不是没有伤害过汉王呀……"

"怎么，你怎么这样说，张先生？"

"君王好健忘呀，此前，你们魏国出兵打到沛县，招降了雍齿，抄了汉王在丰邑的家，弄得他有家难归，难道这伤害还小吗？"

一句话吓得魏豹魂不附体，苦着脸辩解："张先生，那，那是我老哥的事呀，汉王不能把账算在我的头上！"

张良说："怎么不能算在你的头上呢？你和前魏王魏咎是兄弟，他死了，他的责任你就得负起来！"

魏豹哭了："那我就死无葬身之地了！"

"别怕，汉王绝不会不给你出路，不然，他就不会派我来了。"张良先给他一颗"定心丸"吃下，"只要你顺从汉王，汉王会既往不咎的！"

"我归顺，一定归顺！"魏豹说，"汉王怎么说的？"

"他允诺你继续做魏王……"

"太好了，我这就去见汉王！"

"那，你就打开城门！"

不上半天，魏国就成了刘邦的囊中物。魏豹交出了他所属的河东、上党二郡，刘邦继续保留其魏王封号。不过也像韩王信一样，刘邦令魏豹随军出征，实际上西魏已经没有了！

6

"什么'抚关外父老'？完全是骗人的鬼话！"殷王司马卬听说刘邦"抚"平了河南、韩和西魏三国后，他对自己的臣僚说，"那个刘邦野心才大呢！"

他给部下讲了个一年前的故事。

汉高祖刘邦

怀王之约后，本是赵国将领的司马卬也想早入关中，弄个破秦首功，就是当不成秦王，也能博得个封侯拜相。当他带领人马想从孟津就近过河闯进关中去时，遇到了刘邦西进的大军。刘邦看出了司马卬的企图，连忙北上把黄河渡口锁住了。这是反秦联盟中的第一次内讧，司马卬与刘邦结下了深怨。

他回头投靠了项羽，跟着他进了关。戏亭分封时，项羽没忘了他的战功，给了他一郡的土地，封他做殷王，从此，他就认为自己可以与刘邦平起平坐了。

"如果汉王带兵来这里，咱们这小小的殷国能够抵挡得住吗？"

臣僚们十分担心。

"咱们是打不过刘邦的，可是有人打得过他！"司马卬说，"我已派人给项王送信去了。只要咱们抵挡上几天，项王就会派兵来的！"

过了几天，刘邦的大军就走进他的国门，包围了国都朝歌。

司马卬究竟是位将军，他率领自己的万把军队凭城顽抗，双方打了几天后，司马卬渐渐不支。

张良说："咱们是打着'抚关外父老'的旗号出关的，别在中原地区把影响弄得太坏，还是想办法劝他投降吧！"

"子房，还是你去吗？"刘邦问。

"用不着。现在司马卬被咱们打得快要趴下了，他恨不得有人拉他一把。"

于是刘邦派老臣郦食其进朝歌跑了一趟。给他开出的条件是：只要他背楚顺汉，就依旧保留他的殷王封号。

司马卬答应了。

在齐地成阳被拖住的项羽听说司马卬投降了刘邦，十分恼怒，立刻派陈平带领五千人去收拾他。司马卬在心里掂量了一下，觉得还是项羽势力大，于是又领兵与刘邦干了起来。

但这时的他，军队已大部被刘邦所挟制，还没等陈平军到，就被打得四散溃逃，司马卬被活捉。

他跪在刘邦面前求告说："大王，我服输了，按原先的条件，你给我个殷王的封号算了……"

刘邦和他的臣僚哈哈大笑。

"司马卬，那条件是你第一次投降时提出的，现在你又反水，不仅要取消你的封号，还要割你的头呢！"

第十三章　欲图东进　张良献谋

司马卬想想：头和封号相比，还是头更要紧些，就哭着请刘邦给他留一条性命。

张良悄悄对刘邦说："在当前形势下，还是不杀他为好。"

于是刘邦饶了司马卬，只将殷国改为了河内郡。

这一切办完后，楚将陈平才刚刚赶到。他在河内郡外扎营几天后，便拿了自我介绍的书札到汉军驻扎处请求谒见汉王。

张良笑着向刘邦拱手说："我向大王贺喜！"

"你是说咱们得了河内郡吗？那是几天前的事了，而且是大家的喜事。"

"不，不，"张良说，"陈平来了，他是来向你投降的！"

"真的吗？项羽能派这样的人来吗？"

"陈平虽时运不济，但他是一位深有谋略的人，他难道看不出未来的天下谁主沉浮吗？"

"子房，你很了解这个人吗？"

"略知一二吧！"张良说，"兵法云：知己知彼，才能取胜，这'知彼'就包括对敌方谋士将帅的了解，大王，我早就知道这个陈平了！"

张良给刘邦述说了陈平的故事。

陈平与张良一样喜好黄老之术，家里穷，也像刘邦一样，从小就不务正业，游手好闲，不事生产，依赖兄长过日子。为了混顿酒饭，常常给人家帮忙料理殡丧。这种人正经的农民是看不起的，长到二十多岁了还没成家。有钱人的女儿不愿嫁他，穷人家的女儿他又不肯娶。快三十岁了，才好歹找上了富翁张负的老闺女。那女人结过五次婚都因夫死而终，大家都传说这女人"克夫"，没人敢娶她。陈平看上了她丰厚的陪嫁，才把她娶进家门。有了钱后，陈平"游道日广"，更加"豪气十足"了。

一次，村镇上举行社祀，完事后，父老令陈平为大家分割祭肉。大概他常常为乡人帮办丧事的缘故，他的刀法很是熟练，分得也很公平。父老赞扬他说："这小子虽没出息，但他这一手还真干得漂亮！"

陈平长叹一声说："唉……我陈平有着比这大得多的本领呢，如果让我主宰天下，我也能像割肉一样，随心所欲地割！"

大家不明白他这话的意思。

陈胜、吴广起义后，他认为自己出头的时候到了，他和乡村"少年"结伙，便去投奔陈胜的部下周市。周市扶立魏王咎后，陈平当了魏王的太仆（侍从官）。他多次为魏王出谋献策，魏王都不理他。因为他在家乡的丑行如影随形地跟着他，不断地有人在魏王面前给他抖落出来。

陈平看看在这里没法干了，在楚军北上救赵时，他便改投项羽。项羽也不怎么瞧得起他，就给了他个没什么事的爵卿（散秩官）。

这一次项羽令他来救司马卬，是破格使用，给了他一个都尉的名义，连个将军也不是……

刘邦听完后，问张良："如果他真的来投降，咱们怎么用他呢？"

"先给他个都尉做着，不妨职权大一点，以后再说。"

刘邦点点头。

不一会儿，陈平进来了。

刘邦看了他的书札，端详了一下，悄悄地对张良说："这小子好漂亮呀！"

陈平是长得不错，长身玉立，眉清目秀，穿了身长袍大袖的儒服，还真有点令人难以测度呢！

在问了几句话后，刘邦问他在楚军是什么官职？

"回大王的话，在下官至都尉。"

"本王也给你个都尉。"刘邦说，"令你掌管高级军职的诠叙，怎么样？"

陈平想想，这都尉官虽不大，可是职权不小呀，就是高级将领的升迁贬黜，他都可在其中起作用……

"谢大王信任！"

这一任命公布后，诸将纷纷议论，都说陈平在楚军中根本不算什么，来这里却平步青云，居然还让他来执掌咱们的命运！

刘邦心里却很自得，他想，弄个陌生人来管一管你们才好呢！免得你们相结相护。

张良说的陈平的故事，只是过去的，最近的他还不知道呢。

陈平来中原时，项羽还令留守彭城的项悍赏金二十镒，鼓励他忠于王事，好好地完成任务。可是，他来到时，司马卬已经是刘邦的俘虏了，他怎敢与刘邦抗衡呢！

项羽在齐地听到这一消息后，大发雷霆，声言要将陈平部卒全都处死！陈平在项羽身边的朋友知道后，派快马驰报了陈平。

陈平说："好吧，你想杀我，我还不跟你了呢！"他把都尉的印信和那二十镒黄金打了个包裹，派人送还了项羽。他没敢把项羽派给他的五千人马一起交给刘邦，只是只身溜了出来……

在搭船渡河时，船家看他穿得漂亮，生得俊雅，还以为他是个富家公子，

第十三章　欲图东进　张良献谋

便商量着谋财害命。陈平看出苗头，并知道自己抵不过这些贼帮，就立刻脱光了衣服，赤身裸体地帮着摇橹。船家看他确无油水可捞，也就泄了气。

陈平像一切黄老派的弟子一样，善于自保，临到性命攸关时，他们是不顾一切的。

第十四章　攻占彭城　刘邦忘形

1

陈平见将领们都不服他，叫嚷得沸沸扬扬，看样子不把他拉下马誓不罢休。他便去求见赏识他的张良。

"张先生，你得帮帮我呀……"

"谁也帮不了你，"张良说，"这些将领个个都功勋卓著，要想在他们中有点地位，只有一个办法，就是立功，立大功！"

"唉呀，张先生，我初来乍到，怎么立功？更不用说大功了！"

"你可以立功的，而且可立大功！"

陈平知道张良是天下第一大才，他从不说诳话，就躬身下拜道："请先生教我，陈平不会忘记先生恩德！"

"老弟，你不是刚从彭城带兵出来吗？"

"你说的是那五千人吗？我无法将他们献给大王，因为，他们不会跟我来的——听说几天前就由一校尉带回去了！"

"我不是指那个，大王看不上那五千人。"张良说，"我问你，你来时，彭城那边怎样？"

陈平有点醒悟，他说："楚军大部被项王带到齐地去了，由于一时难于制服田横，项王又令留守的项悍陆续发去许多，现在彭城和它周围十分空虚……"

"粮草呢？"张良问。

"粮草也所剩无几了，"陈平说，"齐地是个无底洞，送多少人力物力去也填不满！那里的游击军厉害呀，粮草大部为他们夺去了！"

"陈先生，你想，如果我们这时突然发兵去进攻西楚呢？"

陈平眼睛闪闪发亮，言道："那真是上天给大王的好时机呀！……"

"那么，陈将军为什么不向大王献计，争立首功呢？"

第十四章　攻占彭城　刘邦忘形

陈平给张良跪下，说："张先生之才，亘古一人！陈平如立得大功，全凭先生教导！"

第二天，陈平求见刘邦，并请单独谈话。

刘邦给了他这个机会，让他来到深宫。陈平向刘邦述说了西楚因倾全力平齐，弄得彭城及全国空虚。不仅物力财力极度匮乏，就是人气也大为损伤。可说是哀鸿遍野、怨声载道了！

"大王，如果抓住这一大好时机，挥兵东进，必然能够势如破竹，直捣彭城，那样的话，大局指日可定，破碎的江山又可归一矣！"

刘邦激动万分，他站起身，拉着陈平的手说："好，太好了！本王扫平中原后，正不知怎么好呢，你给我出了个好主意，等于把天下送给了本王半个！如果东进成功，陈先生当属首功！"

陈平又跪下拜谢。

刘邦赶忙把他拉起来，道："我有了张良，现在又有了陈平，上天是这样眷顾我，我不得天下实在是有负天恩呀！"

如果陈平这时稍微提一提张良的启发，分点功劳给张良，也算他有良心，可是他一个字也没说。要不如此，他就不是陈平了！

过了几天，刘邦召集谋臣萧何、张良，将军曹参、韩信、樊哙等十几人到他的宫中议事。他把陈平的计谋说了一遍。"项羽倾全力于齐，他的老巢彭城已经空虚，大家想一想，现在是不是夺取西楚的好机会呢？"

萧何说："主公说得很对，西楚的精兵都发到齐国去了，是占领西楚的适当时机，但这是个大举动，得有周密的布置才是。"

樊哙本想说话的，可是听到萧何说到"周密布置"四字，到嘴边的话又噎回去了。

"樊哙，有话就说嘛！"刘邦讨厌人思前想后而不言语。

"是这样……"樊哙说，"现在天下诸侯愤恨项羽就像愤恨过去的秦始皇一样，如果大王登高一呼，一定是应者云集的！"

曹参很赞成樊哙的主张，他说："以大王的威望和实力，完全可以做讨楚的盟主，天下人都仰望着大王呢！"

经樊哙、曹参这么一讲，到会的人一起议论起来。他们说：现在反对项羽的诸侯已经有好几家了，别的诸侯也跃跃欲试，由于戏亭的分配不公，天下又不安宁了，就像到处埋放着火种。这时，大王正好把他们拢到一起……

刘邦见大家都拥护他的主张，把天下抓到手里的远景使他激动起来，他的脸色有点发红，可是他看到张良冷冷地坐在一旁没有说话。

刘邦养成了习惯，凡事，只要张良不说话，他就觉得心里不踏实。"张先生……"刘邦把脸回过来，望着张良，"你说话呀，你是三军的军师呀！——你是不是认为他们是瞎嚷嚷呢？"

张良笑笑："怎么会那样呢？在座诸公说得都很对，我也是那样想的。而今，只有主公才可做讨伐项羽的盟主，不过，我在想：那个项羽虽然陷在了齐地，一时顾不得中原，但戏亭分封后，他已是天下实际上的共主，其权势仍然很大，要想打倒他，不仅要在军事上胜过他，还要在情理上压倒他！有句古训大家要考虑：'明其为贼，敌乃可服'，就是说，在情理上证明他是个'贼'，天下人才会与咱们'共讨之'，才可以征服敌人！"

听了张良的话，刘邦嚷嚷着说："是呀，是呀！张先生说到我的心里去了。'兵出无名，事故不成'，咱们去打项羽得有个过硬的理由才成，有了颠簸不破的理由，诸侯们才会跟着咱们去打！张先生，'东抚'的主意，你出得很好，现在，你再给咱找个过硬的理由吧！"

在场的臣僚们都望着张良。

张良摇摇头说："那个过硬的理由，现在还没有，不过，过几天它会来的。现在大家可秣马厉兵好好准备着！"

其实，那个过硬的理由，张良已经有了，只是，他还不是十分肯定，不愿在刘邦面前说出来。

当楚怀王死去的消息传来时，张良就猜到他绝不是正常死亡，而是被项羽谋害的。可是，他没有确凿的证据，不敢说。张良生平从来不做没有把握的事，不说没有根据的话。前几天，他已派人到西楚打听去了，这人便是董绍，原是在新城一带管教化的"三老"，有点小名气，人称"董公"。他想来投奔刘邦，可是职位卑微说不上话，在一个偶然的机会，他见到了张良，就把自己的希望说给了他。张良见他三十多岁，精明强干，很会说话，是个能干事的人，就有心举荐他。

"先生，你想投奔大王，得先为汉军做点事情，不然，我也不好为你说话。"

"请张先生指教。"

"你……在西楚那边有人吗？"张良问他。

"认识几个人……"董绍不知张良的用意，愣愣地看着他。

"他们是些什么人？"

第十四章　攻占彭城　刘邦忘形

"当然不是英布、吴芮那样的将军，可也是项羽幕府中的僚属。"

"那你为什么不去投奔项王呢？"

"先生，这话您还用问吗？而今天下有识者谁不知道刘公乃仁义之君，而项羽不过是枭雄、屠夫耳！"

"那么，我问你，那楚怀王是怎么死的？"

"听说是落水而死……"

"这话，你相信吗？"

董绍笑了，"这一说法只可瞒哄三岁的小儿……"

"请先生往彭城那边走一趟，给我把这件事打听清楚，"张良说，"如果董先生能够做好这件事，我就可领你去见大王了！"

现在，张良就在等董绍回来。

没用张良久等，半个月后，董绍回来了。他对张良说：那楚怀王正如张良所料，他是在东进的路上，被送他的英布、吴芮、共敖所害。其中的细节，董绍也打听得十分清楚。张良告诉董绍，汉王想出兵伐楚，可是缺少能够号召天下的出师之名，希望董绍以项羽计杀怀王之事，说服大王。

计议停当，张良便带着董绍去见刘邦。

行礼过后，张良向刘邦推荐了董绍，说了些必要的话后，又说："主公要讨伐西楚，不是缺少出师之名吗？这位董公已将那必要的'名'送来了。"

刘邦望着面前的黑红脸堂的汉子，没有说话。开始，刘邦总是以貌取人的，等对人了解后，他才以才取人。他在等待董绍说话。

张良用眼神向董绍示意。

董绍说："自古出师得先示天下以名，也就是说先占住道义。道者，令民与上同意也！有了名和道，士兵和百姓才和大王同一个心思，为大王用命。如果不是这样，难免会因失去舆论同情而失败……"

董绍讲出了这一番道理，刘邦开始认真地听董绍说话了。他说："先生，你说的大道理我明白了，你在这方面有何可以教我呢？"

于是，董绍把打听来的怀王被项羽所杀的事从头至尾说了一遍。

他说：项羽早就愤恨怀王了。怀王本是项梁叔侄立起来的，项梁死后，他不仅不高看项羽一眼，反而以怨报德，在北上抗秦的举措中，故意削夺项羽的军权，令宋义做大将军。等项羽杀了宋义后，他才不得不承认项羽的统帅地位。待项羽戏亭分封，做了天下的霸主后，那个怀王已使他碍手碍脚了，于是，项羽就把他撵到南方去，在路上，令英布、吴芮、共敖把他杀死在江

汉高祖刘邦

船里了……

"怀王已死,我是知道的,"刘邦说,"可是,我不知道他是被项羽杀掉的……"

董绍说:"就这一条,项羽就难逃'天下之贼'的恶名。古人云,行仁者无须逞勇而天下宾服,行义者无须用力而天下自定。大王如今宜率三军之众为义帝发丧,并传檄诸侯,使天下人都知道项羽谋杀怀王之大罪,然后出有名之师,四海之内莫不仰望您讨伐国贼的仁义盛德,过去商汤周武所以能够成功的道理全在这里了!"

刘邦听了以后,高兴地拍着大腿叫道:"好呀,你这个黑汉子,真给我带来一个好消息,给我出了一个好主意!张良,你看他这一招怎样?"

张良连忙用手指往嘴上一横,意思是告诫刘邦注意自己的身份,不要得意忘形。这样,刘邦才又端坐好,沉下脸来说:"董先生,谢谢你来献计,你的职位,张先生会给你很好地安排的……"

打发走董绍后,刘邦说:"子房,这样,一切具备,下面咱们该怎么办呢?"

"咱们一样一样地商量吧……"

刘邦乐得翘着胡子说:"你是怎么弄来这个董绍的?"

张良说:"怀王的死,我早就有所怀疑,但在没弄清楚前,不能把它当作出兵的理由,正好这个董公来投靠,谈话间,他说与项羽的幕僚有关系,我便要他前去彭城打探……现在好了,大王可传檄诸侯,做天下讨楚的盟主了!"

刘邦高声叫道:"戚妍,戚妍……"

"大王,您要戚夫人来做什么?"

"有了这么大的好事,咱们先饮酒三杯……"

张良连忙阻止,道:"主公,咱们先商量事情要紧,酒以后再喝。"

说是商量,其实是张良把自己想好的主意说给刘邦听。第一,全国全军为怀王发丧,搞得动静越大越好;第二,刘邦可以此诏告全国军民为怀王报仇;第三,发表讨楚檄文,其他随从者可以不论,矛头只对项羽……

当晚,刘邦又召开军事会议,决定东进伐楚,直捣彭城。把张良的三条举措说给谋士和将军们,要他们紧密配合,大造声势。

第二天,全军都换上素服,弄得到处白花花的。在城里广场上设了灵堂,周围披垂着哀联、挽幛,中间供了"天下共主义帝之灵位"。刘邦脱了衣袖,

第十四章　攻占彭城　刘邦忘形

在义帝灵前伏地哀哭。这一手，他很做得来，他哭得眼泪、鼻涕一齐往下流淌，他亲娘死了也没有这么哀痛过。

三军将士也由其本部将军率领分几批来灵堂拜祭，由于将校带头，他们个个哭得一把鼻涕一把泪。

其实，刘邦也像别的诸侯那样，从来没关心过那个"天下共主"的死活，去年初冬，那个义帝翻船落水而死的消息传来时，他还笑嘻嘻地对身边的幕僚们说："就让鬼把那个义帝抓去吧，如今谁也用不着他了！"

半个月后，临近一些诸侯听到了刘邦在全国全军大祭义帝的消息，也赶来拜祭，每一次来，刘邦都要陪同哭嚎。他有点受不了，偷偷地对张良说："子房，你们几个是不是与我替换一下呢？我哪有那么多眼泪流呀！"

张良笑笑说："这件事可没人替得了您，好在很快就过去了！"

这件事做得十分成功。三军将士义愤填膺，中原父老闻风感慨，前来拜祭的诸侯都劝刘邦举起义旗，号召天下，共讨项羽。刘邦讨楚盟主的形象已然树立起来了！

举丧后，刘邦分派使者传檄诸侯。檄文出自张良的手笔，其中云：

> 天下共立义帝，北面事之。今项羽放杀义帝于江南，大逆无道！寡人悉发关中兵马，收三河将士，南浮江汉以下，愿从诸侯击楚之杀义帝者！……

檄文中关键的话虽只几句，但其中大有文章。所谓"三河"是指河南、河东、河内，可见在为义帝报仇这个题目之下，不仅使刘邦"南浮江汉"奔袭彭城师出有名，连此前抢占中原地盘的行动也是名正言顺的了！

2

自戏亭分封后，虽然仅仅过了一年多一点，天下大势已有很大的变化。

关中三王，除了章邯还在废丘作困兽之斗外，其余两王司马欣与董翳已被刘邦消灭。"三河"四王，魏王豹、韩王信已成刘邦的附庸，河南王、殷王不复存在。北方诸王，常山王张耳丢了封国，投奔了刘邦，辽东王韩广被燕王臧荼消灭，剩下的赵王歇和代王陈余现在都已叛离了项羽。齐之三王，被田荣或逐或灭，而田横正扶着齐王田广与项羽对垒……

汉高祖刘邦

现在还与项羽相安无事的只剩南方的四王了。项羽杀害义帝,其中三王都是凶手,他们是九江王英布,衡山王吴芮和临江王共敖。他们应该是与项羽同心协力的。可是许多信息显示出,就连他们对项羽也不再言听计从了。

比如说,当项羽邀英布一同去征讨田荣时,英布竟托病不从,只派了几个将军和数千士卒去应差。当刘邦的征楚檄文传到他们手上时,由于文中并没有点他们的名,他们也就没必要与项羽同仇敌忾了。另外,吴芮和共敖的封地都在今湘、鄂、粤北地区,刘邦来打项羽,和他们关系不大,他们当然不会强出头。英布的封地和西楚相连,如果这个骁勇善战的枭雄要替项羽出手,还真够刘邦喝一壶的。可是,他摆出一副置身事外的样子,只是睁大眼睛看着,却没有调兵遣将,这使刘邦放了心。

他深深地感到张良的"置三王于不顾,独击项羽"政策的高妙!

要想东进破楚,北方诸王也得"安置"好,才没有后顾之忧。在北方诸王中,燕国较远,它对中原无多大的影响。刘邦把赵、代两国作为重点争取的对象。执掌赵、代大权的是陈余,他和张耳都曾是刘邦的朋友。几年前的定陶一战,使张耳与陈余成了死敌。张耳大度些,可是陈余却是小肚鸡肠,他仍然嫉恨着张耳。当他看了刘邦派使送去的讨楚檄文后,对汉使说:"回去对你们的大王说吧,如果他能把张耳的人头给我送来,我就出兵帮他去打项羽。"

汉使回来后,刘邦笑了。

张良问他:"主公是笑陈余心胸狭窄吧?"

"不,不,我是觉得这事好办……"

"怎么,主公是想把张耳杀了吗?"

"那怎么成?"刘邦说,"张耳是我年轻时的朋友,杀了他会让天下人骂我不义……子房,派人到军民中找一找,看有没有与张耳模样相似的人,抓来杀了,把人头给陈余送去得了——我相信能够找到那样的人……"

"主公,那,不太好吧……"

"有什么不太好的,在这天下大乱的时候,为了大局杀个把人有什么要紧的……"

不久,刘邦果然找到了个与张耳模样差不多的人,刘邦端详了一会儿,说:"好,好,像极了……拉出去砍了吧!"

那人是个小军官,他哭着叫道:"大王,我也是从沛丰出来的,跟着您打了大小上百次仗……我犯了什么罪呀,大王?"

第十四章　攻占彭城　刘邦忘形

"你没有罪，"刘邦说，"只是我想用你的那颗头……放心，我会好好照顾你的老小的！"

几天后，那个小军官的头摆在了陈余的桌子上。盛人头的木匣一打开，那难闻的臭气就充塞满屋，陈余用衣袖捂着鼻子看了一会儿，见那人头的眉眼很像张耳，就笑道："张耳，刘邦把你的脑袋给我送来了，你没想到会有今天吧？"接着他就令人扔出去喂狗。刘邦用这颗人头换来了陈余一万精兵。

一个月后，刘邦凑成了六国联军，这六国是汉、魏、韩、赵、代、齐。当然，刘邦的军队仍是主力，因为，他在六国中地盘最广，人数最众。

汉高帝二年四月（公元前205年5月），刘邦率领诸侯军五十万从洛阳誓师东进。

大军到了外黄，有一支比（刘邦除外）五个诸侯强大得多的军队加入进来，它的统帅是彭越。

半年前，当田荣带头反楚时，他曾经听从田荣的命令，与项羽开过战。更早一些时，他也曾与刘邦联手反秦，所以也算是旧交。彭越的加入给刘邦增加了新生力量。刘邦极为高兴，为了笼络彭越，他封彭越为西魏相国。刘邦这一手极妙，他假借彭越之手把魏国的军队侵吞了。当六国联军组成时，他就有点不放心那个魏王豹，现在，他心里踏实了。史家在评论刘邦时，只强调他善于用人这一点，好像除此而外便一无是处。但许多史实足以证明他是一位灵活机动、多谋善断的军事家和政治家，此即一例。

3

张良回到住处，一个女人站在门外迎接他。院子里弥漫着轻轻的炊烟，还飘过阵阵饭菜的香气。

他自从投身反秦复国的事业后，十多年颠沛流离居无定所，过惯了戎马生活。现在有了个家，身边有了女人，至今他仍觉得很不自在。

她名叫席姝。原是咸阳人，项羽在咸阳烧杀掠抢，她跟着父母逃难至戏亭附近，半路上又遇乱军，她与父母失散，幸亏被路过的韩王成救出，看她生得美貌可人，就带在身边。但是，还没有明确她的身份，韩王成就被项羽带回西楚了。韩王成的一帮家人、臣僚，还有几个妻妾也跟着到了彭城。韩王成被项羽杀害后，他的家人、随从便散居各方。其中有几个到蜀地投奔张良来了，这些人中便有这个席姝。

汉高祖刘邦

张良当然见过这个席姝。看过几眼，曾觉得她生得清纯、艳丽，不同凡俗，随后也就忘记了。原因一则她是主公收下的女人，自然属于韩王，他是韩王的僚属，多看一眼，也是失礼。二则时势纷乱，他实在没有心思关注这些细事。

他们找到了张良，张良自然尽心地安排他们，使他们各得其所。唯有这个席姝使他犯难了。他曾经想派人送她回咸阳，可是席姝说：在咸阳她已经没有家了。最好是找到她的父母，但天地茫茫，难民如潮，到哪里去寻找呢？再说他们是否活在人间也不可知……

正在这时，席姝被刘邦看上了。

"啊。好一个美丽的小姐呀！"说着，刘邦笑嘻嘻地用他那猥琐的眼睛打量着她。

"主公，她是韩王的小妾……"张良说，他想用这句话打消刘邦对她的妄想。在张良看来，刘邦将来称王称帝是必然的了，如果席姝被他占有了，将来还不是那女强人吕雉的俎上肉？

没想到在这时候，席姝却说道："韩王未曾接纳我……"

"是呀，是呀……看样子那个冤鬼还没怎么样她……"刘邦说，眼睛仍然没有离开席姝。"喂，子房，不如你把她留下吧。你也是快四十岁的人了，戎马倥偬，至今也没有成家……"

张良支支吾吾地说："他是韩王的人……"

"你又来了，子房，收起你那一套吧。"刘邦拍拍张良的肩膀，"韩成已经死了，再说，席姝不是说了吗，韩成还没有怎么样她！"说着笑嘻嘻地走了。

张良只好把她领回住处去了。

但张良仍没有收她入房的意思，夜里，他们虽在一个屋檐下，但各住一间房。来张良家串门的人，都已经喊席姝为张夫人了，但在张良内心深处，他仍踌躇着。我张良的夫人就是这么个来路不明的女人吗？——他一直这样问自己。

一天晚上，席姝把张良的床铺好，并没有像过去那样离开，只是低头坐在床边。

"席姝，"张良一直这样称呼她，"你该去歇着了……"

不想这句话，却使席姝抽泣起来。

"你怎么了，席姝？"张良是何等聪明的人，立刻明白这是为什么，他们这不尴不尬的状况是该结束了。

第十四章　攻占彭城　刘邦忘形

席姝没有回答，大滴的眼泪嗒嗒地落在衣裙上。

"你说话呀，席姝，想你父母了吗？"

"张先生，今晚，你就说一句痛快话吧，你要我呢还是不要？"张良没想到席姝说得这样直接，"如果你觉得为难，我今晚就离开这里……"

张良被这直出直入的质问弄得僵住了，支支吾吾了半天，他说："席姝，你知道我是个什么人吗？"

"天下人谁不知道你呢？十多年前，你在博浪沙刺秦，只那一击，你就四方闻名了！后来你又襄助韩王复国，韩王死后，你又帮助汉王……张先生，你是我心仪已久的人了！"

"席姝，你过去就知道我？"

"我的父亲席谨，饱读诗书，也曾想择明主而事之，在赵、楚、魏诸国都待过，但都没有尽抒其志，后来郁郁回到咸阳，闭门著述……"

"唔，是这样……"张良对她和她的家世有些了解了，"老先生写过什么著作呢？"

席姝说："那时，我年纪小看不懂他写的书，后来，我看懂了，我不敢随意评论父亲，但平心而论，他写的不过是各国兴替的史实，以及他的一些见解，我看不出他有自己的独特论断，也许他的真知灼见还没有来得及写出来吧……"

"现在，老人家的那些书呢？"

"项王进咸阳后，我们全家逃出，大火在咸阳烧了三个月，老爹的那些心血怕是早就化为灰烬了……"说着她长叹了一声。

张良听了也深深地叹息。

张良当然无缘读到老先生的著述，可是他想：年轻时游历各国，回家后又发奋著述，当是对天下大事有着自己的见解，不是庸碌之辈。在他面前长大的女儿，也定然是不同凡俗的了。因此，开始对她另眼相看了。

那天夜里，张良也向席姝介绍了自己。他说：张家三世为韩相，秦灭韩后，他便以复仇为己任，把家产卖了以结识天下豪杰。十几年来，居无定所，有时，连命也保不住，当然也就顾不得娶妻安家了……

"你说的这些我都知道。"席姝赶忙说，"我不敢心存妄念，只要能在先生面前早晚伺候先生，就心满意足了！——我父亲曾一再地教导我：贤臣良相比国君更重要，国君就像一部马车，而贤臣良相就是御车的人，那车走不走正道，就看那御车的人了！"

张良想：老先生把贤臣良相的作用看得太重了，那国君绝不都是任人摆弄的车子。不过能够说出这样的话来，也算是有几分见识。

他们谈得很晚，不知不觉周围响起了鸡叫声。

"天都快亮了，"张良说，"天明了我要随汉王出征，东西还没打点一下呢！"

"先生就歇着吧，你用得着的东西，我已经给你收拾好了，天明只要装车就行了！"

"席姝，你怎么知道我要出征去呢？"

席姝笑笑说："先生，你这几天忙什么，难道我看不出来吗？"

张良点点头，倒在床上。

席姝给他盖好被子后，就要离开，可是张良伸手拉住了她。"席姝，这些日子，我一直给你留着半个床，可是，你总是不来……"

席姝低头看了一下张良的大床，真的留着一半。

这是他俩的头一夜……

4

项羽放着皇帝不做，却把天下切得七零八碎分给了诸侯们。他连原来的楚地也不全要，分别给了三个诸侯，然后带兵回到了西楚，这一见识，比起秦始皇来就差得远了。他怀念秦以前的天下格局。他不是战略家，更不是政治家。他是一位英雄，但他的眼光和胆识只能成就霸业，不能成就帝业。

他像农民那样恋家，像小财主那样只看见自己周围那一片地方。

他把自己的国都设在彭城（今徐州）。彭城自古是四战之地，是控制黄淮平原间的交通枢纽。无论北伐、南下还是西征、东进，都是很方便的，可是它无险可守，很容易被别人攻取。但项羽是个进攻型的将军，他从来不考虑被动地守卫。

刘邦临近彭城时，项羽仍在齐地，与田横鏖战。

难道他忘记老窝了吗？不是的。他总以为刘邦没有能力发兵彭城，另外，那个英布就在彭城的旁边，他可是一员勇将，只要有英布这一颗棋子放在那里，就足可以把他的老窝看守住了。

他没想到英布会作壁上观。

他在彭城留下的守将是项悍。项悍是项羽的本家弟弟，忠诚是没问题的，

第十四章　攻占彭城　刘邦忘形

可是他勇猛有余而智谋不足。他一听说刘邦的大军来到，就吓得慌了手脚，他派人到英布处，求他发兵来援，可是，不知是英布故意拖延还是刘邦军来得太快，只一天，彭城就落入刘邦手中了。他只好带领他的溃兵逃向齐地……

指挥攻城的是韩信，他的战术是一个字："快"，当他带兵来到彭城以西五十里地时，天已经黑下来了，刘邦想扎营休息，令将士歇一歇，准备第二天攻城。可是韩信没与刘邦商量就挥兵进击。他把军队分成两路，从南北两方包围了彭城，没有做好准备的守军惊慌失措，半个时辰后，就被汉军攻入城内，楚军略作抵抗就溃散了……

溃兵有的逃向九江王英布的封地，但在边境处就被英布的军队拦住，让追上来的汉军肆意屠杀，逼得他们折回头来又随项悍往齐地窜逃……

这胜利来得太容易，太轻松了。刘邦乐得不知如何是好。他觉得他的帝业已成，就要君临天下了。对他进城后的表现，司马迁只写了两句话："收其货宝美人，日置酒高会。"太史公生在武帝时，容不得他恣意地描写武帝的老祖宗。可是仅这两句话，就把刘邦得意忘形、贪财好色的面目写尽了。

进城前，他召集自己的近侍，给他们布置了两项任务，一是把项王宫中的珍宝细软尽行掠走，二是检视宫中的女人，把三十岁以下者集中在一起准备运往关中，每项任务都准备大车百辆。进城后，他不再过问军事上的细事，全部交给韩信调度，将项羽的各个有司衙署、幕僚亲随悉数交给了张良处理，自己拣选了十几个美色绝伦的宫女躲进一间密室，几天不出来。

樊哙跑去找到张良："张先生，您是与主公最说得上话的人，您该去劝告他一下呀！大军已在这里驻扎几天，该往何处去呢？"

夏侯婴、周勃等人也都很着急，一齐围住了张良。

张良说："走，咱们一块去见主公吧！"

他们来到项羽后宫的一个小院，周围有密密麻麻的侍卫，他们不敢阻挡张良等人，围上来结成人墙侍立。

"你们要干什么？"樊哙喝道。

侍卫头儿说："我们当然不敢阻挡将军们，可是大王有令：就是天王老子来了也要给他挡住！"

夏侯婴说："你就给大王传个话儿吧，就说我们来看他了！"

"将军，就是看望也不允许……"侍卫头儿说，"大王说过，谁也不能打扰他……他只许我们把饭菜送进去，别的就不许了！"

周勃很是生气，把佩剑唰地抽出来，说道："滚开！放我们过去，要不，我可要杀人了！"

侍卫们纷纷让开。

在刘邦为王的初期，大家对他还是如江湖兄弟那般，他们觉得只要是为了共同的事业利益，相互间一切都好说。

侍卫被吓退了，他们一直跑到宫门口。

大家簇拥着张良叫门。

"主公……大王……"张良一边拍门一边叫道，"我与几个兄弟来了，有事想向大王说一说……"

拍了好一会儿，窗户开了一条缝儿，刘邦伸出头来，他面色通红，斜着一双醉眼，看着张良，"子房……子房……"他说，"我，我，我……就要当皇帝了，你动不动地打扰我，就不怕我龙颜大怒吗？……走吧，我还想快活几天……"

大家看他头发乱糟糟的，上面插满了花儿。就在他说话的时候，里面传出几个女人的淫语浪笑。樊哙想上前说些什么，可是木窗啪地一声关上了。

张良摇摇头叹了一口气，领着兄弟们走了出来。

走到宫外的回廊上，樊哙忽地又站住，回头叫道："刘老四，你以为天下都是你的了？你想错了，咱们与项羽的较量还胜负难定呢！"

张良赶紧捂住樊哙的嘴巴，道："樊将军，别说这些没用的了。咱们去找韩信将军，把对齐地方面的防务商量一下——项羽就要打来了！"

周勃还是怒气冲冲，他说："刘老四那臭脾气还是改不了！"

"走，走……"张良招呼他们。

5

正在指挥楚军攻打成阳的项羽，听说刘邦已经占了他的老窝彭城，气得吹胡子瞪眼，他大叫一声："刘邦，你这无赖儿！"就钻进了他的大帐。

他身边的几个将军吓得面面相觑，不知如何是好。

就在这时，又从大帐里传出几声大笑。"哈哈哈哈……刘邦，有种……小子，你来了正好……我巴不得你撞到我窝里来呢！"

将军们商量了一下，就跑去告诉在另一营帐中的王妃虞姬。

虞姬没在帐中，她正在帐后的草地上练剑，几个侍女在一边伺候。

第十四章　攻占彭城　刘邦忘形

虞姬常年跟随项羽南征北战，将士们总见她穿着一身戎装。虞姬的剑法，在楚军中很有名，这时，她正练得入神，一柄长剑，一会儿像电光迸射，溅出亮花万点，一会儿又像银蛇飞窜，上下缠绕翻腾……可是事情紧急，他们不敢耽误工夫，就央求侍女们喊住她们的主母。

几个女孩儿把手拢在嘴上一齐喊道："夫人……夫人……"

虞姬慢慢地停下，等神定气闲后，向崖下望过来，见几个将军站在那里，知道出事儿了，就飞身跃了下来。

将军们对虞姬说："刘邦趁项王在齐地平叛之际，发兵夺取彭城，项王知道后，怒气难消，请夫人快去解劝。"

虞姬的心胸倒是十分宽广，她说："大王脾气太过躁烈，失去彭城可以再夺回来嘛！着急什么……"她从侍女手中接过汗帕，抹了抹汗，就向项王的营帐走去。

等虞姬掀帘走进大帐时，项羽已经平静下来，正在对着桌上的地图出神。

"啊，大王，刚才我好怕呀……"虞姬说。

"你怕什么呀？"项羽回过头来，"是怕刘邦夺去咱们的家园？"

"不是，刘邦是个草莽匪类，只是趁主人不在家时，才敢潜入人家的宅第，那算什么英雄好汉，我怕他什么？"

"是怕我赶不走他那六十万大军？"

"更不怕了。"虞姬笑笑说，"几个诸侯凑合起来的乌合之众，只要大王回师西向，他们倏忽间就会土崩瓦解，作鸟兽散……"

"那么，爱妃是怕什么呢？"

"我怕大王心浮气躁，沉不住气被刘邦所算计！"

虞姬是个特殊的女子，她在项羽身边既能小鸟依人，使项羽这个一世枭雄在浴血奋战的间隙，从她这里得到身心安慰，也能仗义执言给项羽这个听不得相悖意见的人许多规劝，还能适时地说几句幽默诙谐的话，把凝固的气氛解冻。所以在项羽和他的将士们看来，她都是一个离不得的人。

听了虞姬的话，项羽又开怀大笑起来。

"是的，乍一听到刘邦占领了彭城，我有些急躁，可是又一想，他是带了他的全部家当来这里送死的，岂不愚蠢至极，我又哈哈大笑起来……"

虞姬说："你这一怒一笑不打紧，弄得山河变色，天摇地动！"

"虞姬，你又开玩笑了吧，来，来，你来看我怎样把刘邦的几十万大军吃掉！"说着项羽把虞姬拉到桌前，对她说："看，这是成阳，我们现在所在的

汉高祖刘邦

地方，而这里就是彭城，就是刘邦正在得意忘形的地方，彭城西面的外黄、阳夏、萧县诸地，都成了刘邦的后方了，韩信的主力就在彭城以东，因为他估计我会从这里打回彭城……"

"依我来看，你也只能走这条路了……"

"不，不，不！"项羽说，"看，我以萧县为据点，避实就虚，转到刘邦的背后发起攻击，打他个措手不及！……"

虞姬轻轻地拊掌，她知道在这时，该给项羽些鼓励了，于是说道："大王妙算，刘邦怎能及得！不过，大王也不可轻敌，我听说韩信是个常胜将军！"

"他与司马卬、董翳那些人对敌，也许能够常胜，可是遇到章邯，他就无计可施了，你瞧，章邯不是照样屹立在他们背后吗！"

第十五章 项羽反击 联军败北

1

六月初的一个黎明,项羽只带了三万人马就对刘邦的几十万大军发动了进攻。

这三万人马都是项羽的精兵,以一当百。

他们都是楚人,听说刘邦占领了他们的家乡,个个义愤填膺,所以每个人都是一只下山的老虎,一支锐利的长矛。

而刘邦的诸侯联军,正像项羽所估计的,是一些凑合起来的乌合之众。他们打胜仗还可以,可以一哄而上,但遇到劲敌就不行了,他们时刻准备着向后转,因为他们不愿意把命丢在这离家很远的楚地。再说,来到楚地后,他们已经疲惫不堪,十几天的烧杀奸淫,又耗去了他们剩余的精力,虽然人数不少,但已没有多少战斗力了。

项羽从背后攻来,使韩信深感意外,慨叹项羽不愧是久历战场的英明统帅。但韩信的应变也是很快的,他立刻调整部署,仓促迎战。可是,他的军队就像老马破车,不那么听使唤了。

首先,各诸侯的军队都对楚霸王和他的楚军有一种无法去除的恐惧。这些天来,他们又都有了抢夺来的"积蓄",是准备带回去养家糊口的,怎么也不愿丢掉。所以他们一听到楚军的喊杀声,就抱头鼠窜了。

"楚军杀来了,逃命啊!"

"项羽来了,天下无敌的铁军来了!"

"不要给刘邦卖命了,跑呀!"……

韩信无法把诸侯军组织成有效的战线,只好把汉军集合起来,保卫到手的彭城。

拂晓,樊哙把他的大板刀砍在刘邦寝宫的窗户上。高声叫道:"汉王,项羽杀来了!……"

汉高祖刘邦

过了许久，里面的灯才亮起来。

窗户开了，刘邦伸出头来，他看见的是樊哙，怒喝道："屠狗贼，你干什么？"

樊哙听刘邦骂他是屠狗贼，就不客气了，他也骂道："刘老四，你这个不知死活的流氓，项羽杀回来了！……"

刘邦一惊，忙把宫女送过来的衣服穿上，看樊哙把眼瞪得有鸡蛋大，知道他说的不是诳语，就问："樊哙，项羽从齐地回来了？"

"是呀，他杀回来了！"

"他带了多少人马？"

"谁知道呢？——诸侯联军抵挡不住，溃散了！"

"溃散了？几十万大军溃散了？"

"他们害怕项羽，害怕楚军，还没见到楚军的影子，就各奔东西了！"

"韩信呢？张良呢？"

"老四，彭城周围全是溃军，你就是天王老子也没有办法！"樊哙急得快要哭了。

刘邦这才明白发生了什么事。他究竟是个老兵，在急难时，行动起来也快，只一会儿他就穿戴好，与樊哙向宫外跑去。

有些宫女跟出宫来，站在台阶上叫嚷："汉王，带着我们吧！项王来了会杀了我们的！""你这个狠心贼，玩了我们几天，听说项王来了，就自顾自地跑了！"

刘邦连头也不回，一直往韩信的军营跑去。

满街满巷都是溃兵，逃难的百姓也跑出来了，他们携家带口，哭叫连天，使混乱的彭城更加混乱。刘邦、樊哙站不住脚，只好被如潮的军民裹胁着往西走。

就是在这样的时候，还有不少人趁机发财，溃兵成了盗贼，他们沿街呼啸着，拣门楼高大的往里冲，常常遇到比他们早得手的人背着大包提着小箱往外跑，两帮盗贼相逢，立刻大打出手，弄得满街满巷都是鲜血……

这时，他们遇到了夏侯婴，他赶着一辆大马车迎面而来。大车周围有上百个军士护卫，他们挺着长矛，呼喝驱赶着众人，冲散溃兵，来到刘邦、樊哙面前。

"汉王，上车！"夏侯婴大喊。

刘邦猴儿似地跳到车上，抹着泪说："夏侯婴，你真是我的好兄弟，这时

第十五章 项羽反击 联军败北

候,你还能想到我!"

夏侯婴说:"大王,我是您的太仆令呀!"

"韩信他们呢?"

"韩信正率领汉军突围!"

"他竟顾不得我……"刘邦叹道。他的意思是说:在危急时刻,韩信竟不先来救驾!

樊哙说:"韩将军是对的,他如果能够把汉军带出去,也是为汉王保住根本!"

刘邦想了想,对樊哙说:"你可去寻找韩信,紧紧地跟定他,一步也不能离!"

樊哙明白了刘邦的意思,带着几个兵丁走了。

夏侯婴赶着大车冲出了彭城,见满山遍野都是溃兵和逃难的人群。韩信到底是从哪里突围的?突围有没有成功?他们一点也不知道。

"主公,咱们到哪里去呢?"夏侯婴问道。

刘邦终于从惊慌中镇静下来,他说:"这里离家乡近,我们还是回家去吧!"

夏侯婴也觉得很对,沛丰人对刘邦有一种特殊的感情,他们会千方百计地保护他的。

于是夏侯婴赶着车往沛县而去。

这是一次彻底的溃败,诸侯军几乎没有什么有组织的抵抗。他们除了奔逃就是抢掠、杀人,形同土匪。他们奔逃的方向大都是自己的家乡。那些诸侯、将军们也是一样,各自回自己的封地去了。

韩信所领的汉军,是向荥阳方向突围的,这时,还没有摆脱楚军的追击,他们扔掉了全部辎重,不顾命地一阵狂跑,能够跟上队伍的也仅十之二三。说实话也已经溃不成军……

刘邦、夏侯婴这时终于看到了楚军的锋锐了,他们一律红衣红甲,风驰电掣般在战场上驰骋着,好像蹿腾的火龙,跑到哪里都是一片血光。刘邦对夏侯婴说:"把跟随的士卒都遣散了吧,免得引起楚军注意!"

夏侯婴说:"经过出城时的冲杀,已经只剩几十人了……"

"几十人……也不行,"刘邦已吓得说不出成句的话,"快……快赶他们走呀……"

"他们可都是为大王流过血的呀……"

汉高祖刘邦

"糊涂!"刘邦斩钉截铁地喊道,"如果被楚军盯上掩杀过来,几十人能干什么?他们救不了我!"

夏侯婴只好停下车,回头对士卒们解释,要他们各自逃命。这也费去了不少时间,等他们上车随着逃难的人群赶路时,一股楚军迎头冲过来了!

刘邦、夏侯婴立刻陷入了楚军的包围中,他们看到的是红色铠甲的海洋,是大刀、长矛的道道亮光,是映天蔽日的旗帜,是密如丛林的马腿,他们听到的是有如暴风雨般的铁蹄击打大地的声音和震天动地的呼喊声……

"夏侯婴,咱们完蛋了!我刘邦完蛋了!"刘邦叫道。"如果我们不出城也许还好些,可是你偏要接我出城!"

夏侯婴知道每逢遇到劫难,刘邦总是诿过于人。

"刘邦哪里逃?"当头的是一员满面虬须的将军,那长长的铁矛直逼过来,矛尖在刘邦眼前直晃。

刘邦想:这回完了,我还能逃过这一劫吗?

可是他定睛看时,面前的将军好熟悉呀,急切中,他竟认出了那是熟人丁固。他们是在薛城认识的。刘邦好交朋友,这使他沾了许多光。

"那不是丁公吗?"刘邦觉得又有了一点希望,他被夏侯婴扶着,颤颤巍巍地从车上下来,"上天叫我得遇故人……"说着一躬到地,等他抬起头来,已经是满脸泪水。

"刘邦,项王曾一再饶恕你,可是你却兴兵与项王作对,你觉得这一次还能从我的腋下逃命吗?"

丁固虽然这样说,可是他的长矛却收回去了。这一细节使刘邦逃命的信心大增,他又拜了几拜说,"我刘邦一生是靠朋友照顾才干出点事儿来的,否则,命早就丢了。你我都是"豪杰"……何必相互残害呢?"

丁固听了刘邦的话后,低声说道:"别啰嗦,快走!"

刘邦会意,跳上车,对夏侯婴喊道:"快!"

于是他们策马狂奔……

等他们逃出几里路外,丁固忽然大声呼喝士兵:"刚才那汉军头子呢?"

"他……跑了!"面前的侍卫说。

"你们怎么让他跑了呢?"丁固故作愤怒地叫道,"还不给我追,追不上提头来见!"

几个骑兵箭似地追去了,他自己却勒马不动。

那几个骑兵没有回来。他们或许没有追上,不敢回来见将军,或许追上

第十五章　项羽反击　联军败北

了,被夏侯婴杀了。

薛县曾是战国时代孟尝君的封地,他"招致天下任侠,奸人入薛中,盖六万余家矣",可见这里与刘邦气味相投者很多。后来刘邦起兵反秦,曾在薛县打败秦之泗水郡守,许多人投奔了他。项梁也曾驻兵薛县,来投奔的人就更多了,丁固也是其中之一。那段相知相亲的历史,使他们把江湖义气看得比效忠主子更重要,刘邦又善于利用这一关系,所以他得救了。

2

这天中午,刘邦、夏侯婴进了沛县县城。

他想回家歇一歇,走时,顺便带上刘太公、吕雉和家小。

可是楚人比他抢先了一步,他的家人被掳走了!

半年前,刘邦曾派王陵以搬取家小为名,前来经略南阳,东进萧砀。可是极不顺利,王陵在这里被楚军所困,还失去了自己的母亲。王陵没给刘邦完成任务,不好回去复命,就在阳夏周围游荡。等刘邦的诸侯军讨楚战火一起,王陵见机会到来,便从阳夏出兵,直奔泗水,一举占领了沛县等地。如果刘邦能够在彭城站住脚,王陵就可在这儿守卫着刘邦的妻儿等待他归来了。

这些事,在彭城日日拥抱美女置酒高会的刘邦是不知道的。

项羽击溃了诸侯军,追拿刘邦时,竟然想到了在沛县的刘邦家属,派兵前去夺取。王陵那点军队当然抵挡不住渴望复仇的楚军,城破时,王陵率领人马为刘太公、吕雉等杀开一条血路,希望与撤退的诸侯军会合。可是他们离开沛县不久,就被涌来的楚军冲散了!

所以等刘邦和夏侯婴赶到沛县城中时,那里已是一座空城,街道上除了零星的劫后余生者外,大部逃难去了。

刘邦下了车,走上台阶,家门虚掩着,夏侯婴抢在前头,走进大门。只见院子里已被楚军打砸得破败狼藉,屋里满地都是烂衣败絮,稍微能用的东西都被抢掠一空。他们四下看看,所幸没有血迹,刘邦才稍稍放心。

厨房里有点动静,他们正在犹疑,一只大狗从里面跑出来。刘邦见是自家的黄狗,就招呼了一声。那狗好像认出了那个不常回家的主人,跑来对他呜呜地叫,眼睛里似有泪光。刘邦不禁悲从中来,他对狗说:"家里的事,你是知道的,说说发生了什么事?"黄狗绕着刘邦转了几圈,就伏在他的面前,好像有着百般的依恋。

汉高祖刘邦

"我不能带着你……"刘邦对狗说,"你就在家等着我吧,我还会回来的。"

走出家门,夏侯婴问刘邦:"门还要锁吗?——我想找一把锁。"

刘邦摇摇手,头前走了。

走到街上,好歹见到了一位六七十岁的老汉,老汉睁大灰蒙蒙的眼睛端详着刘邦,"你……是沛公吧?"

"是我,老人家……"

"你的军队呢?"

刘邦沉默不语。

"跟你出去的沛丰老乡呢?"

刘邦羞惭地把脸扭到一边。

老汉叹了口气,蹒跚地走了。

夏侯婴赶紧追上了老人,在街旁絮叨了一会儿。回到刘邦面前时,他说:"楚军杀来时,王陵、审食其奋力杀出一条血路,保护老太公、吕夫人和孩子们出逃了。"

"王陵大哥好,他真是我的大哥……"刘邦慨叹道,"他没说到曹……夫人吗?"

"他说到了,"夏侯婴眼睛看着脚下,低声说:"曹夫人大概殁于乱军中了……"

刘邦沉默了一会儿,说:"走吧……"

"到哪里去呢?"

"随着逃难的人群走吧,"刘邦吩咐,"顺便打听汉军在哪里集结。"

夏侯婴也觉得刘邦的决定是对的,诸侯军有几十万,楚军的势力再强大,也绝不可能把这么多的军队一口吞下,一定会有几万、十几万的人马突围出去的。

刘邦上了车,夏侯婴执鞭,在十几个化装成难民的士兵的簇拥下出了沛城的南门。

面前是一片山野,可以看到丘壑间到处是追击诸侯军的楚军铁骑,如虎逐羊。楚军仍像从前一样的暴虐,追上诸侯军当然绝不放过,就是遇到百姓,也大杀大砍一阵,弄得到处都是死尸和鲜血。所以,刘邦即使隐藏在群众中,也是十分危险的。

就在这时,迎面又来了一彪人马,他们身穿汉军衣铠,走近了,刘邦认

第十五章　项羽反击　联军败北

出那领头的是他江湖上的大哥王陵，这两个义兄弟在此时此景中见面，万语千言无法诉说，搂抱着哭了起来。忽然，王陵将刘邦推开，跪在地上。流着眼泪叫道："大王，王陵对不起你……"

刘邦知道王陵的意思，就连忙去拉。"大哥，你这是怎么了？快起来说话！"

"大王，我保护太公和夫人出城，立刻被楚军包围，在冲杀中，我与大王一家走散了！……大王……王陵该死！"

刘邦知道这时候应该怎样表态，怎样说话。他拉着王陵的手说："大哥，争夺天下是咱们的大事业，你又是我的臂膀，比起咱们的事业来，比起臂膀一样的兄弟来，妻儿老小又算得什么！再说你的老母已为我和我的家人抛却了性命，其大恩大德我一辈子也难以报答，你怎么对我说这样的话，不愧死兄弟吗？"

刘邦的这一番话听来真像是掏心窝子，王陵真的感动了，他一把鼻涕一把泪地哭着。

"楚军上来了，主公！"一个士兵报告。

果然，一彪楚军向这儿冲过来，前面有一杆大旗，上面大书一个斗大的"季"字，熟悉楚军的王陵、刘邦都知道是项羽的勇将季布来了。

季布是放走刘邦的丁固的外甥，是个不讲情面的年轻将军，刘邦知道再也别想侥幸逃脱了。

王陵对刘邦说："兄弟你赶紧走，由大哥拦住这个季布！"说着带兵迎了上去。

刘邦叫道："大哥，我该向哪个方向走呢？"

"兄弟，赶紧往下邑去吧！"。

下邑就是砀山，是刘邦起事的地方，那里地势易守难攻，刘邦在百姓中也有很好的基础。于是夏侯婴赶着车折向砀郡。

但是他们越走，逃难的人群就聚得越多，楚军对群众不再屠杀了，不过在路口布下了关卡，逐个地盘查行人。遇到可疑的人就拽到一边，看样子要想蒙混过去几乎是不可能了。

他们不该在这儿犹豫。只一会儿，就有楚军注意上他们。因为他们有车，穿着也比逃难的百姓好得多，再说，几十个人聚在一起也十分引人怀疑。军队是受过训练的，即使换上平常人的衣服，那一行一动仍迥异于百姓。

刘邦看事情不妙，忙喊一声："跑！"

夏侯婴反应快，他立刻拨转马头，向相反的方向跑去。幸亏他们遇到的楚军是步兵，如果换成骑兵，刘邦他们就难逃一命了。

3

"坐在车上的是刘邦！"

"追上去活捉刘邦！"

快点追，别让刘邦跑了！"……后面的追兵喊着。

是楚军真的认出他来了呢，还是诈叫？刘邦、夏侯婴无法分辨，只是一个劲地跑。

大车在平原上颠簸着，路上的沟沟坎坎使它蹦跳不止，要不是刘邦紧紧地抓住车厢板子，他已不知被抛下来多少次了！

"快点，快点！"刘邦只会喊这两个字。

夏侯婴不说话，扬起鞭子，狠狠地抽打着三匹马。

车旁闪过两个孩子的身影。

"爹，爹！"

"爹呀，救救我们！"忽然，那两个孩子喊叫起来。

夏侯婴勒住马缰。

"夏侯婴，为什么停车？"

"沛公，那是您的两个孩子呀！"

刘邦定睛看时，认出了那的确是他的两个宝贝儿女刘盈和他姐姐。

这真是巧合，刘邦高兴极了，他大声叫道："上车，快上车！"

两个孩子也许是有点太紧张了，爬了几次都没有爬到车上去。夏侯婴下了车，把两个孩子抱到车上。

就这一耽误，追兵又近了，他们的呼喊声清晰可闻。

"活捉刘邦，可别让刘邦跑了！"

"盯紧前面的马车，刘邦就在那上面！"

"捉住刘邦，项王有赏！"……

大车又沿着大路奔跑……

"王陵是怎么的，他没有挡住季布！"刘邦埋怨道。

夏侯婴说："可别责备王将军，他就是一堵墙，也难免有缝隙！如果不是他的堵挡，咱们早就陷于楚军的罗网了！"

第十五章　项羽反击　联军败北

就在他们说话的当儿，一只车轮碾到路边一块突起的石头上，大车向一边倾斜，两个孩子被抛了出去，"爹呀，爹呀……"孩子们哭叫着。

当时的车都是立乘（就是人在车上站着），两旁的车厢又矮，车一颠簸，摔出车去是不奇怪的。

夏侯婴又要停车……

"不要停！"刘邦叫道，"不要管那两个累赘！"

夏侯婴没听刘邦喊叫，还是把车停下来，将两个孩子抱到车上。

就这一次，刘邦也许还能忍耐，可是两个孩子接连几次地摔下车去，刘邦火了，他拔出佩剑，对夏侯婴吼道："不准再把两个孽畜弄到车上来，你抱上一个，我就捅死一个！"

"难道把两个孩子扔给楚军？"夏侯婴也来气了。

"那我就立刻杀掉他们，免得楚军得到！"说着，就要下车。

夏侯婴以身体挡住刘邦，两个孩子躲在夏侯婴身后嘤嘤地哭。

幸亏一个护卫的士兵愿意把自己的马献出来，夏侯婴就把两个孩子抱上马去，又把自己的缠腰的布带解下来，扯成几条，把孩子缚在马背上，他把马缰拴在辕柱上后，又跳到车上扬鞭前进。

做完这些，敌人已经离得很近，可以看得到汉军与楚军在拼死搏杀，从跃动的军阵中刘邦认出了王陵的白马和他闪耀着银光的长枪。刘邦这才明白，他所以能够逃脱楚军的追击，幸亏有王陵和他的军队的拼死阻挡。

他们来到一片黑黑的森林边。

刘邦忽然呼叫停车。

"怎么了，主公？"夏侯婴一边问，一边把车停下。

"从这森林横穿过去，就是丰邑的地面了……"

"怎么？主公要回老家去？"

"夏侯婴，楚军就像是火，烧过了的地方，就再也不回头了！"

刘邦的估计是对的，看似最危险的地方，往往是最安全的。

"天快要黑了，进了森林要迷路的！"夏侯婴还是有点担心。

"我从小就在周围逛荡，就是闭着眼睛也不会迷路的！"

夏侯婴不与刘邦犟嘴了。他熟悉刘邦的历史，刘邦从小就是个杀人越货的"少年"，丰邑周围的森林就是他的避难所，当县里的捕快紧追不舍时，他就趁夜色潜入林中，在那里蹲上几天，如果事态仍未平息，他就越过森林，到那一边去找大哥王陵。他说在这山林中闭着眼睛也不会迷路，还真不是吹牛。

楚军追到林边，掳获了他们的马，还把他们的大车用刀劈碎。可是他们不敢在已近黄昏时进入森林，便把劈碎的车当作引火的木柴，放起火来。森林中几乎全是松杉，地面上是一人高的荒草，如果风顺，把这片森林烧掉也不是不可能的事。但前几天刚刚下了大雨，森林里湿漉漉的，楚军把那辆大车烧完，火苗像蛇一样，只往森林爬了几丈就熄灭了。

刘邦指点着他那一伙人在森林里蹚行，没上半里路，就浑身湿透。风一吹，就冷得直打哆嗦。两个孩子直冻得哭，夏侯婴和两个士兵几乎把自己扒了个光，将衣服给两个孩子穿上，他们仍直喊冷。

"冷什么？"刘邦喊道，"这比被敌人捉住，一刀一刀地割，好多了！"

两个孩子不敢吭声了。

可是，走不多久，孩子们又开始哼哼叽叽，这次是因为虫咬。这时正是盛夏，空中飞的，枝叶上爬的，昆虫多如云阵，一落到头脸、脖子里就乱叮乱咬起来。两个孩子怎能忍住呢？

"爹，疼！"

"叔叔，痒……"

"你们喊什么？当年你们的爹犯了事，就整天整夜地蹲在这森林里，也没叫虫子给吃了！你们谁再哼一声，我就拿剑捅死他！"

4

刘邦在家乡丰邑躲了几天，周围来去的楚军竟没人知道。这体现出熟悉故乡地形、富有逃亡经验的刘邦，在藏身保命方面，确有鬼神莫测的大智大勇。另一方面，故乡人对刘邦的确是有感情的，他们像母亲保护婴儿似地保护着他。

这感情直到刘邦称帝之后还持续着，所以，刘邦总觉得故乡人特别可靠，他的大臣中沛丰人特别的多。

半个月后，刘邦又在家乡积聚了几百人的队伍。眼前刘邦虽如困在沙滩上的蛟龙，六十万大军几乎全部被楚王击溃，但在沛丰老百姓的心目中，他仍然是英雄，仍然是据有半个天下的大王。所以他们的子弟又有许多投到他的麾下，把自己的命运和他们热爱的沛公联系在一起。

另外，被冲散的汉军也慢慢地向这里聚集。

第十五章　项羽反击　联军败北

刘邦在沛丰暂时站住了脚,但他仍然十分焦虑。他派出十多股游骑,到处打探周围的形势。

他希望了解项羽大军的动向,他迫切地想知道韩信带领的汉军哪里去了,他还挂牵着自己的家人……

还有和他一起转战天下的同伴、臣僚呢?萧何、曹参、张良、周勃……他们到底在哪里?

几天后,他想知道的消息陆续传来了。

诸侯军溃败之惨难以想象。

占领彭城后,诸侯军认为项羽就此完了,他再也回不了西楚了,于是到处大肆抢掠,士兵们几乎都成了小财主。西楚军一出现,他们大吃一惊,首先想到的就是带着抢掠来的财物窜逃。等到楚军冲杀过来,他们就立刻溃不成军了。可是谷水、泗水拦住了他们,他们慌不择路,纷纷泅水过河,数十万人淹死在这两条大河中。

韩信率军向南突围,在灵壁被楚军追上,狼狈应战。项羽作战一向是以凶残闻名的,他认为刘邦就在韩信军中,所以亲率大军猛冲猛打,即使溃军下跪投降,他们也绝不饶恕。汉军无处逃命,只好涌入睢河中,那滔滔的河水又吞噬了十多万人。历史记载只用了六个字"睢水为之不流",却使人想象到当时那令人心惊胆寒的惨状……

彭城一役,项羽以三万楚军,一举击溃了将近六十万的讨楚联军,这是项羽继巨鹿之战后取得的又一辉煌战绩。他不啻向天下宣布,项羽是不可战胜的!

洛阳誓师时的诸侯群起讨楚的形势立刻发生了逆转,原已投降刘邦的塞王司马欣、翟王董翳回头降楚。掌握赵、代两国实权的陈余,这时已经知道了刘邦给他的张耳的人头是个赝品,对刘邦这个"骗子",气愤至极,马上写信把刘邦骂了一顿,并且与之断交。其实,这是向项羽表态,他已经脱离刘邦集团了。魏王豹看到刘邦已把老本输光,也迅速离开刘邦那个倒霉蛋,以回家看望生病的母亲为由返回河东。可是他过了黄河后,立即把渡口封闭,公开叛变了……

幸亏齐地的田横支援了刘邦。他趁项羽回救彭城的机会,立即从成阳反扑,很快将三齐之地全部占领,把那个项羽扶植起来的齐王田假打得丢盔卸甲,逃到了彭城。

项羽见齐地像块煮不熟的肉,又返生了,气不打一处来,将那个不争气的田假杀了!

本来,他想追击汉军那帮只剩几万人的"穷寇"的,却被田横搅得驻足观望起来。

这给了刘邦喘息的机会。

这时一个好消息来了。外出的游骑打听得吕夫人的兄长吕泽的部队驻扎在下邑,因为吕泽没有与讨楚诸侯军在一起,在刘邦兵败时,没有"伤筋动骨",这时基本上还保留着原来的建制。

接到这个消息后,夏侯婴等喜出望外,但他们却找不到刘邦了。每到一处,只要不是忙得不可开交,刘邦总是走街串巷,眼睛在闺女媳妇身上溜。看到有几分姿色的,即使不能得手,看几眼也觉得过瘾。

刘邦的一个贴身侍卫小心翼翼地对夏侯婴说:"将军,主公莫不是……"

夏侯婴懂得他的意思,立刻驳斥说:"别胡说,现在是什么时候,汉王怎么会有那样的心情!赶快到处找一找吧!"

"是!……"

那个侍卫说得一点也不错,刘邦是去找他的老相好去了。

丢了几十万大军,的确使刘邦的情绪降到了最低点,有时还动了抹脖子的念头。可是当他在丰邑站住了脚,暂时没有性命之忧以后,他就以平常心对待这次惨败了。他想:我本来就是沛丰的一个浮浪"少年",一无所有,现在也算是个赫赫有名的诸侯了,即使这时死了,也算没有白来世上走一遭,何况只要我保住性命,就有重整旗鼓的那一天!操心干什么?

如果他不这样想,那就不是刘邦了!

……

当刘邦知道吕泽就在不远的砀郡后,当夜就与夏侯婴带领几百名新招募的沛丰子弟奔砀山去了。大舅哥总是可靠的。

吕泽因思念家乡和受不了蜀地的艰苦,与弟弟吕释之从蜀地逃回沛丰后,招兵买马,想自立山头,比跟着刘邦舒服多了。可是,当刘邦与项羽拉开战幕后,吕泽想:沛丰属于楚地,项羽是不会让他在这儿立足的,就带领他的几千兵马跑到砀山来了。

现在他给刘邦应了急,刘邦只有对他称赞的份儿,一句责备他的话也不说了。

吕泽把兵权交给刘邦后,刘邦给了他个将军的头衔。

手里有了几千人马,又有丰足的粮草,刘邦觉得可以再次树起汉军的旗

第十五章　项羽反击　联军败北

帜了。

大旗一树，在周围游荡的溃兵游勇就开始向砀山投奔而来，不几天，刘邦手下就聚拢了两万余人。

他不知下一步该怎样做，更不敢走出砀郡一步。他面前没有张良，没有萧何和曹参，就像失了头脑那样，对未来十分茫然。夏侯婴虽然忠直，但在计谋上，刘邦不敢依靠他。

正在这时，张良找来了。

刘邦抱着张良，先是哭，又是笑，他说："我虽把老本丢尽，但上天又把子房给我送来了！——这就是说：天不亡汉！"

"大王，您就不问问这些日子我是怎么过来的吗？"

"我还问什么，"刘邦说，"像你这样的人，凭项羽那点才干还能怎么样你吗？"

看到刘邦那对他依赖的样子，张良就不再说什么了。

5

齐地的田横反水后，项羽十分恼火，他想再次征齐，却被范增拦住了。

"项王，您上次不听我的话，才闹得天下纷乱，让刘邦有机可乘，一直打到彭城。如果您再次挥师征齐，怕是永远回不到彭城了！"

项羽思索着范增的话。

"项王，您的叔父项大将军临死把我交给您，希望我助您成就大业，可是我却辜负了大将军，每每想起，我就汗流浃背，愧疚不已……"

项羽知道表面上老头子是在检讨自己，其实是批评他不听劝告。

"是的，"项羽说，"亚父，我知错了……

看到项羽认错，范增就想把积攒在心中的话说得彻底些。"项王，如果您在鸿门宴上听从老夫的劝告，把那个刘邦杀了，如果您像秦始皇那样不把天下切得七零八碎，而把天下握在自己手中，今日天下必然会是另一个样子！……"

"亚父，项羽虽是一介武夫，可是一直想以仁义霸天下……"

"可是，项王，老夫也是个行仁取义之人，但我懂得一个道理，那就是只有权倾天下，才能推行仁义。何况，在天下人的眼中，您从来没有丝毫仁义之名！"

汉高祖刘邦

范增还是没有把话说透。他应该说：从薛城以至咸阳，你一路杀去，动辄屠城、坑卒，亲手葬送了几十万人的生命，是蹚着血河一路走来的，你得到的是"枭雄"、"屠夫"的恶名，离"仁义"岂止千万里！

项羽点点头，他问范增："亚父，我现在该怎么办呢？"

"继续向刘邦进军，穷追猛打，直到将其全部消灭！"范增说，"到那时，你再倾天下之力剿灭田横和别的敢于反叛者！"

项羽这时才顺从地说："就依亚父所示！"

项羽一有行动，刘邦就得到了消息。

刘邦经过了大起大落，对前途没有把握，他问计于张良。

"项羽新胜之军，绝不可撄其锋锐，"张良说，"得找个适当的地方与项羽对抗。"

刘邦又问："适当的地方在哪里呢？"

张良想了想："咱们到荥阳去吧。"

"如果在那里再站不住脚呢？"

"荥阳依山傍水，城池坚固，既是关东通向关中的咽喉，又是关中控制关东的重镇。"张良说，"我看咱们可以在那里阻挡住项羽的进军！——只要咱们与楚军打几个漂亮仗，至少可以像田横那样把项羽拖住！"

刘邦依从了张良的计谋。

事不宜迟，既然已经决定，刘邦立刻率军向荥阳退却。

一路上刘邦胆战心惊，每当走上一个山头，他便向后望，只见楚军扬起的尘土遮天蔽日。他忧心忡忡地对张良说："不如一直退到关中……"

张良说："主公步步退却，就能守住关中吗？"

刘邦不再说话。走到虞县时，他又沉不住气了，他下了马，手抚着马鞍一再叹气，"子房，关外的土地我不想要了！只要有人帮我打败项羽，我就把关外的土地送给他们！"

张良看到刘邦丧魂落魄的样子，很是灰心。就说："大王真是这么想吗？"

"真的！"刘邦说，"为什么非要像秦始皇那样把天下抓到手里不可呢？我只要关中那块地方就足够了。"

张良只看了刘邦一眼，就把他的心思全摸透了。刘邦起事不到三年，就成为天下势力最强大的诸侯之一，他取得了肥沃的关中，其实并没有经过浴血奋战。后来，他起兵联合各路诸侯讨伐西楚，虽然溃败，但他现在仍然是与项羽争天下的主要力量。他靠的除了天时地利外，还有人和。他在征秦的

第十五章 项羽反击 联军败北

整个战争中，没有损伤什么，相反的，他借征秦壮大了自己，并取得了仁义的美名，使天下仁人义士望风来归。项羽打心里看不起他，认为他是个农村的无赖。可是他就是靠了无赖的狡猾玩弄着投靠来的士人，为他夺取天下效命……

刘邦是一个大才，张良心里想，也许这就是大智若愚吧！他的愚就表现在他的无赖、流氓和不知礼仪，像个蓦然捡了宝贝而手足无措的农民！

许多人投奔他是因为他的仁义，还有许多人投奔他是为了通过他而求取功名。其中不乏大智大勇者，可是有谁像张良这样看透了刘邦的心机呢？

韩信没有看透，陈平没有看透，萧何也没有看透！

现在刘邦觉得自己已履险境，又需要几个智勇者为他去拼命，为他去死！他说话的意思就是要张良为他再找几个这样的人！

参透了刘邦的心思后，张良说："主公，从目前看来，能够帮助您打败项羽的有三人……"

"他们是谁？"

"九江王英布，曾经是项羽的骁将，现在已经与项羽有了隔阂，彭越曾经与齐王田荣结盟反楚，现在他已是身拥重兵的将军，这两个人都可以起兵与项羽抗衡。大王可立即派人去与他们联络，把大王的许诺说给他们……"

"还有一个呢？"

"那人就在大王麾下……"

"他是……"

"他是韩信将军。"

"他已是我汉军的统帅，对他就不用分外施恩了吧？"

"不行呀，主公。"张良说："您虽然已命他出任三军统帅，但仍不足以使其为您鞠躬尽瘁……"

"那还要怎么样呢？"刘邦有点恼火。

"汉王，如果真想要他们为您打败项王，您就非封他们为王不可！——您不是不想要关外的土地了吗？那就分封给他们吧！"

他们上了马，一起往荥阳走着，谁也没有再说话。

刘邦在思虑着张良的建议。

张良的建议，实际上是在已被项羽打败了的五诸侯联盟之外，又结了一个新的反楚联盟，使乍败的刘邦一下子振作起来。这建议首先说明项羽是可以打败的。其次，张良提出的三个人中有两个（韩信与彭越）已在他的麾下，

汉高祖刘邦

英布在过去的反秦战争中曾经有过合作,相信对他动之以情义,也未必不能够联合。换句话说,新的联盟的盟主依然是他刘邦。如果将来讨楚胜利了,尽管他们会成为新的诸侯,但他们只能是大汉的藩王……

"好呀,好呀……"刘邦想到这里,搓着手说。

刘邦的叫好似乎有点没头没脑,但张良知道他是接着一个时辰前的话说的。

"那么,主公到荥阳时,就可派人去争取英布将军了!"张良说。

"事不宜迟,"刘邦说,"我现在就派人到六城去说服英布!"

他派的大使名叫随何,是个像郦食其那样的外交家。

到了荥阳后,又一件事使刘邦大喜过望。

他的大将军韩信就在这里!

韩信像张良一样看上了荥阳,他对刘邦说:"大王,只要把这一带看住,退可防守关中后方,进可挥师向东再与项羽争锋。我相信项羽到了这里就会止步!"

"将军为我占得要地,功不可没!"刘邦又问,"荥阳现有多少人马?"

"在汉王的旗帜下,现已积聚了五万有余,周围还有不少溃兵,正陆续前来!"

刘邦说:"我与子房从砀郡带来了两万,现在将军麾下已有七万余众,可以阻挡项羽的进军了吗?"

"请主公放心!"

当天晚上,刘邦下令大宴在荥阳的文武将士,从彭城大败后,刘邦第一次笑逐颜开。

宴会后,刘邦拉着韩信的手,小声地问他:"有句话,我没敢当着众人说,突然来了这么多人马,你的粮草够用吗?"

"大王就是有更多的人来,也有东西给他们吃!"韩信说,"在荥阳西北十五里有一座北临汴水、南连广武的敖山。山底被凿成了一个个的洞窟,专为储粮之用……"

"是你凿的吗?来不及吧?"

"回大王,那还是秦始皇修建的呢,称为敖仓。它历经陈胜、吴广以来的多年战乱,里面已没有了积粟……"

"是一座空仓呀,那还有什么大用?"刘邦有点失望。

"大王,我选定荥阳为驻军之地,敖仓是我考虑的条件之一。"韩信说,

第十五章　项羽反击　联军败北

"从到这里的第一天起,我就派人四下搜集粮草了,现在已充实大半,足够一二十万人吃几个月的!"

"将军真大才也!"刘邦在韩信背上亲昵地拍了一掌。

这一掌拍得韩信心里热乎乎的,这热劲儿够与项羽打几仗的。

第十六章　楚汉拉锯　问鼎逐鹿

1

听到刘邦在砀郡集结残兵的消息后，项羽明白刘邦又逃脱了他的包围。至此，他才真正懂得了亚父范增对他一再说的话，刘邦才是他真正的死对头，他下定决心，非把刘邦置于死地不可！

他率兵追到砀山，可是那里除了几座破碎的帐篷外，他没见到汉军的人影。经过探马追踪，他才得到消息，刘邦已与张良一起向西北的荥阳方向去了。

项羽下令军队在砀郡休息一夜，第二天继续前进。

可是范增不许，他说："项王睡一夜不打紧，可是明天一早，刘邦就到荥阳了！"

"那怕什么？"项羽说，"我不会让他在荥阳歇息的，我要一直追到汉中，直到那个无赖儿跪在我的马前！"

范增有点生气，他说："项王，你如果在这里睡一觉，怕是今生今世也过不了荥阳了！"

项羽十分愤怒，他讨厌谋士们或转着弯子说话，或故作惊人之语，动不动就拿出深不可测的样子来，为此，他曾杀过几个谋士，赶走的就更多了。但他不敢横暴地对待范增，因为他是亚父。

"亚父，有话就直说吧！"

范增先对项羽分析了荥阳在军事上的举足轻重的地位，在其中提到了那个作为重要屯兵条件的敖仓。"项王，我们应当抢在刘邦前面夺取荥阳！"

"亚父，刘邦有您那样的见识吗？"项羽撇撇嘴。

范增看出项羽仍然瞧不起刘邦，就对他说："也许刘邦没有这样的见识，可是随行的有个张良，项王是知道张良的才干的！"

项羽虽然不甚相信范增的话，但他接受前几次的教训，决定照范增的建

第十六章　楚汉拉锯　问鼎逐鹿

议行动!

他调整了部署,绝不能让刘邦占有攻守两宜的荥阳!

但项羽仍没赶上刘邦的节奏,他的头一拨骑兵到了荥阳城下时,已是刘邦来到荥阳后的第二天黎明了。迎接他们的是一阵阵的箭雨……

项羽率领大军来到后,韩信已有了充分准备。尽管项羽挥师轮番进攻,汉军仍岿然不动。荥阳城居于山巅之上,楚军抬着云梯等攻城器械往城下运动,城上的汉军看得清清楚楚,接近城垣时,他们已成了汉军的靶子,一阵滚木擂石,就把他们的进攻粉碎了。楚军只能留下几百具尸体撤退。

项羽最擅长的是把人引出城来与其进行阵地战,那时,他就可以纵横驰骋尽情杀伐了。可是韩信不上他那个当,只在城里以逸待劳……

楚军曾经想紧贴城墙挖掘地道,但这地方蹭破地皮就是坚硬的石头,铁撬碰上去,火星直冒。

范增这老头儿太迂执,他在项羽面前直埋怨,说是如果早听他的话,在鸿门宴上把刘邦宰了就万事大吉了!

"再说点早的,"他说,"当初如果不去伐齐,而是西进,把刚出陈仓的刘邦消灭在关中大地,也就没有今日的尴尬了!"

要是别人这样不住地唠叨,项羽早就大加呵斥,或者把他赶走了,可是范增是叔叔项梁留下的人,是他的亚父,最要紧的是亚父的劝告、主张事后都应验了。

"不用说那些了,"项羽终于忍不住了,"亚父,我对做错的事从不后悔,您就说今后怎么办吧!"

说实在的,范增这时也没有什么好主意,他认为所有的机会都已经错过了。

这天夜里,趁着满月,范增想出去巡营,项羽特给他备了车,还派几十个士卒护卫着。范增没走了几步,就在山路上颠得难受,他想到项羽行事太盲目。周围全是环绕的山岭,就是有路,也是崎岖的羊肠小道,怎能乘车呢?兵法有云:知己知彼,才能百战不殆。你不出来细细地了解敌情、察看地形,只一味地进攻,怎能取胜呢?

范增下了车,改乘马,又把几十人遣走,只带着三五随从在各营中随意地游荡着。这日无风,月影中树木纹丝不动,燠热的雾从山涧里升上来,粘粘地沾在人身上,使人分外烦躁。

忽然,一阵阵的臭味飘过来,使人如在厕中。范增回头问:"为什么这么

汉高祖刘邦

臭呀?"

"回将军,楚军大多泻肚子……"一个军士说。

"吃了什么不洁的东西了?"

"他们一天只分一小碗饭,吃不饱,就在附近采点野菜充饥,"十人就有八人泻肚子了。"

范增向山沟中仔细看去,果然看见在大石后、树荫底下蹲着零零散散的人影。范增长叹一声,什么也不想说了。项羽作战总想速战速决,从没想过带足辎重。在齐地时,吃过这样的亏,现在也是这样。他只以为一鼓作气穷追猛打,就可把刘邦消灭,根本没有长期作战的准备。所以敌人不用别的战术,只要把楚军拖住,就把楚军拖垮了!

范增转到荥阳的西北方向,见面前有一道长城似的墙垣,迤逦起伏,一直连接着那边的敖山,从墙内映出火光,那火光虽不很亮,可是能够看得很清楚。

"那是什么?"范增问。

身后的侍卫回答:"那是一道墙,里面似乎有条通道。"

范增恍然大悟,原来那山岭就是有名的敖仓,那墙垣里面就是通往敖仓的甬路。他令侍卫悄悄地接近墙垣,可是离墙垣还有一百多步,里面就射出火箭,密如飞蝗。可见里面兵丁甚多,戒备森严。是的,那是荥阳城的命脉,刘邦韩信怎能不严加防守呢?

范增想:那条通向敖仓的通道,终究是孤悬城外,易于夺取。如果把这条通道掐断,就等于扼住了敌人的喉咙,而我军可就有粮食吃了!

想到这里,范增十分兴奋,他回到项羽的营帐后,把自己的所见所想对项羽说了。谁知项羽已经知道那条通向敖山的道路,他说那路分上下两层,你就是夺得墙垣掩蔽的通道,地下还有一条暗道,汉军照样可以得到敖仓的补给。

听了项羽的话,范增仍然主张夺取墙垣遮蔽的通道。他说:"荥阳一带的争夺战,绝不会速战速决,将旷日持久地打下去,那么,粮草的补给就是十分重要的。如果我们夺得敖仓,胜利就是我们的了!"

项羽不相信刘邦能够支持多久,但他同意去夺取敖仓。因为军队缺少粮草的事已迫在眉睫,他觉得夺取有墙垣遮蔽的通道比起攻占荥阳城要容易多了!

正如范增所预料的,刘邦、韩信已把对敖仓的防守看得与荥阳城同等重

第十六章　楚汉拉锯　问鼎逐鹿

要。他们把这任务交给了灌婴。

灌婴是砀郡一派，也是刘邦的嫡系。他与郦商、陈涓、虫达等将领都是在刘邦做砀郡长时投奔来的。在刘邦集团中，除了沛丰系统外，就属砀郡一派与其贴皮连骨了。

灌婴接受任务后，加高了保护通道的墙垣，还在墙上修了许多箭孔。做完这一切后，他又清理了暗道中的障碍，并凿了几个大洞以与上面的道路相通，这样上下呼应，即使敌人占领了上面的通道，也难以站住脚跟。

午夜，楚军在项悍将军的率领下，开始向通道发起进攻。墙垣里只射出几阵箭雨就没动静了。楚军很容易地就攻进了墙垣，那里面很平坦，就像在一个狭长的房间里似的。里面漆黑一团，并没有汉军守卫，却在两厢积蓄了许多柴草。项悍竟发奇想：他觉得这条通道一定通向荥阳城中，如果往东攻击前进，就可潜入城中。他一面把自己的想法派人禀报项羽，一面急速向荥阳突进。可是没走多远，前面的人就惊慌地跑来向他报告说：临近城垣有一深湖，士兵们陷进湖水的很多。项悍急令回头去攻敖仓，可是，通道中人越积越多，相互间连转身都感到困难，他的命令也被阻滞了……

项悍突然感到危险在即，就急令撤出通道！

就在这时，通道两端几声闷响，火光骤起，霎时，通道中的柴草都燃烧起来，整个通道成了一个大大的火罐！

楚军被烧得哭爹叫娘，拥挤着向外逃窜，可是口小人多，士兵相互挤死、踏死的数不胜数。有的人为了夺路逃生，相互间动了刀枪。

就在楚军在烈火中挣扎的时候，脚下忽然裂开几个大洞，他们纷纷陷落下去，在几丈深处跌死，或者做了俘虏……

得到项悍报告的项羽以为可以捞个大便宜，率领大军直奔敖仓通道，打算在项悍冲进城去后，率军陆续杀入城中。可是，他们被身带火苗哭叫连天的项悍军冲乱了，吓坏了，不知发生了什么事。尽管项羽和他的后备军压住阵脚也无济于事，大局还是乱了。他正无计可施时，荥阳城门开了，汉将周勃、樊哙、纪信、周苛等将领各带本部人马杀了出来。楚军收不住阵脚，开始溃退……

这一退，就是五十几里。等项羽将各营各部收拢、整顿好，已到了天亮以后。

项悍跪在他的面前，哭着把事情的经过说了。

项羽气得一句话也不说，只不住地挥手。侍卫猜不出他的意思，只好把

汉高祖刘邦

项悍先关押起来。

范增好在战后发表评论,这时却把嘴闭得紧紧的,像个没开口的葫芦。因为攻打敖仓通道是他提议的,他还能说什么呢?

这是楚汉相争的开局。

先是讨楚联军在洛阳誓师,一路狂飙,往东直陷彭城,接着是项羽从齐地成阳杀回,也像一阵不可阻挡的飓风,紧接着诸侯联军的溃兵往西刮去,最终在洛阳与彭城间的荥阳被挡住。一来一回,前后不到两个月,战争进入了相持态势。

2

荥阳一战的胜利,使刘邦乐不可支。他在庆功宴上令他的戚夫人唱歌、跳舞,他还亲自下场,唱了沛丰地区的小调。他说:"伙计们,别忘了咱们的家乡呀!你们相互瞧瞧,在座的不是沛丰人,就是砀郡人,打胜仗还得靠咱们自己人!"

从蜀中赶来送粮的萧何连忙扯他的衣襟,小声对他说:"主公,您现在是汉王了,应该庄重些!"

"以后再说吧"刘邦喝得昏头涨脑,"我现在还没学会那一套。再说大王得怎么做,也许我这样放荡不羁才是做王爷应该有的样子哩!"

"您这样称赞从沛丰和砀郡出来的兄弟场合不对,你没看见张良和韩信都有点不悦吗?"

"是了,是了。"刘邦说,他端起酒杯向张良和韩信敬酒,"我刚才称赞了我的老乡,可是老乡们也别骄傲,如果没有韩大将军和子房先生,咱们可什么也做不成!大家站起来,一齐和韩将军和张先生喝一杯吧!"

谈起今后的战略部署,刘邦眼睛看着张良,说道:"说吧,说吧,我们都听你的!"

张良却想先听一听韩信的意见。"大将军是全军统帅,还是韩将军说一说吧!"

韩信见大家都望着他,不说不行,但他的支支吾吾使刘邦和那些心急的将军有点受不了。

刘邦说:"有话你就直说吧,咱们什么时候就能把项羽赶回西楚去?"

韩信仍旧没说话,他回头看着张良。

第十六章　楚汉拉锯　问鼎逐鹿

"我看大家是有点心急了……"张良说，"项羽的力量还很强大，他是一只大老虎，我们一时打不死他！荥阳一战，只是叫他知道，他一时也吃不了咱们。能够争取到这一形势就很不错了！"

张良的几句话像一瓢凉水，浇得大家一阵激灵。

刘邦放下酒杯，舔了舔嘴唇，问张良道："你说，咱们要在这里与项羽熬多久呢？"

"总得几年吧……"

宴会上虽没人说话，可是从他们的表情上看得出，他们心里都在叫喊："呀，这么长久啊！"

张良说："彻底打倒项羽得有许多事情要做，比如说，我们得重新联络各个诸侯，使他们叛楚归汉，如果不成，还要与他们动武。另外，咱们还要等待彭越、英布等人的归服，如果这些都做好了，没了后顾之忧，咱们就剩正面的项羽之敌了！如果没有做好，与项羽对垒的时间还要长得多……"

大家的头低下了，谁都知道这就是实际情况，路必须一步一个脚印地走。

"对，对！必须照子房说的去做！"刘邦说，"我看有些伙计呀，看事情太简单，一场仗打好了，就不知天高地厚了！项羽是块硬骨头，得一口一口地去啃，弄不好还会硌下几颗牙来！得有这样的准备，得有这样的准备！"

张良见刘邦这么说了，众将也都信服了，他就把与项羽相持的战略说得更加透彻一些。他说这套方略的要点就是：以关中为后方，全力支持荥阳、成皋一线对项羽主力的抵抗，再利用英布、彭越在西楚后方配合作战，使项羽陷于首尾不能兼顾的被动局面。与此同时，可命韩信独当一面，对付那几个背汉媚楚的赵、代、燕、魏等国，以平定北方，消除他们对汉军侧翼的威胁……

"大王，"张良说，"这一切的核心就是巩固关中，有了强大的关中后方，就进退自如了！"

刘邦点点头，他说："等这里的事情安排好后，我将与萧何丞相回关中去。"

几天后，刘邦将荥阳的防务交托给韩信，他带着自己的一双儿女与萧何一起离开荥阳回汉都栎阳去了。

临行前，他又把张良叫到他的面前，问道："子房，我到关中后主要做什么事呢？"

"大王已经知道了，把关中搞得兵精粮足，使前线要人有人，要粮有粮！"

汉高祖刘邦

"还有呢?"

"还有一件大事,是做臣子的不该说的……"

刘邦拉着张良的手说:"咱们虽是君臣,实际上是兄弟,你说,我对你哪一点不是言听计从?"

"那,我就说了。"张良说,"你回到栎阳后,就与萧相国一起把太子立了吧!"

"子房,我……还年轻呀!"刘邦说。这个浪荡子大概想再浪荡几年。

"大王,您身体康健,是天下之福,可是您已经五十出头了!"

刘邦点点头。

"再说,您把太子一立,就向天下人昭示一个朝代开始了。可以使大汉国内民心安定,也可使诸侯及早决定自己的态度,对于汉楚争雄,平定北方各个诸侯,都是很有益处的,望大王三思!"

刘邦有点激动地说:"子房,你是我的兄弟,也是我的股肱之臣呀!——你说,我已经有了三个儿子,刘肥、刘盈和如意,我立谁为好呢?"

"这是主公该拿的主意……"

"子房!"

"依我说嘛,大公子不在眼前,三公子又太小,还是立二公子为好……"

其实,张良是这样想的:生育长公子刘肥的曹夫人已死,如果他提议立刘肥为太子,他将惹着吕夫人,吕雉是个什么人物,张良早已看透。三公子如意年纪太小,生母戚夫人的身份还没有明确,当然不应册立为嗣,那就只剩下吕雉生的刘盈了。刘盈,张良也仔细观察过,那孩子生性既不像父亲那样浪荡无行,又不像其母之刁狠,秉性善良温和,也许将来能成为一个好皇帝,如果真如自己所料,那真是天下之福了!

"好,好,"刘邦说,"我也看不上刘肥,就照你说的办吧!"

刘邦、萧何君臣回到国都栎阳后,立刻就宣布刘盈为太子。

那时,长子刘肥正随着吕夫人等人在楚军中当俘虏,刘邦可以推脱说他们生死不明,所以刘盈很顺利地当上了太子。

在做了这件重要的事情后,刘邦便带领着留守关中的军队进攻关中唯一的楚国据点废丘。刘邦兵出陈仓取得关中,楚将司马欣、董翳等投降,唯有楚将章邯(过去是秦将)固守废丘待援。几个月过去,章邯已兵疲粮尽,奄奄一息。刘邦绕着废丘转了几遭,废丘城头上竟不发一箭,刘邦派人修书一封,用箭射进城去,劝章邯投降。等了几天,竟无反应。刘邦又绕着废丘转

第十六章 楚汉拉锯 问鼎逐鹿

起来,他看由于雨季到来,河水猛涨,废丘又处洼地,如果把河岸掘开,将水引入城中,楚军必不战自溃。

他把自己的计划与萧何商量了一下。

萧何说:"主公,这事万不可做!我看章邯已临末日,用不了多少日子,他就会投降的。主公若用河水灌城,死的可不仅是几千楚兵,更多的是城中的百姓呀!"

"那就再等几天?"

"主公,这时正是您大施仁义获取声名的时候……"

可是,刘邦忍不住,几天后的一个夜里,他派上千人马掘开了临城一面的防洪大堤,使滔滔洪水灌于城里……

章邯曾想突围,可是汉军在城外张弓搭箭等待着他,无法,他只得举剑自刎。楚军只有很少的军士出城投降,大部与城中的百姓淹死在洪水中。据说,洪水将废丘灌满后,又漂着密密的死尸从城墙上溢出来,连刘邦看了都连呼:"惨呀,惨呀……这就是章邯拒不降汉的结果呀!"

胜利者总是将过错推给别人……

刘邦在栎阳待了三个月。

汉高帝二年八月(公元前205年9月),刘邦告别萧何,返回了荥阳前线。他将与韩信一起具体实施张良的战略相持计划。

因刘盈年幼,刘邦命丞相萧何和太子留守关中,凡邦国大事,来不及向汉王奏决者,特许萧何先行处理,"便宜行事"。

萧何真是治国的能臣。他实行"计户征赋,摊派劳役",鼓励开荒,奖赏生育等政策,关中人民大都能够安居乐业。于是萧何征集到大批的粮草,以供军用。是汉中和巴蜀给刘邦养着几十万军队。萧何把军需物资源源不断地运出潼关,充实荥阳敖仓。再以敖仓为兵站,北济燕赵,南输叶宛,保证了刘邦与韩信两大军团的一切供应。汉军在前线数次战败,损失惨重,也有赖于萧何在后方不断地募集兵员,补充前方的伤亡。最困难的时候,曾"发关中老弱未傅悉诣荥阳"。正好那几年关中大闹饥荒,许多人到巴蜀就食,萧何便将这些无依无靠的人(其中有许多老弱者)都发送到前线应差去了。巴蜀成了前线兵员粮草的主要供应基地。《华阳国志·蜀志》称:"汉祖自汉中出三秦伐楚,萧何发蜀汉米万船而给助军粮,收其精锐以补伤疾。"这就是说,从蜀汉送到前线的粮食很多,还从送粮人中挑选壮实的小伙子留下当兵,以补充军队的缺员。

3

回到荥阳后,刘邦立刻投入对楚军的正面防守战事中。形势对他是有利的。

荥阳一带战事频仍,周围上百里内农民无法从事生产,田里收不到粮食,饥荒便蔓延开来,粟米暴涨到一石万钱。可是,刘邦的敖仓内却积满了粮食、草料。刘邦派虎将周勃守在那里,楚军曾几次争夺,都没得手。

项羽就惨了,他的几十万军队的吃食、草料,除了从当地农村抢掠一点外,大部得从遥远的楚地运来,而他的后方也不安定,这时,彭越、英布已与刘邦暗通关节,不时派兵进行扰乱,截取项羽运向荥阳的军需……

刘邦看到形势有点从容,与张良商量了一下,便打算出兵平定北方诸侯了。

他将韩信提升为左丞相,派他与曹参、灌婴等将领一起去征讨彭城失败后,相继叛变的北方诸侯。首当其冲的就是那个以探母为名离开刘邦并断绝黄河渡口的魏王豹。

当初,刘邦从巴蜀出兵"抚关外父老"时,对投降的河南王申阳、殷王司马欣等都废了封号,没收了国土,唯独对魏王豹客气,给他保留了爵位和封地,恰恰这个魏豹不识抬举,竟然在紧急时刻叛离而去!

对魏国用兵前,刘邦先礼后兵,派郦食其到魏都平阳说服魏豹归顺。

魏豹以很高的礼节接待了郦食其,一天一次大宴,还让自己的姬妾给他跳舞唱歌。可是七十多岁的郦食其吃不下什么,一听鼓乐就闭目打盹。

几天后,魏王问郦食其的来意。

郦食其先把刘邦的实力和可期的将来大吹了一番,然后说:"魏王,彭城战后,您离开了汉王,可汉王心胸开阔,不计较那些小事,认为在当时的情势下,您离他而去,是可以原谅的……"最后,他说:"魏王,归顺汉王吧,那是您和您的国家真正的归宿!"

在郦食其说得唾沫四溅的时候,魏王在拨弄手中的玉箸,弄得叮当响,等郦食其说完,他发牢骚说:"不是我魏豹不愿归汉,而是你们那个汉王也太不拿诸侯当回事了!我常常挨他的骂,骂起来就像骂奴仆一样!"

郦食其不得不承认刘邦的这个毛病,他说:"大王说得对,汉王出身农民,没学会诸侯贵族那一套,正因这样,他的人品才显得朴实无华,实心实

第十六章　楚汉拉锯　问鼎逐鹿

意。我在家乡也算是个有点名声的人了吧，我去见汉王时，他竟当着我的面叉着两腿，让两个小妮儿给他洗脚。但我与他交往的时间长了，却发现他是天下头一个礼贤下士的人，十分诚心的人，从不摆架子的人！这不只是我一个人的体会，彭越、英布算是当今豪杰了吧，就连他们也信服汉王……"郦食其又提起当年刘邦对魏豹的恩遇来。

魏王说："先生说的这一切，我相信，可是我是魏国真正的贵族，与英布、彭越等人又有不同，我受不了汉王对我的侮辱……"

尽管郦食其磨破了嘴唇，魏豹也绝不答应归顺刘邦。

"汉王派大将军韩信到北方来了，大王，你不想想，你们魏国那点军队，抵挡得住韩信的几十万雄师吗？"郦食其以武力相威胁了。

"我自然不能与强大的汉王相抗衡，可是谁是谁非天下自有公论，"魏豹说，"他若不在乎这一点，那与暴秦有什么两样呢？我就等着当汉王的俘虏吧！"

话说到这份上，郦食其也就不再说什么了，临别时，他给魏豹放了话："如果现在归顺汉王，还不算晚，汉王宽大为怀，还会像以前那样，给你保留封地和封号，等到大兵压境，那可就什么也没有了！"

魏王豹性情狡诈、懦弱，但他贵族情结特重，认为自己是当当响的贵族，与刘邦、英布、彭越等草民出身的人绝不能同日而语。同时，他又十分迷信方术。就在不久前，他请来一位很有名的巫士，给他和后宫里的后妃算卦相面。巫士把魏豹大吹了一通，还说他的薄妃面相特好，将来必生天子！魏豹想：自己的妃子将来生天子，那么自己是什么人呢？那更是天子无疑了！

他曾把自己的心事询问过一位很有智慧的老臣，那老臣说："那巫士说的也许就是天意，如今天下有两大势力，即刘邦和项羽，两虎相争必然一死一伤，到那时，大王就可坐收渔利了！"

魏豹觉得老臣分析得很有道理，这大概也是他拒不归降刘邦的原因之一吧！

郦食其出使失败后，刘邦下令向魏国进兵。

魏豹岂是韩信的对手？但魏豹觉得有大河天险，魏军可以据险扼守。另外，他派出使节与赵、代、燕等诸侯联络，吁请他们与其组成统一战线，共同对付刘邦。他的第三招是派出密使到项羽那儿，请求项羽从正面加强对刘邦的进攻，使刘邦腾不出手来对魏发动攻击。

就在魏豹的忙忙乱乱中，韩信的大军到了。

汉高祖刘邦

魏豹估计韩信会在临津渡河,遂令他的大将柏直率魏军主力扼守蒲坂(今山西永济以西),准备在此阻截汉军。

韩信到了黄河边,看到了河那边的层层旌旗,沉思良久。

灌婴说:"大将军,备好船后,让我带头打冲锋吧!"

"你需要多少船只呢?"韩信问。

灌婴说:"末将认为魏军是没什么实力的,可是他们据河而守,较咱们有利,如果在五里的河面上强渡,没有上千只船是不可能的!"

韩信说:"如今周围的百姓大都逃亡,山上又光秃秃的,你到哪里弄来木材造船?"

灌婴不说话了。他在想:你是主将,我要打前锋,你就得给我船只。

"将军,咱们即使有了造船的木材,可是造船得费时日,打造上千只船,至少得用半年。荥阳前线给咱们那么多的时间了吗?"韩信反问道。

曹参说:"可以到周围各村去收集门板,用门板造船可以省许多工夫!"

"那是扰民的事,没有主公的授权,咱们哪个敢去骚扰百姓?"

韩信说得极是。在他身边的诸位将军都沉默地望着滔滔河水。

后来灌婴还想给韩信出主意,可是,曹参拉拉他的手,给他使个眼色,叫他闭嘴了。

"那怎么办呢?"灌婴小声问曹参。

"将军已成竹在胸,你就听命令吧!"曹参说。

果然,韩信不再和他们讨论用兵之法,只对他们说:"准备百艘船只,百艘总可以了吧?"

"是!"灌婴答应着,忙去准备了。

韩信拉着曹参骑马沿河向上游走着,他们只带了百余骑,从早上一直走到了日落。来到了离临津一百多里的夏阳(今陕西韩城以南),韩信指着河面说:"看,这里的水势平缓多了,而且对面没有魏军把守,即使有,也是十分薄弱的!"

曹参一下子明白了大将军的用意,立刻激动地说:"韩公用兵之妙出神入化!可是即使水缓河窄,也得用船!"

"曹将军,你回到临津,督促灌婴虚张声势,然后带一千人马过来!"

"是!可是船……"

"那将军就不必操心了!"

第二天黎明,曹参率一千汉军来到,他没看到船只,只见河水沿岸漂着

第十六章　楚汉拉锯　问鼎逐鹿

许多长长的东西。仔细一看，是一些用木料和铁丝连成的木排，每个木排周围都结着十几个瓦罐。

"将军，你就是用这些'船只'过河吗？"曹参问。

"临近各村，只能为咱们提供这些东西，"韩信笑笑，"借助这些东西的帮助，在半个时辰中，足可送一千多名战士过河！"

"篙呢"

"不用篙，士兵可以用手划'船'！将军别担心，这里水是急了点儿，可是水浅，会水的人，可以浮过去。现在才是八月，水不凉的。"

曹参点点头，他不是相信这些东西可以运兵，他是相信只要韩信说行的事，没有不行的。

"什么时候过河？"

"现在就过，事不宜迟！"

时在八月末，白天天气仍有点热，到了晚上就凉了，因此白天的热气就凝结成浓浓的雾。乳白色的雾在大河两岸游荡着，翻滚着，几十步外就什么也看不清楚。

曹参把一千人马集合在河边，由韩信给他们讲话。

"上天助我大汉呀！"他开头这样说，"你们看大雾塞河，掩护咱们渡过河去！河水并不深，如果会泅水，就把马载在筏上，没有马，咱们就不能闪电般出现在敌人面前！汉王的子弟们，立功的机会来了，跟我一往直前！……"

将士都知道马和人一样重要，他们把马牵到筏上，把衣服扒光，扔在马背上，跳进河水里扶着木筏前进，这样即使不会游泳的人照样能够顺利地渡河。

到了对岸，他们把身子擦干，穿好战衣和铠甲，骑上战马，跟随韩信和曹参前进。

"袭击蒲坂吗？"曹参问。

"不，咱们直捣敌人后方的重镇安邑（今山西夏县西北），占领了安邑，蒲坂的敌人就不战自溃，魏豹连家也回不去了！"

曹参叹道："萧何常对我们说，汉王得了韩公，如虎添翼，一点不错！"

韩信早就找好了认识路途的向导，所以他们进展神速。一路基本上没受到什么抵抗，到了傍晚，他们就进驻安邑了。

魏豹听说后，大惊失色，急调蒲坂的守军回师保卫国都平阳，可是被韩信拦住了去路。

汉高祖刘邦

曹参回临津带兵时，已经把韩信的战术告知了灌婴，第二天晚上，见对面的守军大部撤走，而且阵线已乱，于是他用准备好的船只强渡黄河，魏军怕腹背受敌，放弃河岸的防线，回头就跑……灌婴挥兵猛追，与韩信东西夹击，魏兵大溃，柏直战死，魏豹被活捉。

"送我去荥阳，我要见汉王！"魏豹哭道。

曹参把他装进囚车，他问曹参："汉王会杀我吗？"

曹参不说话，只是朝他笑。

韩信却恨恨地对他说："用不着见汉王，在路上将士们就把你宰了！"

从安邑附近到荥阳，得往东南走一百多里，据说，魏豹一直跪在车里，到荥阳时，车里已屎尿狼藉，刘邦不得不让他先洗涮干净，才接见他。

刘邦先把魏豹大骂了一顿，数落他忘恩负义。魏豹没有话说，只是磕头请求饶命。

骂完之后，刘邦就朝他笑："魏豹，你不是笑话我是从草窝里钻出来的庄稼汉吗？可是你瞧瞧，咱们两个谁的模样像贵族？"

"当然是汉王了！"魏豹说，"您是真龙天子，为了解救天下苍生，才故意以平头百姓的样子出现的！——我早就听说您是赤龙降生！"

刘邦命人把魏豹下到狱里，半个月没有理他。

这半个月，魏豹度日如年，一天几次地向狱卒打听汉王会不会杀他。狱卒告诉他："汉王要杀你，早就杀了，还能把你养到今天！"

刘邦派人到安邑前线，令韩信将魏国将士尽数收编，把魏宫中的几百个宫女、嫔妃送到荥阳。

刘邦对被他灭了的几个诸侯国，都是一个处理办法：把它们的将士收编，财产没收，把所有宫人暂时充当织工，因为，汉军需用的布匹大多从巴蜀运来，常常不敷应用。

4

刘邦这个浪荡子当然忘不了那些宫女们，只要有空，他就挨个儿地逛那些织房。他嘻嘻地朝她们笑着。"抬起头来，让寡人瞧瞧！"

平时，他还不习惯与臣下称孤道寡，他怕一摆起大王的架子，再满嘴俚语村言，有点不伦不类，说话也不那么流畅了。在这可不一样，他要让这些女人知道面前的人是谁，他一句话就可使她们一步登天，或者滚下地狱！

第十六章　楚汉拉锯　问鼎逐鹿

有的女人抬起头来了，仍有许多低着头，默默地理着布机。

她们中有的已三四十岁，失去了年轻时的娇艳，可是她们究竟是从千万女人中挑选出来的，置身她们中间，刘邦仍觉得似走进百花丛中。

"你不想富贵吗？那你就把头低着，"刘邦慢慢地踱着，"寡人走过去就不再回来了，你呀，就永远失去了机会！寡人将把你们配给那些单身的士兵们，那可是些大手大脚的鲁莽的粗汉啊！"

又有许多人抬起头来。

这时一个二十几岁的女人吸引了刘邦的注意，她已换上了织工的布衣，可是，她的美貌，她的眼神，就像看不见的丝缕，把刘邦拉到她的面前。

刘邦端详着她，她没有牡丹的艳丽，没有玫瑰的娇媚，却用自己的端庄、淡雅和超凡脱俗彰显出了与众宫女的不同，似乎是幻化的莲花仙子。

刘邦对女人一直是难守规矩，动手动脚的，在这女人面前，却变得像个见了塾师的学生。"告诉寡人，你是谁？"

女人在刘邦面前低下头去，低声下气地说："妾身姓薄……原是魏王的妃子……"

"唔，你就是那个有名的薄妃吧？寡人今日找的就是你！——你愿意跟着寡人吗？"

薄妃没有说话，只是把头垂得更低。

"别害羞啦，走吧，走吧，外面有车等着呢！"

刘邦让侍卫伺候薄妃上车，他走到门口，回头对里面的织工们说："寡人还要来挑选几次，你们等着吧……"

一连几天夜晚，刘邦都是临幸薄妃，似乎连他一直宠爱的戚夫人也忘记了。

一次，她问刘邦："我好吗？"

"你好。"

"比您的吕夫人、戚夫人还好吗？"

"吕雉像辣子炒肉，吃多了呛人喉咙，戚妍像细笋鸡脯，越嚼越香，你哪，好比……莲子香羹，有点淡淡的，可是滋味不俗。"

刘邦虽然说得粗俗不堪，但也说明他品出了三个女人的特点。

几天后，他册封薄氏为贵妃，排在戚夫人之后，周围的人都称她为薄夫人。

他对刘邦说："我想求大王一件事……"

汉高祖刘邦

"说吧。"

"把那个魏豹放了吧。"

"你还对他有情吗?"

"大王如果那样想,您就把魏豹杀了!"薄妃说,"他是个无用之人,形同行尸走肉,您如果留着他,他可以给您招来仁义的名声……"

第二天刘邦就把魏豹释放了,令他在军前效力。

刘邦的"仁德"果然产生了影响,魏豹的几个将军前来投降,其中有刘邦的老对头雍齿。

刘邦年轻时,曾经想投靠在沛丰已有很大势力的雍齿,可是那个山大王看不上在地方有着恶名的刘老四,几次拒绝他入伙,刘邦才不得不去投靠王陵。后来刘邦打下了沛县,被沛县"三老"推为沛公,混出点名堂来了,雍齿才回头归顺刘邦,这使刘邦很得意了一阵。刘邦令雍齿为他镇守老家丰邑,可是雍齿这个老土匪看刘邦这小子现在混到了他的头上,总是觉得心不平气不顺,于是当魏国的军队打到丰邑时,他就献城投降了。不过,他还有点良心,没有把刘邦一家交给魏王。

现在雍齿又落到刘邦手里了。

雍齿仍是个硬汉子,他只是低头站在刘邦面前,一声不吭。

"啊,是你吗,大哥!"刘邦说。还是土匪的腔调。

听到刘邦叫他大哥,雍齿抬起头来,眼睛里流出泪水。

"你大哥走投无路了,"他说,"要杀要剐,你看着办吧……"

刘邦连忙从他的王座上跑下来,和雍齿抱在一起。"大哥,你怎么这样说话呢?我虽被推为汉王,但一点也没忘记沛丰的老兄弟!在沛丰时,你是我的将军吧?现在你官复原职,仍然是我的将军!"

雍齿的来投,刘邦对待雍齿的宽容态度影响更大,刘邦的将军中有许多是沛县周围的老兄弟,看到主公这样对待雍齿,都深受感动,和刘邦更贴心贴骨了。那些游荡在外的老"流寇"也纷纷前来投奔,凑这个大山头。所以刘邦的这支队伍总是脱不了起义兄弟、流寇土匪的习气,一直到他坐稳了江山还是这样……

不久,那个被刘邦喻为"莲子羹"的薄妃怀孕了,他也就不再理她。再说,他身边的女人新添了几十个,那些只一夜情的更数不胜数。第二年初夏,薄妃给他生了个儿子,刘邦给他起名刘恒。这个刘恒日后成为一代名君,他就是汉文帝。

第十六章　楚汉拉锯　问鼎逐鹿

薄妃在魏豹那里时，巫士曾预言她要生个天子，现在她的天子是生下来了，但却不是魏豹的，历史总是闹这样的笑话。

消灭魏国后，韩信乘胜前进，沿汾河北上，又平定了代国，生擒代王陈余留在代都监国的丞相夏说。

这时，肚子里一包弯弯绕的刘邦开始防备韩信了。

一开始刘邦就看不上这个白面书生，在他心里韩信始终是个异类。就像庄稼汉始终看不上读书人一样。他派曹参紧跟着韩信，就是为了监督他。可是曹参除了看到韩信超人的才能外，真的没有看出他有什么对大汉不忠的地方。

从三秦打到西楚，韩信用兵如神。彭城战败，他又自顾自地带兵突围。占据荥阳后，他并没有派出探马四处打听刘邦的下落，而是忙着修筑城池、堡寨，充实敖仓，大有占地为王的架势……这一切，沛丰和砀郡的兄弟都不会做的，他们首先是寻找他们的主子，把他看得头等重要。韩信却不！

在来荥阳的路上，张良向刘邦推荐的三个可以封王的人当中竟有这个韩信。韩信是他的将军，为刘邦拼战是他分内的事，为什么还要封王呢？可见张良也没有把他看成是自己人！

还有，他向北开拓，连平魏、代两国，势如破竹，用的都是出人意料的奇计，连曹参的来信中都连声赞叹韩信的大智大勇，为常人所不及。这样的人你不小心提防怎么能成！

——刘邦整天这样掂量着……

5

刘邦不断地派人持了他的诏令到韩信处抽调他的精锐部队，几次后，韩信手下的劲旅几乎被刘邦掏空了。

刘邦也是有理由的：项羽不愿在这里消耗下去，急于想从这个大而且深的泥坑抽身，所以他每天都对荥、皋一线发动凌厉的进攻，因此，汉军的消耗很大，减员很多，需要不断补充兵源。

后来，刘邦不断从北方战线抽调兵力的异常做法，连他的亲信曹参、灌婴都不满了，他们连连给刘邦来信，说北方战线长，需要的兵力多，再也不能用这拆东补西的做法了！

曹参、灌婴替韩信说话，又引起了刘邦的警惕。他想：这两个人与韩信

汉高祖刘邦

相处久了，是不是会被韩信拉过去呢？本来这个征伐北方的将领组合就隐含着要他们监视韩信的动机，如果他们头脑糊涂，成了韩信的"俘虏"，那可就危险了。于是刘邦又给韩信派去了张耳。

韩信下一个攻占的目标是赵国。张耳曾做过赵王歇的国相，对赵歇和陈余都十分熟悉，在赵国也有一定的人望，派他去做韩信的"高级参谋"，理由是很站得住脚的。可是从另一方面说，张耳又是资深望重的谋略家，能够看到别人看不到的事，能做别人做不到的事。他和刘邦的关系从年轻时就极亲密，把他派到韩信军中，就等于又加了一道"保险"，刘邦放心了些。

这是不是多余之举呢？在刘邦看来，不！当初，陈胜在陈县称王，派出攻城略地的也多是在大泽乡一起浴血奋战杀出来的老战友，结果怎样呢？他们一旦成了气候，一个个先后都据地称王了！这些教训，刘邦不会忽略。

刘邦心中这些"鬼点子"，聪明的韩信怎会识不破，看不出呢？一切他都明镜儿似的，但他不怨不尤，依旧打他的仗。

他觉得兵力越少，越弱，他却越能打胜仗，不是更能向天下说明他是个以少胜多，以弱制强的军事雄才吗？再说，他这样对刘邦逆来顺受不是更可表明自己忠君听命的心迹吗？——他相信汉王周围的将士是有眼睛的！

这时，韩信手中的将士只一万余人，他又从当地的游卒散兵中拼凑了两万余人。尽管这样，用来进攻相对强大的赵国几乎是难以想象的。曹参劝他暂时屯兵于赵国的国门，等兵力稍微充足时再向赵国进兵。

韩信说："彭城战后，赵国虽没受到重创，但也伤得不轻，咱们是等它恢复强壮后再打呢，还是趁它人心还没安定，国力还没充实就打呢？"

曹参说："当然是现在就打好，可是，我听说陈余的兵力有十几万……"

"面对这样强大的敌人，我们不能强攻，只能智取！"

曹参不说话了。他觉得韩信既然这样说了，他就能够创造奇迹！

在赵王歇身边掌握实权的陈余得知韩信平定魏、代两国之后，就准备着迎战汉军的到来。当刘邦组织讨楚联军时，他只出了几千人。彭城败后，他们大部已经逃回了赵国。代国被韩信占领后，又逃来上万溃卒，陈余很快就拼凑出二十万大军，虽然不甚精锐，可也是北方诸侯中的强势国家了。

陈余把他的大军布置在井陉山口。

井陉口（今河北西部井陉山上）又称井陉关，是太行山的八大隘口之一，形势十分险要。韩信以三万长途跋涉的远劳之师，面对扼守关隘以逸待劳的二十万之众，在别人看来，是以卵击石。

第十六章　楚汉拉锯　问鼎逐鹿

张耳老谋深算，本来他只是观察韩信的行动，并不想介入他的指挥事务，可是面临危险，见曹参等将领不对韩信加以劝戒，反而事事听从，他不得不出面了。

他走进韩信的大帐，声言他不想干涉韩信的战略运筹，只是想与他谈一谈自己对攻赵的看法。

韩信对这位魏国老臣、在讨秦中崭露头角的老将军看了一眼，请他上坐。

"老将军有教于我吗？韩信听着……"

张耳对韩信是佩服的，刘邦叫他来这儿是什么目的也十分清楚。依他的为人，他不想做刘邦希望他做的事。

"哪里，我只是想与将军谈一些琐屑的事……"

"老将军曾是陈余的同僚和相知，又对赵国的情况了如指掌，您的指教，韩信是很重视的！"

张耳不想与韩信这样的聪明人再说什么用不着的话。

"将军只有三万人马，而陈余有二十万大军，而且是凭险据守……"

韩信看着老将军，张耳年纪大了，身体干瘦，额头十分突出，几根青筋在他脸上裸露着。但他的两只眼睛很有光彩，透露着深沉的智慧。

韩信等待张耳说下去，可张耳不再说了，而等待着韩信说出战胜陈余的理由。

韩信微笑着问张耳："陈余善兵吗？"

张耳摇摇头，说："比起韩将军弗如远甚。"

"赵王呢？"

"一窍不通。"

"这样的人，即使有雄师百万又有何用呢？"

张耳点点头。"可是你想过吗？这很像赌博，一旦输了，将军就再也无法向汉王交代了！……"

"是的，这有点像赌博，韩信想以很少的赌注得到全盘皆赢！"

"我说的是一旦……"

"老将军，在我的棋盘上，没有您说的那个'一旦'！"

张耳笑了，韩信笑得更畅快。

"韩将军，准备好庆功酒吧！"

韩信的三万军队在距井陉三十里处扎营。

夜半时，他派将军靳歙率领轻骑两千人从隐僻的山路转到井陉要塞的背后。吩咐他们每人拿一面汉军的赤旗,埋伏在丛岭间。当要塞空虚时,迅速出击,占领要塞,并在城上遍插赤旗……

"得令!"靳歙答应得很干脆。

"靳歙,你就不问一下有着二十万大军的赵国要塞何以会空虚吗?"

"末将不问,"靳歙说,"将军说它会空虚,那么它就一定会空虚!"

"好,你去吧!"

靳歙是韩信归顺汉王时,从楚军中带出的小将,是个二十几岁的小伙子,生着两只坦率的大眼睛,浑身短小精悍。他执行韩信的命令十分坚决,从来不问为什么。此时这样的人最有用。

本来这样的任务给灌婴这样的勇将最为合适,可是他们会与韩信讨论此计是否可行,说服他们得费很多唇舌,在这时候是不容开"讨论会"的!

黎明时,韩信率全军渡过泜水,背水列阵。他把整个部队交给曹参,然后选择一些久经战阵的老兵,自己与灌婴带领他们去闯关……

这时,天已大亮,在城头上的陈余,把来攻城的汉军看得十分清楚,最多不过万人。一万人放在空旷的山野间,简直是一小撮。

陈余恨透了刘邦,原因有很多。首先,他对这个出身沛丰的流氓,趁天下大乱混得了个汉王,还成了驰骋中原的两大诸侯之一,心怀妒恨。其次,在刘邦挑头联军伐楚时,为了骗得他出兵加盟,竟然给他送去张耳的假人头,使他成为天下英雄的笑柄。这且不说,最近竟又派韩信夺取了他的封地代国,真是令人气愤至极!

他望着在山岭间向井陉跃动的汉军火冒三丈,恨不得出兵杀他们个片甲不留!

兵书有云:将军在发怒时,不可用兵。人在那时,往往头脑不清,会错误地估计形势,导致整个战局的溃乱。陈余恰恰犯了这一用兵大忌。

他决定出城迎战。

赵王歇胆小,他问陈余:"将军,听说韩信诡计多端呀!"

"他诡计再多,也难为无米之炊。"陈余说,"不久前,我就听说刘邦并不十分信任他,把他的精锐部队大部抽到荥阳去了,他手头最多有两万人,咱们有他的十倍呢!"

"咱们出战吗?"

"出战!"陈余叫道,"把韩信打垮,也好振一振咱们的军威。然后咱们发兵收复代地,让赵代连成一片,那时,项羽也不会坐视不动,大王可派人去

第十六章　楚汉拉锯　问鼎逐鹿

与项王沟通，南北夹击，刘邦就彻底完蛋了！把这个无赖除掉是天下之福！"

听陈余说得这么有把握，赵歇也就安心了。

陈余亲自出城指挥与韩信决战。在互有胜负之后，汉军败北，韩信率军撤退。

陈余认为韩信真的输了，他挥军直追，满山遍野全是赵国的军队，其声势的确雄壮。赵王歇从没见过如此胜利，也利令智昏，竟忍耐不住，也坐了王车，率领守城的部队出去了，颠簸在山路上追击汉军。

井陉要塞正如韩信事先估计的那样空虚了，隐藏在要塞背后的靳歙率领轻骑突然跃出，以迅雷之势冲进要塞里，杀尽几百守城的赵卒，关闭城门，在城头上遍插汉军赤旗。

陈余如果有点头脑，他就会看出韩信的撤退是有步骤有组织的，绝不是真正的败北。但这个陈余正如张耳所说，是个不懂兵的武夫，他只顾追杀汉兵，顾不得开动自己的头脑。当他临近泜水边时，突然发觉汉军多了几乎两倍，带兵的大旗上大写的"曹"、"灌"、"傅"……几个字耀人眼目。那就是说刘邦的大将曹参、灌婴、傅宽都在这里！

赵军受到坚决的抵抗！

陈余有点上当的感觉。不过他也不太害怕，因为他有着人多势众的强大优势。

就在这时，有位将军惊慌地跑来告诉他，井陉要塞被汉军占领了！

这一消息有如五雷轰顶，但他不太相信，及至他往回跑了一程站在山头上看时，只见井陉城头上汉军的赤旗密密地迎风招展。他吓得心胆俱裂，连忙收缩兵力，准备回师夺回要塞。

在路上，他遇到了赵王歇，对他吼道："你跟着出来干吗？咱们的井陉要塞呢？"

"将军，怎么……"

陈余把手中的长矛伸到赵王的面门上叫道："井陉失守了，被汉军夺去了！"

赵王站在车上回头一看，他也看到了井陉城头上的汉军赤旗，吓得一泡尿流到裤里。

"那，那，怎么办呢？"他哭着问。

"快，快，往邯郸退却！"陈余说着拍马走了。

"咱们的兵马呢？"赵王叫道。

汉高祖刘邦

"能带走多少就带多少!"

可是,陈余什么也带不走了。看到要塞被汉军占领,一种绝望的溃败情绪迅速传遍全军,赵军没一个人还想抵抗,他们只想投降和逃命。而汉军却越战越勇,他们在广大的山野间追杀着毫无抵抗力的赵军,如虎逐羊,如鹰捉兔。对他们来说,战争几乎成了愉快的游戏,甚至到处是朗朗的笑声。

看到赵军溃散,已经占领井陉的靳歙率领他的人马从要塞中杀出来,两相夹击,赵军更像无头的苍蝇乱成一团,不知向哪个方向窜逃才好。二十万大军大部投降,余下的或战死或溺毙……

"喂,韩将军,放陈余一条生路吧,不要赶尽杀绝!"韩信回头一看,是老将军张耳在笑着说话。在他那张瘦脸上,张耳的嘴显得很大。

韩信知道张耳的话是对陈余的幸灾乐祸。"老将军是给陈余求情?"

"应该吧,毕竟是老朋友了嘛!"张耳说,"他得了我一颗假头颅,一定想得到我的真头颅的……"

赵王歇被活捉,那么陈余到哪里去了呢?

清理战场时才找到他的尸体,他是什么时候战死的呢?没人知道。

"韩将军,你想把赵王歇怎样呢?"张耳问。

"像魏王豹一样,送到汉王那里去。"韩信回答。

"也许汉王并不想见到赵歇呢?"

韩信想想,刘邦也许真的不愿见到赵歇。只要赵歇活着,就会有人企图恢复赵国,那麻烦是很多的。趁知道赵歇被俘一事的人不多,韩信指示一个侍卫把他杀了。上报汉王的奏书上写着:陈余与赵歇都死在乱军中……

一介布衣逆袭路　以弱胜强帝王史

汉高祖刘邦（下）

刘清越 著

山西出版传媒集团　山西人民出版社

目　录

第 十 七 章　胜负成败　波谲云诡	……	303
第 十 八 章　进退维谷　扑朔迷离	……	323
第 十 九 章　楚河汉界　鸿沟议和	……	337
第 二 十 章　汉王背约　霸王别姬	……	360
第二十一章　欲立皇威　作威作福	……	383
第二十二章　问计陈平　擒拿韩信	……	398
第二十三章　平叛亲征　败困白登	……	415
第二十四章　疑心作祟　贵婿蒙冤	……	435
第二十五章　废立太子　勋臣掣肘	……	453
第二十六章　陈豨败亡　韩信被诛	……	468
第二十七章　蒯通侥幸　彭越殒命	……	484
第二十八章　再提易储　帝露心机	……	503
第二十九章　带病亲征　英布覆亡	……	524
第 三 十 章　衣锦还乡　恩泽乡邻	……	539
第三十一章　白马之约　君臣结盟	……	558
第三十二章　高帝驾崩　吕后专政	……	573

第十七章　胜负成败　波谲云诡

1

井陉一役，韩信以三万人马打败二十万赵军，创造了中国军事史上又一光辉战例。战后，被俘的陈余部下李左车曾经评说：韩信因此战"名闻海内，威震天下"。等汉军再向赵国腹地进军时，赵国将吏无不闻风而逃，十几天后，赵国全境大部平定。

韩信这人做事是一鼓作气的，他立刻派出使节前往燕国，劝告燕王臧荼主动归顺。臧荼见韩信在一个多月的时间内，先后降服了魏、代、赵等国，如扫秋叶，他怎敢抗拒？急派使者到刘邦所在的荥阳去，向刘邦求降，表示从今往后听从汉王号令。

这时正是高帝三年十月岁首（公元前204年11月至12月），韩信以平定北方的大捷，给刘邦献了一份厚重的年礼。

刘邦下诏对韩信及曹参、灌婴、傅宽等将军大加嘉奖，并准韩信所请，将张耳封为赵王。

北方平定，刘邦没有了后顾之忧。在洛阳誓师讨楚时，参加的诸侯还是刘邦的盟友，几个月后的现在，情况大变。那几个诸侯有的成了刘邦的阶下囚，有的归顺称臣，有的被他杀死。他们的封地除了燕国还勉强独立外，已成为大汉的郡县。

荥阳前线的项羽几乎不相信这是真的。

他挠着头皮对范增慨叹："这怎么会是真的呢？怎么会是真的呢？"

范增老头本想责备项羽一顿，可是看到项羽痛心疾首的样子，就不想那样了。他说："当初，咱们还是没有看透刘邦和他的一伙。"为了把话说得没有棱角，他把"你"字换成了"咱们"二字。"大王老是把刘邦看成是沛丰的无赖、流氓。是的，不仅是那个刘邦，他手下的张良、韩信、萧何、樊哙、周勃等人何尝不是无赖流氓呢？可是，如今的乱世只有流氓、无赖才可成事，老是拿贵族那一套对待无赖，没有不吃亏的！请大王睁开眼睛看看，如今那些起事的贵族哪里去了呢？死的死，逃的逃，隐的隐，就剩大王一人了！"

项羽不说话，他在想着范增的话，想着失去的许多机会。

范增不愿久久地沉默着，他问项羽："大王，您想在荥阳这里和刘邦僵持下去吗？"

项羽抬头看看范增，仍不说话。

"大王，走吧，"范增说，"回西楚去吧，再晚就回不去了！"

"就这样回西楚去吗？"项羽几乎是喊叫着说出这句话的，"和刘邦对峙了几个月，上千的楚国兄弟死在这里，就这样回去吗？"

"是的！"范增想，要说服项羽这样的人就得把话说得厉害些，话音也提高了，"我们一路打来虽牺牲了上万人，但我们的十万大军还没有伤筋动骨。在齐地，在彭城还有将近二十万，如果咱们回到西楚，再把整个楚地联合起来，治理上三年五载，那时，大王将成为南方的雄主，进而可征服整个中原，那时的局面可不是现在这样子了！"

项羽认真地听着，可他的眉头紧皱。看得出来，要他这样离开，可太难为他了。

"不，不，不！"项羽激愤地嚷道，"我不能这样离开，绝不！不拿下荥阳，我绝不回到楚地！"

范增被他激动的样子吓坏了。过了好些时候，他才走出项羽的大帐。

他去找虞姬了。

晚上，虞姬特地煨了羹汤，等待项羽回来。

半夜以后，虞姬有点打盹儿，就和衣躺在床上。不久，周围农村中鸡叫声此起彼伏。她醒来后，觉得浑身发冷，就下床察看炉子。见炉中仍有发红的余烬，就添了几片易燃的干柴。等了一会儿，炉内冒出几缕青烟，就噼噼啪啪地响了起来，还从缝隙里钻出黄绿色的火舌。她知道炉火又旺了，又添了几块木柴，把煮汤的砂锅放在炉上……

从夜晚到拂晓，从远处传来的隐隐的攻城声，这时却终止了，也不知前线的情况怎么样了。

虞姬走出帐篷，见广阔的原野上，远山近树，都像用铁笔勾画出的水墨画，雄阔遒劲，动人心魄，是南方所没有的。天上还有许多星星，像无数大大小小的眼睛，一颗颗润润的像是刚刚淌出眼泪。是呀，上天该伤心了，几百年来，苦难的华夏人民流了多少鲜血啊！

第十七章　胜负成败　波谲云诡

大地白茫茫的，微微反射着游动的光，虞姬知道那是寒霜。严冬很快就要到来了！

昨日午后，范增老头与她说了很长时间的话，他说，他劝过项王，要他放弃荥阳，立刻回西楚去，可是项王不听。

虞姬也觉得范增劝楚王回西楚的几条理由，都是很对的。

"那就请夫人再劝劝项王吧！"范增说，"我若再说下去项王就烦了！可是这是必须立刻结束的战争！——我七十多岁了，就要离开这个纷乱的世界了，我死不足惜，可是我不愿临死前看着项王败北！"

老人还流了泪，使虞姬心里很难过。

虞姬跪下来，大声地向上天祷告说："天爷呀，让项王回心转意吧……让他回到西楚，那里有他的百姓，有他的家……"

回到大帐，她觉得脸上凉凉的湿湿的，她也不知自己流了这么多的泪水。

外面传来沉重的脚步声。

这声音她十分熟悉，她知道他回来了。

果然，帐门被推开，项羽带着满身厚厚的霜走进来了。帐里的温度突然下降了许多。项羽也觉察到了，他回身说："我该在外面把冷霜拍打干净，不该这么走进来。"可是他被虞姬拉住了。

"别再出去了，让我给你扫一扫，"虞姬想在床上寻找她用柔韧的草绑成的小扫帚，却没有找到，就用两手给项羽拍打，霜雪簌簌地像面粉似地落下来。

项羽十分强壮，每次接触到他的身体，虞姬就感到他似半截山岩。她很喜欢这样的感觉，认为这样的男人才是可依靠的。现在他穿着铁铠，他的身体更像是铁打铜铸一般了。

她的小手蹭着了项羽的脸，那么柔软，那么凉，项羽握住了虞姬的手。

"别拍了，把你的手都冻麻了吧？"

入冬以来，他们住的大帐换成了厚厚的棉帐，把布帘换成了草编的门，可是寒风仍从缝隙中吹进来……

项羽端详着虞姬，像怕她吓着似地问："你哭了？想家了？"

虞姬不想在这时候向项羽诉苦，就把两手挣出来，对项羽说："项郎，我给你煨的南米莲羹，你先喝一碗吧，暖一暖，再吃饭！"

"好的，我一进门就闻到香味儿了，"项羽皱着鼻子又闻了几下，像个孩子似地说，"我可真饿坏了，在战场上不觉得饿，一看见你我就觉得饿了！"

汉高祖刘邦

"项郎,那你就别站着了,赶快坐到桌前吧!把铠甲脱下来,吃过饭睡个好觉,今天,我怎么也不让你出门了!"

虞姬盛了一碗,给项羽放到面前。项羽喝了一口,就连声叫:"好,好,好香呀,只一口就热到我心里去了!"他忽然看到虞姬坐在他的对面,面前却什么也没有。就说:"虞姬,你也喝呀!你不是只为我煨了一碗吧?"

"沙锅里还有呢……"虞姬说,眼睛已经又有泪水了。"等你睡下,我有的是时间吃饭!"

"吃过饭,我会睡的。"

"你得把铠甲脱下来,你有多少日子没脱过铠甲了?"

"我也想不起来了。"

"项郎,快一月了!"虞姬强忍着才没让泪水掉下来,"上次我给你涮洗时,里面都生了虱子……"

"是吗?"项羽装出一副笑脸,"我身上也该洗一洗了,痒得厉害。"

项羽喝完了羹汤,一个侍卫走进来,他端着一个青铜盘,上面有几个碗盏。"请大王和夫人用餐。"说着,把盘盏一一摆在桌上。

项羽的饭食也越来越简单了,一盘清炖小鸡,一碗漂着几点青菜叶和蛋花的汤水,另外还有一摞硬得似铁片样的大饼。过去,项羽曾几次地把管伙食的校尉叫来大加训斥,还把饭碗扔在他的身上。现在他一声不吭,只看了一眼,就默默地吃起来。

他知道就这点东西,也是校尉们很不容易搜求来的。粮草供应不上,现在士兵们一天只吃一餐饭,将军们每日两餐,吃的多是从当地抢掠来的糙米……

"大王……"虞姬在亲昵的时候称项羽"项郎",等到要郑重地跟他说什么事情的时候,就称他"大王"了,"那边怎么样呀?"

"那边"就是荥阳前线,项羽明白的。

"还是那样,"项羽说,他只吃了一张饼和一只鸡腿,就把盛饭的碗、盏推开了。"你吃呀,虞姬,只看着我吃吗?幸亏我不是小伙子,要不,就让你看得害羞了!"

虞姬拿起了玉筷,把面前的菜汤翻了翻。

"大王,不如听亚父的话,咱们回西楚吧!"虞姬鼓足勇气说,"想想那个勾践吧,他被吴王打败后,忍辱负重,卧薪尝胆,终于雪了会稽之耻,大王,你今年才二十几岁,而那个刘邦已是五十几岁的老头子了……"

第十七章　胜负成败　波谲云诡

后来的话虞姬没有说，但项羽想象到了。是的，这是唯一正确的选择，但他仍不想现在就回去。他说："再受几天苦吧，我看那个刘邦已经支持不住了！"

虞姬看着项羽那消瘦的脸，不忍再说什么，只是用两只泪汪汪的眼睛看着他。

一个侍卫走进来，小心地说："大王，刘邦竟带领人马出城了！"

"真的吗？"

"小的不敢谎报！"

"好，好呀！"项羽猛地站起来，两眼灼灼发光，两道浓眉像老鹰的翅膀那样忽闪着，"走，走，也许机会来了！"

走出帐门，他又回身对虞姬说："等我把刘邦出城的人马收拾了就回来，那时，我就乖乖地听你的话，睡个好觉！"

2

刘邦派出的使节随何率领使团，来到了九江王英布所在的六城。

英布知道后，就指使太宰鲜扬（管交际的官）好好地接待，把他们安排在最好的传舍（馆驿、招待所），饭食按照最高级的规格供奉。可是一连几天都不传见他。

随何将近五十岁了，一张脸圆圆胖胖，天生的笑模样，眯瞪着两只小眼睛，十分精明。他被刘邦几次派到诸侯各国办理外交，都完成得十分漂亮。他能说会道，善机变，无人能比。他是张良推荐给刘邦的，这次要他来说服英布归服刘邦，也是张良的主意。

随何没有上书英布去求他接见，只是安心地坐在传舍里。

可这是表面现象，其实，他天天和他的使团议论着，分析着。

英布骁勇善战，可是他没有远大的志向。他的出身、脾气很像刘邦，而在战场上又很像项羽。他跟随项羽东征西讨，立下了汗马功劳，所以在戏亭被项羽封为九江王。他的封地紧挨着西楚，可见楚霸王项羽把他看成是自己的心腹。

项羽在识人方面的确不行，可以说他没看准一个人。刘邦，项羽把他看成是一个狡猾的农民，一个从草窝里钻出来的无赖。从表面上说，他看得也不算错，可是他没看到刘邦的实质。对英布也是这样，从表面上看英布粗矮

汉高祖刘邦

的个子，一脸憨相，无论项羽怎么吩咐他，他都听从，最多憨憨地笑笑，就像只无害的驯熟了的老虎。他没想到英布像刘邦一样的无赖，一样的狡猾，但他缺少刘邦的野心和隐藏很深的雄才大略。

自从当了九江王，他觉得在人生的道路上走到顶峰了，不再想进取了。因此他贪财好色的本性暴露无遗。他弄了一大群妻妾，把抢掠来的金银财宝堆满宫殿，就开始享福了。

他知道天下并不太平，中原战火未熄，但他想，自己有十多万军队在周围，面前又有几员大将，只要他不出去招惹是非，就没人找他的麻烦。

田荣造反，项羽拉他一起去打田荣，他装病推辞，只派一员裨将带着两千人马去应付差事。刘邦统领几十万人马从洛阳来征西楚，彭城形势危急，项羽一天几次地派人催促他救援，他仍以身体欠安为由婉言谢绝。

像这样的"友邻"怎能不使项羽恼火呢？

但英布看准了项羽不敢把他怎么样。

因为诸侯中只有英布是追随项氏叔侄时间最久的老部下，而且英勇善战，雄冠三军。如今项羽北忧三齐，西患刘汉，正要倚重此人，怎能与他翻脸呢？

但有上述两端，英布也不敢再见项羽了。

范增在荥阳前线，力劝项羽回楚，整顿楚地，一定暗含着收拾这个不听话的英布的意思。

正因为有着如此背景，刘邦、张良才派随何来钻英布与项羽之间的"缝隙"。

当大家再三掂量英布的态度，百思不得其解时，随何说："英布这里一定发生了什么事，要不像英布这样圆滑的人，是不会把咱们晾在这里的！"

"那么，发生了什么事呢？"随从们问。

"目前还不知道，下面就得靠咱们的耳朵和眼睛了！"

随何把使团的人，除了有些名声者外，都化装成当地人，在英布的王宫附近打探。如果看不出什么，就到饭店等热闹处聆听群众议论。

几天后，随何得到了确凿的消息，就在他们来六城不久，项羽的使者也来了。英布的王宫里变得十分微妙。

随何一行刚到六城时，就对负责招待他们的太宰鲜扬行了贿。他们探听得鲜扬的小妾刚得贵子，就以庆贺为名，给了他五大锭金子和五颗明珠。东西是收下了，可是刁钻的鲜扬仍不对他们说实话。

随何打算正面进攻。

第十七章　胜负成败　波谲云诡

一天，鲜扬又到传舍来探望刘汉的使团，随何冷着脸对他说："鲜大人，我来到六城，结识了阁下，自谓三生有幸，可是鲜大人却一直不把我们当作朋友！"

这没头没脑的一"棒"，打得鲜扬晕头转向。他连忙拿出一张笑脸："下官一直把贵大使当作上宾……"

"我问阁下，我们来得早，西楚的使团来得晚，为什么大王反而优先接见他们呢？如果大王不把我们汉王当回事，我们明天就回去了！"

事情被揭了底，鲜扬尴尬得立刻冒了满头大汗，本想打个哈哈把事情化解开来，可是他笑不出，毕竟拿了人家的东西，说话底气也不足了。

随何看鲜扬仍然躬腰站着，就又装出对待老朋友的态度，连忙站起身来，和使团的同事们热情地招待鲜扬。

他们请太宰坐了，奉上甜浆、糕点。

"鲜大人，"随何说，"刚才这几句话说重了，不过换了是您，您不生气吗？"

"那是，那是……"

"我们老远地跑到六城来，是衔敝国大王之命来看望贵国大王的。他们在薛城时就是朋友，在讨秦的战线上是相亲相携的兄弟。以后，虽属两家了，可一直是朋友，从没为什么事争执过……说句也许不该说的话，贵大王实在不该这样对待我们！"

被逼到这样一条窄道上，鲜扬不得不说实话了。

他说：西楚使团是在刘汉使团来到后的第二天到的，英布立刻就接见了他们。为什么呢？因为九江虽然名义上是独立的诸侯国，可实际仍是楚王的属地。为这，英布一直感到委屈，感到压抑，感到屈辱。楚国使臣呢，仍以宗主国的架势，把英布当作项王的部将看待，一见面就传达项王的命令，要英布赶快发兵配合楚军攻取荥阳……

"大王怎么回答的呢？"随何问。

"大王心里实不愿意，可是嘴上也不能一口回绝。"

"西楚的使团呢？"

"他们回传舍去了，等着大王的回话……大王实在是为难极了！"

听到这里，随何的脸又拉下来了。他说："既然你们大王有如此难处，我们就回荥阳了，等着你们大王帮着项王来打我们！"

"别，别……"鲜扬连忙起身拦住随何，好像他比随何还着急似的，"下

汉高祖刘邦

官今天就去见我们大王,把你们的请求告诉他,我想大王是会接见你们的!望你们稍安勿躁!"

随何的这把"火"烧得好,当鲜扬对英布说:"刘汉使团已经知道了西楚大使来到六城,并表示如果大王没有时间接见他们,他们就要回国了!"

"不行,不行!"英布说,"那就惹着汉王了,在当前,西楚和刘汉,咱们都不能招惹!你快把他们叫来,本王今晚就接见他们!"

晚上,英布在正殿隆重地接见了刘汉的使团。

在举行了必要的礼仪之后,英布携着随何的手坐到正面的软榻上。

"汉王是本王非常要好的朋友,你们是代表汉王来的,本王怎么会故意慢待你们呢?实在是有难言之事呀!"英布挠挠头。"请见谅,请见谅,本王想汉王是体谅本王的!"

到了这时候,英布仍然不愿对随何说出实情,使随何十分恼火。他还是用揭老底的办法。

"大王,您说的难言之事,不就是项王派使节逼迫您与他一同去打汉王吗?"随何说,"这件事已到了做出抉择的时候,大王决定怎么办呢?如果大王决定发兵到荥阳去,贵国与敝国就是敌国,我们还在这里干什么呢?"

随何说得如此尖锐,英布再也不能耍滑头了。他放开随何的手,捧着脑袋说:"难呀,难呀!汉王是我的朋友,我怎能与他兵戎相见呢?可是不答应项王,就会得罪项王,他可是我的宗主呀!"

随何站起来,离开软榻坐到英布的对面。

"大王,您早就该想到与项王的关系。"随何说,"您几年前就跟随项氏叔侄反秦,功勋卓著,所以得到九江王的封号。如果您珍惜项王的恩情,就该随着他去伐齐,万不该叫一偏将带领两千人去应付他!几个月前,当诸侯们起兵讨楚时,您就该听从楚王的吩咐,出兵为他保卫京都彭城。这些您都没有做,说实话,您早就惹怒了项王了!"

"您说,我为什么这样做呢?"

为什么这样做?天下人谁都看得明白,是大王您不想消耗自己的力量,像鸟儿似地护惜自己的翎毛,以保住自己温暖的窝巢。

可是,随何偏不这么说。

"大王,您的心思诸侯们都看得出来,"他说,"您也与诸侯们一样,打心眼里看不惯项王的残暴和霸道,不愿再助纣为虐,更不愿与老朋友们为敌。所以,对您拒绝帮助项王伐齐和不干涉诸侯们伐楚,他们在心里都是为您拍

第十七章　胜负成败　波谲云诡

手称快的！"

"唔，是这样？"

"当然是这样的，不过大家想到您的处境，不便给您张扬罢了！"

"那就谢谢老朋友了！"

接着，随何给英布分析了天下大势，断言项羽必败。并劝说英布趁早归顺刘邦，不仅可保九江封国，还可从刘邦那里获得更多的土地……

英布对随何的这些话，没有附和，但随何看出来他听得是十分认真的。

随何觉得已把英布拉近了许多，即适可而止。

当英布说，他绝不跟随项羽去打刘邦时，随何就带领自己的使团告辞了。

回到传舍，随员们都向随何道贺，说英布已被说服，他绝不会跟着项羽打汉王了。

可是随何仍忧心忡忡，他说："你们忘记自己来六城的使命了！咱们来这里不是为了阻止英布出兵助楚，而是劝说英布归汉，离那目标还远得很呢！"

经他一说，随员们又皱起了眉头。

过了一天，西楚使者也知道了英布悄悄地接见刘汉使团的事，怒不可遏，当即急急进宫吵闹，指责英布与刘汉暗通关节。

英布仍不敢与西楚使节撕破脸，陪着笑脸与楚使周旋。

就在这时，随何只带两个随从闯进宫来。他指着楚使大声说："九江王已经答应背楚投汉，共图天下，你们还有什么资格逼他向荥阳发兵？"

随何的话犹如晴天霹雳，宫殿里的人都惊愕异常。

呆了很长时间，楚使才满面怒容地拂袖而去！

英布没了主意，他摊着两手绕着随何转圈，说道："你看看，你看看，怎么把事情弄成这样……嗨，怎么会这样？"

随何很沉着，他对英布说："大王，事已至此，您就别犹豫了！冤仇已经结定了，无可再解！"

"对，是你说的这样，可是怎么办呢，当项王知道我已叛离，他一定会发雷霆大怒的！"

"我为大王一谋，"随何说，"赶快追杀楚使，旋即起兵攻楚，打他个措手不及！"

英布本是个性格粗放的武夫，仓促间听了随何的话，派人追上西楚使团，把他们杀得一个不剩！

至此，本来举棋不定的英布，被随何几把猛火，把叛楚的"生米"煮成

汉高祖刘邦

了"熟饭",没有办法,只得召集将士,从后面袭击项羽。

项羽在荥阳前线听到英布叛变以后,跳着脚骂了半天,差点儿把牙齿咬碎了。

"别骂了,别骂了!"范增劝他,"英布的叛变动摇了大王的后方,赶紧派大将把他打垮或消灭,不然,咱们就要腹背受敌了!"

这才是良策。英布既然叛变,就不能让他把人马带出楚地,以增强刘汉的力量。

项羽急派精锐之师,由龙且、项声两员猛将率领夹击英布。

龙且之勇,在楚军中也是极有名的,英布与其在伯仲间,可是这一两年间,英布沉溺在酒色中,早就耗得没什么力气了,他已不是龙且的对手。另外在谋略上也不比项声,所以一接触就连连败北。在楚军的强大攻势下部众纷纷投降,没走出多远,本来近十万人的军队,就只剩一两万人了。

他想把这些人马带到刘邦面前,以作见面之礼,可是,随何劝他还是把这一两万人扔掉的好,因为目标太大,不好隐藏,对叛徒切齿痛恨的楚军不会饶了他,几次截击,就把他们消灭光了!

英布只好听从随何的话,轻装简从,带着随何一行,从小道转到荥阳去投刘邦!

汉高帝三年十二月(公元前 204 年 1 月),英布到荥阳谒见刘邦。

刘邦倒是立刻就接见了他。不过,他正斜倚在床上,张开两腿让两个女子给他洗脚(他常常是以这个模样接见大臣和贵宾的),弄得他的行辕正堂里到处湿漉漉的。

"你来了,老弟?"刘邦嘻嘻笑着,仍像以前那样满脸无赖相。

"来了……"

英布原以为头一次进见怎么也得有一个像样的仪式,以示对他的尊重。

"你早该来的,"刘邦却没在乎,"项羽那家伙不是东西,还是咱们一起干吧!"

英布打量了一眼这间堂屋,找不到一处地方坐坐,再说刘邦也没让他坐。虽说英布也是个粗野的农民,可是这有点太简慢了,气得差点儿哭出来。我抛弃了封地,丢掉了十多万人马,跑到你这里来,你就是这样对待我吗?

刘邦却没有认识到自己有什么不对,依旧大大咧咧地说:"听说你一路上叫项羽好一顿揍,揍得你屁滚尿流,嘻嘻……打起仗来那小子还是厉害的!"

"汉王,你有事,你就忙吧,我先出去了!"

第十七章　胜负成败　波谲云诡

英布扭头就走，出了门，还听到刘邦说："别走呀英布老弟，我马上就完事，等她们给我把脚擦干净……"

出了正堂，转过一个花厅来到外面的院落，英布实在羞愤得受不了了，抬头叫道："英布呀，英布，你这一步走错了！你撇家舍业，就是为了来让这个小子奚落……"说着流下泪来，对着东方哭了一会儿（那里有他为了刘邦舍弃的封地），随手拔出了佩剑就要抹脖子……

随何一直跟在他的身后，这时，连忙上前抱住他，大声劝道："大王，不要这样！主公对谁也是这样，您千万不要在意。其实，他对您的归顺，是极为重视的，您的住处，他亲自料理，比他自己的行辕可阔气多了！走，咱们去看看！"

英布不去，随何招呼几个人连拉带拖，把英布拉到他的行辕。

到了刘邦为他准备的住处，他才知随何所言不虚。那里铺陈华丽，金碧辉煌，珍馐美馔，应有尽有。另外还有如云的美女，那是英布最最想望的。一切都比刘邦那里富丽堂皇得多！

英布看呆了，回头对随何说："汉王对我是真心的……"

随何说："大王，您说，您是愿意跟随一个对您如兄如弟的君王呢，还是跟随一个对您如虎如狼的君王呢？"

"那还用说？"英布又流了泪，不用说这是感激的泪。

第二天刘邦设宴欢迎英布，由能够离开前线的将军作陪。席间，刘邦年轻时的作风又来了，对英布拍肩膀，拉耳朵，称兄道弟，三杯酒过后，他就把新从被他打败的诸侯宫中掠来的美女展览出来，要英布和在座的将军们挑选。之后，他这五十大几的老头儿开始绕着宴桌唱歌、跳舞……

英布觉得刘邦混得比他好多了，这一切都对他的脾气。

"怎么样，老弟，来这里没后悔吧？"

"早知你这儿这么好，我还在六城看项羽的脸色干吗！"英布回答。

宴会后刘邦携着英布的手送他回住处。"老弟，你那一窝呢？"

"还在淮南。"

"你放心，明天我就派专人给你把他们接来！"

这件事刘邦没有忘记，第二天他就派一位将军带着一队人马和必要的车辆到淮南去了。可是，他们不如项羽的腿快，等他们到了淮南，项羽派去的人已先得手，把英布一家老小全部杀死，接着又收编了他的所有部队！

项羽做事总是这么绝！

汉高祖刘邦

幸好英布的部队中尚有不少人恋旧，约有五千人跟随刘邦派去的人马回来了。

刘邦安慰了英布，又从汉军中给了他一万人马，让他去守成皋。

从此，英布恨死了项羽，死心塌地跟定了刘邦，几个月后，他的势力渐渐壮大，成了汉军中的一支劲旅。

英布的归降，起了连带反应，使项羽的后方阵线发生了动摇。

项羽残杀的英布的妻妾中有衡山王吴芮的女儿，从此吴芮的一只眼睛应付着项羽，另一只眼睛却向刘邦传情了。

那个彭越呢，过去曾与刘邦共同反秦，刘邦组织讨楚联盟时，他又主动参加，彭城失败后，他虽早早地退回了封地，但仍与汉军藕断丝连。张良迅即派人前去通知彭越英布归顺刘邦的消息，很希望他也来与刘邦共襄大事。并传刘邦的话，许他以后封为魏王。

彭越十分高兴，他说："我早就看着项羽不顺眼了，他和我们尿不到一个壶里，还是和汉王一起干好！你们回去对汉王说，只要他别忘了咱们兄弟，他用得着我的时候，派人来说一声！"

彭越把他的大本营移到滑县（今属河南），时不时地在项羽背后打上几"拳"，弄得项羽很气愤，可是又没有余力对付他。

这样，新的讨楚战线又形成了，而且比那诸侯联军壮大、稳固得多。

3

这时，楚汉的形势是：韩信为大汉平定了北方诸国，解除了刘邦的后顾之忧；英布的归降大大削弱了项楚的力量；彭越虽然没有公开归汉，但已明里暗里地帮着刘邦。从全局来看，刘邦的势力比起项羽来大得多了。

但从荥阳前线来看，刘邦军的形势并不乐观。楚军度过了漫长寒冷的冬季，攻势猛烈多了，在攻克淮南后，士气更加高涨。大将钟离昧分段卡断了荥阳与敖仓的通道，守城的汉军不仅伤亡严重，而且陷于断粮的危机。

刘邦想放弃荥阳向西逃跑，可是战线动摇会造成整个形势的逆转，这是极其严重的。正巧张良被派去了关中，刘邦无人可以问计，询问诸位将军，他们有的主张与楚军决战，有的主张次第撤退，使刘邦的头脑更乱。

这时老"参谋"郦食其从外地回来了，他知道刘邦的窘境后，向刘邦献了一条"奇计"。他说："从前商汤伐桀，封夏的后裔于杞。武王伐纣，封商

第十七章　胜负成败　波谲云诡

的后裔于宋。暴秦吞并六国而不给六国存祀，使六国后裔无立锥之地，这就是它迅速灭亡的原因。大王如能封立六国的后裔，六国的君臣百姓都将感激大王，大王得到天下人的拥护，孤立无援的项羽没法，就只好整饬衣襟归顺您了！"

这"奇计"何其愚妄！

六国已经灭亡几十年了，它们的后裔散落各地，在天下已无任何号召力。那些侥幸被诸侯当作傀儡的诸王，也被刘邦、项羽废黜净尽。就是都把他们找来，封给他们国土，他们有力量守住吗？老百姓还会拥护他们吗？

可是，陷于困境的刘邦竟然昏头昏脑地听从了。他派郦食其找人造印，并说印信造好后，请郦食其辛苦奔走，代他寻找六国后裔。

郦食其的主意被采用，极为高兴，立即行动起来，先忙着找人造印。但无论铸铜或琢玉，都不是仓促可成的。就在这时，张良从汉中回到荥阳。他听说这件事后，就直接去见刘邦。刘邦正在吃饭，见张良回来，高兴得两眼放光。

刘邦正要把封立六国后裔的事说给张良听。

张良却打断他的话，问："大王，这是哪个人给您出的这主意呀？"

"是老先生郦食其……"

"大王如果照他的主意去办，您的大事就完了！"

"怎么呢，子房？"

张良拿起桌上的筷子说："臣请借用您的铜箸，为您筹算……"

接着，张良就条分缕析地说开了。

从前商汤、周武所以敢于封立夏、商的后裔，是因为他们有着控制夏、商后裔生死的能力。大王，您衡量一下，不用说别的诸侯后裔，就说项羽吧，现在您有制约其生死的能力吗？这是此计切不可行之一。

从前武王攻进商朝都城后，表彰殷商贤人，释放殷商忠臣，封立殷商烈士之墓，这都是在武王获得天下归心之后的事，大王，现在您能做到吗？这是此计切不可行之二。

从前，武王把巨桥粟仓和鹿台泉库里的钱币都拿出来散发给穷人，救助贫困，大王若学他的样子，您有这样的财力吗？这是此计切不行之三。

从前武王平定殷商后，将兵车改为乘车，把武器倒挂起来表示天下不复用兵，现在，大王您敢这么做吗？这是此计切不可行之四。

从前武王克商之后，把战马散放到华山，向天下表示今后不再乘战马征战了,大王,现在我们能够这样做吗?这是此计切不可行之五。

从前武王打败商纣之后,把军牛送进桃林,表示用不着这些牛再运军粮军物了,大王,咱们的军马、军牛还紧缺着呢!这是此计切不可行之六。

如今天下游士、百姓别妻舍子,离乡背井,告别亲朋故旧,荒芜田园坟茔,跟随大王南征北战,为的什么?无非是为了将来大王的事业成功后,得到大王尺土分封。如果现在把天下预先就封给了六国后裔,跟随您的各方游士都去归依他们的诸侯去了,大王,您依靠谁去为您打天下呢?这是此计切不可行之七。

还有,现在只有项羽是大王的对手,如果您再分封六国后裔,他们权衡利弊,一定有人赶去俯就西楚,大王,您的敌人不是少了而是多了!这是此计切不可行之八。

有此八端,所以我说大王如行此计,大事就完了!

张良的"八不可行",像连发的劲弩,使刘邦听得心惊肉跳,咬在嘴里的饭也忘了咀嚼。等张良说完,他一口吐在地上,骂道:"郦食其,那个臭文人,竟给我出这样的馊主意,险些把我的大事坏了,我早晚要把他收拾了!"

郦食其的以分封来孤立项羽的计谋,就此作罢。

那么用什么办法来渡过面前的危机呢?

刘邦叫张良给他出主意,张良说要好好地想一想。

隔了一天,张良的主意想出来了,他劝刘邦以退为进,考虑再用鸿门宴上的办法,暂时服软求和,以图将来。

两人商量了很久,派出使节去见项羽,给出了议和的两个条件:一是双方立刻休战;二是刘邦承诺以荥阳以西为界,再不东进半步,希望项羽也以荥阳以东为界,绝不西进。

项羽令汉使回去,表示三日后答复。

刘邦的求和,大大鼓舞了项羽和他指挥集团的信心,他们认为刘邦被他们制住了,快要完蛋了。钟离眛、龙且等大将都持反对态度,他们觉得只要再来一顿猛攻猛打,刘邦的部队就会瓦解,刘邦就要弃城西窜。

特别是老臣范增更是把刘邦的实底揭破,他对项羽说:"大王还记得鸿门宴吧?现在,刘邦已支持不住了,又想再来一次缓兵之计!大王千万不可忘记一次次的教训!"

项羽也被刘邦一次次的狡猾伎俩弄得怒火盈胸,他跺着脚说:"让刘邦那老小子等着吧,不把他彻底消灭,绝不收兵!"

第十七章 胜负成败 波谲云诡

"是呀,"范增高兴地说,"只要大王有此坚定的决心,天下就有望了!——刘邦这样的人,他的任何许诺都靠不住,只有把他打垮、打死,才是万全之策!"

大家的意见一致了,项羽就派小校前往汉营通知刘邦。

张良的主意头一次没有得逞。

4

郦食其的主意不可行,张良的求和又被拒绝,而前线仍然十分吃紧。剩下的只有一个办法了,那就是把韩信和他的人马召回荥阳,一起对付项羽。

他把这想法和张良商量,张良说:"北方的大片土地是大王的后方和侧翼,如果韩信离开那里将出现严重后果,韩信的数月征战也许就白废了!"

刘邦点点头,他终于没有下诏令召回韩信。

这其中还有一个原因,就是他与韩信暗暗地赌着一股气,韩信曾私下对人说:荥阳前线,最后还是由他来收拾残局,弄到末了,大王少不了求他来助阵。如果正如韩信所想,刘邦的老脸将往哪里搁?

于是,刘邦还是想自己守下去。

就在这时,陈平来献计了。

陈平自投刘邦以来,立过一些功劳,刘邦也有点看得起他。可是上边有张良等大谋士盖着,他始终进不了最高领导层。

目前汉军的窘境给了他一个机会。

他对刘邦说:"大王一时不能在军事上压倒西楚,求和又遭拒绝,何不试试反间之计呢?"他说战国时,反间计大行其道,许多大国都是依靠反间计或保平安,或制强敌。陈平举出许多例子,其中最使刘邦动心的是"赵良将李牧之死"。秦派大将王翦攻赵,与赵大将李牧相持一年各有胜负。赵人说:只要有李牧在,秦就不能战胜赵国。于是,秦国就考虑对赵用离间计了。王翦使用金钱买通赵相郭开,挑拨赵王与李牧的关系,结果李牧被杀,赵国失去了屏障,被秦灭亡……

刘邦不想听陈平长篇大论的说教,就打断他说:"你就别讲很多了,直接说咱们怎么办吧!"

陈平说:项羽麾下的股肱之臣,不过范增、钟离昧、龙且、周殷数人,假如舍得重金,派人到西楚制造流言,进行反间,让项羽对这些人起疑心,

汉高祖刘邦

然后就有机可乘了!

这样的主意张良是不屑于出的。

刘邦觉得陈平的计策可用,就拿出四万两黄金给陈平,要他去办这件大事。

陈平马上行动,从他的属下中挑选了几名能干的楚人,带着金子潜进楚军中去,找到熟悉的朋友,买通他们,令他们放出流言,说钟离眛等大将为项王立了不世之功却至今没有得到封王、封侯,心怀怨恨,已与汉王暗通关节,打算助他打垮西楚,汉王已许他们成功之后,将楚地尽分与他们。还说项羽刚愎自用,不听亚父忠言,才弄得天下大乱不可收拾,许多将领已暗中与亚父商量,拥护他为楚王,以重整山河……

这些流言蜚语,过分露骨,只略加分析即不难识破,可是项羽是个疑心很重的人,又没有政治头脑,他相信的只有自家人,如项伯、项庄、项悍、项声等人。这些项氏家人凑在一起分析,竟"宁信其有,不疑其无"了。他们找到项羽商量。

起初,项羽不太相信,但众口铄金,既然一家人都认为无风不起浪,他也就认真起来,令他们悄悄调查。

项庄对项羽说:"还记得鸿门宴后范增的表现吗?他把玉斗砸碎了,还骂你是'竖子',说'竖子不可与谋'!在场的人都知道这事……"

"老东西……"项羽咬着牙根骂道。

调查了几天,把事情更弄得云山雾绕,似有若无。

于是有人给项羽出主意,要他以"再建议和"为幌子派人到荥阳与刘邦交涉,同时从刘邦的态度和言谈话语间,揣摩他与楚将的关系。

楚使一到荥阳,陈平就对刘邦说:"项羽上钩了!"

刘邦极为高兴,他令陈平赶紧想办法把项羽钓住!

于是陈平又想出一招。

他令太宰先把楚使安排在馆舍,然后安排包括牛、羊、猪肉的丰盛宴席,以最高的外交礼节接待。

等楚使把项王国书拿出来交给太宰时,太宰惊讶地问:"你们……原来是项王派来的人呀?"

楚使骄傲地晃晃肩膀说:"是呀,我们是大王亲自派来的!"

"那,错了错了……"说着连忙跑了出去。

不一会儿,进来几个人把丰盛的宴席尽行撤了下去。

第十七章　胜负成败　波谲云诡

楚使又气又急，悄悄地问忙乱的人："这究竟是为什么呀？"

"太宰大人弄错了，他以为你们是亚父的使者，原来你们是项王的人……"

只一刹那，宴桌被收拾得干干净净，再端上来的都是不带荤腥的蔬食了。

楚使怒不可遏，也不拜见汉王了，立刻出馆上马，奔回楚营。一路上连个拦阻、盘查的人也没有。

说实在的，陈平这个圈套有点太粗陋，如果细细地琢磨一下，就可见其漏洞百出。可是楚使觉得受了侮辱，迫不及待地跑回楚营去了。

他们向项羽做了汇报，少不了添油加醋。项羽从此对范增不再信任，且防范甚严，他若不是项梁时的老臣，项羽不会饶恕他的。

几天后，范增催促项羽加紧攻城，他说："现在刘邦已势穷力竭，只要再加一把力，他就兵溃西窜了！"

项羽听后不语，过了会儿，他冷笑着说："真是这样吗？如果真像你说的这样，为什么有人还想着跑到刘邦那边去呢？"

这话差点儿把范增气晕了。

那些泛滥的流言，范增也是听到过的，可是他没有在乎，认为稍微有点分析能力的人，谁也不会相信那些东西的。项羽对他说出这样的话来，可见他已经相信了！

这样的主子怎是奸猾的刘邦的对手！

"天哪，天哪……"范增仰天叫道，"您是不是早把大事定了？那么，我们还在这里忙碌什么呢？"接着，范增流着泪对项羽说，"大王，您好自为之吧，我范增还要把这把老骨头送回家乡去呢！"

说着他走回自己的营帐，收拾行李回老家去了……

项羽也很愤怒，斜着眼睛看着老头走远，把几个想跑去挽留的人喊了回来。

范增和两个随从往彭城去了，那里有他的家人。一路既恨且怒，背上生出恶疮，还没到家就死了……

5

陈平这些计谋可以成就些功绩，但对大局没有什么根本影响。刘邦的正面战场仍然十分紧张。由于断了粮道，吃饭成了大问题，连月的战争，军队

汉高祖刘邦

减员也不少。如果继续消耗下去,必然导致城破兵溃。

张良与刘邦商议如何改变这一危局。

他建议刘邦亲自回关中谋划全局。他说这样做的好处有二:第一,可以调集部队打通被楚军截成数段的交通要道,使荥阳与关中联在一起。第二,如果不成,荥阳城破,刘邦也不会被楚军俘虏,以造成整个大汉的毁灭。

张良的建议是至关重要的,刘邦也认识到局势千钧一发。

刘邦要想回汉中,只有突破楚军的包围,别无良策。可是以汉军现在的实力,突围是极其困难的,且充满危险。

这时陈平又来献计了。

他说:"可不可以用李代桃僵、瞒天过海的办法呢?"

急得火灼的刘邦叫道:"别吞吞吐吐,快把你的办法说出来!"

陈平说:"我看大将军纪信的模样很像大王,可以让纪将军假扮主公,出城向项羽投降,趁着项羽的主力被吸引过去后,大王就可与张先生从别的路逃走了!"

张良说:"此计也许可行,但纪信将军就无法逃脱了!"

刘邦是个只顾自己的人,为了自己任何人都可牺牲。但他却不说话。

陈平看刘邦已经乐意,就说:"我去与纪信将军商量,看他怎么说。"

纪信是刘邦从沛县带出来的穷兄弟,跟随刘邦出生入死地打了几年仗,升为大将军。他的模样与刘邦确有几分相像,外邦的使者几次把他误认为是汉王。这人不会花言巧语,却对刘邦极为忠心,打起仗来不顾性命。

当陈平把自己的计划说出后,纪信默默地想着。

陈平以为他没有想通,因为此去必死无疑。就又说了几句:"这事系大汉安危,望将军细思之。主公对将军有如手足,在此危难之时……"

"先生不必再说,为主公而死,我纪信死得其所!"纪信说,"我只是想怎样装扮才更像主公!"

陈平十分高兴,忙说:"那,将军就不用担心了,咱们军中有人很懂得易容之术。"

"这事……我不许你当着众将军的面与主公议论,免得主公在沛丰的老兄弟中落下不义之名!"

纪信的忠心把陈平这个刁诡之人也感动了,他说:"那是当然,那是当然……"

其后的过程《汉书·高帝纪》中只记载了几句:纪信将军曰:"事急矣,

第十七章　胜负成败　波谲云诡

臣请诳楚，（王）可以间出。"

但这事要瞒过所有沛丰的兄弟，几乎是不可能的，因为它需要很多人的参与。刘邦当着将军臣僚的面（其中有许多是沛丰的老兄弟）当然坚决不允，甚至还掉了几滴眼泪，他拉着纪信的手说："老兄弟，我怎能舍得你去为我冒生死危险呢？咱们还是另想办法吧！——更妥当的法子一定会想出来的！"

纪信跪着连走了几步，抱住刘邦的腿慷慨激昂地说："从跟随主公走出沛丰起，我的命就是主公的！为主公争夺天下，今日死或者明日死，对我都是一样的！如果能以我的命保主公安然无恙，那是我的荣耀，是我求之不得的！"

一个铤而走险的独夫，如果没几个甘愿为他卖命的死士，他能成事吗？

刘邦哭着勉强依从了。他当然会"依从"的，危急时，连自己的儿女都可抛弃不要的人，怎会痛惜一个异姓的将军，他们本来就是为他活着的！

李代桃僵的办法既定，陈平立刻就安排瞒天过海的事情。刘邦不愿把自己已经不多的士兵分给纪信去做仪仗、护卫，缺德的陈平又想出另一阴损的招数。他召来两千妇女，谎称汉王要带她们出城避难，给她们换上了汉军的服装。这天夜半，久闭的荥阳城门开了。假汉王纪信坐着豪华的马车出城了，他的前后左右簇拥着两千多女扮男装的士卒鱼贯而出。楚军以为汉军趁夜袭营，赶紧列阵以待。

这时荥阳城头上连声喊道："食尽，汉王降！"就是说"粮草没了，只好向项王投降！"楚军将士正迟疑间，一辆华丽的王车在卫士宫女的簇拥下，从汉军丛中缓缓驶出。羽幢高擎，旌旗导引，着实气势不凡。

夜色中，兴奋的楚军不辨真假，都争先恐后地拥来，要争睹不可一世的汉王衔璧求降的狼狈相……

就在这时，刘邦、张良、陈平等人仅带数十骑从荥阳西门遁出，借着夜色与丛林的掩护，很快消失在苍茫的夜雾中……

端坐黄屋车上的假汉王纪信，被隆重地送到项羽面前。

项羽有点喜出望外，但也有点疑惑，他令手下高张灯火，并换了朝服，升大帐迎接。

及至假汉王被拥到他的面前时，项羽一眼就看出面前这人是个冒牌货。他和刘邦在薛城时相互结拜，以后又多次见面，怎么会识不破呢？

"你是谁？"他问。

纪信知道此来必死，便不顾一切，他晃着肩膀说："我乃汉王麾下大将军

汉高祖刘邦

纪信是也!"

项羽虽没与纪信交过手,但他知道这是刘邦的勇将。既已识破,项羽也没有生气,只是不知刘邦为什么要玩这一花招。就问道:"纪将军,汉王呢,他在哪里?"

纪信估计刘邦已经逃出,就实话实说:"汉王已远去矣!"

项羽这时才怒从心头起,恶从胆边生!他费了九牛二虎之力,将荥阳围得水泄不通,最后还是让刘邦做了漏网之鱼,他怎能不发雷霆之怒呢?

他下令把那些女扮男装的"汉军"全部杀死,又架起木柴,把纪信活活烧死。

纪信的确是英雄,他从被推进火堆到死一直哈哈大笑,笑得周围的楚军心胆俱裂!

第十八章　进退维谷　扑朔迷离

1

刘邦一行从荥阳突围后，经过英布守卫的成皋，安全地回到了汉中。

临走时，刘邦把荥阳的守备交给了四个人。韩王信、魏王豹、御史大夫周苛和一个被封为枞公的人。枞公是何许人？在历史上面目不清。但从刘邦委以重任的情况看，他当是跟随刘邦从沛丰出来的亲信。

在地位排序上韩王信和魏王豹不管怎么说，还算是诸侯一路，可是在与刘邦的关系上他们就远远不如周苛、枞公了。

刘邦等人走后，周苛与枞公商量，主公在荥阳真正的依靠是他们两个，因此，他们要把责任担当起来，与荥阳共存亡。

要坚决守城就得先消除异己。周苛和枞公认为魏王豹是"反国之王"，曾被汉王削去封号，心里哪能不怨恨呢？这样的人，在危急时刻，保不住会反水，于是以研究城防为名召魏豹来，把他杀了。杀了魏豹，韩王信胆战心惊，对周苛等唯唯听命。内部统一了，周苛等便率将士誓死守城。

萧何听说刘邦突围的经过后，对纪信的死十分痛心，他说："主公要十分珍惜纪信这样从沛丰出来的老兄弟，不然会背不仁不义之名。"话虽说得委婉，刘邦也听得出是对他的批评。

"再也不能让荥阳城中的周苛等人无故牺牲了！"萧何说，"我立刻在汉中征集将士，前去解救荥阳之围！"

"相国还是留在关中，荥阳解围之事，还是由我与张良、陈平去做吧！"刘邦说。

半个月后，萧何给他们募集了五千人马，其中老兵新兵各一半。

刘邦正要率领这五千人马开赴荥阳时，张良去找刘邦了，他说："主公，咱们是否该换一种思路了？"

"什么思路？"

张良说:"我们为什么老是在荥阳处于困守的情势中呢?"

"这还不明白,我们与项羽至多打个平手,有时,他还比咱们强一点,咱们怎能不困守呢?"刘邦说。

"主公说得很对。"张良说,"楚汉双方长期在荥阳、成皋一带相持,使楚国的主力一直集中在这里。这就是汉军总是处于困守态势的缘故。"

"我的看法与你说的一样,子房。"

"主公听我说下去,"张良说,"如果我们这次不到荥阳去,而是从武关出兵,然后向楚军比较薄弱的宛、叶方向推进,这样一来,项羽必然从荥阳抽出兵力急趋救援,如果我们在那里坚守勿战,把楚军拖在那里,这样项羽就不得不应付两个战场,荥阳、成皋一带的压力自然就大大缓解了!——这样比起直接去救助荥阳会好很多。您说呢?"

"好!好!"刘邦一巴掌拍在张良肩上,由于太用力,差点儿把文弱的张良拍倒,"这真是个好主意,这就是说,你张子房当了楚军的指挥官,把项羽在荥阳的一半军队调到宛、叶一带,令他们跟着咱们跑?"

"正是这样!"张良说。"我们争得了时间,韩信可以从容地安定赵地、联络燕齐。我们呢,等到项羽因出现新的敌情而分散兵力时,大王即可北进荥阳成皋一线,以强制弱,把项羽打败了!"

"是呀,是呀!"刘邦乐得在地上打转,"对,咱们为什么老是被动地应付呢?我们可以牵着项羽的鼻子走嘛!——子房,为了你这一高招,我要请你喝上一壶!"

"主公,在出兵前,咱们还有很多事要忙呢。"

"子房,你也得换个活法,事情再忙,女人和酒是不能少的!"刘邦又要去拍张良的肩膀,可是张良躲开了!

2

汉高帝三年六月(公元前204年7月)上旬的一天,刘邦让张良帮助萧何经营汉中,他与陈平一起率兵出武关进入中原。

六月,那正是中原的雨季。天老是阴着,雨或大或小地天天下,路上十分泥泞。行军一天,晚上也没有一块干燥的地方歇脚。再加大路两旁丛林密布,蚊虫团团,似云若雾,跟着军队叮咬,半月后,几乎人人身上都生了疮。

刘邦说:"陈平,这雨水和蚊虫比楚军还厉害,咱们要不找块地方把衣服

第十八章　进退维谷　扑朔迷离

烤干再走吧。"

"那当然好，"陈平说，"可是项羽不允许咱们……"

"他怎么啦？"

"探马报来，咱们过函谷关后，楚军已追来了！"

"这么说，项羽上了咱们的当了？"

"他上钩了！"

"好，"刘邦两手一拍，"既然这样，咱们就拉着他们快跑！"

刘邦传下令去，许给军队三倍的饷银，到了宛城后补发。将士们劲儿来了，怨言没了，行军的速度也快了。

就在向叶、宛挺进时，英布带着军队赶来了。

"啊，英布，我的老伙计，你怎么在这里？成皋失守了？"

"是的，主公，"英布满脸愧色，"是这样……"

"英布，你别这样那样的，"刘邦把脸一变，"你把成皋扔下就跑，周苛他们怎能把荥阳守得住呢？他们更孤立了！"

刘邦还想继续训斥英布，被陈平拉了一把。他明白刘邦与英布刚刚建立起的脆弱的联合，会被刘邦一顿痛骂断送的。他走到刘邦身前问："英王，汉王从荥阳突围后，项羽把一股怒气都出在你身上了，对吧？"

"是的！"英布觉得陈平同情他了，就诉起苦来。"你们走后，项羽大举进攻，昼夜不停，比起荥阳来，我们的实力不够……"

英布撒了谎。实际情况是，英布与刘邦的关系远远不如周苛、枞公他们，他绝不会为了刘邦把命留在成皋的，他也不相信刘邦为了他会征调大军前来救援，稍作抵抗后，他便放弃了成皋，向楚军薄弱的南翼逃逸……

可是陈平是绝不揭破的。

刘邦呢，这时也明白过来，成皋已经丢失，叫骂也没有用，还会惹怒英布，在这风云变幻的时候，后果是很难预料的。于是他也换了一副面目，对英布说："我正觉兵力有点单薄，你来了就好，就好！"

两军会合后，刘邦打出了汉王的旗帜。

正如张良所料，项羽知悉刘邦在宛、叶一带出现后，立刻亲率大军南下，期望一举将汉军击溃，活捉刘邦。刘邦按照张良的计划，坚守不出。项羽的几次进攻，都被刘邦、英布指挥汉军打退。项羽一时无计可施，便想作长期围困的打算。

刘邦虽拖住了楚军，可是他们在宛、叶一带没有深厚的根基，长期固守恐有困难。陈平又提出了建议，他说："要解当前困境，还得用主公的人情……"

"怎么，要我去求项羽？"

"那怎么成？我们就是跪在项羽面前求告三天，他也不会放过我们了，我说的是去求彭越将军！"

陈平说："如果彭越这时兵渡睢水，在下邳与楚军打一个漂亮仗，项羽就掉头去追击彭越去了，咱们的困境就可不战自解！"

"陈平，你要我突围出去找彭越？"

"何须那样呢，只要主公写一封书信给彭越将军……"

刘邦立刻把书信写好，陈平派人趁夜潜出楚军的包围圈，到楚军的后方找彭越去了。几天后传来了消息……

彭越虽然没有正面参加楚汉两军大战，但他在一年前，曾与田荣共同叛楚，后来又几次在项羽后方扰乱袭击，已经公开表明了他是刘汉阵营里的人了，英布归顺刘邦后，对彭越也有很大的影响，他觉得统一天下已有点非刘邦莫属。但他对那个出身与他相似的刘邦有一点嫉妒，也有一点别扭……

收到刘邦的书信后，他觉得自己无论如何得有点表示，就率军渡过睢水，在下邳给了没有准备的楚军狠狠的一击！

这一击把项羽打痛了，他急忙从宛、叶一带撤军，东击彭越。

彭越像英布一样，不会为刘邦真正地拼命，他们一直是以自保为主的，见项羽气势汹汹地来了，立刻回头过睢水溜掉了。

刘邦得了这个机会，马上行动，他与英布从宛、叶出兵，给了正在茫然四顾的楚军重重的一拳，把成皋收复了！

3

半月间，项羽奔波在荥、成前线与江汉后方，基本上是被刘邦、陈平牵着鼻子走的。项羽十分生气。

他回到荥阳大帐后，身心疲惫不堪，躺在床上半天不说话。虞姬正给他脱着铠甲，他就呼呼睡去了，当虞姬想把沉重的铠甲从他身上抽出来时，他又醒了。

"大王，饿了吗？"

"不饿，我想喝水……"

第十八章　进退维谷　扑朔迷离

"水……这里有现成的鸡汤。"

"鸡汤过会儿喝,我想先喝水。"

项羽喝过水后,见虞姬专注地望着他,就说:"我……变了吗?"

"没变,大王还是那样英武。只是瘦多了!"

虞姬说的是实话,项羽又黑又瘦,浓黑的胡子几乎把他的阔脸遮没了,只留下颧骨、鼻头和两只深邃的大眼睛。

"是呀,我在洗脸的时候,在河水里看到我的影子,我是瘦了!"

"你还知道洗脸?"

"要回来见我的美人儿,我怎能不洗一洗脸!"

"在哪条河里洗的?"

"睢水,我追彭越追到那儿。"

"唉,也有两天了!"

天黑了,项羽不让点灯,他把虞姬搂在怀里。虞姬很想听他说几句温柔的话。可是,等了好久,他才自语似地说:"虞姬,你说:刘邦强还是我强?"

"大王比刘邦强多了,他怎能与你相比?——可是有一点,大王比他差远了……"

总是把项羽看得样样天下第一的虞姬说出这样的话,使项羽十分惊异。他把虞姬稍微推开一点,问:"虞姬,我哪点不如刘邦呀?"

"狡猾!你是个具有浩然之气的君子,他却是个卑鄙无耻的小人!"

"君子就战不过小人吗?"

"有时就是那样。"虞姬说,"大王回头看看历史吧,例子很多哪!"

"你只说一说刘邦吧。"

"大王,这些日子,你老是在马上颠簸,几层裤子都磨破了,你不累吗?"

"虞姬,我心里堵得慌,还不想睡,你说吧。"

"比如说吧,刘邦很会收买人心,就是小小的老百姓,没有必要他也绝不招惹他们,因此,他的仁义之名远播四方。刘邦的确是个无能之辈,武不如韩信,文不如张良,但他很会用人,使他们俯首帖耳地为他效力,所以他麾下兵多将广。在急难时,不少人愿意为他去死,例如那个纪信。有了这几点,他就变成了一个百头千手的妖魔,即如大智大勇的项王也很难对付他了!"

虞姬是个很聪明的女子,她正面揭露了刘邦,也婉转地批评了项羽。但她很有分寸,没有把项羽的残暴嗜杀和刚愎自用说破。

"虞姬,我上他的当了,天下人都将上他的当……"

"是的。从表面上看,他是个坐在王位上的百姓,平易近人,至多有点放荡和狡猾。可是他的脸皮比谁都厚,心地比谁都黑!如果他得了天下,他的将领、谋士都是他的砧上肉了……"

"虞姬,你很有见地,我一直觉得,你比我的有些谋士还强些。"

"项郎,你谬赞我了!"

"真的,"项羽说,"你说,下一步我该怎么办呢?"

虞姬笑起来,"项王,你还真的把妾身当谋士用呀?"

"说一说,即使错了又有什么呢?"

"那,我就乱说几句了,"虞姬说,"我觉得大王不必受刘邦所引诱,他有他的打法,你有你的打法,不与他玩猫捉老鼠的游戏。以攻城略地,消灭刘邦的主力为主。你说呢,大王?"

项羽听了一边想一边点头,眼睛里放出光来。"虞姬,你说得对极了!前一段,我就像你说的,光想捉住刘邦这只老鼠,跟着他一东一西地跑,弄得筋疲力尽,末了还是没有捉住他这只老鼠!"

项羽大笑起来,"虞姬,我饿了,有东西吃吗?"

"给你准备着呢!"

"拿来,快拿来!"

项羽的打法果然改变了,他与钟离昧等大将商量了一下,决定先把荥阳、成皋拿下来,使刘邦"先受重伤",然后乘胜追击。他让钟离昧打出他的旗帜,向成皋方向推进,自己统率精锐突然向荥阳扑来!

荥阳城里的周苛、枞公等将军因为汉王将楚军吸引到宛、叶那边去了,过了几天舒服日子,城皋的收复,更使他们欢欣鼓舞,他们觉得困难已经过去,就商量着打出去,把成皋和荥阳的通道修复,改变荥、成一线的被动局面。没想到楚军就像从天上降下一般突然又至,被打得措手不及,固守经年的荥阳被项羽攻破,周苛、枞公、韩王信都被俘虏!

项羽很看重周苛这个人才,他让军士把周苛送到面前,苦口婆心地对他劝降。

"周苛,你和我一样,都是硬汉子!"项羽说,"城破,不是你的错。刘邦把荥阳的精锐调走了,留给你一个烂摊子,换谁也没法办!——以后跟我干吧,我给你个大将军的职衔,封给你三万户!"

周苛却不买项羽的账,对他破口大骂:"项羽,你这个屠夫,天下人莫不对你恨得咬牙切齿!你唯一解脱的办法就是赶紧向汉王投降,免得留个万古

第十八章　进退维谷　扑朔迷离

骂名！"

"嘿……"项羽冷笑一声，他对那些忠于刘邦的人总是难以理解，"周苛，你要我向刘邦投降？你知道我是什么人吗？"项羽把自己的家谱背了一遍，觉得荣耀至极，"刘邦算什么，他不过是沛丰出来的流氓，从来就不务正业的小混混，靠了有机会、钻空子才混了汉王，每想到我竟与这样的人作战，常常羞得无地自容！你们呢，没有这样的感觉吗？"

周苛本来以为项羽会把他立刻处死，现在竟给了他表明自己忠贞不二的时间，当然就大讲特讲起来。他先把陈胜的"王侯将相宁有种乎"的理论搬出来，驳掉项羽夸耀的贵族血统，然后便给刘邦吹牛。他说刘邦是赤龙再世，从小就不同凡俗，起兵后又顺天应民，仁义之德著于四海，是真正的天子，早晚要天下归心，万方归一……

项羽见周苛这家伙"不识时务"，就大笑着走了出去。

半个时辰后，几个军士进来，把周苛绑住，拉到街口，早有千万荥阳百姓围在那里。当街有一口大锅，下面烈火熊熊，锅里沸水翻腾，周苛知道项羽将要烹他，就又大骂起来。他骂项羽不遵怀王之约，骂项羽屠城、坑卒，是名副其实的屠夫，他骂项羽戏亭分封不公，造成天下大乱，骂项羽谋杀天下共主楚怀王，是人人得而诛之的蟊贼……历史上的这许多"骂"，几乎都没有什么道理，但没有周苛骂的这些罪名，刘邦怎能得到天下？反过来说，如果从刘邦身上找一找，大概也有许多可骂的东西！

周苛一直骂到锅边，才被几个楚军士卒抬起来扔进沸水，他在里边打了几个滚，就不再骂了，被煮得像红头虾似的。

枞公，也是条硬汉子，不过项羽没有下工夫动员他投降，就拉去砍了头。

看到周苛、枞公的惨死，韩王信吓得要死，他爬到项羽面前，涕泪交流，求项羽饶他性命。项羽知道这家伙在刘邦那儿也没什么地位，只是当一条狗养着，就一脚踢在一边，骂道："叫这狗东西活着吧，只是别让我看见他！"

攻克荥阳后，项羽立刻向成皋进军。

刘邦明白荥阳一丢，成皋难保，再说眼下他面前的勇将就只有个英布，他对英布实在不太放心。英布绝不会像纪信、周苛那样为他去死，弄不好英布还会把他交给项羽以将功赎罪。越想越怕，他与陈平商量了一下，趁着楚军还未合围，就让夏侯婴驾着车，趁夜从成皋的北门逃跑了。他走之后不久，陈平等将士也次第一团一伙地悄悄开溜，把英布扔在了成皋。

估计刘邦、陈平等已经走远，刘邦留下的几个心腹才去见英布，说："汉王与陈平将军已到汉中搬兵,把留守成皋的大事都托付给大王了!"

英布知道这是作践他,暗暗一笑。"老滑头,你想让我替你去死吗?你想错了!"于是他也悄悄地安排撤退。

刘邦开溜的消息很快传开了,成皋城里人心惶惶,从关中刚征发来的新兵三五成伙出城走了,他们要回家。老兵们有组织些,他们在军官们的带领下去追刘邦。英布只有手中的几千人马,那是他的老本,是绝不肯为了刘邦抛在这里的。不过,他毕竟是久经沙场的老将,就是逃跑也是有章法的,他令在城头上遍插汉旗,然后有秩序地次第出城,没于山林中……

项羽得到的是一座空城。

4

刘邦在荥阳前后守了一年,他为巩固后方赢得了时间。他的鬼点子虽有不少,但最终还是要逃跑。如果他与韩信换一下,由他去收服北方诸侯,韩信来与项羽对峙,会是什么情形?

可是,他再也不相信韩信了!

他从成皋出逃后,没有回到汉中,却北渡黄河跑到韩信和张耳所在的修武去了。

他到这里来干什么?到了修武城外,太阳还没落山,他们在树林中磨蹭到夜晚,然后悄悄进城,落脚在传舍里。夜半时,他派夏侯婴与灌婴、曹参取得联系,把他们约到传舍。这时,刘邦已派士卒在周围各处布了岗哨。等到陈平来到,他们就在隐密的暗室中计议起来。

"我想把韩信、张耳的兵权收回来……"刘邦说。

他的话出乎面前几位心腹的意料,他们面面相觑。

"是这样,韩信的功劳是大的,但他不是咱们的人。如果让他这样干下去,咱们都会成为他的俘虏的!"

没有一个人反驳他,也没有一个人接他的话。

可能出于两个原因,这几个从沛丰出来的老班底,早把刘邦看得跟神一样,他说的、做的在他们看来都是绝对正确的;再者,他们都庆幸自己被刘邦划进最最亲密的核心,谁还会提出疑义呢?

陈平一定看出了刘邦的心机,但刘邦想褫夺韩信兵权的事,事先一定与其商量过。陈平一直就不是个正派人,他少年时代的经历有如刘邦,其奸猾

第十八章　进退维谷　扑朔迷离

无赖也绝不下于刘邦。

要是换了张良，刘邦就无法做这件下三滥的事了！

"杀了他吗？"曹参问。他是佩服韩信的，在给刘邦的信中，充满对韩信的称颂。不过，如果韩信真像刘邦说的那样，他的本领越大就越危险，那就不如趁早杀了他！

"不能杀！"刘邦说，"他功劳太大了，再说他又没犯什么错。杀了他，会弄得朝廷上下离心离德。"

听了刘邦的话，灌婴松了一口气。他是个正直的人，很不愿意大业未成就起内讧，另外，他也是对韩信有好感的。但他想，主公总是比别人看得远看得深，既然不相信他，那就夺了他的军权再说。韩信年轻，还有机会表现他的忠贞呢！

"那么，我去喊韩将军过来！"夏侯婴说。

见夏侯婴这么说，刘邦差点儿就骂起来，他斥道："你的头脑真是个榆木疙瘩！如果可以正大光明地去做，我还把你们偷偷摸摸地叫到一起干什么？"

刘邦把自己的计划说了一遍：明天一早，他将突然出现在韩信的大营，趁他不备把他的印信收了，然后把全军将校大小头目都换上自己人，最好是从沛丰出来的老伙计！

没人与刘邦热烈地讨论这件事，因为大家心里都有点腌臜，像吃了只苍蝇。主公都成了汉王了，怎么做起事来，仍像沛丰一带的山寨王，不，连那个也不如，就像小偷小摸的流氓……

"曹参、灌婴，你们对军队是了解的，军官大换班的事就交给你们了！——咱们的人有那么多吗？"

"有，有。"曹参说。

"有是有，"灌婴说，"有些人愣头愣脑的只会打仗，自己丢三落四的，怎么能带兵呢？"

刘邦笑了，道："你是说——他们好像是些白痴吧？我对你讲，有时白痴比起聪明人更可靠，哪个统治者也喜欢白痴。我们打天下的时候，就得依靠这些白痴！如果都聪明能干得有如韩信，还有咱们的好果子吃吗？"

第二天大早，刘邦令夏侯婴驾着车，带着陈平、曹参、灌婴等一帮人来到韩信的辕门。把门的中军问他们是什么人，刘邦说："我是从汉中来的汉王使者，要见你们韩大将军！"

中军要进内传达，被曹参喝住："不用了，我们自己进去就行！"

汉高祖刘邦

中军认识曹将军，也就赶紧退到一边。

刘邦顺利地进了大营，然后到了韩信与张耳安歇的营帐。由于昨晚议事耽误了睡觉，这时候韩信、张耳还没有起身。

刘邦在房里走来走去，见韩信调动部队用的印玺、符节都堆在桌上，便令灌婴收起。然后回到中军大帐，乐得像小孩子一样手舞足蹈。一会儿跑到曹参面前说："我这一手，韩信没想到吧？"一会儿又跑到陈平面前说："你们不是说韩信有本领吗？他本领再高，还能高过本王吗？"……

韩信、张耳被人唤醒了。当他们得知汉王来了，已收去了他们的印信、符节，惊得大汗直流。

韩信问张耳："张将军，咱们有什么过错吗？"

张耳也有些吃惊，但他毕竟是个老谋深算的人，而且对刘邦这人有更深的了解，就说："韩将军莫慌，汉王可能对将军另有任用！"

他们来到中军大帐谒见刘邦，行过礼后，韩信仍忍不住拜问刘邦："末将在进军北方中可有什么过错？"

"你什么过错也没有！"刘邦仍没有从兴奋中缓过来，所以出言无状，"你们都立了大功，本王要好好地奖赏你们！"

还是张耳猜得对，刘邦以另有任用为由，削夺了韩信、张耳的兵权。

近一年来，刘邦派张耳来韩信军中，为的是监视韩信，可是张耳没抓住韩信一丝一毫的可疑之处，相反的，还在给刘邦的"小报告"中一再赞扬韩信的功绩。韩信呢？还为张耳请求刘邦封他为赵王，可见两人已相处得水乳交融。刘邦倒不怀疑张耳与韩信有什么不轨，就在前不久，刘邦还将自己已许给项伯儿子的女儿鲁元嫁给了张耳之子张敖，两人已结为亲家。但他讨厌两人走得太近……

不过刘邦这一出也做得太下作，太不合情理了。

刘邦脑子转得快，就在中军帐中，他又出了新招。

他再次确认张耳为赵王，命他分兵巡行赵地，安定后方。

此前，刘邦听从张良的举荐已任命韩信为丞相了，这时又拜他为赵国的相国，职位竟在张耳之下了。韩信当然有理由生气，可是他知道这时不是与刘邦争论的时候，就默然无声了。

"本王要把你的军队带走。"刘邦继续说，"你善于练兵、带兵，你就在赵地另编新军吧，将来可用他们东伐田齐！"

这是相国做的事吗？

第十八章 进退维谷 扑朔迷离

但韩信没有提出异议,他像一切优秀的军事家一样,只要有仗打,只要允许他在东征西讨中充分发挥才能,别的他就不再计较了!再说,做那些行政事务也非他之所长。这样,虽然韩信对刘邦来到赵地心存疑虑,也只好欣然领命了!

5

刘邦从成皋逃到修武时,身边仅有夏侯婴相随,但他利用刁计向韩信、张耳夺军成功,身边已有了几万人马。萧何又从汉中给他征发了一大批新兵,他的军事集团很快就恢复起来。

他的打算是从成皋一带再往后撤,在巩(今河南巩县)洛(今河南洛阳)一带建立新的战线。用他的说法是:"那条战线太长,他的几万人守不过来,拳头只有缩回来,打出去才有力量。"

张良、陈平等见识高远的谋士对他的主张是赞成的。

但老谋士郦食其不同意。他说:"王者以民为大,民以食为天",有无粮食的支持,是楚汉相争胜负的关键。楚军占领荥阳后,不去占领敖仓是项羽最大的失策!因而,他建议刘邦取消退缩的计划,改为积极进攻,把中原最大的粮仓夺回来。那就是仍然以成皋一带为前线,他说那里形势险要,只要很少的兵力就可阻强敌于关外!

郦食其还说:如今北方燕、赵虽定,但东方的齐国还在田横手里。齐国的地位是很重要的,它西北与燕赵毗连,南与项楚相接,田横从刘还是从项,对于楚汉双方力量的对比将起决定性的作用。他表示愿意以自己的三寸不烂之舌到齐国去说服田齐站到刘汉一边,彻底孤立项羽……

郦食其是陈留人,年近七旬,须发皆白才追随刘邦。他给刘邦干了一些事,也出过很好的主意。但他的一言一行都带有腐儒的特点。前不久,他为刘邦出过大封六国后裔逼迫项羽投降的建议,若不是张良及时制止,险些铸成大错。如果他是个知趣的人,当知激流勇退,跟刘邦要一笔钱,回家安稳地过晚年算了。但这老头儿偏不,迂执地仍赖在军中不走,非弄得身败名裂不死心!

听了郦食其的建议,刘邦的心又活动了,忘记了就在不久前他差点儿上当的事,当即决定采纳老头儿的建议。

张良、陈平当然看出了郦食其老头儿计谋的不可行,可是天下局势瞬息

汉高祖刘邦

万变，不可预料的事是很多的，万一被郦老头说中了呢？那时，刘邦就会埋怨你，甚至向你问罪，那就不如坐视不理了。这些明哲保身的招数，谋士们都是有的。

高帝三年八月（公元前204年9月），刘邦军事集团力量聚齐，其中就有军师张良，骁将周勃、樊哙等人，他觉得可以对项羽有大动作了。

他指使将军刘贾、卢绾率领两万人马从白马津渡河，转到楚军后方。他们到达后立刻与彭越联合在铜瓦厢摧毁了楚军在中原地区最大的一个粮草辎重基地。随后，他们引兵向西，接连得手，不到一月，他们就夺取睢阳、外黄等十七座城池，与此同时，从成皋退出的英布也一路南下，瞅空对项羽的侧翼进行偷袭……

楚汉对峙的形势发生了变化。

本来项羽是想从荥阳、成皋一带全线向西推进的，可是他的后方起了火，如不先去灭火，就会酿成不堪的后果。

汉高帝三年九月（公元前204年10月），项羽决定先回师东向，平定彭越等人的骚扰。他把防守成皋一线的责任交给了大司马曹咎，嘱咐他说："我走后，你要小心谨慎，如果刘邦前来挑战，你万不可出战，只要挡住他就可以了。我至多半月就回来，请不要忧虑！"项羽的确是这样打算的，所以，他将虞姬和家人仍留在成皋。

曹咎是何许人呢？秦朝末年，群雄并起时，他正在蕲县为狱掾（掌管大狱），当项梁被关在栎阳大狱时，正是曹咎写信给他的好友、栎阳的狱掾司马欣把他放了的。从此，他和司马欣都与项家结下了深深的友谊。项羽很看重这种关系，后来当他雄霸天下时，便封司马欣为塞王，曹咎为大司马。曹咎这人的性情大概比项羽还火暴，所以项羽对他有以上的嘱咐，还让司马欣辅佐他。

项羽的威名仍有逼人的巨大力量，当彭越听说项羽来了，连忙布置迎战。可是他的士兵一听到楚霸王三个字就心惊胆战，时刻想回头开溜。彭越也是这样，一贯是打得赢就打，打不赢就跑。刚一接战，他就觉得不能与之相敌，就放弃他所在的陈留逃走了。

项羽挥军急追，彭越跑得更快，仅仅十多天，彭越就把刚到手的十七座城池"奉还"给项羽了！

平定彭越后，项羽立刻回师成皋，可是就在他离开的十几天内，前线发生了巨大的变化。

第十八章　进退维谷　扑朔迷离

当项羽离开成皋后，刘邦知道有了可乘之机，立即从修武渡过黄河，围攻成皋。

曹咎没有忘记项羽临别时的嘱咐，坚守不出。

刘邦知道项羽很快就要回来，他在这里磨蹭不起，急得头上冒火。

"主公可每天派人去骂！"张良给他出主意。

"骂就能把曹咎骂出来吗？"

"曹咎的脸皮薄，脾气暴，他受不了骂！"

"骂什么呢？就骂他自己吗？"

"骂曹咎，骂项羽，骂司马欣，都行！"

陈平说："我立刻就可拟一篇骂稿，让人多抄几份发下去，让士兵列阵叫骂！"

正如张良所估计的，曹咎被骂得头昏脑涨，竟忘记了项羽的嘱咐，传令出战。

"使不得，大将军！"司马欣连忙劝阻。

"放心吧，我只杀他一阵解解恨，立刻就回来！"

张良事先有所布置，见楚军出战，就望风作溃逃状，以把他们引入伏击圈。

曹咎出城后，见汉军不堪一击，东奔西跑。他杀得起兴，率军追杀不歇，司马欣一连三次鸣金收军，他也不回头，一直追到汜水。就在这时，樊哙突然杀出，把楚军拦腰截断，楚军大败。曹咎这时才知中了圈套，连忙带领身边的部分军队向成皋方向回逃，可是老远就看到城头上已遍布汉军赤旗，明白大事已不可为，遂自刎而死。

与此同时，周勃引兵去攻敖仓，楚军在那里的守备本来就薄弱，所以，几个回合后举足轻重的敖仓就落入汉军手中。

城破时，司马欣也自杀身死。他原是秦将，后投降项羽，戏亭分封时，项羽不忘旧恩，封他为塞王。刘邦陈仓出兵时，他支持不住，归降刘邦，还与刘邦一起东征西楚。彭城败后，他又跑到项羽那边去了。几次反复，他觉得既对不起项羽，也无颜再见刘邦，天地间实在没他容身的地方了，那就只有死了！

得了成皋，张良劝刘邦整顿城防，以备项羽来攻，可是刘邦有点贪心，他想趁项羽还没有回来，再把荥阳抓在手里，遂下令向荥阳进军。路上，张良向他建议说：可在荥阳东北的广武山上凭借天险筑一石城，那就进退得

汉高祖刘邦

宜了。

刘邦觉得有道理，就在山上筑起了广武西城，并修建与敖仓连接的通道。说是城池，其实是用山石垒起的石塬，塬后即是军营。筑这样的城，用不了很多时日。筑好城后，刘邦就发兵荥阳，率兵的是樊哙将军。

荥阳守城的主将是钟离昧，他经验丰富，指挥若定，绝不是曹咎之辈可比的。樊哙向荥阳发起数次进攻，都被楚军打退。汉军除了在城下留下数百具尸体外一无所得。

三天后，东征的项羽回来了。

刘邦立刻下令撤退，龟缩到广武西城与楚军相持。项羽气愤难平，率军掩杀过来。可是到了广武西城下，他也只好停步，因为汉军居高临下，只以强弩、石块就可使楚军死伤惨重。

项羽见刘邦修筑了西城，使他一时不能奈何汉军，就凭据天险在汉军东面也修筑了一城，叫广武东城。

东西两城遥遥相对，中间只隔着一条鸿沟，最多百余步。如果天晴无雾，不仅看得清对面守军的面目，连说话也听得十分清楚。

据说，这就是中国象棋棋盘上的"楚河汉界"的由来。

时为汉高帝三年十月岁首（公元前 204 年 11 月）。

第十九章　楚河汉界　鸿沟议和

1

楚汉两军隔着一条窄窄的鸿沟对峙着，看似势均力敌，其实不然。

刘邦这时有成皋天险可凭，又有敖仓可供充足的粮草，后方也是稳固的，有萧何、韩信、张耳等给他掌握根据地，形势可说是大好。

项羽就不行了，他从西楚远道而来，粮草先就不济，即使有人陆续给他补给，可是运路险恶，时常受到劫掠。在军事上，侧翼受到韩信的威胁，背后又有彭越、英布、卢绾等部的袭扰，他不得不张惶四顾。

对刘邦来说，还有一大好消息。

上面说到，刘邦夺走韩信的几万军队后，反而令他出征田齐。如果是别的庸才，一定是怨气满腹，难以进取了。可是韩信不是那样的人，他没把刘邦的"夺军"当回事，立刻在当地募集新军，并加以训练。他打算东进，以实现刘邦解决田齐隐患的计划。

就在这一空档，郦食其这个不自量力的老人带着刘邦给他准备好的礼物和国书，风尘仆仆地来到了齐国。

齐国那里是个什么情况呢？

齐王田广和掌握实权的田横，去年顶住了项羽的征伐，在国内树立了极高的威望。纵观天下形势，他们既不想顺从西楚，亦不想归降刘汉。在历史上，他们的齐桓公曾经称霸诸侯，在以后的战国时代，他们也算得上是连秦朝也不敢轻视的大国。现在的形势当然不比从前，但他们想在楚汉相争中捞一把，借机复兴的想法是一定有的。

听说刘邦要派韩信率军东下，田广、田横已在全国进行了备战的动员，并派华无伤、田解等大将进屯历下（今济南），修筑堡寨，加固城池，做好迎战的准备。

郦食其就是在这样的形势下来到齐国的。

汉高祖刘邦

齐王、田横对刘汉使臣的迎接十分隆重。宴会上，郦食其搅动着如簧之舌给主人大讲了刘汉必胜，项楚必亡的道理，目的是让主人明白归顺刘汉前途光明，并代表刘邦许诺保留齐王的封号和国土。

田广与田横都相信了郦食其所讲，因为他们刚刚与项羽大战了一场，弄得国家势窘力竭，在感情上也是倾向于反楚拥刘的。遂遣使者去见刘邦，双方签订了联合攻楚的盟约。与此同时，田横下令撤除在历下的战备。

这一切都是很顺利，很好的。

郦食其认为自己终于为刘汉立了大功，不仅可以补偿因建议分封六国后裔铸成的过错，还将名垂青史。于是在齐都天天饮乐，日日高歌，大大地享受了一番。他本自诩"高阳酒徒"，现在更是放荡不羁了！

可是灾难的阴影慢慢向他的头上飘来。

韩信在东进途中听说了齐国已经归顺的消息，就想下令停止进军，派人向刘邦请示如何行动。这时，他的谋士蒯通进言："将军，你为什么停止前进呢？现在在你手上有汉王命你东讨齐国的指令，没有让你停止进军的诏书呀！"

"可是传来消息，田齐已经降服汉国了。"

"那只是传言，不是汉王的命令。你擅自停止进军就是过错。何况，这是您建功立业的大好机会，为什么放弃呢？想想吧，您以数万之众，征战经年才平定赵国五十余城，那个郦食其竟凭着三寸之舌便收降齐地七十余城，为什么让那个'竖儒'捡那个大便宜？我真是为将军感到屈辱呀！"

韩信觉得蒯通说得有理，就下令继续向齐地进军。

使他采取这样行动的另一原因是，他心里仍有在赵地被刘邦"夺军"的怨恨。原先，他拜将时，刘邦曾应许他"以天下城邑封功臣"，可是至今仍不兑现，此前，他呈请封张耳为赵王，不过是为了提醒刘邦，也封他为王。可是狡猾的刘邦把没立寸功的张耳封了王，却把立有大功的他降为张耳的相国！他憋着一口气，心想，等我拿下了齐地，看你怎么说！

在这事儿上，刘邦鬼点子更多。首先，他不想让韩信的功劳更大更多，所以不给他明确的诏令。意思是你打得赢很好，但可因你违背与齐的盟约不给你记大功，你若打不赢，就可治你的罪，然后以韩信违令为由，向齐国道歉。另外他想起郦食其"诸田宗强"，"人多变诈"的话，仅仅凭一纸盟约，是不能相信田齐那些人的。刘邦的算盘打得是很精明的。

但结果韩信赢了。

第十九章　楚河汉界　鸿沟议和

由于田横已经撤除历下的战备，韩信很容易地就进入齐地，还势如破竹，一直打到齐都临淄城下。那时正是过年的时候，齐人大都沉浸在年节的欢乐中，没什么戒备，十几万齐军，霎时溃散。齐王田广逃到高密，田横逃到博阳（今山东聊城一带），田光逃到成阳，田既逃到胶东。荒民塞途，统治集团也作鸟兽散。可是他们临逃前，也没有忘记那个"老骗子"郦食其，他们烧了一锅水，把他煮了！

可怜的老头儿！

韩信攻破临淄后，立刻率军追击齐王田广。

田广一边赶紧布置防务，一边派急使去见项羽求他派兵援救。

从项梁时期，项家就与田齐结成世仇，所以当年项羽才放着出关东的刘邦不管，率兵前去讨齐，给刘邦留下空子，让他组织了个讨楚联盟，把楚都彭城都占了。按道理来说，他绝不会帮助田广的。可是天下大势已变，现在，项楚的主要敌人是刘汉，在楚汉相争中，齐地站在哪一边是很要紧的，所以项羽立刻拜龙且为大将，给他二十万大军，令他急援高密。

2

龙且带走二十万大军后，项羽在鸿沟以东的兵力更加薄弱。此时的项羽同时要应对刘邦、韩信、英布、彭越四大敌人。不但实现不了当初打到关中的愿望，由于粮草不济，就连在鸿沟长期与刘邦对峙也难以维持了。

他愤愤不已，对部下常说的一句话就是："刘邦是个缩头乌龟，不是男子汉，如果他真的有种，就该把军队拉出来，与老子来决一死战！"

在他身边的项庄说："英雄遇上小人也是为难呀！"

"去，去，带领人马到汉军城前骂阵！"

"都骂过了！"项庄说，"几百人骂得口干舌燥，他们也不上火！"

这时，有个谋士想出了一法，可激着刘邦出城交战。他的建议是：在城上筑一高台，在台上置一巨大的砧板，把在押的刘邦的父亲拉出来，放在砧板上。然后喊话要刘邦出来，告诉他：或者出战，或者投降，若不，就要把他爹剁碎煮了！使他担当不孝的罪名！

项羽一听，觉得是好计。他一面令项庄准备战斗，一面在城上筑台置板。他认为一个人为国尽忠，为家尽孝，是应有的大义，如果连父母都不顾了岂不是牲畜不如？特别对有志于天下的人，这是最最要紧的！

汉高祖刘邦

可是，他忘记了自己面对的是什么人！

等一切布置好，他便令人对鸿沟那面喊话了："刘邦，你滚出来看看，坐在这大砧板上的是谁？""刘老四，你出来呀，不要光做缩头乌龟！"……

刘邦出来了。那天天气晴好，视野十分清楚。他看到对面城上筑一高台，台上有一块厚厚的木板，板上趺坐着一个蓬头垢面的瘦老头儿，低头耷脑，神情悚然。刘邦认出来，那是他爹……

高台一旁站着项羽，他望着刘邦，拈着几根胡须微笑。

刘邦立刻明白项羽"唱"的哪一出了，他等着项羽发话。

"大哥，"项羽用的还是在薛城结拜时的称呼，"你我如今是敌人了，可是我还是一直好好地待你的家人……咱们打了半年了，双方都打得筋疲力尽。实话对你说，你这当大哥的可不是条汉子！今天，你说句痛快话，要么你拉出军队，与我项羽兵对兵将对将地干一仗，拼个你死我活。要么咱们讲和，你回你的巴蜀，做你的汉王，我回西楚做我的霸王，以后咱们各干各的，谁也不招惹谁！"

刘邦说："那，你把我爹弄出来干吗？"

"你我从薛城结拜，共同讨秦，以至鸿门之宴，戏亭分封，我对你可算是仁至义尽，可是你呢？事事背信弃义，天下人有目共睹。我军将士无不对你恨之入骨！今日把刘太公放在砧板上也是万不得已！你如继续不战不和，我只好如将士所请，把你的老爹剁碎烹了！话说到这里，你就自己打算吧！"

刘邦听了哈哈大笑，他说："老弟，你别与我来这一套。你刚才说过，你我在薛城就结拜为兄弟，我的父亲就是你的父亲。你如果不顾兄弟之义把咱们的老爹煮了，我也没有办法！不过，等你煮好后，别忘记给我送一杯肉羹，让为兄也尝一尝！"

刘邦的话，真是天下第一无赖，把项羽差点儿气死，他指着刘邦，瞪大眼睛半天没说出话来，过了好久他才跳着蹦着叫道："快把这老东西给我烹了，给我烹了！"

一旁的军士呼喝一声，就向前挥刀要砍刘太公。

项伯连忙摇手阻止，他说："打天下的人往往不顾家室，你把刘太公烹了，于事无补不说，天下人还会说你不够仁义，两国交战，万不可出此下招！"

"难道就这么算了？"项羽仍瞪着眼吼道。

项伯说："如今天下的事究竟如何，也很难说，不要弄得将来连个退路也

第十九章　楚河汉界　鸿沟议和

没有了!"说着给身边的人使眼色，要他们拉着项羽下城。

形势对楚军越来越不好，供应更加不济，军队常常一天只吃一餐。刘邦知道后，故意让士兵们坐在城头上吃饭，还令力气大的士兵把干粮扔过鸿沟去，并对他们喊道："楚军兄弟们，饿坏了吧？我们的干粮还吃不完呢，趁夜晚爬过来吧，咱们酒肉相待!……"

当然没有人爬过鸿沟去，可是楚军的士气十分低落，常常有人开小差。

项伯跑进项羽的大帐，着急地说："贤侄，你心里到底怎么打算的？这样拖下去不是办法呀!"

自从范增死后，给项羽出主意的都是项家人，其中项伯因为是叔父辈，又有些谋略，项羽听得多些。

虞姬在一边准备酒水、果品。

往常，一见项羽要与将军、谋士议事，虞姬就走开，避到后面的小帐去。可是项伯一进门就说："虞姬，别走，你是个聪明孩子，能插几句嘴也是好的。"

项伯想的不仅如此，有虞姬在旁边，冷冷的军营就有了几分家庭的温暖。

"我恨不得明天就回家!"项羽闷了一会儿，扔出这么一句。

项伯没有接话，因为他摸不清项羽说的是真话还是气话。

"就不能好好地与叔父说话!"虞姬也有项伯的感觉。

项羽对任何人都可能发脾气，可就是从没大声对虞姬叫嚷过。有时，虞姬的劝解冲动了些，他听不下，至多瞪瞪眼睛走开。

项羽两手一摊，对项伯说："叔父，我说的是真话。我真想明天就回家，可是我能做得到吗？"

项伯没有问他为什么做不到，因为原因摆在那里。他的四大敌人：刘邦、韩信、英布、彭越都环伺周围，如果扔下这战场不管，回到楚地，他们必将跟进楚地，战争会在那里进行。几个月前，那也许是可以的，现在却不行了。

那么只有打下去，可是，打下去有希望吗？

项伯、项羽虽然嘴上绝不承认，可是心里都觉得刘邦那儿比西楚的形势好多了。

"如果……"项伯慢慢地说，"如果有人从中斡旋一下，两家讲和呢？"

"那也得压倒刘邦的气焰再说，"项羽说，"要不，刘邦要的条件会低吗？"

他们不再谈战争的事了，项伯先从北方的冬天谈起，继而谈到江南的天气和物产,又由物产说到吃食,说得三个人口中流出口水来。

项羽和虞姬也说得很兴奋。

3

项羽派人到汉营内向刘邦挑战,说:"几年来天下人惊扰不安,全因为你我两人在较量,与其这样,就不如来个痛快的,咱们找个地方,单打独斗好了。别让天下百姓跟着咱们两人受苦了!"

刘邦听了哈哈大笑,他对来使说:"你们项王呀,那脾气总是改不了!急什么,这才相持了一年多,就是三年,我也想等下去!再说,人都有长处和短处,我的长处是富有智慧,你们项王呢,长处是好勇斗狠,动不动就来硬的。我才不与他动刀动枪呢!——回去对你们大王说:我刘邦还想与他在鸿沟这儿耗下去,如果他没有东西吃,就派人来跟我要,我们曾经是兄弟嘛……"

楚使回到鸿沟以东,把刘邦的话对项羽说了,气得他差点儿背过气去。

几个谋士一商量,觉得对刘邦这样的小人,就得揭他的老底,派出人去骂阵。

有人说:"他脸皮厚,不怕骂。"

"他是不怕骂,可是他怕麾下将士知道他做的那些丑事、恶事,"有人觉得还是得骂,"直骂得他的将士人人抬不起头来!"

于是他们从军中挑选了能说会道者,加以训练,又把刘邦从小到大、从无赖到将军一直到汉王的可骂的事编起来,抄写百份,发给他们,令他们到西城下去叫骂。为了保护他们,还给他们制造了特殊的木盾,不怕强弩攒射。

叫骂一开始,刘邦还不在乎,骑着马在前线一边走一边说:"只有失败者才骂人,哪有胜利者骂人的?"

可是楚军骂了几天后,刘邦受不了了。因为楚军不是空骂,骂的都是有根有据的事实,如果把他们所骂的事实联起来,那刘邦就是个从小到大的泼皮、流氓和无赖!起初,刘邦还派一些军士跑到守城的兄弟那里去驳斥和解释,可是事实胜于雄辩,几句话后,就被前线将士问得张口结舌了。

刘邦恼羞异常,他虽的确是个无赖,但他做了汉王,就很重视自己的公众形象了,那形象是他积几十年之工夫装扮、塑造出来的,绝不能被项羽一阵痛骂骂倒!

第十九章 楚河汉界 鸿沟议和

陈平说:"主公无法与其辩驳,听到耳朵里的东西也挖不出来,还是用武力和他们说话。"他建议挑选上百名强弩手把詈骂者射杀。

果然这办法很有效,楚军被杀死十多人后,骂阵的士卒不敢露头了,只能躲在大木盾下叫喊,那声音就小多了,而且在鸿沟这边听不清楚。

项羽十分愤怒,他披甲执戟来到西城的石壁下,指名道姓地大骂刘邦。并喊刘邦出面对骂。

刘邦不敢露头,在岩壁下挑唆强弩手开弓射杀项羽。

那强弩手站起来张弓搭箭,正要发射,项羽大声喝道:"小鳖贼,有胆量,就朝你爷爷胸膛上射,快,你射呀!"那强弩手吓得两手打颤,终于滚下石壁。

"吓死人了,他不是人,是天神!他的眼睛放光,照得人心发慌,不,不,射这样的天神,上天会发怒的!"

刘邦又连打带骂地令别的弩手攒射,可是没一人敢开弓。

相传项羽是"重瞳子",就是眼睛里有两个瞳仁,这未必是真,但他的眼睛一定是光芒四射,让人看了凛然生畏。

刘邦真的被项羽骂败了。他无论走到哪里,好像都有人窃窃私语,议论他,指点他,偷偷地传说着他那些见不得人的恶事。

他去找张良了,把自己的苦恼说给他。

张良笑笑说:"主公还畏惧别人议论吗?"

刘邦听出张良的话音里似乎在讥讽他,便拉下脸来说:"子房,不管我是怎样一个人,也是你们的主公,我被他们骂得没脸面了,你们还抬得起头来吗?"

张良知道不能开玩笑了,就正色说:"我主从斩白蛇起义,威望著于四海,仁德广被天下,至于楚军骂的那一些,不过是些诬蔑不实之词,大王理他干什么?"

"不过……是……"

张良接着说:"即使确有其事,也不过是小是小非,大丈夫成大事而不拘小节,如果像俗人那样,斤斤于那些蝇头小事,就什么也干不成了!"

张良的几句话,说得刘邦扬眉吐气,直起了腰杆。

"那么,咱们怎样出这口恶气呢?"

"大王不要躲避项羽,要与项羽对骂才行!"

"我骂他什么呢?"

汉高祖刘邦

"项羽可骂的事情多着呢！"张良说，"你的骂稿由我给您写！"

当晚，张良给刘邦写好了"骂稿"，并教他怎样与项羽对骂。刘邦的信心增强了。

天刚亮，项羽就接到了汉使送来的书信，刘邦约请项羽隔着鸿沟对话，把起兵讨秦以来的是非讲个透彻。

项羽以为刘邦被他的军士骂得受不了了，要面对面地讲话，这是个揭刘邦老底的好机会，就立刻答应了。

时近中午，鸿沟里冷雾消散，艳阳高照，相互间都能看得清楚。

刘邦、项羽站在各自的城头上，按照约定，双方只带了数个随从，另有弓箭手在远处压住阵脚。

刘邦问："项羽兄弟，咱们谁先讲呢？"

项羽心里虽恨透了刘邦，但听刘邦仍喊他兄弟，就又礼让起来。"我已经骂了你几天了，你就先讲吧！"

"好，我讲。"刘邦说，"可是咱们得事先说好，无论谁说话，对方都不得打断，要认真地听完……"

"别啰嗦，你讲就是！"项羽扬扬手。

刘邦从袖管里掏出一方白绫，上面密密麻麻地写满了字，咳嗽了一声就读起来："项羽，我要宣布你的十大罪状：其一，怀王之约是'先进咸阳者王之'，你却违背盟约，把我贬到了蜀汉；其二，在怀王派你去救赵王时，你却擅杀大将军宋义；其三，在救赵之后，不回师向楚王汇报，却裹胁诸侯进关抢功；其四，进咸阳后烧杀抢掠，无所不为，掘毁秦始皇陵，把财宝据为己有；其五，残杀秦国已降国王子婴；其六，在新安坑杀秦降卒二十万；其七，在戏亭分封时，亲己薄彼，把好地方分给自己的部属，放逐诸侯故主；其八，赶走义帝，自都彭城，夺韩之地和梁、楚之地为己所有；其九，派部将暗杀义帝于江南；其十，为政不平，主约无信，为天下所不容！……"

刘邦越读越来劲，他觉得比起项羽骂的自己那些鸡毛蒜皮的事来，项羽这些倒行逆施确是罪大恶极，于是他读完后指着项羽的鼻子叫道："我刘邦跟随诸侯共诛残贼，处处光明磊落，天下人称颂不已，像你这十恶不赦的败类，只配我派刑余之人来击杀，你还有什么面目在我面前指手画脚？"

项羽气得哇哇直叫，因为他没有准备，只臭骂了刘邦几句就噎住了。"放箭，放箭！"

隐藏在随从中的几个弓箭手立刻张弓攒射，刘邦来不及躲闪，被一箭射

第十九章　楚河汉界　鸿沟议和

中了胸口，痛得他险些摔倒在地。当时，楚汉两方都有许多官兵在观看项羽与刘邦辩论，刘邦为了掩饰自己受伤，从容地弯下腰，用阔大的袍袖遮挡着去摸自己的靴子，还说："这个狂小子竟射中了我的脚！"

刘邦当着双方将士揭露了项羽的十大罪状，都是实有根据的，不是胡乱詈骂可比，大大地挽回了面子。可是他没想到项羽会用暗箭射他。

回到大帐后，张良带着军中的大夫来给他检查伤处，发现箭镞进入胸骨寸许，算是重伤。大夫给他拔出箭镞，清理伤口，并敷上药膏。刘邦痛得龇牙咧嘴，不住呻吟。

"我饶不了那些侍卫，他们该好好地保护我……"

"他们有什么错？"张良说，"即使他们戒备森严，也有疏漏的时候！主公不要一有过错就严惩他们。您待他们宽厚，他们才会对您尽心竭力！——大王，您不能就这么躺着……"

"为什么？"刘邦问，"我受了伤，你还要叫我做什么事？"

"这不行，你受伤，许多人看见了。"张良说，"您如果就此躺倒，将士们都当您伤势严重，军心必然浮动，如果楚军趁此来攻，怎么得了！"

"子房，你还要我上阵吗？"

"您只要在阵前转一趟就行了。"

刘邦觉得张良说得很对，勉强支撑着起身，令军中大夫重新把伤口包扎一番，坐上王车，由夏侯婴驾驭，张良随侍，驰往前线巡视。

那时，刘邦受伤的消息已传遍全军，前线各营正充满忧虑，忽见汉王乘车前来巡营，于是军心安定了，纷纷斥骂项羽不守信义，竟然对汉王施放暗箭。比较起来，汉王才是天下最大、最仁义的英雄！

巡营后，回到大帐，刘邦伤口迸裂，鲜血湿透战袍。他对张良说："现在面子赢回来了，军心也稳定了，我的伤势也重了。你看怎么办？"

张良看着刘邦那痛苦的样子，对他说："大王，您回成皋去吧，这里的事，由我们来处理。"

这时，季节已是仲冬，滴水成冰。北风猎猎，从帐篷的缝隙里钻进来，几个火盆就是火苗窜腾，里面也没有丝毫暖意。刘邦叹了一口气，只好听张良的话。

就在这天深夜，刘邦乘了暖车，埋上了几层绵被，夏侯婴驾了车，前后有几百侍卫护送，到成皋养伤去了。

4

西楚大将龙且率大军到达齐王所在的高密时，汉将韩信的军队已深入齐地，其锋锐势如破竹。

田广与龙且商量迎敌之策。田广的主意是暂时避开强敌，同时派人到汉军占领的城镇进行策反。他估计当齐民知道齐王仍在齐地坚守，又来了楚军支援，他们会举旗造反的。到那时，远离刘邦千余里的汉军，必陷于齐民反抗的火海中。汉军连饭都吃不了，连觉也睡不稳，必然溃散，咱们就会不战而胜！

可是龙且不同意。他说："我跟项王从江东起兵，从东到西，又从西到东打遍整个中国，楚军所到犹如摧枯拉朽，怎能避开敌人呢？只有敌人躲避我们！不行，我们得迎上前去！"

龙且是个年轻人，打起仗来就像神勇的项羽。一次，他在与秦军的血战中，臂上、胸膛和两肋多处受伤，但他仍不避锋锐，英勇战斗，直到夺取胜利，他才晕倒在马下！苏醒后，项羽拍着他的额角说："我的好兄弟，将来我威服四海后，一定封你为王！"

至今项羽的诺言都没有实现，可是龙且仍然忠心耿耿地为项羽出生入死。他说："我要那个'王'干什么，做项王的将军比封王还快活！"

其实，他心里想：项王没有封我为王，大概是我的功劳还不够吧？只要我不断地建立新功，那封王必然指日可待！

难道龙且的功劳还算少吗？龙且上阵，常常赤膊，那一串串酒盅口大小的伤疤就是明证。项羽对众将说："看，龙且身上有多少伤疤呀，每一个伤疤都记载着一次功劳，将来我要数着伤疤给他奖赏！"

这次领兵来齐，他就下定决心，一鼓作气把汉军打败，最好是活捉韩信，然后回头再把齐国灭了，双手把项王去年没得到的三齐献给项王！

他有这样的心思，怎么会同意田广避开汉军锋锐的建议呢？

"将军，请您三思……"田广还想说话。

"你不要说了！"龙且说，"韩信是个什么人，你知道吗？他从小寄食于漂母，无资身之策，受辱于胯下，这样的带兵人，有什么锋锐可言？况且，我是奉命救齐，如果像你说的那样，即使取得胜利，还算什么功劳？"

"我是怕将军……"

第十九章　楚河汉界　鸿沟议和

"你什么也不用怕！"龙且打断他，"咱们事先说好，等我消灭了汉军，把那个韩信捉来，你的齐国就算是我的了！"

田广不再唠叨了，心里憋了一肚子气。你龙且把楚军吹得神乎其神，难道忘记去年在成阳的失败了吗？再说，你来齐地想干什么？如果真像你说的那样，打败汉军是为了夺取齐地，那不是前门赶出狼，后门进来虎吗？

齐楚联军在急于找汉军决战的龙且的率领下，向着潍水东岸急速前进。

韩信进入齐地后，很快就来到潍水西岸，这时，他听说龙且率楚军已到高密，在没有摸清底细的情况下，只好屯兵在这里。

当他探知敌人已向潍水而来，一条计策浮上心头。

他问将士们："这潍水岸边，寒风料峭，想不想干点什么，暖暖身子？"

"想！"将士们呼喊着，"在这潍水边上，北风呼啸，连个避风的地方也没有，快找点事儿让我们做吧！"

"大家放心，三天后，你们就有热饭吃，就有暖和的地方睡觉了！"

韩信把曹参、周勃等将军领到河边，指着潍水对他们说："看吧，我要齐楚联军淹死在这河水里！"

这年夏秋，雨水干少，许多地方已露出河底沙泥，就是小孩子也可涉水而过。

将军们笑了，觉得这是开玩笑。只有曹参没笑，他认为韩信这么说，必定有他的妙计。他对韩信说："大将军就把您的计策说出来吧！"

韩信将自己的计策说了一遍。

韩信令军士在周围乡村搜罗了几万只麻袋，在里面填了泥土，拦河筑了一条大坝，把上游的水堵住了，经过一夜，河水在正面河道里积成一个深泽。

齐楚联军到后，韩信出师迎战，曹参、樊哙、周勃率军过河，与敌人相遇，展开激烈拼杀。半个时辰过去，汉军似乎渐渐不支，向潍水西岸退却。

龙且对田广说："看到了吗？汉军哪里是我们楚军的对手？在荥阳时，他们一连几个月不敢出城，他们的士兵，一听说我们楚军来到，就望风溃散了！"

"可是他们刚才的厮杀也很勇武……"

"韩信就这么一点本领！"

龙且命令军队紧追不舍。

汉军退却后，故意作逃窜状，齐楚联军不知是计，从干涸的河床跑向对岸。

汉高祖刘邦

龙且见有的将士还在河边犹豫，就一马当先，带领他们向西岸冲杀。

潍水的河床很宽阔，只在河床里就展开了几万人。就在这时，韩信下令扒开堤坝。早就准备在堤坝上的士兵用铁撬把大坝刨开，被大坝挡住的河水一泻而下，汹涌澎湃的浪涛把河中的几万齐楚军大部卷走，齐楚军的哭叫声震天动地，一片混乱！

一个时辰后，积存的河水过去，河床里复归于清浅，河水载不动那么多的死尸，就把它们晾在沙滩上。第二天北风呼啸，河水结冰，死者要等来年水大时，再开启到大海去的行程了。

韩信没有为死尸耽搁时间，他挥兵过河，追击溃乱的齐楚联军，一路上几乎没有遇到什么抵抗。他们一直追到成阳，把齐王田广活捉了。

后来在清理战场时，发现了楚将龙且的尸体。韩信将其草草装殓，打算请示汉王后再做处理。

龙且被杀，楚军覆没，齐军的残部更没有任何抵抗力。就这样，韩信也不给他们喘息的机会，他把汉军分为两路，分别扫荡齐军残余。灌婴一路先在博阳消灭了田光，继在嬴下击溃了田横，又在千乘斩杀了田吸。曹参一路，转战胶东，歼灭了田既。至此，齐国已彻底平定。

带着残余部队跑掉的只有田横，他跑到魏地去了，那里的彭越收留了他。追杀他的韩信只好止步。

那么，已经从属于刘邦的彭越怎么敢把田横窝藏起来呢？彭越像刘邦一样，也是任侠出身，这些人在朋友急难时，往往能够背公急义，也是当时的一种风尚。再说，这时彭越与刘邦之间，还不是十分严格的隶属关系。彭越收留田横，刘邦能够理解，对他也无可奈何。

当张良把韩信平定齐国的消息告诉刘邦时，刘邦乐得一跃而起，尽管伤口疼得他龇牙咧嘴，他还是笑出了声。"好呀，好呀，韩信那小子还真有本领！"

"主公，您赶紧躺下，小心箭伤呀！"

"子房，我觉得好了，全好了！这消息真是比任何刀创药都好！"

"主公，对韩信应该怎样奖赏呢？"张良问。

"是的，对那小子也真该封他个什么了，"刘邦挠挠头皮，"可是，他的功劳不管怎么大，也大不过你呀，对你我还没有封呢，等等再说吧。伤好后，我要到汉中去一趟，那里也需要安抚，你说是吧，子房？"

张良听出刘邦打心眼里不愿意封赏韩信。过去他不喜欢那小子，现在还

第十九章　楚河汉界　鸿沟议和

是不喜欢。

过了几天，他在夏侯婴的陪同下，到汉中去了。

他在国都栎阳设宴，大宴三秦父老，拿出粮食和布匹救济那里的困难户，然后把在反攻成皋时斩获的司马欣的头颅挂出来示众。

栎阳原是司马欣的封地，刘邦知道有的栎阳人还对司马欣有些感情，他这样又是宴请，又是以司马欣的头颅示众，这恩威并施的两手，刘邦已经运用得十分熟练了。

5

韩信虽然得了整个齐地，使项羽惊恐，但项羽没有从成皋移师前去争夺。在这点上项羽比以往成熟多了，他不再被刘邦牵着鼻子走，而是紧紧地盯着刘邦在成皋的主力不放。这样成皋一线的形势仍然十分紧张。

刘邦在栎阳待不住，几天后，又匆匆地回到了鸿沟以西的广武。

这天他刚要率领侍卫们出外巡视，张良、陈平领着韩信的使者来了。

使者向刘邦呈上韩信的一封书信，刘邦看了，眉头皱得老高。张良在一旁，把信瞅了几眼，那书信的大意是说：齐人诡诈多变，反复无常，它的南边又与楚地接壤，大王若不给我个假王的名义，我怕自己的权威太轻，实在无法安定这里的局势……

"他娘的，老子被楚军围困在这里，日夜盼望你来给老子解围，你却留在齐地不动，原来是想自立为王呀……"正要继续骂下去，他的腿却同时挨了两脚。一脚是张良踢的，另一脚是陈平踢的。这两脚使刘邦恍然大悟……

"来，来，"刘邦招呼一旁的侍卫，"大概是早上吃的咸东西太多了，口渴得很，来，给我一杯水！……"

侍卫赶紧送过水去。

刘邦喝了水，镇静了一下，在他用侍卫递过来的丝巾抹嘴时，张良把嘴凑在他的耳边低声说："大王你怎么这样说话？现在正处在困难时期，您是阻挡不了韩信称王的！您不如顺水推舟，给他个王号，至少他还能为您守住那边的土地，否则，会激出变故的……"

刘邦放下手里的水杯咳嗽了两声，仍然骂骂咧咧地说："韩信这小子，真是小气，大丈夫率兵平定诸侯，要做就得做真王，做什么假王！"

"是！"韩信的使者唯唯答应。

汉高祖刘邦

刘邦回头对张良吩咐道:"子房呀,这事,还得你为我辛苦一趟……"

"是,大王!"

几天后,刘邦任命张良为特使,到齐地临淄去了。他代表刘邦向韩信颁赐了玉玺、册宝,正式封立韩信为齐王。同时,命他赶快发兵击楚。

从当时的情势来看,韩信伸手向刘邦要官,也不算过分。韩信屡立大功,刘邦应该以裂土封王为回报,天经地义。龙且不也是为了封王才为项羽拼命的吗?刘邦不太愿意兑现自己的承诺,犹如项羽迟迟不封龙且一样,都因为他们不是自己的亲信。如果韩信是刘邦的沛丰小集团里边的人,龙且是项家子弟,恐怕不用有如此大的功劳,早就封王了。

这时,项羽这边的形势十分不妙,他已陷于刘邦、韩信、英布、彭越四大军事集团的包围中。

给他最大威胁的当属韩信。

韩信占地最广,士气最旺,立足最稳。兵锋所指,直逼项羽的软肋,是最最危险的对手。

于是有人向项羽建议:韩信是楚军旧人,为何不用一下策反的手段呢?如果许以高官厚禄,韩信也未必不动心!

起初,项羽不屑于做这样的事。他认为那是小动作,为大丈夫所不为。可是他看看周围的态势,的确已骑虎难下了,如果僵持下去,能不能平安地回到西楚也很难说!

"好吧,"他答应了,"那么,有合适的人吗?"

大家提出韩信的故人武涉。武涉曾是韩信的朋友,至今,武涉还在楚军中任职。

项羽把武涉召来,询问他有没有可能策反韩信。

武涉是个职位不高的将军,眉眼清秀,有点儒雅。他对项羽的询问没有肯定也没有否定,这使项羽十分不快。

武涉给项羽分析道:"韩信在汉王处并不遂心适意,他立了那么多功劳,汉王总是对他处处提防,若不是他向汉王提出要求,怕是至今也不得封王。从这点来看,对他策反也许能够成功。可是他当初是背楚投汉的,他对再次背汉投楚,怎能不心存疑虑呢?所以只能试一试……"

项羽也无法改变这一情况,他只能对武涉说:"你去对韩信说,只要他归顺过来,本王就封他为与本王并肩的东楚王!携手同心,共击刘汉!"

那个东楚王,大概是项羽一时胡诌的。因为,他没有说出具体的封地。

第十九章　楚河汉界　鸿沟议和

当然了，如果他想封，也不难，他只要把那些与刘邦暗通声气的如吴芮等人的封地撤除，转给韩信就是了。

武涉来到齐地，他以诸侯之礼谒见了韩信。韩信隆重地接见了老朋友。他知道武涉是来做什么的。在宴会上，酒过三巡，韩信就对武涉说："老朋友，把要说的话说出来吧！"

这样直率，竟弄得武涉有些尴尬。他说："看你春风得意的样子，我还说什么呢？"

"说吧，良禽择木而栖，你把话讲出来，说不定我会另有打算呢！"

韩信这么说，给了武涉一点希望。

他就滔滔不绝地说开了："话既说到这里，作为你的朋友，我就推心置腹地说给你听了。楚汉相持已二年有余，你韩信已成为第三势力，你如站在汉王一边，汉王就能胜利，你若站在项王一边，项王就能取胜，这是谁都看得清楚的。你为自己认真打算过没有？"

韩信微笑不语。

武涉只好再说下去："刘邦这人，在人品上他是远远不如项王的。在戏亭分封时，项王的势力最为强大，那时，他如果愿意尽吞天下为己有，谁也无法阻拦他，可是他没有那样做，只是占了西楚那一小块地方，而把天下土地尽封八方诸侯，如果换了刘邦，他有如此胸襟吗？汉王那人贪而无信，非尽吞天下不会甘心。他如今天打败项王，明天他就会收拾别的诸侯……"

韩信仍不说话，但从他那面目看，他对武涉的劝说有点动心了。

武涉继续说下去。

"老朋友，你与项王有故，与刘邦无亲，明眼人都看得清楚，汉王信任的是他出身沛丰的老部下，对别的将领总是另眼相看。你的功劳就是再大，他也不会完全信任你的！"武涉说到这里，等待韩信的反应，可是韩信低头蹙眉，似在默想。这给了武涉更大的信心。也许我能成功吧？——他想。

接着，武涉给韩信指出了三条路，一是继续留在刘邦阵营中，让刘邦主宰自己的命运；二是归顺项王，接受项王给的东楚王的封号，共同打击刘汉；三是自立为王，在刘项争霸中保持中立。这就间接地帮助了项王，对此，项王也会给以回报的。

"老朋友，咱们的酒还没喝尽兴呢！"韩信又举起酒杯，"过一会儿，咱们可继续讨论，怎样？"

这是武涉所没有想到的，但他也无可奈何，只好又把酒杯举起来。

汉高祖刘邦

直到喝到夜半，韩信才对武涉说："老朋友，谢谢你老远跑来，为我精心谋划，只有老朋友才能这样坦诚相待。可是我在项王那里，官不过郎中，职不过宿卫，所提策谋，无一得用，我在楚营不得任用，这才背楚投汉，这些，你都知道。我到了汉营后，汉王授我上将军印，把数万大军交我执掌，解衣推食，言听计从，我才有了今天！老朋友，你想，汉王对我如此信任重用，我怎能背叛他而投靠别人呢？我听古人教导，背叛信任重用自己的人，是不吉利的，要遭报应的。老朋友，你回去后替我好好地谢谢项王，我韩信是不敢从命的……"

武涉还说了很多话，可是韩信心如泰山，丝毫不为所动。

第二天，武涉只好怏怏而返。

他向项王禀报后，项王很是愤怒。他骂道："韩信竖贼，早晚有一天他会为自己的冥顽不明后悔的！"

韩信与朋友武涉喝酒谈心的时候，一旁有个未发一言的陪客，他就是韩信的谋士蒯通。他是苏秦张仪那样的人物，是靠给某个主子出谋划策来实现自己抱负的才子。他一直认为韩信在刘邦麾下是屈才，应该独立地创立一番大事业。不顾田横已与刘汉结盟而说服韩信向齐地用兵的就是他。他常常背着曹参、灌婴等刘邦的亲信与韩信私下里商量事情。

武涉虽没有说动韩信，蒯通却激动起来。

等武涉走后，他对韩信说："大将军从武涉的话里，难道没听出其中的玄机吗？"

"蒯先生，请讲。"韩信说。

"他已经向我们暗示，如今天下最强的人是谁了。"

"是谁呢？"

"是您。决定天下人命运的人是您，是大将军您！"

韩信定定地看着蒯通，似乎希望他作进一步的解释。

"武涉说：右投则汉王胜，左投则项王胜，如果您谁也不投呢？您就是最后的胜利者！"

"唔，我韩信已是决定乾坤的人物了！"韩信的话里有点自嘲的意味，可是，蒯通看出来他是认真的。"难道我的力量比刘、项都大了吗？"

"将军，一点不错！"蒯通说，"您得知道，这时您如果背汉投楚，汉王就不堪一击……"

"那项王呢？"

第十九章 楚河汉界 鸿沟议和

"从武涉的话里,我已听出项羽势穷力竭,如果不是这样,他英雄盖世的项羽怎能低声下气地来求您呢?——他已经外强中干了!"

"噢,先生,我听说大丈夫能否干出一番事业,不仅自己要有超绝的才能,有天时地利人和的条件,还要有上天赐予的贵相,您看韩信有吗?"

"有,有!"蒯通觉得韩信已经有点相信他的话了,就大展他的口舌之利了,"我蒯通每投一主子,都是先为他细细地看相,这,当然也是为了自己。"

"先生,您看我呢?"

"将军之相,贵不可言!"蒯通指点着韩信的脸盘吹嘘了几句,说他隆准深目有龙虎之姿,天圆地阔有主宰天地之威。韩信是相信这一套的,在家乡时,他曾按照堪舆之学安葬自己的母亲。于是他对蒯通的夸夸其谈更加认真起来。

蒯通先给韩信把形势梳理了一下,他说:自暴秦以来天下坠于水深火热,甚于七国纷争。秦亡后,诸侯并起,战火连天,百姓更是苦不堪言。如今天下苍生已经不论谁是谁非了,他们只希望结束战争,脱离这兵连祸结。项楚曾经在灭秦中威震华夏,可是最终在荥阳一带遭受重创、陷于窘境,刘汉更是屡战屡败,精疲力竭,这样的情况已有三年,这正是平定天下的英雄出世的时候了!

那么谁是那位天下人盼望的英雄呢?

"他就是您,就是足下!"蒯通点出了主题。

大概是为了让韩信把他在前面已说过,现在又着重说出的话,好好地"消化"一下,蒯通停顿了片刻。

韩信微微点了点头。

"将军,"蒯通又说,"项羽派遣武涉来齐,他的话表明楚汉两主的命运都在将军的掌握之中!您结汉则汉胜,结楚则楚胜。依在下的意思,莫若使两利俱存,三分天下,以取得鼎足而立的形势,使谁也不敢轻举妄动……"

"那么以后呢?"

"以后……"蒯通掀髯笑道,"以将军的军事奇才,又拥有强大的军队,占有富饶的齐地,燕、赵诸侯都听从于您,联合他们便可挥师西向,顺天应民,迫使楚汉停战,亿万苍生莫不望风来归!那时,您就是诸侯中的霸主。然后您可如秦皇那样统一天下,除列国而布郡县,亦可削强扶弱,分立诸侯,建成新的诸侯体系,只要将军顺应民心,垂拱而治,则列国诸侯定会臣服于您!……"

汉高祖刘邦

"先生，韩信真的没想那么多！"韩信也很兴奋，眼睛亮亮的。

"听在下再说一句吧，将军，古语曾说：上天给您的，您若不受，必遭天谴。愿将军深思之！"

第二天，蒯通又去面见韩信，问大将军对他的话是不是想过了？

韩信把眉头皱了好久，拉着蒯通的手说："先生之言，的确是肝胆相照，韩信十分感激！可是，汉王待我恩重如山，实在不忍背之！"他举出许多实例，说明刘邦真的对他寄托甚殷，如果背离，恐遭天下人讥笑、谴责。

听了韩信的话，蒯通慨叹再三。他说："想一想吧，将军，越王勾践在兴国复仇时，他是多么信任范蠡和文种的呀，真是如兄如弟，言听计从，可是当他坐稳了江山以后呢？就着手收拾这两个功臣了！还有，秦末张耳与陈余相濡以沫，结为刎颈之交，等到事业有成，他们就反目成仇，相互残杀，这是眼前的例子。诸侯之间的关系，哪有真正永久的友谊？都是看当时当地的利益而定。将军如果把刘邦对您的恩遇看成是一成不变的，那就太危险了！将军之于汉王，以友谊来说不如张耳陈余，以忠信而言，又不如范蠡文种之于勾践，他们后来的遭遇，难道没有使将军猛醒？古人有言：功盖天下者不赏，勇略震主者身危。如今将军之功之勇，足以震主了，从楚则项王不会信任你，归汉则汉王心怀疑忌，除了您自立为王，将军还有什么安身立命之地？卑职真是为您担心呀，此是我剖肝沥胆的话！"

韩信真的被深深地感动了，他眼含热泪对蒯通说："先生之言，深动吾心，容我再好好想想吧。"

蒯通认为自己的话起了作用，怀着希望起身告辞。

过了几天，蒯通觉得韩信把他的忠言应该消化得差不多了，就又去见韩信。这一次韩信没等蒯通询问，就说："我对先生的忠告，再三揣摩，觉得还是不能背弃对我有着齐天鸿恩的汉王！我韩信虽能将兵，但只可为王所用，而不能自立为王！对不起，韩信辜负先生的教诲了！"

听了韩信的话，蒯通先是愣忡不安，再是两眼上翻，然后，一语不发就回头走了。到了王府外，他才长叹道："天哪，真是愚顽之人，灾祸来到身边，竟不知趋利避害。天哪……"

韩信怕蒯通出问题，就派人去照顾他。

几天后，伺候蒯通的人对韩信说："先生老说自己害怕，问他怕什么，他也说不出。可是，常常以泥涂身，撕扯自己的衣服，弄得蓬头垢面……"

韩信明白那是什么缘故，但又不能说破，只好随他去。

第十九章　楚河汉界　鸿沟议和

其实，韩信对蒯通说的是实话，他虽能指挥百万雄兵，而且傲视君王，在政治上却是一个侏儒。他从来就没有想到自己能够成为诸侯。所以，当蒯通要他自立为王时，他就茫然不知所措了！

但蒯通的话也给他留有深刻的印象，从此他那坦荡无碍的心地没有了，即使刘邦说几句与他无关的话，丢个与他无涉的眼色，他也会思虑几天……

6

楚汉双方对峙，好似两虎相搏，虽然还没有分出胜负，但都鲜血淋漓，哀叫声声，哪一方也力尽势竭了。

刘邦为了孤立项羽，虽然不甚愿意，但不得不实行张良几个月前的建议，以分封诸王来壮大力量。

高帝四年七月（公元前203年8月），刘邦派出使节封英布为淮南王，并令他向九江推进。

荥阳失守时，投降项羽的韩王信，这时又跑回来了，刘邦不但没有追究，还恢复了他的王位，为的也是壮大自己的声势。他命韩王信组建军队，向原封地进军，以分散汉军在广武一带的压力。

燕王臧荼在韩信的逼迫下，曾派遣使节与刘汉通好，但在楚汉相争中一直没有介入。刘邦遣使与其联络，晓之利害，臧荼也派出一支数量不大的骑旅参加讨楚。虽然没有帮上大忙，但政治意义是很大的。

在诸侯们看来彭越早已是刘邦联盟中的重要一员了，可是刘邦没有对他进行封赏。

彭越曾经参加过田荣叛秦，后又归附刘邦，与刘汉派去的刘贾、卢绾等将领一齐袭击过项楚的后方，但他对刘汉一直没有个明确的态度。他有一句话，是诸侯们相为传诵的："两龙相斗，且待之。"那就是说：他基本保持中立的态度。可是他真正中立过吗？没有。他帮助过刘邦，却又兼并过反秦的义军。看得出来，只要有利于壮大自己开拓地盘的事，他都积极为之，只要是拉他拼老本的事，他就远而避之，反正绝不吃亏。自从项楚全力以赴地对付刘汉以来，他利用这一大好机会，几乎把整个魏地都搞到了自己手里，捞了很大的油水。这种"且为楚，且为汉"的游移态度，使刘邦十分不满，项羽更是恼火，可是谁也不敢与其绝交，且都向他伸出拉拢的手。

对这样的人，刘邦怎么会封赏呢！

汉高祖刘邦

项羽那边,由于彭越与刘邦若即若离,他的后方安定了下来,使他有可能全力以赴地对付刘邦。临江王共敖死了,他的儿子共尉上台,共尉旗帜鲜明地支持项羽,这对项羽来说是件好事。有了共尉,英布就不可能南进帮助刘邦了。这使项羽能够继续咬住刘邦不放。

一年前项楚就在粮草的供应上陷于窘境,将士们连吃饱肚子都难,于是,前后方到处怨怒汹汹,离崩溃实在不远了。

刘邦比项楚也许好一点,但也到了难以为继的程度。萧何几次向刘邦诉苦,老百姓已被搜刮殆尽,再这样下去,他就无法给前线筹到钱粮了!兵源也是大问题,征兵的年龄已扩大到十五岁至六十五岁!

比较起来项楚的情况更糟糕,可是刘邦求和的心情远比项羽更急切。原因是刘邦在战争中光大伤就受了十二次,其中被矢石洞穿的就有四次,每时每刻他都在受着伤病的折磨。当初起事时,他原想满足贪财好色的欲望,怎么也没想到,五十大几的人了,还要在疆场上与强敌一刀一枪地拼杀,对刘邦来说,这太难以承受了!

"子房,这种地狱似的折磨,还要受多久呢?"一天,他躺在大帐里对张良说。

张良看着刘邦又瘦又黑的小脸,安慰他说:"大王受不了啦?可是那项羽受的折磨更甚呢!"

"找个人到楚营和他说一说,双方和解了吧?"

张良想了好久,对刘邦说:"也许这正是讲和的好时机,那就试试看吧!"

当刘邦把与项羽和谈的意向在亲近臣僚中一透露,就有人愿意持节到楚营去奔走。

他是陆贾。

陆贾也是有名的纵横家,他投靠刘邦后,常常代表刘汉出使诸侯各国。但没有立过像郦食其说服田广,随何策反英布那样的大功。他很想建一件大功以青史留名。

他到楚营去了。项羽接见了他。

陆贾向项羽分析了两军目前的形势,他说:"两国对峙已历三载,不唯两军将士受尽征战之苦,天下苍生也难以安居乐业。项王,您一定知道这是解决面前窘境的时候了!"

项羽想了想,虽没说话,但点了点头。

陆贾觉得这开头还算好,就又说了下去。可是接下来的几句话,他就

第十九章　楚河汉界　鸿沟议和

"砸了锅"。

他说："目前，汉王麾下兵盛粮足，项王却兵疲食尽，这形势，项王不可能看不到吧？"陆贾想使项羽认识到形势对己不利，然后可以为自己的主子争得更大的利益和主动。

可是性情刚强的项羽吃软不吃硬，听了陆贾的话后，他冷着脸问："既然汉王胜券在握，为什么不尽早与我决一雌雄呢？"

"汉王是想尽早结束战争……"

"在战场上狠狠地打一仗，那不过一天的时间，不是比谈判能够更快地结束战争吗？"

"项王，古人说得好，还是和为贵呀！"

"你们汉王应该早就想到和为贵，"项羽站起身，"那样，他就不会偷偷摸摸地从巴蜀跑出来向诸侯挑战了！"

陆贾还想说些什么，项羽已离开大帐扔下他一个人坐冷板凳了。

陆贾回到广武后，向刘邦汇报了和谈的情况，最后他总结道："竖贼不可言喻，大王可立刻对其用兵，以示惩罚！"

"出去，出去！"刘邦恶狠狠地骂道，"要打仗还用你来多嘴！臭儒生只会空谈，不会解决实际问题！"

张良连忙站出来给刘邦"消火"，他说陆贾不摸项羽的脾性，所以铩羽而回。他虽势穷力竭，但仍是一只暴躁的老虎，你得拍拍他的脊背哄几句，顺着他的毛儿捋一捋，然后再对他说话才行，绝不能骂他，更不能吓他。

"子房，你就再另找个人吧，"刘邦说，"这仗，我是一天也不愿打下去了！"

几天后，张良给刘邦推荐了一个眉目清秀，举止文雅的老头儿。他姓侯，人称侯公。等张良把侯公领到刘邦面前，刘邦把他端详了好久，侯公给他行过大礼后，他竟忘了叫人给侯公设座。

"侯公，请坐。"张良招呼着。

可是刘邦没说话，侯公怎么敢坐呢？

刘邦皱着眉头说："张将军让你坐，你就坐吧——你能说服项羽与咱们讲和吗？"

"试试看吧……"侯公说。

"你打算怎么劝说项羽呢？"

"试试看吧。"侯公还是这样说。

汉高祖刘邦

"你觉得那项羽会听你的吗？"

侯公站起来说："汉王，在下只能试试看。"

三个"试试看"，把刘邦惹火了，他刚要训斥这个有点自得的老头子，张良赶忙给他丢了个眼色，"大王就让侯公到楚营去试试看吧。"

"好吧。"刘邦答应了。刘邦一辈子也没有与那些阴阳怪气的知识分子相处好。他命张良给侯公准备礼物和符节，让他代表汉国出使项楚。

几天后，侯公来到项羽的大帐，项羽接待他时，态度不冷不热。可是为他倒水的夫人虞姬的眼神却热辣辣的。再看这位气盖寰宇的英雄帐内，几乎徒空四壁，一无长物，时近九月岁末，秋风飒飒，冷风从四面的缝隙钻进来，使人如淋寒水，侯公这位世事通明、人情练达的老江湖，知道这位项王已过着日暮途穷的日子了！

他针对项羽的刚愎自用大说好话。从项羽与其叔父起事讨秦，救民于水火开始说起，直说到扫平海内，分封诸侯，万方归心为止。把项羽描述成一位天下无二的大英雄。说到刘邦时，就从他出身微贱，投身任侠开始，直说到他不顾信义投机取巧，身膺汉王之衔，却仍心存不足，妄图称霸诸侯，造成天怒人怨……直说得项羽眉开眼笑，浑身舒泰。接连要虞姬准备酒菜，要留老头儿共饮三杯。

在与项羽对饮时，侯公话锋一转，对项羽说："大王，老朽知道您是仁义之君，所以大胆地向您为民请命……"

项羽把头一仰，大声说："老先生，咱俩相见恨晚，有话不妨直言！"

侯公说："大王，天下沦于兵灾久矣，恳求大王哀怜四海百姓，就此停战，与民休息。那样的话，天下苍生将载歌载舞称颂您的大恩大德！"

"您是说，要我与刘邦那小子讲和吗？"

"为什么不呢，大王。"侯公说，"像项王这样的人，值得与那个无赖计较吗？您高举'和'旗，率军回楚，是非天下自有公论，那时大王虽形式上没有领有四海，但在天下人的心目中却是真正的唯一霸主，自古失民心者失天下，也许用不了多久，天下就尽归霸王矣！"

听了侯公的话，项羽大点其头，当场答应与刘邦议和。在宴会后又与项羽商量了许多细节，侯公才持节回到了鸿沟以西。

侯公走后，项羽把他的将军、臣子叫到面前，对他们说："那刘邦被咱们打趴下了，他两次派使节来求和，我考虑到天下亿万苍生，答应他了！"他又解释说："刘邦虽不仁不义，弄得身处绝境，但他也是讨秦的有功之臣，又是

第十九章　楚河汉界　鸿沟议和

我亲封的汉王，若是逼他太甚恐为天下诸侯所诟病，所以，应他所求，讨伐到此为止。"

将军与臣僚们虽然对突然议和有所怀疑，但他们深知楚军已近末路，没有再打下去的能力了，于是个个如释重负，大家几乎都同意了，即使有几个人支支吾吾，想说些什么，但议和已成大势，也就不再言语了。

将军、幕僚走后，项羽把虞姬抱起来在帐内转个不停。直到虞姬喊道："项郎，项郎，我晕了，晕了。晕得头昏眼花……"项羽才把她放下。

虞姬站立不住，倒在项羽怀里，不住地哭着笑着。

"虞姬，你怎么啦？"

"项郎，咱们终于可以回家了！"

"是的，可以回家了……"项羽也有点泪眼模糊，他与虞姬相拥着坐在榻上。

"项郎，你说几天就可回到家里？"

"总得一月……"

"那么久呀？"

"虞姬，你真是俗话说的归心似箭了！可是，还有许多事情要做呢，首先，要与刘邦把和约签订下来，再把各路军马撤退、集结，准备大小车辆把伤病者运走……这些杂务总要费许多时日的……"

虞姬点点头。

看到虞姬瘦削的脸庞，项羽十分怜惜，他又把她拥在怀里亲着，"虞姬，我知道你苦，知道你在心里埋怨我，可是这是不得已呀！"

"我知道，项郎，你别说了，别说了……"虞姬怕项羽看到自己的眼泪，把脸贴在项羽的脸上，这样更糟，她把自己的眼泪抹了项羽一脸。"好在就要回家了，这场恶梦就要结束了！"

"回到西楚，把边境把守好，咱们过几年安稳日子吧！"

"项郎，如果谈得成功，你就把刘邦的太公和妻子家人都交还给他们吧！"

"让我想想……那岂不太便宜刘邦了？"

"不是要和好吗？"虞姬看着项羽那黑苍苍毛茸茸的脸，"让天下人都看看，谁是真的想和好！"

项羽答应议和的消息传开了，楚军上下到处洋溢着欢笑，大家都准备开拔回家。

第二十章　汉王背约　霸王别姬

1

汉高帝四年年底（公元前203年10月），楚汉议和的"鸿沟和约"正式签署。和约中依刘、项"中分天下"为原则，双方在当前的军事分界线就地停战。双方以南北走向的鸿沟划界，以西为汉，以东为楚。

双方是在荥阳会谈的。

会谈结束时，项羽主动将刘邦的家属送还，以表示自己的诚意。

"老弟，不急，不急。"刘邦嘻嘻唰唰地说，"他们留在你那里，我是放心的！你不会跟我要抚养费吧？"

项羽没有说话，瞅了一眼刘邦就往外走。他觉得刘邦这个已届老年的人太不郑重了，仍然一副无赖相。

据《史记》记载，鸿沟和约签署后，"两军皆呼万岁！"可见楚汉军人对议和是多么渴望！

回到鸿沟以东的项羽立即就与诸将军商议东归的事。

将军们吵吵嚷嚷，喜笑颜开，就像逢到什么节日。他们对项羽说："将士们早就盼望这一天了！""是呀，只一天前线的营帐已拔除近半了！""听，周围全是欢笑，他们在唱老家的歌"……

隔着一道帘幕，虞姬在与几个侍女收拾着不多的一点家当，她们怕影响项羽与将军们商量大事，声音很低，但那叽叽咕咕的说笑还是传了出来。

项羽的心情是复杂的，他像将士们一样，也是恨不得立即回到西楚去，可是一种失落感使他快活不起来。

是呀，他从没想过会这样不尴不尬地撤兵。

从表面看，以鸿沟为界中分天下，那只是个势力范围，可是……

本来，戏亭分封后，项羽是天下公认的霸主，趁他率军对齐征战，刘邦从巴蜀偷偷摸摸地出来，和西楚打了三年，名义上是打了个和局，实际上他

第二十章　汉王背约　霸王别姬

领有了半个天下。从真正的结果来看项羽是输了，而且输得很惨！

这笔账是明摆着的，项羽怎能不"糟心"呢！

等将军们走后，项羽安静地坐在帐中，守着一盏孤灯一动不动，只是两道浓眉似黑蝴蝶般飞舞着。

细心的虞姬从帐后走出来，看出了项羽的思绪。她把侍女们遣走，靠着项羽坐下来。

"项郎，你在想什么呀？"

项羽没有说话，只是抓住虞姬的手。

虞姬觉得他的手就像两块沉沉的冰。"项郎，你的手好凉呀！"项羽把手拿开。虞姬连忙把项羽的手握住，"不，不，项郎，让我给你暖一暖！"她抚摸着项羽的手说，"北方这么冷呀，回家就好了，咱们那里这时候还百花盛开哩！"

"虞姬……"项羽抱着虞姬说，"我在想……"

"刚才我就问你呢，你在想什么呀？"

"我想呀……"项羽忽然又不说了，"猜一猜吧，虞姬，你这脑袋呀，聪明着呢。表面看，你对军国大事不闻不问，实际上，你什么也明白！"

"项郎又在夸我了！"

"猜猜吧……"

"要是我猜对了，你可要承认呀！"

"放心。"

"我猜呀，你在算一笔账……"

"什么账呀？粮草账吗？"

"那，用不着大王你来算，你算的是你与刘邦这一大笔账！"

项羽把虞姬推开一点，端详着虞姬那两只亮亮的一尘不染的大眼睛，"我的爱姬，什么也瞒不了你！你说在这与刘邦的账面上，我是亏了呢还是赚了？"

"大王，你已大大的赚了！"

项羽向后一仰，不高兴地说："虞姬，你知道我不接受虚假的安慰。你瞧，过去天下霸主是我，如今，刘邦已与我平分天下了！而我赔上了多少？几十万大军，还有难以计数的辎重，就这样一无所获地回去了！"

"项王，"虞姬没有回避项羽的注视，"你心胸广阔，可以容纳天下，你目光深远，可以展望将来，怎么会为目前的一点得失而斤斤计较呢？大丈夫能

汉高祖刘邦

进能退，能屈能伸，怎么会为脚下的小小障碍而踌躇不前呢？回到楚地，你可以从长计议，以备将来光复整个天下！那时，你就是一个顶天立地无人可比的大英雄了！从这点来看，你是赢了而不是输了！否则，你胶着不返，错过了大好时机，那才是输定了呢！项王，你今年还不到三十岁，而刘邦却垂垂老矣，将来是你的，天下是你的，我的项王！"

项羽没有说话，可是他把虞姬抱得越来越紧，还传来他轻轻的抽泣声。

虞姬没有说话，也没有回头，因为他怕看到项羽的眼泪。

第二天，项羽依照和约的规定，下令钟离眜带兵退出荥阳，（因为荥阳在鸿沟以西，应属刘邦），同自己所属合为一处，回兵东归。

刘邦以小人之心度君子之腹，觉得项羽会很快反悔，所以他一点也不敢松懈，仍令汉军加强戒备。后来见项羽撤出他久攻不下的荥阳，大喜过望，才相信项羽撤兵是真。

他回到大帐会见刚刚回到他跟前的刘太公、吕雉、刘肥等家人。他跪下给父亲行了礼，挤出了几滴眼泪，自我批评了几句，说了些连累老父亲受惊吓之类的话。

刘太公是个老实的庄稼人，他以为今生今世再也见不到刘老四了，现在儿子就在面前，而且是一位威震四海，身拥几十万雄兵，能够与项羽平分天下的大诸侯，从年轻时就自觉卑微的老人，就顾不得骂他了，只是抹着眼泪。

"爹，你哭什么？将来我取得了天下，你就是太上皇呀，等着享福吧！"

听了刘邦的话，老人咧开嘴笑着。

刘邦令樊哙把老人领出去，第二天，又派人把他送到汉中。

吕雉见了久别的刘邦，自是另一番情景。她朝刘邦跪下，流着泪说："托大王的福，妾身终于回到了大王身边！"

多年的夫妻，见面后口称大王，又自称妾身，刘邦很不习惯。他上前把吕雉拉起来，从衣袋里掏出一条窝窝囊囊的手帕给吕雉抹着泪，"夫人，还是在家的称呼来得亲切，就别这样称呼了！"

"大王，那不行呀，你今日是汉王，将来是皇上，可得立起规矩来呀！"

"你看，夫人，刘老四今日真的成了汉王……"

"我早就想到了，"吕雉说，"我一直认为你就是真龙天子！所以我无论经历怎样的磨难心里总不害怕，就是因为吉人自有天相嘛！"

刚才吕雉说起要立规矩的话，使刘邦想起一件为难的事来。怎么对她交

第二十章 汉王背约 霸王别姬

代戚夫人和薄夫人的事呢？

可是没有等刘邦踌躇太久，吕雉就问起来了："大王，我听说你又有了几位夫人？"

"有名分的就只两位，嘿……两位……"

"她们在哪里？我想见见她们，好感谢她们对你的照顾。"吕雉的态度很真诚，很郑重。刘邦有点放心。

"夫人，你为大，她们只能是你的妹妹，我立刻传她们来给你磕头，给你磕头！"

刘邦对面前的侍女喝道："没听见夫人的话吗？还不请出两位小夫人前来见大夫人！"

侍女答应一声去了。

不一会儿，戚夫人、薄夫人来了，她们依次给吕夫人磕了头。

她们见端坐在上面的吕雉虽说不上美艳，可是高大端庄，容貌雍容，那气概不是寻常人能比的，从心里感到敬畏，就低头站在一边。

吕雉只把两个女人瞄了一眼，就觉得自己的模样儿远不如这两个尤物，心里想："这个色鬼刘老四，在女人身上还真有眼力！"又看两个女人在她面前规规矩矩的样子，知道已把她们拿下了，感到有点放心，就对她们说了些抚慰的话。

几天过后，刘邦召集大臣，宣布册封吕雉为王后，接着就派人把吕雉送到栎阳。这时刘盈已立为太子，她应该与太子在一起。

吕雉也很愿意去。她知道现在虽被封为王后，但刘邦的心思仍在那两个年轻女人身上。再说，那里是大汉的老窝，先把老窝占住也是很有必要的。

2

就在刘邦做着回汉中安享"汉王之福"美梦的时候，张良与陈平来到刘邦面前。

张良说："大王，您真打算回栎阳去呀？"

"不回去在这里干吗？"刘邦说，"我真的打够仗了！"

"大王不想拥有天下了？"陈平问刘邦。

"项羽回西楚去做他的霸王了，我该回汉中做我的汉王。再说，我身受几十处重伤，再打下去，怕是就死在前线了，说实话，若是还没得到天下就累

汉高祖刘邦

死,还不如多做几年汉王的好!"

听刘邦这样说,张良拉着陈平说:"算了,算了!天下人之盼望汉王如大旱之望云霓,可是汉王却弃天下人而去了!"

刘邦顶了一句说:"天下人想累死我,我也听从吗?"

张良说:"君王已拥有天下之大半,诸侯也都听从大王的号令,而楚军已兵疲粮尽,这正是上天灭楚的大好时机,大王若趁机率兵伐楚,在项羽回到楚地前,将其消灭,不是有如瓜熟蒂落吗?怎会把大王累死呢?"

陈平也说:"如果放楚王回楚,几年后他还会起兵与我们为敌,那时,怕是大王就难以与其相敌了,这正是养虎遗患的事呀!"

刘邦愣住了,开始认真地琢磨张良与陈平的劝告。

"可是,我与项羽已签订了和约……"

"管它什么和约!"张良说,"成大事者不拘小节,只要将项羽消灭掉,使天下归一,诸侯中谁还会议论您违约呀!"

刘邦没想到他的痞子作风已被张良、陈平学了去。他把大腿一拍叫道:"好,就听你们的,追着回楚的项羽猛打,即使消灭不了他,也使他带着满身伤残回家,几年翻不了身!去,请二位传我的诏令,停止撤军,准备追击楚军!"

张良说:"如今将士们都已归心似箭,怎能令他们回头继续追击楚军,不怨声四起才怪呢?"

"是呀,子房说得很对。"刘邦说,"得想个法子说服他们……"

陈平说:"大王多拿出些银两犒赏他们!"

刘邦一听要他拿钱就火了,说道:"又是要我拿钱,我哪有那么多钱赏给将士们?萧何还欠我两个月的饷银呢!"

张良想了个办法。"大王一时没有钱,可给将士们些许诺,给普通士兵每月发双饷,给有官衔的升两级或三级,立大功的封侯!"

张良的办法正中刘邦的下怀,刘邦急忙说道:"好,好,就用这办法,子房,你去定出个章程来,对将军们,现在就可封赏!"

"大王,这可不是空头许诺,到时候您得兑现!"张良知道刘邦的脾气,多说了几句,"不然,将士们会咒天骂地的,我张良也担不起这责任!"

"子房,这全是我的事,你别担心!"

事情正如张良所料,当刘邦的回军击楚的诏令下达后,军营中立刻炸了锅,咒爹骂娘的都有,但紧跟着汉王赏赐的条款一公布,上下都不说话了。

第二十章 汉王背约 霸王别姬

为了让将士们相信，张良特地以汉王的名义奖赏了一部分有功人员，普通士兵也发了当月的双饷。

三天后汉军开始回兵东向。

刘邦还遣使知会韩信、英布、彭越等诸侯，出兵拦截回楚的项军。他们已看出项羽这回就要完蛋，忙不迭地执行刘邦的命令。

3

高帝五年十月（公元前202年11月）岁首。在北风呼号、大雪纷飞中，汉军由三年的防御转入进攻。

在进军中，萧何明白这是汉军的关键时刻，他尽汉中之所有，派出迤逦蜿蜒的辎重车队，给前线以补给，战士们都换上了棉衣，吃上了饱饭，士气大振。

楚军就不行了。由于是回家，军队必然流于散漫无序，一路上三五成伙，到了村镇就烧杀抢掠，无所不为，形似匪寇。

中原百姓听说两军罢战，本想过一个平安的新年，但在西楚的溃军冲击下，不得不再次流离失所，在风雪中哭叫逃难……

对士兵们的行为，项羽是看到了的，可是他不下令阻止。他这样想：三年来，他们跟我来到北方，受尽了苦难，许多江东子弟还把性命丢在了这里，剩下的都是一贫如洗满心泪水，我还约束他们干什么？

他好歹给虞姬和数个侍女弄到了几辆车子，使他们免受风寒。自己骑马走在车辆一旁，提着长矛的手已被冻麻了。

车里的虞姬拥着几件皮袭是不觉得冷的，但她心疼项羽，她几次掀开车帘对项羽说："大王，进来吧，外面的风雪太大了！"

"你不用管我，你看漫山遍野的将士都在风雪中走着，我得与他们在一起……快把帘子裹严，这时风雪更大了！"

可是，过了一会儿，虞姬又把车帘掀开了。

"你怎么啦，虞姬？"

"项郎，难道我看着你与将士们走路还不行吗？"

项羽只好随她去。

忽然，虞姬看到在山僻小路上走着许多百姓，扶老携幼，缩头缩脑，衣衫褴褛，不时哭叫。她的心揪了起来……

汉高祖刘邦

"项郎。那是百姓吗?"

项羽没有说话。

"这么冷的天,他们怎么流落荒野?"

项羽抬头向那群人看了看,仍然没有说话。

虞姬明白了,那是些逃难的人群。他们为什么顶风冒雪地走在荒野里,是不言而喻的。她抽泣了一声,放下了窗帘。

"项郎呀,只是为了他们,你也该回西楚了!"她心里在说。

她听到有几匹马由远而近跑过来。

"报!"

"报!"他们喊着。

虞姬又掀开了车帘。"天爷呀,可千万别出什么事呀!……"她心里默祷着。

项羽站住,回头望着跑来的钟离昧和几个探马。

"大王,汉兵追来了!"钟离昧说。

"汉军……"项羽问道,又像是在问自己,"和约上不是规定我回西楚,刘邦回汉中吗?"

钟离昧回头看着茫茫风雪,他的手脸都冻得通红。

虞姬小声地喝住车夫。她的心跳加快了……

"汉军想干什么?"项羽严厉地喝问,好像这是钟离昧的过错。

"大王,他们还没有什么大的动作,不过落在后面的几股楚军被他们吃掉了!"

项羽"哼"了一声。虞姬吓得两手捂着心胸,他怕项羽一生气命令大军回头与刘邦再打起来。

"钟将军,前面是什么地方?"

"已临外黄地界了。"

"那里是彭越的……"项羽没有把话说完,就咬牙切齿地不说了。就在项羽与刘邦争雄的时候,狡猾的彭越就把外黄一带划进了自己的势力范围。

"是的……"对自己的主公十分了解的钟离昧低声说。"从昨日起就见到彭越的散骑了!"

项羽久久没有说话。

有点等不得的钟将军问道:"大王,继续前进吗?"

"不,钟将军,绕过这里,从南阳地区经陈县回去吧……"

第二十章　汉王背约　霸王别姬

"是……"钟离昧又停了一小会儿，就勒马回头去了。

回西楚的捷径是经外黄直达彭城，可是项羽竟决定绕个大弯子，为什么呢？虞姬明白，那是他不想与彭越冲突。一旦发生战事，彭越与跟来的刘邦立刻对他形成夹击之势，那样回归的楚军可就惨了！

虞姬明白项羽做出这样的决定，心里会有多么委屈，可又为她的项郎高兴，毕竟他成熟多了！

"项郎，你做得对！回去吧，不顾一切地回西楚去！到家就好了，回到家，你这只老虎把身上的血迹舔干净，几年后，你又是天下无敌了！"

但项羽没有学会张良等人信奉的"黄老"那一套，"忍"的功夫不够。

楚军过了固城，项羽为了不使汉军有隙可乘，下令整肃军队，迅速形成战斗序列。就在这时，刘邦的军队竟然对项羽的楚军大举进攻，在平原上展开血战。

项羽忍无可忍了！

他勒马高声叫道："刘邦呀，小人！你与我刚刚签订了以鸿沟为界的停战协议，墨迹未干，又被你撕毁！你真是欺人太甚呀！刘邦，你这样无信无义，上天不容你，苍生不容你，我项羽也绝不容你！"

他下令全军回击汉军。

本来，汉军很怕项军的威力，所以只若即若离地跟着，几天来只吃掉了几股去村镇上抢掠的小部队，一直不敢与楚军列阵开战。

张良赶上刘邦的乘车，叫道："大王，车里暖和吗？"

"暖和什么，风还是刮进来，把我的手脚都冻麻了！"

"下来跑一跑就暖和了！"

"怎么，子房，你想把我冻死在这里呀？"刘邦气呼呼地说，"经风一吹，我四肢的每一个关节都疼，每一个伤口都疼……"

"那么，大王就这么跟着楚军走呀？"

"就先这样吧！"

"不行，"张良说，"这样跟下去，敌人跑回西楚去了，汉军却被拖垮了！到头来一无所获！"

"你说怎么办呢？"

"向项羽展开攻击！"

"子房，过去咱们凭借荥阳、成皋的城池才与项羽对峙了三年，就是因为项羽军的优势在平原。如果在这里与项羽打起来，那就是以己之短攻敌之长，

汉高祖刘邦

还有不失败的吗？"

"那也得打！"张良说，"打的目的不是打胜他，而是拖住他，不准他回到西楚去！"

刘邦听出张良心中的玄机来了。

他令侍卫把车上的布帘卷起来。"你是想……"

"把项羽拖在这冰天雪地里，不让他回家！"张良说，"咱们的将士多是北方人，天生能够抵挡风寒，这是咱们的优势，而楚军多是南方人，他们在风雪中瑟瑟发抖，就是穿着棉衣也觉得像光着屁股一样，何况他们还没有棉衣穿呢！上天是在帮助咱们！"

"对，对！子房，你说得对！"刘邦说，"可是我下不了车了，你就与将军们指挥吧！"

战斗一展开，汉军就处于劣势。

楚军得知汉军破坏鸿沟协议，个个义愤填膺，不用将军们激励，就人人奋勇当先，冲入汉军阵中猛砍猛杀起来！

汉军呢？一直对楚军有种畏惧心理，看到楚军如狼似虎般地冲来，几乎立刻溃散，四处奔窜。幸亏樊哙带兵赶来，才将大部汉军掩护退进固城里，关闭城门，从城头上发密箭将楚军击退。

张良跑到刘邦面前，问道："大王没有受惊吧？"

"我倒没有受惊，可是，咱们却败了！"刘邦说，"我早就对你们说，在平原上，项羽是常胜将军！"

"可是咱们拖住了他，他走不了啦！"张良兴奋地说，"从这一点上说，胜利的不是项羽而是大王！"

这一夜，北风呼啸，一场大雪又降了下来！

如果项羽这时从固城撤兵，立即头也不回地踏上归途，那这段历史可能就要另写。但项羽的脾气被张良摸透了，项羽不会回去的，他要在这里与刘邦决一死战！

刘邦的背信弃义使项羽和他的将士忘记了大雪纷飞，忘记了刘邦与张良设下的钓饵，忘记了"小不忍则乱大谋"的古训，他们竟想把汉军打垮或消灭后再回家，把刘邦那个老无赖碎尸万段后再回家！

可是他们回不去了！

后代有多少人为性格暴烈但耿直的项羽扼腕叹息！

第二十章 汉王背约 霸王别姬

4

项羽开始顶风冒雪地强攻固城。

固城本不是兵家所争之地，它的城垣倾颓不堪，汉军只好把士兵排成人墙以阻挡楚军冲锋。还是老天帮了他们的忙，一连几天大雪如撕绵裂絮，再加强劲的北风，把雪团向楚军抛掷，弄得他们睁不开眼睛，使他们的攻势大大减弱，要不，汉军早就溃败了。

樊哙、周勃等将领几天不下前线，横剑督率将士，他们个个也身受几处伤痕，眼看就要支持不住了。

北风，白雪，鲜血，死尸……到处是这样的情景。

刘邦唉声叹气。埋怨张良、陈平贸然向楚军进攻，使他陷于绝地。

他指望韩信、彭越率兵前来支援，可是，任他羽檄飞书，就是不见他们的动静。

"子房呀，听了你的话，看来我要做项羽的俘虏了！"刘邦哭咧咧地说。

"大王，我与陈平只是向您提了个建议，您却同意了！"张良虽胸有成竹，但还是不想把责任揽在自己身上。

"这可怎么办呀？"

"大王，熬过今日，项羽就败了……"

"是吗？"

"项羽的士兵人困马乏，饿着肚子战斗，在风雪严寒中，能够坚持几天呀？"

"但愿像你说的那样……"

樊哙浑身血污地走进来。

刘邦连忙站起来迎上去："前线怎么样呀？"

"老天与咱们联合作战，把楚军挡住了，看样子没有大的攻势了！"

"伤亡多少？"

"几乎过半……"樊哙黯然地说。

刘邦松了一口气。

"大王，这样长期拖下去，说不定会发生什么事呢！"樊哙说，"咱们的士兵虽能吃饱，但粮草也不多了，大王，韩信、彭越他们为什么还不来呀？"

一听樊哙这样问，触着了刘邦的痛处，他起高腔骂道："谁知道那两个狗

汉高祖刘邦

日的在想什么？不是自己人就是不可靠！"

等樊哙走后，刘邦问张良："子房，他们不听我诏令，怎么办？"

张良知道刘邦指的是韩信、英布等诸侯。

张良踌躇了一会儿说："楚军已成败局，诸侯们一定也看到了，但大王一直没有明确事成后怎样与他们划分疆土，这就是他们迟迟不肯前来与大王会师的原因。如果您这时表示愿意与他们共分天下，他们一定会迅速举兵来援！"

"一群狗东西！"刘邦骂道，"野猪还没打死，就想着分肉吃了！"

"是的。"

"子房，光靠咱们自己还打不死个项羽，是吧？"

"大王，是这样。"

"奶奶的，子房，你说，我该怎样与他们共分天下？我已经封立韩信为齐王了，他还要怎的？"

张良说："大王，依韩信的聪明，他已经看出，您是在迫不得已的情况下把王位给他的，因此，他觉得不够牢靠。彭越早就控有魏地，您却只给了他个魏相，现在，那个魏豹已死，他企盼着您会让他继位为王，您却一直没有下诏，他不恼火吗？"

"他们恼火，老子还恼火呢。"刘邦说，"他们本是几个流氓无赖，现在趁着天下大乱，各捞了一大片土地，还想着称王称霸，真是没有天理了……"

骂到这里，刘邦忽然住口，大概是想到自己何不是像韩信、彭越一样，也是流氓无赖之流，一丘之貉！

张良等他骂够，说："为今之计，大王如果将睢阳以北直至谷城（今山东东阿）这一片土地全部封给彭越，将陈县以东直到海滨的土地都封给韩信——韩信原是楚人，他心里还眷恋着故土，大王若能将这些地方明确地封给他们，他们会立刻率军出战，那时，项羽就在天下诸侯的包围中了，楚军几日可溃！"

张良说着的时候，刘邦不住地点头，但仍骂不绝口。

"他娘的，那样，这些龟孙子不是与我平起平坐了吗？"

"大王，他们的王位都是您给的，他们自然都在大王之下。"张良说，"等到天下平定，大王可找个机会削去他们的王位，如果有人不听，他就是叛贼，大王兴兵讨贼就是了！"

刘邦的心情开朗了许多。

第二十章　汉王背约　霸王别姬

"子房，还是你真心帮我呀，就依你的主意办！"

其实，这一切都是刘邦早在彭城兵败后就提出来的，那时，困窘的刘邦表示愿意舍弃关东土地，与张良举荐的韩信、英布、彭越等联合讨楚，然后与其裂土共享天下。张良在这里不过是提醒刘邦兑现早先的许诺罢了。

刘邦这人惯于临难时许诺，过后又不认账，现在看到光这样"轻诺寡信"是不行了，便与张良商量着给韩信、彭越各画了一张疆域图，派人带着他册封的诏令，分赴齐、梁，谕告韩、彭。几天后果然不出张良所料，韩信率领二十万大军开赴淮北，彭越也拿出过去舍不得的老本将近二十万军队，向着楚军的后路包抄过来……

这一次项羽是真的完蛋了！

彭越、韩信出兵的消息传到固城时，项羽惊慌万分，他赶紧撤除对固城的包围，回军东走。他打算在彭越、韩信还没合围时，赶回西楚。

刘邦知道项羽虽是逃跑的老虎，追得急了，也会回头咬人的！如果再让他咬上几口，他的人马就所剩无几了。所以，他只远远地跟着，单等四面的友军围上来，再给项羽以痛歼！

项羽趁着刘邦追得放松一些，迅速猛跑。

从来不相信老天的项羽对坐在车里的虞姬说："爱姬，为我们祷告上天吧！愿上天保佑咱们安全到家！"

虞姬跪下来，可是颠扑不停的车里，她怎能跪得住呢？两个侍女一边一个扶住她，她才勉强跪稳。她两手合十，还没祝祷，眼泪就流下来了。

今天的局面，她几日前就预见到了。

在项羽回头进攻刘邦，围攻固城时，他就劝告过项羽。

"大王，见好就收，回头快走吧！回家的路，虽然不算长，可是吉凶难料呀！"

"在回家的路上，谁敢阻挡老子！"

"项郎，说句你不爱听的话，"虞姬说，"咱们的力量已不比往日了！"

"如果我捉住刘邦呢？"项羽说，"如果我把刘邦捉住，谁还再帮助他？那时，风就会往一边吹，天下诸侯就忙不迭地归顺我了！"

项羽说得也是，关键是刘邦。

但凭着女人的敏感，她觉得刘邦虽近在咫尺，却捉不到他……

5

离开固城后,项羽带领只剩几万的人马向着东南跑得又快又顺利。他想跑到垓下时,就折转往北,两天后可到达彭城。

可是过了陈县后,一个令楚军吃惊的消息传来。以淮南王英布为统帅的九江、淮南、蜀汉联军横在了路上!

原来,从固城出发后,刘邦虽追得不那么紧了,可他派急使前往已进入楚地的刘贾、卢绾部,令他们南渡淮水进逼寿春,迅速与已在这一带打开局面的淮南王英布会师。

英布不愧为优秀的军事统帅,他看出了这时的项羽身边虽还有几万军马,但颓势已显,这时如再犹豫不决,就会在将来天下大定后的宴会上失去一席显要的位置。他与刘贾等赶紧到寿春去劝降西楚的大司马周殷。周殷原与英布友好,可称"同袍",两人在英布降汉时也没断了来往。周殷虽没跟随项羽远征刘邦,可是两眼却没有离开过纷乱的战场。现在项羽落败东走,他已在盘算自己的将来了!

因此,英布没费多少唇舌,周殷就表示以后唯英布的马首是瞻了!

他以九江的部队加入他们的战斗序列。

这样英布统帅的三部联军就有近二十万!

周殷在楚军中的地位,与钟离眛、龙且等数位大将等同。他的投汉,给项羽和楚军的打击是致命的!消息一经传开,楚军人人颓丧,个个垂泪,他们知道再也回不到西楚家乡了!

从那时起,绝望的楚军中悄悄逃跑者就络绎不绝了。

面对这严峻的形势,项羽还向东冲击了一天,钟离眛等将领受伤潜走,兵到垓下时,韩信、彭越、英布的几方大军已经赶到,项羽与他的万把人马已陷于重重包围中!

古人说:兵败如山倒,至此,曾经威震寰宇的英雄已走到了日暮途穷!

他被包围在七十万敌军丛中,即使敌人不行攻杀,只一人一箭,也足可将项羽的余众消灭!

多日的大雪,天空逐渐放晴。放眼远望,除了远山和树顶,竟看不到一点积雪,那一尺来厚的雪褥已被鲜血染黑,或被马踏人碾得没有踪迹了。那些不可胜数的死尸呀,已被冻得僵硬,零乱地密密地散布在原野上。

第二十章　汉王背约　霸王别姬

四下是令人窒息的寂静，只有一群群的乌鸦凄凉地叫着从天空扑着翅膀落下来，用它们的尖嘴敲啄着冻得结实的骷髅，听来像铁钎撞冰。

四面的汉军已经停止攻击。就像在积攒力气做好最后一战的准备。

帐篷里虞姬与项羽无言地对坐着，他们的话好像已经说完。

是的，还有什么可说的呢？形势已不用多说，将来已不用分析。咒骂、哀叹也一无用处了。

虞姬从在江东起事时，就一直跟随着项羽，一步也没离开过。她熟谙军武，自己也会几招防身术，她也像将军似的一身戎装。

也许是被寂静压得透不过气来吧，项羽又在说着说了几遍的话。

"黎明，我们将带领愿意跟随咱们的死士突围，你在我的身后，如果我不幸遇难，你可跟随他们出逃，他们会舍身保护你的！"

"项郎，我出去到哪里去呢？"虞姬问。这句话也问了几遍了。

"出去，活着，想着我……"

"那将多么难熬……"

虞姬没哭出声来，但她已抽泣得说不出话了。

项羽性情暴虐，有时看来实是缺少人性，但他对爱情是十分忠贞的。他从不像诸侯们那样，妻妾成群，更不像浪子刘邦"与女人滥交而乱"。他一生只爱一个女人，那就是面前的虞姬。

大概很难忍受帐内的压抑气氛了，项羽走了出去。

一会儿，他喊道："虞姬，你快出来看呀！"

听到喊声，虞姬跑出帐去。

原来，项羽叫她出来看那就要落山的太阳。近几年来，戎马倥偬，早已不看那日日见到的太阳了。今日乍见，那太阳又大又红，巍巍然压在对面的山尖上，使人觉得有些诡秘、怪异……

"虞姬，你看它像不像天上的血口子？"

经项羽这样一说，虞姬更觉得惊心动魄。"项王……"

"从周王东迁，经春秋历战国直至如今，哪一天停止过征伐？苍生在流血，大地在流血，上天也在流血！"项羽感慨至深，"如今上天示警，我们这些人应该受到惩罚了！"接着，他扬起双臂，大声喊道："上天呀，惩罚我们这些人吧！刘邦，项羽……"

"项郎！"虞姬从后面抱住项羽，"回大帐去吧！我怕……"

回到帐中，虞姬安排项羽休息。

汉高祖刘邦

虞姬以为项羽不会睡着的，在这生死存亡的关头，他怎么会睡得着呢？不过休息一下也好呀，谁知项羽刚刚躺下，就响起了鼾声……

"睡吧，项郎，"虞姬自语道，"如果汉军这时杀来了，你也不用再做毫无意义的拼杀，那也是好的……"

这时帐外有战骑奔来，由远而近。虞姬赶紧走出帐去。

来人是虞姬的本家，名叫虞子期。

见虞姬走出来，虞子期下马，半跪着说道："虞子期报告军情！"

"报来！"虞姬道。

"娘娘，周围汉军设下十面埋伏，已经逐渐逼近……我们无路可逃了……"

"唔，我怎么没有听到杀伐之声？"

"汉军已派许多奸细在咱们前线策反，说是投降不杀，还给予优厚的待遇，他们大部已跑到汉军那边去了！"

虞姬长叹一声，却没说什么话。

"娘娘，这事还报告大王吗？"

"不用了……"

"娘娘，我还捉来几个企图逃到汉军那边去的人……"

"放了他们吧，让他们去留自便！"

"是，娘娘……"

虞子期走后，虞姬还在大帐以外盘桓了一会儿。这时，雾气已经散去，半块月亮已升上中天，清冷而明亮。周围远远近近都是汉军的灯火，比天上的星星还要稠密。她自知残余的楚军已处绝境，不用等到天亮，天下就没有西楚了！想到这里，虞姬不由得潸然泪下。

可是她的心绪是平静的，平静得连她自己也感到奇怪。她没有惧怕，没有悲哀，只是感到疲累，老天爷呀，让大王与我休息吧，天下苍生太苦了，我们也太累了！

忽然，周围响起了如怨如诉的歌声，那腔调是那么熟悉，那么悲切……是呀，这是家乡的歌，是楚地的歌声呀！

　　哀戚复悲伤，
　　爷娘依门望。
　　不见爱子回家来，

第二十章　汉王背约　霸王别姬

只见暮鸦映夕阳！
孩儿呀，
你什么时候回家乡？

悲伤复哀戚，
妻儿在野祭，
昨日知你已战死，
今日升起招魂旗！
回来吧，
游荡在外受人欺！

家园已零落，
田地已荒芜，
父母扶将逃难去，
儿女待哺哀哀诉！
亲人呀，回家吧，
诸侯征战随它去！
……

自从刘邦军、韩信军、英布军、彭越军四军合围后，皆知楚军的败局已定，可是谁也不愿出兵给楚军最后一击。

原因有三：一是几年来项羽和他的军队在人们心目中一直是不可战胜的，即使现在它的余威仍使人胆战心寒；二是他们以为项羽一定会作最后的困兽之斗，谁若触着他的锋头，那必定损失惨重；三是项羽在任何将士心中已被当作神灵供着了，他们谁也不愿这尊天神似的人物死在自己的矛尖下！

"子房，"刘邦与张良商量，"明天，还是咱们冲锋吧，我看龟孙子们谁也不想先下手！"

张良点点头，"是呀，实际上项羽已没有多少军队了！"

"有多少呢？我估计他们至少还有三五万人马……"

"大王，没有了，据俘虏们交代，项羽至多有两万人！"

"两万人也不算少，"刘邦说，"他两万可顶我十万人用！不行那就再等几日吧，等他粮草用尽！"

汉高祖刘邦

张良笑道:"如果我是项羽,知道诸侯们是如此心境,我就跃马挺枪杀出重围,看哪个敢于阻挡!"

"子房,你说咱们真的要杀死项羽吗?"

"为什么不呢?"张良看着刘邦,"留着他总是祸患……"

"我看……还是给他一条生路吧,"刘邦低着头说,"他是一世英雄,杀他的人会被后世唾骂的!"

"大王也怕人骂吗?"

"怎么不怕呢?"

"大王,别怕。"张良说,"当年,项羽领几万人出江东,扫寰宇,英雄盖世,现在却一败涂地,他能这样回江东吗?不用我们杀他,他也饶不了自己!"

这时,从帐外隐隐传来歌声……

刘邦问:"子房,这时谁还有心情唱歌?"

"大王听听吧……"

刘邦听了一会儿,抹着眼泪说:"这是家乡的歌,听了这样的歌,我真不想打仗了!子房,我也是楚人呀,我想家了……"

"大王,既然您还在犹豫,就让这歌声为您先冲锋吧!——今夜会有上万人投到这边来,余下的人也没什么战斗力了!"

刘邦终于明白过来,"噢,原来这是你的一计?"

"对,是我出的主意,"张良说,"但教歌的人和编写歌词的人却不是我。"

"他是谁?"

"她是……尊夫人呀!"

"啊,是她,是戚妍呀?她的所长,终于有用了!"

6

虞姬回到大帐,项羽已经醒了。

"这是谁人在唱歌?"项羽问,"唱得人满心是泪!"

"这是家乡的歌呀,大王!"

"是什么人唱的?"

"起初是汉营中有人唱,这时,连楚营中也有人应和了!"

第二十章 汉王背约 霸王别姬

"莫非汉军把咱们的家乡也占领了？"

"还不会吧，大王，"虞姬说，"咱们家乡还有十万守军，他们不可能不战而降的！"

项羽抹着眼角渗出的泪水。

"虞姬呀虞姬，看来我项羽……今生今世回不到江东去了！"

"大王不必如此，胜败乃兵家常事，只要大王突出重围，回到西楚，学勾践十年生聚、卧薪尝胆，将来，还能回到中原，叱咤风云的！"

听了虞姬的劝慰，项羽没有说话。他在帐内转了几遭，命近侍把他的乌骓马牵进帐内，拍着乌骓的脊背，再三长叹。

虞姬看项羽心中难过，就令侍女备了几碟小菜，一壶好酒，要与项羽共饮。

项羽豪饮了三杯，起身慷慨悲歌：

> 力拔山兮气盖世，
> 时不利兮骓不逝。
> 骓不逝兮可奈何？
> 虞兮虞兮奈若何！

这传之万代的四句歌，令后人再三揣摩，其内容至悲至哀。项羽认为自己的能力是无人能比的，就是时运不济，使他功败垂成。他在走上不归路时，最舍不得的是宝马和陪伴他的虞姬。

英雄项羽的精神境界也就止于此了！

虞姬知道这是她的项郎以悲歌与其诀别，一股悲愤哀痛之情充盈胸心。她站起身对项羽说："大王慷慨悲歌，豪气干云，待我和您一曲，以报大王眷恋之情。"

说着取了宝剑，在项羽面前且舞且唱：

> 汉兵已略地，
> 四面楚歌声。
> 大王意气尽，
> 贱妾何聊生？
> 豪气盖天地，

· 377 ·

汉高祖刘邦

　　死亦为鬼雄!
　　英魂永相伴,
　　缠绵宇宙中!
　　……

　　虞姬唱完后,泪下如雨,他对项羽说:"项郎明天可带几百战骑冲出重围,有上天相助可保成功!为了让大王无后顾之忧,虞姬就先离你而去了!"

　　"虞姬,你……你……是什么意思?"

　　等项羽反应过来,扔掉酒杯向虞姬扑去时,虞姬已举剑横向脖颈,猝然倒地了,一缕鲜血溅向项羽的战袍。

　　"啊,我的爱妃呀……"项羽抱起虞姬,痛不欲生,"你……等一等我,我也要抛弃这个纷乱、肮脏的世界,与你携手……"

　　他把虞姬放在榻上,拔出自己的佩剑时,几名将军跑进大帐,向项羽报告,汉军趁着黎明大雾向楚军发起了进攻!

　　项羽停住手,回头问道:"现已黎明?"

　　"大王,是!"

　　"还有雾?"

　　"是,大王!"

　　"好,兄弟们随我出战!"

　　"是!"面前的将军呼喝如雷。可是他们看着躺在榻上的虞姬,个个面面相觑……

　　项羽明白部下的意思。他叹了口气说:"虞姬冰清玉洁,绝不能被人玷污……"

　　他与将军们走出大帐,然后把大帐推倒,把几个火把甩了上去,倒塌的大帐立刻大火熊熊……

　　项羽跳上乌骓,提着长枪,带领几位将军和几百江东兄弟向南突围而去。此时大雾弥天,几十步外就不辨东西。可是,几年来项羽转战于此,即使闭着眼睛也不会迷路。他们冲过几道封锁线,无人能够阻挡。

　　"大王,项羽率军向南逃逸了!"

　　得到报告后,刘邦叫来张良、陈平、曹参、樊哙等将领商议。没有人说话,刘邦说:"随他去吧,即使他逃到楚地,也不会有什么作为了!"

　　张良说:"绝不能随他去!"

第二十章　汉王背约　霸王别姬

刘邦说："怎么办呢，派兵堵截？"

"是的。"张良望着樊哙说，"将军能担此任吗？"

"小将愿往！"樊哙应道，如今不怕项羽的大概就是这个樊哙了。

"将军可带五千轻骑追赶，"张良说，"我估计在项羽身边的至多一千人，你可一路上猛追猛打，即使杀不死项羽，只要把他的残余人马消灭干净即可！"

刘邦说："你一定要避开项羽的锋锐！"

樊哙领兵去了，路上他又与灌婴的两千骑兵会合，飞速追杀过去。

7

跟项羽突围的士卒中多数是没有马骑的步兵，他们拖累了项羽的行程，很快就被樊哙、灌婴追上，双方进行着一场接一场的恶战。

楚军都是不顾生死的壮士，他们对刘邦的背信弃义同仇敌忾，个个都能以一当十，一次次地把汉军杀退。项羽那黑色的斗篷飘拂着，如黑色的闪电，他冲向哪里，哪里就是一片血光，一片哀叫，无人敢撄其锋芒。

可是，樊哙、灌婴记着张良的吩咐，挥兵与其缠斗，有如附骨之蛆，以十抵一，紧紧咬住不放。

及项羽渡过淮水来到阴陵（今安徽定远）附近时，只剩一百余人了。

一轮红日在东南的云霭中时隐时现，雾气仍然浓重。大概是大雾帮助了他们，项羽暂时摆脱了追兵。

"咱们到了哪里？"项羽问身边的人。

可是谁也说不出来。

在一场接一场的混战中，任何头脑清醒的人也会迷路的。

得弄清他们所在的位置，要不，会误撞进汉军的营阵里，那脱身就难了！

又走了一会儿，他们看见一旁的田地里，有几个农夫在拣拾谷地里的遗穗，弄得浑身湿漉漉的。项羽派人去问路。

"老乡，我们要回彭城去，该往哪里走？"

农夫把身子伸直，望了一眼面前的士兵和站在道路上的百十号人马。他知道这帮人是谁了。再说，士兵的楚地口音也暴露了他们的身份。

"向左走吧，不远就有一条大路。"

于是他们向左边跑去，想寻到去彭城的道路。可是没跑多远，就发觉有

汉高祖刘邦

些不对,因为脚下越走越没有路,他们踩到的是长满芦苇的沼泽。又走了一会儿,泥水已埋到马腹……

"咱们上当了,赶紧回头!"有个士兵喊。

他这一喊,大家立刻醒悟,是那狡猾的农民故意所为。几个士兵抑制不住愤怒,向项羽请求回去杀了那几个农夫,被项羽止住了。

就在这时,沼泽周围被汉军包围,杀声四起。

"兄弟们,冲出去呀!"项羽召唤着身边的江东子弟。

可是陷在泥淖中的人是难以在短时间内自拔的,何况汉军又施放箭雨。

项羽两腿一夹,大喊一声,有如天上落下霹雳,那乌骓载着他腾空而起,跃上岸去。这一神威,使汉军魂飞胆丧,乱成一团。项羽又挺枪催马,纵横厮杀,竟把汉军杀退了。

沼泽中的楚军爬上来了,带着满身泥水与汉军且战且走……

中午,大雾散了,他们来到一处地方,项羽认出那是东城(今安徽定远东南),他们不敢进城,绕城向东南方向急行。

这时,他们离他们要去的彭城更远了。

没有了保护他们的大雾,他们这一小股人马,老远就可看得清楚。果然,不久他们就被追上来的灌婴军团团围住,满山遍野地高声呼喊:

"项羽,你逃不了啦,投降吧!"

"我们汉王设宴等着你呢,快快下马归降吧!"

"前面就是乌江,你已上天无路,入地无门了!"

"你是楚人,我们汉王也是楚人,他不会虐待你的!"

"你的许多将军都投降了,他们已成为汉王的座上宾!"

……

项羽回头看看,围在他身边的只有二十八骑,而且满身血污。

"兄弟们,你们投降吧,正如汉军喊叫的,刘邦也是楚人,与我还是结拜兄弟,他们不会虐待你们的!"

兄弟们默不作声。

过了会儿,项羽又说:"我自追随叔父起兵,迄今已有八年,身经七十余战,无坚不摧,无往不胜,故称霸天下。如今反而被困在这里,这是上天灭我西楚,并非是我不会打仗……"

项羽临死也没有很好地反省自己失败的原因。

一个士兵问:"大王,您要到哪里去?"

第二十章　汉王背约　霸王别姬

项羽两眼望着前面说:"我要向着乌江冲杀过去,乌江那边就是咱们楚地了!"

项羽的话音刚落,周围就响起高声呼喊:"誓死跟随大王!"

"好吧,"项羽说,"我项羽有你们这些好兄弟生死跟随,也不枉活这一生了!那么,咱们冲锋!"

项羽打马前进,二十八骑紧紧跟随,如卷起一阵狂风向前勇猛冲去。灌婴的汉军如风卷枯叶,四散而去。

项羽又创造了一个小小的奇迹。灌婴的数千铁骑竟没有阻挡住项羽的二十八骑,让他们冲到了乌江西岸的乌江亭(今安徽和县境内)。项羽只损失了两骑。

傍晚,轻烟似的雾气又袅袅上升,浪花在他们脚下拍打着江岸。项羽和他的二十六个兄弟遥望着大江东岸默默无语。

他们知道只要过了江,不远就是项王起家的会稽郡。想到这里,他们无不感慨万端。如果到了那边,谁能说他们不能重整旗鼓再度称雄天下呢?

就在这时,一叶小舟从芦苇丛中摇了出来。

艄公是个五十来岁的老人,须发虽然雪白,但他面红体壮,他向项羽躬身下拜,朗声说道:"项王,老夫在这里等候多时了……"

"你是谁?"项羽低声问道。

"我是咱大楚的乌江亭长。听老夫一句话,大王。江东虽小,地方尚有千里,人口亦有数十万,依然可供大王据地称王!请大王与兄弟们弃马上船……"

项羽低头不语,士兵们也无一人稍动。

"大王!"老人又说,"眼下唯有卑职有船,即使汉军追来,他们也无船可用,大王可安然逸去……"

后面传来汉军的呼喊,追兵又向江边逼近了。

艄公急了,又喊道:"大王,还等什么呢?快快上船来呀!"

项羽抬头苦笑道:"上天有意要我西楚灭亡,即使渡江而去,又能有何作为呢?当年我项羽率领江东八千子弟过江,如今,我只领二十几人生还,就算江东父老怜惜我,拥护我据地称王,我项羽又有何面目与他们相见呢?也许他们嘴上不责备我,但我项羽七尺男儿就不感到惭愧吗?"

"唉,大王,您怎么这样想呢?江东父老不但不会埋怨您,还日夜睁着眼睛盼望您回去呢!快,别多想了,与您的兄弟们上船吧!"

汉高祖刘邦

"老爹,谢谢您了,为了您的好意,我把我的乌骓送给您!"说着就将自己骑乘多年的名马乌骓赶下江去。

乌骓好似意识到要与相伴多年的主人诀别,昂首嘶鸣,其声使人泪下。

项羽回头对二十六名兄弟说:"你们上船回楚地去吧……你们对我已尽了自己的忠忱,走吧,走吧……"

部下泪下如雨,激昂地对项羽喊道:"大王,兄弟们愿从大王于地下!"

项羽也不强撺兄弟们上船,他令他们全部换上短兵器,准备与汉军肉搏。

汉军拥了上来,看到楚军只剩二十几人,他们纷纷纵马,想把他们踏在战马之下!

项羽以步卒与骑兵对战,其劣势立刻显现出来,只一会儿,他身边的二十六人就次第战死,只剩自己一人了。他行动飘忽,出手迅疾,虽受伤十余处,仍能一气"杀汉军数百人"!

这时,一个汉将逼到项羽身边,项羽认出了他是背楚降汉的旧人吕马童,就问:"你不是吕马童吗?"

吕马童惭愧地背过脸去,对别的汉将说:"这就是威震天下的项王……"

"你还能认出我是项王,足见你还没有忘记老朋友,"项羽说,"听说刘邦要以赏千金、封万户侯的代价来悬购我这颗头颅,看在老友的份上,就让你来得这大功劳吧!"说罢,项羽回身自刎。项羽倒地后,汉军仍然不敢靠近,直到灌婴骑马赶来……

"你们还等什么?"灌婴叫道,"还不割下项羽的头颅领赏!"

灌婴的话提醒了几个站在前面的将军,他们纷纷拥向前去,争抢项羽的首级。最后,项羽的遗体分别为五员将军获得,他们是王翳、杨喜、吕马童、吕胜和杨武,后来这五人都因此而封侯。

项羽抱恨终天时,年仅三十一岁。

第二十一章 欲立皇威 作威作福

1

项羽从垓下突围时,那儿还剩万余楚兵。霸王自刎乌江的消息传开后,他们大部投降,也有少数自行散去,寻路回江东去。项伯等项羽亲属,没有为项羽守节,很爽快地归顺了刘邦。

为项羽打了几仗的是鲁(山东曲阜一带)人。

项羽曾被楚怀王封为鲁公,这是他的第一个封号。他大概没顾得上到鲁地就封,就与宋义一起到定陶救赵去了。项羽派本家项冠去代他留守。项羽死后,鲁地人感念项羽大义,不肯降汉。父老们把义勇子弟组织起来,与前来接收的汉官相对抗。

周勃等将军请求刘邦派兵弹压,并以屠城相报复,可是刘邦不许。他说:"鲁地人思念旧主,甘愿为其献出性命,其情义可佩可敬!怎么能以武力相威胁?"

差不多已经拥有天下的刘邦怎么会对鲁人如此宽仁呢?

这是因为在他心里有一个挥之不去的隐痛。当年魏王率军攻陷他的家乡丰邑时,老家的人竟向魏王投降,背叛了他。他表彰鲁人,正是为了给家乡人看看!

刘邦派出特使运送项羽的灵柩来到了鲁地,一边对鲁人善言抚慰,一边传达汉王诏令,以鲁公之礼厚葬项羽于谷城。刘邦还风尘仆仆地来到谷城行了祭礼,哭得泪湿衣襟。

鲁地人被感动了,他们献城投降。

给项羽办完了丧事,刘邦立刻决定收拾那些诸侯了。

这些人中,他最不放心,最为嫉恨,也最容易收拾的就是韩信了。

往常做这样的大事,他都要与张良商量,可是这一次却没有,因为他的直觉告诉他,张良是不会赞成的。

汉高祖刘邦

再说，他现在正在谷城，离韩信所在的定陶并不远，在夏侯婴等人的护卫下，刘邦直驰韩信军团的总司令部。

前一阶段，刘邦以各种理由做了工作，这时的韩军，虽然总的来说，归韩信调遣，但实际领兵者是曹参。分出来帮助刘邦打项羽的军队则又都是刘邦的旧属，如灌婴、傅宽、靳歙等将领，韩信绝无抗命的可能。

韩信迎接刘邦，因为他现在也是王位，所以不给刘邦行君臣大礼。

"小子，你不用摆谱，下边有你好看的！"

韩信对刘邦亲临项羽灵前发哀，很是称赞。"大王，您这样做，使天下诸侯感到亲和，鲁地人更是称颂不已！"

"我与项羽是老兄弟了，"刘邦说，"打归打，可是我还是很敬重他的，我这人总是忘不了旧交！"刘邦在死去的项羽身上捞了一笔政治资本，很是得意。

"是呀，是呀，"韩信赶紧给刘邦脸上抹油，"这点韩信也感觉出来了……"

可是没等韩信的话落音，刘邦就说："韩信兄弟，你现在也是诸侯之一了，还亲自带兵吗？我看不用了，你说呢？"

韩信在军事上是奇才，在政治上却是庸才。他听了刘邦的话，一时没有反应过来，只是漫应着，"啊……是……"

"仗是还要打的，在南北两方还有敌人，不过那都是些零散的小诸侯，派兵去吓唬一下，他们就投降了，实在用不着像你这样的大将军！"

刘邦这样颂扬他，使韩信的头脑有点发晕。"那个……那个……"

"那个你就把兵权交出来吧，让曹参、灌婴他们去干，你看怎样？"

"全听大王安排！"韩信终于弄明白了刘邦的意思，原来是要他交出大将军的印信、符节呀，他心里有点不平——噢，这是用不着我了？是不是"狡兔死，走狗烹"呢？大概不是，因为我还是齐王呢！

于是韩信立刻喊侍卫把所有的调兵遣将的印信等物搬出来交给了刘邦。

刘邦就这样在喝酒吃饭说说笑笑中解除了韩信的兵权。

上一次在赵地，他是用突然袭击的办法把韩信的大将军印没收了的，在政治上迟钝的韩信竟然依旧给他卖命，现在韩信仍然顺从地听刘邦摆布。这使刘邦感到十分得意。小子，你不是觉得自己了不起，挥手间可以运筹几十万大军吗？嘿，到头来还不是被老子玩弄在股掌之中！

吃过饭后，已是夜半，刘邦把曹参等将领叫到面前，对他们说："刚才我

第二十一章　欲立皇威　作威作福

与齐王吃酒，没有让你们来作陪，请不要介意。如今咱们大汉已经拥有天下，凡事得有个体统，齐王是君王，职位是高出于你们的。等你们也封了王，咱们就好同桌吃酒了！"

曹参等知道刘邦的话是说给韩信听的，也就唯唯称是。

"韩信大将军已经是诸侯王了，自然就不能亲临前线，现在他已把兵权交了出来。"刘邦说，"以后齐地的大军就由曹将军统一指挥，"说着就把印信、符节转交给曹参。

曹参接过，参拜了刘邦。

等一切礼数完毕，刘邦对韩信说："诸事已毕，齐王怎不把你的舞伎、乐女叫出来，让大家尽兴一回呀？"

韩信为难了。他虽是运筹帷幄的大将军，现在又位居齐王，可是生活却是马马虎虎，他不仅没有舞伎乐女，就是身边的一妻一妾也只能照顾他的饮食起居，哪里会什么歌舞？积年累月的风餐露宿，现在已都是黄面婆了，怎么也摆不上场面！

"大王，"韩信起身向刘邦表示歉意，"韩信一介武夫，哪里会蓄养歌女？再说多年过着戎马生涯，也没有那样的雅兴！"

"来来，我对你说，"刘邦把韩信拉到身边，"以前那样可以，但以后就不行了！你是君王了，得有君王的谱儿才行！君王的仪仗要有，歌舞伎人更要有！你既然没有，还是叫我的戚夫人为咱们歌舞一番吧，要不，咱们的相见就意兴索然了！"

说着，戚夫人就从内室且歌且舞地出来了。

见到戚夫人出来献舞，韩信等臣僚们都站了起来，一齐对刘邦拜下去："大王，这真的使不得。君王现已拥有天下，戚夫人就是娘娘，她怎么能对臣下歌舞呢？"

"坐下，坐下，都给我坐下！"刘邦张着两手招呼他们，"你们与我是君臣也是兄弟，咱们在礼数上大体过去就行了，何必论得那么清楚！如果样样按礼数来，咱们不就生分了，拘束了，那日子就不好过了！"

刘邦就会来这一手，使人觉得他随和、亲热、好伺候，从而对他失去了应有的警惕。大家听他这么说，也就坐下来，一齐观看戚夫人歌舞。可是大家仍然十分拘谨。因为娘娘献舞，大家叫好吧，不行，评论吧，更是不行。只好呆呆地坐着。

但刘邦却评论不休，从戚夫人的身姿、歌喉、舞技，评论了个遍。

他用拐肘戳戳韩信的右肋,"怎么样?你说好吗?"

韩信为难地说:"真是宛若天仙……"

"韩信,羡慕老子吗?"

"艳羡极了!"

"我是在齐地定陶把她弄到手的,但她是楚人。天下的女人没有比楚女更好的!"

"那时,战事频仍,大王竟……""我才不管呢!就是明天要抹脖子,今天该玩还得玩!要不,咱们来世间跑一趟干吗?"

"我怎么敢比大王呢?"韩信说,"大王,我像您一样,也是楚人……"

"我知道,"刘邦说,"张良几次对我说起过,说你很是想念故乡……"

"是的,大王!"

"死了的项羽曾说过:一个人飞黄腾达了,不回家看看,犹如锦衣夜行。他说得很对,难怪他成为天下霸主了,也轻易不愿离开家门!——喂,韩信,到家乡为王怎样?"

韩信又犯了老毛病,对刘邦转得如风车一样的思想总是跟不上,就随口说:"全听大王安排……"

刘邦见韩信没有起疑,就说得郑重了。"义帝没有子嗣,你就到楚地去代他为王吧!"

这时,韩信才明白刘邦不是随便说说的,但他又想,到家乡为王也好。从年轻时,家乡人就看不起他,认为他是个没出息的流氓、无赖,现在让他们看看!

既然韩信答应了,刘邦就一刻也不等,叫来文吏,为他写诏任命韩信为楚王!

义帝被项羽改为楚王后给他的封地是很小的,只有几座城和一小片土地。韩信这一顿酒喝得倒霉,不仅交出了兵权,而且连自己的封地也喝去了大半,他就要被撵到楚地去了!

第二天韩信酒醒后,悔恨交加,大半天猫在屋里不出来。他想起蒯通对他说的话,如果那时他自立为王,天下至少有他的三分之一,而项羽也不会惨死乌江,刘邦也不敢对他颐指气使了!

可是,他又想:自己天生就不是称王称霸的料,他只能用兵,只能是一把刀子,握在君王的手里。现在这刀子无甚用处了,就被丢到一边去了!

好在还没到"走狗烹"那一步,就心满意足吧!

第二十一章 欲立皇威 作威作福

他要上路到楚地去,刘邦留下了他。

"韩信,我要在这儿住几天,你就陪陪我吧!"

2

刘邦尽管有许多被人不齿之处,但你得承认他是一个政治魔术家。经他装痴作傻,天下英才都为其用,弄到现在,大好河山尽收囊中,又经三变两变,韩信、英布、彭越等英豪都得绕着他转,后来都得乖乖地听他摆布。韩信是诸侯中的佼佼者,不是差点儿就被剥成穷光蛋吗?

现在齐地当家人是曹参,经韩信多年调教的"军团",已交给曹参。由灌婴、傅宽、靳歙等将领分别统领。刘邦命他们越江而东,先后平定了吴地和豫章、会稽等区域。在此之前与英布有翁婿关系的吴芮已抢先归顺了刘邦,那个桀骜不驯的临江王共尉还是不服刘邦,硬是领兵对抗,最后,被汉军前后夹攻,兵败被俘。

至此,除了岭南还有一个南越武王赵佗外,天下已没有与刘邦抗衡的敌人了。那个赵佗本是始皇时派出镇抚岭南的偏将,后来自立为王,并不与中原来往,刘邦也就不去招惹他了。

但刘邦不是秦始皇,也不是项羽,现在的他,只不过是诸侯承认的盟主。离天下共主的皇帝还差一大步。

他日夜想迈过这一大步。

如果只是他自己想,恐怕他做皇帝的梦还不能变成现实。

可是诸侯们也都这样想了!

他们为什么也这样想呢?

现有的诸侯,都是像刘邦一样,是在战争中拼杀出来的,不是世袭的贵族出身。他们都觉得屁股底下的王位并不甚牢靠,渴望建立一种新的秩序,把自己得到的一切稳定下来,名正言顺起来。为了达到这一目的,那就得先有一个被天下所公认的皇帝,然后由他下诏,确立自己的地位和权益。

另外,还有许多人渴望着有一个新皇帝,他们就是刘邦手下的众多功臣,他们拼命流血,为的什么?不是为的封侯拜相吗?不是为了封妻荫子吗?没有一个名正言顺的皇帝,谁也办不到这件事!

于是诸侯们和将领们都赶到定陶来了。

高帝五年(公元前202年)一月底,楚王韩信、韩王信、淮南王英布、

汉高祖刘邦

梁王彭越、衡山王吴芮、赵王张敖、燕王臧荼一起晋见汉王刘邦。

刘邦知道他们要来做什么，预先穿好王服，端坐大厅中央。

诸王向刘邦以臣子之礼跪拜、磕头。

刘邦假装惊慌，从座位上跑下来，赶紧搀扶众人。"你们这是干什么？咱们都是一样的诸侯，向我行这么大的礼，刘邦敢受吗？"

七王中以衡山王吴芮、燕王臧荼资格最老，都是戏亭分封时的诸侯，他们一边一个，把刘邦架上当中的大木椅上。

刘邦挣扎着要起来，可是他们按住了他，不让他动。然后由年龄最大，且很会说话的吴芮代表七人再次向刘邦下跪，然后上奏道："亡秦暴虐无道，天下共讨。大王为民伐罪，平定关中，生擒嬴氏少主，于天下功劳最大。以后又力挽狂澜，使失位的诸侯恢复王位，断绝的国祚得到承续，流离失所的民众因此安定，论功劳也是大王最大、恩德最厚！接着，又加惠于诸侯中的有功者，使之各立社稷。现在各自的封地已经划定，可是您的大号竟与我们一样，皆为列王，这怎么行？这不仅混淆了上下应该有别的名分，也埋没了大王的不世之功！臣等冒死请求，给大王加皇帝尊号！"

吴芮的这些话，在这场合虽不够典雅，但都说明白了。

刘邦听完后，乐得不知怎么好，他听张良说，在这场合他应该再三辞谢，方算得体，就一边挣扎着起身，一边大声道："不行，不行！我听说只有贤德的人才能拥有帝号，我刘邦怎么能做皇帝？有名无实，还不如不做！如今，你们把我抬到这么高的位置上，我担不起，实在是担不起！"

由于他叫喊得太激烈，在外人听来就像是和人吵嘴，几个侍卫以为发生了什么事，赶紧提刀跑了过来！

"娘的，你们这帮龟孙子跑来做甚？在这里的都是王爷，在商议国家大事，滚远点，都给我滚远点！"

刘邦的臭骂的确与这庄严的气氛不合，可是在座的众人除了像吴芮、韩信读过几年书外，别的都是从前的草寇和文盲，听着却分外亲切。

大家明知刘邦是故作姿态，但劝说还是少不了的。于是他们站起来围住刘邦，你一言我一语"说服"他，就像哄孩子一般。

出身丰邑的老兄弟卢绾说："大王起自民间，推翻暴秦，威加海内，功宜为皇！"

韩信说："而后大王又从蜀汉奋起行威施德，诛伐不义，扶植有功，仁义广被四海，贤德宜为皇帝！"

第二十一章　欲立皇威　作威作福

臧荼说:"大王平定海内后,没有将天下据为私有,而是普施功德于天下,万民称颂,高居帝位是十分适当的!"

彭越、英布觉得说这些大同小异的话实在没意思,就一齐叫道:"大王,别忸怩了,大家都推举您为皇帝,您就当吧!咱们这伙人中唯有您还有个皇帝的样子,别人就更不行了!""是呀,是呀,您当了皇帝,大家就都安心了,咱们该干什么就干什么!"

刘邦说:"好了好了,我争不过你们!既然诸王都这么认为,为了天下百姓,我刘邦就不再推辞了!"

汉高帝五年二月初三(公元前202年2月28日),在汜水北岸的定陶大营中举行了汉帝的登基大典。因为天下初定,而事情又来的急促,一切都很简陋。无非是刘邦坐在正中,诸王及臣僚共三百多人一批批地按职位高低的次序到皇帝面前行礼。礼成后,张良宣布了皇帝诏书。皇帝册立原王后吕雉为皇后,王太子刘盈为皇太子,又追尊已死去的刘媪为"昭灵夫人"……

在将领、谋士中,刘邦特地册封了张良,封他为留侯,领万户。这是除了诸侯王之外的最高封赏了。

3

刘邦当了皇帝后,诸侯回到了他们的封地,各人当他们的王去了。将军们各自回到前线,平靖各自管辖的地方。那么刘邦要干什么事呢?

他把张良叫来,先笑嘻嘻地对他说:"子房,你不用心急,对你的功劳国人皆知,我早晚要让你满意!"

张良懂得刘邦的意思,就说:"皇上请先做几件眼前的事吧,做王时,您应该称'孤'道'寡',您都没做,现在就该自称'朕'了!"

"那是小事,子房……"

"皇上,这绝不是小事,"张良郑重地说,"从今往后,皇上首先要做的事,就是立天子之威!"

这句话正说到刘邦的心坎里。

"好,好,我听你的,听你的!"

"皇上自称'朕'!"

"是的,子房,即使朕做了皇帝,你也是朕的兄弟,你说要先立天子之威,那么从哪里开始呢?不只是光称一个'朕'吧?"

汉高祖刘邦

张良看看刘邦,问他道:"皇上,您觉得自己已经与秦皇一样了吗?"

刘邦摇摇头。他说:"不行,朕最多像个楚霸王。"

"为什么呢?"

"子房,你看。诸王虽尊朕为皇帝,可是朕却没有秦皇的威权。诸王不是郡守县令,而是一个个独立的王国,他们与朕的关系,就像诸侯与楚霸王的关系一样!"

张良点点头,心里想:刘邦虽然老了,但他一点也不糊涂。就说:"皇上,您若要做真正的皇帝,就要从这里开始,让诸王看看您是怎样大立天子之威的!"

"朕行吗?"

"怎么不行?"张良说,"皇上现在拥有二十四郡,为天下之半,手下大将如云,军队近百万,任何诸侯如不俯首听命,皇上即可讨伐之!"

刘邦眉目舒展开来:"朕将按子房说的办!"但他又说:"等朕把都城迁往洛阳后就开始办这件大事。"

"最好现在就办,"张良说,"建立国家就像盖房子一样,地基打不好,将来就会倾倒!现在您的大汉正是打地基的时候,如何能迟疑呢?"

张良的建议有了,刘邦的决心也下了。那么,从哪里着手呢?他得找个扎实、稳妥的办法,绝不能弄得民怨沸腾。

经过深思熟虑,刘邦决定先把几个厉害的角色调得离自己远一点。

韩信已徙封到楚地去了,他觉得干得很成功。这一手除了把军权抓到了自己手里外,还使自己的疆土与齐地联成了一片。而彭越、英布、韩信、吴芮全部划分到东南边缘去了。这对刘邦是十分有利的。

他就如此罢手了吗?绝不。

他每想起他被项羽围在固陵而诸侯们见死不救,直到把他们封成诸王,才为他出手,就耿耿于怀。

"小子们,我早晚要与你们算这笔账!"那时,他就狠狠地发下了誓愿。

彭越、英布、吴芮中有一个最软的"柿子",那就是衡山王吴芮,刘邦就想先捏这一个。

他下了一道诏令,将他徙为长江王,王都从邾迁到临湘(今长沙)。

吴芮在历史上与项羽有旧,在楚汉相争时,他的态度始终不明朗,对刘邦也没有帮上忙,这时也又老又病。在项羽杀害义帝时,他还掺了一手,这也是一条"小辫子"。所以刘邦不怕他造反。

第二十一章 欲立皇威 作威作福

刘邦把这老家伙原来的封地给了谁呢？给了吴芮的女婿英布。这样一举两得，既削弱了吴芮，又破坏了他们的翁婿关系。果然，诏令下了不久，英布就找上门去，赶老丈人搬家了！

那么，吴芮的新封地在哪里呢？原先，吴芮仅仅领有衡山一郡，现在大多了，刘邦给了他南海三郡！可是这时的南海三郡大部都在南越武王赵佗的手里，吴芮哪有能力去向赵佗讨要？所以是块"闻着香吃不到"的肉！

吴芮是个老官僚，他怎会看不出刘邦的一箭双雕的一手呢，所以到长沙后，没几天就气得一命呜呼了！

南方四王中被刘邦除去了一个。

刘邦下令让吴芮的儿子吴臣袭爵，那小家伙只能唯唯听命，不敢乱说乱动。

这一动向，使诸侯们恐慌万分，相互抱怨是免不了的。刘邦等待了片刻，见他们的反抗也仅仅如此，就吓唬了他们一下。

刘邦把都城从定陶移到洛阳后，把项羽死后敢于出头对抗的临江王共尉从监狱里拖出来在街头上斩首示众！

这是头一个被刘邦杀头的诸侯，纯粹是为了让诸侯们见见血！

诸侯们仍然没有反抗，并且像见血的猴子一样，把两眼捂了起来。

他们为什么会这样呢？

彭越、英布等人都是草莽出身，现在好容易捞了个王位，都想安安稳稳地坐享荣华富贵，谁敢招惹拥有大半个中国的刘邦呢？他们现在奉行不悖的是"忍为上"的哲学。他们这时算计的不是与刘邦对抗，而是检讨自己有什么把柄在刘邦手里……

4

彭越首先害怕了，他有一个过错，足以让刘邦对他兴师问罪。

当初，韩信灭了齐国，追杀田齐贵族时，走投无路的田横跑到了彭越那里求助，已是刘邦阵营里的彭越，出于任侠义气竟然收留了他。然后，又出主意让田横带着他的五百壮士避居于东海的岛山上。经过再三斟酌，他派人到东海告诉田横，并动员他赶紧向刘邦投降！

可是田横是条硬汉子，当年项羽十几万大军包围成阳都没有使他屈服，彭越的使臣怎会让他就范呢？

汉高祖刘邦

他仍然守着岛山不动。

刘邦没有去向彭越问罪，而是先让彭越知罪。他知道田横在齐地是很有号召力的，只要他没有投降，就有人蠢蠢欲动，指望他恢复齐国。他是绝不会让田横留在东海上的。

刘邦派使节前往东海，通知田横前来洛阳投降。

汉使说："将军，皇上很敬重您的节义，他说只要您投降，就会赦免您从楚背汉的罪行，还要嘉奖您，给您适当的职位。"

刘邦是这样想的，只要田横归降，承认自己有罪，那彭越就脱不了干系。

田横明白这时与刘邦对抗，有如以卵击石。现在可没有个彭越给他挡风遮雨了。他对汉使说："臣过去的罪孽深重，曾经把汉使郦食其烹杀，听说他的弟弟郦商在朝廷为官，而且受到皇上的赏识。即使皇上能够饶恕我，可是我却害怕郦商大人报复，所以不敢奉诏。请贵使回去对皇上禀明，就把田某废为庶人吧，让我在这东海小岛上终老田园，为皇帝守卫东海，好吗？"

汉使回到洛阳，向刘邦做了汇报。刘邦很生气。

张良说："皇上可做些姿态给田横看看，他就没话说了！"

于是刘邦把郦商叫来，"田横要来投降，他怕你报复……"

郦商说："他无缘无故地把我的哥哥杀了，是我不共戴天的仇敌，不过，我怎样对他，还是听皇上的！"

"那就好。"刘邦说，"你不向他复仇，你也要保证部下不迫害他！否则朕要治他们的灭门大罪！"郦商表示唯命是从。

郦商现在任卫尉之职（相当于京都卫戍司令），很受刘邦的信任，他怎么会为这事自毁前程呢！

刘邦又派使臣持符节去东海，与田横备述刘邦对郦商的训诫，并对田横说："大王，皇上对您可是法外开恩了，您若归顺，大则封王，小则封侯，您若不领皇上的恩遇，冥顽不灵，皇上就要发兵征讨了！"

田横这一回没话说了，就带了几个随从到洛阳去。

在离洛阳三十里的时候，田横暂住在驿舍里。他对汉使说："人臣朝见天子，应先沐浴，以向天子表示尊崇。"汉使只好先进城去复命了。

到了半夜，田横对随从说："你们听着，我田横过去像刘邦一样都是南面称孤的诸侯，现在，他做了皇帝，我却成了他的逃犯，这已经是够耻辱的了，何况，我还曾经杀了郦商的老兄，现在又与郦商一同在刘邦手下称臣，他怎能不报复我呢？即使郦商害怕刘邦惩戒不对我进行报复，我就不惭愧吗？其

第二十一章　欲立皇威　作威作福

实刘邦要我进京，不过是要认识一下我这个人罢了，现在我把头割下来，你们把它送到刘邦面前，才三十里路，容貌不会变的……"

随从听了，还没顾得上劝阻，田横就横剑自刎了！

随从依照田横的遗命，把他的头割下来，用锦盒盛了送进洛阳去。

当刘邦看到田横的头颅时，再三慨叹。

"唉，田氏兄弟三人像我一样起自民间，轮换称王，田横又如此刚烈，真英雄也！"于是吩咐将田横以诸侯之礼厚葬，并封两个来送头颅的随从为都尉。谁知两个随从跑到田横墓上自杀了！

刘邦知道后极为惊惧。他想：田横还有五百人在东海岛上，如果他们都是这样的人，那还了得？于是又派人到东海岛上招降。等他们赶到，看到的是五百具死尸。原来当田横的人马听到主公为了保全他们而自杀，大哭了一场，然后愤而自裁了！

周围村镇上的人都传说着他们的壮烈。

这件事，的确为刘邦立了天子之威，他只派使对田横招降，就把英勇刚烈的田横及其五百人吓死了，其威委实可怖！但是刘邦也想到像田横这样的豪杰，天下多矣，就是项羽的余党隐藏在民间的也不在少数，如钟离眛等大将就不知所在，若不扫荡干净，岂不后患无穷！

他把萧何找来，向他问计。因为在治国方面才能无过于他的了，刘邦就是依靠萧何这方面的大才，才能以巴蜀之财力物力人力支持了三年战争！

萧何想了想说："得制定许多法律……"

"咱们不是有了约法三章了吗？"

萧何说："三章之法不足以御奸，而网漏吞舟之鱼！"就是说张良的约法三章，用来治国怕是不够的，那些能够吞没船只的"大鱼"就往往漏掉了！

"那么咱们需要什么法律呢？"

"秦律！"萧何说，"要治理天下，还得用法家那一套！"

"大哥，"刘邦仍不习惯于称呼萧何为相国，"咱们这不就与暴秦一样了吗？"

萧何笑了。"陛下，您得了咸阳后，向"三老"们宣布废除暴秦的苛政严法，不过是收拢人心的权宜之计，历代的统治者在还没有上台时，都使用过这样的招数，如果上了台，还不把废除的苛政严法找回来，那就是自毁长城了！"

"法，就是长城？"

汉高祖刘邦

"一点不错，陛下！"

"那，大哥就替我把那倒塌的长城给修造起来吧！"

萧何受命后，就"捃摭秦法，取其宜于时者，作律九章"。据说其严酷程度有的甚于秦法。这就是后人指责的"汉萧何私造律法"，其实他不是私造，而是受命而造。

大法造好后，刘邦就"依法通缉"西楚猛将钟离眛和季布。

大法规定敢于藏匿如此"吞舟之鱼"的人，罪及三族。"夷三族"的罪，就是从秦法上照搬来的。刘邦的布告中还详细地描述了这一苛法的执行过程："凡触犯此令者，先毁其容，次割鼻，复斩去双足，然后笞杀，最后割下首级示众，并将其尸身在市场上剁成肉泥！如果在被捕前出言不逊或大声詈骂，还要先割了舌头……"这还不和秦朝的苛法一样吗？

5

此令一下，皇威立振，诸侯百姓立刻明白诅咒暴秦的时代过去了，他们将回到秦时的苛政峻法中。于是许多沾边的人心惊胆战。

项羽的猛将季布这时藏在哪里呢？

史书记载，楚亡后，他一直藏在他在江湖上的一个老朋友家中。那个人叫周陶。他见了汉朝的通缉令后，十分害怕。他对季布说："将军，我不能收留你了……"他接着把通缉令的内容复述了一遍。

季布是个骁勇的战将，矮个，粗率，像钢铁铸成。朋友说到这里，他十分理解，可是刘邦已坐稳了龙椅，诸侯们也人人自危，谁也不敢匿藏他。一时有上天无路入地无门的感觉。

看到季布犹豫，周陶以为季布仍想赖在这里，就说："朝廷追缉将军甚急，以前我与将军的关系是许多人都知道的。眼看他们就要到我家来搜查了！如果你肯听我的，我还有个办法，如果不听，你与我全家都要完蛋！我是不愿看到那惨景的，现在我就当着将军的面先自杀……"说着就要拔剑。

季布连忙抱住周陶，连声说："老友以身家性命匿留了我多日，大恩难报，我怎能再连累老友一家呢？你有什么好主意，请说出来，我一定遵从，一定遵从！"

周陶对季布说了自己想出的办法，如果是在过去，季布一定会怒不可遏，认为那是奇耻大辱，可是现在被刘邦的苛严法律吓破了胆，也就乖乖地照

第二十一章　欲立皇威　作威作福

办了。

周陶用准备好的铁索套上季布的脖子，又给他剃光了头，把他打扮成因犯罪被官府拍卖的私人奴隶。可是刚送出村去，就遇到了官府的侦缉队，他们又缩回家中。

后来周陶又想出一个绝招，就是把季布装进棺材里，让家奴扮成送葬的人，走出几百里以外，才把季布从棺材里拉出来，连同十多个家奴以极低的价钱卖给了当地一个姓朱的富豪。

起初，季布有点不愿意，可是周陶说："只有这样，你才可以隐姓埋名，长期潜伏下来……"

季布想想也就同意了。

这个姓朱的人，有的史书叫他朱铎，《史记》对他多说了几句，他是当地的一个任侠，被他匿藏的罪犯有数百名，大多都是流氓无赖。朱铎久历江湖，一眼就认出了面前这个光头的家伙，就是失踪日久鼎鼎大名的季布，但他不说破，买下来后，便将他和其余的奴仆交给他的儿子，要儿子驱使他们耕种田地。并吩咐儿子说："田地里的活计你就听这个光头奴仆的，但是吃饭时，你得给他另备一份，并且陪着他吃。"

随后，朱铎就乘上马车直驰洛阳，去见他的老朋友，现任皇帝太仆（卫队长）的夏侯婴。

当年夏侯婴跟随刘邦起事后，数次经受艰窘，都是朱铎帮助了他，正因为朝中有人，朱铎才这么放肆，敢于收留一批地痞流氓和犯罪分子。

夏侯婴是个仗义的人，绝不慢待对他有恩的老朋友，好酒好菜招待他。朱铎呢，整日喝得昏头涨脑，疯疯癫癫，又歌又舞，看到朱铎这么畅快，夏侯婴也十分高兴。一天，朱铎收拾东西要回家去，夏侯婴留也留不住，只好由他。于是又备了送行酒……

在喝到半酣时，朱铎问夏侯婴："老伙计，听说皇上下令捉拿季布，那个季布到底犯了什么罪？"

夏侯婴说："季布是项羽的猛将，有好几次使皇上陷于困境，皇上恨透了他……"

"是这样，"朱铎又问，"那么，老朋友，在你看来季布是个怎样的人？"

"当然是豪杰一类的人了。"夏侯婴顺嘴说。

"是啊，是啊，"朱铎说，"老兄说得对头。做部属的为他的主子效力，这是他应该做的，是他的本分，怎能因此就记恨他呢？你们皇上也太小心眼了吧?"

夏侯婴拉下脸来,正告朱铎说:"兄弟,可不好乱讲……"

"老兄,我这是对你说。现在西楚虽然灭亡,但为项羽出过力并曾效忠过他的人还有很多,皇上怎能捉得完杀得光呢?现在皇上刚刚得到天下,就因自己的私怨去报复一个曾经为其主子出过力的人,何以向天下人显示自己的宽广度量呢?你刚才说了,季布是豪杰一类的人,他如果被追得急了,他不是北投胡人,就是南投越人。驱逐豪杰去帮助敌人与自己作对,可不是聪明人做的事呀!"

夏侯婴点点头,表示认同朱铎说的道理。

"朋友,想想当年楚平王逼走伍子胥的事吧,可别落得个被掘墓鞭尸的下场呀!"朱铎又说。

"老兄,言重了言重了!"夏侯婴连忙拦住这个口无遮拦的朋友。

"我说的是实话……"

"是实话,也有理。"

看到夏侯婴已被自己说服,朱铎进一步说:"既然这样,你现在位居要津,又是皇上面前的人,为何不向皇上细细地分析其中的利害呢?"

话说到这个份上,夏侯婴恍然有悟,明白那个季布就藏在朱铎家里。想了一会儿,他对朱铎说:"老兄,我明白你的意思了。我瞅机会为老兄办这事……"

"怎么是为我呢?"朱铎说,"这是为大汉的江山呀!如果皇上宽恕了季布,必然会有许多像季布一样的人望风来归,这不是化敌为友的好事么?"

"你说得很对,很对!你就在家等我的消息吧!"

夏侯婴的事办得很顺利,他拣了空儿与刘邦说起了季布。

"季布是项羽的一员勇将,也有奇谋,比韩信不行,可是足可以比樊哙等人呀!"刘邦叹道,"他这时躲在哪里呢?"

"皇上,您如果拿住季布,杀他吗?"

"当然要杀,通缉令上写得明明白白。"

"皇上。"夏侯婴说,"我为这事说几句话,行吗?"

"别对朕这样说话,"刘邦斜了夏侯婴一眼,"如今朕虽然做了皇帝,但咱们之间还是老兄老弟呀,有话就说!"

于是夏侯婴就把朱铎所说的道理细细地讲给了刘邦听。

"有道理,唔,很有道理!"刘邦说,"你这小子,为什么不早说?"

第二十一章　欲立皇威　作威作福

夏侯婴说："我能在皇帝面前随便说话吗?"

"夏侯婴呀,你再像那些官儿那样在我面前打官腔,我就揍你!"

这又是刘邦的聪明处,他虽做了皇帝,但在老兄弟面前从不摆架子,他知道自己还需要这些贴心人。

"那么通缉令要改了吗?"

"何用改呢,"夏侯婴给刘邦出主意,"如果季布前来归顺,您好好地待他不就行了吗?这事传扬出去,那钟离昧还不屁滚尿流地跑到洛阳来!"

刘邦立刻下诏赦免了季布,季布便急忙前来洛阳自首。

刘邦召见了他,派夏侯婴设宴款待。第二天就给了季布个"郎中"的官。

这一着还真起了作用,许多原来项羽的将领、校尉都冒了出来,纷纷向朝廷投诚。刘邦不得不为此设了一个由夏侯婴牵头的接待处。

"这一招妙得紧!"刘邦笑嘻嘻地说,"过去他们为项羽卖命,现在都是朕的人了!如果不是夏侯婴这一招,这些人隐藏在民间,还不知闹出什么事来呢!"

可是另一个人前来投诚,刘邦却把他杀了。那就是季布的舅舅,刘邦兵败彭城后放刘邦逃生的项羽的将军丁固。

为什么要杀丁固呢?刘邦的理由是:"像丁固这样的人,他作为项羽的部属,行事不忠。使项羽丧失天下的就是像他这样的人!杀了他,就是让当部属的人明白,千万别学丁固!"

刘邦就不想想,如果当初丁固对项羽效忠的话,他刘邦的小命早就没了,还当得了大汉的皇帝吗?

夏侯婴很气愤,找到刘邦说理。刘邦笑笑,说:"老伙计,这你就不懂了,当皇帝要想立威于天下,就得学会作威作福!"

夏侯婴明白了,赦免季布和杀掉丁固都是用来表示皇帝的威权的,是坐稳皇位所必需的!

第二十二章　问计陈平　擒拿韩信

1

刘邦继续为巩固自己的皇权而操劳着。

许多朝臣看透了他唯恐江山得而复失的心态，给他出了许多主意，作为自己的进身之阶。

有个齐人，名叫娄敬。他原是个平头百姓，就是那时所称的"布衣"。他被曹参所管辖的齐地政府征去服役，发往了陇西。这人四十几岁，有一把力气，黄瘦的脸上除了两只精明的大眼外，没有异于常人的地方。可是他心中藏有韬略，上天又给他机会，他就成功了。

在路过洛阳的时候，他故意穿了一件破羊皮袄，找到也是齐人的刘邦的一位将军，求他引他去见皇上。

这个将军姓虞。虞将军不肯，他说："见皇帝那是非常之事，有那么容易吗？"

娄敬说："我听人说皇帝最大的长处就是礼贤下士，说不定他会见我，只要他见我，我就有良谋献给他，将来我飞黄腾达了，您不就沾光了吗？"

虞将军想，这老乡说得也有理，韩信、陈平、郦食其那一大串吃香的将军、谋臣不都是平民出身，在极偶然的情况下得见主公而受到重用的吗？想到这里，他就答应了下来。他找个机会，就向刘邦推荐了娄敬。

"他是个什么人？"刘邦问。

"他……是个平头百姓。"

"平头百姓想见朕？"

"他说有良谋向皇上进献。"

"好吧，"刘邦说，"现在朕是皇帝，大臣们都不对朕说实话了，也许只有百姓才对朕说几句真话，好，你就让他来吧！"

娄敬见刘邦时，刘邦正伸着两只大脚丫子，让两个宫女给他修剪脚趾甲

第二十二章　问计陈平　擒拿韩信

（接见臣下时，他不是洗脚，就是修脚趾）。如果是韩信、郦食其、英布等人又要因此弄出些不愉快了，可是娄敬不在乎，一边看着宫女们操作，一边对刘邦提出了他的重要提议。

"陛下现以周都洛阳为首邑，是想与当年姬周的兴盛相媲美吧？"

"对呀，你小子倒看得清楚。"刘邦说，"你来到朕的面前，就是想说这句话吗？"

"不，不。"娄敬说，"陛下失算了……"

"唔，怎么，这样做不对吗？"刘邦满脸惊诧。

娄敬觉得刘邦上钩了，就侃侃而谈起来。

他说："周取天下，是以德服人，自认为不用天险来防备诸侯，所以建都洛阳，取其位居天下中心，方便天下诸侯前来朝拜。后来周天子败落了，这个无险可恃的洛阳不能对付那些强大的诸侯，终为诸侯所制……"

"那么朕……"刘邦问，"朕有什么不同？"

这时，一个侍女大概不知怎么用剪刀蹭着了刘邦的脚，他叫了一声："哟，痛死我了，滚，滚，滚出去！"

两个侍女连忙应了一声跑出去了。

刘邦搬起脚仔细地端详了一会儿，看没有伤着，就放心了，他对娄敬说："说，你坐下说！"

"皇上与周王是有很大不同的。"娄敬说，"汉取天下是以力服人，仅楚与汉，就大战七十，小战四十，使天下苍生离乡背井、曝骨原野者不可胜数，哭泣之声至今未绝，所受伤害远未痊愈，皇上能与周之盛德相比吗？"

按说娄敬的话是相当尖刻的，可是刘邦没有发怒。他自知个人德行以及各方面都不能与周天子相比，另外，他明白娄敬所言的主旨是要他懂得怨恨大汉的大有人在，天下绝非太平无事了。这正触到刘邦的痛处，于是，他急切地问："先生来见朕不仅是告诉我其中的利害吧，一定有良策有教于朕！"

娄敬看出刘邦已被他折服，接着说："请皇上把首都迁回到咸阳去吧！"他说：秦地被山带河，关塞坚固，土地肥沃，号称'天府'，一旦有急，百万之众立时可集，陛下如果把都城建在那里，就不怕函谷关以东发生叛乱了！"

"唔，你说得有理，有理！"

"这就像两人打架，"娄敬进一步举例说，"不卡住对方的喉咙，按住对方的脊背，就不能说是全胜。皇上建都咸阳，就等于卡住了天下的喉咙，按住了天下的脊背！在下说得有道理吗，陛下？"

汉高祖刘邦

"好的,"刘邦叫来了那个虞将军,令他把娄敬安排在驿馆里安歇,"朕将与大臣讨论您的提议。"

可是刘邦的臣僚和将军都不太同意迁都咸阳。因为他们大多是函谷关以东的人,有朝一日回到关东是他们的愿望,如果越搬越远了,要再回到关东去,就不很方便了。

刘邦找来了张良,与他商量这件大事。张良一听就称赞道:"这个人很有见识,他是个干什么的?"

刘邦说:"他是个齐人,是一介布衣。"

"皇上至今仍能听信一布衣的话,是古今的英明君主呀!"

刘邦听到张良赞扬他,很是高兴,就请他把道理说得更清楚些。

张良说:"洛阳的形势虽然也算险要,但地狭土薄,的确不是用武的地方,比起左有崤、函,右有陇、蜀的关中,无论从哪个角度看,都比洛阳好得多!占有咸阳,足以居高临下,东制诸侯,那位娄敬的看法是很有道理的!"

有了张良的支持,刘邦心里有了底,立刻把群臣召集起来,宣布了自己的迁都决定。史书上说"即日车驾西都关中",可见他的急切。大概当天是不会去的,立即付诸行动一定是真的。因为咸阳已被项羽烧得破烂不堪,他便命萧何先回去,主持建造皇宫都室,他带领朝廷的班子先到栎阳暂住。他还下令把咸阳改名为长安,取长治久安的意思。

娄敬献策有功,刘邦赐其姓刘,拜为郎中,号奉春君。

2

可是有一利必有一弊。

刘邦的称帝,本是诸侯共举的,他让萧何制法,"依法"处置那些反对派,一切都没与诸侯商量。现在他又擅自迁都于暴秦的都城咸阳,并改名为长安,在诸侯看来,他的心思就昭然若揭了。

原来刘邦企图建立一个大一统的像秦朝一样的帝国!

诸侯们的纷纷然,愤愤然,使刘邦十分生气。他早就养成了有事询问张良的习惯,他把张良叫来,向他说明自己心里的担忧。

张良说:"陛下还记得我曾问过,您与秦帝有什么不同的话么?"

"怎么不记得?"

第二十二章　问计陈平　擒拿韩信

"我再请陛下想一想，国家是像秦朝那样安定呢，还是像项羽时那样安定呢？"

"项羽安定什么？他刚一回到彭城，齐地就造他的反了！"

"是呀，这些诸侯非及早除掉不可！"

刘邦沉吟起来，道理是如此，可是他要去与诸侯们打仗，他就得慎重考虑。彭越、英布很是强大，如果与他们打起来，刚刚安定的局面就会毁掉。

"子房，你说的道理，我懂，"刘邦说，"那么我先讨伐谁呢？"

"燕王臧荼呀，"张良说，"他拥有燕地，挟广阳、上谷、渔阳、右北平、辽东、辽西六郡，其地又在咱们背后，如果诸侯们造起反来，便可与南方的彭越、英布、韩信等对咱们形成夹击之势，臧荼是非除掉不可的！"

刘邦点头称是，但他又说："咱们也不能无缘无故讨伐他呀！"

"先等一等吧，借口会有的……"

正如张良所言，借口很快就来了。

……当年与臧荼同朝侍奉老燕王韩广的臣僚中，有一个人叫温疥。戏亭分封后，韩广因不服项羽把他徙封为辽东王，牢骚满腹，被臧荼趁机打垮吞并。温疥指责了臧荼几句，两人反目成仇。温疥在燕地待不下去了，便到楚军中去投奔大司马曹咎。曹咎死在楚汉相争以后，没办法，温疥又回到燕地，臧荼对他还好，拜他为丞相。可是温疥却与臧荼同床异梦，极想取而代之。

当刘邦定都长安后，臧荼感到了威胁，就对温疥说："瞧着吧，这个刘邦绝不会让咱们这根刺插在他脊背上的！"

"那么，大王要早做准备呀！"温疥说。

"凭咱们一国之力，奈何不了强大的刘邦，要干得找机会联络南边的诸侯们……"

就是这些话，被温疥记在心里，他便秘密派心腹到栎阳去，向刘邦告发臧荼谋反！

不用调查，也不用核实，刘邦就立即召开廷议，宣布臧荼反叛，并御驾亲征，讨伐燕王臧荼！一切决定得如此迅速，这是刘汉朝廷成立以来的第一次。

汉高帝五年七月（公元前202年8月），刘邦亲率大军顶着烈日进攻燕地。

臧荼只是与温疥议论了一下刘邦，离谋反还很遥远。听说皇帝领兵来了，温疥只身逃到汉都长安。臧荼明白了是谁出卖了他，没有办法，只得毫无准

汉高祖刘邦

备地仓促应战，只一接触，就全军溃败，被汉军活捉。

从刘邦率军出发，到胜利班师，总共还不到两个月。

刘邦为了安抚南方诸侯，他没有取消燕国的封地，只是派他的亲信卢绾去当燕王。

尽管这样，臧荼的迅速完蛋，对诸侯们起了敲山震虎的作用，他们没有一人敢于挺身出来为臧荼说话。

弱小者常常由于心怀不满会弄得自己每况愈下，或者陷于败亡的境地。

臧荼的兵败被俘，他的部属自不服气，他们便偷偷地与被刘邦次第消灭的陈馀、赵歇的遗众联合，想趁刘邦大军的撤走和卢绾立足未稳，策划起事。

他们更难以成事，刘邦令樊哙带领两万人马，前去剿灭，樊哙兵到祸除。以后又有几处项羽的旧部作乱，刘邦像拍苍蝇一样，一个个地消灭了。

现在的刘邦，直属的就有三十几郡，就是彭越、英布、韩信联手，也难以与其抗衡了！

他继续收拾着那些外姓诸侯。

萧何在长安已将烧毁的兴乐宫修复，刘邦将其改名长乐宫，同时从栎阳移都长安。

他掂量了一下"兴汉三杰"的分量，觉得势力最弱的当属韩信，于是便将手伸向了韩信。

这是韩信做梦也没有想到的。韩信想，他在楚汉相争中立下了公认的赫赫战功，后又对刘邦唯命是从，刘邦再不会算计他了。他回到家乡后，就安心地享起做王爷的福来。他派人找到曾经供他衣食的"漂母"赏赐千金，兑现了他当初"吾必有以重报母"的承诺。接着又下令，把那个曾经让他背了半辈子"钻裤裆"耻辱的恶"少年"找了来，还以德报怨，给了他个中尉的军职。他说："这人虽然侮辱了我，可也算个壮士，当初我没有杀他，现在更没必要杀他了，是他教会了我忍耐的美德。"

更让他感到得意的是，他率领扈从，出外巡视各县，大肆张扬了一番，无非是想让曾经看不起他的人，看看他如今的威势和荣耀。

这些事让他达到了炫耀的目的，可是也显示了他的浅薄。

就在韩信志得意满的时候，有人上告皇帝，说楚王在家乡阴谋反叛。证据是那个楚将钟离昧潜藏在韩信府里！

这是要命的事！

钟离昧原籍伊庐（今江苏灌云东南），与韩信是同乡。韩信在楚军时，钟

第二十二章　问计陈平　擒拿韩信

离昧很赏识他的才能，曾经向项羽推荐过他。项羽最终也没有重用他，可是韩信却对钟离昧感恩戴德，刘邦称帝后，曾经下令韩信搜捕他，也没弄出个结果。现在，刘邦已掌握了证据，原来钟离昧就在韩信家里，前后想了想觉得很有道理，于是相信了告密者。

那么怎么办呢？

韩信是军事奇才，他一个人就顶十万雄兵，何况再加上个有万夫不当之勇的钟离昧，刘邦害怕了，睡不着觉了。

他把沛丰那帮老班底叫来商量。樊哙、周勃、夏侯婴都是武人，现在的情势更让他们不可一世，他们嚷嚷着："这还不好办吗？派兵把楚地扫平就是！""捉住韩信，把那小子坑了！""是呀，反正如今用不着他了！"……

可是刘邦没吭声。

晚上，回到家里，刘邦吃不下饭，唉声叹气，好像牙疼似的。

"皇上，怎么啦？"吕雉问他。

"还不是为韩信那小子！"

"他又怎么啦？"

刘邦知道吕雉不是个寻常女人，就把有人告发韩信谋反的事，对她说了一遍。

"樊哙他们还要前去讨伐呢，"刘邦冷笑一声说，"他们哪个能抵得了韩信？绑在一起也抵不了韩信一个！"

吕雉想想也是，就说："你还是把张良找来商量吧，韩信再能，也不如张良！"

"张良……不行了！"

"为什么？"

3

刘邦说"张良，不行啦！"是有原因的。

他自从向刘邦进了迁都之议后，就蹲在家里不出门了。他给刘邦的上书说：他自幼多病，在积年累月的戎马生涯中，又使老病加重，请皇上准其在家调养。

张良身体单弱大家是知道的，因此没人觉得奇怪。有几次，因为要商量大事，刘邦特派人相请，可是去张府的人见到的只是张夫人席姝。夫人说张

汉高祖刘邦

良正在行导引辟谷之术,静居行气,不便再出门了!

有几个与张良贴心的人悄悄地来到张良家里,对他说:"君侯为大汉立有殊勋,您又是皇帝身边最信任的人,何以借故退隐呢?"

就是对贴心的人,张良也不把实情说出来。他说:"我家世代相韩,韩国灭亡后,我捐弃万金之资,为韩向强秦复仇,意待天下为之一变。后又以三寸之舌,为帝者师,致封万户侯。这是起自民间的布衣能够攀上的最高尊荣,我已经很满足了!我将弃绝人间一切,跟从仙人赤松子四处云游,等身体大好后,再回来报答皇上的知遇之恩!"

有人把张良的一番话上报了刘邦,刘邦摇摇头说:"子房要怎样,他要成仙呀?唯有这件事,朕没有办法帮助他!"

张良是个绝顶聪明的人,他早已看到项楚灭后,刘邦阵营中必然内斗激烈。功劳越大的人,受到的排挤、猜忌也就越大。现在天下已定,他即使想及早脱身也难以办到,就想出这一绝招。他用自己的一番话,向刘邦及其集团表明,他的志向也就是为韩报仇而已,绝对没有想与刘邦共天下的意思。趁早让刘邦和他那些沛丰的兄弟们放下心来!

张良不行,刘邦就召陈平来。叫他对韩信谋反的事出主意。

刘邦集团的排外性很强,特别是对张良、陈平这些上不得战场的书生,嫉恨得特别厉害。可是张良的功劳太大,在刘汉濒临绝境时,又几次地力挽狂澜,他们谁也心服。但是对刚刚投来没几年就迅速进入决策中枢的陈平,就不给留面子了!

周勃、灌婴等多次对刘邦说陈平的坏话,如说他曾经"盗嫂",品德无行,又说他在经济上不清不楚,是个贪鄙小人。在政治上也不可信任,是个"反复乱臣"。当然,刘邦最信任的还是沛丰、砀郡那批老兄弟,不过他也舍不得陈平。

为此,他曾当面质问过陈平,要他为自己辩解。

陈平说得很直率:"臣是个奇士,为的就是报效君王,君王若不用我,我就去找别的主子,这怎么算是反复?臣到汉营时一无所有,若不靠别人的馈赠,怕是穷得连裤子也穿不上了!如果大王看我无能、无用,我就把钱尽数还上,把官印交了,扭头走人!"

刘邦自己就不是个正人君子,因此,他也不以正人君子要求臣子,听了陈平的话,觉得很有道理,就说:"好了,我喜欢耿直的人,你就跟着我好好干吧!"

第二十二章 问计陈平 擒拿韩信

有了这一经历，他就不大听老兄弟们对陈平的攻击了。

陈平在刘邦这里站住了脚，就更瞧不起灌婴周勃那些人了。这次刘邦为韩信的事问计于陈平，陈平的身份高了，就趁机对他们"踹了几脚"！

他问刘邦道："陛下，您想一想，您的将领的军事才能与韩信相比怎样？"

刘邦望了一眼樊哙、周勃等一眼，叹了口气说："没一个人赶得上！"

陈平一直很欣赏刘邦的务实，所以说："陛下的军队不如韩信的军队，陛下的将领又比不上韩信、钟离眛，臣不能不为陛下担忧呀！"

被陈平"打了几个耳光"后，樊哙等人没个说话的了，只恨恨地转眼望着一边。刘邦呢，也被问得无言以对，低声下气地问："那该怎么办呢？"

陈平见刘邦只听他的了，就又问："有人告韩信谋反，韩信自己知道吗？"

"他自己怎么会知道呢！" 刘邦说。

"那就有办法了，"陈平说，"自古就有天子巡狩的传统，陛下可以巡狩云梦为名，传令诸侯们在陈县相会。陈县在楚国的边界，韩信听说陛下是出来打猎的，必然认为太平无事，毫无戒备地来西界迎接皇上，那时，陛下根本不用兵马，只需一个力士就可把韩信拿下了！"

刘邦连说："好计，好计！"

于是他下了紧急诏书，说要到云梦巡狩，约请诸侯到陈县相会。

刘邦在长安决定以狩猎为名捉拿韩信，其风声还是隐约地吹到韩信耳朵里了。他有点紧张，与身边的僚属商量后，曾有先发制人的念头。他想：楚地之兵可以与刘邦打个平手，而彭越、英布等也绝不会站在刘邦一边，因为近年来他们也对刘邦想独吞天下的举动怨恨不已。

可是隔了几天，他又把自己的"猜疑"否定了。刘邦是为我来的吗？凭什么？我韩信虽然从内心里看不起他，但他要兵我给他兵，要将我给他将，叫我从齐地到楚地来，我就乖乖地来了，把我的封地压小了，我也没有表示出有丝毫怨言，他怎么会整治我呢？

这样一想后，他泄气了。现在我做着楚王，享着清福，已达到人生的巅峰，只要我一表示与刘邦为敌，这一切就会化为泡影，何必呢！

他又把自己的犹豫对心腹们讲了。

心腹们说："大王藏匿钟离眛将军的事，大概被皇上知道了，只这一条，皇上就可定您个谋逆罪。大王如果前去陈县相会，是自投罗网！"

"噢，是为钟将军？"

"这只是一条，其实，皇上早就疑忌大王了！"一个谋士说，"您想，刘邦

汉高祖刘邦

一再地削夺您的兵权,您功勋卓著却不给您王位,后来不得已给了,又把您撵到这里来,他的心思不是昭然若揭了吗?"

韩信点点头。

这时另一个谋士建议:"只要大王斩杀钟离眛,提着他的首级去见皇上,皇上定然高兴,大王也就没有祸患了!"

"有理……"始终想着自己富贵的韩信说,"但是,那不是大丈夫所为。我怎能做那不仁不义的事!"

又过了几天,他又想出了个变通的办法,想陪同钟离眛一齐去见皇上,争取给钟离眛弄个像季布那样的特赦。他把自己的想法对钟离眛说了。

"糊涂!"钟离眛听后气得骂道,"刘邦所以不敢明火执仗地讨伐你,就是因为我在你的身边,做你的帮手的缘故呀!你若今天把我交给刘邦,那么,明天就轮到你了!"

政治上优柔寡断的韩信,知道钟离眛说得很有道理,但他仍没信心与刘邦对抗。

钟离眛等他觉悟,可是他又期期艾艾,说不出有决断的话来。

"算啦,算啦,"钟离眛失望地说,"你韩信不是个厚道人!"说着拔出佩剑,当着韩信的面自刎了!

钟离眛死了,韩信以为问题已经解决,便提着钟离眛的头颅坦然地到了陈县。此时是汉高帝六年二月(公元前201年1月)。

他走进刘邦临时驻跸的陈县府衙,看到刘邦的脸色阴沉沉的,有如浓厚的乌云。刚要下跪口称万岁,就听刘邦高喊:"侍卫们,给朕把叛贼拿下!"

还没等韩信缓过神来,从左右暗房中跑出几个人,先把韩信放倒,十几只脚把他踩住,再把他捆了个结实。

"朝上跪着!"侍卫们向他喝道。

韩信往上看时,刘邦已经离开了。他只得对着空气喊道:"皇上,皇上,冤枉啊!我韩信对您是忠诚的,您看我已经把逆贼钟离眛的头带来了!苍天可鉴呀,皇上……"

过了会儿,跑进几个人来,韩信回头看看,他们中没有刘邦,而是英布、彭越和吴臣。看到韩信被捆得像只刚捉到的猴儿,一个个呆若木鸡。

"各位王爷,给韩信说句话呀,我冤枉……"

可是他们大眼瞪小眼,没一人吭声。

又待了一会儿,进来一位侍卫说:"各位君王请跟我到这边来,皇上设宴

第二十二章　问计陈平　擒拿韩信

相请!"各个诸侯走后,几个侍卫把韩信抬到街上,那里已有一辆囚车停着了。

刘邦先派由樊哙带领的一队人马押送韩信回长安,自己再去接见各位诸侯。

宴席上,刘邦始终面带笑容,对彭越等诸侯客客气气,但没说一句与韩信有关的话。诸侯们呢,一番一番地向皇上敬酒,也没一人提到过韩信。可是尽管彭越等故作镇静,但从他们脸上看得出来,他们都是惊惧不安的。

在囚车中摇摇晃晃的韩信,明白已经铸成大错,一路上嘟嘟哝哝地说:"人家说得不错呀,'狡兔死,走狗烹。飞鸟尽,良弓藏。敌国破,谋臣亡',现在天下已定,我是应该被烹了……应该……"

但刘邦没有烹他。

第一,说韩信谋反,尚无切实的证据。如果可以把匿藏钟离眛算作重要罪状,他又把钟离眛的人头交来了。第二,还是因为韩信的功劳太大,他给刘邦打下了几乎整个天下,就为些鸡毛蒜皮的事把他杀了,对天下人说不过去。

结果是把韩信降为淮阴侯,不准他走出京城。

司马迁在写完《淮阴侯列传》时,感慨道:"假令韩信学道谦让,不伐己功,不矜其能,则庶几哉,于汉家勋可比周、召、太公之徒,后世血食矣!"他也没说出韩信有什么真实的谋反罪状,只是嫌他太炫耀了,太张扬了!

陈平因智擒韩信有功,刘邦对他倍加信任,可是后世人批评陈平暗算"同袍",有失大臣之体,在道德上也说不过去。

可是陈平却尝到了甜头,在以后的事情中更是不择手段,弄得刘邦也对他不满起来,觉得这小子唯利是图,嘱咐亲信们小心防备他。

4

刘邦把与韩信的矛盾解决了,新的矛盾又产生了。

首先,他与诸侯们的关系不像过去那样和谐了。英布、彭越等人兔死狐悲,加深了对刘邦的疑虑。刘邦的任何举措他们都往坏处猜、歪处想。

与此同时,刘邦集团的内部也对刘邦不满起来。大汉建立日久,那些有功将士认为没有得到他们应得的封赏,急得抓耳挠腮,怨言迭出了。

当初,刘邦迁都洛阳时,沛丰、砀郡班底曾经给他大摆宴席,欢庆刘邦登

汉高祖刘邦

基。因为没有外人，刘邦喝了个痛快。他趁着酒兴问他的亲信们："你们给我说实话，老子为什么能够得到天下，而项羽那小子为什么会失去天下呢？"

因为原因太多，大家一时说不上来。

"诸位不要瞒我，我只听实话！"

张良那时还没有隐居，他只是微笑，没有说话。

萧何、曹参、陈平、卢绾、樊哙、周勃等重臣也没有发言。不知他们是没有想好，还是有些话不好说出口。

又等了些时候，起身打破沉默的是个名叫高起的人。这人已六十余岁，仗着与刘邦是同乡，又能给他办点私事，受到刘邦的信任。他说："皇上待老伙计们好，平等亲和，大家都肯为您卖命，项羽在这点上比皇上差远了！"

高起说得虽不够雅训，但的确是实话。

"说得对！"有人应道，这是刘邦的老大哥王陵，他说，"陛下率军攻城略地，所得都归有功之臣，也就是说愿与兄弟们共享天下之利，项羽就不行了，他老是摆出一副贵族的臭架子，害怕功臣，嫉妒豪杰，打了胜仗，他也不计功封赏，占了土地也不分给将士，时间久了谁还肯为他拼命呀，这就是他失败的原因！"

王陵说得比较周全，说出了自己的心里话。

可是刘邦听了以后，摇摇头说："高起、王陵只说了其中的一部分，却没有说出根本。"

那么，什么是他制胜的根本原因呢？

刘邦说："论运筹帷幄之中，决胜千里之外，我不如子房；论稳定后方，安抚百姓输送兵源军需，我不如萧何；论指挥百万将士，战必胜攻必克，我又不如韩信。这三位都是杰出的人才！我能够重用他们，这就是我能够夺取天下的根本原因！项羽只有一个范增，却不能使用，发挥其才，所以他就被我打败了！"

刘邦的直率，是他的优点之一。他说的这些话，真是掏了心窝子。可是在座的各位还是认同高起王陵的话，因为他二人表达的才是他们的心声。他们的意思是，既然你刘邦愿意有功必赏有福共享，那就兑现吧，您就赶快给我们封侯拜相吧！

聪明的刘邦怎么会看不出他们渴望的是什么呢？他心里明镜儿似的。但刘邦一是认为现在江山还没坐稳，尚不是分封功臣的时候；二是他刚得了天下，捧在手里还没有暖一暖，你们就想把它割得七零八碎，他怎么舍得呢？

第二十二章 问计陈平 擒拿韩信

于是,他就把兴汉三杰摆出来了。说的虽是实话,也含有贬低这些沛丰、砀郡老伙计之意。

封赏的事被拖后了,老伙计们怨言四出,可是朝廷又忙起来了。又是征伐反叛,又是捉韩信,老伙计们只好再去为刘邦拼命,争取立下新功。

在平定臧荼后,卢绾碰巧得了个实惠,被刘邦派去代替臧荼做了燕王,成为沛丰集团中裂土封王的第一人。

卢绾的被封,没有缓解有功将士们渴望封赏的急切之情,反而更使他们心痒难耐了!

没办法,刘邦便令萧何草拟一个封赏的草案,经过半年的反复酝酿、讨论,刘邦终于公布了第一批受封的名单。

他们都是头等功臣,名为彻侯。

曹 参	平阳侯	夏侯婴	汝阴侯
傅 宽	阳陵侯	薛 欧	广平侯
陈 婴	堂邑侯	靳 歙	信武侯
王 吸	清河侯	召 欧	广严侯
陈 濞	博阳侯	陈 平	户牖侯

这一批彻侯中食邑最多的是曹参,10600户,其次是夏侯婴,6900户。

陈平也在这批受封人员中,他怕沛丰一伙嫉妒,连忙到刘邦面前辞谢,他说:"臣没有什么大的功绩,不该受封!"

刘邦说:"你帮朕出主意,克敌制胜,怎么能说没有功劳呢?"

陈平说:"当初,如果没有皇上的赏识,我哪有机会给皇上立功呢?"

这句话使刘邦很高兴,他说:"看来你陈平还不是个忘恩的人。"

彻侯受封仪式隆重。先打造一个铁筒,在上面用红漆写上:使黄河如带,泰山若厉,国以永存,爰及苗裔。四句话的意思是皇帝将像黄河、泰山那样地保全功臣及其子孙们的荣耀和利益,而功臣和他的子孙们也得像黄河、泰山那样地永远效忠皇上。

然后将铁筒劈成两半,皇上与功臣各存一半,谓之铁券。

皇上的那一半,藏之宗庙,另一半得举行仪式授予功臣。

头一批彻侯中,吕皇后看看没有娘家人,很不高兴,她对刘邦说:"怎么没有吕泽和吕释之呀,你把他们忘了?"

汉高祖刘邦

刘邦说："忘是没忘，可是封侯是按功劳大小决定的，你们姓吕的还差一点，以后再说吧。"

吕后立刻哭起来，一边抹泪一边说："你一起事，他们兄弟就跟着你东征西讨，又随你到巴蜀去，后来，你兵败彭城，不是到吕泽那里安身的吗？我看他们比曹参不行，可一点也不比傅宽他们差！"

刘邦只好把封侯的功劳簿拿出来，一条一条地念给吕雉听。可是吕后就是不依，她说："他们是我娘家人，他们不封侯，我脸上挂不住，再说，与你最亲的还是他们，就是功臣们都背叛了你，他们也不会离你而去！"

刘邦嘴上没说，心里却在嘀咕：别说啦，在巴蜀只是生活苦一点，离家远一点，你们那吕释之就受不了啦，还不是偷偷地跑回家了！

从吕雉一进他刘家的门，刘邦就听吕雉摆布了，现在当了皇帝，他也拗不过吕雉，就说："好了，好了，我在下一批就封你们那两个好兄弟！"

"下一批是什么时候？我要你明天就封！"吕后叫道，"要不，我就把你的那两个爱妾赶出去！"

两个"爱妾"，指的是戚妃和薄妃。刘邦知道吕后不是别人，她说到做到。到时候，她会弄得刘邦在群臣面前下不来台。

"听你的话，我明天就封！"刘邦连忙说，"你让我清静些吧！"

就这样，在第一批彻侯封完之后，仅仅隔了两天，刘邦又下诏封了两个彻侯，他们是吕泽和吕释之两个国舅爷。

吕泽封为周吕侯，吕释之封为建成侯。

二十多天后，汉高帝六年正月丙午（公元前201年3月6日），皇帝下诏封了第三批彻侯，其中在历史上有名的是：

张 良	留 侯	刘 缠	射阳侯
萧 何	酂 侯	樊 哙	舞阳侯
灌 婴	颍阴侯	陈 豨	阳夏侯
周 勃	绛 侯	周 昌	汾阴侯
郦 商	曲周侯		

其中张良的食邑最多，为10000户，周勃8100户，萧何8000户，其他人从2000户至5000户不等。从食邑来看，武将要比文官沾光。位居相国的萧何尚不如大将周勃。就是这样，武将们仍然不服，他们吵吵嚷嚷闹到了朝廷

第二十二章 问计陈平 擒拿韩信

上去，直接和刘邦争了起来！

"萧何为什么食邑比我们多？大汉天下是怎么打下来的？还不是我们披坚执锐，拼命流血挣来的！我们多则身经百战，少者也历几十次，浑身伤疤无数！而萧何就靠着写写文书，跑跑腿儿，磨磨嘴皮，封邑却在我们之上，我们不服！"

"不服，就是不服！"

"不说出道理来，打死也不服！"

从这件事上看，刘邦那些老伙计像他一样，直到现在仍没有摆脱江湖习气，他们过去虽然也有官有卒，但在根本上是平等的，刘邦呢，也没个皇帝的样子，看兄弟围着他叫嚷，他也跳起来又笑又骂："狗娘养的，你们吵什么？告诉你们，谁也没法与萧相国相比！举个例子给你们听吧，这就像打猎，猎人带着猎狗到山里去了，追杀獾兔的是猎狗，但指示猎狗獾兔藏在什么地方的是猎人，指挥猎狗怎么搏杀的也是猎人！如果没有猎人，猎狗们只能傻跑一阵，什么也追不到！"

"皇上，你说的啥哩，什么猎人，猎狗的？"将军们仍没有理会。

刘邦说："龟儿子，对你们明说了吧，你们就是猎狗，而萧何就是带领、指挥猎狗的猎人！明白了吗？"

将军们不说话了，他们有些明白了。

刘邦继续说："小子们，你们给我说说，猎人能和猎狗的功劳一样大吗？赏赐会一样多吗？何况人家萧何跟我起事时，从宗族里带出来的就有几十人，你们呢？最多与一两个家人同来，这也是很不一样的！"

被刘邦比作猎狗的将军们低头耷脑地走了。

真正使樊哙、夏侯婴等闭嘴的是张良。

一开始，刘邦与萧何等给张良议定的是 30000 户，让他在齐地的任何地方圈定。可见张良在刘邦心中的地位之重。

张良听到后，连忙跑到刘邦面前辞谢。他说："陛下，臣起自下邳，有幸在留县得遇皇上，这是上天有意安排张良为陛下效劳。皇上在用臣的计谋时，幸而时中，臣只求在留县有一小块封地就满足了，哪里敢受封三万户呢？拜请皇上收回成命！"

刘邦说："子房，你是不是被那些小子闹得不敢接受了，放心，目前看来还没有一个小子敢于跟你攀比呢！"

"不是这样，"张良在刘邦面前长跪不起，"皇上对将军们的封赏是很公平的，独对我有些错爱，皇上，如不收回成命，张良将永远不安！"

刘邦又与萧何商量多时，拗不过张良，才封给他一万户，称为留侯。

刘邦麾下那些赳赳武夫，即使他们功盖天地，也没一个人敢于与张良比，因为他们知道没有张良的运筹帷幄，就没有汉家的天下！他们见张良如此谦让，也就闭嘴了！

那个被封为射阳侯的刘缠是何许人呢，他就是项羽的叔叔项伯。他因为早就与刘邦张良通声气，所以项羽一完蛋，就连忙跑到汉军这边来了。刘邦十分高兴，认为他立了大功，赐他姓刘，改名刘缠，这次封赏是因"汉王与项（王）有隙于鸿门，缠解难"，因此被封为射阳侯。

这就使人想到刚刚被刘邦杀死的丁固。当刘邦从彭城狼狈逃窜后，是丁固出于任侠义气放了他一马，刘邦反而恩将仇报，把他宰了，理由是丁固背叛了项羽，此人绝不可留。那么这个改名刘缠的项伯呢？他从鸿门直到垓下，时时与刘邦通声气，难道不该将其碎尸万段吗，为什么不仅不杀反而封侯呢？

5

这封赏只要开了头，就收不住，从汉高帝六年十二月开始，刘邦就先后分几批封了上百名彻侯。可是越封臣子们就越有意见。因为只沛丰集团就有几千人，他们相互攀比，谁也不服谁，谁也觉得吃了亏。每天到朝廷上要官的人络绎不绝。

这使刘邦很头痛，于是又把张良叫来。

张良呢，在家窝了一段时间，已达到了向世人宣示无意功名利禄的目的，就又出来了。再说，他就在长安住着，要想与朝廷断绝关系是不可能的。

这日刘邦与张良在宫院里散步，走到楼阁间相联的悬空桥上，刘邦忽然看到许多人三五成群相聚在沙土上，或指手画脚，或窃窃私语，样子十分可疑。

"那些人是在干什么呀？"刘邦问张良。

"那些人是在商量造反的事！"张良说。

"啊，造反？"刘邦大吃一惊，"天下刚刚平定，为什么他们又要造反呢？"

张良说："陛下从民间起事，全靠这班人为您拼命流血，您才得到天下……"

"朕不是对他们封赏了吗？"

"是呀，您封赏了许多人。"张良说，"他们多是像萧何、曹参那样的老朋

第二十二章　问计陈平　擒拿韩信

友,那些您嫉恨的人大都被杀了。如今您按战功来封赏,就是把直属中央的土地都封没了,也不能满足他们。而那些人既怕得不到封赏,又怕因过去犯下的过错受到您的惩罚,所以他们聚在一起,商议反叛了!"

"那怎么办呢,子房?"刘邦十分着急。

张良想了想说:"陛下先把与他们的矛盾缓解一下吧,将来再慢慢想办法处理他们。"

"你说,你说!"

"陛下,您平生最恨的人是谁?"

刘邦敲着额头想了一会儿,说:"雍齿!这个家伙过去与我有仇,后来又背叛了我。我早就想找理由杀了他,可是他立的战功也不少,一时难以下手!"

"您封赏他了吗?"

"朕封赏他干吗?"

"那您就赶紧封他为侯,这样,别的人就放心了!"

刘邦起初发愣,后来就点头称是,他理解了张良的用意。

高帝六年三月戊子(公元前201年4月17日),刘邦传令大宴大小将军,席间,刘邦特别表彰了雍齿的功劳,当着众将官的面将雍齿封为什方侯,食邑2500户。同时吩咐萧何、周昌及张苍等人加紧封赏工作。

这一手果然有效,将士们的怨怼平息了,那些有过错的人也放心了。他们高兴地说:"连皇上痛恨的人雍齿都封了侯,咱们还有什么可担心的!"

由于大封特封,受封彻侯的达到了140余人。那些立大功的人又愤愤不平了。他们觉得自己竟与自己的部下共同列为彻侯,心里很不平衡,朝廷上下也有议论。于是刘邦又想出了办法,那就是在这许多彻侯中挑选出功勋卓著的十八人,给予"元功"的称号。这些人中有曹参、萧何、樊哙、张良、周勃、陈平等公认的大臣。

这时,有个人的问题显得十分突出,他就是韩信。

韩信的功劳足可以列于"元功十八人"之中,但他却因一项莫须有的反叛罪名遭到逮捕,最后只得了个空头的淮阴侯。

可是韩信人倒架子不倒,仍然十分倨傲,常常称病不参加朝会,有空就在朝廷周围溜达,老熟人与他打招呼,他也爱搭不理的。

在刘邦大封功臣时,有人为他抱不平,韩信却说:"我才不要那个彻侯呢,与周勃、樊哙那样的人排列在一起,我觉得是耻辱!"

汉高祖刘邦

可是当他听到樊哙曾在刘邦面前替他说话时,他又感激樊哙了。一日,他到樊哙家去拜访。他一进门,就把樊哙惊呆了。接着,樊哙手忙脚乱,连话都不知怎么说了,道:"大王,不知……大王竟肯赏光,驾临寒舍……"他喘吁吁地跪下来给韩信磕头。可是韩信站了一会就回头走了,樊哙又跪送他……

这件事说明了那些武将尽管气壮如牛,装作看不起文士们,但他们在韩信等人面前,骨子里还是十分自卑的。

韩信走后,樊哙乐呵呵地对别人说:"韩信不是不愿与我们这些粗人为伍吗?说归说,这不是跑到我樊哙家里来了!"

说实在的,没有人再比刘邦清楚韩信是冤枉的了。所以,刘邦每看到韩信,心里总是有点过意不去,于是有空儿就把韩信召来和他聊聊家常。这也是一种羁縻韩信的办法,韩信也就感觉满足了。

有一天,刘邦和韩信谈起开国的那些将领来,他要韩信逐一评点一下。

"他们现在都是列侯了,我韩信还能点评吗?"

"他们曾经都是你的部下,没有人比你更了解他们,为什么评不得!"刘邦说,"在朕面前,你就说实话好了!"韩信想了想就从曹参、樊哙、周勃……一个个地评了下去。主要说谁的才能如何,谁能够带领多少人马……

刘邦是个指挥过作战,时时亲临前线的皇帝,他突然想知道韩信对自己如何评价。"韩信,你看我能带多少人马呢?"

韩信脱口而出:"陛下至多不过能带十万人马!"

刘邦一时接受不了,红着脸反问韩信:"你呢?"

韩信说:"我嘛,当然是多多益善!"

刘邦那痞子脾气又上来了,他笑着问:"你带兵多多益善,我带兵不过十万,而你是怎么让我制服的?"

韩信知道刘邦生气了,但他头脑转得快,连忙笑着说:"陛下不善将兵,而善于将将,这就是我韩信被您制伏的缘故!而陛下的这种本领,正如子房先生所说,是来自'天授',并非人力所及呀!"

幸亏韩信最后几句话给刘邦挽回了面子,使刘邦下得来台,可他自居功高不服他人的心地已暴露无遗。

第二十三章　平叛亲征　败困白登

1

刘邦封了大大小小那么多彻侯，以为可以使那些开国功臣们高兴了，对他感激了，今后更为他不惜性命了，可是不然，大量的封赏，使得每个功臣的心里点起了一把邪火，竟没有一人感到公平，感到满足。每逢朝会，他们就在刘邦面前吵嚷成一片，甚至相互攻击，大打出手。太史公描写道："饮酒争功，醉或妄呼，拔剑击柱"，其乌烟瘴气可以想见。后世想象的朝廷的仪礼根本没有，倒很像一伙强盗的聚义厅。

这些人多数是沛丰、芒砀出身的老兄弟，他们以为都是一起跟随刘老四出来的，功劳差别也许会有，但很难分出高下。要他们养成尊卑有序的习惯，一时是很难的。

刘邦想找张良问计，可是张良不愿招惹那些虎狼，要陈平想办法吧，陈平也怕那些从不把他放在眼里的人，找理由躲开了。

这时，有个人悄悄地去见刘邦，要给他出一招。

他是博士叔孙通，在朝廷为博士，是个不算高级的谋臣。此人原事秦朝，后来见秦纷乱，又投项梁。项梁死后，就转到楚怀王朝廷。当戏亭分封后，项羽把楚怀王撵到了湖南，他又再投项羽，及至刘邦联合其他诸侯攻克彭城后，他又找到了新主人刘邦，做了汉王的博士。他的履历就足以说明他是个地道的投机分子。

叔孙通现在五十多岁，一张瘦长的脸，两只杏核小眼，整日想钻空子，想在晚年捞个更好的前程。

一天朝会后，刘邦被功臣们闹得头都大了，唉声叹气地向后宫走去。

"陛下，陛下，臣有要事上奏……"

刘邦回头看看，见是瘦猴儿似的一个儒生，就站住脚。叔孙通自做博士以后，大概没与刘邦说过几句话。

汉高祖刘邦

"你……是谁?"

"陛下,我是博士叔孙通呀!"叔孙通跪下来。

他跪下,刘邦就得低头说话,怪累的,就喝斥道:"有话站起来说!"

"是,陛下!"叔孙通又站了起来,不过他的腰还是干虾似地躬着。"小臣想对目前功臣们的邀功争赏提提建议……"

刘邦厌恶地看了看他,说:"我从不稀罕你们这些穷酸儒生……"之后,刘邦想抬脚就走。

可是叔孙通跑到刘邦前面挡住了去路,以致侍卫们要拔剑干涉了。

"陛下,您不能这么看,儒生这类人,在夺取天下时,的确没大用处,可是在治理天下时,就可派上大用场了!"

刘邦哼了一声,道:"那么你比张良、陈平如何?"

叔孙通说:"小臣当然比不得张良、陈平两位先生,可是尺有所长,寸有所短……"

"你说,你对目前这乱糟糟的局面有什么办法?"

"陛下,从古以来,朝堂之上、君臣之间都得讲究'礼','礼'就是规矩,没有规矩不成方圆。臣想到鲁国去召集一些儒生,再加上臣的一些弟子,先给皇上制定一套礼仪,使君臣相处有规矩可循!"

"有了规矩,这种乱作一团的事就不会再发生了吗?"

"是的,有了规矩,臣子如果违犯,就是'非礼',那就可以依法治罪了!一年半载之后,朝堂上即可秩序井然!"

那的确是诱人的前景。刘邦立刻招呼叔孙通:"好吧,你先跟随朕来,把你的'礼'说给朕听……"

叔孙通觉得有"戏"了,就紧跟着刘邦来到后宫。

刘邦破格地让叔孙通坐下,听他把应有的朝仪说了一遍,刘邦皱皱眉头,"老伙计,你可不要弄得太烦琐,那样连朕也受不了!"

叔孙通说:"怎么会呢,从古至秦,历代的仪礼都不一样,都是根据时世人情而定,小臣打算兼采古礼和秦仪的长处,结合本朝实际,制定咱们的汉礼,陛下以为怎样?"

刘邦出自草莽,对那些束缚人的烦琐仪式本能地感到反感,就说:"你就去干吧,最好简单一点,至少要让朕做得到!"

叔孙通兴致勃勃地来到鲁地,在孔夫子的家乡找了三十多个熟悉礼仪的老儒生,可是当他对他们说明要帮助汉朝兴礼作乐时,有些人就不干了。

第二十三章　平叛亲征　败困白登

一个老儒生骂叔孙通："你这老东西侍奉的主子该有十多个了吧？依照古制，人得积德百年才行，像你这样无德无行，全靠对权势者溜须拍马得宠，有什么资格制礼作乐呀，别胡闹了！"

叔孙通不是个被轻易骂倒的人，他也笑着回骂道："你们这些个腐儒，如今是什么世道了，还讲究那老一套！"

回到长安后，叔孙通又找到已在朝廷中谋得官职的几个儒生，如随何、陆贾、刘敬等一起商量怎样制定朝仪的事。

在长安是不成的，因为如果这事被那些将军朝臣知道后，一定会被干扰，他们是绝不愿意老家伙们干这事的。

于是他们带领着从鲁地来的几十个儒生，再加上叔孙通原有的弟子，一齐来到长安郊外，用树木圈起营寨，在里面演起礼来。

他们的行动当然引起了人们的注意，纷纷跑去观看，从围栅的缝儿里望去，只见一百多个身穿长袍大袖的人，在几个老头子的指挥下，如舞如蹈，起立下拜，弄得满身大汗，尘土飞扬……但终究看不出什么名堂，也就趣味索然地去了。

两个月后，叔孙通上奏刘邦，说大礼已制定完备，请陛下前往审阅。

刘邦坐着六匹大马拉的车，几百名侍卫护持着威风八面地去了。叔孙通请刘邦上坐，他与儒生们扮做群臣，将他们创制的仪礼从头到尾地演习了一遍。然后又教刘邦如何应对。叔孙通给皇帝设计得十分简单，所以刘邦做了几次也就学会了。"好，好，朕能够这样做……能够这样做！"

第二天，刘邦下令群臣都到郊外观礼，观了几遍后，刘邦就让他们跟着演习。起初，那些文武官员还有些兴趣，后来就觉得像耍猴儿似的不满意了。他们不住地发牢骚，有的还怠工坐在一边。

刘邦对他们说："以后，你们见朕时，就要这样行礼，做不好的就要杖责和免官！"朝臣们看刘邦说得十分严厉，就又努力地学起来，如果拼命赚来的官为这些游戏似的小事丢掉，那就太不合算了！

汉高帝七年十月初一岁首（公元前200年11月），皇帝在萧何刚刚建成的长乐宫前殿接受诸侯以及群臣新年朝贺。

这是叔孙通创制的朝仪大礼头一次实地演示。

天刚黎明，诸侯及群臣齐集宫门外。由赞礼官高声唱礼，诸侯、群臣依次走进宫门，站立两旁。这一从没见过的阵仗已使臣僚们严肃异常，刘邦也初步尝到了皇帝的威仪凛然。往日这时，他们交头接耳、笑语喧哗，往往刘

汉高祖刘邦

邦大喊几次,他们也不理睬。

接着,由郎中和中郎组成的御林军走进来了,他们全身披挂,执戟在手,戟锋闪闪发光,有如朗星。宫内警卫森然,御座前几行卫士身裹铁甲,腰挂长剑,虎背猿腰,蹙眉裂目,使人胆寒。

这时,刘邦身穿皇袍,乘坐御辇进宫,几个宫使自外而内,一声声地传报。那尖厉的声音叫人心颤。

刘邦下辇后,由赞礼官在前引导一步步踏过御阶走上礼台,然后升座。

樊哙觉得够麻烦的了,就小声问身旁的周勃:"怎么样,该完了吧?"

"别说话,你这蠢汉,"周勃用拐肘捣了他一下,"这才刚开始呢!"

樊哙长叹一声,回过头去。

赞礼官又高声喊叫。几位礼官走出来,分别引导诸侯及六百石以上的官员依次走到台前向皇帝奉贺。

在这肃然的气氛中,有人结结巴巴,有人期期艾艾,有人甚至把词句忘得干干净净,急得大汗淋漓。就是平时巧舌如簧的人也感到如履薄冰般紧张。

大礼已毕,樊哙说:"俺娘唉,可完了,没事了吧?"

在他身后的周昌说:"完不了,皇帝还要赐宴呢!"

"俺自己回家吃不行?"

"你和皇上说去!"

樊哙只好闭嘴。

诸侯及群臣按级别顺序走进宴会大厅,在规定的位置坐下后,赞礼官重复了入宴的礼数。他说:大家要做拜伏抑首状,不能与皇帝平视,侍从给大家斟酒后,要按爵位高低、官秩大小依次向皇帝举觞祝贺。如此循环往复者九,赞礼官即宣布"罢宴",朝臣便可依次退出宫殿。

樊哙伸伸舌头,但没敢说话。他心想:喝杯酒还要这许多规矩!当年我在鸿门宴上当着项羽的面,一斗酒一饮而尽,他也没敢把老子怎样!刘邦是自家哥们儿,竟来了这么多的礼数……

不一会儿轮到樊哙他们了,他紧跟着同级官员们持觞走到御台前祝酒,他只举了觞,却没敢说一句话,怕说错了挨罚。就在这时,在一旁监督的御史高声叫了几位将军的名字,责备他们举止"失仪",将他们撵了出去。

樊哙战战兢兢地走回来,庆幸自己没有出错,撵出去就丢面子,要是被揍上一顿,那就更失身份了!

回到家里,樊哙大声嚷嚷道:"快给老子备酒!"

第二十三章 平叛亲征 败困白登

夫人吕须问他:"你不是刚刚从宴会上下来吗?"

樊哙说:"喝那规定的几觞酒,不仅没过瘾,还引出酒虫子来了!快多给我备一些酒!"

"到底是怎么回事呀?"

"你问什么,待会儿我从头至尾地告诉你!"

樊哙喝了几大碗后,对吕须说起了朝会和宴请的经过,描述得绘声绘色。"当皇帝真不错,从今往后,可不敢在刘邦面前胡说八道了!"

"刘老四还真会摆谱儿,我才不听他的呢,要是在他面前,我还敢叫着他的小名儿骂他!"吕须笑着说。

"夫人,不行,不行,你别给我惹祸!"

"他敢,谁还不知他能扒几碗干饭!"

吕须是吕雉的妹妹,生得比吕雉更好看,脾气更暴烈。一年冬天,她来姐姐家帮着做被子,刘邦走进来,见吕雉没在房里,就把她搂起来,涎着脸说:"好妹妹,你躺下让我试试,看樊哙好还是我好?"

没想到吕须推开刘邦并反身坐起,把刘邦摁住,拿剪刀对着他的喉咙说:"看我宰了你这个色鬼!"

刘邦吓得赶紧告饶:"好妹妹,别呀,你姐姐就要来救我了!"

"别叫妹妹,叫老娘!"

"是,你是我老娘!"

大概是有了这些过节吧,刘邦从不敢在小姨子面前摆架子!

朝臣们还没有走完,激动的刘邦就叫住叔孙通,对他说:"他娘的,老子今天才尝到了做皇帝的尊贵呀!为了今天,拼命流血,死上几十万人,值!"

由于叔孙通创制朝仪有功,刘邦给了他个"太常"的官儿(相当于典礼局的局长),外加五百斤黄金。叔孙通趁机向皇帝请求道:"陛下,没有追随我已久的门生,小臣一人也创不出这么完整的礼仪来,请您也赐给他们一个官儿吧!"

刘邦由于兴奋,一口答应了叔孙通的请求,把他的弟子一律封为郎官!

叔孙通回家后对在那儿等待着的家人和门生报告了喜讯,还把五百斤黄金分给他们。弟子们都赞颂他,感谢他。"叔孙公能知当世要务,是现今的圣人!"

2

创制朝仪后,在刘邦的支持下,叔孙通又制定了皇帝与各级官吏的宫室、

汉高祖刘邦

车舆、仪仗、文件与称谓等制度。这些都不是叔孙通的别出心裁，而是从秦制中抄袭来的。所以历史称这是"汉承秦制"，大体是不错的。

刘邦通过叔孙通把大汉的"马车"拽进秦朝的轨道后，走得极为顺畅。但他担心的仍是异姓诸王。

这其中的奥妙是在床上运作的。

平日，一到夜晚他是在戚夫人宫里安歇的，他仍恋着这个女子。可是遇到心里有事，就宿在皇后那里去了，他知道与戚姬讨论国家大事是不行的。吕雉就不同了，她有逼人的男子气概，她给刘邦出的主意常常是可行的。

这天，刘邦又来了。

吕皇后问他有什么事，他推说没有。睡下后，又唉声叹气。吕雉又把灯点上，披衣坐起。"皇上，有事就说出来吧，你要是没有事，会到我床上来吗？你对功臣的封赏完了吗？"

"大体上就那样了……"

"你原有几个王爷，现在你又封了一二百个侯爷，你觉得自己还剩下什么了？"

这点刘邦不是没有考虑，他算了一下，直属的土地几乎都分封光了，以后朝廷的开支会入不敷出，他会不会成为历史上的周天子，只是个空架子？甚至和那个什么周赧王一样，靠借债度日？

"皇上，南方的那几个王，本就是些和你离心离德的诸侯。就是跟随你打天下的那些沛丰、砀郡出身的功臣，现在他们也都有了自己的食邑，一家门口一个天，都过自家的日子了，今后，他们还和你一条心吗？"

"吕雉，我担心的就是这……"

"皇上，还是自家人可靠，今后，你绝不可再封异姓王，就是已经封了的，也要慢慢地把他们换上自家人！"

现在拥有王位的就是七个人，即英布、彭越、张敖、韩信（已降淮阴侯）、吴臣、卢绾和韩王信。全是异姓王！韩信的淮阴侯和韩王信只是个摆设，没有实际的封地。卢绾与刘邦的关系特殊，吴臣已经没有什么力量了，情况比韩信好一点，张敖是他的女婿，应该是可信的。真正使刘邦担心的仍然是彭越和英布。

要封自家人，封谁呢？

两人商量到夜半，确定了四个人：刘肥、刘交、刘贾和刘仲。

要封王就得给他们找出功劳来，否则对群臣说不过去。现在汉朝的封赏

第二十三章　平叛亲征　败困白登

还是被论功行赏的规矩控制着。

可是他们四人中，有人上过战场，也打过几次仗，如刘交和刘贾，如果依功封赏的话，连个"侯"也够不上，刘肥和刘仲几乎寸功未立，怎么个封法呢？

还是吕雉有办法，她说："功劳这玩意儿，说有就有，说没有就没有……"

"怎么能这么说？""皇上，你听着，"吕后说，"刘交跟随你起义，一直参与机密，这不是功劳吗？刘贾从还定三秦时，就一直是执戈上阵的战将，自然有功可表。刘肥是你的长子，归汉后，跟随你也出过几次兵，要给他叙功，谁敢不依？你的二哥刘仲嘛……他是从未披过甲胄，可是你就不要以军功说事，他从起兵之初，就侍奉太公，参与守护丰邑不也是功劳吗？"

嘿，经吕雉这么一说，刘邦心中豁然开朗。他本就是个无赖，善于把没影儿的事，说得天花乱坠。何况这四个人还多少有点影儿。

"好，好，"刘邦心情好多了，又说，"你这婆娘，如果是个男的，我就拜你做丞相！"

随后，刘邦突然封自己的弟弟刘交与从兄刘贾为楚王和荆王。他们的封地大体上是韩信为楚王时的地盘。隔了几天，刘邦又把他的哥哥刘仲和他的儿子刘肥封为代王和齐王。代王的封地有云中、雁门、代郡等五十三县。齐地有胶东、胶西、临淄、济北、博阳、成阳共七郡七十三县。

刘邦给他们写的封立诏书，基本上就是吕雉在被窝里说的那一套。

这措施一出台，就把诸王及群臣弄得张口结舌，可是没人说话。因为诸侯及彻侯们有了封地，有了食邑，就像贵重的鸟儿一样，谁也不愿妄动，都懂得"爱惜自己的翎毛"了！可是，他们都看得出来，以后像卢绾那样的便宜，是不会有了！

封立这四个诸侯，刘邦没有与张良、陈平等人商量。说实话，干这些事，他很怕张良他们的劝谏，再说，这时朝廷上给他出主意的人多着呢！

刘邦没有听到反对的话，可是颂扬的话却来了。

有个小谋士出头见刘邦，他说："皇上，您的举措真英明呀，微臣真为陛下高兴！"

刘邦本来想听到大臣们的赞扬，可是却等来了个排不上号的谋士，他望着面前的那个其貌不扬的儒生问："朕的英明在哪里？"

这个人叫田肯，过去有许多大谋臣如张良等在他上头，轮不到他说话。

其实，他还是很有头脑的。

"秦朝灭亡有许多原因，其中之一就是没有封立自己的亲属。始皇的后妃、子侄都没有爵位，都没有权力，以至于赵高、李斯谋逆，竟没有一个人挺身而出阻止他们！"田肯说，"皇上，您一定要接受这一教训……"

刘邦好像被田肯一下子点醒了，他开始认真地听他说话。

"说下去，说下去！"

"皇上，在始皇废封建改郡县时，有人曾经提醒过始皇，建议他不要做得太过分，在关键地方安插自己的子侄亲属为王，可是他却认为这是周朝灭亡的原因，根本不听，结果使秦成为一个短命王朝。您就好多了。当您把韩信从齐地徙往楚国，我就暗地里为您叫好，对我的同事说：'皇上这一招好得很呀！'您想：齐地东有富饶的琅琊、即墨，南有可做天然屏障的泰山，西有黄河、孟津之险，北有渤海渔盐之利，幅员广达三千余里，集结待命兵力可达百万以上，这可是一片足以与关中相媲美的地区呀！若非自己的儿子，切不可使之就封齐王！现在，陛下把自己的长公子封到齐地去，真是太英明了！……"

刘邦听后喜笑颜开，起初，在封立这四个亲人时，思想上只有个隐约的概念，现在，经田肯点拨，迅速地明朗化了，成了他以后封赏功臣的原则。

他拉着田肯的手说："你这个貌不惊人的躯壳里倒装着个精明的灵魂，好，好，以后你就多出这样的主意！"

"我位卑职微见不着皇上呀！"

刘邦知道这小子想向他要官，要是过去，他怎么也得给他个郎中干干，可是现在他可不滥施恩德了。只下令赏给他五百斤黄金。

刘肥是个憨厚木讷、没什么本领的人，要他去做齐王，他实在干不了。可是刘邦有办法，把刚封为平阳侯的曹参派去做了齐国的国相。由此，刘邦又推出一项新政策，那就是各诸侯国虽都具有半独立的地位，可是王国的丞相、内史、御史大夫、卫尉、中尉等主要的军政官员都由朝廷指派。这样，刘邦又从诸封国里攫取了许多权力。

他在玩着偷天换日的伎俩。

3

正当刘邦悄悄地与异姓王争夺权力的时候，北部边境硝烟四起了！

第二十三章　平叛亲征　败困白登

与外族征战，刘邦是没有任何准备的。

这事得从韩王信说起。

韩王信是刘邦一手扶植起来的。

当时的目的有两个，一是壮大自己与楚争夺天下的声威，一是为了笼络张良继续为他效力——张良口口声声要为韩国复仇，立一个韩王，可使张良安心事汉。

楚亡后，刘邦用不着韩王信来给他充数了，可是也不好废掉他，何况韩王信是个有能力的人，不是一盏省油的灯。

那怎么办呢？那就是一点点地削夺他的封地和权力。

韩国的封地，大体相当于秦时的颍川郡。刘交封立为楚王后，埋怨自己一旁有个比他能力强的韩王信，刘邦便以此事为契机，用对付吴芮的老办法，将韩王信的韩国搬家。他把原为太原郡和定襄郡的三十一县，划为新韩国，把韩王信赶到了那里。

韩王信知道这是挤兑他，但是他怎敢与刘邦抗争？就乖乖地去了。

刘邦给他指定的首邑为晋阳，那里离边境太近，经常受到匈奴人的袭扰，韩王信就上书皇帝，请求把王都迁往马邑。

匈奴是北方强悍的游牧民族。当秦始皇扫平寰宇建成大帝国后，匈奴各族也完成了统一，并不断地向外扩张。

始皇对付匈奴的办法是，一方面派大将蒙恬率军追杀、驱逐，一方面筑起了一道万里长城。再者，朝廷还强制内地向北方移民，以充实边防。

可是始皇死后，赵高、李斯忙着篡权，谁也顾不上北方军民的事。秦亡后，烽火连天，群雄争霸。等大汉灭楚，天下重归统一，已过去十多年了。刘邦也没把北方崛起的匈奴放在心上，他最关心的是巩固自己的政权，巩固好不容易得来的天下。

那么秦朝称雄天下的上百万军队呢，他们在哪里？

按照秦朝律令，调遣和指挥全军的只有一人，那就是始皇本人。他不在了，浩荡大军就成了没有灵魂的乌合之众。此我，带兵的将军蒙氏兄弟被杀，监军的扶苏自戕，秦朝大军随之成了无头的巨龙！他们只能遥望中原战火纷飞，却没有一点作为。这就出现了秦政权已经覆亡而它的大军却依然存在的奇怪现象！

没有供应，没人约束，秦军很快瓦解。他们中只有很少一部分回到了内地，大部分游荡在边境上，有的开荒屯垦，有的北降匈奴，还有的成了流寇，

汉高祖刘邦

与匈奴人一起抢掠内地，成了百姓难以抵御的边患！

就在刘邦分封功臣时，匈奴单于冒顿率领铁骑已经兼并了汉朝边境上的各个少数民族地区，形成了可与汉军抗衡的强大实力。

韩王信来到马邑后，发现自己立刻陷入了匈奴人的威胁中，吓得不知如何是好。他派使前往长安向汉皇告急，求他发兵守边，同时派人与匈奴单于联系，表示愿与匈奴谈判议和……

汉朝的人马没到，刘邦的使臣却来了。

原来，刘邦得知韩王信与匈奴求和后，十分生气。

"怪不得韩王信这小子请求把王都设在马邑呢，原来是别有用心啊！"他对萧何等近臣叫道。他本来就对韩王信不放心，现在更对他心怀疑虑了，于是立刻派急使前去责问。

这一问就问得韩王信决心反叛了。

韩王信对刘邦挤兑自己本来就不满，听使者的意思，又要追究他的叛逆之罪，联想到燕王臧荼、楚王韩信相继倒台的事，越想越怕，与其在汉朝赚不出好来，还不如索性投敌好了。他派使与匈奴联系，献出马邑，相约共同反汉。韩王信的部众大多是赵、代两国中的降卒，与汉朝没有很深的感情，也跟着韩王信举起了反旗。他们与匈奴一起，很快反击到晋阳。

刘邦闻报大惊，他一边命令赵王张敖、代王刘仲就近发兵支援晋阳守军，一边令樊哙为主将，自己亲自率军北征。

汉军在铜鞮（今山西沁县）大获全胜，阵斩韩王主将王喜，韩王信逃往匈奴去了。他的部将曼丘臣、王黄等纠集余众拥立故赵王歇的同族赵利为赵王，以这个山头为名，与匈奴及韩王信联盟，三家共同反汉。

敌人越打越多了，刘邦十分恼火。

本来，刘邦以为大兵一到，匈奴与韩王信就告土崩瓦解，没想到竟被陷在这里。

这时正值隆冬，风雪塞途。他的人马多是南方人，从没经受过这样的寒冷。尽管穿的是厚厚的棉衣，但依旧顶不住朔风的肆虐。

冒顿单于看准了这一时机，派出左、右贤王率铁骑万余，与韩王信的部队屯兵广武（今山西代县西南）以南，以威胁刘邦驻跸的晋阳。

刘邦急于求胜，令樊哙主动出击。樊哙即带兵出战，匈奴人与其稍一接触就引兵后撤，接着又扎营，樊哙再追，匈奴又走，这样一连几次，樊哙没有给匈奴军队造成任何伤害，凛冽的风雪却给汉军以重创，有十之二三的士

第二十三章　平叛亲征　败困白登

兵把手指都冻掉了！樊哙收兵回来后，当着刘邦的面嗷嗷大叫："这叫什么战争，怎么能打下去！"

刘邦只好安慰他："匈奴人不是咱们的敌手，只要守在这里，到来年春上就可班师了！"

樊哙把用破军衣包着的一包东西在刘邦面前摊开："皇上，请看吧！"

刘邦端详着那一根根黑黢黢的东西，问："樊哙，这是什么？不会是什么虫子吧？"

"这是士兵们冻掉的指头呀！"说着连樊哙这个硬汉子都哭了。

"皇上，明年春、夏天再来吧！"樊哙求刘邦道。

刘邦却不同意。他说："这是咱们头一次为守边打仗，诸侯们都看着咱们呢！如果打不赢，咱们还有脸面回长安吗？"

樊哙想想也是。如果丢盔卸甲地回去，刚刚登上皇位的刘邦怎么受得了！他不仅是刘邦的大将，官拜彻侯，他还是刘邦的连襟呢！他也觉得不打出个结果来，没法回头。

刘邦召集将军们分析敌情，他们觉得匈奴人没有什么实力，只能像北风一样，骑着战马呼啸而过，把他们逐出塞北并不是难事。于是大家相互鼓励，决心一鼓作气击败匈奴人！

刘邦又派人回到长安，催促萧何多送皮衣、肉类和米粮来，还派出军队在临近地区搜集干柴，给士兵们烤火。并许诺给将士们于平时三倍的饷银。

有了这些举措，汉军的士气又回来了。

刘邦派出探子，翻穿皮袄，在雪夜潜往匈奴那边，以探听虚实。

冒顿是个精明的统帅，他明白刘邦想速战速决，恨不得一仗把匈奴打垮，必然会前来袭营，就故意把精壮的人马藏起来，只把羸弱的战士亮在风雪中。探子们带回的情报是：匈奴人全是老弱残军，不堪一击。

刘邦十分兴奋，连忙向将士传达，士气更为高涨。他想英雄盖世的始皇都被匈奴弄得头痛，最后只能采取修城堵截的办法。我如果能对匈奴毕其功于一役，岂不建立了不世之功！

他下令全军准备突击。

可是郎中刘敬（就是那个献策迁都的娄敬）站出来阻止了。他说："皇上，请稍安勿躁，微臣怀疑其中有诈……"

"有什么诈，你说！"刘邦很不高兴。

刘敬说："我曾跟随樊将军到过前线，看到匈奴军队个个骁勇，如风驰电

汉高祖刘邦

掣，怎么会变成羸弱不堪了呢？我想那是冒顿故意布的疑阵。"

如果是别的将领说话，刘邦还会考虑，一个臭儒生呶呶不休，他就生气了。他说："既然你认为这样，就劳你的驾，到敌营给朕看个明白吧！"

刘敬只好冒着风雪摸到匈奴那边去了

两个时辰后，刘敬没有回来。刘邦说："那个骨瘦如柴的家伙也许冻死在雪窝里了，樊哙，下令攻击！"

三十多万汉军开始向匈奴军营前进。

走到句注山（山西代县北），刘敬跑回来了。

"刘敬，你看到了什么？"刘邦问他。

刘敬说："回皇上，从表面看，的确像探子们看到的一样，敌人多是老弱残兵不堪一击，但我还是怀疑……"

"你还怀疑个屁？"刘邦的口气严厉了。

"您想：两军对垒，一般都是夸大自己的力量，挫败对方的锐气，但匈奴却相反，不合情理。再说，他们那几万雄赳赳的铁骑哪里去了？——陛下，我怕中了冒顿的埋伏，皇上可要想想呀！"

"再想，抢屎吃也凉了，滚开！"

"皇上，皇上，您听我说呀！"刘敬竟大起胆来，拉着刘邦的马缰不放。

刘邦本来不愿和知识分子们一般见识，可是要是把他惹火了，他也绝不饶恕。他对刘敬喝道："你个齐地的乡巴佬算个什么东西？你仗着会摆弄舌头才做上了官，竟不知天高地厚了！"又回头对侍卫们叫道："来，把这小子捆起来送回广武，以扰乱军心罪关进狱里！"

急于建功的刘邦怕冒顿逃走，催促樊哙带兵速进。樊哙说："咱们的部队多是步兵，又大雪扑面，怎能快得了呢？"

"那么，你给朕挑选一千骑兵，朕要给你头前带路！"樊哙知道刘邦说的是气话，但他也不敢违抗，就按他的命令把自己的骑兵队给了刘邦。

刘邦带领前锋骑兵直扑平城（今大同），一路无阻，至天亮时，他来到离平城约十里的白登山上，他想在这里临时驻跸，以等待后面樊哙带领的主力。

可是还没等他缓过气来，只听周围如黄河飞流般地一阵响……

"皇上，敌人来了！"

"皇上，咱们中埋伏了！"

"皇上，快到军中隐蔽！"

幸亏率领骑兵的将军英勇沉着，他令千名骑兵下马，张弓搭箭环绕刘邦

第二十三章　平叛亲征　败困白登

守住山头。

刘邦吓坏了。他藏在几匹马身后，眼看穿红衣的匈奴人从四面八方涌了上来，有如红色的洪水，他仰头叹道："苍天哪，想不到我大汉天子，死在匈奴野人的手里……"说着竟落下泪来。

一旁的将军劝他道："皇上，樊将军很快就要到了，我们两下里夹击，匈奴自退！"

一天后，樊哙赶到，立刻指挥将士奋力进攻，可是冒顿知道山上刘邦的军队人数不多，只派少数人马看守，回头指挥军队勇猛反击，硬是把樊哙军阻挡住了。又过了两天，樊哙军因吃食供应不上被困在冰天雪地中，只能自卫不能前进了。

在樊哙进攻时，刘邦身边的吕泽也曾带兵冲锋，希望打通下山的道路，可是，他带领的人大都战死了，吕泽也受重伤，被抬了回来……

刘邦对着满身血污的大舅子，只有摇头叹气。

又过了两天，刘邦军绝粮，只得杀马充饥。

看着那些血淋淋的半生不熟的马肉，刘邦不能下咽。

幸亏冒顿由于等待王黄、赵利两人带兵前来一起攻山，贻误了时机，否则刘邦已成为匈奴人的俘虏或者刀下鬼了。

跟随刘邦上山的谋臣中只有一个陈平，刘邦向他问计。

陈平默默不语。

刘邦生气了，喝斥他道："小子，你那些鬼点子呢？难道你只能对付同僚，不能对付匈奴吗？"

陈平说："皇上，臣下正在想着哩……"

又过了些时候，陈平从怀里慢慢地摸出一张白绢来，上面画着一个美人儿。

"那是什么？"刘邦问，"你老是揣在怀里干什么？"

陈平说："几年来，臣下因跟随陛下南征北战，一直没顾得上娶妻成家。近来有好事者，给臣谋亲，送来几幅女人图，这一幅稍好，故时时带在身上。"

"拿来给朕看看！"刘邦从陈平手里抢过来细细端详起来，这个五十几岁的老色鬼，即便是在这风雪交加，重兵围困，生死攸关的时候，也还不忘欣赏美女。

"此女甚美！"刘邦说。"你见过了？"

"还没有……"

这时，刘邦又想起了目前的处境，斥陈平道："你这小子，都什么时候了，还有心思想着娶媳妇！——朕问你，想出招来没有？"

"皇上，臣下正在想这幅美人图是否能够救咱们。"

刘邦知道陈平这小子又有新点子了，就催他道："快说，快说！"

陈平说：冒顿单于的阏氏（相当于汉人的皇后）十分美丽，是个嫉妒心很强的女人，她平生最怕的就是冒顿寻找新宠。如果咱们把这幅女人像送给阏氏，诡称汉家有此美人，愿送给单于为妾，以求解白登之围。阏氏为了自己的地位，必然力劝单于退兵……

刘邦想：那个单于是个听女人话的吗？再说如此重大的事情，阏氏能左右得了吗？但事情紧急，就答应试一试。

"匈奴的阏氏，能在冒顿军中？"

陈平说："匈奴的女人不同于汉女，她们像男子一样，从小就练得一手精到的马术，也能骑马射箭，上阵冲杀。"

得到刘邦的允许后，陈平找了几个熟悉匈奴语言和习俗的士兵，挑选其中能言善辩者，委以重任，将其化装后，潜入敌营。

4

三天没有音讯，刘邦着急得要死，可是也没见匈奴人发起攻击。

"陈平啊，"刘邦说，"如果这时匈奴人攻山的话……"

陈平说："现时，士兵们已冻得手脚麻木，又加饥肠辘辘，假如匈奴人发起进攻，我们君臣尽为其虏矣，千万别发生这样的事呀！"

"那匈奴人为什么只是看守着咱们，而不进攻呢？"

"那是上天的意思吧，"陈平说，"臣下听说：天子有众神佑护，平时也许看不出来，急难时，就显现出来了！"这话使迷信的刘邦得到些许安慰。

匈奴人的王属不像汉人那么戒备严密，陈平派出的人竟然找到了阏氏。

她是一个年轻貌美的女人，尽管她一身铠甲，也掩不住她的婀娜身姿。她皱着两道细眉看了汉人一眼问道："你是间谍吗？"

使汉人惊奇的是，这阏氏竟能说汉话，他连忙说："不，不，我不是间谍，是汉使……"

"既是汉使，为什么不去见单于？"

第二十三章　平叛亲征　败困白登

"有些事是不好与单于说的……"

"好，你有什么事？"

汉使便把陈平让他说的话说了一遍，并把那幅白绢美人像献上。

阏氏的确是个嫉妒心极强的人，她的美貌扭曲了，眼睛也射出凶光，叫道："你们汉人打仗不中用，却专会来这种鸡鸣狗盗的事！"

她唰地抽出佩剑，汉使还没有来得及防备，那冰凉的剑就刺穿了他的胸膛。

杀了汉使后，阏氏觉得事情并没有完，因为那美女没死，汉皇还会派人与冒顿议和。她担心极了。

思前想后，她还是到前线找冒顿去了。

"两主不相困。"阏氏劝说道，"单于就是得到汉家疆土，你也守不住，白白地耗费了大量的人力物力……"

阏氏说的这一点，历代的单于都认识到了，他们无法占有中原，他们骚扰汉边，只是为了掠夺人畜财物。

"阏氏，你是让我把汉皇放了？"

"放了吧，我听说汉帝有神灵保护，如果侵犯他，咱们会遭报应的！"

"好吧，我想想……"

冒顿是杀了自己的父亲老单于才夺得大位的，性情极为凶暴，可是他迷恋阏氏，又很迷信，阏氏的话就对他很有影响了。

他的人马也在风雪中十多天了，已经人困马乏。他等待的王黄、赵利的人马迟迟不到，也怀疑他们是否与汉军暗通关节，他们毕竟是都是汉人呀！何况外围还有樊哙率领的汉朝大军。

于是冒顿决定沿着山涧暗道撤出，回到匈奴边境以内。

樊哙挥兵上山，见了刘邦等人，相互抱头痛哭。

樊哙问："这些野蛮人，真是摸不透，围得好好的，怎么就退兵了呢？"

刘邦生气地说："怎么，你想让他们把朕捉了去才好呀？"

樊哙吓得不敢再问。

陈平接过话说："皇上是上天之子，自有天神护佑呀！"

刘邦很同意这样的解释。

夏侯婴将刘邦扶到马上，在他身上缠了几层棉被，慢慢地下山去。

"陈平，陈平，叫陈平到这里来！"刘邦道。

于是侍卫们连声传呼"户牖侯"。陈平赶紧来到刘邦身边。

汉高祖刘邦

刘邦弯下腰，招手要陈平贴近他的马，然后把嘴凑到陈平耳边说："陈平，匈奴退兵的原因，你可千万别对别人说呀！"

"陈平知道。"

"说了后，就失了国家体面，丢死人了！"

"我知道其中的轻重。陛下！"

刘邦在漫天大雾中，率军回师。路过平城时，逗留了几天。在这里，刘邦宣布韩王信为逆贼，取消了他的封国，把其中的一部分划归刘仲的代国。他知道自己这个二哥没什么本事，就令樊哙在这里暂守，以防匈奴袭击。他自己率一部分兵马取道河北回长安。

到了广武，刘邦又停留了些日子。回想到兵困白登，几至生死，仍心有余悸。他把过错全都推到了探子身上，下令把他们全部杀了，实际上是怕他们把真实的原因泄露了。

他又把刘敬从大牢里放出来，拉着他的手说："刘敬，你是好样的，如果听了你的话，朕就没有白登之困了！"

刘敬赶紧逊谢："白登之险，足见皇上是真命天子，福大命大！刘敬以后当尽心效力皇上！"

刘邦立刻下令封刘敬为建信侯，食邑两千户。

死里逃生的刘邦，有点自我批评精神了。

刘邦一行继续南下，来到都邑曲逆，他没想到曲逆有这么繁华，他与陈平、夏侯婴等臣僚在街上逛着，不时地叹道："这个曲逆了不起呀！老子走遍天下，只有曲逆与洛阳相似！"陈平立刻炫耀起自己的知识，他说："曲逆在秦时，已是有三千户的大县，虽经战乱，仍有长足的发展。"

他这一说，刘邦立刻把他徙为曲逆侯，食邑由原来的 2000 户升为 5000 户！

陈平跪谢道："不知皇上为何对臣下又加封赏？"

刘邦说："别多问，你受领就是了！"

陈平明白了，这是为了酬谢他在白登的退兵之计。

刘邦回到长安后，屁股还没坐热，樊哙就派人来告急了。原来。汉军从平城回到内地后，匈奴冒顿单于和韩王信联合发兵，又侵犯代地了。只懂种地的农民、刘邦的二哥刘仲吓得抱头鼠窜，幸亏樊哙与周勃率兵顶住，才把敌人打了回去。

刘仲的畏敌逃跑，作为地方诸侯，是要追究责任的，廷尉给他论了个

第二十三章 平叛亲征 败困白登

"大辟"。

刘邦哪能把自己的哥哥杀掉，就把他降为合阳侯了事。

那么，谁去代替刘仲为代王呢？考虑再三，他去找自己的妃子戚妍商量了。

戚妍生了个儿子，名如意，现在已六七岁了。

刘邦曾有许多女人，但他最爱的还是戚妍。自己年纪五十有余，由于受伤多处，近年来自觉身体大不如前。如果死前不为她娘俩好好打算，怕是死后即为霸道的吕后所制。他曾问戚妍说："我想给咱们的儿子也留个王位，你说在哪里好呢？"

戚妍说："但愿你长命百岁……"

"那当然好，但天有不测风云，还是早做打算的好！"

戚妍流着泪说："离长安越远越好，封地越富裕越好，臣子越忠心越好。我将随儿子到封地去……"

刘邦觉得戚妍说得很对，可是怎样才符合她说的这三个条件呢？

现在，空出了个代国，那里有匈奴侵犯的危险，除了这点其他都符合戚妍的要求。

戚姬不知代地在哪里，但她想：既然皇上能派他哥哥去做代王，想必是不会错的，就同意了。于是刘邦封立小儿子如意为代王。

但如意年幼无法前去就藩，刘邦就派阳夏侯陈豨以相国的名义先去镇守。同时把樊哙调回长安。

"皇上，我听说匈奴人常常到代地去……"戚妍说。

"这只是暂时的事，"刘邦说，"等孩子长大，匈奴人已是大汉的臣民了！"

5

匈奴冒顿单于仍然屡次向南进犯。

许多反汉分子，纷纷逃到冒顿麾下以求保护。这就必然引起政治上的不稳定，所以刘邦很是担心。

那么与谁商量破敌之策呢？

白登战后，他觉得那个刘敬有点远见卓识，就把他找来，问他有何对策消除北方边患。

大概刘敬早就有所考虑，他说："天下初定，又战事频仍，军民皆感疲惫，依臣下看，再次发兵征战，不是上策了！"

"你是儒生，难道用仁义去说服冒顿不战吗？"

"那不行……"刘敬说，"那个冒顿是杀了自己的父亲篡位的，后来又霸占了父亲的妻妾，是畜牲一样的东西，对他说仁讲义是白费功夫！"

"那，你就给朕出个好主意吧！"

刘敬沉吟再三后说："臣下有一个长治久安之策，怕皇上不愿施行……"

"你说出来，朕考虑一下。"

刘敬开始说了，他一边说，一边看着刘邦的眉眼，打算他一皱眉就赶紧停住。他说："冒顿虽然性如禽兽，但他还是崇尚中原文化的，他曾说：若有汉地美女为妻，当不负此生也！陛下您想，如果把您的长公主嫁给冒顿……"

刘邦静心地听着，而且眉头没有皱蹙，刘敬就大胆地往下说了："那样，冒顿就会把您的长公主立为阏氏，单于就成了您的女婿了。冒顿再凶悍，他还能出兵进攻老丈人吗？以后，长公主有了儿女，就是您的外孙。冒顿死后，肯定您的外孙就会继位，那时，匈奴和大汉就是一家了，一家人还会有战事吗？"

这的确是个很诱人的计划。

刘邦很高兴，忘记了陷困于白登山时，陈平只献一张美人图就嫌丢人的事了。他说："你的计划好是好，可是朕只有一个女儿，已下嫁给赵王张敖为妻了……你看这样行不行，咱们从宗室中选个长得好看些的，诈称是朕的女儿……"

"不行，不行！"刘敬连忙摇手，"如果单于觉察到是假冒的公主，那就画虎不成反类犬，冒顿不会立她为阏氏，而与她生的孩子也就不能立为嗣子了！也许，单于会因此恼羞成怒，大肆进攻汉地！"

"唔……"刘邦敲着脑壳，"如果不行，就让朕的鲁元公主再嫁一次？"

刘敬说："如果那样，就一切皆好了！"

"待朕到后宫与皇后商量……"

到了后宫，刘邦将与匈奴和亲的打算对吕雉说了，没想到皇后勃然大怒，带领身边的侍卫宫女就往外跑。

刘邦赶紧拉住她："你要去哪里？回来，给我回来！"

"我要把那个给你出这坏主意的臭文人打死！告诉我，他是谁？"吕雉声嘶力竭地喊道。

第二十三章　平叛亲征　败困白登

"吕雉，你是皇后了，怎么能够这样？"刘邦小声安慰她，"你会招惹得群臣笑话的！——我只是与你商议，并不是一定让公主另嫁匈奴，你着急什么！"

吕雉又哭又叫地说："你这个没良心的老四，我自从嫁到你家，吃了多少苦，受了多少罪，如今刚要享享福，你又要想法折腾我们娘儿们！不独我倒霉，就是我们吕家何况不是这样！我大哥吕泽，跟着你风餐露宿冒险犯难，在白登山为你冲锋陷阵，受了重伤，回到长安后，你到他家看过一眼没有？"

刘邦被她横三竖四地一顿拾掇，一句话也说不上来，窝在一边叹气。

吕雉说的也是实情，自从他起事后，吕雉和她的家人就没得到什么好。起初，在沛县被抓进监狱，后来又被楚军俘虏，被项羽作为人质带着东奔西走，时刻有性命之忧，好歹在鸿沟和议后才回到刘邦身边，好日子没过了几天，匈奴人又抢掠边境，吕泽跟着他去出征，被围在白登山上，为了给刘邦杀出一条血路，吕泽冒着矢石带兵冲锋，身受几处重伤，至今性命不保……

从后宫出来后，又回到前殿。

刘敬还在那里等着。他一看皇上的脸色就知道没有商议成。

"刘敬，这事不行，"刘邦说，"朕的长女已经嫁人，现在已经怀孕，怎好再让她远嫁呢？再说皇后也不同意……"

听皇上这么说，刘敬就识时务地赶紧打住，对刘邦说："陛下，那就从长计议吧！"

可是，刘邦却不愿"从长计议"，他说："朕看这事等不得，匈奴人天天掠边，边境民众处在水深火热中，怎好再等呢？——依朕之见，还是从宗室中挑选一个女人吧，选好之后，朕认他为义女，也不算欺骗冒顿吧？"

刘敬连连答应，也不敢再坚持了。

几天后，刘邦与吕雉商量着从近支中选了个美若天仙的女孩儿，其父母把她打扮了一番送到刘邦面前。

刘邦看了，赞叹道："这么俊美的女孩儿送给匈奴王，实在可惜，连我这近六十的老头子都动心了！"一旁的吕雉狠狠地拧了他一把，他才闭住那张乌鸦嘴。

刘邦将孩子的父亲升了官，又认了女孩作女儿，册封为长公主。派刘敬带领一干随从前往匈奴和亲。这是汉朝与匈奴和亲的开始……

办完这件事后，刘邦就与吕雉一起去看望吕泽。

吕泽被封为周吕侯，他的侯府就在皇宫附近，吕雉已去看望过几次了。

汉高祖刘邦

令仪仗留在府外，两人就走进府去了。

侯府原是先秦一位官员的府第，几经战火，已经破败，正在兴工修整。刘邦一下子封立了那么多的侯爵，长安的旧有官邸自然是供不应求，吕泽能够分到这么一座临近皇宫的宅第已经很不错了。

吕泽的伤势的确严重，见皇帝、皇后来了，围着他的几个御医向他们行礼后退下。

刘邦与吕雉在床边落座，看着吕泽蜡黄瘦削的脸。吕雉给刘邦使了个眼色，意思是叫他说些安慰的话。刘邦便表彰起这个大国舅来，说了好些时候，吕泽没有表态，反而流下了眼泪。吕后接着刘邦的话说："皇上忘不了你的功劳，他会很好地照顾你的两个孩子的……"

吕雉刚说到这里，吕泽从枕头上回过头来，哑着嗓子说："谢皇上恩典！"说完，他的两只眼睛还是望着刘邦。

刘邦明白了吕泽要他把话说得明白些，不要只说些空话。他受不了吕泽那巴望的眼光，就说："如果舅哥万一不幸……就让你的儿子袭位为侯！"

听到这句话后，吕泽闭上了眼睛。一直到吕后和刘邦起身，再也没有睁开。

走到院子里，吕雉愤愤地说："你对要死的人，说话就不能宽容些吗？"

"他就要……死了吗？"

"你自己不会看吗？"吕后又说，"他没有几天了！——要知道，他可是为你而死的呀！你可得想想怎样安抚他的后人！"

果然，几天后吕泽就死了。对他的死，刘邦的确有点愧疚。他与萧何商量了一下，封其长子吕台为郦侯，次子吕产为交侯。按常例，父亲死了长子袭爵就算了，可是吕泽家一侯变为二侯，不能不引起功臣们的窃窃私语。

第二十四章　疑心作祟　贵婿蒙冤

1

匈奴冒顿单于当时在平城。

刘敬在到达前先派人到他的行营通告，冒顿听说大汉皇帝把自己的长公主送来了，喜笑颜开。他觉得这不仅是得个媳妇的事，在政治上他也觉得光彩无比——大汉在他面前认输了。

等刘敬一行到达时，他亲率仪仗出城迎接，一时金鼓齐鸣，胡乐高奏，前来观看的匈奴人成千上万。单于把汉公主迎进大帐后，抱着她左看右看，哈哈大笑。接着拉着公主来到院子里，要众人观赏。他说："看吧，看吧，咱们揍得大汉皇帝把他的女儿给咱送来了！皇帝的女儿就是漂亮呀，过去，我总觉得我的阏氏是天底下最最美丽的女人，和这公主一比，不行了！差的太远了！"

匈奴将士为单于得到大汉皇帝的美丽女儿欢呼雷动！

单于当众宣布过去的阏氏为小阏氏，皇帝的女儿为大阏氏！

举行了简单的仪式后，单于下令大宴汉朝送亲的特使刘敬和他的随从。

原来的阏氏，那位匈奴美女，当然很不愿意，哭叫着带着弓箭来闹，单于威胁说："如果你连个小阏氏也不想当了，我就把你废为庶人！"并命令侍卫把她赶了出去。

"大王……"宴会上，汉使刘敬向单于敬酒后说，"现在，匈奴与汉朝两家算是亲戚了……"

"是的，咱们是亲戚！"冒顿几大碗酒下肚，满面通红，显得他那满脸胡须更加油黑发亮，"我与你们汉家是打出来的亲戚！"

"是亲戚就该亲亲密密。"

"我知道你要说什么，"冒顿拍着刘敬的肩膀说，还顺手摸了一下他的脸庞，这使刘敬感到受了侮辱，把座位向一边移了移。"你是想说，我以后不能到你们的内地骚扰了，是的，我答应你们的皇帝……"

汉高祖刘邦

刘敬说:"按我们汉家的规矩,大王得称我们的皇帝……父亲!"

"父亲?"

"就是老爹。"

"不行,老子不干!"冒顿摇摇手,断然拒绝,"我的亲老子还被我杀了呢,我怎么能再认个父亲?不行,坚决不行!"

"大王,你想你与大汉皇帝的女儿成了亲,你就是汉皇的晚辈了……"

"老头儿,"冒顿拉下脸来,"我跟你说,不要得寸进尺,刘邦把他的女儿让老子搂着睡觉,这事很好,别的就不必谈了!"

看样子,想让冒顿称刘邦父亲是办不到了,刘敬搭讪着说:"我是觉得……今后咱们两家就亲近了!"

"是亲近了,"冒顿的脸色又和缓下来,"不如这样吧,我认你们的皇帝为兄弟怎样?在你们汉人看来,兄弟就如同手足,我与汉皇如手如足也就行了!"

按说,刘敬应该拒绝的。送了个"女儿",却换了个兄弟,这算什么?可是刘敬又想:兄弟也比敌人强呀,于是,他没有反驳。

酒宴临散时,单于提出了新条件。他说:"喂,有件事,我得说一说。我们匈奴人每年要从你们边境抢许多东西,要我们不抢,还真不行。我看,你们要想安宁呀……"

刘敬瞪大了眼睛听着,知道这个畜牲要节外生枝了。

"你回去对你们的皇帝说吧,"冒顿说,"要我们匈奴不抢掠你们的边境,我们的日子还真没法过。你看这样行不行?你们汉家每年给我们絮棉五千斤,丝缯一万匹,好酒五百桶,白米、大豆、小麦各一千担。怎么样?皇帝的这个兄弟穷,他就得照顾一点呀!"

刘敬目瞪口呆,傻了。好大一会儿没有说话。

冒顿笑着说:"你这老头儿在算账呢,这账好算,每年我从你们边境上抢得的东西比这个数目要大得多,答应了吧,还是你们汉家合算啊!"

第二天,在冒顿的大帐签署了大汉与匈奴的协议,其中主要有三条:一、匈奴单于与汉皇帝互称兄弟;二、匈奴从今往后不再入汉朝边境抢掠;三、汉朝每年给匈奴絮、缯、酒、米及其他粮食若干(数目如上)。

在回长安的路上,刘敬犯难了。把这样的和亲结果向刘邦汇报,那刘邦不大发雷霆才怪呢!就是皇帝不说什么,朝臣们会不议论纷纷吗?

可是,当刘敬回到长安时,他救赎自己的办法已经想好了。

第二十四章　疑心作祟　贵婿蒙冤

首先，他把和亲的协议如实地向皇帝做了汇报，不说是不行的。刘邦果然生气了，他大叫道："他娘的，这算什么事，我白送了个姑娘，搭上了嫁妆，就换回了个野狼似的兄弟？每年老子还得赔上东西养活他？"

刘敬等刘邦发作完，低声下气地说："陛下，微臣觉得咱们和亲的目的已经达到了……"

"怎么，你说达到了？你给老子说，怎么达到了？"刘邦仍然在盛怒中，"刘敬，我告诉你，你把和亲弄成这样的结果，就是朕饶恕你，大臣们也非把你扒皮抽筋不可！"

刘敬在江湖上历练久了，沉得住气。他说："送去的长公主毕竟被冒顿立为了阏氏，将来她会生儿育女，儿子会接替冒顿为匈奴单于，所以，从长远来看，只这一条，大汉就受惠无穷了。"

刘邦无法反驳这一点。

"再者，"刘敬说，"咱们每年是给冒顿一些东西，可是比起他们入边杀人放火，咱们不得不出兵镇压，付出的要少得多了！"这一笔账也算得刘邦哑口无言。

"那么，朕给了他'长公主'，而他要朕与他称兄道弟呢？这不是侮辱人吗？"

刘敬说："这正说明冒顿是人间禽兽！他连自己的父亲都敢杀，何论其他？皇上只当他是个不懂人伦的畜牲罢了！"

几句话又说得刘邦心平气和了。"对，对，与畜牲无法讲理，就那样算了吧！"

"皇上，我这趟去匈奴还有别的收获……"

"刘敬，有话就一气说完，不要一点点地往外挤！"

"是，陛下！"

刘敬告诉刘邦：匈奴单于已经凭着自己强大的军事力量，在大汉北面建立起一大片统治区域，面积有半个中国。不仅代、赵地区在它的控制之下，就连汉中也受到了它的威胁，如果从臣服于它的河南白羊、楼烦等处算，距长安仅仅七百余里，单于如以轻骑奔袭，一昼夜可至！

这一报告是刘邦和他的臣子们没有想到的。

"是这样？"

"微臣没有耸人听闻。"说着，他走到摊在桌案上的地图前，一一指给刘邦看。

汉高祖刘邦

刘邦打了十多年的仗，非常清楚那是个什么概念。

看到刘邦悚然变色，刘敬进一步说："陛下，所以说这次出使匈奴，咱们几乎是全赢的。咱们刚刚建国，对外不宜过多用兵，好赢得时间使民休息，以壮大自己。这就是说，每年给匈奴一点小恩小惠是很值得的！"

"刘敬，你说得很对！"刘邦变得十分高兴。这时的刘敬在刘邦眼里简直是大功臣。

在朝会上，当刘邦把刘敬出使匈奴的过程和结果宣布后，仍引起了轩然大波。他们叫着要求惩办丧权辱国的刘敬。

"你娘的，吵闹什么？"刘邦把面前的御案拍得砰砰响。"你们竟对立了大功的人这样不敬！都闭起你们的鸟嘴，听朕对你们说！"

群臣见皇帝发怒，还说刘敬立了大功，都感到十分惊奇，不说话了。

刘邦把刘敬的"功劳"一一加以分析，尽管周勃、樊哙仍然不服，可大多数臣僚都心平气和了。他们打够了仗，希望过安定祥和的日子。

这时，受到表彰的刘敬志得意满，他又提出了新的建议。他说：由于历年战乱，关中地区人口减少很多，如遇匈奴深入，恐难以抵挡。但这里土地宽广、肥沃，足可以养民。假如把齐地、楚地等人口稠密地区的百姓迁到关中来，边疆就会大大充实，就不怕匈奴人的袭扰了……

这建议太大胆，群臣都没有附议，原因是这样大规模的移民将导致意想不到的动乱，刚刚安定的环境就会被破坏。

刘邦看着刘敬，还没真正体会到他建议的好处。

刘敬接着说："秦朝建立后，始皇曾令全国豪强大户迁徙至咸阳附近，其目的不言自明。过去陈胜、吴广起兵反秦后，响应最快的就是齐之田氏，楚之昭氏、屈氏和景氏。现在六国豪族仍然存在，仍有很大的势力。汉朝刚刚建立，一旦有变，陛下就能高枕无忧了吗？因此，我建议把他们全部迁移到关中来！"

刘邦动心了。这真是绝好的建议，它不仅能够实边，而且可将隐患消除于无形。他立刻表示同意。

几天后，刘邦下诏将齐、楚的田氏、昭氏、屈氏、景氏和怀氏五大族与其他豪族共二十多万人口悉数迁往关中。诏书承诺由政府供给土地、住房和必要的农具，迁移期限三个月。

负责这件事的还是刘敬，他为了在短期内完成刘邦交给的任务，变成了一员酷吏。

实际上刘敬的建议并没有根据。秦朝建立之初迁徙六国贵族是怕他们搞

第二十四章　疑心作祟　贵婿蒙冤

复辟活动，多年后，他们已在当地安家。而如今散落在齐楚的几个大姓与六国贵族有联系的已经不多，不存在搞颠覆活动的可能性。刘敬带领衙吏广泛搜罗，连他们的远支远亲算上，也不过十多万，在这过程中，刘敬用尽了强制、逼迫，甚至拷打的手段……

刘敬这个小人物也因此在历史上突显出来了。

清初学者王夫之曾经这样评论刘敬："徙民之不仁，和亲之无耻……小智足以动人主，而其祸天下也烈矣！"

2

刘邦本以为做了大汉皇帝就可太平无事，安享清福了，可是内忧外患在煎熬着他。

匈奴那边刚刚平息，赵王张敖谋反的消息又传来了。

赵王张敖是刘邦的老朋友张耳的儿子。刘邦从年轻时就受到张耳的帮助，与其关系甚深。他曾派张耳去监视韩信，后封为赵王，在张耳死后，刘邦令他的儿子张敖袭位。为了进一步加强两家的关系，刘邦把自己唯一的女儿长公主鲁元嫁给了他。

有这样连着骨头扯着筋的关系，张敖怎么会谋反呢？

汉高帝七年十二月（公元前200年1月），刘邦从平城脱险后，在回长安的路上，曾拐了个弯儿到他的女婿张敖那里住了几天。

当皇帝的老岳父来了，张敖自然是跑前跑后恭恭敬敬地伺候。他知道刘邦好色，几近六十的人了，见了美人还色眯眯的。在给他接风的宴会上，当着张敖和他的臣僚，老丈人竟拉着张敖新纳的小妾东垣美人赵姬的玉手不放，后来竟搂在自己的怀里……

张敖卑躬屈膝，令小妾赵姬给刘邦侍寝。

长公主鲁元实在看不下去，对张敖说："你是怎么啦，你那张脸还要不要了？"

张敖说："别在意，不就是个小妾吗？只要皇上高兴就行！"

鲁元公主觉得羞耻，藏在房里不出来见老爹。

刘邦吃的好睡的舒服，还玩了人家的小妾，但仍不高兴，把平城兵败的恶气出在张敖身上。

第二天，他在宴席上叉着两腿，又当着臣僚的面指责张敖这不是，那不对。

汉高祖刘邦

张敖忍着屈辱，躬身站在刘邦面前，涨得面色通红，也不敢反驳一句。

在古礼中，叉着两腿和人家说话，叫"箕倨"，是最没礼貌，最侮辱人的姿势。在《礼记》中就有"坐勿箕"的警告。年近六十的大汉天子刘邦，不懂得这一起码的礼貌吗？张敖虽是他的晚辈，但他也是赵国的君主呀……

在赵国大臣们看来，刘邦的无赖行径实在是欺人太甚，令人忍无可忍。当天深夜，贯高、赵午等几个老臣一齐去见张敖。

他们沉痛地说："刘邦哪有天子之尊，活脱脱的是一个流氓！天下豪杰全凭自己的本领称王，并不是靠那家伙的恩赐，何况大王伺候得他无微不至，刘邦却倨傲得忘乎所以。大丈夫就是死了也不能受他这样欺侮！"

赵相贯高说："请大王让我们把他杀了！"

张敖吓得魂不附体，他咬破指头，舔着血说："诸位大人，你们是多么荒谬呀！我父王失位亡国，全靠了汉帝扶助才得以复国，汉帝给我们的恩德天高地厚并惠及子孙！我张敖得以继位，身家性命，国家社稷，哪一点不是汉帝所赐？望诸位大人万不可再说那些教我忘恩负义的话了，我就是粉身碎骨也不会背叛皇帝的！"

张敖的态度如此坚定，大臣们无计可施，从宫里出来后，他们仍然计议谋杀刘邦。赵午说："咱们自己行动吧，成功了算是赵王的，失败了，咱们自己担着，绝不能忍下这口气！"

可是，也许是没有找到适当的时机，他们竟没有下手。

刘邦依然故我，在赵地期间，一直没给张敖和女儿个好脸色。张敖、鲁元呢，对刘邦仍是至恭至谨。他们对他越是这样，刘邦越觉得其中有鬼，最后竟说："你们这些诸侯呀，没一个不包藏祸心，看着吧，我会一个个地把你们收拾干净的！"

鲁元看不下去了，斥了刘邦一句："你是怎么啦，连自己的女儿、女婿也信不过吗？"

"信不过！"刘邦高叫道，"你们的良心都被狗吃了！我封你们为王，给你们封地，你们却阴谋反叛！没一个好东西！"

鲁元知道自己的母亲可以制住父亲，因此不甚怕他。听父亲说得绝情，就哭着说："既然我们没一个好东西，你就杀了我们算了，都杀干净，只留下你自己！"

张敖吓得要死，他捂着鲁元的嘴，还拉她跪在刘邦面前，可是鲁元不听，哭着跑出去了！

第二十四章 疑心作祟 贵婿蒙冤

刘邦并没抓到张敖的任何把柄,悻悻地走了。

高帝八年（公元前199年）二月,刘邦回到长安,他的气仍没出净,还是到处找事。

丞相萧何率领群臣迎接刘邦,把他接到新落成的未央宫中。这宫殿建得十分恢宏气派,希望皇帝会喜欢。刘邦一声不吭地转了一会儿,把萧何叫到面前,大加训斥:"你这是干什么?有钱没处用了?告诉你,现在国家还处在纷乱中,不是太平无事了!朕为此征战多年,至今成败难料,你却在长安修造这么豪华的宫殿,为的什么?"

萧何没想到刘邦会对他这样严加责备,一时张口结舌。但当着群臣,他的脸上也下不来,只好辩解几句。"皇上,正因为国家纷乱,才应该修造富丽堂皇的宫殿,没有这样有威势的宫阙就不能使天子的恩德广被四海,就不能显示皇帝的尊贵和权威。何况皇帝的宫殿应该一次就奠定规制,后代就不用再增加什么了!"

萧何的话也是没理找理,可是刘邦也不想再为难这位从年轻时就一直照顾他的大忠臣了。

萧何觉得委屈,就跑到张良那里去诉苦。

"子房,你聪明呀,大汉立国后,你就躲在家里享福,剩下我们还在辛苦操劳……"

张良看萧何眼睛里闪着泪光,知道朝中发生了难以解决的事,就问:"大业已成,即使遇到什么困难,也好解决,怎么能难得让相国叫苦呢?"

萧何把刘邦为未央宫骂他的事,对张良说了一遍。

张良叹了口气说:"皇上原是宽容的人,对您这样的近臣更是如兄如弟,怎么会忽然这样呢?我想,他是不是受了什么刺激呀?"

"子房,请讲得仔细些。"

"我想韩王信及其部众的反叛,使皇上疑心重了,他觉得任何人都不太可信,再加上实际存在的情况,如南方诸王,确实难以让他放心……总之,相国,您不必把皇上对您的态度放在心上,以后会好的。"

尽管张良不好说到深处,但萧何已经领会,就如释重负地去了。

3

搬进未央宫后,吕雉长舒一口气,他对刘邦说:"皇上可以休息一段时间了。当然还有一些重要的事情要办，但可从长计议。"

刘邦仍长吁短叹，好像担心着什么事。每天晚上在遣走宫侍后，常常呆呆地对着孤灯坐着。

"皇上，还有什么心事呢？"吕雉问他。

"吕雉，你说，天下太平了吗？那诸侯们都宾服咱们了吗？我感觉他们这时候也像咱们一样没有睡觉，在想事情……"

皇后看到刘邦忧虑的样子，也担心起来。"他们想什么呢？"

"他们在想怎样把大汉推翻，在想夺咱们的天下……"

深夜里，外面刮着大风，沙土打的寝殿唰唰地响，刘邦的话更叫人心疑胆寒。

"皇上，你怀疑哪个诸侯呢？"

"哪个我也怀疑。"刘邦说，"南方的英布、彭越、吴臣，他们会真正地臣服于我吗？打死我也不相信！"

"燕王卢绾和赵王张敖，你该放心吧？"

刘邦"哼"了一声，没说话。

"皇上，你若这么想，可真是睡不着觉了。"

"以后，我看还是逐步换上自己的人好，诸侯要换，侯爵也要换！"

"都换上你们姓刘的吗，哪有这许多人呢？"皇后说，"你们原是魏人，几次流徙才来到楚地，刘家近支近孙，能找到几个呀！"

刘邦不语。

过了会儿，他对吕雉说："我想带领一部分人马到洛阳去，在那里可以及时听到南方的音信，如果发生事变，也好处理。"

"那么朝廷这一摊子呢？"

"留给你和萧何呀！"刘邦说，"朝政可以交给萧何，他还是可靠的。你呢，以协助太子的名义对他加以监督。你是女中豪杰，有足够的能力左右朝政，有重要的事，可以随时向洛阳通报。"

"要是我也反了呢？"吕雉想说句笑话缓和一下这过于严肃的话题。

可是这句玩笑也没使刘邦轻松起来。他长叹一声说："如果连你也造反，我就没办法了，大汉朝可能比秦朝更短命！"

第二天，刘邦在朝廷中设了个宗正府，其主官位列九卿，是专门管理刘氏宗亲的官。朝廷中人都明白，这是刘邦想大封刘姓的开始。然后他就带了几万人马和他的戚姬到洛阳去了。

第二十四章　疑心作祟　贵婿蒙冤

他在洛阳一住就是半年。从来不关心政务的刘邦，能够离开自己的国都，在洛阳住这么长的时间，可见他对那些貌似恭顺、心怀叵测的南方诸侯们是多么不放心！

在这期间，吕后显示了自己把握全局，纵横捭阖的才能，连长于行政的萧何都自叹不如。她把沛丰、砀郡老臣团结得更加紧密，同时对曾经有过错的人更加宽容，受到了朝廷上下的交口称赞。

正在这时，从北方传来了叛国的韩王信又纠集反汉势力骚扰边境的消息。刘邦怒不可遏，他与别的帝王一样，可以容忍外敌，但绝不容忍自己的臣子叛乱。他又想出兵平叛了！

"皇上……妾身有句话可以说吗？"戚姬看着刘邦的脸说。

多年来，不管刘邦如何心绪不宁，他是从来不对戚姬发脾气的。尽管吕后已回到他的身边，可是他感情的寄托却仍在戚姬身上。可是近半年来，他也开始对戚姬发火了，所以，她对刘邦说话也十分小心。

"说吧，戚妍，连你都对我这样生分，我还有个亲热的人吗？"

戚妍看到刘邦眼睛里闪着泪光，体会到他心里是多么辛酸。

她往刘邦身边偎了偎。"皇上，您也是快六十岁的人了，以后就别动不动御驾亲征了！"

"那么，我派谁去呢，戚妍？"

"皇上，过去，您可是大胆地放手让臣子们干，很少亲临前线的。周勃、樊哙、傅宽……那上百名战将呢？"

"他们各人有各人的事，都像钉子一样，被我钉在要紧的地方。你也知道，我在防备着南方那几个人，一旦有变，就可立即出兵。他们是不能随便动的呀！"

"那么赵王张敖呢？让他就近出兵平定韩王信不行吗？"

"不要给我提那个张敖！"

"他可是您的女婿呀！"

刘邦不耐烦地摇摇手："女婿，哼……到时候，就是亲儿子也不行！"

4

汉高帝八年闰九月（公元前199年初冬），刘邦亲率大军出征东垣。

在出发前，他通知张敖把他的小妾东垣美人赵姬送到柏人（今河北隆尧西）去，他要在那里驻跸。看来这个快六旬的天子一刻也离不开女人。

"什么人，真让做子女的为他害羞！"鲁元恨恨地说，"不用听他的！"

张敖也觉得十分屈辱，自从上次让赵姬为刘邦侍寝后，他就没再动那个女人。可是他叹了口气说："我怎么敢呢？就是这样曲意伺候他老人家，还嫌不好呢！"

"他会怎么样你？"

"你没看到吗？咱们就在东垣这里，如果他信任咱们，下令叫我率兵去就行了，何用他皇帝亲征，明明是瞧不上咱们呀！"

"那不更好吗！"

"如果他把咱们晾在一边，可不是好兆头！"

可是那个美人赵姬却有点喜欢老头子，当张敖告诉她，要把她送到柏人去为皇上侍寝时，竟兴高采烈。她对张敖说："张郎，我会为你说好话的！"

张敖一声没吭就回头走了。

他不仅送去了赵姬，还亲自跑到柏人为老岳父准备了舒适的行辕。

老臣贯高等人又为天子的行为义愤填膺，他们背着张敖准备在厕所里刺杀刘邦。

秦汉时，厕所分上下两层。他们打算在底层伏下刺客，趁夜间刘邦如厕时即行动手。

刘邦到达柏人时，已是傍晚，但他顾不得吃臣子们为他准备的接风酒宴，就屏退众人，关上房门，与赵姬搂抱在一起。

赵姬是个知道怎样讨男子欢喜的人，弄得刘邦一时返老还壮，与赵姬在床上颠倒不歇，累得浑身淌汗……

"想我吗，皇上？"

"想得很……"

"比皇后娘娘怎样？"

"她怎能与你相比呢？"

"听说您还有个戚姬？"

"戚姬也不错。"刘邦说，"我觉得美人都一人一个样，就像美味佳肴有着不同的滋味……"

"皇上，带我回长安去吧，我会每日陪伴您！"

刘邦想了想说："你活够了吗？"

赵姬听了大吃一惊，以为惹着了刘邦。可是看看他，他又没勃然变色，

第二十四章　疑心作祟　贵婿蒙冤

就小心地问："皇上，怎么啦？"

"天下人都知道你是张敖的小妾，我如果把你立为姬妃，我的脸面往哪里搁呢？"

"我情愿没名没分……"说着，她又把脸贴到刘邦胸膛上。

"一个没名没分的女人在后宫里有活路吗？"刘邦把她搂得紧紧的，"你在这里，没人敢把你怎样，因为你是皇帝宠幸过的女人！可是到了长安，吕后会把你生吃了的——我是为你好呀，赵姬！"

黄昏后，刘邦派人把赵姬送走。

忽然，他心跳得厉害，似有什么不祥的预感。他立刻对近侍说："咱们走！传令开拔！"

"不在这里留宿了，皇上？"

"不了，"刘邦坚决地说，"这地方叫柏人，名字不好，'柏人'就是'迫人'，朕能在这里留宿吗？"

刘邦当夜就向边境进军。一场谋杀又流产了。

韩王信虽然屡屡犯边，那不过是向匈奴王邀功，在他骨子里对刘邦的大汉朝还是惧怕的，所以刚一接战，就全线溃退。

刘邦平定边患后，又率军返回长安。在京城过了一冬，第二年春上，他又与他的戚姬到洛阳去了。

他以为只要守在那里，南方诸侯就不会妄动。

在洛阳住到秋天，他回长安时，淮南王英布、梁王彭越、赵王张敖、楚王刘交都来随驾。一路上，刘邦细细地观察他们，个个神情欢悦，情绪正常，一点也看不出谋反的迹象。刘邦稍微放心了一些。

到了长安，刘邦又与他们欢宴了几天。诸侯们对他恭敬而又亲热，刘邦的心情慢慢地好起来。临别时，他赏赐了诸侯们许多金银财宝。

这可能是刘邦晚年最愉快的一个秋季。

吕后看他高兴，建议一家人要好好地过一个中秋。她积极地布置一切，忙里忙外。她对戚姬一直是很冷淡的，这时也主动与她联系，并感谢她在洛阳对皇帝的照顾。

"戚妹，亏了你呀，在洛阳前后一年多，把你累着了吧？"

戚妍受宠若惊，但皇后称呼她戚妹，他可不敢放任，仍然执礼恭谨。她说："皇后，您才累呢，皇上在洛阳的这些日子，幸亏您在长安呀，您操劳的可是国家大事呀！"

汉高祖刘邦

大家都认为大汉的艰难时期已经过去了!

七夕那天傍晚,刘邦和戚姬带领宫女、侍卫来到御园池边游玩。

那时,虽已是秋天,但暑热未退,白天还是热得叫人难受,可是一到了晚上,就凉风徐来,虫声叽叽,使人十分惬意了。

来到池边,见月牙儿初露,像一叶小舟,星汉灿烂,落满了郁黑的池水。宫使早在周围花丛间挂了许多彩色的、各种形状的灯盏,使园子里平添了浓浓的诗情画意。

刘邦携着戚姬的手徜徉在池边,不一会儿来到了石砌的露台。那里的石凳边早已放了许多乐器。年轻时,刘邦就长于此道,这时技痒难耐,就拿了一支箫吹奏起来。那婉转凄清的乐音在周围缭绕,大家屏息静听。一曲刚刚奏完,宫女、宫侍们便小声地喝彩起来……

"来,大家一齐来玩呀!朕知道你们中有许多高手,何不各献其长呢?朕可是有奖啊……"

宫女中擅于此道者多矣,又难得皇上这么高兴,纷纷拿了乐器,组成了小小的乐班,演奏起了《天下太平》之曲。

刘邦携了戚姬的手在中央且舞且唱,引得宫中许多人前来观看。

夜深了,戚姬请刘邦回殿安歇,可是刘邦还未尽兴。他又招呼周围的人玩起"相连绶"的游戏。那游戏的玩法是:找来许多颜色的绸带,主持人将其抛向空中,然后让在场的男女哄抢,颜色相同的两人,就要手牵手做一会儿夫妻。他们必须说一两句情话,还要做出恩爱的样子。

戚姬正巧与一个侍卫的绸带颜色相同,她便扭怩起来,那侍卫想掉头跑掉,可是被刘邦拉住,硬是把他们拢在一起。"说两句情话吧,说呀!"刘邦喊道,同时哈哈大笑!

三星落了,冷露下来。刘邦仍不想走,戚姬把他拉回宫去,他还回头对宫女、宫侍们喊:"今夜就到这儿吧,明天可晚一个时辰起床,若是大家没有玩够,到九月九日,咱们再在这里聚会!"

九月九日是重阳节,刘邦尽管还算壮实,可也是老人了。吕后打算过得分外热闹些,他令宫人做了时令小吃"蓬蒿糕",采集菊花做了黍米酒。还特令戚姬佩戴了茱萸与刘邦唱歌、跳舞。刘邦变得年轻起来,跳得满面红光也不休息,还是吕后把他硬拉到身边休息的。

"朕还行呀,不要把朕当老人待!"

十月十五日是神女节。那时,刘邦仍在长安。他下诏说:朕要亲自带领

第二十四章　疑心作祟　贵婿蒙冤

大家祭神。那天他与宫人一起走进神女庙，行礼祈祷。他又要大家一起唱歌、跳舞。他嫌大家放不开，又把戚姬拉下场，与她手拉手地跳了个尽兴。见皇帝这样，宫人开始放浪形骸，也尽情地歌舞起来。他们觉得皇上的歌舞水平竟比专业的伎人更高，因此大家对他的赞扬是十分真诚的！

十月底，他带着轻松的心情，与戚姬一起回到了洛阳。

可是，令刘邦懊恼的事情来了。

从那时起直到他离开人间，他就没再欢乐过。

有人给皇帝上书，举报赵王张敖谋反！

事因还是那件事。刘邦带兵平定韩王信之乱时，路过柏人，赵相贯高等人派刺客埋伏在厕所里，阴谋杀死刘邦。这事没有得逞，张敖也从不知情。

贯高有个仇人，得知此事后，为了报复，即向皇帝揭发了此事。

刘邦怒发冲冠，气得像只关在笼子里的老虎，先把张敖大骂了一顿，又在房里走来走去，半个时辰过去了，他仍不停歇。

"朕要亲自去杀了他！连女儿也一起杀掉！她就在张敖身边，为什么举报的不是她！"

戚姬拽着他的胳膊强把他按在软榻上，给他喝了平心的莲子汤，才使他冷静了些。

"皇上，你得先把事情弄清楚！"

"朕很清楚！"刘邦吼道，"去年我去赵地时，就看出来了！"

"你看出什么来了？说出来听听呀！"

刘邦实在说不出什么具体的事情来，他凭的只是一种感觉。但他认为感觉是可靠的。

"举报人也没有说是张敖造反呀！"

"贯高是国相，而张敖是赵王呀，没张敖的支持，贯高有天大的胆子也不敢！"

"有时，无法无天的奸佞之徒会背着主子做坏事的……"

"你干什么，戚妍？"刘邦又跳起来，"你的心太好，对人太没防备！等朕死了，看你怎么办！"

一句话触动了戚妍的心事，她伏在床上哭了起来。

5

刘邦发出密诏，令一彪人马直趋赵都，把张敖、贯高、赵午等叛臣械送

汉高祖刘邦

长安。他与戚姬也立即回京。

这件离奇的大案惊动了朝廷内外。

几天后，捕人的人马回来了。

"全部捉到了吗？"刘邦问。

"回皇上的话，全部捉到了！"负责此事的一位将军说。

"没发生什么事？"

"没有……"但将军向皇帝禀报了其中的一个细节。

他说：他们到了赵都邯郸，张敖正与群臣议事。将军把皇上的诏书宣读后，先逮捕了张敖。这时，赵午等十多个参与谋反者就要横剑自戕，可是贯高喊道："大王并未参与谋逆，现在已被抓起来了，你们如果先死，谁来替大王辩白？让咱们为大王尽最后一次忠心吧！"

"那么，公主和她的孩子呢？"

"也都来了。"将军说，"本来十七辆囚车也就够了，可是公主硬是要上囚车……"

"那是为什么？"刘邦喝道。

"她说：丈夫既被诬为叛贼，做妻子的怎能脱了干系！我们只好多造了几辆囚车……"

"不懂事的女人！"刘邦摇摇头，"数九隆冬……"

将军说："公主与孩子没有受着罪，皇上请放心，我们在囚车周围罩上了裘皮！"

"多此一举！"刘邦道，"现在他们人呢？"

"张敖等送进了大狱，公主和孩子被皇后派人领回家了！"

沛丰老臣谁也知道张敖是冤枉的。他做赵王做的好好的，怎么会谋反呢？可是贯高等人一进大狱就供认不讳。如果真让他们得逞，也是不得了的大事，谁想想也会直冒冷汗！

周勃、樊哙、夏侯婴凑在一起，商议搭救张敖的办法，但他们谁也不敢往刘邦面前跑，只能一趟趟地去见皇后。

就是这样也惹怒了刘邦，他特发诏令："有敢涉及赵王张敖谋反案者，夷三族！"

鲁元公主寻死觅活，哭叫着要去见老爹。她说："不知哪辈子倒了大霉，生在了帝王之家，从小就受尽了颠沛流离之苦！现在竟又遭亲生父亲的诬陷，弄得死不了活不成……"

第二十四章　疑心作祟　贵婿蒙冤

虽然鲁元的话未必是真的，但吕雉还是派了几个人好好看住她。

夏侯婴说："这事还得皇后去说话，我们已经无能为力了！"

皇后也很为难，她说："刘老四年轻时心思是很活络的，可是如今变得越来越执犟，我的话，他早不听了！"

"可你还是能对他说话呀，"樊哙说。

吕须从年轻时就不买姐夫的账，这时，她冷笑一声说："劝他干甚？他愿杀谁杀就是了。反正，就是张敖被冤枉了，他也早就想杀……"

"那是为什么？"樊哙对老婆叫道。吕雉怕妹妹说出更难听的话来，就赶紧说："须妹，我听鲁元的孩子哭了，你快去看看，给他弄点东西吃！"

吕须笑嘻嘻地走了。

戚姬插不上话，得个空儿，她建议说："去找找陈平吧，他也许能够想出好主意！"

可是，樊哙叫道："别提那个陈平了，这样的事他早躲远了！"

最后，还是得吕后亲自去见刘邦。

吕雉先向刘邦说了鲁元公主的情况，接着就提到了张敖。哭着埋怨说："当初，我是不同意把鲁元嫁给张敖的，给她从亲戚中找个老实本分的人算了。可是你硬是把她嫁给了张敖，说是为了笼络张耳……结果，你却把女儿坑了……"

刘邦不说话。从年轻时起，他对吕雉就很敬重，如今在她面前也从不敢高声大气。听她说了许多话后，他慢慢地说："你现在是皇后了，我问你一句话，你是看重江山呢，还是看重女儿？"

"当然是看重江山了，"吕雉说，"像咱们这样的人家，没有了国，身家性命都也就没有了！"

"你知道这点，我就不多说了！"

"可是，我总觉得张敖不会造反！他是咱们的女婿，造反对他有什么好处？"

"嗨，女人算得了什么？有了皇位，要多少女人就有多少！"

听刘邦这么说，吕雉生气了："那你就把张敖杀了吧！"

吕后走到院子里，正遇到匆匆走来的周昌，他现在是廷尉（大法官），主持这起叛国案的审判。吕后拉住他说："周大人，张敖真的谋反了吗？"

周昌说："他还没有招认，可是贯高等十多人已都供认了！"

"希望你照顾一下张敖，他是我的女婿呀！"

汉高祖刘邦

"皇后，您怎么这样说话，我只能秉公而断，"周昌赶紧说，"您想，没有张敖的支持，贯高能造反吗？"

十多天过去了，张敖没有招认，他指天发誓，拒不承认谋反。

皇后又派人一再地示意周昌，如果张敖真的有罪，怎么判都可以，但不能对他用大刑，如果把他弄得皮开肉绽，决饶不了周昌！

周昌还是想从贯高、赵午几个人身上打开缺口。希望他们把主要责任推在张敖身上。可是他们都众口一词咬定赵王确实不知此事，把罪过全部揽在自己身上。对贯高等人，周昌用了酷刑。他令刑吏用铁锥击刺，鲜血淋漓，浑身几无完肤，可是他们仍不改口。

周昌没法，只好向皇上如实禀告。

"这个贯高倒是一条硬汉子，这种人才想谋反呢！"刘邦道，"周昌，想想别的办法，找个与贯高他们要好的人，以朋友的身份，套出他们心里的实话。"

这些日子，朝中大臣都瞪大眼睛注视着这一大案，见皇上的口气有些松动，就想进言了。

有个姓泄的中大夫大胆到刘邦面前进言："皇上，臣下的儿子和贯高有些来往，他说：贯高几个人对皇上，对赵王都是忠心的，是有感于不忍赵王受辱才私下阴谋造反的，赵王真的不知此事！"

"是这样吗？"

"臣下不敢说谎。"

"好吧，朕就把这事交给你，"刘邦说，"你可带上疗伤药品和一些吃食到监狱去，细细地探听贯高等人阴谋弑君的真相，他们如果招认后台是那张敖，可以饶他们不死。事成，朕会赏你的！"

泄公进狱后，对贯高等人一一进行了密谈，要他扪指认赵王为元凶。可是他们的回答如出一辙。"人之常情，谁不爱自己的父母妻儿，现在已犯下谋逆大罪，三族都要处死，哪有爱赵王胜过亲属的道理？实在是因为赵王的确并不知情，做臣子的怎能忍心诬陷君王呢？"

泄公向刘邦如实做了汇报。

找不出张敖的谋反根据，朝中大臣为他说话的人越来越多，看来若不释放他，要影响到君臣关系了，第二年春天，刘邦下令释放了张敖。

但刘邦对张敖仍不放心，他对皇后说："这事就怪了，据朝中人说，贯高、赵午是忠臣，哪有忠臣会背着主子做谋反的事的？"

第二十四章　疑心作祟　贵婿蒙冤

"怎么，你还想把咱女婿再弄进监狱去呀？"吕后说，"我看你再不罢手，就要弄得众叛亲离了！"

"哼……"刘邦没说话。

他又把泄公找来对他说："你再去一趟监狱，你对贯高说：朕打算把他也放了，能代替主子认罪，也算是忠臣了，是忠臣，朕也是爱惜的！这一回，他该说实话了吧？"

泄公明白皇上的意思，就又到监狱去了。

泄公先对贯高说了赵王已经释放的消息，又传达了皇上对他的赞扬。

"皇上还想释放您呢……"

贯高笑笑，说："皇上释放了赵王，我十分高兴，他还要释放我？"

"是的。帝王都是爱惜忠臣的嘛！"

"那真是千恩万谢了！"

"贯大人，不几天，您就可出狱了，那件事的来龙去脉也该说一说了！"

贯高说："老臣所以强忍痛苦活到现在，就是为了洗清君王的罪名啊！如今赵王已经出狱，我再也没有遗恨了！皇帝要赦我，可是做臣子的背着弑君的罪名，还有什么脸面侍奉皇上呢？"

说罢，他就抬起头用力一仰，折断头颈而死！

刘邦十分愤怒，他把参加谋逆的赵国臣子赵午等十几人全都处死，并夷其三族（包括贯高的族人）。

汉高帝十年正月（公元前197年2月），刘邦诏令将张敖降为宣平侯。

那个给刘邦两次侍寝的东垣美人赵姬，竟然怀了孕。张敖知道她怀了龙种，更是侍奉唯恐不周，光侍女就派去好几名。可是贯高谋逆的事被揭发后，她也与张敖的其他家人一起，被押解到长安关进了大狱。

她在狱中可不老实，大声嚷叫着说她是伺候过皇帝的，而且已身怀有孕，要他们禀报皇上，把她放出去！

狱吏们不敢怠慢，终于一级级地报到刘邦那里。

可是，刘邦是个没良心的情郎，他享受了美人，也曾对美人信誓旦旦，可是他这时的想法却变了！他想：哪有把自己的爱妾痛痛快快地交给别人搂着睡觉的，分明是美人计！等案子审明白了，那可能就是谋逆的罪证之一！因此，他只是说："不管！"

赵姬的兄弟赵兼十分着急，姐姐与皇上睡了觉是真的，与谋反没有关系也是真的，怎能看着她关在监狱里受罪呢？就到处托关系找人，结果找到了

汉高祖刘邦

辟阳侯审食其。

在皇后被困在丰邑时,审食其就一直陪伴在皇后身边,其忠贞无人可比。这人是个白面郎君,漂漂亮亮。刘邦长年不在身边,皇后有点撑持不住时,就招审食其来伴寝。后来,魏军打来时,审食其又与别的将领始终保护在皇后身边,可说是历尽千难万险。就凭这一点,皇后给他向刘邦要了个辟阳侯!

也许是审食其有了这样一段历史吧,对赵姬十分同情,他对赵兼说:"你姐姐的事,我可向皇后说一说,要是她也不管,可真是没办法了!"

得了个空儿,审食其去见皇后了,他把赵姬的事,从头到尾说了一遍。

"有这样的事?"皇后皱起眉头。

"对……皇帝宠幸过的……"

"我说审食其呀,你怎么招揽这些事呢?"皇后说,"现在我为女婿的事,寝无眠食不安,哪有闲心管那些破事!"

"听说她就要诞下龙种……"

"不管她!她能去干那事,一定是个狐媚子,不是好东西!"

碰了一鼻子灰的审食其,也不再见赵兼了。

不久,赵姬在狱中生下一个男孩儿。狱中吏役还没给她收拾妥帖,她就悲愤至极自杀了。

狱吏抱着孩子交给宫人,宫人又抱给刘邦。

刘邦很看重自己的血脉,想到与赵姬的恩爱缱绻,又看到失去母亲的亲生骨肉,不禁悲从中来。他下令将赵姬送回东垣安葬,又把婴儿送给皇后抚养。

吕雉大人大量,再说其母已死,就不再计较了,以后,她待这孩子很好,如同己出。待刘邦空闲,他们给孩子起名为刘长。孩子长大后,被封为淮南王。

第二十五章　废立太子　勋臣掣肘

1

张敖的谋反案不了了之，可是把他由赵王降为宣平侯，这事儿吕后不愿意，女儿鲁元更不愿意。她们想：弄到临了，也没有真凭实据，白白地丢了一个王爵，这可不是小事！

但她们也无法向皇上申诉。因为贯高、赵午谋反查有实据，作为一方诸侯，张敖是绝对有责任的，把他由"王"降成"侯"，也是罚当其责。

刘邦有些得意，因为在铲除异姓王以加强皇权的道路上，他又迈出了一大步！这件事平息后，朝廷上都希望今后平平安安，可是刘邦却又干了一件引起轩然大波的事！

空下的赵王，让谁去做呢？群臣关注着。

一夜，他在戚姬宫里留宿。两人不经意地说起张敖一案。

"这一来，不知皇后母女是放心了还是伤心了！"戚妍说。

"放心也好，伤心也好，随她们去，我也听够了哭哭啼啼，"刘邦说，"我本想宰了那小子的！"

"皇上，那个赵王呢，留给谁？"

刘邦忽地从榻上坐起，说："对了，你不提，我还忘记这事儿了。戚妍，咱们把它留给如意吧！"

"给咱们如意？"

"为什么不呢？"刘邦说，"赵地可比代郡好多啦！那里土地肥沃，百姓富足，民风也淳朴得多！"

"那么代郡呢，留给谁？"

"薄姬的儿子可去，他们娘俩早就想离京都远一点啦。"

"皇上，谁也不愿意招惹她……"

"她"指的是谁，刘邦自然知道。

汉高祖刘邦

几天后，刘邦在朝会上宣布代王如意徙封为赵王，将小儿子刘恒封立为代王。

朝廷上反应不是很强烈，大家都知道刘邦甚爱戚姬，把一块好封地给自己的爱姬所生的儿子也算正常。可是在吕后看来就不同了，因为这是皇帝将女婿的封地给了爱子，心里十分怨愤。

鲁元呢，更是受不了，她拱到母亲怀里大哭了一场！

"别伤心，"吕后咬着牙根说，"让那狐媚子一次吧，看她还能蹦跶几天！好在你母亲是皇后，你的亲弟弟是太子，有她难受的一天！"

不想，这些话传到了戚姬耳朵里，她对着刘邦哭诉："皇上，我对皇后从来就是恭而敬之的，没想到她竟这样不容我们母子！"

"你怕什么呢，有朕呢！"

"愿皇上长命百岁，那时，我就早去了！"

"别说那些不吉利的话！"

"真的，没有了我，皇后待如意也许还好一点，您看，她待刘长还算好吧？"

刘邦默默地听着。忽然，他高声叫道："她不用太嚣张，朕早晚把太子废了，换上咱们如意！"

听到刘邦这样说，戚姬愣住了，她有点不相信自己的耳朵。"您……是认真的吗？"

"朕很认真，"刘邦说，"这事朕想了不止一天了！"

"皇上，您可要想好，"戚姬说，不知怎的，她又喜又怕。"朝廷上又要闹得沸沸扬扬了！"

"朕想过了，等朕死后，皇后、鲁元等人一定会对你们娘俩下手的。如意不是皇帝，他就无法保护自己……"

戚姬哭着跪下了。"谢皇上……您的心地这么好，您会长寿的……"

"起来，起来……"刘邦把戚妍拉起来搂在怀里，"我这样安排还有更深的意义在……"

"皇上……"

"你可不要说出去呀！"

"戚妍死也不……"

"是这样，"刘邦忽地把声音放低了，"现在朝廷上的元老重臣都是沛丰、砀郡出身的人……"

第二十五章 废立太子 勋臣掣肘

"是的,他们都有很大的功勋!"

"如今,他们你攀我扯地组成了一张密密的权力网,这张网谁也动不得,连朕他们也要挟制,这网的纲索牵在谁的手里呢?"

"是……皇后?"

"是的。"刘邦说,"在争夺天下的几年中,在开国后的几年中,朕依靠过他们,可是现在他们开始不太听朕的话了!戚姬,在咱们待在洛阳的时候,皇后和他们结成了一帮……"

"那可了不得,皇上……"

"戚妍,朕有办法,"刘邦说,"张良、韩信比他们有本领吧,可是他们照样被朕玩得团团转!"

"可是换太子得有个说得出的理由呀!"

"用得着理由吗?"刘邦说,"这是我刘家的家事,外臣管得着吗?那个刘盈太软弱,一点也不像朕,我担心他将来管不了那些有功劳的大臣们。咱们的如意虽说才几岁,可是他处处都像朕,一看就知道是个有能力的孩子!"

"这事您得想好呀,皇上!"

2

刘邦性急,他把萧何、曹参、陈平、周勃、樊哙、夏侯婴等老臣叫来,给他们说了要另立太子的事。

对刘邦家事熟悉的大臣们知道这是早晚的事,所以并不感到奇怪。也许他们还没有品出这事儿的滋味来,他们没有表示什么意见。

但反应强烈的是吕雉、吕须、鲁元她们。吕须愤愤不平,鲁元又哭又叫。吕雉知道这不是哭闹能够解决问题的,她自有她的办法。

"别在我面前哭闹,"她对鲁元说,"有本事到你老爹面前闹去!"

"你是皇后,这等大事,皇上得和你商量!"鲁元说,"如果那个婆娘和如意一步登天,更没有咱们的活路了!"

吕雉没有去找刘邦,却在长安到处跑。几天后,大臣们的舆论有了很大的变化。

从他们的观点来看,自然是与刘盈亲近得多。刘盈从小就与大臣们亲热,是喊着他们"叔叔""伯伯"长大的。何况吕雉又给他们算了一笔账,让他们知道,只要刘盈做了皇帝,他们这些大臣至少可保两代人的荣华富贵,可

汉高祖刘邦

是如果如意上了台就很不一样了。戚姬有她的一批娘家人,再说,如意肯定要另组织自己的班底……

这就是说,原来大臣们以为只是皇家家事的另立太子,就成了与他们的利益息息相关的大事了!

那么,他们这个集团由谁做代言人去和皇上谈呢?

陈平知道换太子不是皇上一时的想法,再说,他也不是沛丰集团的核心。所以,他不想出头。

萧何呢,已经几次在刘邦面前碰了钉子,刘邦在洛阳时,他曾经与吕雉共同理政,深知她也不是省油的灯,因此也不想领头说话。

樊哙、周勃打仗是好手,在政治上,刘邦一直瞧不起他们,如果他们找刘邦说话,大概不上三句,就会被撵出来了。

"这事还是我去说吧……"

挺身而出的是周昌。

他现在是御史大夫,位列三公,是仅次于丞相的重臣。这职位原本是他老兄周苛的,周苛以做事严正有名,周苛死后,刘邦令周昌继职,他竟比其乃兄更加端严,办起事来,毫不通融,是朝廷上有名的铁面孔。自萧何、曹参以下无人不怕他,即使是刘邦也让他三分。史书上评论他是"为人力,敢直言"。

一次,刘邦正在宫内休息,周昌闯进去奏事,正好看到刘邦搂着戚姬嬉闹,丑态百出。刘邦问道:"你这家伙,为什么不先行禀报?"

周昌是个结巴,回答说:"谁……谁知道皇……皇帝……大大……白天,干……干那样的丑……丑……丑事来呢!"说罢,扭头就走。

刘邦恼恨不已,跳下床就撵了出去。他从年轻时拳脚上就很有两手,一伸腿把周昌绊了个嘴啃泥,顺势骑到他的身上!

周昌虽落在皇上的屁股下了,但仍呶呶不休:"从……从……从没见过这……这样的皇帝……"

"你说什么?你这个臭儒生!你说我是什么皇帝?"刘邦问。

"陛下,是……是夏桀、商纣那样的皇帝!"

"你再说一遍!"

"再说一遍就……就再说一遍,陛下是夏桀、商纣……"

刘邦笑了,从周昌身上下来,骂道:"你这个倔驴,滚吧!"

刘邦与他的臣僚从此更敬畏周昌。

第二十五章　废立太子　勋臣掣肘

周昌想管这事，大家觉得十分高兴，觉得没有比他更合适的人了。

周昌跑到刘邦面前奏道："皇……皇上，听……听说您要废太子，另……另……另立如意为……为……为太子，臣窃……窃以为不可！"

"周昌，别光说不可，你得说说理由！"刘邦说。他知道周昌不善于说话，就故意为难他。

可是周昌来了个简捷的，他说："臣不……不善于……说，说话，但……但臣以为这……这事绝不……可做！"

刘邦瞅了他一眼，"周昌，你说什么？你认为这事……可……可做？"

周昌见皇帝耍弄他，气得脸红脖子粗，争辩道："陛下……要……要废太太子，臣下绝不奉诏！"

刘邦听后，又笑了："好了，这事容后再议！"

有了皇帝这句话，周昌以为达到了目的，就回头跑了。

走到院里，正遇着吕后，还没等周昌给她行礼，皇后就在他面前跪了下来。

"您……您这是……干什么？"

"刚才我在东厢听到了您与皇上的谈话，如不是您向皇上力争，我的皇儿就被废掉了！"吕后说着流下泪来。

周昌怎敢受皇后的大礼，连忙给吕雉跪下，磕头道："皇后，您不用这……这样，我又不不不是为了您……我是为了为了国家的……长……长……长治久安！"

有周昌开了头，为另立太子的事，上书和面奏的人就多了。

由于沛丰大臣们的激烈反对，刘邦换太子的事就暂时搁置了起来。

另立太子不成，吕雉这一派皆大欢喜。她把刘盈叫到面前，对他说："盈儿，知道吗？你这太子差点儿就漂了！"

"我知道。"刘盈竟不在乎，"老爹想要如意代替我……"

"现在没事儿了，由于大臣们出面阻止，这事儿有惊无险。"

刘盈说："你们真是……"看他那样子，真有多此一举的意思，"其实，我还真不愿意当那个皇帝！"

吕雉恼怒地喊道："真是没出息，人家还和你争呢！"

"只要父亲允许，谁争我就让给谁！"刘盈说，"你看老爹那样子，为这个皇帝他受了多少苦，遭了多少罪呀！"

3

刘邦另立太子，被皇后与众大臣所阻止，给他添了一块心病。因为从这件事情上看，沛丰、砀郡系统的老臣多数站在了皇后一边，他与皇后的权力争夺激化了，这越发迫使他痛下对朝廷进行改组的决心。

他与老臣们的关系生疏了，整日显得心事重重。过去他常常与夏侯婴、王陵等说得上话的老朋友谈天说地，现在好像没有那个兴致了。他常常一人独处，唱着楚地的忧郁的歌……

其实，老臣们并没有与之生分，他们对刘邦这个带领他们打天下的老大哥还是很有感情的，只是不同意无缘无故地废了刘盈，刘盈也是他的孩子嘛！

戚姬呢，看到刘邦这样郁闷，更加担心自己的将来。

"皇上，您别这样呀，要是您有个三长两短，我和如意怎么办呀！"

"别操心，戚妍，我死还早着呢，这个大汉还是我的！"

"可是您别着急呀！"戚姬说，"您看，我能不能到赵地去看看儿子呀？"

"不行，你不能去，"刘邦说，"你走了，我就更孤独了！"

从这些对话中，可以看出刘邦这老头儿心境的确不太好。手中有偌大一个汉朝，却只与一个女人相依为命。

这时，一个年轻人看出了皇帝的心事，来给他出主意了。

他叫赵尧，是御史大夫手下的四十五个御史之一。按说，他是没有资格直接去见皇帝的，可是他的机会来了。一天，周昌派他到刘邦那儿送一份文书。

文书送到皇上手里了，刘邦连头也没抬就说："好，你可以回去了。"

这时，赵尧就该行礼出宫去，可是他仍站在刘邦的御案边。

刘邦有些奇怪，抬头一看，面前是个俊秀的白面书生。

"你……还有事吗？"

"想与皇上说几句话……"

刘邦来了兴致，他常常从下级官吏或者平头百姓那里听到些真情实话，就指指对面的褥垫要他坐下。"请讲……"

赵尧知道自己的时间不多，就开门见山地讲了："陛下，最近朝臣中传说您有点不快活，如果我猜得不错的话，大概是因为赵王年幼，而戚夫人与吕后有些嫌隙吧！"

第二十五章　废立太子　勋臣掣肘

如果后世的皇帝，一个低级的臣子这么直率地猜测他的心事，并谈论如此敏感的话题，很可能就会引起龙颜震怒，弄不好就要被割脑袋的！可是，那时的皇帝还没有后世皇帝的威严，尤其是刘邦，他身上的平民性远没有消失。

他长叹一声说："是呀，这真让人头痛呀！"

赵尧继续说："您做父亲的当然要为小儿子担心，您怕在您之后，他们母子不能自全，对吧？"

刘邦又沉重地点点头。"正如你所说的，可是有什么好办法吗？"

"我有一策，想说给皇上听……"

"讲吧，讲吧……"

"陛下可派一个皇后与大臣们都敬畏的人去给赵王为相，赵王不就可保周全了吗？赵王安全了，他的母亲戚姬不也就无恙了吗？"

刘邦想，这个小伙子说得很对，他问："哪里有这样的人呢？"

赵尧说："这人就在您的面前，周昌大人不就是您需要的人吗？"

刘邦一下子把眉头舒展开了，他拊掌道："对呀，对呀，朕怎么没有想到呢！年轻人，你去吧，以后，有这样的好主意，就往朕这儿跑！"

赵尧因为年轻，资历又浅，并没有使端严方正的周昌注意到他，只让他经管皇上的玉玺、符节，另外就是跑跑腿儿。一次方舆县的县令来京述职，他是周昌的老朋友，周昌特令赵尧负责接待他。临走，周昌抽出一点时间为他饯行。谈话间，说到了赵尧。

"这个年轻人是个大才呀！"

"大人如何看得出？"周昌问道。

老朋友想了一会儿，摇摇头。"老朽一时还说不出为什么来，可是他的一举一动都非同寻常，恕我直言，将来能够代替您的人就是这个小伙子呀！"

老朋友的话周昌没有放在心上，因为他总是以事实为根据，从不胡乱猜测的。他对老友说："赵尧太年轻，现在只是个刀笔小吏，何至如此！"

如今，如意已在赵地，小孩子不仅戚姬牵挂，刘邦也很想念他，恨不得把整个朝廷都搬到赵地去。

于是他很快召见了周昌。

"周昌呀，"刘邦的态度分外亲切，"你是朕的老部下，老朋友了，对吧？"

"皇上，那……那是当……当然的了！"周昌望着刘邦，心里想着皇上有

汉高祖刘邦

什么大事要与他相商呢?

"你猜猜,在朕的孩子中,最使朕牵肠挂肚的是哪个呀?"

"当然是……太……太子了!"

"不对,太子长大了,再说有他母亲照顾着他,朕担心什么呀!"

"那……那……"周昌忽然领悟了,"那……就是赵……赵王了!"

"是呀,"刘邦拍着周昌的肩膀,"还是老朋友懂得朕的心呀,是他,是如意!"

"如意王子……不……不是已到……到赵地去了吗?"

"正因为如此,朕才日日想念他呀!"

周昌明白陛下要对他说什么了,是为了排解心中的思子之情呀!他就安慰皇上说:"皇上……可……可以放心,赵王身……身边有……有许多尽心拥戴他……他的臣僚呢!"

"唉呀……周昌呀,那些人怎么行呢?"刘邦说,"如果有你在他身边,朕就一百个放心了!"

周昌心里咯噔一下,还没等他表示什么,刘邦就接着说:"这事儿朕考虑来考虑去,就没一个人比你合适,你就为朕勉为其难到赵地做如意的国相吧!"

周昌口讷,还没说出什么话来,眼泪先流下来了。

刘邦走到周昌身边,也装出很为难的样子。"周昌呀,朕知道这委屈了你,但如意是我的心头肉!……"

"皇……皇上……"周昌说,"老臣跟……跟您这么多年,难道不……不尽心竭力吗……为什么把我赶……赶到那里去呢?"

其实,理由已经说了。刘邦知道周昌心里是觉得官越做越小了,即使再耿直忠贞的臣子也想官越大越好。针对周昌的这一心思,刘邦意味深长地说:"周昌,有些事,你该想得深远点,说不定将来你就是开国元勋哩!赵地虽小,但它在朕的心上,如意虽年幼,但他是朕最爱的儿子,朕把他付托给你,其中的分量,你自会掂量出来的!"

周昌彻底明白了。皇上虽然在另立太子这事上偃旗息鼓,但那是暂时的,实际上,他是不甘心的。依皇上的个性看,他只要真的要坚持废立,谁也阻挡不住他!难道为了这事,沛丰、砀郡老臣会离他而去吗?那是绝不可能的!

周昌这个对另立太子反对最烈的老臣,心意开始变化了!是的,将来的某一天,皇帝真的把大位让给他的爱子如意,他周昌就是保国的大忠臣,是

第二十五章　废立太子　勋臣掣肘

周公那样的人物了！这样一想，周昌心里火热起来，再也没有怨怼的情绪了！

这次谈话之后，刘邦下诏派周昌到赵地去任如意的国相。

尽管有人对此事议论了许久，但这也不算出格，因为在他之前，功勋赫赫的曹参出任了齐王刘肥的国相，名声远扬的大将傅宽也被任命为代王刘恒的国相。他们在"十八元功"大臣中都在周昌之前。

史家评论说：刘邦出此一招，可一举数得。一是给自己的爱子找了一个忠贞不渝的辅臣。二是搬开了一块敢于犯颜直谏、虽然忠良可嘉但始终令人讨厌的挡路石，以后，再没人敢对另立太子横加阻挠了。三是这是刘邦大计划的开始。这个大计划就是给朝廷大换血，用少壮派代替沛丰、砀郡老臣……

谁也没想到这一点。

周昌走了，那么他的御史大夫让谁来干呢？

这是件令人瞩目的事，因为那职位太重要了。

御史大夫的办公地点就在宫内，是皇帝的近臣中的近臣。皇帝有任何指示，如草拟诏书、核准用玺，直到向下级传达，都是御史大夫的一班人经手办理，这真是个特别重要的关键角色！正因为如此，当年周昌任此职时，才可直进皇帝的内宫，才使连萧何、曹参在内的诸大臣都对其骇惧几分！

刘邦也对御史大夫的人选大费心思。

其实，可以担此重任的人眼前就有十几位，可是刘邦不愿让那些位高权重的老臣再荣膺此任了！

他要任用新人！

一天，他正为此大伤脑筋时，忽然看见一个年轻人从庭前走过。是他，是赵尧！

对，就让他来！就让他来坐在我的身边！

刘邦十分兴奋，他的大计划就落实在这个年轻人身上！

当他在朝会上对众大臣宣布任命赵尧为御史大夫时，满朝文武都惊呆了。

可是刘邦以其惯常的轻松口气说："这个年轻人很有才华，朕相信他能够干得好！诸位元老重臣，你们不是从比他更年轻的时候就开始跟朕起事的吗？咱们佩服的陈胜王曾经说过一句有名的话，'王侯将相宁有种乎'？就是这句话鼓舞着咱们一帮人前仆后继的，朕说得对吧？"

没有人反驳皇帝。

但是，这事在朝廷上引起的震动仍然是很大的。

汉高祖刘邦

赵尧毫无军功可叙，是大汉建立以后才进入朝廷的小文吏。现在他竟越过上百个功勋老臣，位居仅仅在相国以下的御史大夫！更让勋臣们受不了的是，他们要向皇帝奏事或者面见皇帝还都要通过赵尧这一道关口。另外，从相国以下全体朝臣都要受他的监察！真是是可忍孰不可忍！

刘邦却十分得意，他扶植新人的脚步并没有停止，不上半年，他在朝中提拔的新人就有几十个之多，而且都身居要津！

但是只有官衔，没有爵秩还是不行的，因为在刘邦的集团内，是讲究以功换爵的，只有高官没有高爵，也就没有老本可吃，仍然不能与那些勋臣平起平坐，更不能驾驭他们！例如，过去刘邦任用的叔孙通，刘邦一连给了两个要职，起先封他为九卿之一的太常，接着又要他做太子太傅，其位够尊了吧？可是在朝会上，他仍然要站在末班。

但刘邦不会让自己的新班子没有实权。作为皇帝，他想给他们弄点军功还是很容易的，他把他们派到平城前线，或者把他们弄到与军事沾边的地方，不多久，他们都有了功劳，刘邦就可封他们彻侯的爵位了。如御史大夫赵尧封为江邑侯，中尉陶舍封为开封侯，廷尉宣义封为土军侯，太仆公上不害封为汲绍侯，张相如封为东阳侯，公孙昔封为禾成侯等。

那位列九卿的太仆本来是夏侯婴的，他在这位上干了许多年，而且多次救过刘邦的命。刘邦后来想想，觉得自己做得太过了，才又把太仆还给了夏侯婴，叫公上不害改任赵王如意的太仆。

"戚妍，这下好了，现在，朕如果再提出要把咱们的如意立为太子，没人敢为难朕了，新官们对朕是绝对听话的！"刘邦高兴地对戚姬说。

"那就赶紧把刘盈废了吧！"戚姬说。

"不要心急，"刘邦说，"要知道瓜熟才能蒂落！"

4

可是人算不如天算，刘邦正在按照他的计划一步步地改造他的朝廷时，一场大叛乱又来了。

这次叛乱的主角是陈豨。

陈豨是个老资格。刘邦起义之初，他就加入了刘邦的队伍。在刘邦攻克咸阳，又退居灞上时，他就被刘邦封为关内侯，那时候就连刘邦最得力的将领也没人得到过侯爵。论其功劳，他当然赶不上萧何、曹参、樊哙、周勃等

第二十五章　废立太子　勋臣掣肘

人，可是一个人的命运是不按正常的道路走的，有其特殊的机遇。陈豨的机遇就是与刘邦十分投缘。

刘邦的任侠精神特强，平生所爱就是贤士、豪杰之类。而陈豨正是一个像刘邦那样的豪杰。他们刚相识时就十分谈得来，他们出身相似，爱好相当，崇拜的人也一样。他们都钦慕战国时魏国的信陵君。有了这层关系，刘邦自然把他看得高人一等，升迁起来就快多了。

三年前，刘邦亲征匈奴，兵败回程时，曾暂留樊哙在平城镇守，并给他左丞相的名义，好使他方便行使职权。回到长安后，他想找一员智勇双全的大将把樊哙替回来。想来想去，想到了陈豨。他觉得陈豨比樊哙好多了。陈豨临走时，刘邦与其谈了话，深有倚重之意。他要陈豨指挥代赵两国军队，为了他方便行事，特给了相国的印绶。这是了不得的信任，因为相国被认为是萧何专有的称谓，其他封国的行政总理大臣只能称丞相。就是皇帝派大臣率军出征，最多也不过是以丞相命之，樊哙也不过是左（副）丞相罢了！

陈豨到了平城以后，俨然成了一方诸侯，潜藏在他心中的叛逆思想很快地膨胀起来。他学信陵君那一套，开始大养食客，招降纳叛。在这边僻野地，没人能管得了他。信陵君最多也不过食客三千，他却收纳了几万人之多！

这是些什么人呢？其中有游荡北疆的豪杰少年，有秦时溃散的浮浪士卒，有在别地作奸犯科，怕官府追拿而逃到这里的罪犯，还有常年在匈汉边境走私的商贩团伙……总之，牛鬼蛇神都有，他们在边疆形成了一大邪恶势力！

周昌到赵国做国相后，不久就发现了这个动乱的根据地。他曾想派兵弹压，可是无济于事。他原是做监察工作的，以其长期养成的本能，立刻觉察到其中的蹊跷。

正巧这时陈豨回他的封邑休假，路过赵都邯郸，他带的食客，把邯郸所有的驿馆都住满了。周昌悄悄地就近观察，发现陈豨的随从几乎个个都是不法之徒！

他把这一情况报告给了赵王如意，如意这时已十多岁了，聪慧过人，他对周昌说："如果陈豨闹事，咱们平不了他，您快快回长安报告皇上吧！"

于是，周昌回到了京都。

他立刻上书皇帝，请求紧急召见。

刘邦凭自己的敏感，知道北边又出了事，他放下手头所有的事，立刻令侍卫将周昌领到内室里来。

"周昌啊，别是如意有什么事吧？"

"赵王很好……"

"他还行吗?"

"皇上,赵王在处理国事上越来越显示出他的卓越才能,大有吾皇之风!"

"还不是全仗你调教的好呀,"刘邦以为周昌来京就是来报告赵王近况的,稍微放了心。"那么……"

"皇上,这次来京,我有要事向您禀报,陈豨那边……"

刘邦的心又揪起来,他明白那边如果出什么事,就是大事。"你说,你说……"他把周昌拉到身边的软榻上,并喊戚姬备酒。

戚姬原在屏风之后听着,当听到周昌夸奖她的儿子时,十分高兴。听到刘邦招呼她,就赶紧出来,向周昌致礼,并忙着去备酒了。

周昌把自己见到的和听说过的有关陈豨的情况都报告了刘邦。

不想刘邦并没有把这事看得很重。他出身任侠,很清楚那些人爱干些什么。没有把陈豨的豢养食客和他心有异谋联系起来。

是不是周昌这人做御史大夫做的有职业病了,见到他认为不正常的事就大加怀疑?但他不想挫伤周昌的积极性,对他的警惕性大加赞扬,并留他在宫中吃饭。

刘邦与戚姬好好地招待了他。

临别时,戚姬还单独给周昌送了礼,当然那是为了她的如意。

刘邦送周昌到宫门,执着他的手,再次感谢他认真辅佐如意。

"老臣是会尽心尽力的!"周昌说,"皇上,对陈豨那边的确不能掉以轻心呀!千万不要做亡羊补牢的事!"

倒是这后一句话,使刘邦不放心了。

他相信周昌绝不会平白无故地跑到京城来!"这个周昌一定是嗅出什么来了!"

他回到寝宫中与戚妍讨论这件事,不想她着急起来。"皇上,正如周丞相所说的,你可不能掉以轻心呀!要知道咱们的如意还是个孩子,要是有什么事,光吓也把他吓死了!"

经戚姬这么一说,刘邦也心疼如意了,是呀,陈豨如果要搞什么名堂,他一定会先向如意下手的,他知道如意在我心中的地位!

"戚妍,你不要着急,明天,我就会遣人到北疆去细细探听,弄个水落石出!"

从长安一直往北不过千把里就到了平城。所以,刘邦派去的密探不几日

第二十五章 废立太子 勋臣掣肘

就回来了。调查的结果，正如周昌所说：陈豨的食客有许多违法活动。当地百姓被骚扰得苦不堪言，骂他们比匈奴贼还要厉害。不仅如此，他们做的那些恶事，几乎都与陈相国有关。

但刘邦还是在往好处想，陈豨是任侠一类的人，也许不善于管理地方行政，以后我提醒他就好了。

"皇上，"戚姬说，"您总是往好里想这些人，可是，你还没弄个水落石出呢！我不放心，皇上，咱们的如意……"

"你别说了，戚妍，我还要接着调查呢！"

就这样，几个月过去了。

陈豨是个心地不良的人，离开京城越久，他对朝廷就越起疑心。刘邦派人调查他的消息不断传到他的耳朵里。于是他也派出心腹回京去探听朝廷的消息了。在这期间，刘邦不可能不对朝臣说起陈豨的事，于是，陈豨图谋不轨的谈论不胫而走。大臣们的主张也就上报给皇上了。

"当初，就不该给他那么大的权力！"

"是呀，论战场杀敌，他不如樊哙、周勃，论出谋划策，他不如张良、陈平，他凭什么封国相呀！"

"派人把他抓回京来，再细细地审问，我就不信找不出他的罪行来！"

朝廷的议论很快传到了陈豨那里。他很害怕，开始另寻出路了！

一直在边境窥测动静的韩王信，也听到了这些从京都传来的流言，知道陈豨已陷于进退维谷的境地，就派王黄、曼丘臣为使臣到平城去见陈豨。他们对陈豨说："刘邦现在任用了一大批新的臣僚，对功勋老臣疑忌愈来愈深。现在，他的探子在周围游荡，就是为了抓你的把柄，总有一天会派精骑把你抓回京都去的。"

"相国，到那时，就悔之晚矣！"王黄说，"你没看见韩王吗，他本是刘邦提拔起来的，曾经帮助刘邦征南逐北，结果怎么样呢，还不是逼他投奔了匈奴！"

"不用说相国，就是他的女婿张敖，也信不过，"曼丘臣说，"若不是皇后和众功臣出手援救，他的小命早就丢了！至今还软禁在京城里！"

这些事例在陈豨心中不知过滤了多少遍，可是他仍不愿意造反，他感恩刘邦对他的好，舍不得他的相国之位，不愿抛弃目前的荣华富贵。

可是他们向他说的，也不是无根无据，看样子，他在刘邦心里真的失宠了，被列在异类之中了！

汉高祖刘邦

就在陈豨犹豫之时,刘邦的老父亲——太上皇死了。

汉高帝十年(公元前197年)七月,刘邦下令楚王刘交、梁王彭越、淮南王英布等诸侯都到关中送葬。陈豨也接到了诏书。

他想去参加,但是又怕重蹈韩信的覆辙,一下车就被逮捕起来。可是如果不奉诏,那就等于与皇帝决裂了,讨伐他的大军不日可至!

怎么办呢?

正好韩王信又派人来拉拢他。于是在汉高帝十年九月(公元前197年10月),陈豨就自称代王,宣布脱离汉朝。好在原代王刘恒与其母亲薄姬回关中给刘太公送葬去了,才没有被难。

陈豨的伪代与韩王信的伪韩,王黄等的伪赵以及匈奴迅速联合起来,向汉朝发动了声势浩大的进攻!

在东西几千里的边境线上,三个反叛政权加上一个匈奴同时向内地进军,那是何等的威势!

大汉面临着建国以来山崩地裂般的危机!

刘邦又惊又急,连忙拜樊哙为左丞相,周勃为太尉,分兵三路迎敌。

他面前的谋士只有个陈平,陈平的本领,刘邦是知道的,鬼点子是不少,可是缺乏运筹帷幄的大智谋。于是他去找张良了。

这时张良仍窝在家里养生,听说刘邦来了,忙令席姝设下坛台,打算以祭典道祖挡驾。席姝一边忙着一边说:"来不及了,皇上已走进院子里了!"

她的话音未落,就传来刘邦那熟悉的声音:"子房,子房,你在家里做什么?"

张良赶紧率妻子迎接皇帝。他们在中门迎着刘邦,双双跪了下去。

"快起来,快起来!"刘邦伸手把他们扶起。

"不知皇上驾到,有失远迎!"张良说着这时应说的套话。他和席姝侧着身子请刘邦进屋。

刘邦看到张良屋里窗明几净,有条有理,一张长几南向放着,上面有香炉、长剑和几样供品。

"子房,忘了老哥了吧?"

张良知道,所谓"老哥"就是指的刘邦自己。他拱手道:"岂敢!张良正想忙过这一段后就去看望皇上!"

刘邦坐下,席姝捧过水盏放在刘邦面前。

"子房啊,等你忙过这一段去,大汉没有了,你老哥也不知逃到哪里

第二十五章　废立太子　勋臣掣肘

去了！"

张良虽在家中，但他眼睛眨也不眨地关注着天下风云，当然知道发生了什么事，但他故作惊讶地问："皇上何出此言，朝廷上发生了什么大事？"

"子房没听说吗？"

张良摇头。

"张子房，你真成了不食人间烟火的神仙了！你这神仙快救救你老哥吧！"

刘邦把陈豨与韩王信造反的事，前前后后说给了张良听。

张良说："几个反贼，皇上担心什么？派几个将领带上几万精兵，很快就可把他们剿除了！"

"你说得倒轻松，如果是那样，我就不用来搬请你了！"

"嗨，可惜我已皈依黄老，不问天下俗务了，要不，我一定随您军前效力！"说着回头看看妻子席姝，席姝低头微笑着。

"子房，你不要跟老哥来这套，"刘邦急了，"什么黄老，那是空闲的时候干的事，在这生死攸关的时候，你就先救老哥，先救咱们建造的大汉吧，你看老哥要给你跪下了！"

张良怎么能让刘邦下跪，连忙与席姝把他扶住，他自知无法推卸责任，就畅快地说："皇上，张良一定跟随您去，像过去一样鞠躬尽瘁！"

刘邦携着张良的手就要走，张良说："容我把家事交代一下如何？"

刘邦回头对席姝说："我的好弟妹，你这精明的娘子，还要像子房这样为难我吗？我告你，有什么事就直接跑到朝堂上去，你要什么，他们都会给你的！"

席姝跪下来，给他们君臣送别。

第二十六章　陈豨败亡　韩信被诛

1

张良给刘邦出的第一个主意是传檄诸侯与朝廷共同剿贼。

刘邦说:"子房,在这个时候英布他们会听我的吗?他们忙不迭地要看我的笑话呢!"

"陛下,是这样。"张良说,"可是,不发诏是您的事,事后他们会赖您不把他们看成自家人。发诏后他们不奉诏是他们的事,以后可依此追究他们的责任!"

"是,是!"刘邦立刻命新任御史大夫赵尧把讨贼檄文发往各诸侯。

"诸侯的人马就是来,也不知是什么时候!"刘邦说。

"咱们不能等待,"张良说,"朝廷能够调动的人马有多少?"

"我让樊哙统计了一下,约有十万人马。"

"兵力是少了点,可以从赵地再征召五万人马!"

当日,张良与刘邦出发前往赵都邯郸。

这时,叛军的攻势仍然十分凌厉。常山郡的二十五城就有二十二座被陈豨的军队攻下。他的部将侯敞率领万余人与王黄相配合,已将襄国、曲逆一大片地方占有。另一支由张春指挥的部队渡过黄河向齐国的聊城进犯。与此同时,伪赵王利在匈奴的支援下,在马邑、东垣等军事重镇布防,与伪代军构成掎角之势。那个伪韩王信直接由匈奴的骑兵保驾,深入参合一带(今山西阳高以南)。

但张良对刘邦说:"敌人看样子来势汹汹,不过这样的乌合之众,打胜时一哄而起,打败时一哄而散,并不可怕。"

有了这句话,刘邦沉住了气。

到了邯郸,赵王如意与大臣周昌等迎接着。

刘邦拍着如意的头问:"儿子,听说陈豨的人马来了,害怕了没有?"

第二十六章　陈豨败亡　韩信被诛

"父皇，没有。"

"遇事不慌，好好地想办法，有出息，好孩子！来，见过子房叔叔！"

如意跑到张良面前给他行礼，并说："张叔叔好。"

张良连忙让开："赵王，张良何敢受礼！"

可是刘邦硬是把他按住，受了如意一拜，并说："子房，他在咱们面前什么时候也是孩子，这才是至礼！"

赵国的大事还得询问周昌，刘邦把周昌叫到面前，问他能不能即刻征召五万人马。

周昌有些为难，但他还是答应了下来。

张良对周昌说："咱们指挥作战的将领不够，你就从赵地举荐四名将军吧！"

"好的，我知道有四个人，足可担此重任！"这一事，周昌答应得倒干脆。

到了晚上，周昌领着四个人来了。从表面看，四人都生得英气勃勃，虎背猿腰，很是威武。

刘邦把面前的四个人端详了一下，就开口大骂起来："你们这几个小子，寸功未立就想做将军！你们有指挥军队的本领吗？"

几句话骂得四个人不敢抬头，张良拉拉刘邦的衣襟，并给他使了个眼色。

刘邦立刻改口说："你们现在没有本领不要紧，可以好好学嘛，谁从娘肚子里出来就是将军呢？老子率领弟兄打天下时，也不会指挥作战，现在，朕的兄弟不都是百战百胜的将军了？好了，朕现在就封你们做将军，每人食邑一千户！可是说好了，你们如果争不得胜利，朕可是会追夺你们的一切呀！"

四位将军向刘邦谢恩。

事后，夏侯婴等对刘邦说："多少将士追随陛下入蜀汉，伐项楚，历经百战，尚未个个受到封赏，这几个小子寸功没有，怎么就受封千户？"

"你们懂个屁？"刘邦喝道，"倘若陈豨等人造反成功，赵、代等地都会归他们所有，还缺少这四千户？朕传檄诸侯共同讨贼，至今连鬼影子也不见一个，只好征调赵国子弟为朕冲锋陷阵了，用几个将军的头衔和四千户的食邑，鼓励他们努力杀贼，有什么不可的！"

夏侯婴等人恍然大悟，回头都说皇帝的策略好。

这时，周昌又来向刘邦请示道："皇上，臣有要事请您定夺。"

刘邦向他身后看了看，见有一长串人被用绳子拴着，跪倒在地。

"他们是些什么人？"刘邦问。

汉高祖刘邦

"他们都是一些守令、城尉，在贼人的进攻中，有的望风逃走，有的见敌怯战，都是应该治罪的！"

刘邦绕着罪犯转了一圈，问周昌说："他们都是造反的吗？"

"那倒不是。"周昌回答。

"他们何罪之有？"刘邦一边为他们解着绳索一边说，"那是因为他们的兵力难以抵抗叛军哪，怎么可以怪罪他们呢？"

把这些地方官释放后，刘邦对他们说："你们回去对边境的官吏和百姓说：凡是弃地丧师的将士和被迫附敌的百姓一概赦罪不问！现在大汉的军队来了，让咱们同仇敌忾地剿贼吧！"说完令他们散去。

周昌这时才领会了刘邦所行的策略，不住地点头。

"周昌，你大概是当御史当惯了，不讲人情，只会依法办事。如不改正，将来会弄得众叛亲离的！不过朕还是喜欢你这忠心耿耿的劲头。"

刘邦这些招数都是跟张良学来的。

史书上说，刘邦的这两项策略——将士无功先赏，有罪吏民不究——产生了神奇的效应。

赵、代地区的百姓向来就骄傲自满并好忌刻别人，往往逞义气做事。为了朋友不管是非而朋比为奸。那些男人们不好务农，不愿经商，有空儿就聚在一起激昂地唱歌，抒发自己悲天悯人的情绪。

这样的百姓用通常的办法是难以治理的。如果陈豨的军队打到这里，他们很可能也就附敌造反了。可是刘邦的做法正中了他们的心思，觉得这皇帝不同寻常，很够哥们义气，就纷纷报名参加汉军，希望像那几个本无功劳的将军一样，立功受赏。

那些已经附敌的百姓、将士，听说皇帝宽赦的诏令后，也已悔悟，携了武器趁夜色投奔汉军而来，几天内，汉军又增加了万余人，而且在代、赵两地造成了一种同仇敌忾的情绪！

叛乱初起时那种迅速蔓延的势头得到了遏制。在民气、士气上起了明显的变化。

邯郸正面之敌是据守在东垣的伪赵王利，人数极多。

刘邦说："他们的人马比咱们多几倍呢！"

"陛下，带的金银多吗？"张良问。

"带的不少，有一千多斤呢，那是准备招兵买马用的。"

"陛下，先让我派个用场……"

第二十六章 陈豨败亡 韩信被诛

两军僵持了几天后，张良便在两军阵前开放市场。本来这地方的交易是十分活跃的，走私者常常在这里销售自己的私货。一有了市场，赵利军中的走私商人便乔装过来了。张良令扮成商人的士兵高价收购他们的商品，走私者得了利，便不顾一切地往这边跑来。

走私者看到汉军有如此强大的实力，又把刘邦的宽松政策带了回去，叛军便大量倒戈，几天内就过来了上万人，留下的也动摇了军心。

刘邦说："子房，你这办法好呀，兵不血刃就把敌人打垮了！"

"即使是一道朽墙也得推它一下才能倒塌，"张良说，"皇上可以向东垣进军了！"

刘邦趁黎明率军向伪赵发起冲锋，敌人见汉军阵容整齐，攻势如排山倒海，慌忙应战，可是刚一接触就溃不成军。一天之内，汉军就拿下了东垣以北大片地方。

整个冬天，战场的情况是两军相持。

到了第二年春天，张良说："现在，叛军因为战线太长，供给不敷，已成强弩之末，皇上即可通令整个战线进入反攻，争取在两个月内把敌人打垮！"

于是，刘邦即给樊哙、周勃、曹参等将领下令，向叛军展开全面反攻。

正如张良所料，叛军虽来势凶猛，但底气不足，一经反击，空着肚子的部队便支持不住了，有的一哄而散，有的节节败退。

东线首先传来捷报，深入齐地的叛军被齐相曹参、汉将郭蒙所领军队团团围住，尽管敌人且战且走，但最终被彻底歼灭在聊城。

太尉周勃从太原攻入代地，在马邑包围了在那里据险死守的陈豨部将的人马。激战几天后，周勃军胜利。周勃秉性凶残，有点项羽的味道，盛怒的他，下令屠城，把城中老少一概杀绝。然后，挥军向北，在楼烦（今山西宁武附近）大破伪韩、赵、代联军，再转入云中破敌，一举收复了二十多座城池。

樊哙一路在击溃王黄以后，进入代郡以南扫荡，先后收复七十多个乡邑，活捉了伪代丞相冯梁、太仆解福，又在横谷大破叛军所依靠的匈奴骑军。使敌人全线溃退。

陈豨不敌，退守灵丘，等待着匈奴的冒顿来援。但周勃不给他喘息的机会，紧追不舍，连克代郡九县后，又破灵丘。陈豨败逃匈奴去了，他新封的伪相程纵等一大批人被俘虏。

负隅顽抗的韩王信和为他保驾的匈奴军，被汉将陈武包围在参合。陈武

汉高祖刘邦

写信给他，劝他投降。信上说：皇上对人宽厚仁慈，过去有诸侯叛亡，只要回来投诚，都将他们饶恕。您是失败后才投靠匈奴的，算不了什么大罪，现在叛军全线崩溃，您还是回来吧！

可是韩王信知道自己不会受到刘邦的宽宥，便想孤注一掷。但他还是给陈武回了信。他在信中说：谢谢将军关照，我从里巷中被汉王提拔起来，得以南面称孤。但我在皇帝面前罪孽深重，他是绝不会饶恕我的。首先，荥阳之战，我不能死难，还做了项羽的俘虏，罪之一也；等到匈奴进攻马邑时，我又献城投降，罪之二也；如今我又与匈奴沆瀣一气，为其带兵与将军争命，罪之三也！当年越国文种、范蠡大夫，没有任何罪过，勾践都不放过他们，我有此三项大罪，还指望皇上饶恕吗？……

陈武见劝降不成，便下令攻城，一番猛冲猛打后，参合陷落。陈武像周勃一样，把个参合城杀得鸡犬不留！

这时，就只剩伪赵一家还在做困兽之斗了。刘邦不想再与其交锋，他下令悬赏，有提王黄、曼丘臣人头来献者，赏千金。那些凑合起来的兵士与主将没什么感情，却对金钱眼馋，他们便伺机杀了王黄、曼丘臣，砍下他们的脑袋到汉营中来领赏。

最后伪赵王利回头突进东垣，并在那里死守，刘邦引兵去攻，一个月没有打下来。伪赵王派出嘴巴巧的士兵，每天站在城头上大骂刘邦无义无耻，气得刘邦昏头涨脑。

张良劝他："皇上，还是留着给将军打吧！"

"朕就不信打不下个东垣……"

张良知道刘邦面子上下不来，就悄悄给他出招。等灌婴、卢绾等将军都来到刘邦身边时，刘邦对他们说："你们的功劳都不小，现在就剩下个东垣城了，朕所以没有拿下它，就是想看看你们谁能迅速夺取这最后一功！"

听皇上这么一说，灌婴、卢绾等将领各不相让，几股人马一鼓作气把东垣打下来了。刘邦给他们各记一次大功！

他又令部下对俘虏逐一进行甄别，凡是骂过皇帝的一律杀掉！

平定叛贼后，刘邦把东垣改名为真定，意在纪念他自己平定边乱的功绩。

这时，他深切地体会到刘敬的"和亲政策"没一点效果，以后还得依靠自家人。于是他下诏重新设立代国，仍然让他的儿子刘恒为代王，都晋阳。并给他配备贤相强兵加以据守。

第二十六章　陈豨败亡　韩信被诛

2

刘邦回到长安，一件事使他震惊不已，就是刚毅的女强人吕后，在萧何的配合下，把韩信杀了。

"你看，你看，你们怎么这样？"刘邦埋怨说，"朕还要用他呢！"

"别没事找事，"吕雉斜了他一眼说，"韩信在长安几年了，你为什么不用他？"

"就是不用，有他这人在，朕还可以与他说说话呢！他终究是个有学问的人呀！"

"可是趁皇上在前方平叛，他在长安却策划谋反了！"

"他谋反？"刘邦愣住了，"韩信现在一不是将军，二没有军队，他能造什么反呀，你打死我也不信！——就是有此事，你们也该上报给朕呀！"

"来不及了！"吕雉说，"这事，我与萧相国就办了！"

"哎呀，我的皇后，"刘邦慨叹道，"朝廷上又要议论纷纷了，韩信可不是一般人，他的功劳太大了，这大汉有一半是他韩信挣下的！"

"反正人是杀了！"吕雉走到一边去，赌气似的说。

"有证据吗？"刘邦说，"没有证据要编出证据来，要不，那可要出大麻烦了！"

"有的，有的，"吕雉说着拿出几张纸塞到刘邦面前，这是举报人的具结，"你看看吧，没有真凭实据，能杀人吗？"

有时候大人物的死，常常是因为得罪了一个不起眼的小人，这样的事例在历史上可谓多矣，韩信就是这样。

韩信府上有个姓乐的舍人（即文秘类的差使），他办错了事，又与韩信顶了几句嘴，就被韩信关了起来，扬言要杀他。这不过是威吓，韩信至多把他撵出去，是没有权力杀人的。

可是乐舍人的弟弟乐说当了真，他怕哥哥真遭横祸，就跑到宫门前求见吕后，检举韩信谋反。

这个乐说一定早就留了心，若不是如此，在吕后面前现编证据，期期艾艾，那可是要命的事。

"你说韩信谋反，可有证据？"吕后冷着脸问他。

"有，有，如果没有证据，小的敢跑到皇后面前来吗？"乐说忙不迭地

汉高祖刘邦

磕头。

"你知道韩信是什么人吗?"吕后又问。

"知道,他是淮阴侯。"

"过去呢?"

"过去,他是统领三军的大将军!"

"知道你上告的是个什么人物就好!"吕后叫了一个文吏来,等一切准备好后,对乐说道:"你说吧。要说就说个彻底,可不能欺瞒我!"

"不敢,不敢,小的不敢!……"

乐说揭发:陈豨在被刘邦派往赵代边境的前一天,曾经到韩府去过。他是想在离京前看望一下老长官。

韩信请他吃了酒,两人谈了许多话。临别时,他携着陈豨的手走到中庭,仰望着满天繁星,慨叹道:"老朋友,你是个可以深谈的人吗?"

韩信的意思是说:我肚子里有许多话,可以对你说吗?

陈豨躬身对韩信说:"老将军,我陈豨在与楚汉鏖战时一直是您的部下,打心底里崇拜您,对您言听计从,难道您还信不过我?"

韩信点点头,对陈豨说:"阁下要去就任的地方,是个十分险要,可领精兵强将的去处。如果不是皇上对你十分信任,是不会派你去的……"

陈豨始终躬身侍立,他知道韩信的话还没有说完。

"我要对你说的是:咱们的皇帝可是个多疑的人呀!"

"陈豨知道。可是他再多疑,我没有把柄在他手里,他也无可奈何……"

韩信笑了:"你太天真了,阁下。如果有人诬告你心怀异志,陛下一定不信。如果有人再次对陛下告发你,他就开始怀疑你了。要是有第三次呢?陛下一定拍案大怒,要亲自率兵去讨伐阁下了!——怎么,你不相信我的话吗?"

"老将军说的很对,陈豨真有些害怕了!"

"早做打算哪,老朋友,"韩信拍拍陈的肩膀,"别弄得像我一样成了笼子里的鸟,有翅膀也无用了!"

陈豨有点激动,他摇摇头说:"皇上那人,我始终信不过他,他不是我陈豨佩服的人,可是这辈子也只能跟定他了!"

"有时候也是迫不得已呀!"

"是的,老将军说得很对。"

"天不早了,阁下请回吧。"韩信向陈豨那边靠了靠,低声说:"如果有那

第二十六章　陈豨败亡　韩信被诛

么一天，你被逼得非铤而走险不可，我会为阁下在关内起兵呼应的！——别看我现在手无一兵一卒，可是，在军中像你这样的朋友还有许多呢，他们只等我韩信振臂一呼！"

"陈豨相信，相信……"

"好，祝你一路顺风吧！"

说实在的，吕后听得头皮发麻，心想，原来陈豨造反，是韩信挑唆的呀！

可是继而一想，就不太相信了。因为韩信虽是个出类拔萃的军事天才，可是在政治上却是个无用的笨蛋。这点，她常与刘邦说起。他如果有这样谋反的心思，在楚汉相争的鏖战中，机会多着呢，可以说俯拾即是，怎么会等到自己像个拔净毛的鹰似的再想翱翔天空呢，岂不荒唐！

但她想到，像韩信这样的人，留着他终是祸害。他不想造反，可是有人会利用他造反，还是除去他为好！

现在机会来了，可不能放过呀！

即使别的证据没有，只有面前这些，也可治他几回死罪了！

"乐说，还有什么继续说下去，"吕后严厉地看着乐说，"你可要竹筒倒豆子，一颗不能剩呀！"

"是的，是的……"

乐说继续揭发说："陈豨反叛，皇上亲征，朝廷空虚，韩信觉得时机到了，就派人到平城对陈豨说：兄弟，你尽可以放开手干，我会在长安呼应你的！"

"韩信具体的计划是怎样的呢？"吕后的眼睛瞪得有鸡蛋般大。

有点头脑的人一听，就明白乐说刚才一段话绝对是编造的，因为韩信又没有派乐说到北方边境去，他怎知去的人说什么话呢？

至于韩信在京城的暴乱计划，那更得现编现造了。

"我说，我说……"

"说呀！"吕雉把桌案一拍，吓得乐说差点儿向后仰倒。

就在这时，他新的谎话编成了。他说："韩信与家臣中的心腹密议，他们打算把因犯罪在官家工场里干活的犯人全部放出来，带领他们袭击宫苑，活捉皇后和太子，以要挟在前线的皇上。"

"韩信打算什么时候动手？"

"就等北方陈豨回音了！"

"再说下去！"吕后吼道。

汉高祖刘邦

"没有了……"

吕后也不想听他再编下去了,就说:"你这坏小子,一定还有秘密没说干净,来人哪,先把他关进大狱,以后再审问他,看样子,不给点苦刑,他不会完全吐实话的!"

几个人进来,把乐说拖走了。

至此,乐说才明白自己做错了!

吕后想了一天,明白这一切全是假的。韩信是个带兵的奇才,难道他不明白,靠那几个乍放出来的罪犯,能成事吗?再说,整个京城的卫戍部队都在可靠人的掌控之中呢!

但她杀韩信的主意已决。

她派人把相国萧何找来。

萧何忙了一天,有点累,他毕竟是六十开外的老人了。见了吕后,行礼后问:"皇后,天这么晚了,唤老臣来有什么事呀?"他的话音里流露着厌烦。

吕雉没与他说话,把一叠纸送到他面前。

萧何坐下后,捧起纸,凑着灯光,看着乐说的举报,可没看了几行,就惊骇地抬起头来问:"皇后,这是真的吗?"

"相国看下去,看下去……"

萧何一边看一边摇头,看完后,他对吕后说:"老臣真是难以相信……"

"相国以为怎么办好?"

萧何一眼就看出这是诬告陷害,但他不这么说,因为多年在朝为官的经验,使他不会轻易说话。依他的心思,就是赶紧把它烧了,叫谁也看不到!那个乐说嘛,还是悄悄地杀掉为好……

可是他不能把自己的心里话说出来。

在这之前,刘邦曾经把韩信以谋反的罪名从楚地捉回来,只是没有真凭实据和碍于舆论才把他降为淮阴侯留在京城的。也就是说,刘邦早有杀他之心了!

现在有了举报人的证词在此,又有证人在押,他如果硬说证据不实,不同意杀韩信,那不是自找麻烦吗?

他又想:现在已不是打天下那时候了,刘邦也不是他能驾驭得了的。何况韩信原是他推荐的,而且关系一直不错,弄不好他也会一头栽进刘邦、吕雉布下的罗网里!

"我以为……"他说。

第二十六章　陈豨败亡　韩信被诛

他一犹豫，吕后说："相国，您是皇帝的老臣了，虽是君臣，实为兄弟，我就等您说实话了。如今皇上的身体每况愈下，像韩信、彭越这样的枭雄，皇上万一有什么不测，有谁能够驾驭得了呢？现在既有乐说的举报在此，当断不断，必遭其祸呀！"

皇后既然对他说到这里，萧何不能不当机立断了，他斩钉截铁地说："为了大汉，像韩信这样的人，该除了！"

"那好，咱们商议个办法……"

两人商议了一会儿，觉得皇帝没在长安，不能在光天化日之下杀掉大臣，决定将其秘密处死。

杀韩信是定了，可是怎么杀呢？

还是吕雉脑子快，她说："相国，您还是再扮演一次朋友的角色……"

皇后没说完，萧何就明白了，这是要他以朋友的身份将韩信诓进宫来，在宫内将其处决。

他们又密谋了一会儿，商定了具体做法。

第二天一早，萧何到韩信府上去了。

韩信得报后，迎到大门口，与萧何携着手进了客厅。

寒暄几句之后，韩信问："老相国，您老怎么有空儿到我这里来呢？"

"这不是受太子之托吗？""

发生了什么大事呀？"

萧何故作惊讶地反问："君侯不知道吗？整个长安城都喜气洋洋的！"

韩信说："我早已两耳不闻窗外事了，您说说，老朋友，别卖关子了！"

萧何说：皇上派人从前线回京都告捷，北疆叛乱已经扑灭，陈豨被诛，受命监国的太子将在长乐宫接受在京群臣的朝贺……

"真是可喜可贺！"韩信拊掌道。

"既然如此，咱们走吧！"萧何拉着韩信的手。

"哎，我韩信还得去吗？"韩信稍微离开萧何一点，"我身体不好，朝臣们都是知道的，早已不参加朝会了，我呀，就算了吧！"

"不行，不行，不行！"萧何拉韩信的手不放，"别的事，你可以不去参加，但这大喜事，你是一定要出面的呀！一来，你得给刚任事的太子一个面子，二来，我萧何亲自上门，你也要叫我回得去呀，要不，我怎好见满朝文武呢？"

韩信真的无话可说了，就让侍女给他拿来官服换上。"相国，我真的有病

汉高祖刘邦

在身……"

"是呀，谁也没说你装病，"萧何又说，"可是这样的场合，你就是有病还是到场的好，怎么说，你也是大汉数一数二的功臣呀！走吧，走吧，车子就在外面……"

出了大门，萧何先让韩信上车，自己又被侍从扶上车去。

在车里萧何一直抓着韩信的手，好像怕他跑了似的。

进了长乐宫，韩信让萧何前面走，因为他的官秩比自己大。

可是韩信起了疑心，既然有这等大喜事，宫里早该张灯结彩、熙熙攘攘的了，可是四下都冷冷清清，只是在甬道两旁站满了兵丁，全是穿铠带甲手执利刃的侍卫。

这时，宫门一开，皇后从里面出来了。韩信刚要向前拜谒，只听皇后怒喝道："将叛贼韩信拿下！"

她的话音未落，两旁几个侍卫就忽地跳将上来，扑到韩信身上，由于韩信身体虚弱，他被扑倒在地。

韩信没有叫喊，更没有挣扎，老老实实地被侍卫们捆起来。也许是侍卫们用力过重吧，他的右臂脱臼，脸上也有几道伤痕，流着血。

不知怎的，他朝萧何笑着，样子有点傻。

萧何呢，面色煞白，站在他面前有点手足无措。

"萧老兄，你不觉得可笑吗？"

"有什么可笑的！"萧何掉开脸，"你这个叛贼……"

"我韩信是不是叛贼，你萧何比谁都清楚！"韩信说，"我是在笑你，你想想，当年，我本来是从巴蜀出走的，可是你把我追回来，苦口婆心地说服我辅佐皇上，今天，还是你，把我从家里骗了来……岂不可笑！"

这时，皇后走过来了。

韩信在地上挪动了一下，使自己跪得正一些，说道："皇后，恭喜你捉住了韩信！"

吕雉没有看韩信，只直着眼睛看着萧何，意思是明显的：下一步该怎么办呢？

可是萧何低头不语。

"把他拉到后园里悬挂铜钟的亭子去，快点！"吕后吩咐。

"是！"侍卫知道韩信必死无疑了，所以没人怜惜他。两个人抓着捆绑的绳结拖着韩信往宫殿后面的后园走。韩信的两只脚在地上划着，到了钟亭，

第二十六章　陈豨败亡　韩信被诛

他一只靴子被拖掉了，白色的裹脚布也抖了出来……

来到钟亭，侍卫们把他仍在地上，这位曾经叱咤风云的大将军，就像死狗一样堆在那里。

使吕雉、萧何奇怪的是韩信没有求饶。他慢慢地坐起，仰着头叹道："韩信啊，是你把自己害了！当初如果你听了蒯通的话，自立为王，哪会落到今天的地步！——如今一个娘们儿就把你骗了，他们将像杀一条狗似的把你宰了！天意呀，天意呀！"接着他回头对吕雉说："还等什么，你……动手吧！"

"把他砍了！"吕雉对两旁的侍卫喊道。

一个侍卫走上钟亭台阶，抡起了刀，只听"咔嚓"一声，韩信歪倒了。可是他的头没有掉下来，还连着后颈的一块皮。鲜血喷到铜钟上，亭柱上。

韩信的头扭向后背，小脸蹙缩成一个肉疙瘩，他张着嘴，大睁着眼睛，呈现出一种又像愤怒又像嘻笑的表情。萧何赶紧把脸扭开……

3

刘邦听吕雉对他说完斩杀韩信的经过，叹了口气说："杀了那小子也好，其实那些所谓的功臣都该杀！是的，他们帮助我打天下，可是他们也是为了自己呀，不是为了自己的荣华富贵，他们才不给我刘邦拼命呢！"

"也不能一概而论，那个纪信呢，人家图什么？"

"图名呀，有人把名看得比利还重要，"刘邦说，"从此，纪信就可万世流芳了！喂，吕雉，韩信临死还说过什么话？"

"没有了，就那么几句。"

"不知那个蒯通还活着没有？如果活着，我就把他烹了！"

"你先不要忙着找蒯通，韩信的事就这么算了？"

"当然不能这么算了，"刘邦说，"咱们是按谋反罪杀的他，那就还得夷其三族！要不，人家就会猜疑这事有诈！"

第二天的朝会上，刘邦把平叛的经过总结了几句，褒扬了张良、樊哙、周勃、曹参、卢绾、陈武等有功将士。接着他就说起了韩信谋反的事……

尽管朝臣们大多知道了这件事，他们仍然十分震惊。

当初，刘邦从楚地把韩信捉回来，许多人对韩信谋反的罪名就将信将疑，后来韩信被降为淮阴侯，大家都长舒了一口气。现在韩信竟然以谋反罪被杀，而且是被皇后处死的，就更加惊异不止了。

汉高祖刘邦

他们都不说话，等待着皇上解释。

刘邦拿起韩信家人乐说的举报，拉着长声读了一遍。尽管那已是真凭实据了，却没有把朝臣们的疑窦解开。

在刘邦说完后，樊哙说："韩信那小子，我就不服他，手无缚鸡之力，指挥咱们去冲锋陷阵，到后来还封了齐王、楚王和淮阴侯！这些有点学问的人，都是些包藏祸心的家伙，个个都是罪该万死的！"

周勃说："那些儒生中，咱们最佩服的就是留侯张先生了，人家世代贵族，他的功劳封王都可以，可是人家只要了个侯爵！没有张先生出主意，他韩信能干什么？他还想造反？这种人早该碎尸万段了！"

武将们尽管骂了些"罪该万死""碎尸万段"的话，朝臣们都觉得那是出于他们对儒生的偏见，有人还进一步怀疑，他们的发言，都是刘邦、萧何等人的预先安排，可听可不听……

接着，廷尉出班上奏，他说：韩信谋反证据确凿，罪恶滔天，尽管其本人已经伏诛，但必须夷其三族，否则，就不能偿其罪！

刘邦准奏。

几天后，从韩信的家乡把他远近的亲族一百余口押解进京，全部拉到刑场问斩。此案才告一段落。

刘邦派人把举报人乐说从监狱里提出，送到长乐宫中一个僻静的偏房中审问。

一进门，侍卫们先将他狠狠地揍了一顿，把他拖到刘邦面前时，脸上已添了一块块的乌青，嘴角流着血。

"知道你面前是谁吗？"刘邦问。

"您是皇上，皇上饶命啊！"

"别嚷，"刘邦说，"小子，你只要说实话，朕会饶你命的。说，淮阴侯是不是真有你说的那些事？"

"皇上饶命呀！"

"小子，还想挨揍吗？"刘邦喝道。

"不，不，不。"

"那你就把实话说了！"刘邦又回头对几个侍卫说，"你们出去，离这里远点儿！"

侍卫出去了，刘邦对乐说点点头，道："你说吧！"

"皇上，那全是小人编造的，没一句实话！"

第二十六章　陈豨败亡　韩信被诛

乐说这么讲，刘邦一点也不觉得奇怪，本来他就怀疑那些口供的真实性。

"为什么要诬陷淮阴侯？"

"是这样……淮阴侯常常在家里发牢骚，说是如果听了蒯通的话就好了，就不是如今这个样子了！喝了酒后就又哭又笑的，说些对皇上不够尊敬的话。我想如果有机会，他也许会谋反的！可是如果他不把我哥哥关起来，还要杀他，我还是不会举报他的。因为他只是发发牢骚，又没干什么实际的事……"

"你说的关于他与陈豨的那些事情呢？"

"那就一点真事没有了，全是小人编造的！"

"你倒说的有枝有叶……"

乐说那小子竟嘿嘿地笑了。"那是我从小练成的本领嘛，那时，家里穷，只能在村里骗吃骗喝，没影的事，我也能说得天花乱坠。没这本领，早饿死了！"

刘邦说："你这乱说倒好，朕把你们的主人淮阴侯杀了，还夷了他的三族！"

"真的吗？"乐说吓得要死，浑身颤栗不已，就像头待宰的猪！

"别怕了，"刘邦说，"这事情已经做了，怕也没用。你说了谎话，朕又按你说的谎话杀了不少人！咱们两人都脱不了干系，你说怎么办呢？"

"皇上，我有办法，就是咬着不放！"乐说叫道，"只要咱们咬住，至死不说，这事就板上钉钉。反正韩信已经死了！"

刘邦想：这小子比我还流氓！

刘邦说："好，就按你小子的办法办，你起来吧！"

乐说想站起来，可是像瘫了似的，起了几次都没起得来，刘邦仍叫他跪着听话。

"乐说！"

"小的在！"

"此事重大，朕会给你安排个好生活的，可是你得咬住，就是蒙在被窝里也不能说实话，否则，你的脑袋就要搬家！"

"皇上，您放心，就是与老婆在一起的时候，我也不会说实话！临死也要收殓的人用屎给我堵起嘴来！"

"好了，你走吧！"

"谢皇上！……"

乐说没想到自己能从这间小屋里走出去，当皇帝让他走时，他激动得眼

汉高祖刘邦

泪、鼻涕一起冒。他想站起来,可是办不到,只好像狗似地爬了出去。

吕雉曾经向刘邦建议把乐说杀掉,可是刘邦说:"把那小子杀了容易,就像扼死一条小虫,可是那样就更会让人起疑,不如给他个官儿,让他活着!"

"给他个什么官儿呢?"

"让我想想,还不能太小了!"

几天后的朝会上,刘邦下诏:因乐说举报韩信反叛有功,赐封慎阳侯,食邑两千户!

刘邦没有忘记那个给韩信出主意自立为王的蒯通。

蒯通是齐人。因为韩信没有听信他的劝谏,又怕自己的话被传扬了出去,装疯卖傻了一段时间后,就悄悄地回到老家去了。

他的家赀还算小康,就想在那里安享晚年。

刘邦不知那老家伙还活不活着,就派人对在齐国做丞相的曹参说:"给朕找一找这个蒯通,要是他还活着,就把他送到长安来。"

那时社会已经安定,村社都有组织,而且蒯通在乡间还颇有点名气。曹参派人下去一查就把老头儿查到了,他人是老了,但还活得很精神。

时隔月余,曹参派了一队士兵把蒯通送到了长安。

刘邦立刻提问了他。

"蒯通,朕问你:当初,是你教唆淮阴侯谋反吗?"

蒯通回答得很痛快:"回皇上,是的,是我教齐王自立为王的。"当时,韩信已封为齐王。

"那么,齐王为什么不听你的?"

"这就是韩信胸无大谋了!"蒯通说,"就因为他不听我的话,他才落了个罪夷三族的下场!如果那时他采纳了我的良谋,陛下还能夷他的三族么?"说着,老头子的脸上还露出了笑容。

"你回答得倒很直率,"刘邦说,"你曾教唆韩信谋反,现在韩信已经伏诛,你罪该如何呢?"

"知道,知道,老儿被送到这里来,就没想活着回去。也许家里人已经给我行了祭礼了!"

刘邦哼了一声,叫道:"来人哪,把大锅倒上油,再烧得滚滚的,朕要把这老贼烹了!"

侍卫说:"回陛下,上次烹人,锅里还有许多油,是用这些呢,还是用新油?"

第二十六章　陈豨败亡　韩信被诛

刘邦大概是为了折磨蒯通，回头问他道："蒯通，你说吧！"

"用旧油好了，那里面大概还有喷香的人肉味。"

刘邦见蒯通不怕死，就有些怜惜他。在多年用兵中，他对那些忠于主公、不惜生死的人，如果是自己人就大加表彰，如果是敌人就额外施恩。

"蒯通，你就要死了，有什么话要说吗？"

"罪臣想：当初秦失其鹿，天下共逐，捷足者先得。那时，罪臣只知有齐王，不知有陛下，如果我在陛下营中，我就尽力为您谋划了！"

"你现在就在朕的面前了，你就为我出一谋吧！"

"老儿劝陛下不要动不动就烹那些曾经反对过您的人。"蒯通说，"因为天下曾经反对过陛下的人多得数不清，他们所以没有成功，只是力量不够而已。现在他们还隐藏在民间，你能烹得完吗？您不如对他们实行放手策略，使其感您宽仁，或投到您的治下，或自行消散，那该有多好啊！"

"唔，很有道理，很有道理……"

这时，侍卫来报："皇上，锅里的油已经沸滚了！"

"算了，"刘邦说，"朕不烹蒯大夫了！"

刘邦赏了蒯通许多钱，还执着他的手送到门口。

第二十七章　蒯通侥幸　彭越殒命

1

蒯通侥幸没有被烹，全仗着他的"不畏死"和智慧。

他的话给刘邦的触动很大。

蒯通说：天下曾经反对您的人多着呢，他们都在民间隐藏着，您烹得过来吗？

是呀，这些反对派不少，而且人还在，心不死。那么怎么办呢？他又去垂询张良。

刘邦平叛胜利，班师回京，张良就又窝在家里不出面了。韩信的死对他触动最大。他想：幸亏他早早地韬光养晦，若不，就会遭人算计了。

刘邦在朝会上宣读的乐说的举报，有人都传给张良了。他一听就知是假的，但他没有在家里议论。自从他托病在家后，只留了几个心腹家人，别的都辞退了。就是这几个人，张良对他们也如兄如弟，从不大声喝斥。一次，一个家人做错了点事儿，席姝疾言厉色地说了几句，张良还正告她说："对他们也要和和气气才好，若不小心，说不定将来灾祸就出在他们身上。"

他扳着指头数着：眼下刘邦最担心的是淮南王英布和梁王彭越，如果他们也被翦除了，他张良也得离开长安，不得不隐居深山了。

对刘邦的造访，不管刘邦对他怎样客气，他总是谦虚恭谨，不废臣子之礼。

刘邦来了后，说到蒯通的话，他说："朕很想将那些隐藏在民间的才学之士挖掘出来为国家所用，以免他们日久滋事！"

张良说："皇上对蒯通的处理极好，您的仁义之德将远播四海。现在民间的确有些心怀叵测之人，皇上可发一个求贤诏布告天下，并要求各级官吏选举才俊，此诏一出，可以使那些人有一个报效朝廷的机会，那潜在的危险就消除了！"

第二十七章　蒯通侥幸　彭越殒命

刘邦听了张良的话，果然下了一道求贤的诏令，内容大意是说：民间的贤者很多，他们都一心报国，关键是朝廷要给他们开辟一条进身的大道。现在，朕上托皇天佑护，下靠贤士辅佐，才得平定天下，成为天下共主。朕想：要想传之久远，使天下安居乐业，就得与广大贤士共享利益。朕宣布，有真才实学者，凡是愿意追随朕的，朕都能使他们人尽其才，安享尊荣！因此，御史大夫以下各诸侯，相国以下各君侯，御史中丞以下各郡县守令，如发现这样的贤才都有劝勉举荐之责，并用公车送到京师……

皇诏下发后，各级官吏立刻行动起来，并将所选之人陆续送到长安。萧何和他的僚属也为此忙了好一阵子。

这政策大大缓解了士大夫与朝廷间的矛盾，如果继续做下去的话，刘邦下诏的目的也许真的能够达到。可是被一件突然的大事打断了。

有人举报彭越谋反！

彭越的出身、经历和性情极像刘邦。由于他没有走到刘邦那样的高位，他比起刘邦来谨慎得多，拘谨得多。

不能不说彭越也有野心，但他的野心在封王之后就很小了。

他原为草寇，是被同伙逼上造反之路的。起事后，他的事业很顺利，迅速成为一方诸侯。在反秦之初，他与刘邦有过合作，当楚汉相争时，他又明里暗里的站在刘邦一边，给了他很大的帮助。大汉建立后，在异姓的诸侯王中，刘邦与他最为意气相投，比与英布还要默契。

高帝六年，刘邦到楚地抓捕楚王韩信时，彭越在场，使他受了不小的惊吓。他对刘邦的友情没变，但他从此对刘邦更加恭敬顺从了。每当刘邦到洛阳驻跸，彭越都亲到洛阳给他请安，送上大量的珍贵礼物。他与刘邦谈天说地，饮酒和歌，盘桓几日才回。

为什么这样呢？

他想的是，他从一个强盗一跃而为诸侯王，他觉得行了，满足了，只想保住这份荣华富贵，传之子孙。他不想招惹刘邦，只想做他的顺臣。

可是越是怕鬼，鬼越来找他。

陈豨反叛后，刘邦听张良的话传檄各个诸侯，令他们出兵共同讨贼。彭越对传檄的来使说他身上有病，人也老了，一时难以奉诏，只派手下的一个将军带领几千人马跟随刘邦出征。刘邦回到长安后，没有忘记这事，立刻派使节前往定陶，代表皇帝宣诏斥责梁王彭越。

这一非常之举使彭越十分害怕。他与皇帝的关系也一下子紧张起来。

他与臣僚们商量，想亲自到洛阳去向刘邦请罪。

可是，部属们都很担心。有位将军名叫扈辄，是个很有见地的人，他一直认为主公的卑躬屈节不可取，他劝彭越说："大王，这事，您得好好地想一想。皇帝传檄时，您称病不往，现在皇帝责怪了，您又连忙跑去，这不正好说明原先称病是假的吗？"

彭越点点头，但他很为难，怕不去请罪，会与朝廷的隔阂更深。

有了扈辄的话开头，大家都说话了，他们为主公抱屈，责备朝廷对诸侯太过苛刻。议论说：这样下去，就是想委屈自保也不可得呀！

扈辄又说："咱们不能忘记韩信是怎么死的，谁也知道，汉家天下，若没有韩信运筹帷幄，指挥若定，指望樊哙等辈去给他刘邦打天下呀？休想！可是，大业成就后，就'狡兔死，良弓藏'了，起初是一再地迫害，后来干脆就杀了他！谁能担保咱们大王到洛阳后就不遭韩信那一劫！"

扈辄的这一番直白的话，说得在场的臣僚个个毛骨悚然。

彭越点点头，让围绕着他的大臣们坐下，他说："到洛阳去，只是我的一个想法，到底会怎样我也没有底！皇上连他的亲女婿都不相信，他怎么会相信我？"

听主公这么说，扈辄就把心里的话全掏出来了。"我看咱们就先发制人，出兵进攻洛阳，一反到底！"

扈辄的话并不意外，可是在场的人都被吓愣了。

彭越赶紧摇手说："我不到洛阳去了，但也不想造反！皇帝待本王还好，他只是责备我几句，这有什么！事情就怕越说越玄，到最后弄得没有退路！"

也不知彭越是害怕有人走漏风声呢，还是他根本不想与刘邦决裂，他说完后，就令众臣僚散去了。

2

彭越不想到洛阳请罪，又不想得罪刘邦，就索性继续装起病来。

可是，他就像搁在崖头上的车，有时候你不想动，它却一步步地向崖坡滑下去了。

这时，他家里发生了一件与韩信家极其相似的事！

他的太仆姬灵驾车出门时，由于马车失控，差点儿翻到路旁的沟里。彭越吓得满头大汗，姬灵跪在他面前求饶不止。

第二十七章　蒯通侥幸　彭越殒命

彭越脾气暴躁，他从姬灵手里夺过鞭子没头没脸地抽了一顿，骂道："你娘的，老子没死在战场上，倒差点儿死在你手里！"

姬灵伏在彭越脚下，捧着鲜血淋漓的脸，一声不吭。

"来人哪，把这小子给我关起来！等老子有空儿时，扒他的皮！"

几天后，彭越想起了他的太仆，问起身边的人来。

"大王，他被您下令关起来了！"

彭越竟忘记有这一回事。经周围的人再三提醒，他才隐隐约约地想了起来。"我把他打得怎样了？"

一个有点身份的侍卫说："太仆伤得比较重……您还说要扒他的皮！"

彭越哈哈大笑，"太仆是我信得过的人，十多年来一直跟随我，我怎能扒他的皮呢？赶快去把他放了！"

"是！"

那侍卫刚要往门外跑，彭越又叫住他。"他是有错，可是本王不该责罚得那么重，好吧，多拿些钱去给他疗伤吧！"说着要他的小妾拿出了五十锭金子。

可是，侍卫一会儿跑回来了，手里提着装金子的布袋。他告诉彭越："太仆大人……不见了！"

起初，彭越觉得蹊跷，派人四处寻找。有人说，半天前看到他骑着马出门向西去了。向西？那是去哪里了？彭越又派人到他家去找，家门紧锁。邻居说，太仆大人的娘子两天前就搬走了……

扈辄进宫来说："大王，事情不妙。"

"这有什么大不了的，"彭越也觉得事情不妙，可是他说："他知道我的脾气，雷声大雨点小，过几天就回来了。"

"大王，臣想到那个举报韩信的乐说……"

彭越心里咯噔一下，但他没有说什么。

晚上，彭越回到后宫，夫人看他脸色不好，就曲意伺候着他。

吃过饭后，彭越想睡觉，可是夫人不许，她说："彭郎，心里有事就说出来，不要装着心事睡觉。"

彭越只好斜倚着床栏坐着。

他的夫人姓冯名丹，原是大家闺秀。祖上还做过魏国的大夫。彭越在反秦战争中把她虏来，他被面前这个身形婀娜、秀外慧中的美人儿吸引住了。要娶她为妻，但冯丹不从。彭越的部将拿刀威胁她，也无效果。后来彭越跪

汉高祖刘邦

在她面前三天三夜，她才把他扶起，流着泪说："彭郎呀彭郎，我一定是上辈子欠你的……"

在嫁彭越前，冯丹提了两个条件：今后要他正经做事，不能再为非作歹；有事与她商量，不能撒谎。彭越都答应了。

几年来，彭越竟对她百依百顺。

"太仆姬灵出走了……"他说。

夫人想了想，说："他为什么出走？你待他一向不薄呀！"

"那天我打了他……"

彭越把事情的经过说给夫人听。

"彭郎，你这脾气呀，不能改一改吗？"

"唉，有你在跟前，就不会发生这种事了！"

夫人心里涌上一股热流。他看了彭越一眼说："彭郎，可不能小看这事呀！这使我想起了那个谋害韩信的乐说！"

夫人竟与扈辄说的一样，这使彭越心惊肉跳。

两人很久没有说话，连桌上烛花的爆裂声也听得清清楚楚。

彭越呆呆地瞅着帐顶，冯丹却翻着眼皮瞧着他，长长的睫毛忽闪着。

"彭郎，如果姬灵也跑到长安像乐说那样做呢？"冯丹怕吓着他似的幽幽地问。

"不会吧，我彭越没做过背叛皇帝的事……"

"韩信就做过吗？"

这句话问得尖锐，就像刀尖似的刺着彭越的心。

"冯丹，我的亲人！"彭越把冯丹搂在怀里，小声地问道："在这个时候，男人常常不如女人心细，如果发生乐说那样的事，你说我该怎么办呢？"

"彭郎，找扈辄商量商量吧，事情还是有准备的好！"

"扈辄是……他想先下手为强，立刻进攻洛阳！"

"扈辄是个有魄力，对你又十分忠心的将军，你一定要依靠他！"

"冯丹，你是知道我的，我彭越是多么不愿意造反……"

冯丹觉得自己的脸颊凉凉的，知道丈夫流泪了。

"我彭越出身草莽，依靠风云际会才成为一方诸侯，才能够与你在一起！这辈子我满足了，别无他求了。只愿上天保佑我，使我能够安安稳稳地和你过好下半辈子，再把这个家底传给儿子……"彭越说，"可是，我几天没有看到儿子了，他呢，咱们的小陶呢？"

第二十七章　蒯通侥幸　彭越殒命

冯丹嫁给彭越的第二年，他们有了一个儿子，取名彭陶，也许有纪念他们迁都定陶的意思。

彭越起事后，他身边没有缺过女人，可是真正与其做夫妻的没有一个，因此也就没有自己的孩子。这个孩子虽然来得晚了一点，但彭越仍觉得应该感谢上苍，同时，他以为有了一个，就不愁第二个，第三个……他像有了崽子的狗一样，更加护窝了。

"彭郎，原谅我没有与你商量，我把他送到娘家去了……"

"什么时候？"

"就在几天前，"冯丹说，"就在皇上派使节训斥你的时候……"

彭越点点头，看样子她从那时起就准备着了。

"彭郎，你可与扈辄等几个亲近大臣细细地商量一下，该准备的都准备好。咱们不能重蹈淮阴侯的覆辙呀！"

可是彭越没有听夫人的话。

他的想法是，如果调兵遣将，征集粮草，刘邦必然很快知道，他问起来，怎么解释呢？那不更是谋反的证据了吗？

彭越的太仆姬灵果然跑到长安去了。

他找到一个在皇宫中任侍卫的老乡，求他直接领去见皇帝。

刘邦看着面前这个浑身血污，面目青紫的半大老头子，问道："你是什么人？"

"臣下是梁王驾下太仆姬灵……"

"怎么弄成了这个样子？"

姬灵哭了。"是被梁王打的！"

"小子，朕问一句，你才说一句，朕哪有工夫与你嚼舌，想说什么就快他妈的说！"

姬灵从头至尾把自己挨揍的事说了一遍。

"该揍！"刘邦道，"梁王这几年脾气好多了，如果是过去，你小子还想活命吗？来人哪，把这小子打出去！"

侍卫们一声呼喊，震得宫宇嗡嗡响。

姬灵赶紧叫道："皇上，听小臣说，小臣是来举报梁王造反的呀！"

刘邦正在疑惑，这小子不会傻到为了在梁国挨揍的事，跑到长安这里来向他诉说。现在他明白了，就笑嘻嘻地说："小子，你是想像乐说学习吧，举报主人谋反，弄个君侯当当？"

汉高祖刘邦

"不，不！"姬灵说着，又给皇帝磕了几个响头，"梁王是真的想谋反！"

"把证据说出来，如果你有意诬陷，朕就把你的脑袋砍下来，派人给梁王送去！"

"不敢，不敢，小的不敢！"

"那就说吧，朕听着呢……"

"是这样……"

姬灵没有掌握多少真凭实据，更没有乐说那样编造谎言的本领。他说的话就苍白无力了。他说彭越几年前就想造反，在与臣子喝酒聊天时，常常说到刘邦与他一样，不过是乡间流氓，现在他做了汉王，做了皇帝，难道我彭越不能做吗？伙计们，好好干，咱们准备上几年，把他的皇位夺过来！

"说得实在些！"刘邦喝道，"光放些屁有什么用！"

刘邦嫌姬灵说的不具体。

"梁王曾对扈辄说：如果我彭越做了皇帝，就封你做大将军，统领天下兵马！"

"这件事行，再说！"

"皇上派使节到定陶去责备梁王平叛托病不出时，扈辄曾经建议梁王起兵先发制人，夺取洛阳！"

"梁王怎么说？"

"他说：现在还不到时候……"这就开始编造了。

"你们的梁王到底有没有病？"

"他壮得跟牛似的，他白天黑夜地和一群姬妃睡觉，没有个好身体行吗？"

"这一件也行……"刘邦忽然嘻笑着问，"小子，听说彭越的那个……冯丹很漂亮，是真的吗？"

"真的。如果不是真漂亮，梁王会在她面前跪上三天三夜吗？"

"还有呢？"

"陛下问的是梁王和冯丹吗？"

"你娘的，朕问的是彭越的谋反证据！"

"一时想不起来，容小臣再细细想想。"

"好的，来人哪，把这小子送到大狱去！……"

"啊，皇上，您不能……"

"什么不能？那地方有吃有喝，还能让你好好地想事情，多好呀！"

其实，有姬灵说的那几条，就够治彭越的谋反罪了。

第二十七章 蒯通侥幸 彭越殒命

刘邦把这事与陈平商量，问他应该怎么办。

陈平想了想，说："如果派兵去打，彭越现在兵精粮足，就是打得过他，也很费时日，劳民伤财。"

"如果向梁地用兵，朕还用问你？朕的良将成百上千，和他们商量不就行了！"刘邦说，"朕想问你有什么好点子，就像到楚地捉拿韩信那一次……"

陈平没有张良那样的雄才大略，可是出歪点子是他的强项。他眼珠子转了几转，说："那样的点子也有，就还用捉拿韩信的那办法就行了！"

"那办法还灵吗？"

"灵！"陈平给刘邦分析，"梁王这人出身草寇，得了个诸侯王就心满意足了，他真的不想造反，因此，他对皇上没有丝毫戒备。所以他很容易上当……"

刘邦把脸拉下来，骂道："陈平，你小子怎么说话？朕是个骗人上当的人吗？"

陈平赶紧跪下来请罪："不，不，不是您说的意思！"

"陈平，朕给你脸面，可不要忘乎所以了！"

"是，是。"

"再往下说！"

"是，陛下。"陈平继续说，"皇上可派一大臣带着重礼和百人劲旅，以看望梁王的病情为名，出其不意地一举把他拿下！"

"如果扈辄横加阻拦呢？"

"皇上放心，不会发生那样的事，就是扈辄出头，梁王也会令其退下！"

"为什么你有这样的把握？"

"就是因为梁王实在不想造反！"

刘邦心里想："你这小子，什么都知道！叫你这么说，老子是个不仁不义的人了！你等着，早晚老子也要收拾你！不为别的，就因为你是个什么都看得明白的鬼灵精！"

3

汉高帝十一年三月（公元前196年四月），刘邦从洛阳派出以陆贾为首的使团，带着礼物和百人劲旅到定陶去看望梁王彭越。

彭越派国相出城外迎接。

汉高祖刘邦

陆贾直至梁王榻前，彭越要起身朝着洛阳所在的西南方下跪磕头，被陆贾止住。"算了，算了，梁王与皇帝是老兄弟，何必如此拘礼？"

侍卫们给皇帝特使设了座，陆贾就对彭越嘘寒问暖。他一眼就看出彭越身体很好，并没有什么疾病。说了几句话后，就让随从把礼物送上，让彭越过目。

彭越半跪在床上，对特使，对皇上说了许多感谢的话，并表示待病情稍好，就亲到洛阳向皇上问安。

就在彭越的夫人带领家人把礼物送到后宫去的时候，彭越的寝宫中忽然多了很多人，他还没明白怎么回事时，陆贾以平静得令人起疑的声音说："把叛贼彭越拿下！"

听到他的命令，几个扮成随从的军士就一拥而上将彭越擒住了。

"陆大人，这是……"他的话还没说完，一根铁锁就套在他脖子上了。

彭越想穿上鞋子，可是，陆贾没有允许，就令随从把他带出去。

到了宫门外，来人将彭越拥上马。

"回洛阳！"陆贾命令。

队伍刚要出发，忽听宫门口仆妇们一阵喊："冯夫人来了，冯夫人来了！"

陆贾看到一个女人拿着彭越的一双鞋子匆忙走出来。

军士们想阻止，可是陆贾向他们摆摆手，意思是要他们让开。

冯丹走到彭越马前，一手抱着鞋，一手抓着彭越的手，仰着脸看着丈夫。她没有流泪，眼睛里却冒着火。"彭郎，"她说，"你去吧，向皇上把一切说明白……"

彭越却忍不住了，眼泪流到了下巴。"夫人，我怕是……"

"别胡说，"冯丹说，"皇上光明正大，如日如月，他会知道你是无辜的！"

"但愿如此！……"

"彭郎，你就在京都等着我吧，我会去找你的！"

说着，她蹲下来，抱着彭越的脚，先给他理好裹脚布，又给他把鞋子穿上，就头也不回地走了。站在大门外的梁王家人，都看到夫人满脸泪水。

出了定陶西门，忽见一彪人马拦在面前。陆贾拍马走到前面，大喝道："哪来的狂徒，胆敢前来阻拦皇差？"

从人马中站出来的是扈辄，他横着长矛喊道："我主公是皇上的朋友，十多年来为大汉的建立战暴秦、伐蛮楚，功勋卓著。建国后他对皇上唯恭唯谨，

第二十七章 蒯通侥幸 彭越殒命

忠贞之心可昭日月，为什么忠臣却遭受冤枉，而进谗小人却受到恩遇呢？"

陆贾说："将军，你这就为难在下了，下官只是执行皇上的诏令，实在不知彭王所犯何事。依下官之见，还是到了洛阳后，让梁王当面向皇帝辩白吧！将军这么做，非但帮不了大王，反而会给他增加罪孽！"

这时，载着彭越的马匹上来了。彭越向扈辄喊道："将军之心，彭越尽知。但正如陆大人所言，你这样做是在加重我的罪过。彭越素知皇上仁义，他会给我一个公道的，将军请回吧！"

扈辄想了一会儿，只好带兵走开。

到了洛阳，彭越要见皇上。

刘邦没有见他，却把他交给廷尉宣义。

宣义是刘邦新提拔起来的年轻人，很清楚皇上要他干什么，就立刻坐上大堂开庭。

因为彭越是王，宣义给他松了绑，设了座，但规矩还是要有的。

过去的廷尉如周苛、周昌等人，彭越都是认识的，甚至是熟悉的。可是今天坐在正堂上的却是个小白脸儿的后生，他是谁呢？

彭越正想着，大堂开始验明正身了。

"下面的罪犯是谁？"声音嫩生生的。

"我不是罪犯。"彭越回答。

"那么你是谁呢？"

"本人是梁王彭越。"

"好，彭越，本官奉皇上之命审问你，你可曾阴谋造反？"

"没有。"彭越一口否定，"皇上待彭越恩重如山，我日夜常思报答，怎么会有反心呢？没有，绝对没有！"

"彭越，本官正告你，如果没有你谋反的真凭实据，皇上也不会派兵将你捉拿归案。之所以要你自己招认，就是看看你还有没有一丝一毫的良心。皇上是宽仁的，只要你把自己的罪行和盘托出，是会饶恕你的！"

彭越很生气，即使是秦朝的官吏，他也绝不允许对他这样说话。他想发作，但他想到那样一来，他就很有可能回不了定陶了，见不着自己的妻儿了。于是，他把愤怒咽到肚子里。

"彭越，本官问你，在皇上为你拒不奉诏，以病为名不率兵参加平叛，而派专使向你问罪后，你的将军扈辄对你是怎么说的？"

"他……"彭越想：糟了，这倒是真凭实据，"我……我……记不得了！"

汉高祖刘邦

"这么重要的事情你就记不得了？他是不是要你先发制人，出兵洛阳威胁皇上呀？"

"他……是说过，"彭越不得不承认，"但我断然拒绝了！"

"这是十恶难赦的大罪，你只是拒绝就行了吗？"

"那还得怎样？"

"你得将他立刻逮捕，解送洛阳，你这样做了吗？"

"人家不过是说说……"

"哼……"宣义不再问这一点了，因为这一桩罪落实了。"本官再问你，听说你常常在酒宴时大肆攻击皇上，拿自己污秽不堪的经历比并皇上，有这事吗？"

"那些话，我当着皇上的面，也经常讲起，我们的出身、经历都是一样的，因此我们的关系才形同兄弟……"

"放肆，你竟敢当着本官的面，再次侮辱皇上！"宣义喊道，"皇上至圣至尊，是你这出身草寇的人比得了的吗？——你曾对你的朝臣讲：如果有机会，你就率领大军把刘家朝廷夺过来，还说如果成功，就封扈辄为大将军，有这回事吗？"

彭越刚要站起来申辩，就被两边的衙吏按住了。

"绝对没有！"他吼道。

"那，人家为什么要举报你？"

"他是谁？是不是姬灵那狗杂种，你叫他来，本王与他当面对质！"

审问到此为止。

宣义令将彭越押回大牢，自己拿着彭越的讯问记录去见刘邦。

等急了的刘邦问："怎么样，彭越谋反的罪状可成吗？"

"皇上，可成。只是他不诛杀那个挑唆他造反的扈辄，就'反形已具'了，何况还有别的反皇上的言行呢！"

刘邦把宣义交来的讯问记录看了几遍。沉吟了一会儿，说："要是平常官吏，不用这么多材料，杀他十次也够了。可是，依此杀个诸侯王，还是难服天下！"

宣义觉得没有把彭越打成"叛逆"，好似没有尽到责任，低头站在一边。

"你去吧，朕再想想。"

几天后，刘邦与几个近臣商量了几遍，觉得可以定彭越个"谋反罪"，但他毕竟没有实际行动，是杀不得的。但可以废黜他。

第二十七章　蒯通侥幸　彭越殒命

只要把他的王爵废了，他就成了离水的蛟龙，刮不得风，也兴不起雨了。

于是他先让宣义判处彭越死刑，然后，他再下诏赦免他的死罪，并把他废为庶民。指定将其送往蜀郡青衣（今四川名山以北）安置。

青衣那地方十分荒凉，是羌族的聚居区。虽已划为郡县，但与内地来往不多。在流放的同时，刘邦发文给蜀郡都尉，要他密切监视彭越。

如果彭越就这样一路风尘地远遁，也许还能捡一条命，可是人在向危难下滑时，往往有一条横枝也要抓住，结果，他就送了命。

过了几天，朝廷催促彭越上路。彭越想在临走前叩谢圣恩，目的是想见一见刘邦。

刘邦开恩接见了他。当彭越被押进宫院，颈带大枷泣不成声地跪倒在地时，刘邦从皇座上跑了下来："啊，是彭越兄弟吧？你看这是怎么的，怎么的……"

"皇上……"

"朕常对老兄弟们说，如今已是新朝建立了，就得有个规矩，不能胡说八道，也不能允许臣子们胡闹。"刘邦做了个伸手拉他的姿势，可是又把手缩了回来，"你啊，还是过去那个老脾气，这不是……这叫朕怎么办呢？"

"谢皇上饶臣下一条命……"

"兄弟，王法无情，你只好先到那边去了，朕已经吩咐当地的都尉照看你，放心，你受不着罪的！"刘邦给侍卫们使了个眼色，彭越就被带走了。

不过这次觐见皇上，使彭越多少有点宽心。他叫彭越"先"到那边去，就是说流放只是暂时的，不是永久的。另外，在刘邦看来，他的罪行不是谋反，而是管束臣下不严和说错了话、办错了事的问题。

彭越走了。

路上，解差没给他上枷，也没有捆绑，只是在两手上戴了副铁铐。吃饭睡觉的时候，他们还把铁铐给他摘下来。

是呀，到了这步天地，他还能干什么事？就像折断翅膀的鹰，拔了牙的老虎似的。

到了郑县，迎面看到大路两旁停放着许多仪仗和车辆。彭越一眼就认出了那是皇后的銮驾，他猜想一定是吕雉去洛阳路过这里。

解送囚犯的差役，只得避在一边。

过了一会儿，彭越看到了吕后，她正与躬身相送的地方官说话。

一种撞大运的冲动涌上心头。彭越对押送官说："那是皇后，我与她相

汉高祖刘邦

熟,现在我虽是囚犯,但对面碰上,礼是不可少的,待我前去拜见。"说着就往皇后那儿走。

解差毕竟对彭越还有三分敬畏,对他与皇上一家的关系也摸不清楚,就由他去了。

"参见皇后,愿皇后福寿康宁!"彭越跪下去磕头。

皇后接受地方官的礼物和拜见后,正与他们啰嗦着,忽见一个穿囚衣的犯人跪在面前,有点吃惊。

"呀,你是谁呀?"

彭越抬起头来,污秽的脸上满是泪水。

"这不是彭王吗?"吕雉真的吃了一惊。

那时,朝中人都知道大汉有两个政治中心,一是在洛阳的以刘邦为主的总管一切的政治集团,一是在长安的以吕雉和萧何为核心的行政集团。两个集团相对独立又互相通气。彭越被捉到洛阳并被判处流放的事,吕雉确实不知道。

彭越哭起来:"大嫂……救救我呀!"

吕雉对彭越的印象并不坏,每次到长安或洛阳朝见,公事之余,彭越都去巴结这位大嫂,顺便送点礼物。吕雉认为彭越虽有点狡猾,有点傲气,那是江湖豪杰的通病,但他比起英布来心胸开阔,是个可交的朋友。

在大街上是不能谈什么事情的。吕雉叫人带上彭越回到一旁的衙署里。

坐定后,地方官给他们备好酒饭就出去了。吕雉令人给彭越除去铁铐,脱去囚衣,让彭越吃饭。

可是彭越哪吃得下去,依旧哭着。

"那你就说说是怎么回事吧!"

彭越从头到尾地把事情说了一遍,吕后已经大体明白了。废黜彭越是刘邦清除异姓王的一个重要部分。吕雉也认为异姓王必须逐个清除,但她觉得像彭越这样曾经为大汉的建立有过特殊功勋的诸侯,废黜了也就算了,不要把他们置于死地。

"彭王,"吕雉说,"不是嫂子说你,你也太狂妄了,事到如今,嫂子也没有恢复你王位的本领了……"

"皇后,彭越不想再做王了,大汉有皇帝、皇后就足矣,何必有这样那样的王呢?臣已衰迈,只求让我这一把老骨头安葬故乡便感激不尽了!"

"我看这样,你随我到洛阳去吧,我去为你向皇上求情……"

第二十七章　蒯通侥幸　彭越殒命

彭越像得了赦书，跪下给吕雉连连磕头。

4

到了洛阳，吕雉先把彭越安排在皇宫一旁的军营里，自己去见刘邦。

等她把带回彭越的事向刘邦说了以后，刘邦大发雷霆，指着吕雉的鼻子骂起来，"臭娘们，你坏我大事了！我说过，你不要干涉我的事情，你就是不听！来人哪！"

从宫外跑进几个侍卫。

"传朕的诏令把廷尉宣义撤了，把押送彭越的差役全都抓起来，把彭越给朕收监！"

"是！"侍卫去了。

看到刘邦如此盛怒，吕雉不敢再说话了。

"吕雉，你给我听着，以后你只能做我吩咐你做的事，别的你不能给我乱掺和！"

吕雉进门后还没跟刘邦说上几句亲热话，就劈头盖脸地挨了一顿训。她想辩解几句，却无从说起，只能坐在一边掉眼泪儿。

等刘邦的心火稍微消了点，她小心地说："皇上，像彭越这样的壮士，你把他放到蜀地去，不是自留后患吗？你还不如干脆把他杀掉呢！"

"是呀，"刘邦说，"他的谋反罪已定，如果狠狠心把他宰了，也就省得以后出现这事那事了，我竟一时有了不该有的恻隐之心！"

"皇上，现在杀他还来得及。"

"那怎么行，天子之言，有如千钧，岂能朝令夕改！"

"皇上，我有办法，这事交给我吧！"

吕雉有什么办法呢？

随后，吕雉派人找来了彭越家的一个舍人，许他高官厚禄，要他出面编造谎言，上告彭越来洛阳后，又秘密遣人回定陶组织他的家人和亲近将领阴谋暴乱。那个舍人见彭越已经彻底倒台，也就不顾忌什么了，一天后，他就拿出了一份看似十分真实的证据。

有了彭越继续谋反的现行新证，刘邦又把彭越换到死刑牢里了。

新任廷尉名叫王恬开，也是个年轻人，他做事就比宣义厉害多了，他上堂问了彭越几句，就依照诬陷的新罪证，给彭越拟了个死罪，并夷其三族！

汉高祖刘邦

刘邦批了一个字:"可"!

他觉得事不宜迟,下令把彭越砍了头,悬其首级于洛阳闹市。并传旨:"有胆敢为其收尸者,杀无赦!"

接着,派出人马到定陶和彭越的家乡抓捕他的三族!

可是,天下成仁取义的人是吓不住的。有个叫栾布的人,跑到彭越的首级下面,摆上供品,跪在那里絮絮叨叨地哭诉起来。

他立刻被看守抓住,并上报朝廷。

栾布是彭越的生死朋友。当初,彭越还是个穷苦渔民时,他们就亲如手足。后来,栾布穷得几乎衣无寸缕,就离开家乡到齐地靠卖力气吃饭,后来又流浪到燕国,给富人家当奴仆。陈胜起义后,他的部下韩广在燕称王。这个栾布因为要为其主人报仇,被韩广的部属抓了起来,在审问时,韩广的将军臧荼看到栾布是条汉子,就要了出来,让他做了自己的都尉。这样三转两转,栾布成了军官。他听说老朋友彭越在他离开家乡后起事,并在反秦中成了一方诸侯,很是高兴。继之,他们跟着项羽打到了咸阳,臧荼成了燕王,并提拔他做了将军。可是他的厄运又来了,汉朝建立后,臧荼以"谋反罪"被捕,栾布也就成了俘虏了。

这事很快被梁王彭越知道,赶忙想法把他从监狱中赎出来,栾布到了梁国后,彭越让他做了大夫。

当彭越因"谋反罪"被刘邦抓到洛阳时,他正衔梁王之命出使齐国。等他完成使命回到定陶,彭越已被"头挂高竿"了!

栾布怀着满腔义愤身穿孝服匆匆地赶到洛阳,买上香纸供品,摆放在彭越首级下面哭着说:"大王,栾布不辱差遣,回来向您复命来了……"接着就哭着把出使齐国的经过从头说起……

刘邦听说了这事,令人将栾布提来审问。

"你这狗东西,不知彭越是反贼吗?"

"不知。皇上,栾布在梁王身边多年,只见梁王对您忠心耿耿,从未见他对大汉有丝毫反迹,您让我怎么相信他是反贼呢!"

"坏小子,你还为彭越狡辩,左右给朕掌嘴!"

几个侍卫打得栾布口吐鲜血,牙齿也掉出几颗。

"小子,还嘴硬吗?"

"皇上,栾布说的是实话!"

"什么实话?朕已经将彭越的罪状公布,而且明令不准有人给他上祭、收

第二十七章　蒯通侥幸　彭越殒命

尸，你却敢于违反，不要命了吗？来人哪，把他拉出去，给朕烹了！"

几个侍卫架起栾布，拖着就要走。

栾布回头对刘邦说："皇上能不能再让我说一句话？"

刘邦招招手，侍卫放下栾布。

"有屁就放吧！"

"皇上，当年您从彭城败北，兵困于荥阳、成皋之间，项羽之所以不能战胜您，不是幸亏有彭王占有梁地，相助于您吗？项羽虽被困于垓下，但没有梁王参与会战，给楚军最后一击，您何能得天下呢？等到天下大定，彭王受封，他对您心存感激，一直忠心耿耿，恭谨事之。陈豨反叛时，梁王真的有病不能随行，皇上却听信几个小人进谗，处以族诛的惨刑！皇上，栾布实为您担心，自今以后，功臣将人人自危，陛下将众叛亲离矣！——臣的话说完了，可以送我去油锅了！"说着，就要出门。

"站住！"刘邦被栾布说得满面羞惭，"你急什么？像你这样的忠贞臣子，朕怎么会让你死呢？来来，你还有什么话？"

"臣求对栾布缓刑几天，让我给彭王把尸收了，使我能够彰显皇上的仁德！"

"好，好，朕答应你，可你也要答应朕一件事……"

"皇上，请讲！"

"朕想拜你做都尉……"

5

半月后，彭越的三族上百口人都被解送到京。

刘邦把派去干这事的将军叫到面前，问道："里面有彭越那漂亮的妻子吗？"

将军说："反贼三族一个不缺，就是没有他的妻子冯丹和他们的小儿子彭陶……"

"这是怎么回事？"刘邦喊道。

"卑职已尽力了……"

"滚吧！"

实际上每次执行族诛，总是有几人漏网，这也不足为奇。刘邦所以愤怒，是没有见到那个使他艳羡已久的冯丹。

就在这时，未央宫门外传来禀报，有个名叫冯丹的女人求见皇上。

刘邦先是愣了一阵，接着就拔腿往外跑，跑到院子里才站住。他觉得这样有失体统，就喊道："速速让她来见朕！"说完，他又回到他的御座上，拿模拿样地坐下。

一会儿，冯丹进来了，她真的是一个美人儿，胜出他后宫里几十个嫔妃不知多少倍。就是他最亲近的吕后和戚姬也弗如远甚。她没有吕雉的骄横，也没有戚妍的柔媚，她的美是另外一种，她那圣洁、高雅是无可比拟的，即使她满面泪痕。

"你是冯丹吗？"

"是……"冯丹说，半扭着头，不看那个高高在上的刘邦。

一旁的宫吏喝道："犯妇跪下！"

冯丹像没听到似地依旧站着。

刘邦怕她说出难听的话来，就让宫吏们出去。他说："走吧，走吧，朕要单独问她。"

"冯丹，你不愿跪就站着吧，"刘邦说，"朕问你，你已经漏网，为什么又跑回来了呢？"

"民妇不是有意避祸，而是在来洛阳的路上想到夏天要到了，收拾了几件夏衣给彭王送来……"

"如今彭越已获罪处死，那你就该……远走高飞呀，朕并不想追你到天涯海角！"

"现在彭王已经死了，彭王的三族也要一齐被皇上斩杀，我是彭王的妻子，如果彭王的谋反坐实，依法当死，民妇也不想做漏网之鱼，何况民妇还有话当面问皇上呢。"

刘邦知道她要问什么，连忙说："彭越谋逆该诛……"

"有真凭实据吗？"

刘邦结结巴巴地举出几条彭越的罪状。

"皇上，您把彭王冤杀了！民妇与彭王一起生活多年，他不仅自己对皇上忠贞不二，还常常训饬家人亲属不忘皇上恩德，您说的那些所谓罪状，不过是小人的诬陷罢了。民妇知道那两个小人是谁，为了让皇上的仁义之名不被阴云遮蔽，您就把他们带到这里，让民妇与他们对质！"

"他们……他们……他们的举报业经有司多次核实。"

"是这样吗，皇上？"冯丹并不像处在此类情况的女人那样捶胸顿足，号

第二十七章　蒯通侥幸　彭越殒命

哭不已，她极为镇静，就像为别人辩白一样。"民妇不敢强迫皇上，但我是知道皇上心虚的，既然彭王罪不容赦，为何不让两个进谗小人与民妇对质，使民妇死而无怨呢？"

刘邦不说话了。

"皇上，您是知道彭王的，如果说您比民妇更加了解他也不为过。他这人出身草莽，在天下风云际会中有幸成为一方诸侯，其志已足，他最大的愿望就是保住这个王位，以享天年，以安子孙，没有任何妄念了！皇上所以要杀他，不过是为了一个目的……"

"什么？你说什么？"

"那就是不管这几个异姓诸侯对您如何忠顺，您也要逐个地清除他们，好换上您的刘姓亲属！这一次是彭王，接着就要轮到淮南王了！"

"你……你……你怎么知道？"刘邦像个被捉住手腕的贼一样叫道。

"皇上，您是欺瞒不了天下人的！"冯丹直瞧着刘邦的眼睛冷冷地说下去，"您有这样的想法无可厚非，强大的秦朝为什么在一两年间倏然覆灭了呢？就是他没有给他亲属权力，没有把他们封立为诸侯啊！"

刘邦张口结舌，对面前这位身形单弱，但大义凛然的女人不由得肃然起敬。

"皇上，您要这样做，只要您通知彭王一声，民妇即会劝告彭王，要他把王位让出来，您只要安排他和他的家人一个过得去的归宿也就行了，何必要杀了他，又给他以谋反的恶名呢？"

刘邦大汗淋漓，在御座上扭来扭去，如坐针毡。

"好了，好了，"刘邦说，"你不要讲了，朕法外开恩，彭越的三族……朕全都赦免，赦免……喂，冯丹，朕听说你们还有个几岁的娃娃？"

"皇上，那是我们的陶陶，在来洛阳前，民妇把他送到乡下去了。如果皇上要他来洛阳就戮，民妇就告诉您他现在何处，皇上即可派人把他找来……"

"不要不要，"刘邦摇手说，"朕已经说过，赦免彭越的家人……你怎么还这样说？"

这时，冯丹才给刘邦跪下来，痛哭道："谢皇上天恩……"她想这已是可能争得的最好结局了。

"起来起来，"刘邦用袍袖擦擦额上的汗水，"你快与彭越的三族回家乡去吧！"

冯丹站起来，这时"当啷"一声，一把剪刀从她衣裙里掉了出来。

汉高祖刘邦

刘邦慌悚地站起来,"你你……你是……"

"皇上,民妇本想死在皇上面前的!"

冯丹在栾布的帮助下带着彭越的灵柩及其三族离开洛阳,在定陶停留了几天,就回到了彭越的家乡巨野。接着,在彭氏老坟地里安葬了彭越。

又过了几天,一个消息传到洛阳,冯丹在安排好家中一切后,在彭越坟前自杀了,她用的还是那把剪刀……

刘邦为这事慨叹不已。他把冯丹的事说给了吕雉听,并问她:"吕雉,如果我遭到那么一件事,你能为我而死吗?"

吕雉叱他道:"你是大汉天子,怎能说这么不吉利的话!"

刘邦又把这事说给了戚妍听。戚妍听了哭得泪人儿似的。刘邦问她:"如果我是彭越,你会怎么样呢?"

戚妍搂着刘邦,用头碰着他的胸膛,说:"刘郎,上天不会让咱们遭遇那不幸的,如果真有那么一天,我没有冯丹那样的镇静、从容,当场就痛死了!"

第二十八章　再提易储　帝露心机

1

刘邦赦免了栾布和彭越三族，是学了一个"乖"。他过去就说过：要显示帝王的赫赫威权，不仅要作"威"，而且要作"福"。他这样做的效果很明显，梁地局势很快安定下来了。汉高帝十一年二月（公元前196年4月），他接连封立他的儿子刘恢为梁王，刘友为淮阳王。

这两个儿子都是别的姬妾所生，吕雉心里很不是滋味，她觉得自己忙来忙去，倒便宜了别人！

"又办了几件大事！"他对吕雉说，"也许用不了多久，天下诸王就都姓刘了！"

"为什么都要姓刘才好呢？难道我们姓吕的不和你一心一意？"吕雉很不高兴，"依我看姓刘、姓吕、姓张的都对你赤胆忠心！"

"姓张？……姓张的是谁？"

"张敖呀，"吕雉的声音抬高了，"你把他圈禁在这京城里，什么时候是个头？弄得咱们女儿整天哭哭啼啼的！"

"那……姓张的不行！"刘邦说，"不行！"

吕雉刚要与他纠缠不休，有人来奏事了。

来的是御史大夫赵尧，别人是不敢直趋后宫的。

赵尧刚要开口说话，刘邦烦吕雉干扰，就说："走走走，咱们到前殿去！国家大事怎能在寝宫里讲！"

赵尧所奏的事的确十分重大：那个"南越王"赵佗又出兵犯境了！

"好吧，好吧，"刘邦挥挥手让赵尧下去，"容朕好好想想，你也回去替朕谋划一下，看怎样才能平息这个边患。"

在始皇统一六国后，始皇只在内地留下了十多万军队，用来拱卫京师和镇压叛乱，其他的上百万人马，他派往了南方和北方。北方军团以蒙恬为统

汉高祖刘邦

帅,主要是对付北方的匈奴和修筑长城。这支大军在蒙恬受戮、秦朝灭亡后不久就自行溃散了。

南方军团由大将任嚣、赵佗为统帅,直趋五岭以南,因为始皇给他们的任务不是守边而是征服南越诸地,所以比北方军团更加强大。这支大军在完成任务后,就留在了南越。其将军和校尉都成了新建三郡(桂林、南海以及象郡)的各级长官。直至赵高篡权,天下大乱,这支大军还有很大的实力。

假如,这支拥有几十万人马的强大军团从南方掩杀进中原,以后还会有楚汉相争与刘邦的汉朝吗?

可是,历史没有假如。南越军的统帅任嚣这时正老病将死,别的将校也无意与项羽、刘邦争雄。

将死的任嚣把政权交给了他的心腹将领赵佗,并令他切断与内地相连的水道灵渠和其他驰道,从此与内地失去了联系。

任嚣死后,赵佗袭位,他按照任嚣所嘱,将与内地的一切通道切断,并甄别军中所有将士,将不愿叛秦者尽行清除,换上自己的亲信。等大局安定后便以番禺为都,自立为南越武王。

南越本是十分落后的地区,赵佗与他的几十万大军来到后,给当地人带去了中原的先进文化和先进农业技术,几年后便使南越变得有些富足了。赵佗又以君王的身份大力倡导中原军人与南越各族通婚,使汉人与当地人逐渐融合。他也以南越人吕嘉为相并与其结成姻亲,现在南越各族已经和睦地融为一家。如果从中华民族的形成来看,赵佗的确有可书可颂的伟大政绩。

但大汉已立,赵佗的称王割据,与中原分裂,就成了国家重新统一的巨大障碍。

汉朝的许多谋士,包括张良在内,都曾向刘邦指出过南越的边患应尽早除去,可是大汉刚立,国事纷繁,再加内乱不已,刘邦实在没有力量顾及南越。

当然,向南越进军的最好时机,是在讨楚联军大获全胜的时候,那时接着南进,或可一举下之。可是,那时的刘邦连项羽的兵疲粮缺的楚军都对付不了,哪里敢去招惹已有十多年基础的赵佗?

他曾想在封韩信为楚王时,令他出兵南向,可是他又怕韩信在平定南越后,立刻成为另一个更难对付的"赵佗",那就不如一仍其旧了!

现在刘邦仍没有军力派往南越。由于体制的关系,大汉的军队几乎有一半掌握在各个诸侯手里,如果将其征集起来,不仅障碍很多,而且也未必能

第二十八章　再提易储　帝露心机

用。因为凑集的军队犹如乌合之众，有什么战斗力呢？

他手头管用的军队，只有周勃军团和樊哙军团，他们全都长期驻扎在北方，以监视堵挡匈奴。秦时，匈奴距离咸阳有两千来里，现在匈奴前线离长安不过七百多里，咫尺之遥，刘邦哪有胆子把他们调回来南征赵佗呢？

大概赵佗也看出了刘邦的捉襟见肘，所以，他开始向北蚕食了！

刘邦在前殿长吁短叹了好一会儿，没有想出办法，就回后宫去了。

吕雉没有忘记刚才的事，就问道："那个赵尧有什么急事呀，你在前殿怎么待了那么久？"

"别问了，"刘邦皱着眉头，他现在尽量不让吕雉掺和他的国事，"你就只管后宫的事吧！"

"哎，老四，"吕雉不满意了，"你忘记要我辅佐太子，并与萧何署理国事了？我干得怎样，大臣们有评论，萧相国也有评论，你也曾赞扬我是女中豪杰，现在用完我了，想扔到一边去了？"

刘邦笑了。他这能软能硬的性格使他能够应付许多僵局。"别吵了，我对你说，对你说，是这样……"

他把南越的掠边和大汉军力上的窘境说了一遍。

"你呀，我倒有一法……"可是吕雉刚说了半句就停住了，"我不说了，免得你又骂我多管国事！"

"你不说算了！"刘邦站起来要走，"身为皇后不为皇帝分忧，算什么呀！"

吕雉把刘邦拖回来，按在榻上，对他说："听着，你就光知道出兵征讨，没别的办法了吗？"

"把你送给赵佗为妻？"刘邦又腆出一副无赖相，"大概人家会嫌你老……"

"别跟我贫嘴，我是说正经的！——你不会派一个能说会道的苏秦、张仪那样的人去与南越王和谈吗？"

"我，一个大汉的天子？"

"怎么，不行吗？"

"这……有点太没面子吧？——我现在好歹是天下共主了！"

"噢……原来我的刘郎现在有架子了！"吕雉把下唇伸得老长，讥诮刘邦说，"你向来不把自己的面子当回事的，现在竟端起来了！你忘记彭城败后，向丁固求饶的时候了？你忘记在鸿沟两边与项羽对垒时，人家要把你老子烹了，你竟涎着脸想分一杯肉羹的时候了？忘记在固城被楚军骂得面红耳热的时候了？忘记……"

"够了，够了！"刘邦连忙阻止她，怕她把那些让天下人当作笑谈的事再抖搂一遍。"说个没完了……"

"不说就不说，只要你能放下臭架子！"

"好吧，就按你说的办……你说让谁去好呢？"

吕雉望望窗外的太阳，说："天已中午，你就在我这里吃饭吧，也许饭后能想出合适的人来。"

吕雉讨厌刘邦日夜与戚姬在一起，到她的寝宫来只是为了说事。

"好吧，你有什么好吃的？"

吕雉又有气了，道："你日夜与戚婆子厮守在一起，她有什么好东西给你吃？"

刘邦不敢多说什么了，就老老实实地坐了下来。

2

吕雉建议刘邦派陆贾出使南越，刘邦也觉得此人合适。在郦食其死了以后，陆贾就是大汉数一数二的外交家了。

刘邦与朝廷大臣商量后，令陆贾率领一个使团南下。给他的任务是说服赵佗归顺大汉，并接受大汉朝廷授予的南越王印。在形式上把南越划入大汉的版图。

从长安到南越迢迢几千里，陆贾的使团走了两三个月。

赵佗听说大汉朝派来了使节，便故意怠慢他们。

他把汉使丢在驿馆里冷落着，后来相国吕嘉劝他说："如今大汉日渐强大，连项羽也不是刘邦的对手，如果他倾全国之力兴兵来攻，咱们南越是不敌的。何不先看看汉使来干什么再作打算呢？"

"那就让他们来吧！"赵佗想了想说。

陆贾带领几个重要的随从进宫去了。他向赵佗献上厚礼后，又以诸侯之礼拜见。赵佗坐在他宽大的木椅上，叉开两腿，大大咧咧地望着陆贾，久久没有说话。

陆贾端详着这个人，他样子快六十岁了，没有戴冠，结着越人的发式。满脸皱纹，两只眼睛分得很开，一副志得意满的样子。但陆贾看出他的样子

第二十八章 再提易储 帝露心机

是装出来的,其实,他的心里并没有什么韬略。于是就有底了。

"大王,您就这样接见故国来的使节吗?"陆贾开头就这样问道。

"故国?——咱们是南越国!"

"话虽如此,但您的老家是在中原,一个人就是漂泊得再远,他也不会忘记自己的故土的,就像树叶一样,被风吹得再远,他也不会忘记自己的根。我想大王也是这样。"

赵佗没想到陆贾会这样与他开始说话。

是的,他是没有忘记自己的家乡,每逢月白风清之夜,他就常常与家人在院子里遥望星空,指着北方的一颗亮星说:"看到了吗?咱们的老家就在那颗星星下面!"

他的儿女问他家乡是什么样子,他说:"那里比这里好多了,没有这里这么热,这么湿,门前的山水就像画儿一样……"

见赵佗没有说话,陆贾继续说:"大王,您生于中原,兄弟、亲属的坟墓都在真定,现在家乡的人来了,您却自弃中原的冠带礼仪,摆出这副模样,这是什么意思?难道您与家乡人没有一点感情了吗?"

大概陆贾的话触动了赵佗的内心,他赶忙把自己的两只脚收回来,正襟危坐。咕哝着说:"请上国的使节大人原谅……"又令宫使们给陆贾与他的随从看座。

在敬献南越的水果后,赵佗说:"大人,南越已是国家,过去我们和中原没有来往,今后也不想有来往!"他说的这么决绝,陆贾也不在乎,他说:"大王,南越只是天子御下的一个诸侯国,自古就是中国的一部分,它不能独立出去!"

赵佗愣住了。

"大王,您一定还记得是怎么来到这里的吧?当年秦皇派大将军任嚣带领你们几十万将士来到这里,一举平定了南越,并建立了桂林等三郡,并令你们做了三郡的地方官,这就是说,秦皇是任命你们来管理中国的土地。在天下纷争时,大王自立为王情有可原,但说到底咱们还是一家呀!"

"使节大人,南越是不受中原管辖的!"赵佗固执地说。

"那么大王是想以区区南越之地与大汉天子抗衡吗?"陆贾说,就像训斥一个不懂事的孩子,"那样的话,我与我的随从立刻回长安去,可是,我正告您,不久,大祸就要降临了!南越之地本是中国之地,大汉能放弃吗?如果天子大发雷霆之怒,率兵来征,南越能够抵挡吗?"

赵佗把头低下，像牛似的一声不吭了。

陆贾见主动权已在自己手里，就继续说下去。

他给赵佗分析道："大王可以细细想想，秦朝失政，豪杰并起，为什么只有汉王率先进入关中占领咸阳呢？后来，项王背约，自立西楚霸王，大部分诸侯依附于他，力量可够雄厚的了，又是汉王奋起巴蜀，五年之内平定了天下，您再想想，为什么会这样呢？此不是人力所能办到的，实为上天帮助汉王啊！"

赵佗慢慢地抬起头来望着陆贾，好像头一次听人这么说似的。

"大王，在汉王称帝以后，许多大臣对他说：南越的赵佗没有起兵讨秦之功，却在南部边境自立为王，何不派兵歼灭之？可是皇上说：天下大变，赵佗与其百姓并不知情，将来派一使节去说明一下，赵佗就会回心转意的！"

"皇上是这样说的？"

"一字不差！"陆贾说，"现在皇上派陆贾前来，郑重地授您南越王印，请您接受正式册封……"

赵佗连忙从榻上下来，连鞋子都顾不得穿，就跑到陆贾面前跪下，嚷嚷着说："使节大人，皇上真是英明，天下大势，赵佗真不知情，请饶恕赵佗愚昧无知！"

可是陆贾仍然教训他道："我作为天朝大使，来到南越代表皇上对你进行册封，你就该率领朝臣出郊相迎，北面称臣，如今居然倨傲不逊，自恃强大，难道你比楚王项羽还强吗？"

"不敢……"

"倘若汉皇得知，先去真定掘了大王先人的坟墓，夷灭大王的宗族亲戚，再派一偏将统率大军来剿，那时，越人会埋怨大王为他们招惹灾祸，必然动手诛杀大王而归大汉！难道我是吓唬你吗，请大王再三思之！"

"是，是！"赵佗急得满头大汗。

两天后，赵佗到驿馆拜访了汉使陆贾，执礼甚恭。他向陆贾宣布正式归顺大汉，接着在南越武王宫举行了授印典礼。

陆贾之所以成功，一方面是因为赵佗究属汉人，他的亲属、祖茔都在中原；另一方面，他胸无沟壑，说到底不过是原秦军的一个赳赳武夫，并不真懂政治！

礼成后，他捧着大印，乐得猴儿似的说："陆大人，我在这蛮夷之地待得久了，有失礼仪，请大人谅解。"

第二十八章 再提易储 帝露心机

陆贾笑着说:"是的,大王也太倨傲了,不过,我不会将您的行状告诉皇上的。"

赵佗千恩万谢。

赵佗觉得顺利地捡了个大汉承认的诸侯,就不知天高地厚了,他用肩膀碰了陆贾一下,亲昵地问:"大人,您说我与萧何、曹参等辈相比,谁更英雄?"

陆贾斜了他一眼,逗他说:"似乎大王更英雄些,他们做事顾忌较多……"

得到陆贾这样的评价,赵佗大喜,又问:"那,我与皇帝相比呢,谁更英雄些?"

陆贾立刻站正,拉下脸来教训赵佗说:"大王,如果我把您的这一句回给皇上,您还想活吗?……"

赵佗立刻明白"冒犯了天颜",惶恐地说:"赵佗愚懵,请大人原谅!"

陆贾郑重地说:"皇帝起沛丰,诛暴秦,讨强楚,为天下兴利除害,继三皇五帝之业,成千上万的百姓,辽阔无边的疆土,丰饶富足的物产,全归他一人统治,此乃开天辟地以来从没有过的丰功伟绩啊!大王您不过在崎岖山海之间,拥有数十万蛮夷罢了,至多可算大汉的一个郡守,怎么能与天子相比呢?"

赵佗的脸皮太厚了,几锥子也扎不出血来。听了陆贾的话,仍琢磨不出味道,笑着说:"嘿嘿,嘿嘿,我呀,可惜没在中原起家,如果那时也与群雄逐鹿,也未必不如皇上哩,您说呢?"

陆贾明白面前的这个南越王,不过是个莽汉,也就随他去了。

完成了任务,陆贾就想回朝复命,可是赵佗怎么也不让他走,挽留他多住几天。

在越期间,赵佗天天陪伴着陆贾吃酒聊天,又拉着他到处观看南越景物。可是与赵佗这个憨头憨脑的家伙在一起实在没有趣味,就说:"大王,我来南越是有期限的,无论如何,我要回朝向皇帝复命了!"

赵佗说:"我在南越十几年,连个能与之畅谈的人都没有,真是憋闷死了,大人的到来,给我说了些闻所未闻的事,我太高兴了!"

瞧,连赵佗都看不上这块地方,在他心里中原仍是他向往的上国。

两个月后,陆贾坚决向赵佗告辞。赵佗看看留不住,就放他回汉。临走送了陆贾一笔价值两千金的厚礼,又亲自送出一百多里路。对于汉皇,他却什么也没给……

回到长安，陆贾把出使南越的事情，细细地向刘邦说了一遍，刘邦乐得哈哈大笑。他拍着陆贾的肩膀说："好啊，好啊，你给朕把南边的事暂时安顿好了，过几年再说。"

陆贾听皇上的口气就明白，刘邦不满于这一现状，将来等大汉强大后，他会派兵收拾那个赵佗的，他怎么会允许有个异姓王呢？再说，在刘邦看来，这只是完成了形式上的统一，没有武力征服，始终是不可靠的。

既然对陆贾完成的使命评价不高，对他的封赏也就不大，只给了陆贾一个"太中大夫"的官。本来陆贾想望皇上会封他个"彻侯"的。

不过，升了个"太中大夫"，离皇帝就近多了。他像一切知识分子一样，总想以自己之所长向上司炫耀，并想影响他。有机会，他就给刘邦谈论他的满腹诗书。起初，刘邦还忍着，后来他被纠缠得厌烦了，就叱他说："你算了罢，陆贾！老子是骑在马上夺取天下的，哪里用得着你的诗书！"

陆贾顶撞道："皇上，您是骑着马夺取天下的，可是您还能骑在马上治理天下吗？"

刘邦愣住了，他指着陆贾的鼻子骂道："小子，你在这里等着我呢！"

陆贾见刘邦无力反驳他，就接着说："皇上，当年汤武取代夏朝就是逆取顺守、文武并用才使他的天下久远。您想，如果秦始皇能够效法汤武，对天下行仁义，布王道，陛下您还能夺取天下吗？"

刘邦想了想陆贾几句话说出的正反两个例子，有些醒悟。他叹了口气说："陆贾呀，你想用你的诗书解释天下的大道吗？好，朕就令你把秦为何失天下，朕为何得天下的道理都给朕写清楚！"

"是，陛下！"

陆贾写书去了。一年多没有再去纠缠刘邦。

他的著述从"上陈五帝之功，下列桀纣之败"，一直写到"秦朝所以灭亡"，共写了十二篇。每写完一篇他都送呈刘邦御览。

刘邦说写得"不错"。大臣们也跟着捧场，高呼"万岁"。这部叫做《新语》的书一直流传了下来。

3

"子房，子房！"

听到刘邦熟悉的呼唤声，张良赶紧拉着妻子往外跑。"皇上又来了，赶紧

第二十八章　再提易储　帝露心机

随我出迎！"

"真要命，"席姝埋怨说，"也不事先通知一声，说来就来！"

"别多说了，他就是这样的脾气！"

等张良和妻子走到前院，刘邦已经站在那里东看西瞧了。他们一齐跪下，张良喊道："微臣率妻子迎接圣驾！"

"朕不是跟你说过吗，别对朕来这一套！"刘邦做出个要扶他们起来的姿势，"你们的孩子们呢？"

张良说："怕他们干扰臣下修习，已把他们送到家乡去了！"

"子房，你正在做什么功课？"

"臣下正在辟谷，已经五天了！"

"这就怪了，"刘邦说，"老子一天不吃饭就饿得不行，你竟五天水米不搭牙了！子房，我对你说：人生有两大乐事，一是与女人睡觉，二是有好东西吃！你倒先把一件废了，何苦呢！"

张良笑笑，没有与刘邦讨论这一问题。他的妻子席姝可受不了了，红着脸回头跑回客厅去了。

"子房，以后朕不敢来了！"

"为什么？"

"你看，朕把弟妹得罪了！"

"皇上，谁叫你说话没遮拦呢？当着女人的面，是不能这样的！"

"是是是……"他携了张良的手，向后院的客厅走去。侍卫都留在前院休息。

进了客厅，席姝正在给客人备酒，刘邦想给这个害羞的女人为刚才的唐突解释一下，张良连忙拉了他一把，小声说："这种事呀，就别多说一个字了。"

刘邦点点头。

席姝明白刘邦来这里，是为了说事儿的，一切打点好后，就在门外留下个机灵的丫头，向刘邦跪辞了。

"来来，子房，"刘邦想叫张良来他的软榻上坐下，"朕有要事想与你商量。"可是张良拘于臣子之礼，只是把坐垫往前挪了挪。还口呼"岂敢，岂敢……"

刘邦急忙站起来把他拖到身边。

511

"子房，你还记得立刘盈为太子，谁是始作俑者？"

张良说："记得，那是臣下。"

"子房，朕可上你的当了！"

张良知道刘邦为什么这么说，但他故作惊骇，"陛下，这可屈死张良了！"

"子房，那个刘盈太仁弱，"刘邦说，"说实话他没老子这本领。如果他有他母亲那样的性格，朕也就不愁了！当下各路诸侯，哪个不如狼似虎？朝廷那些功勋老臣，哪个不权势熏天？将来他能驾驭得了吗？"说到这里，他望着张良。

张良知道这是当朝极为敏感的话题，人人避之唯恐不及，可是在刘邦的注视下，他不得不点了点头。

"有人说，朕想易储是因为朕爱戚妍的原因，其实，那只是个极小的由头，最根本的原因是为大汉的江山着想啊！——子房，这点朕不能说破，憋在心里好难受呀！"

张良又点头，但他安慰刘邦说："皇上，您不是常常说皇后是女中豪杰吗？太子在将来有他母后辅佐也就行了，这样的例子，在历史上也是很多的！"

谁想这句话，使刘邦跳了起来，道："子房，你呀，朕把你一直看成是当今最聪明的人，你怎么这样说话呢？"

张良立刻意识到自己说错了话，触及到刘家最最隐秘的事情，十分后悔，但也没办法了。他站起身请刘邦坐下吃酒，"皇上别着急，您慢慢说。"

"子房啊，你听朕说，"刘邦忧心忡忡，"刘盈无能已经是毫无疑问了，将来他继位后必然大权旁落，乃至受制于人，这是朕所料定的！"

"那么，陛下，那大权会旁落到哪里去呢？"

"吕家呀！"刘邦直瞪着张良。

张良知道自己虽聪明一世，于今却走到政治泥淖里去了，便赶紧想法自拔。

"皇上，如果照您的想法，如意皇子就……"

"那是朕看准了的！"刘邦一口咬定，"他特别像朕，大胆无畏，意志坚强，而又能随机应变！狡猾得就像朕一样，甚至比他老子还无赖！"由于他在张良面前能够说出实话，所以畅快得哈哈大笑，"子房，朕是不是就是这样一个人？"

张良连忙摇头，说道："皇上是上天之子，非别人可比，几百年才会出

第二十八章　再提易储　帝露心机

一人!"

刘邦被张良捧得一时忘记了愁苦,拉着张良的手说:"子房啊,我的担心是不是有道理?你别怕,说呀!"

张良只能点头。

"你瞧,"刘邦又皱起了眉头,"自从朕据守洛阳,吕后在长安当政几乎已成定制。这可使她'得其所哉'了,她不跟朕说一声就诛杀韩信及其三族,他让相国听令,廷尉靠边,擅自违反朕流放彭越到蜀川的诏令,等等,尽管她做的这些事,也是朕所愿意的,但由于这样,沛丰、砀郡的老臣已习惯于在她威福下生活了。另外,她对朝中一班人,或利诱,或拉拢,现在十之八九,已站在她的裙裾边了!"

"皇上言过其实了……"张良恨不得把耳朵捂起来。

刘邦不管他,继续说:"子房,这样下去,将来,刘盈即位后,他不被吕氏玩弄于股掌之上才怪呢!子房,到那时,这江山它还姓刘吗?"

张良不敢应声。

不过,张良惊骇地想:如今仍有人把刘邦看成是个好色、爱财,胸无韬略的人,那才瞎了眼呢!他的远见卓识,只有那些杰出的帝王才可相比。

"那么,皇上还想易储吗?"

"当然,"刘邦仰起头,"那就看上天怎样安排了,如果天以假年,朕一定会做这件大事的,这只是其中的一件!子房,一旦易储成功,母以子贵,太子被废,吕后就再也翻不起什么浪了!"

"皇上圣虑远甚!"张良说。

"戚姬与吕后不是一样的女子,她温顺优雅,就是儿子当了皇帝,她也不会干政的!"刘邦补充说。

刘邦在张良家一直待到中午,吃过了饭才起身告辞,张良与妻子恭送至大门外。

刘邦忽又回身拉着张良到一边说:"子房,朕知道你洁身自好,不想再问世事了。朕成全你。今日是憋得实在没法了,才跑到你家来的。不过,你放心,今天的话,我谁也不告诉,你和你老婆就把心放在肚子里吧!"

说完,他头也不回地上御辇走了。

刘邦的来访,使张良与席姝忧虑了几天。

"子房,咱们虽这样谨慎,麻烦还是找上门来了!"

张良只好叹气。

"你瞧，如今的天下，哪有比卷进易储之争更危险的事呀！"

"席姝，我看，你回故乡去吧，领着孩子们走得远一些。"

"你自己在长安吗，那我实在不放心！"

"你担心什么？我想，张良虽无通天大才，可是在刘氏朝廷上弄个全身而退，还是能做到吧？我要你回家，只是以防万一！"

张良虽对席姝那样说，可是他心里仍很不平静。逼急了的刘邦，找他撒闷气，如果吕后要他相帮呢？那怎么办？

我是坚决站在皇帝一边的，他想。不为别的，只为他对自己的信任，也不能再跑到吕氏阵营去。可是那姓吕的也不能招惹，她的能量也是极大的！

后来他又想到那个如意。他现在该有十五六岁了吧？他见过那小子多次，论脾气那可是个活龙活现的小刘邦！

他是戚姬的指望，刘邦与她都爱如珍宝。长到六七岁，戚姬给他找了个老儒生教他学习。谁知没几天，如意就把老师气跑了！

戚姬把那老师找来，许他高官厚禄，可那老头子说："娘娘，你给老儿高官厚禄，我很感激，可是人活着才能消受呀……"老师的意思是说：如果继续教下去，非被如意折腾死不可！据戚姬调查，头一天，如意看到老师留着一把白胡，觉得奇怪，就硬让他承认自己是山羊变的，老师不听，如意竟按着老师，要拔掉他的胡子！老师呼叫管家，管家只是看着笑，却不来劝诫公子。

几天后，那老师逃跑了。那时的知识分子都是讲究师道尊严的，如意恰恰在这点上不给他们面子，他还受得了吗？

戚姬又接连为如意找了五六位老师，没一个能够待上一个月的。

她把这担心的事，对刘邦说了。

刘邦笑得流出了眼泪，他还不住地问："戚妍，咱们的如意怎么折腾老师？说他是羊变的，还拔他的胡子……哈哈，这点比他老子还了不起！"

戚姬说："你还这么说呢，他简直是个小无赖！"

说到"小无赖"，刘邦倒严肃起来了，"戚妍，你说他是什么？是小无赖？"

"你以为他不是吗？"

"好，如果真像你说的，他就是个有出息的孩子！当今天下，只有无赖才能治理。老子从小就被父亲骂为'无赖'，长大后全村、全乡的人都骂我是无赖少年，后来怎么样，我还不是做了皇帝？那些正派的大家子弟都到哪里去

第二十八章　再提易储　帝露心机

了？他们给我当臣子我还不愿意要呢！"

"皇上，我是想让他学点本领……"

"本领？那更是无赖才有的，"刘邦说着扳着指头数，"你看，韩信从小是个无赖吧？彭越从小是个无赖吧？英布从小是个无赖吧？——可是后来都成了一方诸侯！"

"可是他们还不是都栽到你的手里！"

"那是他们还无赖得不够呀，我的戚妍！"说着，刘邦嘻笑着摇摇摆摆地出去了。他才不与戚姬讨论孩子的教育问题呢！

找不着好的教师，戚妍就找了个有修养的老婆婆与自己一起教育如意。听了老婆子的话，戚妍把如意的书房起名为"养德宫"，想使如意时刻想到自己是在修养品德。可是如意觉得顽皮就是很好的修养，更加肆无忌惮。闹得老婆婆也在这里待不住了，戚姬只好再寻老师。

这位老师也是个名儒，很有点学问。他觉得应该使如意从另一面懂得好的品质对一个人的重要性。他建议把书房改为"鱼藻宫"。"鱼藻"是《诗经·小雅》的篇名。表面是描述鱼在水中自由自在的生活，其实意在讽刺周幽王荒逸。可是如意怎能体会老师的良苦用心呢？他以为老师是要他像鱼儿一样的欢乐，更撒欢儿地玩个没完了！

一次，张良陪着刘邦在宫苑里散步，忽见一个少年从树丛中跑了出来，把一块泥巴扔在了刘邦的身上。侍卫大惊，刚要四处搜索不法歹徒，刘邦笑着说："你们忙什么？向朕扔土块的是吾儿如意也！"说着，乐得捋着自己的小胡子。

想到这里，张良的笑声把在一旁睡觉的妻子惊醒了。

"还不睡觉，你在笑什么？"席姝问。

"我在想那个如意呢，"张良说，"也许皇上说对了，无论从哪个方面看，如意就是比刘盈强！"

席姝披衣坐起，与张良说起话来。

"子房，皇上回去后，这时是不是也坐在宫里想事情呢？"

"我想，他也睡不着……"

"他在想什么呢？他在想与你的谈话吗？"

"不，他不想我，他在想萧何呢！"

"萧相国？"

"是的，妨碍皇帝易储的，除了吕后外，就是萧何了！"

汉高祖刘邦

"噢，是这样？"

张良说："在大汉朝廷上，除了皇帝，就属相国的权力大了。当年，皇帝起事时，萧何就是他最最信任的人，后来，近十年的战争，都是相国为皇帝治理着巴蜀，供给前方战争所需要的人力、物力。及至刘邦称帝，他更把长安的一切交给了萧何与吕后。吕后只是在幕后监督，在前面带领群臣的仍然是萧何。现在，皇帝要易储，萧何很自然地就成了刘邦最大的障碍了！"

"皇上会把他怎样呢？"

"咱们瞪大眼睛看着吧，皇帝有他的办法！"

事情发展得很快，不久后，刘邦把赵尧找来了，对他说："赵尧，过去朕最信任的人是张良，朕对他总是言听计从。现在他退隐了，不愿过问世事了，朕就像失去了臂膀一样不得劲，你是朕亲手扶植起来的，聪明才智可与张良比并，朕以后可否依靠你呢？"

赵尧听皇上把他比成张良，受宠若惊。因为张良是一切儒生和文吏的崇拜对象。他连忙跪下来感激涕零地说："皇上对微臣如此信赖，臣必定肝脑涂地以报皇上大恩！"

"那么，你站起来，坐在朕的对面，听朕慢慢地说。"

"臣下恭听圣谕！"

于是，刘邦说萧何的权力太大，在吕后的支持下，到了专权的地步。令赵尧给他出主意，看用什么法子可对相国进行抑制。

"对老相国抓不得……更杀不得……"赵尧小声地咕哝，目的是借以探听皇上的真正意图。

"是呀，是呀，"刘邦说，"杀和抓都不行，他是朕与皇后的老乡，功劳覆盖天地，可以说没有萧何，就没有我刘邦的今天！"

赵尧终于摸清了皇上的心脉。

他建议说："皇上，首先可表彰相国平叛有功，给他增加食邑五千户，然后嘛……再给他一支五百人的卫士，领头的将领当然都应该是皇上的心腹，从此，相国就在您的控制之下了！"

"那就是说，今后萧何就在朕给他编织的网里了？——好，好，真是好主意！"

听到这个消息后，张良对席姝说："瞧见了吗？刘邦开始收拾萧何了！"他把刘邦"优待"萧何的事对席姝说了。

席姝笑道："他们两方斗得这样紧锣密鼓的，看样子顾不得咱们了，我就

第二十八章　再提易储　帝露心机

不用回家乡了吧?"

"不,你还得走,"张良说,"不定哪一天,他们中的一方就要我出面帮忙了。"

第二天,席妹在几个家人的护送下,坐一辆青篷马车悄悄地离开了长安。

4

萧何不知是计,受了皇上的两项恩赐,洋洋得意。大臣们都登门祝贺,车马整天络绎不绝。萧何呢,每逢接见臣僚,都令那五百卫士站在身后,觉得平添了许多威风。

一天傍晚,忙碌了一天的萧何回到他的府邸。下车后,他看到门外有个卖瓜的老人,一担金光灿烂的甜瓜吸引了他。

那卖瓜人认出了他,大着胆子对他说:"相国,吃瓜吧,刚摘下的瓜,甜着哪!"

夏天的瓜果,萧何最爱吃的就是这种甜瓜。但他没有同老汉说话,回头对近身侍卫说:"叫他进来吧!"就走进大门去了。

进了正房,夫人一边给他宽衣,一边小声问他:"今日辛苦吗?"

萧何劳累之后,常常不爱说话。他回头出屋,慢慢地走下台阶,向那瓜担踱去。

他的两个近侍已为他挑选了一堆瓜了。

"让我看看,让我看看……"

侍卫们站起身,让老相国上前,他们知道挑选瓜果也是他的一项乐趣。

萧何先将侍卫挑选的逐一加以拣选,他的方法首先是看,看那皮色是否纯正,再用指节轻轻地弹敲,听声音就可知是否熟透,然后看瓜蒂那儿是否挂着水珠,就可知是否是刚刚摘下的。

"老相国不仅治国有道,就是选瓜也是地道的行家呀!"

这时,萧何才抬起头认真地端详起卖瓜老汉来。

看样子他已年过六旬,颏下飘着三绺白须,目如朗星,清癯的脸上透着精明,一看就不是个平常人。萧何低声问:"你是什么人?"

"老汉有要事来跟相国说……能否让我到廊下说话?"

萧何想了想,说:"跟我到厢房来吧。"

那几间东厢房,本是侍卫们住的地方,周围墙上悬挂的都是刀枪。另外还有几张简陋的床和侍卫们换洗的衣物。这时，里面没有人。

萧何对老人说："把您带到这房里不成敬意，只是书房和客厅都远，怕引起有心人的注意，请原谅。"

老汉看相国还是真诚的，就忙说："知道，知道……"

"能否请先生把自己介绍一下呢？"

"当然……"

老人说得言简意赅。他说自己姓召名平，原是秦朝的东陵侯，秦朝灭亡后沦为布衣，现在长安东郊种瓜自娱。因为亲历世事变化，识见良多，有几句话想对相国说。

一听说召平曾经是秦之侯爵，萧何就忙说："失敬失敬，请先生宽宥！走，咱们到客厅说话！"

可是老人挡住萧何，对他说："相国何必计较小节，在这里说话最好！"

"那，萧何就聆听教诲了！"

"相国，您的灾祸就要来了！"老人说。

只一句话就说得萧何惊惧万分。他忙向召平拱手："请先生详细赐教！"

"相国，老儿因钦慕您的智慧和为人，才不揣冒昧前来提醒您的！"

"是，请讲！"

召平说："在过去的十多年里，皇上一直是领兵在外，您却安守于内。您没有亲冒矢石的战功，却得到加封五千户和赐卫五百人的额外褒奖，您想过吗？这是为什么呢？"

萧何恍然大悟，额上立刻布满汗珠。向召平深深点头。

"先生请讲下去！"

"相国，还用老汉多说吗？那是因为您权力过大，擅自处决淮阴侯的原因啊！"

"对对，"萧何承认，可是一肚子苦衷没法对老人讲。

"相国，您已经引起皇上的猜疑，那五百人的卫队就是负责监视您的……想到了吗？"

"没没……"萧何顿悟，原先的自鸣得意立刻化为惊惧万分。要不是召平拉住他，他就要给老人跪下了。"君侯，您说我该怎么办呢？请您教我！"

"赶紧上表请辞，说自己无功不能受禄。再把五百卫队退还给皇上，如果您舍得的话，贴上一点家产给皇上补充军费也是必要的，这就是破财免灾呀！"

第二十八章　再提易储　帝露心机

"是，是，谨遵指教，我这就照您说的办！"他有点语无伦次了。

萧何向召平恭敬地拜了三拜，就想留下老人，好早晚请教。老人谢绝了，他说乡野之人，散漫惯了，不愿再受拘束了。

萧何一直把老人到大门外。

回到家里，见老人的瓜担仍在院子里，侍卫们就要拿了去追，可是被萧何摇手止住了。

拣了个合适的日子，萧何觐见皇上，郑重地上表把皇上给的"益封"（加封）和特赐的五百侍卫退还，还向朝廷捐金一万，以充军费！

刘邦喜笑颜开，连忙跑下御座说："萧老兄，又见外了不是？朕早就对兄弟们说过，打下天下后，与大家共享，你怎么就不享了呢！"

刘邦在萧何的再三恳请下，只收回了对萧何的"益封"，那五百卫士，萧何却怎么也推不掉。

从此，萧何就在刘邦的严密监视之下了。他韬光养晦，不敢越雷池一步。与吕雉也有意拉开了距离。

又过了些日子，他带了重金乘车到东郊去，想归还瓜担，答谢召平老人，可是他和侍卫转了半天，也没有找到那位秦朝的东陵侯。

5

在把朝廷大权完全掌握在自己手里后，刘邦又与朝廷重臣商议易储的大事了。年轻的朝臣都表示拥护，那些功勋老臣还是一再劝谏。他们都知道这是皇帝与吕雉的矛盾，不敢过分参与。

刘邦见反对派收敛多了，心里高兴，他觉得只要再加一把力，就大功可成。

吕雉急得如热锅之蚁，到处求人给她母子向皇帝进言，阻挠易储的实现。萧何避开了，曹参又远在齐地，那帮沛丰老臣见如此情景，就跑的跑，避的避，推的推，吕雉哭着数落他们，道："我是怎么对待你们的？到这时竟都不管我们母子了！"

最着急的当然是他们姓吕的亲属，如果易储成功，将来朝廷中就没他们什么事了，这还算好的，要是如意计较起来，他们就更倒霉了。

"把张良请出来商量吧。"建成侯吕释之提议。

吕雉说："我与那个张先生没有什么来往，他能为咱们出力吗？"

"你不记得了？太子还是张良向皇上举荐的呢！"

"对，对！那就召他来吧！"

可是张良没有奉皇后召对。

吕释之很气愤，他说："他竟瞧不起皇后！"

"张良不是瞧不起我，"吕后说，"他是不愿意在我与皇上之间掺和！"

"那怎么办呢？"

"来点硬的吧！"吕雉的确不同于寻常女子，"皇上能在平叛时把他硬拖出来，我们也用这办法！"

"好，这事就交给我！"

张良的府第后面有一个景色很美的小园，每天一早，在星星还没完全消失时，他就来这里漫步，侍卫们远远地守在一边。

这天黎明，他又来到园里，在草地上从容地练过吞吐吸纳的功夫后，就贴着篱墙环行。就在他走到贴近外面的大路时，忽然几个黑衣人翻进篱墙，架起张良像老鹰捉鸡似地越出篱墙就跑。张家的侍卫追上去，一个黑衣人回头与他们周旋，并对他们说："你们别担心，是皇后将君侯请去了！"

张良被送到了吕后面前。

张良知道是为了什么，既然被揪到这里，就得说这里的话。

他向皇后致了臣子之礼，然后问她自己犯了何罪，劳皇后天还未亮就把他"唤"来。

皇后不说话，只是默默垂泪。

张良不好说别的，就跪下等待。

吕释之进来了。他扶起张良，给他设了座。

这时皇后说话了："张先生，你是皇上的老臣、老兄弟了，可以说没有您的辅佐，皇上是夺不得天下的。得天下后，您不想再过问世事了，皇上与我都尊重您，不去打扰您……我用这办法'请'您来，实在是迫不得已呀！"说着又抹起泪来。

张良躬身道："张良既为汉臣，就该为大汉出力，皇后有事请讲！"

吕后问："我记得刘盈所以能够成为太子，是全凭张先生的大力举荐，为此，我们母子是感激不尽的！"

"皇后，您别把这事记在心上。"张良说，"当时，主公新登王位，老臣觉得早早册立太子，有利于国家的安定，所以向汉王举荐了太子……"

"那么，我问您，"吕后说，"当时，汉王已有几个儿子，比刘盈年长的有

第二十八章 再提易储 帝露心机

刘肥，比他小的还有如意，您为什么独独向汉王举荐刘盈呢?"

几句话，吕后就把张良逼到自己一边来了。

张良只好实话实说。"皇后，当时……我看到刘盈在诸公子中，端良敦厚，谦逊仁义，有帝王之相……"

"张先生，我再问您：那么，刘盈变了吗？您说的那些美德他还有吗？"

张良头一次这么发窘，他挠挠头说："皇后，太子较之以往，他的美德更加显著了。这在朝廷上是有口皆碑的！"

"张先生，就是您极力称赞的这个刘盈就要被皇上从太子的位置上撵下来了！"

张良张口结舌。他不仅为这件事一时不好说什么，也是被吕雉的睿智和机警所折服了。

"在这样的时候，您就不为刘盈说几句话吗？"

张良仍默然不语。

"张先生，您是国家重臣，皇上从来对您是言听计从的，您的话皇上是不会不听的！"

张良想了想，苦笑道："皇后，不是张良有意推脱。当年皇上与秦楚争夺天下时，臣的献策侥幸得到皇上采用，如今天下安定，皇上欲以情感而易太子。这是骨肉之间的事呀，就是有一百个张良也没有用呀！"

"不行，您得为太子说话！"一旁的吕释之说，"先生是皇上最尊重的人，您的话他会听的，就请张先生为皇后和太子谋一计吧！"

张良想：今天如不答应下来是绝对过不了关的，就说："皇后，这是大事，得极为稳妥才好。容臣细细想想……"

吕释之问："先生什么时候能想好呀？"

"就在今天，晚上，我会再来见皇后的！"

张良回到家时，已大汗淋漓。

可是办法还得想……

直到晚上，张良也没想出十分妥当的主意，可是饭后不久，皇后派来的马车就在门外等候了。

当来到皇后面前时，一个并不怎么好却能应付一时的主意有了。

在行礼之后，皇后赐茶，然后就等他把主意说出来。

张良说："皇上现在思贤若渴，曾几次下诏求贤，可是应诏而来的平庸者多，那四大高人却一直没有来……"

汉高祖刘邦

皇后听着张良说起皇帝求贤的事，百思不得其解，皇上求贤与当前的急事有什么关系呢？

可是不久张良就说到题上了。

他说："若是把四大高人请来，让他们说服皇上，并自愿辅佐太子，皇上不就没话说了吗？他易储的念头也就打消了！"

张良的这个主意，任何人听了也会觉得玄乎其玄，精明的吕雉更是难以置信。她说："张先生，您的主张……依我看也许可以对皇上易储的事阻挠一时，但绝不会长久……"

"一时就行呀，皇后！"张良说，"现在时势瞬息万变，谁能料到半年以后的事呢？到时，我还能从容地为皇后另谋主意的！"

皇后想想也是，就与吕释之等人商量起来。

商量的结果是：让太子写书信一封，令特使带着大量的金玉璧帛和几辆豪华的车，到四大高人所隐居的商山（今陕西商县东南）去了。

6

据张良介绍，那四大高人是：一姓唐，名秉，因常在园中，号东园公。一姓崔名广，字少通，因隐居夏里，号夏黄公。一姓周名术，字元道，大概曾在咸阳的灞上居住过吧，被人称为角里先生。还有一位名叫绮里季，他姓甚名谁，无从稽考。这四个白发老人因避秦末之乱，都跑到商山隐居，所以又被人称作"商山四皓"。

他们是不是高人，有什么本领、学问，谁也不知道，反正是一请就来了。

张良知道后，既没有让他们去辅佐太子，也没有让他们去见皇上，他嘱咐吕释之说："他们就像宝贝一样，让人见了就没什么魅力了，你就把他们藏在家里吧！"

"君侯，您见见他们吧。"

张良摇摇头，神秘地说："我也不能去见他们……"

几天后，长安传出消息，说是世人皆知的"商山四皓"来长安了，他们是专门来辅佐太子的。

刘邦虽不太尊重知识分子，可是对那些神秘莫测的所谓术士却十分崇信。他听说有四位高人来到了长安，要襄助太子刘盈，不禁有些不安。在朝会上，他向朝臣们问询，他们也不十分了解，只说太子虽然年轻，可是才德远播，

第二十八章　再提易储　帝露心机

也许真能吸引高人前来。当然，他们是为刘盈说话的。

刘邦正想继续追查时，他突然病倒了，而且病象奇怪，他厌恶见任何人，就是他最喜爱的戚姬也被拒之门外，身边只留一个平时照顾他的太监。吕后几次想去探视，只隔着窗子说了几句话，就被撵走了。

吕后想起张良的话，更觉得张良有半仙之能。"商山四皓"一来就满城舆论，而刘邦也病倒在床，顾不上易储之事了！

紧接着又有一件大事发生，有人到京都举报淮南王英布谋反！

后世学者都认为所谓"商山四皓"纯系张良玩的花招。他为了避开"鸟尽弓藏、兔死狗烹"的灾祸，大汉建立后就祭起如有似无的迷障，什么老病缠身，不能再问政事，什么静居行气，辟谷净身，什么要从赤松子游，遁入深山，完全是为了让人明白他张良已没什么野心，是个退隐入世的老人。这一次也是像往常一样，诌出"商山四皓"也是被逼得无法而乱扯的。

也许学者们说得很有道理，因为两千多年来许多人苦心考证，对那四个高人连踪迹也没有寻到！

第二十九章　带病亲征　英布覆亡

1

英布原是个骊山囚徒。如果按良民的标准算，他是不够格的。他好色贪鄙，无恶不作。可是在风云变幻时，这种人是最容易成事的。反秦战火中，他成了英雄，项羽封他为九江王。

他像彭越一样，觉得这辈子行了，捞得一方诸侯算不错了。他安居六城，开始充分享受一方诸侯之福。他拥抱着几个美女，吃着山珍海味，对下属和将士颐指气使，觉得已达到人生的顶点。

因此，当项羽拉他参与征齐时，他以病推脱，可是却被刘邦拉入楚汉相争的旋涡中。

他本想自拔，可是愈陷愈深。等到天下平定，他又被刘邦封为淮南王，他估算了一下，觉得没有赔什么，还是一方诸侯。只是过去他巴结的是项羽，现在换成了刘邦！

他对刘邦也像彭越一样，极尽奉迎之能事。据《史记》记载，每年他都往洛阳或者长安觐见皇上，甚为恪守臣礼。

他没想到刘邦会收拾他。他曾经对属下说："那个刘邦呀，和老子一样，出身都不那么说得出口。什么皇帝，就那么回事罢了！从此，他当他的皇帝，我当我的诸侯王，各享各的福吧！"

当韩信被杀并夷三族后，他感到恐慌。曾对左右臣僚说："乖乖，刘邦够狠的，说把人干了就干了，还是秦始皇那一套嘛！"

是的，刘邦称帝后就是实行的先秦法制，凡是犯了谋逆罪的臣僚都是枭首后，碎尸万段，然后分给各路诸侯，以达到以儆效尤的目的。

彭越被杀，英布胆战心惊。他坐不住了，把臣僚召集起来，叫大家谈看法。他们不敢批评皇帝，只说："主公，现在异姓诸侯中就只有您了！"

"皇帝为什么要这样呢？"

第二十九章　带病亲征　英布覆亡

"大王自己想吧！"他的臣子也被吓破胆了。

英布也没敢再与臣僚们讨论下去，默默地忍耐着。

一天，他带领几个近臣到野外打猎，忽然有人把一大包东西送给他。

他勒住马，两手捧着那包脏兮兮臭哄哄的东西端详着，"这是什么呀？"

属下说："是朝廷派人送来的，说是诸侯王每人一份！"

他起疑了，交给身边一个侍卫说："打开来！"

侍卫下了马，把那个包裹放在一个树墩上，手忙脚乱地打开，当全部摊开时，周围的人惊呆了——那是一包碎肉！肉里有张绢条，上面写着："彭越叛贼肉酱"。大家黄脸黄鼻子地看着英布。

英布非常吃惊，骇得浑身颤栗。他想起了先秦的法律。

从洛阳送到六城，一路几天，那包肉早已臭不可闻，不多时，就引来许多嗡嗡叫的绿头苍蝇……

过了好久，英布郁郁地吩咐侍卫们："那是梁王躯体的一部分，你们找个地方把它安葬了吧。"

"是，"几个侍卫又把那堆肉包起来，拿走了。

属下有人问他："大王，还向山那边去寻猎物吗？"

"哪里也不去了，回家吧，回家吧……"英布眼含泪水说。

当天晚上，英布把几个心腹叫在一起，对他们说："彭王与我一样，并没有什么过错。皇帝却把他杀了，不为别的，就是因为他不姓刘！只要不是他家的人，你就是天天抱着刘邦痛哭，他也得收拾你！"

英布算是把事情看透了。

心腹们见大王把话说到家了，也就毫无顾忌，他们大骂刘邦不仁不义，是秦始皇再世……

英布说："别骂了，得赶紧想法子，要不，到时候就像羊儿似地被他牵出圈去，一刀宰了，那时，说什么也晚了！"

于是大家开始议论，掂量着以淮南之力是不是抵得过刘邦。

英布说："那个刘邦所以能够夺得天下，不过是因了诸侯们的帮助，现在韩信、彭越已被他杀了，他能够指望的就是沛封、砀郡那一伙，现在连他们也老迈了，还被易储一事弄得离心离德，我看，真正打起来，他还未必敌得过咱们！至多打个平手，那时，咱们就脱离汉朝，自成一国，永远不受他的鸟气了！"

心腹们兴奋不已，一再问英布："咱们什么时候起事？"

· 525 ·

"再等等看吧，你们回去先准备起来！"

从此，英布就开始招兵买马，训练士卒，并准备攻守器械。在淮南周围加强了巡逻，万一刘邦来剿，下决心绝不像韩信、彭越那样束手就擒！

朝廷那边，却因为刘邦生病，把对英布的防备放松了，对英布的备战，他们略有耳闻，萧何只把手头的几万人马悄悄地调到了东南一带。

长安一有行动，六城就紧张起来，在这剑拔弩张的时候，是最容易出事的。

正在这时，一件小事把导火线点燃了！

2

英布有个十分宠爱的妃子，名叫姬韵，生得婀娜娇媚，她的本领就是一得空就像藤蔓一样地缠绕在英布身上。英布这赳赳武夫就是喜欢她这种味道，爱得死去活来的。她因为常常患病，几乎隔几天就往医生家跑。每次就医总是前呼后拥的惊动半个都城。英布的中大夫贲赫的府第就在医生家的旁边，他为了巴结英布，觉得不去照应一下是失礼的，所以，姬韵每次看病，他都是在她左右伺候着……

但日久天长，这位中大夫竟对姬妃产生了爱恋之情，姬妃呢，也对这位年轻潇洒的中大夫温情脉脉，因为他的确比那又黑又丑的英布有吸引力得多。

起初，他们只是眉来眼去，后来忍不住了，就在帘子后面动手动脚，继之搂搂抱抱。如果时间稍晚，中大夫就置酒相待，喝得面红耳热时，他们竟公然在医生面前调起情来。

贲赫明知这是玩火，可是抑制不住自己。

这事终于被英布发觉了，他对近臣们说："这个贲赫呀，他敢偷本王的老婆，我早晚要掐死他！"

贲赫听到后吓得要死，他觉得官没法做了，在六城也待不下去了，就急忙到长安去找出路。英布知道后，派人去追，没有追上。

英布的臣僚立刻想到韩信和彭越的下场，就齐集议事厅，请英布说话。

他们说："韩信、彭越都是由于家人和臣下举报得祸的，这个贲赫跑去长安，对大王不利呀！"

英布也觉得此事不妙，就立刻令上下准备应对。

贲赫到长安后，正如英布所料，就立刻向朝廷举报淮南王谋反。他除了

第二十九章　带病亲征　英布覆亡

揭露英布平日对刘邦的不恭外，还举出许多实例，说明英布在韩信、彭越被杀后，便时刻准备叛汉。

英布的背叛，在朝臣意料之中。他们一边拘留贲赫，一边把他的举报上奏给刘邦。

这时刘邦正在病中，没有精力当面审理贲赫。他把萧何叫来对他说："想想韩信和彭越是怎么回事吧，英布的这个贲赫是不是又想走同样的路？"

萧何明白，皇上这么说，意思就是韩信和彭越未必真有心谋反，是他们的家人事出有因的诬陷才构成谋反案的。这次是不是也一样？

萧何琢磨皇帝的意思，他实在不想打这个仗。

萧何是文吏出身，办案的经验何等丰富，他把贲赫提来一审就得出结论：此人语言夸张，未可相信。他把自己的看法向皇帝报告了。

"汉朝建立后连年用兵，财力入不敷出，还是不动干戈为好！"萧何说。

刘邦从病榻上欠起身，点点头。"那么，那个贲赫跑到长安来胡闹什么呢？"

"我看他不是个好东西。恐怕他与淮南王有仇怨，存心陷害！"

"那就先把贲赫关着，派人到六城暗暗地调查……"说完就又倒在榻上。

如果英布知道刘邦与萧何的真实想法，他是绝对不会造反的。可是贲赫的逃跑，使他坐卧不安了。他下令在全国征兵并筹集粮饷，弄得六城到处是兵营。

长安派来的探子一看，正如贲赫所举报的，英布的确在积极地"阴勒兵马、准备叛汉"！就连忙回去报告了。

长安来人，也被英布侦知。他想：既然想反，那就不如先发制人。他把朝臣集合了来，宣布从即日起脱离汉朝，自立为王！他给部下分析了形势，最后说："皇上老矣，又卧床不起，他是不能率兵打仗了，只能从他的老班底中选一人挂帅，那一帮人里有谁是咱们的敌手？说句实话，刘邦的麾下除了韩信、彭越有点真本领外，其余的都不足惧，现在，这两个人都被刘邦杀害了，咱们还担心什么？"

这话虽短，也说出了实情。所以，他的将士们信心十足。

汉高帝十一年七月，他首先出兵荆国，兵锋十分凌厉……

消息传到长安。

朝廷慌成一团，臣僚们想去报告刘邦，可是刘邦的病正值发作，哪个人他也不见。他们只好求萧何做主想办法。萧何对大家说："皇帝病情正重，我

汉高祖刘邦

看先拖一两天吧!"

"救急如救火,怎么能拖呢?"周勃说,"要不,我与灌婴将军先带兵前去迎敌?"

"那不行,我做不了这个主!"萧何自觉现在的地位不行了,他说,"调兵的事,没有皇上允可,谁也不敢妄动!"

灌婴说:"那就赶紧请示皇上呀!"他招呼周勃说,"老兄弟,咱们就冲进去见皇上吧!"

可是他们被守卫在宫院大门的侍卫挡住了,他们声言:除非皇上允许,就是萧相国来也要挡驾!

为了不打扰皇上休息,萧何将众臣召集到前殿,议论在不惊动皇上的前提下,怎么应对目前的局势。

可是大家默默无言。因为没有皇帝做出决定,谁也不敢多说话。

灌婴大概熬不住寂寞了,他问:"那个英布为什么要造反呢?真是放着好日子不过!"

"大概他听说,有人举报,他害怕了,有时候,害怕也能使人铤而走险!"周勃给他解释。

灌婴不服这话,他说:"有人举报,也得听一听朝廷怎么说呀,在萧相国看来,英布是无心造反的……"

周勃斥他道:"无心造反?这不是打到荆国去了吗?"

看样子两个人吹胡子瞪眼睛地要吵起来,夏侯婴站起来说:"别乱嚷了,大家心里都很烦,我找个明白人给大家分析分析吧!"

灌婴说:"谁是明白人?还有比咱们萧相国更明白的人吗?"

夏侯婴说:"我认识一个姓薛的老先生,早年曾是西楚的令尹,他曾经与英布同事项羽,很了解这个英布,找他来谈谈不好吗?"

萧何说:"好吧,你就把那个薛公请来吧!"

夏侯婴走后,一会儿就领进一个人来。好像那个令尹就在门外等候着似的。

夏侯婴给朝臣们做了介绍。这人近七十岁了,须发皆白,面目秀颀。他给满朝大臣行礼后,萧何令给他设座,然后就请他说说英布造反的原因。

薛公说:"如果站在英布那边说话,他当然是要造反的!前年杀韩信,去年杀彭越,诸侯谁不心惊胆颤?英布与他们两个人,可说是同功一体。两个人都被杀了,英布觉得就要轮到自己的了,他为什么不与大汉拼个你死我活?

第二十九章　带病亲征　英布覆亡

难道要英布这样的英雄，束手就擒吗？"

薛公只说了这么几句，但言简意赅，道理就是这样。

大家又沉默起来。沉默的原因不能不说同情的因素是存在的！

薛公要起身告辞，萧何止住他说："薛公请留一会儿，也许皇上能够接见你，你把这些话再对他说一遍。"

正在大家焦躁地等待时，樊哙从北方回来了，他一进门就嚷嚷着："你们在这里做什么？不知道英布那小子造反了吗？快想办法呀，去见皇上呀！"

萧何见到樊哙，高兴地说："好了，能够去见皇上的人来了！"

他把樊哙拉到一边，把情况对他说了一遍，撺掇他说："樊哙，皇上是你的连襟哥，你就冲进去，他也不能怎么样你，你就为大家，为大汉闯一闯吧！"

樊哙说："好，我这就闯进去！什么时候了，只要还活着，就得出朝议事！"他又回头招呼满朝大臣说："你们在这里等着，我进去把皇上请出来！"

来到刘邦的寝宫门口，侍卫们围上来拦阻，"小子们，滚开！"樊哙亮出佩剑叫道，接着几下拳脚，就把侍卫们打得东倒西歪，然后拿出当年冲击鸿门宴的劲头就冲进宫去了。萧何等大臣跟在后面。

这时，刘邦正头枕着那个伺候他的小太监恹恹地卧在地上，听到有人吵闹，就睁开眼睛。"谁这么大胆？"

"是我，皇上……"樊哙哭着跪了下来，"英布反了！群臣束手无策，皇上你不着急吗？"

刘邦眼睛开了又合，合了又开。没有做出反应。

看到皇上这样子，樊哙、周勃等大臣更惶恐了，一起扶刘邦起来。

樊哙说："皇上！……当年皇上与臣下等起丰沛，定天下，何其壮也！今天下已定，又何惫也！陛下病重，臣下惶恐，您不召集臣下议事，而与一宦吏相守在这里，您难道忘了赵高亡秦的教训了？"

萧何等大臣也一起七嘴八舌地诉说目前大汉的困境，劝皇上抖擞精神，重振雄风，带领群臣将士，平定祸乱。

刘邦的眼睛亮了，慢慢地站起来。

"英布真的反了？"他问。

"反了，他已经冲向了荆国……"周勃说。

"他以为老子不中用了？"

"是啊，他想浑水摸鱼！"朝臣们见皇帝又有了精神，放下心来。

"那么，朕就出去与他较量一下……"

听了刘邦的话，欢声骤起。"皇帝万岁！大汉皇帝万万岁！"……

看到群臣对他的依赖，看到沛丰老臣对他的真情流露，刘邦十分感动。他决然而起，拉着樊哙等大臣的手说："还是你们这班老伙计可靠呀！走，走，跟随老子平叛去！"

3

朝会上，刘邦问樊哙等人："大家打算怎样对英布用兵？"

樊哙叫道："这还用多讲，把那小子抓来，坑了算了！"

周勃也说："他有什么能耐？不过就是个骊山囚徒！围起来一顿打，就把他打趴了！"

别的将领也是扯着喉咙叫嚷。

刘邦没有与他们拌嘴，只是听着。他心里想：你们这些莽夫，打了这么多年仗，怎么没一点长进呀！那个英布没有韩信的军事才能，也没有彭越的英勇善战，但如果论起冲锋陷阵，你们没一个是他的敌手！带领你们去平叛，我还真是没一点信心……

夏侯婴看出了刘邦的心事，就悄悄地对刘邦说："有个过去做过西楚令尹的老人对英布十分了解，何不找他来垂询一下呢？"

"这个人在哪里？"

"他就在外面候着。"

"领他到偏殿去吧。"

刘邦对群臣说："大家义愤填膺，同仇敌忾，朕很受鼓舞，大家回去立刻准备平叛，不日发兵！"

群臣散后，刘邦接见了薛公。

薛公行礼后，刘邦令给他设座，然后问他英布的情况。

薛公说："皇上，刚才老朽已对大臣们说过，英布造反不足为怪。他是被韩信、彭越两案逼出来的！"

刘邦点点头。"薛公，在你看来英布将会怎样行动呢？"

"依我揣度，英布不过有上、中、下三策，如用上策，华山以东将非大汉所有；如用中策，胜败之数将未可知；如用下策，陛下可高枕无忧了！"

刘邦看他说得这样笃定，就有点相信他了。他把座椅向前移了移，催他

第二十九章　带病亲征　英布覆亡

说："先生可以把英布将用的三策说得详细些吗？"

"好的，"薛公躬身道。

他说：上策是东取荆王，西取楚王，兼并齐王，再传檄北方的陈豨等叛逆，固守其所，遥相呼应，如此，山东将全部沦陷，大汉危矣！

中策是东取荆王，西取楚王，兼并淮阳王和梁王同时占据敖仓，据守成皋之险，这是相持之计，双方胜败将来才可决定。

下策是东取荆王，西取下蔡（属沛郡），以淮水为屏障而拒王师，最后必然归辎重于南越王，结盟于长沙王，如此，大汉可保无事。

刘邦听了沉吟良久，又问："先生估计英布会采取哪一策呢？"

薛公知道回答的危险性，可是，他是否成功也在此一举。老头子想了许久，终于说："老朽看，依英布之才，必用下策！"

"你能判定吗？"

"老朽断定……"

刘邦说："那就奇怪了，英布也是久历沙场的战将了，他为什么不用上策、中策，而用下策呢？"

薛公笑笑说："那个英布，其出身不过是骊山囚徒而已，在天下纷乱之际，才弄了个诸侯王，实在侥幸得很。他现在只想保住眼前的荣华富贵，既无长远眼光，更不会为老百姓着想。所以老朽断定他会采用下策，退保南方就是他的目的……

刘邦想了想，觉得他有点张良之才，对眼前的平叛战争有点放心了。就点头称"善"，封了他个千户，作为见面礼。

第二天，刘邦正式下诏，废黜英布淮南王的爵位，封立他的儿子刘长为淮南王。这是刘邦向英布宣战的第一步。

如果英布真像薛公所分析的那样，无论哪一策，他的矛头都是先对着荆楚，那么说，最先与英布交手的不是刘邦的兄弟就是他的儿子了。荆王刘贾曾经与卢绾一起在南方对项羽作战，还可抵挡一阵，楚王刘交是个农民，不会打仗，幸而他的丞相陈婴还是反秦老将，又做过西楚的柱国，估计也能暂时支撑得住。不过时间久了，怕都不是英布的对手。

那么，拜谁为讨伐英布的主将呢？

没有比早年在北方军团和韩信一起作战的曹参更有资格的了。他威望最高，军队中半数以上是他的老部下，于是刘邦即刻下诏，令曹参为大将军，以他来统领各军。

汉高祖刘邦

有了薛公的估计，又有了曹参给他将兵，刘邦真想留在长安再躺到他的病榻上去。

可是萧何来找他了。

"陛下真的不愿亲自出马了？"

"是呀，老哥，你以为朕是装病吗？说真的，朕不比当年了！"

萧何看着刘邦佝偻的身子、消瘦的面孔，不想把话说透。

"有话你就讲吧，老哥。"刘邦说，"朕觉得有曹参在前方总揽全局，有你在长安照应着后方，该无大碍了吧？"

原来刘邦是这样想的，那萧何非把自己的想法说出来不可了。

"皇上，参加这次平叛战争的各部队的主将都是您的兄弟或儿子，他们都是您亲封的诸侯，您让曹参凌驾于他们之上，在体统上是不是不太合适呢？"

刘邦恍然大悟，道："是呀，是呀，朕倒忘记这一点了！"他挠了几下头皮说。那就让刘盈以皇太子的名义挂帅，你看怎样？——这样该顺理顺情了吧？"

萧何说："臣下就按皇上的意思拟诏……"

诏令一下，满朝惊诧。

别看刘邦只是转了一下心思，可他是经过周密考虑的。

首先，他的确经了一场大病，力不能支。在征讨陈豨时，他的老同乡、护卫周继看到他上下战车很吃力，曾经流着泪说："皇上，您就不能委托别人来代替您亲征吗？"现在的身体状况更不如前。

令太子出来挂帅，进一层的意思是，他想看看刘盈到底有什么本领。如果他临阵畏缩，或者部署不当，闹出什么笑话，引起群臣怨怼，那更是提供了废黜他的理由。到那时，刘邦再提出易储的事，也就没有人敢反对了。

可是在家里称病的张良看出了皇上的用心，他要为太子出招。

刘邦的病，使张良看到刘邦的日子的确不多了，于是，他义无反顾地投到了吕后与刘盈一边。

他派心腹对吕后说："太子从没上过战场，皇上派他出征，他要么毫无作为，要么指挥失当，都给了皇上易储的借口。太子是万万不可上阵的！"

吕后一听，大吃一惊。起初，她还以为皇上派太子挂帅是件好事，原来有这样的深意呀！他立刻派吕释之深夜跑到张良府上去问计。

张良对吕释之说："建成侯，张良的话已经很明白了！"

"君侯说的是很明白，正因为如此，皇后才着急了，你得给皇后个具体招

第二十九章　带病亲征　英布覆亡

数呀，她怎样才能把太子救下来呢？"

张良这时的心情是，不想管，又不得不管。管少了，怕当事人不得要领，管多了，又怕将来弄得不能全身而退，把几年来退隐的功夫全都废了！

"您说呀，君侯！"

没办法，张良便教了几招，要他转告皇后。

吕释之临走时，顺便对张良说："您推荐的那'商山四皓'还有用吗？"

"大有用呀，"张良说，"听到四皓来了，皇上不是把易储的事暂时搁置了吗？"

"我看'四皓'徒有其名，我与他们谈了几次，觉得他们肚子里没什么货色！"

"他们生得什么样？"

"样子倒挺教人敬仰的，一个个方面大耳，白须垂胸……"

"好呀，好呀……咱们用的就是他们这副模样，"张良高兴地说，"您要好好地养护着他们，要用的时候，我就通知您。"

第二天一早，吕后去找刘邦去了。她哭得一把鼻涕一把泪："皇上，你想过吗？你令刘盈挂帅，他能行吗？"

"怎么不行呢？"刘邦故作惊讶地说，"老子像他这么大的时候，早就坐过几次监狱，是村镇上谁也不敢惹的人物了！光让他蹲在长安不行，他得到风口浪尖去好好地历练历练！吕雉，你别光护着他呀！"

吕雉说："我怎能护着他呢？我觉得你是在为难他。你想，韩信、彭越已死，如今英布是天下最大的诸侯了。皇上派去征讨的诸将，几乎全是盈儿的伯伯叔叔或者是兄弟，再不就是你过去的功勋将领，你让盈儿去指挥他们，真有如使羊驱狼，他们能够听盈儿的吗？从英布那方面说，他最怕的是你，当他知道你已不能出征，便会改变据守淮河的战略，从而进取中原。那就出大麻烦了！"

刘邦觉得皇后说得有些道理。

"这样说，你是在逼我出征啊！"

"不是逼你，皇上，而是谁也替不了你！"

"吕雉，你只知道心疼儿子，就不疼你的丈夫，不疼我这个又病又老的人吗？"

听到刘邦这么说，吕雉伏在刘邦身上哭道："皇上，你生病的时候，每天我都跑去看你几趟，可是你的侍卫让我进去吗？我只有带领嫔妃为你烧香祈祷……皇上，我是为咱们的大汉着想呀，你哪怕是躺在有帷幕遮挡的辒车里……只要你在前线，英布就畏惧你，将士们就不敢不用命，为了咱们的江山，你也得勉力自强啊！……"

"好吧，好吧……"刘邦推开吕后，"当年，那个吕太公把你送给我，就是没怀好心……"

刘邦什么时候也不忘开玩笑。

刘邦答应了，吕雉就放心了，她反唇相讥道："刘老四，可别没良心呀，没有我尽心尽力的鼓励你，说不定你还是沛丰乡里的一个老流氓呢！"

"吕雉，你竟敢骂皇上，不怕我把你给废了？"

"不怕，我觉得你没生那个胆！"她笑嘻嘻地走了。

4

刘邦想：吕雉是有保护刘盈的动机，可是她说的话也是无可置疑的。时隔几天，前线的形势就恶化了。

刘邦本以为有着一定作战经验的荆王刘贾，依靠兵多将广，可以把英布堵挡一阵，但他根本不是英布的对手，他与英布军周旋了几天后，就被其打败，不得不退到富陵（今江苏盱眙）。但他没有站住脚，又被英布军打得溃散，死在乱军中。

刘贾的败死，给汉朝打击很大，从刘邦而下，开始认真对待英布反叛一事了。

听到刘贾战死的消息，刘邦痛彻心腑。他从病榻上下来，歪歪斜斜地从架上取下他的佩剑，对身边的侍卫说："传朕的诏令，朕要御驾亲征！"

英布军的攻势极为凌厉，在击溃刘贾军后接连夺取三郡五十余城，实力大增。他们渡过淮河后矛头直指楚国。楚王刘交吓得不知所措，立刻就要退走，丞相陈婴说："大王未作抵抗就想撤兵，皇上会追究责任的！"

刘交黄脸黄鼻子地说："要打，丞相打吧，我先带着家眷离开……"

陈婴与英布接战，且战且退，想在徐城与僮城间（今江苏泗洪南）筑起一道防线，可是他们的将士被英布军的勇猛吓怕了，几天后战线被突破，三军奔溃，东海、程城大部沦陷。刘交逃到了薛城。

这时，刘邦手下并没有多少人马，有人建议从北方调回守疆的部队——那里有近二十万人呢！可是刘邦坚决不许，他说：英布反叛，陈豨、匈奴正

第二十九章　带病亲征　英布覆亡

想与其呼应，若撤回守疆将士，将是剜肉补疮，坚决使不得！

从这点看，刘邦是很英明的。

那么，征讨英布的军队从哪里来呢？

这时，他想起秦末的章邯，他是发骊山囚徒以救急的，于是他也想效法章邯了。他下诏宣布大赦全国死刑以下的囚犯，令其从军立功。只长安周围他就集结了三万人马，各国被赦的囚徒，令其派专人送来，在灞上集结。加上原来的卫戍部队，他手上有十万人马了，就想带领这支部队出征。

出发的日子到了。留守关中的萧何等臣僚一齐来到灞上为刘邦送行。

张良这天起了个大早，带几个侍卫等在那里。

他见了刘邦后，眼含热泪说："皇上，臣下理当同您一起出征，但因病情加重，不能遂愿……"

刘邦也很激动，拉着张良的手说："子房，往日征战有你在我身边，我总是信心十足的，如今……子房，有什么话，你就对我说吧！"

"皇上，英布军中大半是楚人，有些还是原项羽的将士，极为剽悍，行动又快，您千万不要与他们争锋逞强！"

刘邦说："我记下了……子房，我已是卧病之人，现在也不得不出征了！——你虽也是疾病缠身，但我想把太子交给你，你就是躺在床上，也要把太子辅佐好，拜托了！"

这情景十分悲壮。刘邦已老，身上伤痕累累，又加大病未愈，一去不复返也是很有可能的。照这样看，他就有托孤之意了。

张良见刘邦对他这样信任，由衷地感动，他流着泪说："皇上如此重托，张良定会鞠躬尽瘁！"

为了使张良能够便宜行事，刘邦立刻下诏拜张良为太子少傅。

本来张良在刘邦称帝后，是不接受任何实质性的官职的，在这艰难时刻，他也只能跪拜从命了。"谢皇上……"

张良这人，如果他不受命的事，可以高高挂起，如果已经答应，他就认真起来。为了保卫都城和太子，他伸手跟刘邦要兵。

"皇上，您把所有将士带走后，京都就空虚了，如果有人趁此作乱，那将措手不及……"他说。

刘邦叹了口气说："子房，你看我还有什么兵丁留给你呀！"

可是张良能够骨头里榨油。他说："皇上，您就把原属周勃直辖的上郡、北地、陇西的车兵和骑兵给我吧！"

汉高祖刘邦

"那，是很少的一点……"

"那就再把从巴蜀刚征调来的一万人马给我，这样加上中尉统率的部队，就有三万人马了。这三部凑成的军队命名为太子卫队，怎样？"

"好吧……"

"皇上，有这支部队驻扎在灞上，就不怕北方的陈豨、匈奴突然袭击了！"

刘邦笑着说："子房，交给你做的事，总是万无一失的。"

战局的发展没有像薛公所料，英布没有采取他估计的下策。他在击溃荆楚三军后，没有据淮自保，而是长驱直入，大有问鼎中原的势头。

刘邦对夏侯婴说："你那个薛公简直是个老骗子！……"

"那就把他的官儿和食邑削夺了吧！"夏侯婴也很生气。

"不，不，那样，人们会认为咱们也是一群糊涂虫！——叫他享几天福吧，好在他快死了！"

那时候，像薛公这样的人到处都是，他们一无所有，只凭着一条巧舌和一张厚脸皮就到处混饭吃。

但身为齐相的大将军曹参动作很快，几天内他就集结了十几万人，其中车、骑、步各兵种都有。他们立即出击，由博阳循泗水而下。在打了几场胜仗后，拦腰截断了英布军西进的兵锋。

英布大大受挫，他这时才悟到汉军中不是没有与他比并的大将！

几天后曹参的齐军与刘邦率领的军队会师，使整个平叛战役有了很大的转机。

"曹大哥，曹大哥……"刘邦高声叫着向曹参扑去。

曹参一时没认出向他急步走来的那个又瘦又老的人是谁，愣怔了一会儿。当他认出那就是皇帝时，眼泪唰地流了出来！

两人抱在了一起。

"皇上，才一年不见，您怎么就瘦成了这样？"

"曹大哥，我还以为见不到你了！……"

"都是我们做臣子的不好，叫你受这样的痛苦！"

不光刘邦与曹参，双方士兵也相拥相抱，说不出的亲热。英布的造反，使他们紧紧地团结在一起，连点缝隙也没有了，这就是胜利的起点！

汉高帝十二年十月（公元前 195 年 11 月），汉军与诸侯联军在蕲县西郊与英布军展开决战。

刘邦登上汉军营垒的堡壁观战。远远地看见英布军的阵形很像当年项羽

第二十九章 带病亲征 英布覆亡

的布置，有些不吉利的感觉。心想，英布最崇尚的还是他曾经投靠过的项羽。

大概英布发现了他，便拍马向刘邦跑来。

原先，英布听说刘邦要亲自挂帅，还以为只是传说，现在真的看到了刘邦，怎能不跑来说几句话呢？

"皇上……"英布在马上向刘邦拱手。

"英布，"刘邦大声地招呼他，"朕待你不薄，你为什么要造反呢？"

英布说："我若不造反，韩信与彭越就是我的下场！"

"韩信、彭越……朕有他们谋反的真凭实据，是有人举报的！"

"不是也有人举报本王吗？"

"朕根本没有相信，"刘邦说，"咱们两个出身一样，经历相同，朕又事事厚待你，你为什么要造反呢？——至今，那个贲赫还关在狱里！"

"嘿嘿，"英布笑笑，"是的，也许你当时没有相信，可是，以后我还是脱不了是你的俎上肉，你是不会要我这个异姓王的！"

"即使如此，朕也会好好地安排你，不违朕与诸侯共享天下的诺言！"

"皇上，相信别人不如相信自己，再说，我英布还想尝尝做皇帝的滋味呢！"

今天，他们说的都是实话。

下面，没有好话说了，刘邦就大骂英布本是骊山囚徒，天生就是一副贼骨头！并说："朕已布下天罗地网，不日就可拿你归案，你也脱不了像韩信、彭越一样，落个碎尸万段并夷三族的下场！"

英布不想与刘邦对骂，就喝令身后士卒向刘邦放箭。听他令下，满天箭镞就像蝗虫齐向刘邦飞来，刘邦身边的护卫纷纷中箭倒地。刘邦有病，身子不灵活，也被射中肩肘。他像在鸿沟中箭时一样，忍痛迅速把箭拔出扔掉，并佯装没有受伤，继续与曹参等将领一齐指挥作战。

那次会战，双方人马相当，可是刘邦在夏侯婴、周绁等将领的护持下，端坐营垒之上，起了不可估量的振奋军心的作用。曹参、灌婴、周勃等大将跃马挺枪带领部下杀入阵中，于是将士个个奋勇当先，把英布军的大阵撕得粉碎，又加原先被英布裹胁的荆楚军纷纷临阵倒戈，英布军开始溃乱。从早晨杀到午后，叛军终于不敌，向后败逃。

曹参跑到刘邦面前问候："皇上，您的伤势怎样？"

"你不用管我，别给英布喘息的机会，追击穷寇！"

"是！"曹参回到军中，挥军追杀。

汉高祖刘邦

在以后的几天中，曹参、灌婴、周勃等大将引兵穷追猛打，使英布站不住脚，无法整顿败军，一路溃败逃散。最后，英布身边只剩数百亲随，过淮河向南去了。

他的一个谋士流着泪说："兵败如山倒呀，大王的十几万大军几天就没了！"

英布却似乎不以为意，冷笑起来。

"大王还有心笑呢？"

"我是笑那刘邦呀……"

"他还是大汉皇帝，有什么好笑的？"

"他这时一定想：英布那小子逃到淮河边时，身边只剩几百骑，很像当年的项羽，他还有脸活着吗？"

"咱们的英布大王，可不像当年的项羽……"这回轮到那谋士笑了。

"是呀，我本就是个一无所有的囚徒，弄成这样，也不会为了这张老脸而自杀，再说，南方还有我的朋友呢，谁说我就没有重整旗鼓的机会呀！"

第三十章　衣锦还乡　恩泽乡邻

1

英布远遁，夏侯婴与周绁劝刘邦下垒休息，刘邦却站不起来了，眯着眼似乎昏厥了。他们小心地将刘邦抬下营垒，找个干净的地方让他休息。

时值隆冬，滴水成冰。他们给刘邦盖上几身皮裘，想在屋里生火，可是又怕生烟。夏侯婴终于想出了妥善的办法：找几个侍卫，一一脱光护在刘邦身边。

医生赶到了，他要给刘邦疗伤，夏侯婴却说："皇上刚刚睡着……"

"那也不行！"医生嚷道，"等伤口化脓那就难治了！"

刘邦醒来了，他却说："医生说得很对，令他给朕疗伤吧！"

周绁赶走光身的侍卫，慢慢地把刘邦扶起来。可是，刘邦的铠甲已被鲜血粘住，脱不下来了。医生决定用利刀把铠甲割碎。

"这是一副好甲呀，结实轻软，还是早年项梁送给朕的呢！"刘邦说。

夏侯婴哭了："皇上还心疼这副甲干什么？如果国家有事，有我们这些将领，再也用不着您御驾亲征了！"

等医生小心地把衣甲割碎，找到伤口，查看了许久后说："恭喜皇上，伤势无碍，几天后可保痊愈！"

听了医生的话，刘邦放心了，他笑着说："看样子朕还能回到长安去……"

几天后，当夏侯婴等为刘邦安排回京都时，刘邦忽然说："这里离沛县很近，你们陪朕回老家看看吧！也许今生就这一次机会了！"

他说得有些伤心，夏侯婴、周绁等人都不敢劝谏。

第二天一早，刘邦上了他的御辇，由夏侯婴亲自驾车，周绁护驾，几百士兵护卫向沛县进发。

这是自兵败彭城后，刘邦头一次也是最后一次回到沛县。临近沛城，他

汉高祖刘邦

精神好了些，指指点点，给随从们介绍着故乡的景物。

深冬季节，到处冰天雪地，原野里树木枯槁，树枝指向苍茫的天空，气氛肃杀。在别人看来无可欣赏之处，可在刘邦看来，一景一物无不联系着许多过往旧事，不由得感情涌动起来……

夏侯婴也感慨万端，这不仅是因为这里是"龙兴之地"，只封立的彻侯就出了几十个，而且这也是他浴血奋战的地方，他的热血曾经几次地洒在这里。

开国后，刘邦见老父亲整日郁郁不乐，曾在长安郊外模仿老家丰邑建造了一个小村落，用来安慰老父的思乡之情。可是，那只是个摆设，怎能慰藉游子的寂寥、落寞的心呢！

大概是夏侯婴早早派人通知了沛县的地方官，他们还没到达沛城，迎接的群众就站满了城门外的郊野，并且锣鼓喧天。

欢迎的规模当然比不上通都大邑，可是那浓浓的亲情是别的地方所没有的。不等御辇停下，上万群众就包围上来，叫喊声中，称呼刘邦什么的都有。

"啊，刘四哥回来了，四哥下车呀！"

"老四，咱们是一家呀，论班辈，你还得喊我大叔呢！"

"皇帝老哥，可把你盼回来了！"

"能在坐上龙椅后，还回家来看看，就是个好皇帝！"

"听说您做了皇帝，那些老兄弟还叫您沛公，是吗？"

刘邦听了这各种各样的叫喊，他没有厌烦，相反的，他感到亲切，感到激动，当他从车辇中探出头来时，已是满脸泪水了！

夏侯婴把护卫调上来，将御辇围了几层，然后才与周继一起，轻轻地把刘邦扶出来。可是几百侍卫挡不住老乡们的"冲击"，只一会儿，他们就不成阵形了。

刘邦情绪比较激动，他大声地喝斥侍卫们："你们要干什么，挡住朕和老乡们见面？怕这里面有坏人暗害朕吗？不会的，绝不会的！朕就在他们中长大，沛城有一大半人认识我刘邦！我们在一起保卫过沛城，我们的血是流在一起的！没有沛城的老乡，就没有我刘邦的今天！"

刘邦的话极为动人，许多人围着他泣不成声。

几位老人走上前，大声地问刘邦："还认识我们吗，老四？"

"认识，认识，扒光了屁股我也认识！小时候，咱们可是无恶不作呀！"刘邦说，"我还记得咱们趁夜偷人家的狗，煮了下酒吃……"

"是呀，记着就好，那天晚上你可喝醉了，简直是滩烂泥！"

第三十章　衣锦还乡　恩泽乡邻

刘邦与他们一一拥抱。

这时老乡们又议论起来："从家里走时，还是个俊哥儿，回来时怎么成了老头儿了？"

"是呀，还又老又瘦！"

"看样子当皇帝也不是好差使！"

"操心哪，你们说他领兵打了多少仗呀！"

"听说，他又娶了几十个嫔妃，那些女人都会作践人的！"

"是呀，老四见了女人什么也不顾……还不把身子掏垮了！"

泗水郡守和沛县的县令很会办事，他们等皇上与乡亲们亲热得差不多了，才拥到刘邦面前恭行君臣大礼。

刘邦问他们："这几年沛丰地区的收成、生活怎么样？"

他们早就准备好了应该回答的话："托皇上洪福，沛丰地区年年风调雨顺、五谷丰登，百业兴旺，老百姓们家家安居乐业！"

"那就好，那就好！"刘邦说，"你们看朕回家来了，乡亲都想见朕，朕也想好好地接待他们，没有足够大的地方怎么办？"

泗水郡守是个精明人，他说："为了皇上省亲，微臣早就建筑了一座足够大的沛宫，如果稍微再做些准备，在那里宴请皇上的乡亲满可以了！"

其实，在他到任前，那位已经谢职的郡守就建好了沛宫，等待着皇上返回故里，可是等到他谢任，等到死，他也没把皇上等来。

"沛宫？什么沛宫呀？"

两位地方官请皇上再上御辇，跟他们前去沛宫，他们告诉他：沛宫并不远，就在沛城南郊。

果然，一会儿就到了，刘邦下了御辇，面前是一座金碧辉煌的宫殿，飞檐层层，拱门重重，楼阁遏云，回廊如龙。刘邦站在那里慨叹道："啊，这比长安的未央宫还豪华呀！为什么要建造这么好的宫阙呢？"

"这都是为了皇上您来省亲呀！"郡守这么说。

刘邦摇摇头，"如果朕早知道的话，是绝不允许的！"他有些不高兴了，"这得耗费多少人力物力呀，朕知道乡亲们都是不富裕的。再说，朕还能再来吗？"

看到刘邦就要发脾气了，周继连忙说："皇上，您不要责备他们，沛丰地区是您的龙兴之地，怎能不留点以壮观瞻的东西呢？将来，您的子孙会常回来省亲的，不能让他们连住的地方也没有呀！"

刘邦点点头，长叹一声走了进去。

2

从第二天起，刘邦就在沛宫一批批的设宴招待沛城的乡亲们。郡守与县令知道刘邦很爱歌舞，就从沛城找了一百二十个男孩组成歌舞队，稍加训练，要他们在宴会上歌舞助兴。

刘邦又想起他的戚姬来，对夏侯婴说："如果戚妍在这里就好了，她从没到过沛城，曾数次问朕沛城是什么样子。"

酒过半酣，乡亲们想起刘邦原是歌舞的行家里手，就怂恿他下场表演。

周缁对他说："您现在是皇帝了，尽管高兴非常，也不可放浪形骸！"

刘邦点点头："朕只给歌舞者击筑吧！"

可是他击了一会儿意兴就上来了，他再也不管周缁的劝嘱，手持佩剑下场起舞。他舞了几趟，就昂首高声唱起歌来：

> 大风起兮云飞扬，
> 威加海内兮归故乡，
> 安得猛士兮守四方！

> 大风起兮云飞扬，
> 壮志已酬兮归故乡，
> 老之将至兮心悲伤！

刘邦激情满怀，顺口吟出了千古绝唱，如果他不是涕泪纵横，也许还能多唱出几段。可是夏侯婴等连忙向前把他扶了下来。

周缁要他回到后面宫中休息，可是他说："朕见到乡亲们实是不易，宴会没散，朕怎能回去呢？——乡亲们，朕虽然建都关中，但万岁之后，朕的魂魄还是要回来的！"

乡亲们听他这么说也十分感伤，一时抽泣之声嘤嘤不绝。

刘邦抹干了眼泪又说："我是从沛县起义，反秦讨楚后而得天下的，我当着父老们宣布：从今往后，沛县的民众都将免除徭役，世代不受征调……"

在场的父老一起给刘邦跪下，口呼万岁！

第三十章　衣锦还乡　恩泽乡邻

几天后，刘邦已宴请了几批几百名乡亲，那百余名童子已把《大风歌》唱得极为流畅，每次宴会，他们都要唱上几回，苍凉悲壮的《大风歌》用清亮的童音唱出来，别有一番情味。因为这首即兴的歌充分反映了刘邦的心情，也得到了老乡们的喜爱，沛城的民众已人人会唱了。

在这些老乡中有两位特殊的客人，她们就是当年供给刘邦白吃白喝的王媪和武媪。宴会中从她们看刘邦时的眼神，就明白她们对皇上还有其特殊的期望。因此，宴会散后，刘邦把她们留下，引她们到一内室中。

两位老太太哭起来。

当年，她们都曾为刘邦吹嘘过，说他是真龙降世，不唯供给他衣食，有很长一段时间还充当过他的情人。

刘邦说："你们以为我刘邦忘了你们了？我说过将来飞黄腾达后会报答你们，说吧，你们有什么要求？"

两个人没有说话，只是哭。哭得刘邦也忍不住掉下了眼泪。

后来王媪先止住了泪水，她说："我们来时商量过，我们对你没有任何要求，只要能看到你，说上几句话，就心满意足了！人都老成这样了，还要什么呢！"

是的，先不说脸上的皱纹，当年的满头青丝也像落满了银霜。

"都老了，都老了……咱们还能再见面吗？"

武媪这时也擦干了眼泪，她说："你那天回来时，我们正在人群中，当你从御辇里探出头来，我们立刻就哭成泪人儿了……"

"是呀，伤心呀！"

"啊，我们看到当年风流倜傥的刘郎一下子变成了老而且瘦的老头儿，谁能受得了呀！——刘郎，当皇帝是不是很累，很操心，不如做百姓好呀？"

"是的，做皇帝是很累很操心，可是也很荣耀呀，你们看，如果我没做皇帝，乡亲们如何能跟着我沾光呀！"

刘邦问她们身下有些什么子女，年龄多大，并一一记了下来。"你们让他们跟我回长安吧，我要看情形给他们安排些事情干，干得好了，少不了他们的荣华富贵。"

临别时，刘邦赏赐给她们每人千金。

在沛城，刘邦虽充分抒发了自己激烈的壮怀，动人的悲情，但总的来说是愉快的。他与乡亲们济济一堂，回忆起许多往事和熟人，有说有笑，无拘无束，把朝廷上的拘谨和心机都忘干净了，就像鱼儿回到水里一样。当夏侯婴等提醒他要注意休息时，刘邦哈哈大笑："你们担心什么？没看到吗？朕年轻了，什么病也没有了！"

是的，他似乎又回到了年轻的时候，有时连自己皇帝的身份也不在乎了，一会儿称"朕"，一会儿又称"我"，全看他的意兴怎样。

十数日后，在夏侯婴、周继等近臣的催促下，刘邦与乡亲们依依惜别，乡亲们几万人围住他流着眼泪挽留。

刘邦说："乡亲们，当皇帝也不能随心所欲，长安有一大堆破事等着朕去办。你们就在家好好地过日子吧！如果有什么事，就派个人到长安去找朕，朕会给你们一一办好！只要是咱们的天下，一切都好说！"听了他的话，乡亲们都跪下来，哭着高呼："皇帝万岁，万万岁！"……

已经走出十数里了，乡亲们还是跟着他，连一冬下的雪都踩没了。

刘邦只好又下了辇，对大家说："乡亲们，刘邦不能在这里待下去了，我带来的人太多，父老兄弟供应不起呀！"

乡亲们高喊道："托皇上的福，去年的粮食还没吃完呢，把你的朝廷搬到沛城来吧，咱们欢欢喜喜地一起过！"几句话引得刘邦哈哈大笑。

没办法，刘邦又令地方官在野外扎下营帐，答应在那里再住三天。

老乡们欢呼雷动，纷纷回家捧了牛羊肉和老酒前来相送。整个沛城好像搬到这里来了。就在这里，沛城的老乡提出了一件事，使刘邦为难了。

他们说："沛城有幸蠲免了徭役，您的老家丰邑却没有蒙此恩典，请陛下哀怜他们，也降福给他们吧……"

刘邦不高兴了，他说："丰邑是朕出生长大的地方，朕怎么能忘记呢？只是想起他们曾跟随雍齿降魏反我，朕就不想施恩于他们了！"

可是沛城父老再三恳求："丰邑的老乡虽然有错，但他们那时也是迫于无奈呀，希望皇上忘记他们的过失，只想着家乡的深情吧！"

刘邦拗不过沛城人的真挚请求，就答应了："好吧，丰邑也照沛城之例，今后免除所有徭役！"

3

刘邦终于离开了故乡。

他坐上御辇后对夏侯婴说："看到了吗？天下最爱刘邦的还是家乡的人哪！"

第三十章　衣锦还乡　恩泽乡邻

可是家乡人有一件事也使他甚为不快，就是他们在欢迎他的同时也挂牵着相国萧何。在谈话时，他们常常问起萧何，称赞他是周公、管仲、乐毅一般的人物。是大汉真正的当家人！在宴会上祝酒时，他们也从不忘记向没在座的萧相国祝酒，好像萧何与他一起回来了！这触动了刘邦近年来的心事，相国的权力太大了，威信太高了，如果他想起事，那是比韩信、彭越、英布更可怕的人物！即使他在自己活着时，有所忌惮，那么在自己死后呢？他还会听从少年皇帝吗？

在他生病时，他躺在床上再三思量的就是这事。

萧何是块"大石头"，他一时还搬不动他，实际上也离不了他。

可是这已是他的心病了。

东征英布时，刘邦曾一再地派心腹回长安探听萧何在做些什么。家乡之行，乡亲们对萧何的怀念更是触痛了他的伤疤。

"周继呀……"他掀开辇车的帘子叫道。

在御辇一旁骑马走着的周继，听到刘邦呼唤，赶紧下了马跑了过来，躬身听着。

"你头前回长安去看看吧。"

"看什么呢，皇上？"

"看看萧相国在干什么。"

"是……"可是周继仍不懂刘邦的意思，"咱们很快就回去了……"

"咱们在路上总要走十几天或者几十天，朕要你几天就赶回长安！"

"是，臣立刻就上路。"

"到了长安不要见任何人，就暗暗地察访。"

"臣记住了……"

刘邦一行走到鲁地附近时，此前派到长安的人陆续回来了。他们向刘邦报告说：萧相国变了，与以前大不相同了！

刘邦十分诧异。他问："萧相国变了？他怎么变了？"

探子们说：皇上离开长安后，萧相国大敛其财，甚至损公肥私，强买强卖。奇怪的是别的贪官总是遮遮掩掩偷偷摸摸的，他却大张旗鼓地干，唯恐别人不知道似的，给他家送礼的人门庭若市，长安的人都惊叹地说：没想到清廉了一辈子的萧相国一夜之间变成了个大贪官！……

刘邦听了不仅不生气，还哈哈大笑："整日忙忙碌碌，不知苦累的萧何也开始为自己打算了，好啊，好啊……"

汉高祖刘邦

在刘邦身旁的人，都不明白刘邦说这话是什么意思。

夏侯婴说："皇上，别听他们瞎说，萧相国怎么会是那样的人呢？"

"夏侯婴，你不懂得，人总是会变的！"

从此，刘邦的神情开朗了许多。

长安来的人还带来了两个好消息。一是从淮河溃退的英布跑到他的老朋友长沙王吴臣那里求其庇护，吴臣假装收留他，然后派人把他杀死，把他的头颅装在木匣里送到了长安，以表忠心。一是镇守北方的边将报告说，陈豨的余部已被消灭，匈奴也已远遁了。

这两个消息都使刘邦精神焕发。他对赶来的兄弟、楚王刘交说："形势这么好，朕没有什么可担心的了，咱们还忙着回长安做什么？找个地方再玩上几天好了！"

"那就到曲阜去拜一拜孔圣人的庙好了！"

"远吗？"

"不远，离这里就一天多的路程。"刘交说。刘交原是个农村老"土"，可是从小笃信儒学，跟着村里的老塾师读了几天"子曰"、"诗云"，就自诩为孔家门徒了。

但刘邦与秦始皇一样，崇尚的是法家，认为治国还得用韩非那一套。不仅这样，他对那些儒冠高耸、宽袍博带的儒生没个好印象，见了就想损他们几句。

"算了吧，"刘邦说，"他们那些玩艺儿朕不欣赏。"

"那不好呀，哥，"刘交说，"法家主张严厉治国，儒家主张礼义驭民，道理是一样的！"再深的道理刘交也讲不出来了。

"我看不一样，"刘邦说，"我信不过那些咬文嚼字的家伙！"

"哥，就像你说的，他们不一样，你治国多一套办法不也很好吗？多一些帮手总比少一些帮手好吧？"

刘邦正在犹豫，刘交派侍卫到前哨说："绕道曲阜！……"

这样刘邦就被刘交强拽到孔子的老家去了。

听说皇帝要来祭孔，乐得聚集在曲阜的几百儒生忘乎所以，他们奔走相告，屁颠屁颠地准备起来。

到了曲阜后，地方官迎接着，稍微休息后，刘交就把刘邦引到孔庙里去了。

本来，他们为皇帝准备了馆驿安歇，并选了许多美女伺候他。可是刘邦

第三十章　衣锦还乡　恩泽乡邻

恨不得立刻回头就走，所以就想赶紧把过场走完。

那帮儒生可不这样想，他们以为皇帝渴望见到孔子的圣像，以沐礼教恩泽，故跟着刘邦迫不及待地跑进孔庙去了。

在祭孔的雅乐声中，刘交搀着皇帝一直走进大殿，后面尾随着地方官员和上千儒生。

刘邦仰头看着，见孔子的塑像是个并不魁伟，眯眼咧嘴的老头儿，就笑着对刘交说："这老头的脸，就像是刚从锅灶底下爬出来的。"

刘交说："我也不知道，也许是被香火熏的吧。哥，快拜一拜呀！"

"就拜这么个家伙？"

"哥，既然来了，就要尽礼，不然，儒生们可不高兴呀！"

"他们不高兴算个鸟！"

"不能这么说，"刘交十分着急，"你在这里一拱手，儒生们就感恩不尽，从此，他们都是你的人了！"

刘邦听刘交说的也有理，就学着刘交的样子给孔子拜了三拜。每拜一次，他就问刘交一回："行了吗？孔老二的门徒高兴了吗？"

回头往外走的时候，刘交不住地请求："哥，你得说上几句，说上几句！"

"我说个屁，我没的说！叫老子骂他们几句还行，张口就是！"

"哥，你可别这样，你就拣好听的说上几句，说完咱就走！"

走到殿外的台阶上，刘邦大声说："儒生们，朕要对你们说上几句……"

一听皇上要对他们讲话，儒生们跪下了一大片。

刘邦是很会说话的，可是由于他言不由衷，就结结巴巴了。"嗯，是这样，朕刚才参拜了孔老夫子……嗯，他这个人哪，不管怎么说，是个圣人！他有他的一套，就是主张君君臣臣父父子子，这个社会秩序一点都不能差！谁差了就是乱臣贼子，那么朕就对他不客气了！朕就说这些，希望你们都要按孔子的话去做，为朕尽忠，为大汉出力！完了，你们各自回家吧！"

由于这是刘邦第一次公开表示赞成孔子的主张，儒生们激动万分，跪在地上连呼万岁，直喊得口干舌燥满脸是泪，等他们向上谢恩时，刘邦早坐上御辇跑了。

路上，刘邦半天不说话。

刘交问他："哥，你怎么了？"

"老子来这儿的事……可千万别说出去！"

4

汉高帝十二年十二月（公元前 195 年 1 月），刘邦一行顶着满天风雪回到了长安。

萧何等大臣排队在长安东门跪迎，可是刘邦既没有停步，更没有下辇，就风驰电掣地从他们面前走过，回未央宫去了……

宫门前，吕雉带领嫔妃宫女们迎候。

刘邦一被扶出车辇，就对吕雉说："快扶我进宫，什么话也别说！"

吕雉看到刘邦疲惫不堪的样子，知道他累坏了，就令嫔妃姬妾们散去，他与戚妍扶着刘邦慢慢地向后面的寝宫走去。

进了寝宫，刘邦连声喊冷，道："你们生了火盆了吗？为什么不早早生好？"

吕雉嗔他道："你嚷什么？火盆生了好几个呢，都很旺！"

刘邦爬上御床，戚姬把几床厚被盖在刘邦身上，刘邦便眯着眼睛养神。大家看着皇上这个样子，也都屏息敛声地不敢说话。

半个时辰后，刘邦才睁开眼睛。对他们说的头一句话就是："在家里真好呀！"这句话惹得宫里的人都笑了！

"你们笑个屁，"刘邦说，"你们做女人的，虽然平时伺候男人辛苦点，可是不像我们男人成年累月地在外面打拼不止！"

吕雉见他又要胡说八道，就打断他说："皇上，你是为大汉江山打拼，是为子孙万代打拼，不值得吗？别说了，别说了！"

戚妍没说什么，只是把手伸进被窝紧紧抓着刘邦的手，脸上淌着抹不干的泪水。

刘邦足足三天没出宫门。

第四天大早，宫使就来报告说：未央宫前跪了一大片人……

刘邦问："是些什么人？""许多是长安城的父老，还有些底层的官吏。"

"他们要干什么？"

"上告相国大人贪赃枉法！"

"是这样？"刘邦乐了。心里想：你萧何不是一直以自己是廉吏自居吗？现在你也是一身污水了！"他们都有诉状吗？"

"有，他们个个头顶状纸！"

第三十章　衣锦还乡　恩泽乡邻

"好了，你去把状纸收来，就说朕要亲自处理……"

不一会儿，宫使把一大摞状纸捧进来，放在刘邦的御案上。

刘邦整整半天，细细地看着上告萧何的诉状，乐得哼起歌儿来。"萧何呀，萧何，这回轮到你糟心了！"

吕雉走进来，伸着头看了几页。

"看什么，你的萧相国这回可要栽跟头了！"

"都是上告他的吗？"吕雉问。

"可不！"

"那你还犹豫什么，赶快下诏把那些刁民抓起来呀！"

"那怎么行？人家都是依法上告的嘛！"

"你打算怎么办呀？"

"你说呢，我的皇后？"

吕雉想了想，"如果刁民抓不得，就从国库里替相国赔上，也好给他挽回面子。另外赶紧给他加封，再给他几千户的封邑！"

"去去去！"刘邦生气地说，"女人不要来这里干政！国家大事，我自会处理得当的！"

刘邦东去平叛，萧何便尽心竭力地为刘邦筹集粮草、军饷，这是个很大的数目，干起来十分操劳。就在这时，那位召平公又来了，他悄悄地对萧何说："老相国，您快要遭灭族之祸了！"一句话吓得萧何头冒青烟。他连忙问："祸，祸又来了？从何来呀？"召平说："找个地方，容老夫细细对您说。"

萧何放下手头的工作，把召平领回家。

召平对他说："您位居相国，分封时又功居第一，您还能晋升吗？但是从您随汉王入关以来，十余年一直执掌国家大权，许多地方已只知您萧何，不知有皇上了！就连朝廷之上，也有人把您看得比皇帝还高，您想这不是十分危险的事吗？"

萧何点点头，吓得浑身是汗。召平继续说："您功高德劭，贤名远播，大部分朝臣对您俯首听命，就是老夫是皇上，也不能不忌惮你呀！"

萧何立刻向召平跪下，请教自救之策。

召平将萧何扶起来，对他说："现在只有一个办法了，那就是自毁您在朝廷、公众中的形象，把自己弄成个毫无大志、碌碌无为的庸人……"

"那可难了。"萧何说，"一个人的形象不是一天树立起来的，也不是一天能毁掉的。"

召平想了想说："那就把自己弄成个贪官污吏吧，那还容易些。"

萧何留召平吃饭。席间，萧何说："上次受教后曾到郊外找过先生，可是没有找到。先生到底仙居在哪里呢？"

召平说："我是乡野之人，云里来雾里去的，您找不到。我该来的时候，自然会在您面前出现的。"

饭后，召平老人又与萧何商量了许多避祸之法，直到黄昏才告别。

萧何依计而行，用赊欠贱买的办法强行霸占了许多民田民宅，又接受商贾的贿赂，接纳属吏的馈赠。他这"大门"一开，求他办事的人和有求于他的人，更是络绎不绝了。他又故意把这些别人隐蔽不迭的事，暴露给好事者，不几日，萧何就把自己打造成一个贪婪恶浊的当权者了！

5

"把萧相国给朕叫来！"

听到皇帝召唤，萧何怀着忐忑不安的心情进宫来了。

"皇上，老臣来了！"

"萧何！"刘邦冷着脸，这一次他不称萧何为大哥了，"朕离开长安东征，你在家干的好事呀！"

听到皇帝这样说，萧何抬起头来，他见刘邦那阴沉的脸就像要滴下水来。连忙磕头："皇上，老臣……"

"把这些东西拿去，叫萧相国看一看！"

一个宫使把御案上的一摞诉状捧给萧何。

萧何两手颤抖地接过，只看了一两页，就知道是怎么回事了。他回答刘邦说："老臣是为了子孙在老朽身后有碗饭吃！……"

"你位居相国，一人之下，万人之上，朕又给了你丰厚的封邑，难道不够你一家吃用的吗？"

萧何不说话。

"朕念你一直忠心为国，过去又功劳卓著，这次就不给你处分了！要保住自己的晚节呀，萧何！"

"老臣年迈昏庸，请皇上……"

"算啦！"刘邦说，"你自己去向长安百姓谢罪吧！"

"是，谢皇上洪恩！"

第三十章　衣锦还乡　恩泽乡邻

萧何觉得自毁声誉的"阴谋"已成，该开始干他相国该干的事情了，就顺便向刘邦上奏："臣有一事，想请求皇上恩准。"

"说吧，"刘邦想：这老哥得了赦免，还不快走，啰嗦什么？

"皇上，长安地狭，上林（皇家园林）中空地很多，如今都荒着，是否可让出来给无地少地的百姓耕种？"

刘邦听了心想，老家伙，原来你弄出那些劣迹来是为了瞒哄老子，心里还是一心为民请命，这样下去，你还是个民众拥戴的好国相！——他十分生气。

"萧何，"刘邦又拉下脸来，"你收受商贾贿赂，又强占民田，朕没有责罚你，你倒回过头来算计朕上林的土地了，真是可恶！"

萧何见皇帝震怒，连忙跪下来磕头。但已经晚了，刘邦叫道："来人呀，给萧何戴上狱具，关起来！"

好像早就准备好了似的，立刻跑进来几个手拿木枷的侍卫，给萧何上了枷就拖走了。

老相国被捕，在朝野引起了巨大震动。因为他一直是群臣的榜样，民众的偶像。即使最近有些逾矩行为，大多人认为这是他年纪大了，一时糊涂，他的形象在臣民的心目中还是非常高大的。

吕雉认为这是君臣间的小小呕气，一会儿就会过去，再说群臣也会上书为相国声辩，倒是怕刘邦是难以"下台"了，所以，她没有出面说话。

令她奇怪的是一连几天都没有动静。

原因是深刻的。

曹参远在齐地，按说在朝的老臣如周勃、夏侯婴等是该出来说话的，可是他们这几年也深受刘邦的忌刻，常常不明不白地遭到训斥，弄不好就有引火烧身的危险，所以他们躲在家里缄默不语。那些以战功得到封赏的朝臣，早就嫉妒萧何无战功而得高禄，更不出头为萧何讲情了！

但无论什么人，都在紧张地看着事态的发展。

张良的家人说："在这时候，您是不是出面为萧相国说几句话呢？"

张良说："说什么，好叫皇帝下台吗？我可不去帮他！放心，萧何没事的！"

刘邦呢，正像张良说的，张望着空寂的朝堂，也很着急。怎么就没人出来替萧何争一争呢？这些狗娘养的！——这萧何关在狱里，杀也杀不得，放也放不得，就这么拖着吗？……

汉高祖刘邦

一天，刘邦闷得不行，就把来向他奏事的一个姓王的卫尉留下了。"你先别走，陪朕下盘棋吧！"

卫尉（皇宫的卫戍长官）是九卿之一，是大官了，这年轻人又是刘邦新提拔的，所以对他说话很随便。

下了一会儿后，刘邦叹了口气说："怪了，怎么没人为萧相国上书喊冤呀，难道他们都认为萧何有罪吗？"

王卫尉立刻就明白了刘邦的心事，装作无意地问道："皇上，相国到底犯了什么大罪，让您把他当作重犯对待？"

刘邦说："朕听说李斯在做丞相时，有善举都归功于皇上，有过错都自己揽过来，所以，他被秦皇信任，执掌大权。萧何呢，自己收受贿赂强占民田，做了许多恶事，又反过头来装出为民请命的样子，所以朕要惩治他！"

王卫尉说："臣下可以为这事说几句吗？"

"你说，你说！"

"萧相国一直是关心百姓的，这，天下人都知道。至于他最近收受贿赂、强占民田等恶迹，大概是事出有因，皇上不妨另做调查。"

"怎么啦？难道他贪赃枉法还事出有因？"

王卫尉说："皇上，他是相国，知道怎样对民众有好处，就怎样做，这是他认真负责的表现。但……那些事……怕是装出来的吧！"

"你怎么这样想呢？"

"皇上，当年您与项羽在荥阳、成皋相争数年，近年陈豨、英布又接踵叛乱，陛下都亲自出征，全是相国留守关中，为您筹措一切。如果萧相国有二心的话，那么武关以西，早非陛下所有了！试想，他连这么大的利益都不贪求，怎会贪图商贾、行贿者的蝇头小利呢？"

刘邦点点头。

卫尉又说："秦朝是因从不反省自己的暴政而亡的，李斯为皇帝担待罪名有什么值得称赏的呢！"

"那么，萧何为什么……呢？"

"臣下不是说过么，那是另当别论的事，但您可别怀疑相国的忠贞！"

刘邦本想借此扳倒萧何的，听了卫尉的话很不高兴。他把棋子儿往棋盘上一摔说："算了，朕没心下棋了，你走吧，走吧！"

卫尉走后，刘邦想，连我新提拔的人都认为我对萧何不公平，遑论满朝文武了。于是他派一使臣持了他的符节到监狱里把萧何放了出来。

第三十章 衣锦还乡 恩泽乡邻

萧何在狱里度日如年。回想几十年来对刘邦的鞠躬尽瘁，冤枉得直掉泪。现在一下子又得到赦书，大喜过望，把一切都忘了，顾不得回家，就急急忙忙地往宫里跑去。

到了未央宫，他又把帽子扔掉，把鞋子甩掉，跑进去跪下向皇上恭谢圣恩。

"起来吧，萧何，"刘邦斜着眼望着他，"你为民请命，要朕的园子，朕不给你，是桀纣那一类的昏君了，你却是周公那样的贤相，你向朕谢什么恩！"

萧何见刘邦这么说，知道他还是一肚子怨气，就连忙说："皇上对老臣的惩戒还是应当的，应当的……"

"那是朕故意将你抓起来的，好让天下百姓知道罪过在朕！起来起来……"

"那么……"

"别'那么'了，相国还是你的！"

6

老相国被皇帝抓进狱里，本就稀里糊涂，现在又被放出，也是迷里恍惚。朝臣们谁也弄不明白是怎么一回事。可是现在大家都放心了，整个朝廷又像平常那样运转起来。

大家刚刚松了一口气，刘邦又把易储的事突然提了出来。

原来那时的皇权，还不能一人独断。皇帝对诸王的封立、大臣的任命，都得走一走九卿举荐这一手续，不是下个诏令就可以的。刘邦是天下诸侯拥立的，后来他逐渐因这样那样的原因把他们撤的撤，换的换，杀的杀，都得找出适当的理由。太子的事也是这样。他得先提出更换太子的理由，然后再由大臣上书称颂如意的许多优点，提出刘盈的许多缺点，最后才可下达废立的诏书。但现在群臣大多不愿更换太子，群臣上书搞不出来，刘邦的易储动议就被卡住了！

上面已经说过，刘邦之所以非得易储不可，绝不是像史家所说，只是因为宠爱戚姬，爱护如意所致，而有其更深刻的原因，那就是他怕大汉江山在他死后落到异姓人手里！

朝廷上，现在无人敢出来阻止了。许多要害部门已换上了刘邦宠信的年轻人，老臣都被刘邦整治得人人自危，而过去有点威信的萧相国由于在大牢

汉高祖刘邦

中待了几天，也被弄得心有余悸了！

吕雉又忙起来，她去找萧何那班老臣，但没有一个人敢于为这事替皇后太子出头。没办法，他只好再去求张良。

"张先生，"她哭着说，"您是太子少傅，能够保护太子的就只有您一人了！"

"不是还有个太子太傅吗？"他指的是那个老儒生叔孙通。

吕后说："他算什么？他连个彻侯也不是。"

张良想让叔孙通去打一打头阵，就说："皇后，先让叔孙通去碰一碰，看看事情的深浅，咱们再想办法。"

于是，吕雉去求叔孙通。

叔孙通这老头儿竟满口答应了，他对皇后说："老臣是太子的师傅，我不出头保护太子，谁去呢？"于是他跑到皇帝面前高声叫道："皇上，您的易储之议，老臣以为不妥！"

"为什么不妥？"刘邦瞪起眼问。

过去，叔孙通来奏事，刘邦尊重他是太傅，总是让人给他个座位的。这次皇帝虽没说，叔孙通以为也是如此，就回头转影地到处看。

"看什么？"刘邦喝道，"跪下！"

叔孙通这才知道皇帝发怒了，只得老老实实地跪下。

"皇上，"他说，"春秋时，晋献公因宠信骊姬的缘故，废太子，立奚齐，因此晋国内乱数十年，使天下人耻笑。秦始皇因为不早立扶苏为嗣，致使奸臣赵高趁机篡权，弄得国家都亡了。这些事，陛下都是知道的。现太子仁孝，天下皆闻，吕后又与陛下同甘共苦多年，皇上岂能……"说着哭了起来。

"老家伙，你懂什么？"刘邦生气地说，"老子是看你在立朝仪上有点功劳才给你个官做，你就不知自己姓什么了？"

叔孙通见皇帝这样瞧不起他，也豁出去了，他以头碰地，高声说道："皇上，若您一定要废黜太子，老臣也不想活了，请皇上先把老臣杀了！"

刘邦见这老东西要和他拼命，想了想，事情刚刚开始，还是不要把朝堂弄得鲜血淋漓，就忙说："你先别碰头，你的话，朕考虑考虑！——来人，把他拉出去！"

本来朝臣们想在叔孙通"冲开一条路"时，自己再跟进去，见叔孙通额角碰得通红，满脸汗水地被拖出来，知道事情不成，也就各自散了。

刘邦易储的脚步继续走着，他一拨一拨地召见朝臣，向他们说明理由。

第三十章　衣锦还乡　恩泽乡邻

吕雉又去找张良，对他说："那叔孙通根本不行，皇上根本不会听他的，张先生，您还是赶紧出面吧，不然可就来不及了。"

张良想了想说："好的，这事，皇后不用管了，我将与建成侯具体谋划。"

建成侯吕释之很快就来到张府。

张良问："那'商山四皓'现在怎样？"

"除了吃饭喝酒，就是胡扯。"

"现在用得上他们了，走，到他们那里去！"

张良去见刘邦，他说已请到了天下闻名的"商山四皓"。

刘邦高兴地说："那太好了，多日前，朕就听说他们到了长安，可是一直没有见到，原来他们在你那里！他们先去找你，也对，大概咱们朝中，除了你子房外，没有他们钦敬的人了！"

"可是，他们现在到太子那里去了……"

"子房，那是干什么？"

"他们说是……来长安的目的就是为了辅佐太子的！"

"扯淡扯淡，老子还健在，得先辅佐老子才行！——朕现在就设宴招待他们，你快去请他们来！"

张良去了，和"四皓"们又做了些准备，好使他导演的戏尽量演得天衣无缝。

等太子、"四皓"和张良到达长乐宫时，刘邦与戚姬已等在那里了。他们向皇帝、戚姬行了君臣大礼。然后，皇上赐宴。

太子没有入座，侍立在"四皓"身旁。

刘邦抬头看时，只见"四皓"面如冠玉，目如星盏，五绺长须垂挂胸前。他们身着宽大的袍子，飘飘然有神仙之概。刘邦不禁肃然起敬。

刘邦欠身垂问："四位长者从哪里来呀？"

"四皓"躬身向前，分别向刘邦介绍了自己。虽说得不太流利，但还算过得去。张良却急出了一身冷汗。

刘邦大惊道："啊呀，是你们呀，朕早就听张先生说起过你们了，派人找了你们几年没有找到。如今，老先生们怎么想到要出山跟随朕的儿子了呢？"

"四皓"中比较会说的东园公向前回答道："我们四个山野之人虽没见过皇上，但听说陛下瞧不起读书人，见了就骂他们，臣等不愿受辱，所以就远远地在山中藏起来了。后来又听说太子为人仁孝，礼贤天下才智之士，四海才俊都愿意为太子尽其忠忱，所以我们就来追随太子了！"

汉高祖刘邦

由于东园公领头,其他三人也大起胆来,按照张良给他们说好的也帮着说了几句。直到张良给他们使眼色才停下。

刘邦听了"四皓"的话,满脸失望,半天没有说话。

张良怕冷了场,说不定会露出什么马脚,就指使"四皓"给皇上敬酒。"四皓"一一做了。

刘邦叹了口气对"四皓"说:"今后,就劳烦四位老先生,好好地为朕调教、指点太子了!……"

"四皓"一时不知说什么好,因为事先张良没有估计到皇上会很快地改变易储主意,将太子交托给"四皓"。没办法,张良立刻暗暗地指使他们向皇上告退。

等张良、太子、"四皓"依次退出后,刘邦指着他们的身影对戚姬说:"看到了吗?我想着易储,可是天下闻名的'四皓'却尽力辅佐太子,太子的羽翼已经丰满,没有办法!看来,那个吕后将要成为……汉朝的主人了!"

戚姬再也忍受不住这一沉重打击,伏在刘邦身上抽泣起来。

"别哭了,别哭了,"刘邦扶起她,"今后,咱俩就凑合着过吧。你为我起舞,我为你唱歌,相拥相扶着度过余年吧!……"

刘邦也极为伤心,说着起身为戚姬唱起歌来:

>鸿鹄高飞,
>一举千里。
>羽翮已就,
>横绝四海。
>
>横绝四海,
>当可奈何!
>虽有缯缴,
>尚安所施!
>……

这首歌的意思是:鸿鹄(传说中的大鸟)高高飞起,一举就是千里。它已羽毛丰满,展翅即可超越四海,已经成了这样的局面,你有什么办法呢?就是你有带绳索的专门射鸟的箭,又怎么向它施放呢?刘邦虽是顺口吟出,

第三十章 衣锦还乡 恩泽乡邻

但却充满了悲伤无耐之情。欧洲一位哲人说：愤怒出诗人（愤怒可做激情解），一点不错！联系到他的《大风歌》，刘邦这一浪子确有无可置疑的诗才！

史书上记载他"歌数阕"，当是还有没记下来的，甚为可惜，若不，一定有人为他辑录成集了！

刘邦且唱，戚姬且哭，最后两人抱在一起。

刘邦的易储之议，到这里划上了一个无奈的句号。

历史记载"竟不易太子者，留侯本招此四人之力也！"把这笔账算在了张良身上。

可是，刘邦仍然为戚姬母子的将来担忧。戚姬有个侍女，名叫贾佩兰，史书上留下了她的许多回忆。她说刘邦与戚姬在一起的时候，常常说到他们的爱子如意，戚姬垂泪，刘邦叹气，"几半日无言"，她说：有时戚姬击筑，刘邦高歌，情景十分凄怆。高帝最后的日子就是这样度过的。

又过了些日子，刘邦终于想出了一个办法，他对戚妍说："看样子刘盈就要代替朕了。刘盈除了无能外，心地还是好的，朕给他留下一封书，嘱他照顾你们母子……"

这是无法中的一法。

那封《敕太子书》开头先写了自己从小没有好好读书，是终生遗憾，希望太子多读些书。又说太子能够罗致"四皓"这样的大贤，是太子的本领，再次确认刘盈为太子。他又扯到自己的书法不好，虽然曾向高明者请教，至今也没写好。嘱咐刘盈好好地练习，有事自己动手，别找他人代笔。他说萧何、曹参、张良、陈平都是长辈，要太子好好地尊敬他们……

最后才郑重地说：我把如意母子托付给你，你要尽心地照顾他们。别的儿子我就不说了，如意太小，是十分可怜的……

这些话虽然平常，但可以看出，刘邦是流着泪写给刘盈的。

第三十一章 白马之约 君臣结盟

1

刘邦的生命快要走到终点，他已深深地感觉到了。可是他很是不幸，历史没有让他在安静中悠闲地离开这个世界，从北方又传来燕王谋反的消息。

燕王卢绾，与刘邦关系特殊。他们是同村人，年龄也一般大，从小在一起成长，情投意合，有如兄弟。刘邦起事后，他立刻参加，始终不渝地跟随着他。不仅沛丰、砀郡一帮，就是整个刘邦集团都知道他是皇帝最最信得过的人之一。何况有人传说刘邦是卢太公之子，有可能他们实际上是亲兄弟呢！

陈豨谋反后，首先出兵的诸侯是卢绾。他不仅亲自临战，而且派出亲信张胜到匈奴去说服单于不要帮助陈豨。

有时候积极性过高就会适得其反，卢绾也是这样。

那张胜是个匈奴通，他在老燕王臧荼麾下待过，关系还不错，后来，臧荼被刘邦收拾了，他就投到新燕王卢绾这里来。卢绾用他对匈奴熟悉这一点，常派他到匈奴去办些贸易之类的事。

这一次，他衔燕王之命到匈奴不久，就遇到了老朋友——逃到匈奴来的臧荼的儿子臧衍。他们便倾心交谈起来。

臧衍劝张胜说："汉朝那边靠不住，你也自己打算一下吧。"

这话使张胜有点吃惊，连忙问他："此话怎讲？"

臧衍说："你瞧，刘邦做了皇帝后，正在逐个地收拾那些异姓王。你们的燕王也保不住！"

"为什么呢？"

"你动动脑子吧，老朋友。"臧衍说，"燕王所以能够活到今天，完全是因为诸侯接踵叛汉的原因，现在燕王为消灭陈豨派你来劝告单于不要出兵，实际上是在害自己。你想，等陈豨一灭，就轮到那个卢绾倒霉了，将来你们都是刘邦的俘虏！"

第三十一章 白马之约 君臣结盟

张胜觉得老朋友的分析很有道理，就问臧衍，如果真像他说的那样，应该怎么办？

臧衍说："你应该劝告燕王不要急于攻打陈豨，另外与匈奴暗暗地拉上关系，为以后的不测做准备。陈豨的存在就是燕王安全的保障，将来汉皇如果真的要整治燕王，卢绾也可以依靠匈奴来保有燕地。"

张胜听了，擅自改变了自己来匈奴的使命，由臧衍引见，拜见了匈奴单于。单于待他很隆重。张胜求匈奴帮助陈豨狙击燕军。这样，张胜就构成了叛逆的大罪。使团中有的成员不同意张胜的作为，立刻悄悄地派人报告了卢绾，卢绾又怒又惊，为了撇清自己，他上书刘邦，请以谋反大罪，把张胜在内地的家属全部处死！

就在这时候，张胜却回到了燕都蓟城。

卢绾把他叫到面前，愤怒地斥责他叛国投敌。

张胜望着卢绾镇静地说："大王，我有密事想单独报告……"

卢绾想了想，就把周围的侍卫等人撵了出去。

张胜便把在匈奴遇到老友臧衍，并把臧衍所说的道理转述给卢绾听了。默然良久后，卢绾问他："张胜，你真的见过单于？"

"是的，我知道这是个很好的机会，就替大王把这事办了，臣下认为还是多留几条路好。大王如果认为这就是谋反大罪，把臣下杀了好了！"

卢绾又默然。

第二天，卢绾派快使拿了他的信去见刘邦，信中说：前一举报弄错了，与匈奴人勾结的不是张胜……

刘邦说："幸亏朕事情多，忙得顾不上，还没有派人去拘杀张胜的家人。"

这事就算过去了。可能是卢绾想把这条路开拓得更宽一些，他派张胜继续前往匈奴，并常驻那里，又派自己的心腹赶到陈豨军中，告诉陈豨说：请放心，燕王不会把你逼到绝路上去的……

事情到这里，卢绾表面上虽无叛逆的行动，但他的谋逆大罪已成。

可是以后的事情并不像卢绾所期望的那样，那个陈豨抵挡不住樊哙的凌厉进攻，挣扎月余就溃散了，陈豨逃到了匈奴。

在审问俘虏的时候，陈的一个裨将请求将功折罪。

"你能立什么功劳？"樊哙问他。

"我能举证燕王谋反……"那将军说。

樊哙没有听清楚，可也不敢问了。他把周围的人都赶出营帐，又拉过那

汉高祖刘邦

降将问:"你刚才说的什么?"

"我有充分的证据,举报燕王卢绾造反!"

"你不要胡说!"

"在下不敢乱说。"

"那你就把证据说出来!"樊哙指着降将的额头说:"你可知道,你弄错了,我可要把你碎尸万段的!"

"在下绝不敢诬告……"

于是降将就把燕王卢绾派张胜常驻匈奴和派密使与陈豨联络的事,原原本本地对樊哙说了。樊哙真恨不得自己的耳朵聋了!

樊哙不相信卢绾会谋反,也真心希望没有这事,因为卢绾与刘邦的关系太好了。如果他都想反,那还有谁不会反呢?再说刘邦知道了这事,还不气死!

他把那俘虏的口供在怀里揣了几天,但事关谋逆,他也不敢长期隐瞒,就派快骑送到了长安的廷尉王恬开的手里。现在掌管司法的都是刘邦新提起来的少壮派,他们只知对皇帝忠诚,别的什么也不管。

廷尉王恬开当即面见皇上,把卢绾谋反的事上报了。

"什么?你奏报卢绾造反?"刘邦大叫起来,"朕听错了吗?"

"皇上,千真万确!"王廷尉说,"燕王派密使联络匈奴和叛贼陈豨,阴谋谋逆!"

"是谁告诉你的?"

"是前线的樊哙将军。"

"好,把他的举报给朕!"

刘邦把樊哙的举报反复看了几遍,有些放心,原来这是一个归顺的陈豨的老部下举报的。"嘻嘻,王恬开,你别紧张,朕很清楚所谓举报是怎么一回事了!"他想到了韩信、彭越、英布的家人对他们的举报,那不过是无中生有罢了。

"皇上,臣下身膺廷尉之职,只要有人举报,就要认真办理!"

"你是对的,"刘邦说,"可是卢绾与朕有如兄弟,他能造反吗?"

"不,不,皇上,"王恬开执拗地说,"臣下办事是以事实为依据,以法律为准绳的!"

刘邦心想:你娘的,如果你手里有朕的"罪证",你还要办朕不成?

刘邦把自己的想法咽了下去,对他说:"王恬开呀,你听朕说……"

第三十一章　白马之约　君臣结盟

"臣听着……"

"有人举报当然要办，可是你也不能只听举报人的，也得把举报调查清楚，"刘邦说，"你看这样吧，朕派人到燕地去，把卢绾召回京都来，朕要当面问个清楚，好吗？——朕与卢绾兄弟有一年多没见面了，朕还想他了呢！"

当即，刘邦派出一名钦差，持皇帝的符节到蓟城去了。刘邦不相信卢绾会造反，所以钦差走后，他也就把这事忘记了。

几天后，钦差回来了，他向刘邦报告：卢绾称病不回京都。"咦……"刘邦奇怪地叫了一声，"真他妈的想鬼，鬼就有了！你见燕王没有？"

"见了。"

"他真的有病吗？"

"臣说不上，纵然有病，病是在脏腑里的，臣怎么看得到呢？"

"滚！"刘邦不想再与钦差啰嗦了。

其实这事十分简单，当卢绾接到刘邦召他回长安的诏书后，因为心里有鬼，十分惊慌。他与臣下商量。他们都说："千万不能回长安，韩信就是前车之鉴，不可重蹈他的覆辙！"

卢绾也想：我得等等看看，绝不能贸然回京。怎么办呢？唯一的办法就是装病。

卢绾没有奉诏回京，刘邦被逼得认真起来。因为卢绾与刘家关系密切，他便与吕后商量起来。吕后也不相信卢绾会谋反，但她说："派两位大臣到燕地请他回来吧！"她推荐了她早年的情人审食其，因为审食其与卢绾也是很熟的。

审食其现在是辟阳侯，是汉室老臣。刘邦又给他找了个新搭档，那就是他最信任的新秀御史大夫赵尧。刘邦令他们衔皇帝之命前往燕国，请燕王卢绾立即回长安觐见他。

卢绾躲在家里对这两个人做了分析，审食其是皇后的心腹，而赵尧呢，是皇帝的新贵，新任御史大夫，这个组合就显示了皇上对这事的重视。他更害怕了，立刻把几位信得过的老臣接到家里密商。

"看来皇上不会放过我了，怎么办呢？"

丞相孔偃说："没别的办法，大王还是装病吧。"

太尉丕弱说："钦差如果要到家里来问候呢？"

"关门拒绝，"御史大夫施屠说，"反正只能这样了，就别担心他们会怎么想了！"

"那以后呢？"卢绾问。

"以后……"丕弱说，"咱们就孤注一掷吧！咱们燕军在全国诸侯军中算是强大的了，如果皇上来剿，咱们能与其打个平手，他要想把咱们消灭，还得从别的诸侯那里调集人马。那不是容易的事，这几年诸侯相继叛离，皇上已难于应付了！"

卢绾考虑再三，只下令让朝廷来的人在馆驿内安歇，并派人好好招待。推说因身上有病，不能出面接见。

正如卢绾想到的，审食其立刻登门以老朋友的身份请求进宫问候。没想到，连老朋友也被拒之门外。理由是燕王怕见生人。这与前些日子皇帝的病情一样了，审食其觉得里面真的有鬼了！

审食其只好去拜见丞相。

老丞相孔偃对审食其说："大王的病真的很严重，老臣几次想见他，都被拒绝了，真是让人揪心哪！"

王府很是紧张。每天夜里，卢绾都把心腹召到他的内室，与他们紧急磋商。他发牢骚说："皇上待我如兄弟，绝不会想伤害我，就是他那个老婆不是好东西！"他竟怀疑事情的根源是吕雉，"现在异姓王只剩下我与长沙王吴臣了。前年淮阴侯被族诛，接着梁王、淮南王被杀，全是那个吕雉的主意！如今皇上生病，朝政都是皇后把持，我看她非把诸侯和功臣斩尽杀绝不可！"

太尉丕弱说："那就更不用怕她了，一个女人，她能有什么本领！"

御史大夫施屠却不那样看，他说："真正掌握大权的还是皇上，他是在有计划地清除异姓王！"

看样子，燕王是不想与朝廷的使节相见了。赵尧与审食其十分着急。

他们想：如果燕王真想谋反，在蓟城里必然会看出蛛丝马迹，于是他们便悄悄地在朝臣中，在侍卫中，在与小朝廷相近的人中展开调查。真凭实据的东西没有搞到多少，可是卢绾斥骂皇后的一些话却被透露出来了。审食其与吕雉现在仍有感情，是忠实的皇后派，他对赵尧说："有这些恶毒的话就够了，皇上与皇后是一体的，他詈骂皇后就等于攻击皇上！"

回到长安，审食其向皇上汇报时，又一番添枝加叶，刘邦十分愤怒。只卢绾的拒不奉诏，不跟着朝廷使节回到长安这一点，就把刘邦气坏了。

审食其把卢绾的辱骂告诉了吕后，吕雉更是暴跳如雷，她找到刘邦，哭闹道："卢绾那家伙真的反了，你还犹豫什么？派兵进剿呀！"

刘邦叹道："这是怎么弄的……连卢绾也想造我的反！"

第三十一章　白马之约　君臣结盟

"皇上，说来说去还是自家人可靠呀，差一点也不行！"

刘邦说："我是不能临阵了，那么叫谁去燕地呢？"

"樊哙还是可以指望的，"吕雉说，"他是咱们妹夫，说什么他也会为咱们出力的。"

刘邦沉思好久，明白现在身边可用的将领就是樊哙和周勃了。周勃刚到西北地区巡查去了，不能马上回来，就只有樊哙可用了。

汉高帝十二年二月下旬，刘邦给了樊哙一个相国的名义，派他率军出征，并统一指挥调集的各路兵马，到燕地去平叛。

刘邦又下诏令废黜卢绾的王位，另立儿子刘建为燕王。

刘邦共八个儿子，除了太子刘盈外，其余七个都封立为王了。

至此，异姓王只剩下长沙王吴臣了！

2

朝廷派兵进剿，就明确昭示卢绾是叛贼了。

这事使满朝文武皆惊，大半的人对这事很是疑惑。就连征讨大将军樊哙，直到率兵上路也是半信半疑。

他们由卢绾想到韩信、彭越、英布和张敖。这几位诸侯真的曾经谋反过吗？现在，连几乎是亲兄弟的卢绾也成了叛贼，那么还有谁不是叛贼呢？

刘邦大概也意识到了这一点，就下了一道诏令，企图向全国上下解释，以扫除他们心中的疑团。

诏书中说：燕王卢绾是朕的老朋友，老同乡，关系一直很好，朕待他就像自己的兄弟一样。有人举报他联系匈奴和叛贼陈豨，有谋反行为，朕不相信，几次三番地派人请他来京晤谈，可是他拒不来京，充分证实了他心怀异谋。燕国的百姓、官吏是没有罪的，因此朝廷决定凡是六百石以上的将吏晋爵一级，曾经跟随卢绾的人，只要归顺大汉，朕既往不咎，也给他们加爵一级……

为了批驳有人说皇帝要清除异姓王的"传言"，他又下诏说：长沙王吴臣、南越武王赵佗并不姓刘，朕照样封他们为王。再三表明他没有清除异姓王的打算，但这都是欲盖弥彰的事。

听说朝廷已派大军来进剿，卢绾又怕又悔。

说实话，从骨子里他并不想背叛刘邦。至于他与匈奴、陈豨的勾结，的

汉高祖刘邦

确是为自己留了一条后路，因为他被韩信、英布、彭越等人的下场吓坏了！至于这条后路有没有用处，他想不想走，都没有认真考虑过。

忽然，他却被推到谋反的泥淖中去了！

他那一帮心腹朝臣又围着他，不住地怂恿。

御史大夫施屠说："事到如今，咱们只有一反到底了！"

"不，不，不！"卢绾瞪着眼连忙摇手。

"那就像陈豨、彭越那样，先宣布独立？"

"不，不，不！"卢绾还是摇手。

大兵压境，他却不反，别人就没话说了。

有个名听冯陉的郡守说："大王如果不想造反，那就抓紧时间，向皇上解释，不能再等下去了！"

"不，不，不！"卢绾再次摇手。

到底怎么办呢？既不造反又不认错，卢绾究竟打算怎样呢？臣下一筹莫展了。

这充分表明了卢绾已处于两难的境地。造反，他不想也不敢，束手待毙，他又于心不甘。宝贵的时间在一点点流失……

后来领兵的太尉先走了，他要去整饬人马，做大战的准备。

燕地被包围了，在他周围有朝廷派来的相国樊哙，有齐国丞相曹参，还有赵国丞相周昌。他们互相没有商量过，但都按兵不动。

他们的想法是一致的。过去他们与卢绾的关系太好太密切了，他们不相信卢绾会造反，甚至觉得皇帝也不会把这个往日的兄弟置之死地。他们盼望着这件事最终以和解结束……

所以只要卢绾没有挑衅的军事行动，他们就绝不动手！

这样相持了许多日子。

一天，刘邦召赵尧议事，赵尧问刘邦："皇上，以往在平定英布、彭越时，十几天后就能取得关键性的胜利，现在为什么却没见动静呢？"

刘邦当然知道是怎么回事，但他反问赵尧说："你说呢？你认为燕王真的会谋反吗？"

已经下过诏令，又派兵征讨了，皇上怎么还这么问呢？这不是怪事吗？但赵尧摸得清刘邦的心思。他也用反问的语气说话。

"皇上，如果燕王无心造反，在您发兵后，就该立刻前来京都，向皇上解释或者负荆请罪的呀，他为什么不来呢？"

第三十一章　白马之约　君臣结盟

一句话，使刘邦勃然而起，他骂道："卢绾那小子真的反了！樊哙不信，说不定他还在与卢绾眉来眼去呢！"

赵尧像一切政坛新锐一样，对那些老功臣总是忌刻甚深。他把听来的一些流言对刘邦说了。他说他手下的几个御史听说樊哙对征讨卢绾一事很不以为然，曾经发狠说：打算趁皇上病危，帮助吕后诛杀戚姬和如意，以绝后患！

"有这等事？"刘邦把眼瞪得有牛眼大，额上青筋绽出。

赵尧十分害怕，忙说："皇上，这肯定是流言，因为您易储的事在朝廷上引起非议，而皇后也是愤愤不平的！"

"赵尧，你不用安慰我，这事肯定是真的，绝对是真的！"

"皇上……"

"赵尧，你不用管了，朕会处理好的！——樊哙这小子，你们想趁朕长病不起谋害朕？告诉你们，朕临死前也要杀尽你们！"

几天后，正巧周勃从西北回到长安，刘邦立刻派他去代替樊哙，并派陈平助之。刘邦命令他们说："你们交割后，立即将樊哙就地诛杀！"

周勃、陈平吓得满脸蜡黄。周勃颤抖着问："皇上，这是为什么？"

"纵容叛贼，按兵不动，贻误军机，还不该杀吗？——快，别愣着了，到御史府那里拿了诏令上路！"

在去燕地的路上，周勃默默无语，陈平问："君侯，你说皇上真的要杀樊将军吗？"

周勃不说话，憋了半天说："有诏令在……"

陈平说："樊将军现在有相国的名义，又是彻侯，最重要的他同皇上是连襟。也许在气头上，他下了这样的诏令，以后会反悔的，为了保险，依在下看，还是只把他逮捕吧，将其押回长安，再由皇上发落。你看怎样？"

"就这样办吧！"周勃不想在这事上多说话，既然陈平这么提议，也就同意了。

周勃与樊哙见面后问："怎么样，那卢老兄真的造反了吗？"

从这问话里可以看出周勃也怀疑这事。

樊哙这直性人也变得狡狯了，他朝周勃笑笑说："还是你自己拿主意吧，我得回长安了！"

前线一切事宜的交割，也同往常办这类事情一样，没什么特别之处。可是等所有应办的事办完后，陈平拿出了皇上的诏书，喊道："皇上诏书，樊哙跪下！"

汉高祖刘邦

陈平向樊哙读完诏书后，喝令带来的卫士将樊哙上枷。

樊哙虽是英雄，这时也满面泪水，表情怆然。他感慨自己为大汉忠心耿耿几至肝脑涂地，竟落得如此结果！

陈平说："樊将军，我与周勃将军商量……暂不执行皇上'就地诛杀'的诏令，将你押回长安，那时，你再与皇上说话……"

樊哙又向周勃、陈平跪下道："谢谢二位周全……"

在这一过程中，周勃始终没说一句话。

他是因为自己与樊哙是至交朋友呢，还是因为觉得皇上有点太绝情？樊哙为大汉出生入死，功勋赫赫，封立彻侯，只因一个不明不白的小错，皇上竟说杀就杀……

周勃不敢怠慢，他立刻向燕地发动了进攻。汉军几乎没遇到什么抵抗，士兵都是拖着长矛走路的。

消息传到蓟城后，卢绾吓得魂不附体，在宫里走来走去，唉声叹气。

他的臣子又来到他的身边。

太尉丕弱急得头上冒火："大王，敌人已大举侵入，咱们该迎敌了！"

"绝对不！"卢绾喊道，"你们怎么想的？我能与皇帝公然对阵吗？"

"那么，咱们举国投降？"御史大夫问。

"你们看着办吧，我得走了！"

卢绾不顾众臣僚的劝阻，在几百骑从的护卫下，带着几个家属跑了，一直跑到燕国的北部边境。

卢绾的弃城逃跑，证实了皇帝给他加上的谋反罪名是错的，于是燕地有些官吏、士民出于义愤，自发地组织起来与汉军对抗。可是他们怎能抵挡住周勃的大军？几日后蓟城陷落，周勃像项羽一样有屠城之癖，他对着老朋友卢绾的不战而下的城池，竟下了秋毫勿犯的命令。在那里驻扎了几天后，周勃派人押解着燕国的一班臣僚如御史大夫施屠、太尉丕弱、丞相孔偃等回长安。他继续引兵追寻卢绾。

到长城边时，部下对他说："已经确切地探知卢绾在哪里了，只要派一骑队就可把他捉住！"

周勃想了想，却下令回蓟城了。

路上，他的一个贴身侍卫问他："君侯，捉住卢绾就如探囊取物，为何却功亏一篑呢？"

"我捉住他干吗？见了他我怎么与他说话？"

第三十一章 白马之约 君臣结盟

这就是平定卢绾之乱的整个过程。

卢绾的宁愿弃城出走，也绝不与汉军交战，更使人怀疑他谋反的真实性。渐渐的朝廷上也无人骂他是反贼了。

3

卢绾的反叛给刘邦的打击是最最沉重的。因此周勃回到燕都蓟城后，他也没有追究他纵敌于法外的责任。

说实话，病入膏肓的刘邦也顾不得这些了。

吕后代刘邦下诏令各诸侯来长安侍疾。

刘邦张开泪渍渍的眼睛望着站在病榻周围的儿子，见除了刘肥正当盛年，刘盈刚刚成人外，别的都是小孩子。

"有什么嘱咐孩子们的，你就说吧！"吕雉对他说。

"你忙什么？"刘邦瞪着吕雉，"我还死不了！"

保大汉江山依靠这帮小孩子吗？——他在问自己。

那是绝对不行的！那么谁行呢？还是他们，还是得把身后的一切交给他们！

他指的是沛丰、砀郡那一班功勋老臣。

英布、彭越的反叛没有给他的心里造成什么大的伤害，说到底，他们的谋反，是他一手"造"成的，为的是清除内部的隐患。卢绾的反叛就不是了，那等于从他心头剜去了一块肉！

有了这件事，那帮功勋老臣还会信任我吗？

经过深思熟虑，刘邦认为他们还会像过去一样团结在他的周围。因为大汉是他们和自己亲手缔造的，他们会像爱护自己的眼珠一样地爱护大汉的！

那么，怎么才能使功勋老臣们和他的家族牢牢地捆绑在一起呢？

依靠儒家君尊臣卑的那一套吗？刘邦对自己摇摇头。

利用法家那办法立下严酷的律条吗？刘邦还是摇头。

想来想去，他觉得还是江湖义气和共同的利益最为可靠。

几天过去，他精神好些后，下诏把沛丰、砀郡老臣一起请到太庙里去。当他们看到已早早地坐在那里的刘邦形销骨立的病体时，都呜呜地哭了。那浓浓的亲情又把他们团结得无缝无隙了！——有时候，眼泪是世界上最牢固的粘结剂。

汉高祖刘邦

哭完后,刘邦对他们说:"老兄弟们,你们的老哥就要走了,就要离开人世了……"

听了他诀别的话,大家又嘤嘤嘤嘤地哭起来。

"别哭了!听皇上对咱们说话!"夏侯婴大叫一声。

大家跪下来,听刘邦说下去。

"今日,对着祖先说一说朕身后的事……"他一挥手,侍卫们拿出上百个大碗,一一倒上了酒。

就在这时,外面几匹白马咴咴哀叫。大家回头看时,它们已被宰倒在地,鲜红的血汩汩地流进预先放好的大盆里。侍卫们将马血端进来,一一给各个大碗都倒了一点,黄色的米酒立刻变得绯红……

庙堂里的气氛立刻变得让人透不过气来。

"咱们盟个誓吧,"刘邦说,"朕把自己一家都交给你们了,你们当如何呢?"

他的话音刚落,庙堂里就像雷声一样地隆隆响起:

"誓死保卫大汉天下!"

"为刘氏天下粉身碎骨!"

"谁想谋逆就把谁碎尸万段!"

"谁阴谋篡权,谁就是我们不共戴天的敌人!"……

萧何站在供台下面对大家招招手:"安静一下,听我说几句!皇上既然把自己的身家性命交给大家,大家也表达了对皇上一家的忠贞之心,但总得有一个誓辞才行!"

"那么,你就给大家写几句吧!"大家又吼道。

笔墨是现成的,萧何就着桌案迅速地写了几句,拿给刘邦看。

刘邦点头后,他就念给大家听:"大汉功勋老臣向皇帝一体表示:在皇帝万岁之后,非刘氏不得王,非有功不得侯,不如约,天下共击之!"

誓辞虽短,但说尽了刘邦所想的。

萧何又跪下带领诸位老臣望着刘邦宣誓,声音震得庙宇嗡嗡响。

誓毕,萧何将写着誓辞的纸烧了,然后将纸灰收起给每碗血酒都撒上一些。大臣们端起碗,一饮而尽。

从表面看,这誓辞是老功臣们对刘家忠贞不渝的表示,其实也是对老臣应得权益的保证。"非刘氏不得王"是对刘家的,而"非有功不得侯"是对功臣们的承诺。前些时候,刘邦提拔了几十个政坛新秀,毫无疑问是对老功

第三十一章 白马之约 君臣结盟

臣权益的侵夺，他们早就很不满意了，有了这誓约，就永远根绝了无功者踏入权力圈的可能性！

"白马之约"以后，刘邦仍不放心，唯恐这帮老功臣或个人或集体背叛刘家，他又用诏书的形式，布告天下，让"天下贤德功臣"皆知之。从而形成自下而上的有效监督。

这诏书在历史上被称为"同安辑令"。

诏书大意说：

> 朕拥有天下，成为万民之主，已十二年了。这江山是天下豪杰贤士与朕共同得来的，因此，朕也想与大家一起享有天下。功劳最大的朕已裂土封王，功劳稍小点的，朕也封他们为列侯，他们都食有封邑。那些功勋卓著，国家倚重的大臣，待遇更加恩厚，其家人亦封为列侯，并允许他们自置官吏，有征收赋税的特权。有的还与皇家结为姻亲……所有当年追随朕到蜀汉开拓，或者还定三秦的老将士，也得到了世代免除劳役的奖赏。
>
> 朕于天下贤士，可以说是仁至义尽了，如果有人不仁不义起兵为乱，人人共讨之，共诛之！
>
> 朕为此布告天下！

4

刘邦在"白马之盟"后身体完全垮了。但他萦绕于心的还是他亲手创立的大汉王朝，对他的生死却置之度外了。

这点与秦始皇是迥然不同的。始皇到了晚年，最怕的是死，像将淹死的人抓住稻草不放似地仍然派人天上地下地给他寻求长生仙药。甚至"恶言死"，谁也不敢在他面前提到死……

刘邦却不在乎死。当吕雉到处派人寻找"良医"为他治病时，他笑嘻嘻地说："你瞎忙什么呢？我就是良医，什么都清楚着呢！"

一天，一个费了好多事请来的"良医"围绕着他忙了大半天后说："皇上安心吧，您没事的……"

吕后把他拉到一边问："大夫，皇上的病到底怎样？"

汉高祖刘邦

"疾可治……"医生回答说。

"你他娘的胡说什么?"刘邦喊道,"老子提三尺剑取天下,这不是天命吗?命是上天决定的,你就是有扁鹊那样的本领也白搭!滚吧,别烦老子了!"

吕后只好摆摆手令医生退下去。

刘邦又觉得这样对医生不太好,就对吕后说:"追上他,给他五十金吧,他也是好心,以后可不许再给我找这样的'良医'了!"

临死的刘邦脾气好了许多。

他拒绝就医服药后,病情更加恶化。可他还是挂牵着他的戚妍和国家。戚妍哭得两眼通红,老是抓着刘邦的手不放。可是,周围都是吕后的人,她也不好说什么。对戚妍对他的依恋孤苦,刘邦心知肚明,他呻吟似地说:"戚妍,没事的,谁也不敢把你怎样!我把你托付给了太子,他会很好地照顾你们母子的……"

吕后一天几次地跑进来,问这问那。

"皇上,"一次,他见刘邦的精神好些,就问,"陛下百岁之后,萧相国也就死了,你看相国一职,由谁担任呢?"

"曹参吧,他可继任……"

"在曹参之后呢?"

刘邦说"王陵可以……他有点憨,可以让陈平协助他。陈平心术过多,难当重任。周勃为人老实、朴实,不好诗书,是大缺点。但安定刘氏天下的将是此人也!可以让他任太尉。"

吕雉还要问下去,刘邦却不答了,他说:"以后的事,你也别管了吧!"意思是说:你还能活那么久吗?

吕后呆在那里。没想到刘邦又回头对她指指戚姬说:"她和如意是我最不放心的……你要给我好好地照顾他们……"

"放心吧,皇上,"吕后冷冷地说,"一个国家,一个戚姬,我都给你看好了!"

刘邦也许没有听出其中的言外之意,戚姬可听出来了,她也不敢声张,眼泪如断线之珠抛洒了下来。

刘邦直到最后,也是极明白的。他对身后执掌国家大权的人物是经过深思熟虑的。如果一旁有夏侯婴和樊哙,他们听到刘邦的话一定会感到委屈。他们的战功和才能已在过去的连年征战中得到公认,地位一点也不比萧何、

第三十一章　白马之约　君臣结盟

周勃等人差。那么他们为什么没有被提到呢？

至于夏侯婴，刘邦已私下里对他有了安排，那就是在他死后，仍由他担任刘盈的太仆，把太子交给他来照顾。那个樊哙现在却成了刘邦最不放心的人物了！

原因在哪里呢？

刘邦估计在他身后，来个吕后专权的时代是可能的，那么，吕后最最可靠的人就是她的妹妹吕媭，而樊哙恰恰是吕媭的丈夫。刘邦已把樊哙划到吕雉的亲信中了，试想，刘邦为什么只为一点小事，就想把樊哙就地诛杀？原因尽在其中。

刘邦的心事被新进的御史大夫赵尧揣摩到了，正巧有个"材料"在他手边，他瞅了个空子，来到了刘邦的病榻前。"皇上，臣下有一大事想密奏皇上……"

刘邦睁开眼睛看看，认出是赵尧。"是……关于什么的？"

"有人谋逆……"

这几个字，如重锤击在刘邦胸口上。

"赵尧，你还想让朕多活两天吗？"

"如此大事，臣不敢不奏。"

"他是谁？"

"有人举报陈平……"

"陈平又怎么啦？"

刘邦让赵尧把他扶起，给他背后堆上一摞棉垫、枕头，然后他说："讲吧，朕听听是怎么回事。"

赵尧跪在地上，正要上奏，刘邦又招手说："来，来！站起来说，离朕近些！"

赵尧站起来，向前走了两步，躬身对刘邦说："……陈平到了前线，并没有执行您的诏令，将樊哙就地处死……"

"说下去！"

"陈平只是将樊哙逮捕，正在回长安的路上……"

"朕替你说出来吧，他们是在等朕死！"

"皇上，是不是派……"

刘邦一口痰涌上来憋得难受，他的两只手向赵尧乱摇。

赵尧不知怎么办好，想去叫人，又被刘邦拉住。

汉高祖刘邦

等他气平了些,指着赵尧的鼻子喊道:"赵尧,你们一班年轻人都是朕提拔上来的,就像朕的孩子一样,你们可都要对我忠心呀!"

赵尧赶紧跪下,泪流满面地对刘邦表示:自己的忠心可昭日月。

不等赵尧说完,刘邦说:"下诏,下诏!令周勃率兵再次出征,给朕把卢绾捉回来!令陈平将樊哙立即处斩!诏令拟好后立即用玺,并送来让朕过目!"

赵尧还想说点什么,可是刘邦叫道:"快去呀,去呀!"那眼珠瞪得就像要从眼眶里蹦出来似的。

赵尧爬起来跑了。

第三十二章　高帝驾崩　吕后专政

1

汉高帝十二年四月二十五日（公元前195年6月1日），刘邦这个风流浪漫、放荡不羁、老谋深算，又雄才大略的皇帝病死在长乐宫，享年六十二岁。

他大概是早上死的，当吕后跑过去时，还难以确定他是否咽气。因为刘邦老是张着嘴巴、瞪着眼睛。

吕后十分镇静，她立刻下令封锁未央宫的后宫院门，然后派人将两个御医找来，要他们给刘邦做最后的诊断。两个御医当然一眼就可看出刘邦是完了，但他们还是在他周围忙乱了一会儿，然后，他们一起向吕后跪下，哭着说："皇上升天了！"

戚姬一听这话，忍不住号啕起来。

吕后拽了她一把，叱她道："不许哭，以后有你哭的时候！"

戚妍仰起头，她看到的是吕后那刀锋似的眼光，就像有人掐断她的喉咙似地一声不出了。

有几个刘邦身边的侍女用两手捂着嘴抽泣，吕后喝道："谁哭就给我掌嘴！"她们也就屏息敛声了。

回头她对两个御医说："你们只能在一旁的偏殿中过些日子了，不准出去！你们要走也行，我令侍卫把你们送进大狱去！"

两个御医吓得连忙给吕后磕头："小的听皇后安排，不出去，不出去！"

吕后又令侍卫对未央宫与长乐宫加强守卫，不准一个人进出。谁如果把皇上驾崩的消息透露出去，杀无赦！

回头她对戚妍说："皇上生前是最宠爱你的，这大殓的事就交给你了——你给他把身子擦净，然后穿好殓衣！"

"皇后，这也得皇后看着才行……"戚姬说。

"你干吧，我还有别的事呢，你若不懂，就问问这宫里的老宫人……"

回到寝宫，吕后立刻把哥哥吕释之找来，对他说："他走了。以后的这几步，你得帮我走！"

吕释之听到"他走了"，知道发生了什么事情，心里咯噔一声。他看吕雉眼睛里竟没有一点泪光，却像窜着两朵火苗。

"外……外面都知道了吗？"

"我怎么能让他们知道呢？等咱们把一切安排好后再说……哥，这几步走好，这天下就是咱们的，要不，咱们就得血洒未央了！"

听妹妹这么说，吕释之知道事情极其严重，就说："一家人都听你的，随你支派！"

"听我说！"吕雉的话斩钉截铁，"现在未央宫，甚至长安城都是新人掌权，如果皇帝驾崩的消息传出去，天下就大乱了！"

吕释之不明白，傻愣愣地瞪着眼睛。

吕后说："我没工夫对你详说，先与你说个大概吧……"

她说：刘邦对咱们的防范是甚为严密的，在未央宫、长安城，他把一切大权交给了他新提拔的臣子，如赵尧之流，如果咱们有什么动作，他们是不会对咱们手软的，即使咱们在京城里得手，那些在外的老臣必然会领兵回京，咱们还是个死！……

"皇上多心了，"吕释之说，"他归天后，是太子继位，那还有什么风波呢？"

"你真糊涂！"吕雉说，"皇上死前最挂念的是易储，就是把刘盈废了，换上他钟爱的如意。你以为随着皇帝的驾崩这事就完了吗？没有，至少在他的亲信那里没完！如果他们将来得逞，这天下就是如意的，就是他母亲戚妍的，就是她戚家一门的！那咱们呢？或者人头落地，或者被逐出朝廷，懂了吗？"

吕释之吓得抽了口冷气。

"反过来说，如果刘盈能够顺利即位，这天下就是咱们的，就是咱们吕氏一门的！咱们一家就可安享荣华富贵！那就天下一切太平！懂了吗？"

"懂了懂了！"吕释之说，"妹妹，你说吧，你说该怎么办就怎么办！"

"你别害怕，有利的条件还是很多的，首先，太子是我儿子，就是新派，他们也得规规矩矩地拥立太子继位；其次，我是皇后，当前朝廷中的一切还得听我的，手中有这样的大权，如果运用得好，就能稳操胜券！"

经吕雉这样一分析，吕释之心里笃定了，他问："这第一步……"

"第一步就是先把新派拉过来，控制了他们就掌握了长安城和宫中的权

第三十二章　高帝驾崩　吕后专政

力，以后的一切就可从容进行了！——这件事，你去与他们联系。"

"他们听吗？"吕释之指的是新派。

这时，新派的赵尧是御史大夫，他那一整套机要班子就在未央宫中办公，什么事也瞒不了他。郎中令（相当于宫廷保卫司令）是王恬开，就是他做廷尉时，把彭越处死的。中尉（相当于京城卫戍司令）是戚鳃，京都南北军的指挥大权都在这人手里。在他们周围还有几十个掌握权要的年轻人。所以吕释之的担心不是没有原因的。

吕后说："他们都是聪明人，在这关键时刻，他们也在窥测方向……我瞅准了，他们也是一帮唯利之徒！你就放心地去吧……"

2

正如吕后所料，当赵尧等政坛新锐听说皇帝已死，一时不知所措。他们曾经撒着欢儿帮着刘邦做了些陷害功勋大臣的事，这时，他们觉得害怕了，因为身后的靠山倒塌了！

就在这时，吕后通过吕释之给他们伸出拉拢的手，他们怎不一把抓得牢牢的呢？

吕释之向吕后报告说：大事已成，赵尧等愿意一切听从皇后的。

精明的吕雉没有把那一群人都召到面前，她只叫来了他们的首领赵尧。

赵尧跪在吕后面前。吕后并没有对他特别热情，因为他不过是一条新收养的狗。"赵尧，你知道吗？皇上宾天了！"说着吕后用衣袖按了按眼角。

赵尧哭了起来。"皇后，大汉的天下今后就仰仗您了……"

"赵尧，在这天下同悲的日子里，你就多干些事吧，别辜负皇上对你栽培一场！"

"臣下忘不了皇上的隆恩！"赵尧说："臣下觉得报答先皇于万一的唯一举动，就是今后一切听命于皇后，紧紧跟随皇后！"

"那就好了。"吕后说，"如果你真像你说的这样，太子登基后，他还会命你为御史大夫的！——我听说，你们那伙人都听你的，那你就传我的话，要他们好好听话，不要在这关键时刻懵头转向！"

"是，皇后！"赵尧把头碰得咚咚响。他又奏道，"皇上宾天前，曾令我发两道诏书，一是令周勃去燕地，灌婴陈平去荥阳，一是将樊哙立即斩首……"

"你发了没有？"

汉高祖刘邦

赵尧说:"头一道诏书已发,第二道至今没发……"

"好,有关樊哙的那一道,你回去后立即毁掉!"

"是,我按皇后的指示办。"

刘邦生前培植的新势力,又找到了新主人,为表现自己所以分外卖力。他们把长安和宫城把守得像铁筒一样。

在这期间,吕释之、审食其等吕后近臣,忙不迭往宫里跑,引起了许多谣传。有人说:皇帝大概已经死了,吕后和她的亲信已与新贵达成默契,要把功勋老臣尽行除去!

这时,长安城中年龄最大、资格最老,官职又最高的莫过于郦商了。以前他是刘邦的大将,是封立的彻侯之一,曾经挂过右丞相的印绶,因此,在京的老臣都去找他,向他哭诉。

郦商说:"不要紧的,即使皇帝已殁,天下还是大汉的,这一点,谁也改变不了!如果有人想兴风作浪,那他是不想活了!因为上百个老臣不允许,天下亿万百姓不允许!"

他立刻坐上车颤巍巍地进宫去了。他见到的是吕后最信任的人审食其。

审食其也是彻侯之一。

"君侯,"郦商说,"听说皇帝已经宾天,吕后四日不发丧,还计划着诛杀诸老臣,有这样的事吗?"

审食其惊得连忙给郦商行礼,结结巴巴地说:"绝,绝对没,没有,没有诸位功勋老臣就没有大汉!如果谁有这样的想法,那就是天下的敌人!大汉的敌人!您和我审食其的敌人!"

"那,你们还算聪明,"郦商说,"若果真有这么回事,天下危矣!如今陈平、灌婴率十万人守荥阳,樊哙、周勃率二十万人在燕、代,假如听说皇帝驾崩,诸侯皆诛,肯定会联合发兵,进攻关中,大臣内叛,诸将外反,你我就踮起脚来等着看汉家灭亡吧!"

审食其送走郦商后,立刻到后宫向皇后汇报。吕后这才领会到秘不发丧的严重性。好在她已大权在握,赵尧等新贵们已成了她手中的工具。于是她下令发丧,将皇帝驾崩的消息诏告全国。

陈平在押解樊哙回长安的途中,看到县邑村镇到处用松柏和黑白布帛扎起一座座的丧坊,遇到的人个个面带戚容,打听了一下,知道皇帝已死。一边令他的裨将押解着樊哙慢慢前行,一边打马直奔长安。

半路上,他又接到刘邦生前发出的要他到荥阳去的诏令,皇差向他宣读

第三十二章 高帝驾崩 吕后专政

诏书后，他接了，却不去荥阳，仍然加紧向京都驰奔。

这个刁钻的人，知道皇帝死后，大权必然落到皇后手中，朝中要天翻地覆。樊哙是皇后的妹夫，早已是后党无疑。如果吕须这时向姐姐说几句他的坏话，他半生的功名将付诸东流，弄不好脑袋也得搬家！

到了长安，陈平顾不得回家，直接去了未央宫。他先到了刘邦灵前，哭倒在地。他知道，那班功勋老臣一直嫉妒他，说他凭着如簧巧舌才得封侯，早就想把他拉下来了。失去了刘邦他就失去了依靠。因此，他的如雨泪水的确是出于真情。

哭了一会儿，他赶紧把眼泪抹干，又跑到吕后面前说："皇后，您节哀呀，大汉就指望您了！"

吕后对他态度十分冷淡，她问："樊哙将军呢？"

陈平忙说："樊哙将军无恙，臣下没有将樊将军立即斩首，而把他带回来了！"

吕雉知道陈平是个滑头，刘邦的许多坏主意都是来自他那里，或许刘邦要杀樊哙还是他出的阴招呢，但她听说樊哙安然无恙，也就放了心。

"我知道了，"吕后不冷不热地说，"跑了这么远的路，你一定劳累了，请先回家吧！"

在这瞬息万变的时候，陈平哪敢回家？他忙说："皇后，皇上待我恩重如山，请允许老臣为他守灵吧！"

吕雉看看这个狐狸一样的人，默想了一会儿。萧何年纪大了，精力也大不如前，张良呢，又坚决不出门，听到皇上的死讯，他来灵前大哭了一场，就又回去安卧了。若趁此机会把陈平拉过来为己所用，那是上策。于是她说："君侯，请起来，我有话对你说！"

看到皇后对他转变了态度，陈平喜出望外。他谢了皇后以后，坐在一边。

"君侯呀，"吕雉抹抹泪眼，"你是先皇老臣，今后我们母子也就靠你了！……"

一听皇后这样倚重他，陈平又跪了下来，给皇后磕头，哭道："陈平当为皇后尽己所能，鞠躬尽瘁！"

"那，你起来说话。"

皇后说："这时候宫廷的安全是很要紧的，你就出任郎中令吧！"

这一任命就把陈平放在了最信任的人当中了。另外，还把少壮派的郎中令王恬开削去了职权。可说是一石二鸟。

汉高祖刘邦

陈平刚要拜谢，皇后又说："还有，太子马上就要即位了，你可要好好地尽心照顾他呀！为了方便行事，你就任他的太傅吧！"

"皇后，原先……"

"你说的是那个叔孙通呀，让他回去做他的太常！"

陈平在刘邦朝中虽受信任，但从未荣膺这两个重要职位，这就是说，新掌权的吕后，已把他看成自家人了，这是非同小可的！

可是有个人却跑到皇后面前大哭大闹，那就是他的妹妹吕须。

"姐姐，你怎么是非不分呀？我求你严办那个陈平！我丈夫就险些死在他手里！"

"你丈夫没事，一两天就回来了。"

"那也不行，"吕须说，"那就饶了他？听说你还给他高官厚禄，你是怎么了？"

"须儿，别胡闹了！"吕后喝住妹妹，"真不懂事，回到你房里好好想想，我为什么要这样做。"

吕须一下子悟到了姐姐这样做的原因，不敢再闹了，抹了抹泪水，悄悄走了。

3

卢绾在北疆听说刘邦死后，号啕大哭，不管他与刘邦之间发生了什么事，他对刘邦的感情还是始终没变的。

他为刘邦设了灵堂，带领妻儿、家臣向南遥祭三天，然后亡入匈奴去了。

他走了，周勃也无事可做，就带着他的人马回长安了。

吕后手中的政权暂时稳定了，位于长安北郊四十里的陵墓也已建好，就与群臣商量为刘邦下葬。为了使全国安定，她特别下诏令各诸侯在国丧期间，惊警守边，不要回长安送葬了。因此，刘邦的丧礼并不铺张。这样做也是出于当时的情势。

安葬刘邦后，太子刘盈率领群臣来到太庙，要他们为刘邦拟一个谥号。

在中国典籍《礼记》中，提到对王侯要"葬而谥"。秦始皇却取消了这道礼仪，认为让子议父，臣议君，都是对上的亵渎。看样子，这位刘盈太子是想恢复古制了。

他们商量了好久，认为"帝起细微，拨乱世反之正，平定天下，为汉太

第三十二章　高帝驾崩　吕后专政

祖，功最高。"就给刘邦拟了个"高"字。

后人竟以为这个"高"字是至高无上的"高"，实际上是在诸侯中功劳最高的"高"，据说，这个"高"字在周公撰写的《谥典》中是查不到的。可是由刘邦开了头，后世的开国皇帝，也有些得到了这么个谥号。

安葬刘邦后三天，刘盈即位，史称汉惠帝。可是吕后令他国家大事要随时报告，经她批准后才能施行。朝廷上都知道，没有吕后点头，新皇帝是什么也办不成的。

儿子做了皇帝，吕雉该在后宫安享清福了。可是却恰恰相反，她忙得很。她要把权力一步步地完全抓到自己手里。

首先，她去拜访了张良。

目的有两个。一是感激张良。她很明白如果没有张良台前幕后地为她与太子谋划，刘邦的易储计划就毫无疑问地达成了，那么，刘盈当不成皇帝，她的位置也早被戚姬所代替，那汉家的天下就得按照戚妍的意愿转动了！因此，她的感激是十分真诚的。

另一目的是探一探张良的口气，看他有没有可能重新出山，为她尽力。

看到张良清清冷冷地一个人在家，吕后关心地问："弟妹呢？你的两个儿子呢？"

张良跪下答道："谢太后关心，席姝一年前就回老家了，两个儿子都在家侍奉母亲。"

吕后把张良拉起来，嗔他道："咱们都是老兄弟了，以后不要这样！你一生都献给汉家江山了，没有你，哪来的大汉？"

张良挣扎着跪下，说道："太后，您再这么说，张良真是无地自容了！老臣不是故意自谦，如果没有像先帝那样的德被苍生、雄才大略的英主，张良即使有管仲、乐毅之才，又有何用？太后千万不要这样说了！"

吕后只好说："好了，好了，本来想与老弟亲热地说几句话，你看却弄得大家生分了！张先生还在练你的功法呀？"

"是的，张良学辟谷练气，已经绝食了。

太后叹了口气说："听老嫂一句话好吗？人生一世，如白驹过隙，何必自苦到如此地步呢！——从现在起，你要吃饭，别把身子弄坏了，你老嫂子还要指望你呢！"

张良说："按说，我不敢违拗太后的教导，可是……那样就前功尽弃了！"

"尽弃就尽弃吧，"太后说，"从今天起，你就得吃饭！你不为老身，还要

汉高祖刘邦

为汉家江山，为新皇帝盈儿出力呢！——没有你给我们母子谋划，盈儿能保住太子之位吗？今天他能当上皇帝吗？他刚刚即位，还等着你指教呢！"

太后说着，就呼叫外面的侍卫。侍卫们抬进食柜，把一样样的美食佳肴罗列在桌子上。她说："先生，老身这顿饭就在你这里吃，你就陪老嫂子吃一顿吧！"

张良十分感动，只好举起箸来。

据历史记载，张良是"强听而食"。也就是说，他在太后的劝告下，终于破了戒，从此开始吃饭。

大概他一个人时，也没有真的辟谷不食，所谓练气绝食不过是掩人耳目的招数。现在，刘邦死了，新皇登台，朝廷对他没有任何威胁了，他亦可以"正常"吃饭了。

那天太后虽给张良开了戒，却没有劝动张良出山做事。为了对这位大功臣表示酬谢，太后留下其长子张不疑将来继承张良的侯爵，将他的次子张辟强提拔为侍中。侍中可随侍皇帝左右，自由地出入宫廷，是皇宫的机要人员。

4

大局已定，刘盈当上了皇帝，吕雉也坐稳了太后之位。她移居长乐宫，与几个心腹开始策划收拾那些仇敌了。

复仇是从宫内开始的，刘邦宠幸过的姬妃多遭迫害。她最恨的是那个险些使儿子当不成皇帝，自己做不成太后的戚妍。

按成例，每至双日一早，宫中的姬妃都要到长乐宫拜见太后。过去，那只是个过场，磕过头，问候几句，就各干各的去了。现在不行，不仅仪式烦琐、隆重，而且姬妃们提心吊胆，因为在太后面前，虽然谨小慎微也会动辄得咎。自从皇后升为太后以后，就有两位姬妃遭斥退，有的还挨了打，尽管她们的儿子已是诸侯王了。

这天，拜见太后以后，厄运降临到了戚妍头上。

"戚姬，"太后叫道，"你整天泪渍渍的干什么，我难为你了吗？"

戚妍赶紧跪下来，恭敬地接受太后的呵斥。"戚妍思念先皇……"

"你思念先皇，别人就不思念先皇了？"太后骂道，"你这个丧门星，先皇就是被你作践死的！如今你还眼泪不断，你说实话，是不是想哭死我们母子？"

第三十二章　高帝驾崩　吕后专政

"臣妾不敢!"

"不敢?你这狐媚子哪有不敢的事!"太后越骂越生气,"仗着你有个好看的脸蛋,过去你迷皇上,现在你还不老实!——告诉我,你为什么与宫中的男人眉来眼去的?"

戚姬大吃一惊:"太后,这是哪有的事?"

"哼,你不招认不要紧,在我这里,对你的举报一大摞呢!"太后恶狠狠地说,"看来不毁了你那小模样,你不会老实的,来人哪!"

随着太后的叫声,几个满面横肉的半老婆子跑进来,他们都是宫里做粗活的仆妇。她们躬身站在太后面前。"请太后吩咐!"

"找把剪刀来,"太后说,"给我把这浪女人的头发剪掉!"

"是!"仆妇们应道。

好像她们早就准备好了似的,霎时,一个仆妇手中就添了把剪刀。两个老妇扳住戚姬的肩膀,一个老妇摁住她的头,另一个老妇执剪,随着一阵咔嚓声,戚姬的满头青丝就落在了地上,戚姬泪下如雨,却没有哭声。

两旁的妃嫔们吓得浑身颤抖。她们一齐跪下来为戚姬求饶。

被削去头发的戚姬,像个娇小的男孩儿。

"去吧,"太后瞅着她,嘴角露出几丝冷笑,"以后,你不能只待在宫中,你得像仆妇一样出来干活,听到了吗?"

戚姬没有回答,只是吞咽着泪水。

她没有向太后谢恩,扭头向宫外走去。

"回来!"太后又喊,"你这个不懂规矩的东西,你光着头,身穿贵妃的衣服,算什么呀!"太后想了想,对一个老妇说:"你去向监狱官要身犯人穿的红袍子给她穿上,以后就由你监督她干活!"

老妇答应一声,幸灾乐祸地瞅了戚姬一眼去了。

戚妍被赶出她住的偏殿,住到了宫后临近花园的小茅屋里。一个与她贴心的使女仍然照顾着她。戚姬怎能受到了这样的虐待,这样的耻辱呢?她几次想寻死,都被使女劝住了。"娘娘,为了心里的仇恨,你不能死!为了赵王,你更不能死!你比那老太婆年轻多了,只要活着,你就会有出头之日!"

这些话很管用,戚姬活下来了。

她天天起早贪黑地穿着囚服,顶着个秃脑袋在宫里干活。

可是,宫里的人,进宫来的朝臣们都知道那是怎么回事,除了丧心病狂

汉高祖刘邦

者外都对戚姬十分同情。有时,一个眼神,一句悄悄的问候,都能给戚姬以巨大的活下去的力量。她心情好了一些,也就不那么痛苦了。有时还一边干活一边哼着歌。

> 子为王,
> 母为虏!
> 终日舂薄暮,
> 常与死为伍!
> 相隔三千里,
> 当谁使告汝?
>
> 子为王,
> 母为虏!
> 终日忍屈辱,
> 难止泪扑簌!
> 如不为了汝,
> 早寻黄泉路!
> ……

这些令人断肠的歌儿很快就传到了太后的耳朵里。吕雉想:那个戚妍所以还能忍辱负重地活着,就是因为她还有指望,就是因为在邯郸有她的爱子如意。是的,只要那小子还在,不仅戚妍,朝中大臣也就有人忘不了刘邦到死也不甘心的易储之议,也许在什么于他们有利的时机,再次以此兴风作浪!……

危险还是存在的!

吕雉对如意动了杀机。

儿子不死,太后就只能折磨他的母亲,而不能杀她!

想到这里,吕雉立即派人到邯郸召赵王如意进京觐见。

5

看到太后如此折磨戚姬而心如刀绞的人很多,其中有一个很重要的人就

第三十二章　高帝驾崩　吕后专政

是皇上。

刘盈虽说像刘邦说的无甚才能,但他的确宅心仁厚。他一刻也没忘记父亲临死对他的嘱托:好好地照顾戚姬母子。

我身为皇帝,却不能保护先父的一个女人!——他痛苦,他内疚,可是他不敢在太后面前为戚姬说半句话,还有一个原因使他不能为这事与母亲争论,那就是他极其厌恶母亲!他们间的矛盾从什么时候开始的,他也说不清楚。

一天,他去向母后请安时经过长乐宫的院子,看到了光头、身穿囚衣的戚姬,不由得站住,眼泪抑制不住地流了下来。

正巧,戚姬端着一只盛满湿衣的木盆走来,那吃力的样子,使刘盈赶忙跑过去与她一起抬着。当戚妍认出这个帮助她的人是皇上时,悲从中来,一步也跑不动了。刘盈只好自己把木盆端到水井边。

回到未央宫,刘盈把一个贴心侍卫叫来。

"你不要做别的事情了,就到长乐宫去照顾戚姬吧。——要暗暗的,明白吗?"

"在下明白……"侍卫们怎不知道皇上的心事呢!

几天后,发生了一件事,更加坚定了吕后杀害戚姬如意母子的决心。

那天,戚姬因为过于疲惫,在树荫下歇息了一会儿,却被那个监督她的婆子看见了。她跑过来朝戚姬的脸上打了一巴掌,还骂道:"你以为还是当娘娘的时候呀,衣来伸手,饭来张口?现在你已是落地的凤凰,连咱们这些土鸡也不如了!给我干活去,如果不听话,小心老娘揍你!"

戚姬哭了。

"噢,你可娇贵,老娘只拍了你一下,你就疼得哭了?——你等着,看老娘怎么收拾你!"

那一巴掌的确不重,可是戚姬疼在心里。

不多时,那仆妇喊来了几个女人,手里都拿了木棍、竹帚和烧火杖,围上来就要打。

"住手!"一声怒喝,不知从哪里跳出一个侍卫模样的男人,只三拳两脚,那些凶悍的仆妇就倒地哭叫起来。

"听着,你们以后谁敢再欺侮戚娘娘,老子就揍死谁!"

那些婆子爬起来,相互扶将着,一瘸一拐地走了。那男子对戚姬说:"娘娘,世上没有受不完的苦,你就忍几天吧!"

汉高祖刘邦

戚姬一下子觉得有了依靠，就问："好人，你是哪边的？"

男子指指未央宫那边，说："那里有人关心着您呢……"

这件事很快就被太后知道了，她骂了仆妇们一顿，说她们都是笨蛋，要整治一个人还用动棍棒吗？随后又冷笑道："到现在还有人帮着你哪，你就给我瞧着……"

几天后，太后派到邯郸的人回来了，他们汇报：丞相周昌说赵王有病，不能到京城来向太后问安。

"不来？你脱了三枪脱不了一刀，你们再给我去！"

太后的使者一连往邯郸跑了三趟。

后来周昌对使者挑明了说："先皇把赵王托付给老臣，老臣就要尽力保护他。听说太后怨恨戚夫人，已经将她贬为奴隶，现在又想把赵王召回京都，为什么呢？这是谁都想得到的，所以，臣难以奉诏！"

是了，那边有个周昌！——吕雉听了使者的回话，恍然醒悟。那是个忠直精明的人，他明白我为什么要把如意召来，有他在邯郸，如意还怕我吗？

又隔了些日子，吕雉先以皇帝的名义，召周昌回京述职。周昌临走时，对如意说："等我回来，在这期间，你哪里也不能去，不能离开邯郸……"

周昌到长安后，皇上问他："你不在邯郸好好照顾朕的兄弟回来干什么？"

周昌说："老臣是接到皇上的诏书才赶回来的！"

"那是矫诏呀，难道你认不出那使者是谁的人吗？——回去，赶紧回邯郸去！"

可是周昌一出未央宫，就被太后的侍卫拉去圈禁在长乐宫的一座偏殿里了。周昌跪下望着东北方大哭道："赵王，老臣怎样才救得了你呢？……"

他救不了如意了。就在周昌刚到长安时，太后第四次派人去召赵王。他们到了邯郸后，立刻催促赵王上路。如意以为有周昌在长安，太后必然有所忌惮，就与使者到长安来了。

周昌被太后圈禁的消息传到未央宫后，皇帝刘盈连声叫道："吾弟如意危矣！"并急得在宫中走来走去。"朕没有保护好戚姬已经辜负先皇了，如果如意再有什么闪失，朕还有脸见人吗？"

一个谋士对他说："皇上只着急是没用的，得想法子呀！"

刘盈拉住他的手说："你能救赵王吗？"

那谋士说："这是太后的主意，能够救赵王的只有陛下呀！"

"可是，朕怎么办呢？"

第三十二章　高帝驾崩　吕后专政

"臣有一计，或许能解一时之危。"他说，"赵王从赵地回来，必然从灞上经过，陛下探得消息后，可事先在那里等候，把赵王接到未央宫来，太后再厉害，不至于来未央宫抓人吧？"

"好，好，朕听你的，你先派人出去打听着。"

仅隔了两天，就有消息传来，说赵王的车骑已快到长安了。

皇帝刘盈立刻轻车简从赶到灞上。少时，果然看到从东北方来了一彪人马。他们来到皇帝面前，纷纷下马参见。

如意跪下向皇帝行礼，然后说："皇上，臣弟在邯郸天天想你，待会儿我见过太后以后，就到未央宫找你。"

"如意，你就不想想朕为什么赶到这儿来迎接你吗？"刘盈说。

如意像刘邦年轻时一样，也是风流放荡，心思很多，可是防人之心却没有。他想了一会儿，说："二哥，过去，咱俩相处得可好哩，你大概是想我了吧？"

"你不能去见太后，就跟朕回未央宫吧！"刘盈说。

"那是为什么呀？太后不怪我吗？"如意说。

"太后那边朕给你说好了，你就听话吧！"

"那好，那好！"如意欢天喜地，"我正愁见太后呢，她那眼神呀，使我心里发慌！"

太后的使节见赵王被皇上接去了，也觉得蹊跷，可是没法，就回长乐宫复命去了。

6

刘盈对自己的母亲是了解的，只要她想做的事情，几乎没有办不成的。所以他十分警惕。回到未央宫后，他对赵王说："如意，你在长安这些日子，一步也不能离开朕！朕到哪里去，你就得到哪里去！"

"好，如意听哥的话，"如意嘻嘻咧咧，"那么晚上呢，我该到另一间房里睡了吧？"

"那也不行，你得与朕同床而眠！"

"那没什么，反正皇兄的床大得很，把咱兄弟八人都叫了来，也能睡得下，可是……"如意把皇帝拉过来，附在他耳边说："夜里你临幸嫔妃，也让弟弟在一边看热闹吗？"

汉高祖刘邦

"朕不临幸嫔妃！"刘盈生气地说。死到临头了还一点察觉都没有，什么人！可是他又觉得如意是个好兄弟，打心眼里爱惜他。

刘盈即位后，他觉得自己要像父亲那样干一番大事业。樊哙却对他说："你父亲与我们把天下给了你，你就好好地守着就行！"

"姨父，我为什么要守着呢？我也要大干几十年！"

"你干什么，我们什么都给你干好了。"

"是的，父辈给我争来了天下，可是，我可以干另外一番事业呀！"刘盈说，"中原百姓经历了多年的战乱之苦，我该多为他们做些实事，让他们休养生息、安居乐业。所以，我的事业与父辈们是不同的！"

刘盈想得很对，也有远大的抱负，如果条件允许，他会成为一个不错的皇帝。可是掌握实权的太后还不想干那些事，她的心没有放在百姓身上。她像一只毒蜘蛛，在织着自己的网。

但皇帝还是找到一样太后允许而又能够发挥自己积极性的事情，那就是修筑长安城。项羽把咸阳烧毁了，刘邦又令萧何建了一座长安城。可是虽经几年的经营，长安仍然规制不够宏广，与一朝帝都不够相称，竟连一圈像样的城墙都没有。于是，刘盈与几个志同道合的臣子一起动工内修街道，外修城墙，干得轰轰烈烈。

刘盈有空儿就往工地跑，他也把如意带在身边。如意看皇帝对修筑长安城的有司指指点点，也来了兴趣。

"二哥，你做了皇帝后就只想修筑长安城吗？"

"不，我还想做许多事……那些，等以后再说吧，饭得一口一口地吃。"

"二哥，我也想帮着你干些事情，你就免了我的赵王，让我在你身边做事吧！"

"不行，"刘盈望着自己天真的弟弟，笑笑说，"你是先帝的儿子，应该做王。过几天，等事情平息了，你还得回赵地做你的赵王去！"

如意不明白，追问道："哥，你说什么事情平息了？"

刘盈叹了口气，不说话了。如意觉得二哥做这个皇帝并不舒畅。

到了夜晚，兄弟俩在床上天南海北地谈着。一次他们谈起那震动朝野的易储大事。

"二哥，老爹想让我做太子，把你换下来，"如意问，"你怎么想的？"

"你呢，怎么看这件事？"刘盈反问如意。

"我呀，我跟老爹说，我看你浑身伤疤，累得唉声叹气，你还是让刘盈哥

第三十二章　高帝驾崩　吕后专政

哥干吧!"

刘盈笑了。"哥，你笑什么?"

"你与我想的一样，"刘盈说，"那天，老妈哭得眼红鼻肿地对我说：盈儿，你父皇想废去你的太子之位，封立如意呢。我说：如果如意愿当，就让给他好了!"

"太后怎么说呢?"

"太后把我揍了一顿!"

这回轮到如意笑了："怪了，咱们兄弟没当回事，大人们却争得要死要活，为什么呀?"

"我知道为什么。"刘盈说，"他们是为了自己……"

如意不明白哥哥的话。他问："哥，当皇帝苦吗?"

"苦呀，心里苦，有许多事就是不能说。如果可以的话，我真想把皇帝让给你!"

"你还是自己当着吧……"

有时，他们还议论朝廷上的大臣。他们最佩服的是张良，最讨厌的是陈平。他们说张良大气，有包容天下的大智慧。如果他想当皇帝的话，咱们老爹是当不成的。

如意问："那么，张良为什么不顶了咱老爹呢?"

刘盈想想说："他虽聪明能干，但用人的心计总不如咱老爹吧!——我不理解老爹为什么喜欢那个陈平，那人一肚子坏水!"

"老爹用陈平去坏别人呀!"如意嘻嘻地笑，"有时候坏人也是有用的!"

"现在倒好，老妈又派他做了我的老师，我看着他就倒胃口!"

"这个陈平没落到我手里，如果那样，我非把他玩得像猴儿似的!"

"睡吧，睡吧，如意。"

"哥，如果你不让我去见太后，就让我去看看我妈吧，我想妈妈了。"

"当初，你到赵地的时候，为什么不把妈妈带去呢?你看人家刘恒，到哪里去也带着妈妈!"

"我回赵地去的时候，带着妈妈，好吗?"

"不行，晚了!"

"为什么晚了，明天我就去见我妈，和她商量商量。"

刘盈忽地坐了起来，郑重地说："如意，哥待你好吧?"

"好，好得不得了!"

"那你就听哥一句话,目前,你不能去见太后,也千万别去见你妈!"说着,刘盈就躺下,回过头睡了,不多时就响起了鼾声。

7

刘盈小时候,黎明时,常常跟随那些战将叔叔们打猎,因此养成了早猎的习惯。可是如意不行,他总是赖在床上不肯起来。

"哥,让我再睡会儿吧!"

"不行,我不能把你一个人丢在家里!"

"怎么,你还怕狼把我叼去吗?"

"不和你讲道理,起来,跟我走!"

如意只好一手揉着眼睛,一手穿衣服。

他们骑上马,从长乐宫经过的时候,常常看到一个孩子模样的人,站在一棵梧桐树下痴痴地望着他们。如意注意到了她那双深情外露的眼睛。

"哥,这男孩真漂亮呀,他是谁?"

皇帝没有回答,他当然知道她是谁,她就是被剃光头发的戚姬。她正在忘情地看着自己的儿子……

"走吧,如意!走吧,如意!"如意听到哥哥的声音有些哽咽,心里也添了个浓黑的疑团。

后来,如意也就不去注意那个痴痴地望着他的"男孩"了。他想:大概那是个痴子。

这年冬天,下过雪后,天气变得奇冷,尽管刘盈叫骂,拉拽,如意再也离不开暖暖的被窝了,他不愿意骑着马,迎着风,去踩那咔嚓咔嚓的冰凌。

"那,你就在床上老老实实地躺着,等我回来,你再起床!"

刘盈嘱咐了一句,就急急地走了。

几天后的一个早上,当皇帝走后不久,就跑进一个人来,他用力把如意摇醒。

如意睁开眼睛一看,床下是一个突着眼睛、满脸横肉的侍卫。

"赵王,太后要在下给您送来一杯酒……"

"太后?一杯酒?……早上还要喝酒吗?"

"王爷,这不是一般的酒,是用牛奶酿成的,很好喝。你喝了后,就清醒了,不再迷被窝了!"

第三十二章　高帝驾崩　吕后专政

"好，我喝……"如意挣扎着坐起，接过杯子，一仰头就喝了下去。这酒是不难喝，甜甜的，酸酸的。他把杯子递给侍卫，对他说："回去替我谢太后恩典！"

侍卫走了，他想再躺下睡上一会儿，可是一阵强烈的肚疼开始了，他想忍住，但疼痛在全身弥漫开来，像一条毒蛇顺着血管串遍全身。如意疼得嗷嗷直叫，在床上翻滚，最后跌到地下，七窍流血而死！

皇帝回到未央宫，刚走进院子，就有几个宫侍围上来，跪请皇上到别的宫殿安歇。

"为什么？"

宫侍吓得面色苍白，不敢说话。

刘盈知道出了事，几脚把宫侍们踢开，急步走回宫去。可是进门后他惊呆了。

如意赤身裸体地躺在地上，浑身青紫，五窍流血，张口瞪眼，看样子已死了一些时候了！

他知道出了什么事，一下子翻肠搅肚，大口地呕吐起来，不由得蹲在地上。

宫侍们跑来，有的给皇上捶背抚胸，有的给皇上擦拭污物，忙个不停。

"我……我……疼呀！"皇帝哭着说，"我的心疼呀！"

接着他猛地站起，向外跑去。"我要找她讲理，我要问她为什么要这样做，这个丧心病狂的女人……"

"不能去呀，皇上！您不能多说一句话呀，皇上……"

几个宫侍死命地抱住皇帝！

太后听说如意死了，一刻也没停，就把戚妍找来了。

她笑着说："你知道吗，你的宝贝儿子回来了！"

"知道，我看到过他……请太后开恩，让奴婢见见他！"戚妍跪下，给吕雉磕头。

"可惜，你见不着他了——他死了！"

听说儿子回到长安，戚姬就明白凶多吉少。她只能偷偷地看看儿子，忍住内心的悲痛，不敢与儿子说话。她怕自己的样子吓着儿子，更怕招惹太后。她希望皇帝保护儿子，希望他平安无事！自己呢，卖命地干活，循规蹈矩。盼望着以自己的顺从，平息太后的愤怒。每天晚上，她都跪到半夜，祷告上天保佑他们母子平安。侍女劝说几次，她才顶着一身白霜回到茅屋里去……

汉高祖刘邦

"他死了……"这三个字有如一声霹雳,把她震死了,劈碎了!接着,她又慢慢地聚合起来……她睁开眼睛,两眼窜着烈火,愤怒的岩浆在血管里沸腾着,使她变成了复仇的女神!

"他死了……我就知道他会死在你的手里!"戚妍站起身,接着向太后扑去,"你这个祸国殃民的老妖婆!我要和你拼了!……拼了……"

太后没有料到戚姬会这样,躲闪不及,被戚姬一把抓到手里,搂在怀里,就低头大口狠狠地咬起来!

起初,吕雉挣扎着不吭声,后来,她觉得头顶彻骨般疼痛,热血也流下来糊住了眼睛,她就呼叫起来:"救命呀……快来救命呀……"

吕雉不愿让宫中的人看到她那凶神恶煞的样子,所以每次虐待戚姬时,总是尽可能少用人,这时只两个婆子在一旁。两个婆子见戚姬一下子变得这样凶暴,声音又如此凄厉,有如从地狱里跑出的魔鬼,她们吓愣了,一时不知从哪里着手救助太后的好。

太后呼救后,她们冲过去,想扳开戚姬的手,把她拽开,可是戚姬不知从哪里来的力气,她的胳膊,她的手指竟如铁绳钢扣,她们抓不住也扳不开。没法,两个人也学戚姬的样子,在她背上、肩上乱咬起来!

不知道这场恶战持续了多长时间,直到跑进来几个侍卫,又忙乱了一阵才把戚姬从太后身上拽下来!

太后头发蓬乱,满脸鲜血,愣愣地瞅着戚姬,说不出一句话来。

戚姬浑身抖得像风中的树叶,眼睛仍瞪得彪圆,她满嘴头发,身上也沾着鲜血。在场的人都知道,那头发和鲜血是太后的。

宫婆请太后到后宫休息,太后只说了一个字:"不!"

大家都不知怎么办好了,只能让这两个人互相瞪着。

又不知过了多长时间,太后说:"把这贱女人给我关起来!"

戚姬被侍卫拖走了。临出门时,戚姬哈哈大笑。"老妖婆……我喝了你的血……还逼得你大喊救命……值了……我值了……"

大概是由于气极了吧,吕雉失声痛哭,好一会儿才止住眼泪。几个宫婆又劝她回后宫安歇。

吕后把眼泪擦干后说:"给我把御医堂里最好的医生叫来……"

婆子们连忙去了。

医生先给太后洗净了伤口,又敷了药。还给她开了镇静安神的方子。

"一旁坐下吧。"太后吩咐。

第三十二章　高帝驾崩　吕后专政

医生们谢了恩，聆听太后的指示。

"你们听着：如果把一个人割去舌头，剜去眼睛，他还能活多久？"

医生们不知太后为什么要问这事儿，可是他们得老实回答。

一个领班的老御医说："回太后的话，十天八天还能活……"

"如果再把他的腿脚、双手砍去呢？"

"也许能活几天吧，不过得给他好好地敷药、疗养，只要不动他的心脑，他不会立刻就死的！"

另一御医说："这样的人活着，也得看他求生的欲望强不强。如果他心先死了，即使照顾得再尽心，也是活不长的！"

太后不听他们啰嗦了，她说："你们听着，我将给你们这样一个差使，先把一个人的眼睛挖去，让其饮下哑药，再熏聋她的耳朵，然后剁去她的腿脚、双手……你们要尽可能地让她活着，活三五天也行。如果干好了，每人赏千金，如果干不好，我将夷你们三族！"

御医们默默无语。

"还用我再说一遍吗？"

"不不不！"御医们吓得差点儿晕过去。

"走吧，去干吧。我派几个侍卫监督你们！"

8

两天后，领班的御医向太后汇报：他们已经完成了太后的吩咐。

"好，领我去看看。"

太后来到花园后面的小茅屋。她看到一个猪似的东西在满地爬着，它浑身血污，那张小脸被蓬乱的头发包着，连太后也认不出她最恨的人了。

"就是她吗？"

"是她。"御医回答。

"她为什么要不停地爬动呢？"

"她疼痛难忍啊，太后，要不是她哑了，会呼天抢地的！"

"哈哈……"吕雉笑得前仰后合，"戚妍，你好啊！我来看你了……哈哈，我把你的儿子杀了，现在又把你弄得生不如死！如果你的儿子当了皇帝，你成了太后，也许在那里爬着的是我……哈哈，可是上天不让那样的事情发生……哈哈……你听我笑得多么欢畅呀，哈哈哈哈……"

· 591 ·

汉高祖刘邦

"太后，"御医对她说，"戚姬已经听不到了……"

"我知道，不用你提醒我！"太后恶狠狠地说，"但是我还是要对这猪狗不如的东西说话！"

临走时，她吩咐照看戚姬的御医说："她已经不是人了，是一头猪，把她放到茅厕里去吧，快点！——回头，我要找几个人来观赏！"

"是！"御医应道。"太后请人观赏，就要从速，她活不了几天的。"

太后首先想到了周昌。

"那个拗小子，竟敢护着如意！——我要把他吓个半死！"

她派人去宣周昌前来。可是周昌拒不奉诏，他对宫使说："臣下辜负了先帝的重托，没有保护好赵王，没有脸面再进朝了！"

这是公然对抗，可是他的理由也是响当当的。太后生了一顿闷气，一时不好办他，只好由他去！

第二个人，他想到的是皇帝刘盈。

"去请皇上来！"太后吩咐。

刘盈来了。以为太后要与他清算如意那笔账，他准备硬顶到底。向太后行礼后，梗着脖子站在一旁。

太后笑嘻嘻地说："皇上，母亲新得到一种怪东西，叫做'人彘'，你不去看看吗？"

"什么'人彘'？"皇上问道。

"就是长着人头的猪呀，你去长长见识，这种东西活不长的。"

刘盈不想去看，但他又不好太过违拗母亲，就说："好，儿子去看看。"

侍卫领皇上来到皇宫后园的茅厕旁边。皇帝看到确有一个东西向他爬来，等那东西走到他面前，抬起头，他看到一张人脸……

"那……那……那是什么东西？"皇帝连连后退，脸色变得苍白。

"皇上看了就算了，还是不要问吧。"侍卫说。

"朕为什么不能问呢？"刘盈竟来了气，"告诉我！"

"她是……她是……"

"它是什么？说！"

"她就是戚姬呀！"侍卫说，"太后命人剜去了她的眼睛，熏聋了她的耳朵，还将她毒哑，然后砍去了她的腿脚、双手，她就成了现在这样子了！"……

没等侍卫说完，刘盈就晕过去了。侍卫招呼几个人来，把皇帝送回未

第三十二章　高帝驾崩　吕后专政

央宫。

刘盈醒来后，悲痛异常，他没想到一个人竟能狠毒、卑劣到如此程度，而这人竟是自己的母亲！

他以为那些老功臣可以责备、教训，甚至惩罚太后，就立刻坐上车出宫去了。

樊哙、周勃、郦商、夏侯婴家他都去了，甚至他还去敲了张良家的门，但没有人应。他哭着向老功臣们"控诉"了母亲，他们有的摇头叹息，有的默默无语。没人给他一个字的回音。他是哭着回到未央宫的。

两天后，那个"人彘"死了。

如意死后，皇帝令人给他收殓安葬，坟茔就在先帝长陵一旁。

戚姬死后，皇上对侍卫们说："你们去安葬她吧，尽量把她的手脚找全。就在赵王坟茔近处建穴。——你们要好好地做，也算是对先帝尽孝吧！"

等这一切做好，皇帝去找他的母亲了。

推开宫门后，他看到太后正与几个宫女和宫婆玩牌，乐得笑声阵阵。

她们忽见皇帝泪流满面地站在门口，都惊呆了。下人们都连忙向皇帝下跪磕头。

皇帝没有理她们，径直走到吕后跟前。一字一顿地说："……知道吗，这种事不是人干的！——我恨自己是你的儿子，今后，我没有资格做皇帝，没有资格治理天下……"他还想多说几句，可是他激动得浑身颤抖，又瞪了太后一会儿就返身走了！

刘盈病了，发高烧，说胡话，但他不准侍者报告太后。

几天后，太后终于知道了，连忙跑去看望。

她把侍者赶出去，就向刘盈哭诉自己艰难的一生。说到戚姬和如意时，她说："我是对他们狠了点，可是你想想，如果如意当了皇帝，咱们娘俩就惨了，在那茅厕坑里爬着的可能就是我，而你或许早被如意害死了！——我都是为了你呀，孩子！"

刘盈只是听着，没有说话。也就是说，他没有宽恕母亲。

后来他痊愈了，太后希望他像过去那样临朝视事，可是皇帝变了，他对国家大事再也没了兴趣，整日在后宫里与嫔妃们厮混…………

刘盈既然不听话，不中用，吕后就想自己出头了。

她算计了一下妨碍她达到目的的障碍有二：一是那些刘邦遗留下的功勋老臣。她如果走得太远，到时候，他们会站起来说话的。不过她杀了如意、

汉高祖刘邦

戚姬,他们中竟没有人充当好汉,而是像见血的猴儿似地捂起了眼睛。她偷着笑了,看来,他们也不足畏惧。他们现在有了世袭的爵位,有了享不尽的荣华富贵,谁也怕失去这一切。只要我再对他们下些功夫,他们一准儿会乖乖地对我俯首称臣的!

另外她最怕的还有那些刘姓诸侯。他们现在虽是些孩子,可是他们会一年年地长大,何况他们背后还有那些老臣——丞相、御史大夫、太尉……他们多是先帝派去的。其中像周昌那样的大有人在。

是的,那才是真正的心腹之患,得从现在就开始收拾他们!……

惠帝七年八月十一日(公元前188年9月26日),刘盈崩逝。

刘盈与皇后从没同过房,当然也就没有子嗣。可是他与一个美人刚生了个男孩。吕后就来了个移花接木,她派人将美人杀了,把孩子抱给皇后,权作她生的儿子,于是她立那可怜的男孩为太子。

太子既然是个吃奶的孩子,吕后就有理由走到前台了。

她在惠帝死后不久"临朝称制",当上了实际上的中国第一个女皇帝。